KB260454

한국고대민족사의 탐구

한국고대민족사의  탐구

# 한국고대민족사의 탐구

신천식 지음

서경문화사

단재丹齋 신채호申采浩 선생은 『조선상고사朝鮮上古史』 제1편 총론에서 역사를 인류사회의 아我와 비아非我의 투쟁이 시간과 공간으로 확대하는 심적心的활동의 기록으로 정의하면서, 세계사는 세계인류의 이러한 과정에 대한 기록이며, 조선사는 조선민족의 이러한 과정에 대한 기록이라고 하였다.

우리 민족사는 유구한 역사를 가지면서 그 동안 주변국들의 끊임없는 도전으로 수많은 시련을 겪어 왔다. 그러나 우리 민족은 민족적 자존의식을 바탕으로 꾸준히 성장하여 찬란한 역사의 한 장을 마련하면서 현재에 이르고 있다. 그 동안에 우리 민족사는 참으로 많은 시련을 겪기도 하였다. 한漢의 고조선 침입, 삼국시대 수隋와 당唐의 고구려 침입, 삼국통일기의 당의 야욕, 고려 초기 거란契丹의 침입, 고려 무인집권기의 몽고蒙古의 침입, 조선시대의 임진왜란과 병자호란, 1910년 일제의 조선침탈, 이러한 외세의 위협은 당시 우리 민족사의 존망과 연계되는 큰 시련들이었다. 이때 우리 민족은 이러한 비아非我의 도전에 한민족韓民族이라는 아我의 의식을 발휘하여 국난을 극복하면서 민족과 국가를 유지하여 왔다. 1948년 손진태孫晉泰 선생은『한국민족사개론』에서 "동이족 여러 민족의 흥망을 살펴보면, 그들이 건설한 고구려·발해·금金·청淸 등의 왕조는 비록 일시는 강하였으나 고구려와 청은 한민족漢民族과 투쟁한 결과 망하였고, 발해와 금은 거란·몽고·한漢과의 투쟁으로 망하였다. 이로 볼 때 민족적 생명을 영구히 보존하기는 어려운 것임을 알 수 있다"고 개탄하고 있다. 그러나 현재적 입장에서 우리 역사를 조감할 때 그 동안 발휘해 온 우리 민족의 투혼에 대하여는 참으로 경건한 마음으로 보지 않을 수 없게 된다. 손진태 선생도 고구려와 발해의 멸망을 민족사의 비운으로 보고 있지만, 그 동안 우리 민족사에 시련을 주었던 거란과 여진의 경우 국가는 고사하고 민족 또한 거의 망실되어 있고, 몽고 또한 여기서 예외가 될 수 없다는 점에서 볼 때 우리 민족사의 위대성을 참으로 높이 평가하지 않을 수 없다.

본서는 필자가 30여 년 동안 대학의 강단에서 한국고대사를 강의하면서 준비한 내용을 민족사적인 측면에서 정리한 것이다.

필자는 고려시대를 전공해 왔다. 이 점에서 볼 때 필자가 본서를 집필하게 되었다는 사실에 대하여 많은 의혹을 가질 수도 있을 것이다. 그러나 필자가 대학강단에 설 때까지만 해도 당시 대학의 실정으로는 각 분야마다 전공교수를 둘 수 없었고, 중세사를 담당하는 교수는 고대사를 책임져야 하였고, 근대사를 전공한 교수는 최근세사와 현대사까지 책임을 져야만 하였다. 이러한 실정에서 필자는 한국고대사를 강의하지 않을 수 없었고, 이것은 지금까지도 계속되고 있다. 이로써 필자는 전공 외의 한국고대사를 강의하기 위하여 학계의 연구성과를 두루 섭렵하지 않을 수 없었고, 또 전공보다도 더 열심히 강의내용을 정리하게 되었다. 이러한 과정에서 필자는 한국 고대민족사의 흐름에 깊은 관심을 갖게 되었고, 한국사를 민족사의 측면에서 조명해 보아야겠다는 생각을 갖게 되었다. 정년을 앞두면서 필자는 그 동안의 자신에 대한 성찰을 하지 않을 수 없었다. 이것은 필자 자신이 그 동안 이 분야를 강의하면서 학생들에게 떳떳하지 못한 점이 있지 않았을까 하는 반성적 차원이기도 하다. 강단을 떠나면서 그 동안을 반성하면서 혹시라도 잘못 가르친 부분이 있으면 그 동안 강의를 받았던 제자들에게 잘못을 용서받아야 할 것이다. 이러한 생각에서 필자는 그 동안의 자료를 다시 정리하게 되었고, 이것을 그냥 허공에 던지지 말고 책으로 묶어 학계에 발표함으로써 이 분야의 모든 전공자들로부터 질책을 받는 것이 학자로서의 도리로 생각하였다.

필자는 일찍부터 민족사라는 용어에 많은 매력을 갖고 있었다. 특히 한국중세사를 강의하면서 외세의 침입에 대한 우리 민족의 빼어난 민족의식을 피부로 느끼지 않을 수 없었고, 고대사를 강의하면서 면면히 나타나고 있는 민족의식을 그냥 묵과할 수는 없었다. 이러한 관점에서 1979년 김호일선생과 함께 『한국민족사』를 집필하였는데, 필자는 이 중에서 제1장 「한민족의 기원과 민족사회의 성립」에서부터 제7장 「한민족 국가의 동요와 고려사회의 붕괴」까지 집필하였다. 지금 이 책을 보면 많은 당혹감을 느끼지만, 그래도 민족사의 일부로 고대와 중세를 조명할 수 있었다는 점에서 위안을 갖는다. 어떻게 보면 본서의 정리는 『한국민족사』 중에서 고대사 부분에 대한 수정 및 보완의 성격을 갖기도 한다. 기회가 닿는 데로 한국 중세민족사를 다시 정리함으로써 『한국민족사』의 중세사 부분을 수정 보완하고자 한다.

현재 우리 사회는 민족사의 입지에서 볼 때 많은 시련을 겪고 있다. 현재 우리 사회는 국제화 또는 세계화란 용어가 보편화 되면서 민족이란 용어는 설 땅을 잃고 있다. 우리 것을 버리고 외국문물을 수용하는 것이 국제화 또는 세계화란 추세로 변하고 있고, 민족 또는 국가를 운위하면 국수주의 또는 보수주의라는 용어로 매도되고 있는 실정이다. 거리에는 거의 모든 간판들이 외래어로 장식되어 있고, 생산품이나 자동차들도 세계화와 국제화란 미명하에 거의 모두가 외래어의 상표로 출시되고 있다. 심지어는 대학의 학사기구도 이러한 사조에 추종하여 개편되고 있으니, 참으로 우리의 것은 설 땅을 잃게 되었다.

더 더욱 심각한 문제가 있다. 대학의 교육과정 자체도 이러한 사조의 선봉에 서고 있어 역사와 철학과 국어를 비롯한 전통적 인문과학은 서구의 학문에 밀려 위축당하여 그 비중이 크게 약화되고 있다. 학생들도 그러하다. 우리 역사에 대한 소외는 현재 학생들에게 있어서 심각한 문제가 아닐 수 없다. 면접시험 때 강감찬이나 을지문덕, 한산대첩이나 귀주대첩 등 극히 초보적인 질문에도 제대로 대답하는 학생들이 거의 없다. 이러한 교육을 받은 학생들이 사회의 기층을 형성하였을 때 과연 우리의 미래는 어떠하겠는가.

세계화와 국제화, 물론 이것은 현대사회 내지 미래사회의 국제질서 또는 세계질서로 자리잡아 나가야 한다는 것은 어느 누구도 부정하지도 못할 것이고, 당연히 그렇게 되어져야 할 것이다. 그러나 우리의 것을 버리고 외국의 것만으로 우리를 포장하는 것이 세계화와 국제화인가 하는 문제는 심각히 고려해야 할 문제이다.

박은식朴殷植 선생은 『한국통사韓國痛史』에서 체體와 신神을 강조하면서 나라體가 망하더라도 신神만 온전히 갖는다면 반드시 체體를 재건할 수 있다고 보았고, 또 신神은 바로 역사(우리 역사)로 파악하였다. 일제하에서 그의 이러한 지적은 참으로 타당성 있는 논거이기도 하다. 그 대표적인 예로 이스라엘을 들 수 있다. B.C. 586년에 신 바빌로니아에게 멸망당한 유대왕국이 2차대전 후에 국가를 재건할 수 있었던 것도 바로 신(神, 역사)을 잃지 않고 지켜왔기 때문이다. 만약에 현재와 같은 세계화·국제화라는 명목하에 우리의 것을 망실한다면 언젠가는 우리 역사는 역사 속의 역사로 묻혀버리고 말 것이 아닌가.

우리의 것을 지키면서, 우리 역사에 대한 인식을 더욱 새롭게 함으로써, 이것을 바탕으로 세계 속에 우리를 심고, 세계 속에 우리 역사의 정신을 편다면 우리 역사는 바로 세계 속의 역사일 것이고, 세계화의 정신은 바로 우리 정신의 발현이 될 것이다. 그렇다고 외래문물을 배제하라는 것은 절대 아니다. 외국의 문물도, 외국의 정신도 우리의 정신 속에, 우리의 문물 속에 수용하여 용해함으로써 세계가 하나되는 문화, 하나되는 정신을 창출해 나가야 할 것이다. 우리의 역사는 바로 이러한 과정을 밟아왔다. 신라가 삼국을 통일하여 당의 문화를 수용하였고, 고려가 몽고와의 전쟁 이후에 그들의 문물을 수용하였으며, 조선시대에도 외래사상인 성리학을 국가이념으로 하여 통치질서를 확립하였다. 그러나 이것은 단순한 당의 문화, 몽고의 문화, 성리학의 문화가 아니었다. 이들 문화는 우리 민족의 정신에 수용되어 용해되어진 독자적인 한민족 문화요, 한민족 정신이었다. 필자가 본서를 『한국 고대민족사의 탐구』라고 한 것도 이러한 이유에서이다.

본서는 크게 10장으로 나누어진다. 제1장은 고조선이전의 소위 선사시대를 대상으로 하였는데, 이 시기는 구석기·신석기·청동기를 거치면서 우리 한민족이 생성되는 때로 보아 「한민족사회의 태동」이란 이름으로 서술하였다. 제2장은 고조선시대를 대상으로 하였는데, 이 시기는 한민족이 민족사회를 바탕으로 초기국가를 형성하는 단계로 보아 「한민족사회의 성립과 고조선」이라는 이름으로 서술하였다. 이 시기는 단군조선·기자조선·위만조선의 단계를 거치는데, 필자는 이것을 한민족 사회의 정치적 변혁이라는 전제하에서 이 시대를 조감하였다.

제3장은 부여·고구려·옥저·예·삼한 등 연맹왕국을 대상으로 하였는데, 이 시기는 고조선의 멸망 이후 구심점을 잃은 한민족 사회의 시련기로 보면서 새로운 민족국가 형성을 위한 과도적 단계로 파악하였다. 따라서 이 시기는 「한민족 사회의 시련과 연맹국가」란 이름으로 서술하였다.

제4장·5장·6장·7장은 고구려·백제·신라·가야의 역사적 발전과정을 한민족 고대국가의 성립이란 입장에서 조명하였는데, 삼국은 전 단계의 연맹왕국이 해체·정비되면서 새로운 민족국가로 재편되었고, 또 이들 국가는 이후 집권적 고대국가로 발전되고 있음을 감안하여 '한민족 고대국가의 성립'으로 파악하였다. 제7장 가야의 경우는 전 단계의 연맹왕국을 탈피하지 못하고 있으나 백제·신라와 더불어 강력한 세력권을 형성하고 있었고, 변진지역에서 이들 세력과 거의 대등한 입장에서 역사의 한 장을 이루고 있었다는 점을 중시하여 한민족의 여맥餘脈으로서 이 시기에 포함시켰다.

제8장은 통일신라 이후 신라 36대 혜공왕까지를 대상으로 하였는데, 이전 시기에는 일차적으로 정비되고 있는 한민족 국가의 출현이 삼국과 가야연맹으로 재편되고 있지만, 이때에 와서는 신라에 의하여 통일국가가 형성됨으로써 우리 민족사가 하나의 민족국가로 결정되는 시기로 보아 「한민족 통일국가의 성립과 발전」이란 이름으로 서술하였다. 제9장은 신라 37대 선덕왕 이후 신라의 멸망까지를 대상으로 하였는데, 이 시기는 진성여왕을 기점으로 전 단계의 시련기와 후 단계의 후삼국시대로 나누어 조명하였다. 전 단계는 지금까지의 문무왕계가 해체되고 비문무계가 즉위하면서 왕위계승을 위한 분쟁이 그치지 않았고, 이로써 통일국가의 정치체제는 붕괴되어 갔던 시기이다. 이와

같은 정치상에서 지금까지 통일국가를 형성하고 있었던 신라는 해체되지 않을 수 없었고, 진성여왕 때에는 초적草賊들의 반발이 민중의 호응을 얻으면서 사방에서 봉기하게 된다. 이러한 와중에서 신라는 후백제·후고구려로 분열되어 후삼국시대를 맞이하게 된다. 이러한 정치·사회적 변화를 감안하여 이 시기를 「한민족 통일국가의 시련과 후삼국」이란 이름으로 서술하였다.

제10장은 발해에 대한 것이다. 발해사는 유득공柳得恭이 『발해고渤海考』에서 서술한 바와 같이 통일신라와 더불어 남북국南北國을 형성했던 국가이기도 하다. 그러나 거란에게 멸망당함으로써 그 동안 우리 역사에서 거의 소외를 당하였다. 필자는 발해사를 재조명함으로써 발해가 우리 민족사의 일부임을 재확인하고자 하였다.

위와 같은 필자의 시대구분은 이 분야를 전공하는 학자들에게 많은 비판의 대상이 될 수 있을 것이다. 내용 또한 많은 오류가 있을지 모른다. 필자는 선학들의 질정을 기다리며, 배우는 마음으로 가르침을 받을 것이다.

본서를 집필하는데 많은 분들의 도움이 있었다. 이용빈 박사·김성환 박사·김덕원 박사·장덕호 선생·엄익성 선생·배수나 선생은 각자의 전공분야를 바탕으로 본서의 해당분야를 교감하여 주었고, 대학원생인 나은희는 원고정리에 많은 수고를 하였다. 이들의 노고에 고마운 마음을 전하며, 어려운 여건에도 출판을 허락하여 주신 서경문화사 김선경 사장님에게도 감사의 마음을 보낸다.

2003年　8月
銀河山房에서

申 千 湜　識

제1장
# 한민족 사회의 태동


제1절 인류의 출현과 역사의 시작 ——————————— 21

1. 인류의 출현 / 21   2. 인류역사의 시작과 발전단계 / 22

제2절 한민족 사회의 시작과 발전 ——————————— 26

1. 한민족 기원론 / 26   2. 한국사의 선사시대 / 34


제2장
# 한민족 사회의 성립과 고조선


제1절 단군조선檀君朝鮮 ——————————— 54

1. 단군기사檀君記事의 내용과 분석 / 54   2. 단군조선檀君朝鮮에 대한 여러 견해 / 64
3. 역사적으로 본 우리 민족의 단군인식檀君認識 / 72

제2절 기자조선箕子朝鮮 ——————————— 77

1. 기자箕子 관계 사료의 내용과 인식 / 77   2. 기자조선에 대한 여러 견해 / 83
3. 기자조선의 실체 / 88

제3절 위만조선衛滿朝鮮 ——————————— 96

1. 건국 배경 / 96   2. 건국과정과 흥망 / 100   3. 국가 성격에 대한 여러 견해 /
103

제3절 신라의 국가발전 ──────────── 278

　　1. 신라사의 시대구분 / 293　　2. 신라의 국가발전 / 299

제4절 신라의 통치구조와 사회구성 ──────────── 313

　　1. 통치구조 / 313　　2. 사회구성 / 323


## 제7장 한민족의 여맥餘脈 가야연맹


제1절 가야의 건국과정 ──────────── 331

　　1. 사료상에 나타나는 가야국명 / 331　　2. 가야의 건국배경 / 337

제2절 가야연맹의 흥망 ──────────── 348

　　1. 가야연맹의 성립 / 348　　2. 전기 가야연맹의 흥망 / 351　　3. 후기 가야연맹의
흥망 / 362

제3절 가야연맹의 사회와 문화 ──────────── 371


## 제8장 한민족 통일국가의 성립과 발전


제1절 동아東亞의 정세와 삼국 ──────────── 379

　　1. 국제정세의 변화와 나제동맹羅濟同盟 / 379　　2. 여제동맹麗濟同盟의 결성과 국제정
세 / 387

제2절 신라의 삼국통일과 역사의 의의 ——————————— 398

   1. 신라의 삼국통일 / 398   2. 삼국통일의 역사성 / 407

제3절 통일신라의 발전 ——————————————————— 413

제4절 통일신라의 통치구조와 사회구성 ————————————— 425

   1. 통치구조 / 425   2. 사회구성 / 434

### 제9장
# 한민족 통일국가의 시련과 후삼국

제1절 한민족 통일국가의 시련 —————————————— 441

   1. 선덕왕의 즉위와 정치사회 / 441   2. 원성왕의 즉위와 정치사회 / 445

제2절 한민족 통일국가의 해체와 후삼국 ——————————— 454

   1. 농민의 봉기와 호족세력의 대두 / 454   2. 통일국가의 해체와 후삼국 / 460

### 제10장
# 잃어버린 우리역사 발해

제1절 발해사에 대한 인식 ——————————————— 473

   1. 발해인의 역사인식 / 473   2. 발해에 대한 우리 역사의 인식 / 478

제2절 발해의 국가성립과 성격 ——————————————— 489

1. 발해국의 성격 / 489    2. 발해의 건국 / 495

**제3절 발해의 발전** ——————————————————— 497

**제4절 발해의 통치구조와 사회구성** ——————————— 510

1. 통치구조 / 510    2. 사회구성 / 514

**찾아보기** ——————————————————————— 521

# 1

# 한민족 사회의 태동

제1절  인류의 출현과 역사의 시작
제2절  한민족 사회의 시작과 발전

# 제1장
# 한민족 사회의 태동



**제1절  인류의 출현과 역사의 시작**

## 1. 인류의 출현

지질학자들의 일반적인 견해를 살펴보면 지구의 탄생은 약 45~ 50억년 전이며, 그 동안에 시생대始生代·원생대原生代·고생대古生代·중생대中生代·신생대新生代의 발전과정을 거쳐 오늘에 이른다고 하고 있다. 이 중에서 지구 탄생 후 화성암이 최초로 발견되는 38억년 전까지는 지구의 상태를 거의 알 수 없기 때문에 지구의 암흑시대로 명명하고 있고, 그 이후는 생물의 진화시대라 하고 있다. 그리고 6억년전을 기점으로 그 이후부터 생물의 출현시대라 하여 고생대·중생대·신생대를 여기에 포함시켰고, 그 이전은 전前캄브리아기라고 하여 시생대와 원생대를 이 범주에 포함시켰다.

고생대의 초기에는 주로 무척추동물이 활동하였고, 이후 척추동물

도 나타나는데 최초는 어류이고, 다음은 양서류가 나타났으며, 말기에
는 파충류도 출현을 보게 된다. 파충류는 고생대 말(펜실바니아기)에
나타나 중생대 전반에 걸쳐 번식하였다. 이로써 중생대를 파충류시대
라고 하기도 한다. 포유류는 약 2억년 전부터 나타나 신생대를 휩쓸었
고, 1,700~1,200만년전인 마이오세 중기에는 인류의 조상이라고 하는
Ramapithecus의 출현을 보게 된다.

우리나라 지형은 고생대 말 내지 중생대 초인 약 2억 6~7천만년
전에 대략의 골격이 형성되었고, 산맥이 형성하게 된 것은 중생대 말
인 약 7천만년 전으로 보고 있다. 또 현재의 한반도나 만주대륙의 지
형은 제3기가 끝나는 약 250만년전인 신생대 3기 선신세에 대강의 골
격이 형성되었고, 현재의 상태는 제4빙하기가 끝나는 홍적세에 형성되
었다고 하고 있다.

지구상에 인류가 출현한 시기에 대하여는 여러 견해가 있으나 유
인원類人猿으로서 Ramapithecus는 제3기말인 마이오세 중기에 이 지구상
에 출현하였다. 그 후 영장목靈長目으로 Australopithecus(Africa남방, 남방
의 원숭이란 의미를 지님. 제3세기말 약 500~400만년전, 두개골 500cc),
Homoerectus(풀라이스토세 초기부터 160~45만년전, 두개골 775 - 1,200cc),
Homosapiens(지혜를 가진 사람 - 슬기사람, Neandertal인 - 약 40~25만년
전, 두개골 1,200~1,600cc), Homosapiens sapiens(슬기 슬기사람, Cro -
magnon인) 등의 출현이 단계적으로 나타나고 있다.


## 2. 인류역사의 시작과 발전단계

인류가 지구상에 출현한 이후 다양한 발전과정을 거쳤고, 이후 이
들의 성장은 국가의 성립으로 이어지게 된다. 이 동안에 사회적·문화
적 변화가 수반되었고, 이러한 변화는 다시 새로운 사회와 문화의 발

전을 위한 축적으로 용해되어 가면서 역사의 장은 서서히 열리고 있었다. 이 시기의 역사단계에 대한 학자들의 견해도 여러 방면에서 나타나고 있다. 즉 문자의 발명을 기점으로 이 시대의 발전단계를 파악하려는 견해도 있었고, 이후 석기의 발전단계로서 이 시대의 성격을 구명하려는 연구도 있어 왔으며, 최근에 와서는 사회발전사적 입장에서 이 시대를 조명하려는 연구도 있어 왔다.

주요 연구성과를 개관하면 대략 다음과 같다.

첫째, 문자文字에 의한 시대구분으로, 문자의 발명을 전후하여 인류역사의 발전단계를 선사시대先史時代와 역사시대歷史時代로 구분하였다. 선사시대란 문자로 기록된 역사가 없었던 시대, 즉 문자발명 이전의 시기를 의미하고, 역사시대란 문자발명 이후, 즉 문자로서 기록된 역사가 있었던 시기를 의미하고 있다. 따라서 선사시대란 역사시대의 대칭으로서 역사시대에 선행하는 시대란 뜻이다. 이러한 시대구분은 고전적 시대구분으로써 한때 전 세계의 역사학계에 통용되었고, 우리나라도 예외는 아니었다. 지금까지도 역사서에서 이 용어가 등장하고 있는 경우가 많다. 그러나 역사연구의 자료를 문헌과 유물로서 넓게 해석한다면 선사시대란 말은 무의미해진다. 이로써 1869년 제1회 전露Russia 고고학 대회때 A. S Uvarov백작 등의 제의로 선사시대란 말 대신에 시원적始源的이란 말을 사용하기로 가결한 일도 있다.

둘째, 도구道具에 의한 시대구분인데, 인류문화의 발전단계를 인간이 사용한 도구들을 기준으로 하여 시대를 구분하고자 한 이론이다. 대표적인 학자는 덴마크의 고고학자 C. J. Thomsen(1788~1865)이다. 그는 1836년에 인류문화의 발전 단계를 도구의 사용을 기준으로 하여 석기시대石器時代・청동기시대靑銅器時代・철기시대鐵器時代로 구분하였는데, 이를 Thomsen의 삼분법三分法이라 한다. 1865년에 영국의 고고학자

J. Lubbock(1834~1913)은 석기 제작의 마제법 유무에 따라 석기시대를 구석기시대(타제석기)와 신석기시대(마제석기)로 구분하였고, 이후 연구의 결과 서석기시대曙石器時代, 중석기시대中石器時代, 금석병용기시대金石倂用器時代의 용어가 생겨났다. 서석기시대는 구석기시대 초기로 아직 타제의 기법을 몰랐던 시기로서 자연석을 사용하였던 단계이고, 중석기시대는 신석기시대의 초기단계로써 석기 전체에 마제가 가해지지 않고 화살촉이나 바늘 등 세석기細石器에만 마제가 가해졌던 단계이며, 금석병용기시대는 청동기시대의 초기단계로써 아직 청동기술이 발전하지 못하고 순동만을 사용하였던 단계를 의미한다.

이상에서 볼 때 도구에 의한 인류문화 발전 단계는 서석기시대 – 구석기시대 – 중석기시대 – 신석기시대 – 금석병용기시대 – 청동기시대 – 철기시대로 세분된다. 이러한 시대구분에 대한 이론은 세계의 역사학계에 수용되었고, 지금까지도 역사서술의 경우 위의 시대구분이 주요한 기준으로 설정되고 있다. 그러나 이 이론은 유물에 적응하여 인류역사의 발전단계를 조명할 수 있다는 점에서는 매우 실증적이나, 사회발전이나 인류의식의 변화를 배제하고 있다는 점에서 비판의 대상이 되고 있다.

셋째, 사회발전에 의한 시대구분이 나타나고 있는데, 이 이론을 주창한 대표적인 학자는 미국인 L. H. Morgan이다. Morgan은 1877년에 『The Ancient Society』에서 인류사회의 발전과정을 원시공동체사회 – 씨족사회 – 부족사회로 구분하였다. 이 학설은 이후 전 세계의 역사학계에 대부분 수용되었으며, 우리나라도 이 학설에 따라 현재까지도 씨족사회 – 부족사회의 용어를 사용하고 있다. 이후 Elman R. Service는 1971년에 『Primitive Social Organization』에서 인류사회의 발전단계를 Band Society – Tribal Society – Chiefdom Society – State로 구분하였다.

Band Society群社會는 인류의 출현으로부터 목축생활과 농경생활이 시작되기 이전단계, 즉 수렵채집의 시대로서 구석기시대가 여기에 해당한다. 이후 신석기시대가 시작되고 부족(Tribe)이 점차 커지자 이들 사회는 소멸된다. 그러나 완전히 소멸된 것은 아니며, 일부는 현대까지 잔존하고 있다. 계급의 미분화, 원시공동체사회가 그 특징으로 나타난다.

Tribal Society部族社會는 Band Society의 말기에 이르면 집단의 수적증가를 보이게 되고, 또 동식물의 사육과 재배 및 자연환경의 효율적 이용으로 집단의 기능과 수준이 높은 단계로 전문화되면서 집단들을 통합하는 과정이 수반된다. 이들 사회의 성립은 Band Society를 구성하던 근친혼近親婚을 하는 소수의 여러 가족 집단들이 이 시기에 공통된 자기보존 의식에 대한 필요성에서 부족사회의 한 구성원으로 전락된다. 따라서 이들은 가족적 지위질서 안에 존재하는 불평등을 제외하고는 평등하였다. 그러나 이 사회는 통합을 위한 제도적인 정치수단이 결여되고, 또 유기적인 연합의 부재가 존재하였음을 감안할 때 불화와 같은 중대상태가 발생할 때에는 해체될 위험이 있었다.

Chiefdom Society君長社會는 일찍이 1955년 Oberg와 1959년 Steward 및 Faron에 의하여 이 용어가 사용되고 있었다. 이 사회의 발생은 인구의 증가, 문화의 진보와 더불어 기술의 전문화, 그에 따른 생산물의 증대 및 생산의 재분배가 활성화되어 가는 과정에서 찾아볼 수 있고, 이들 사회의 특징은 Chiefdom, 즉 군장君長이라는 지배계층의 등장을 들수 있다. 당시 이들 사회의 군장은 지배자로서의 권능을 가지며, 그 지위는 신성시되고 합법화되고 있었다. 이들 사회는 사회 중심적이며, 친족체제는 거의 무시되었고, 상하의 신분적 규정이 엄격하게 적용되었다. 그리고 경제적 재분배는 강제력을 띠었고, 권리와 특권 그리고 구성원의 의무가 성문화되고 있었다. 이러한 과정을 거쳐서 이후 여러 개의 Chiefdom Society가 통합을 이루어 초기국가初期國家, 즉 State의 단계로 발전한다고 보았다.

　우리 학계에서도 위의 학설들에 대한 비판적 의견이 제시되고는 있지만 아직껏 통일된 견해는 제시되지 못하고, 학자들의 주장에 따라 선사시대와 역사시대, 석기시대·청동기시대·철기시대, 군장사회 등의 용어를 사용하면서 혼선을 빚고 있다.

## 제2절　한민족 사회의 시작과 발전

## 1. 한민족 기원론

　현재 학계의 일반적 연구성과를 살펴보면 역사의 무대인 만주지역과 한반도에는 일찍부터 원시인류들이 생활하고 있었다. 흔히들 고생인류古生人類라고 말하는 Pithecanthropus－Erectus(직립원인直立猿人)·Sinanthropus－Pekinensis(북경원인北京原人)의 출현을 인류의 시발점으로 보고 있지만, 이들 인류군이 생활하고 있을 때 우리의 역사무대에서도 검은모루유적에서 인류군이 생활하고 있었다는 견해가 북한학계에서 제시되고 있다.

　일제시대에는 식민사관植民史觀이 지배하고 있어 우리나라의 구석기시대를 부정하였지만 해방 이후 각지에서 발견되는 구석기시대 유적으로 미루어 볼 때 우리나라의 역사무대에서도 일찍부터 인류가 생존하여 왔다. 그리고 이들 인류는 외국의 경우와 마찬가지로 이후 그들 자신의 생활기반을 문화전통으로 축적하면서 발전하고 있었음을 보여주고 있다. 이후 신석기시대와 청동기시대를 거치면서 소위 C. J. Thomsen의 3분법三分法에 의한 문화발전 단계가 우리나라에서 그대로 나타나고 있다. 또 L. H. Morgan이 주장하였던 씨족사회와 부족사회의 발전적 사회구성도 이들 시기에 진행되어 왔고, Elman R. Service가 주장하는 Band Society - Tribal Society - Chiefdom Society의 발전과정도 우리 역사의 무대에서 그대로 나타나고 있다.

필자는 이들 사회에 대한 학자들의 다양한 시대구분을 모두 수긍하지 않을 수 없다. 왜냐하면 위의 시대구분은 이 시기 우리나라 역사에서 그대로 나타나고 있는 역사적 실체이기 때문이다. 그러나 이들 인류가 우리 한민족韓民族의 선조로 볼 수 있는가 하는 문제에 대하여는 대부분의 학자들이 부정적인 견해에서 보고 있다.

학계의 일반적인 견해는 청동기시대의 무문토기인, 즉 북몽고 계통의 알타이Altai족을 우리 민족의 선조로 파악하면서, 그 이전 시대의 인류군人類群에 대한 역사성을 우리 민족의 구성과 연계시키는 것은 주저하고 있다. 또 이들 인류군은 수차에 걸친 빙하기와 더불어 소멸되었을 가능성을 제시하고 있다. 그러나 소위 청동기시대는 이전의 신석기시대 문화를 수용하면서 이들 족단과의 연맹적 체계로 국가형성이 출발되고 있다는 것에는 대부분의 학자들이 공감하고 있다. 그렇다면 우리 민족사의 근원도 신석기시대로 소급하지 않을 수 없을 것이다.

역사무대에서 최초로 나타나고 있는 소위 구석기시대의 인류도 현재 발굴성과를 통하여 볼 때 다양한 문화의 분포를 보이고 있다. 이 시기의 석기를 주로 타제석기란 이름으로 획일화 시키고 있지만, 이들 타제석기도 시대에 따라 많은 변화와 발전을 보이고 있다는 것은 고고학계의 일관된 주장이다. 이로써 학계에서는 타제석기를 주도하였던 초기 인류군도 Erectus종에서 Sapience종으로 진화한다는 이론을 제시하고 있지만, 이들 인류군이 과연 빙하기의 내습으로 소멸되고 신석기시대와는 단절된 인류군으로 파악해야 할 것인가 하는 것은 앞으로의 연구과제로 남겨두지 않을 수 없다. 혹 이들 인류군이 신석기문화를 갖는 종족에게 지배를 받아 그 문화전통이 이들에게 수용되어 갔다고 한다면, 또 이들 인류군이 신석기문화를 갖는 종족과 교류하면서 문화 단계를 발전시켜 갔다고 한다면, 이들 인류군은 바로 우리 민족사를 형성한 시원적인 종족으로 파악되어질 수 있을 것이다.

한민족韓民族의 기원起源에 대해서는 일찍부터 많은 학자들에 의하여 다양한 연구가 진행되어 왔다. 초기에는 종족구성의 측면에서 연구가 진행되어 왔으나 현재에 와서는 역사학 뿐만 아니라 고고학·인류학·언어학 등의 분야에서 그 동안 축적된 연구 결과를 적극적으로 수·용하면서 보다 구체적으로 나타나고 있다. 그 동안의 연구 성과를 종합하면 대체로 혼혈론混血論·주민교체론住民交替論·단혈성론單血性論으로 구분하고 있다.

혼혈론은 1930년대에 일본인 학자 영목성玲木誠과 금촌풍今村豊에 의하여 주창된 학설인데, 한국인은 남방 및 북방으로부터 이주한 주민들의 혼혈에서 비롯한 집단이라는 것이다. 이러한 입장은 일본의 식민사관과 연결되고 있는데, 즉 한반도 북부지방은 중국의 식민지였으며, 남부지방은 일본의 식민지였다는 인식이 전제되고 있다. 이 이론은 일본이 고대 한국의 남부지방을 통치하였다는 임나일본부任那日本府의 이론적 근거로 이용되기도 하였다.

그러나 이러한 식민사관을 탈피하고 민족사적 입장에서 우리 민족의 혼혈론을 제기한 학자는 손진태孫晋泰이다. 손진태는 1927년에 「조선민족의 구성과 그 문화」에서 한반도 각지에는 다양한 종족種族이 살고 있었으며, 장기간의 혼혈과정을 거친 끝에 한민족으로 통합·형성되었다고 하였다. 이러한 그의 견해는 1948년 『조선민족사개론』에서 다시 한번 강조하였다. 그에 의하면 한민족은 몽골인종 중에서도 만주·시베리아 종족과 가장 가까운 관계에 있으며, 특히 통구스Tungus족과 가까운 관계라고 하였다. 그는 부족국가시대에 한민족의 영역 내에는 대체로 산과 강을 경계로 부여족·예맥족·숙신(읍루)족·조선족·옥저족·예족·삼한족·고구려족 등 9개의 족속이 있었는데, 이때를 민족 형성의 시초기로 규정할 수 있으며, 삼국시대가 민족통일 추진기이며, 삼국통일에 의해서 한민족이 일단 결정되었다고 하였다. 또한 한민족이 완성된 시기는 현재와 같은 국경선이 확정된 조선 세종世宗(1418～1450) 때 특히 1434년이라고 하였다. 따라서 현대의 한국인은 엄격한 의미에서의 단일 혈족血族이 아니라 4~5 종족의 혼혈混血로 구성된 복합민족이라고 하였다. 이러한 손진태의 견해는 최근에 이기동李基東에 의해서도 계승되었는데, 그는 비록 '소박한' 관점이기는 하지만 한민족의 형성과정을 파악하는 데에는 혼혈론 쪽이 옳다고 하였다(「기원 연구의 흐름」, 『한국사 시민강좌』 32, 2003).

다음은 주민교체론이다. 이것은 현재 우리 학계에 일반적으로 수용되고 있는 이론인데, 즉 청동기문화를 조성한 종족이 신석기문화의 주인공들을 흡수 통합하였으며, 이러한 과정에서 우리 역사의 주체로 성장 발전하였다고 보는 견해이다. 이러한 견해를 전제로 이들은 청동기문화를 조성한 종족이 바로 우리 민족사의 새로운 주체라고 파악하고 있다. 이 이론은 이병도·김상기 등의 학자들에 의하여 주장되었고, 이후 김정학·김정배 등 대부분의 학자들이 수용하고 있다. 그러나 우리 민족사의 시원으로 보고 있는 청동기문화의 주체에 대하여는 그동안에 다양한 의견이 제시되어 왔다. 그 중에서 대표적인 견해를 살펴보면 우랄알타이 계통의 예맥설, 동이東夷의 후손으로서 퉁구스Tungus 종족에 속한다는 설, 알타이 계통의 북방민족설, 시베리아계통의 북방민족설 등이 있어 왔다.

이병도李丙燾는 『한국사韓國史』 고대편(을유문화사, 1959)에서

우리 민족은 동북아시아의 여러 민족사회民族社會에서 널리 행하던 웅

熊과 비슷한 맥貊을 개마 혹은 고마라 하여 우세적인 Totem으로 하고 있다가 만주와 반도를 동진東進함에 따라 맥貊을 대신하여 웅熊을 고마 혹은 개마라 하여 그것을 대표적인 Totem으로 신성시 하였던 종족으로, 맥 혹은 예맥족濊貊族이라 하고 있다. 이들은 만주와 토이기土耳其계통의 공통된 먼 공동조상에서 분파된 일족으로, 이들은 몽고족·만주족·토이기土耳其족, 즉 우랄알타이 계통의 동일한 민족으로서 혈연적으로 이들과 비교적 가까운 일족이다.

라고 하였고, 손진태孫晉泰는『한국민족사개론』(1948)에서

한민족의 기원은 중국 고전에 나타나는 동이東夷의 후손으로서 Tungus 종족에 속하며, 이들은 상고上古시대에 양자강 이북의 중국 동부지역과 만주·시베리아 남부 및 한국 내지內地에 퍼져 살았으며, 그 종족적 지위는 한족漢族·토이기土耳其·몽고족蒙古族과 함께 나타나 Asia 4대 종족 중의 하나가 되었다.

라고 하고 있다. 또 김정학金廷鶴은『한국민족형성사』(1964)에서

한국 민족은 체질體質·언어言語·문화文化 등에 있어서 북방민족北方民族의 요소가 압도적임을 알 수 있다. 그리하여 북방민족 중에도 알타이어 계통에 가장 가까운 것을 보여준다. 과거에 한국 민족을 막연히 퉁구스족이라고 일컫는 학자들이 있었다. 한국 민족이 퉁구스족과 가장 밀접한 관계에 있었음은 사실이다. 또 언어에 있어서도 한국어는 Manchu – Tungus족에 가장 가깝다. 그러나 역사적으로는 한국족과 Tungus족은 오랫동안 독립된 생활을 하여 왔으므로 한국족은 알타이족 중에서도 토이기족土耳其族·몽고족蒙古族·Tungus족과 병립竝立하여 하나의 민족단위民族單位를 이루는 것으로 볼 것이다.

라고 하고 있다. 이들은 우리 민족사의 연혁을 퉁구스Tungus 또는 알타이Altai 계통으로 설정하고 있다. 그러나 이들 종족을 중국 고대의 문헌

에 나타나는 동이족東夷族으로 파악하면서 고고학상의 무문토기인으로
보고 있는 견해가 지배적이다. 즉 화북의 용산문화龍山文化와 통하는 농
경문화를 가졌던 무문토기인들은 중국의 사료에 보이는 동이족東夷族이
며, 이후 청동기문화를 철기문화로 발전시키면서 한국사의 주인공으로
등장하였는데, 이들은 북몽고인종이라고 보고 있다. 그 논거로서 천손
족天孫族, 천신天神 내지 태양숭배太陽崇拜, 무격신앙巫覡信仰과 그에 따른
제의祭儀와 습속習俗을 들고 있다. 동이족東夷族의 성격에 대하여 일찍이
김상기金庠基는 「한예맥이동고韓濊貊移動考」(『史海』 1)에서 회하淮河이북의
연해주沿海州 일대, 즉 지금의 강소江蘇·안휘安徽 일부를 포함하여 산동
성과 화북성을 거쳐 발해만을 끼고 요하遼河와 만주지역에 걸쳐 살았
던 이민족의 총칭으로 보았다. 그는

> 동이는 중국 서북지역으로부터 만주 동남부와 한반도 및 하북 산동
> 반도지방으로 이동하였다. 이 중 산동반도의 동이는 은殷나라 때부터 한
> 족과 접촉 투쟁하여 주周나라 때에는 회하유역까지 진출하여 연합세력을
> 형성하였다. 『박물지博物志』에 보이는 서언왕徐偃王의 전설, 즉 주周나라가
> 서언왕徐偃王에게 행한 할지割地 또는 조공朝貢 등의 친화정책은 이를 말해
> 준다. 이후 진秦이 통일하자 동이東夷는 한족漢族에 정복 흡수되었다.

라고 하고 있다. 또 대만대 교수인 임혜상林惠祥은 『중국민족사』에서
동이를 광의와 협의로 나누면서, 광의의 동이인 회이淮夷·내이來夷·서
융西戎 등의 이夷가 부여扶餘·고구려高句麗·예濊·맥貊과 동일 종족임을
밝히고 있다.

이밖에 단군신화에 나타나는 설화의 내용과 거의 일치하는 그림
이 산동성山東省 가상현嘉祥縣의 무씨사당武氏祠堂의 벽화에 나타나고 있
으며, 『후한서後漢書』 동이전東夷傳에서도 중국 내의 동이가 한반도의 조
선족과 연계되어 있다고 기술하고 있음을 근거로 우리 민족사의 시원

을 동이계로 파악하고 있는 견해도 있다.

또 김정배金貞培는 "퉁구스족이 형성되어 가는 과정에 고아시아족의 요소가 있는 바, 우리 민족의 경우 퉁구스족이 아니라 그저 한민족이라고 보는 것이 옳지 않겠는가"라는 견해를 제시하고 있다. 이밖에 김원룡金元龍은 『한국문화의 기원』(탐구당, 1976)에서

퉁구스라 하면 시베리아에도 있고 남에도 있다. 또 흥안령 산맥을 경계로 해서 서에는 몽고가 있고 동에는 한韓과 만주족이 있는데, 만주와 한국을 합쳐서 대체적으로 퉁구스라 지칭하고 있다. 일본까지 넣어서 만주 퉁구스 혹은 한일韓日 퉁구스라고 하는 자도 있지만, 한국을 툭 떼어내면 전래과정의 설명이 곤란하며, 또 알타이어계에도 퉁구스어가 있고, 한국어가 있다. 이전에 우랄 알타이라 하다가 지금은 우랄을 떼고 알타이어라는 말을 사용하고 있다. 무문토기와 연계해서 볼 때 우리나라 무문토기의 구체적 형식인 화분형토기가 송화강 중류에 분포되어 있다.

라고 하여 압록강과 송화강의 중·상류지역이 우리 한민족의 활동무대였음을 밝히고 있다.

마지막으로 단혈성론이다. 이것은 북한에서 주장하는 이론이다. 북한은 '조선민족'의 기원에 대하여 외지外地에서 이동해 온 족속이 아니라 '조선반도' 내에서 구석기시대 말에 형성된 이른바 '조선옛유형사람'으로 부터 비롯된다고 보았다. 이러한 '민족단혈성기원론'에 의하면 우리 민족은 평양 일대를 발원지로 하여 자체적인 진화과정을 거쳤다는 것이다. 한반도 특히 평양지방은 100만년 전부터 사람이 살았기 때문에 인류 발상지의 하나이며, '조선민족'의 뿌리는 까마득한 과거까지 거슬러 올라가 생각할 수 있다고 하였다.

이러한 단혈성론의 구체적인 증거로 이들은 화석인골을 제시하고 있다. 즉 1972~1973년 사이에 평남 덕천시 승리산 동굴에서 발견된

'덕천사람'과 '승리산사람', 1979년 평양시 역포구역 대현동 동굴에서 발견된 '력포사람' 및 1980년 평양시 승호구역 만달리 동굴에서 발견된 '만달사람' 등이 그 대표로 열거되고 있다.

위에서 보는 바와 같이 우리 민족의 기원에 대한 다양한 학설이 제시되고 있지만, 이들 학설들은 상호간에 연관성을 갖고 있다. 즉 혼혈론의 경우 각 시대에 생활하였던 종족들이 서로 교류·병합되는 과정에서 새로운 공동체를 형성하여 갔을 것이며, 이러한 과정에서 이들 종족들은 혼혈되어 동일 종족으로 결합되어 갔을 것이다.

또 단혈성론의 경우 한반도에서 발굴되고 있는 인골을 우리 민족의 시원으로 보고, 이들 종족이 이후 순수한 한민족으로 계승되어 왔다는 것에는 분제가 있지만, 이늘 송속이 한민속의 모체가 되었다는 것은 긍정적으로 보아야 할 것 같다. 이들 종족은 이후 외부세력과 융화하는 과정에서 오늘날의 한민족으로 발전하였을 것이다. 이와 같은 관점에서 볼 때 주민교채설은 위의 두가지 학설을 모두 포함하고 있다고 보아야 할 것 같다.

위의 모든 견해를 종합할 때 우리 민족의 선주지인 만주와 한반도에서는 구석기시대부터 인류가 생존하면서 독자적인 문화권을 형성하여 신석기시대와 청동기시대를 거쳤고, 이러한 과정에서 이 시기의 다양한 종족들은 서로 융합하여 몇 개의 민족군으로 통합되어 나갔을 것이며, 이들 중의 하나가 바로 한민족韓民族으로 발전하였을 것이다.

이들은 몇 차례의 민족이동을 계속하면서 우수한 금속문화를 이룩하였고, 이를 배경으로 이후 역사시대로 진입하여 단군조선·기자조선·위만조선 등의 조선사회를 형성하는 주체가 되었을 것으로 볼 수 있다.

## 2. 한국사의 선사시대

### 1) 한국사의 구석기시대

본장에서는 편의상 C. J. Thomsen의 이론에 따라 구석기시대·신석기시대·청동기시대로 구분하여 당시 상황을 검토하기로 한다.

현재 일반적인 학계의 연구성과를 살펴보면, 한반도와 만주대륙은 제3기 말에 지형이 대강 형성되었고, 현재와 같은 상태는 제4기 홍적세의 제4빙기氷期가 끝난 다음에 형성되었다고 보고 있다. 소위 빙하기는 홍적세에 크게 4회가 있었는데, 우리나라의 경우 함경도 관모봉冠帽峰에 제1빙하기의 잔존물인 듯한 흔적이 있으나 빙하의 내습흔적은 찾아볼 수 없다. 일제시대는 식민사관에 입각하여 우리나라에는 구석기시대가 없었다는 것이 정설로 되어 왔다.

한반도에서 구석기문화가 논의되고, 발굴조사가 본격적으로 이루어진 것은 최근 40년 동안의 일이다. 물론 해방 전인 1935년 함경북도 두만강 부근의 동관진潼關鎭에서 일본인 학자 삼위삼森爲三·덕영중강德永重康 등에 의하여 적록(赤鹿, Cerves)과 거록(巨鹿, Megaceros)의 뿔 또는 뼈로 만든 첨두기 약간과 흑요석 인기刃器가 발견된 사례가 있었고, 1940년에는 직량신부直良信夫에 의하여 우리나라에서의 구석기 유물의 존재가 학계에 발표되기도 하였다. 그러나 이 유적 근처에는 신석기 유적들이 있고, 또 이들 유적에서도 흑요석으로 만든 타제석기들이 출토되고 있다는 등의 이유로 동관진의 구석기 유적지는 부정적으로 취급되었다. 당시 학계의 일반적인 견해는 신석기시대의 즐문토기인을 한반도 최고의 선주민으로 파악하고 있었다. 이러한 상황이 지속되는 중에서 구석기시대의 유적과 유물에 대한 본격적인 발굴조사가 이루어진 것은 1960년대 초의 일이다. 1960년대 이후 지금까지 발견된 구석기 유적의 수는 그 수를 헤아릴 수 없을 정도이며, 현재까지 발굴조사된 것만도 수 십여 곳에 이른다.

1940년에 직량신부直良信夫는 「조선동관진발굴구석기시대의 유물朝鮮潼關鎭發掘舊石器時代の遺物」(『滿蒙學術調査研究報告』 6 - 3, 1940)이란 논문을 발표하여 동관진에서 석편石片과 골각첨기骨角尖器가 출토되고 있음을 소개하였지만, 당시 학계에서 큰 반응을 유발하지 못하였다. 그 이유는 부근의 신석기유물과 혼동될 가능성이 있었고, 1930년대 말부터 1940년대는 일제의 식민사관이 절정을 이루고 있었던 시점이었기 때문이었다.

그러나 해방 이후의 발굴 결과 우리나라에도 도처에서 구석기시대 유적이 발견되고 있다. 1963년에는 함경북도 웅기군 굴포리屈浦里의 패총貝塚에서 외날집게·쌍날집게 등의 유물이 출토되었고, 또 후기 구석기시내에 해당하는 문화층이 발견되었나. 그리고 1964년부터 1971년까지 충남 공주군 석장리石壯里에서도 후기 구석기시대로 추정되는 문화층이 발견되었는데, 제6층에서 발견된 숯은 방사성탄소연대측정 결과 약 30,000년 전의 것으로 판명되었다(손보기, 「層位를 이룬 石壯里 舊石器文化」, 『歷史學報』 35·36, 1967). 2년 후인 1966년에는 평양시 상원군 검은모루유적에서도 구석기시대 유적이 발굴되었는데, 이곳은 전기 구석기인들이 잡아먹고 버린 짐승뼈 화석이 쌓인 길이 30m 가량 되는 동굴유적으로 보고되고 있다(김신규·김교경, 「상원 검은모루 구석기시대 유적 발굴 보고」, 『고고학자료집』 4, 1974). 이 유적에서 발견된 동물화석 중에는 물소·원숭이·코뿔소·코끼리 등 아열대 및 열대에 사는 동물의 뼈가 대량으로 발굴되었는데, 이들 짐승들은 홍적세 중기초인 약 70~50만년 전에 활동하였던 동물로 추정되고 있다.

또 1974년에 충북 제천군 점말동굴에서 구석기 유적이 발굴되었고, 1978년에는 경기도 연천군 전곡리全谷里에서 구석기 유적이 발굴되었다. 전곡리 유적은 규모나 질적인 면에서 세계적인 구석기 유적지로 각광을 받았다. 이 유적은 1978년부터 1998년까지 발굴조사가 이루어졌는데, 출토유물도 다양하고 편년과 성격도 다양하게 나타나고 있다. 이 유적에서는 약 20만년전의 아슐리안 형태의 전형적인 전기 구석기 유물인 아슐리안주먹도끼에서부터 중기 구석기에 해당하는 무스테리안형의 유물도 출토되고 있으며, 후기 구석기의 유물도 출토되고 있다. 그러나 일부 학자들은 절대연대측정에 의한 45,000 B.P.를 전곡리 유적의 중심편년으로 보기도 한다. 이로 볼 때 이 지역에서는 전기 구석기시대부터 후기 구석기시대에 이르기까지 장기간에 걸쳐서 인류가 생활하였음을 알 수 있다.

이들 외의 유적으로 충북 단양군 매포면 상시리동굴, 청원 두루봉동굴, 평북 덕천리 유적과 어술포리 유적, 평양소재의 만달리 유적과 용곡동굴 유적, 동해안의 심곡리 유적과 도화리 유적, 단양의 금굴 유적 등을 찾아볼 수 있는데, 이들 중에서 용곡동굴 유적은 111,000∼46,000년의 절대연대가 추출되었고, 금굴 유적은 그 편년이 제1층이 70∼60만년전이고, 제2층은 45만년전이라는 견해가 나타나고 있다. 이들은 주로 석회암 동굴에서 살았고, 경우에 따라서는 강변 등지로 진출했던 것으로 평가되고 있다.

그러나 북한에서 발굴된 구석기시대 유적에 대하여 우리 학계에서는 비판적인 시각에서 보는 학자들이 많다. 특히 이선복李鮮馥은 「민족 단혈성 기원론의 검토」(『북한의 고대사연구』, 일조각, 1991)에서 "검은모루와 굴포리유적 제1기층이 각각 전기 및 중기 구석기시대라는 주장은 현재의 증거만으로 도저히 받아들일 수 없다. 검은모루는 단지 플라이스토세 중기의 한반도 서북지방의 환경이 하북평원 일대와 유사하였음을 말해주는 동물화석 지점에 불과할 뿐이며, 굴포리에 중기와 후기 구석기 문화층이 있다는 주장을 뒷받침하는 층위와 유물상의 증거 역시 제시된 보고에서는 찾을 수 없다"고 하여 북한학계의 보고 내용을 부정적인 입장에서 보고 있다.

이 시기는 주로 타제석기를 사용하였다. 그러나 타제석기도 시대의 흐름에 따라 다양한 형태로 변화를 보이고 있다. 우리나라에서 출토되고 있는 초기의 구석기 유적에서는 주먹도끼가 주류를 이루고 있는데, 대표적인 유적은 전곡리·금파리·금굴유적 등지이다. 이들 석기는 주로 타원형이나 첨두형 날의 형태로 제작되기도 하였다. 또 석기의 제작기법은 양면박리를 원칙으로 하고 있지만 격지로 제작된 사례도 나타나고 있다. 이밖에도 주먹찌르개, 뾰족끝 찍개 등도 찾아볼 수 있다. 후기에 와서는 위의 전통 외에도 자갈돌 석기전통과 돌날 석기전통을 기반으로 하는 세형돌날문화가 또 하나의 특징으로 나타난다.

이들의 종족구성에 대하여는 신인新人(Homosapiens sapiens)이라는 견해가 지배직이지만, 검은모루 유직과 전곡리 유적에서는 선기 구석기인의 존재가 확인되었고, 석장리에서는 후기 구석기인의 존재가 확인되고 있다. 그리고 1972년 평남 덕천군 승리산 유적에서 나온 인골은 구인舊人, 古人 계통의 덕천인(Homosapiens neandertalensis)과 신인新人계통의 승리산인(Homosapiens sapiens)으로 구분되고 있는데, 이들은 한국인의 원초적 기원으로써 체질이 이웃나라와 구별되는 것으로 알려져 있다(『조선통사』, 1977).

이밖에도 구석기시대의 인류로 평가되는 인골이 용곡동굴 유적, 만달리 유적에서 발견되어 용곡사람과 만달사람 등으로 학계에 보고되었고, 또 금천사람, 홍수아이 등의 인골도 보고되고 있다.

위에서 볼 때 한반도에서 사람이 거주하기 시작한 것은 지금으로부터 70~50만년전으로 거슬러 올라간다. 이때는 지질학적으로 볼 때 제4기의 홍적세에 해당하고, 또 이 시기는 기온의 변화가 심하였으며, 지형의 변화 또한 심하였다. 지금으로부터 1만년전을 전후한 시기까지 계속된 이 홍적세의 기간 중에 주로 타제석기打製石器를 사용하면서 수집·채집경제를 기반으로 하는 구석기문화가 시대에 따라 발전 변화되는 모습으로 나타나고 있다. 우리 역사의 초기무대를 만주지방으로 본다면 이곳의 발굴성과에 따라 또 다른 형태의 구석기 문화층이 발견될 수 있을 것이다.

## 2) 한국사의 신석기시대

우리나라에서 신석기시대의 편년은 일제시대부터 1980년대까지만 하더라도 일반적으로 B.C. 3,000~2,000년으로 이해해 왔다. 그러나 최근의 발굴결과 우리나라 신석기시대의 편년은 B.C. 6,000년까지로 소급하였고, 또 일부지역에서는 1만년 전까지 소급되고 있다. 이 시대의 문화적 특징은 마제석기磨製石器가 주류를 이루며, 이것은 시베리아Siberia와 일본의 일부지역과 연결되는 소위 즐목문토기櫛目文土器와 병행되고 있다. 처음에는 주로 해변이나 강변에서 발견되어 패총貝塚을 이들 생활의 소산으로 이해하였으나 이후 내륙지역까지 신석기 유적이 분포되고 있음이 확인되었다. 이들 문화의 분포지역은 토기형태로 보아 평저토기平底土器가 주류를 이루는 동북지방(연해주지방으로 연결되는 한반도의 동북 해안지대)과 서북지방(압록강구와 요동반도), 환저토기丸底土器가 주류를 이루는 남부지방과 중서부지방 등으로 크게 구별된다. 특히 동해안의 양양 오산리鰲山里에서는 두 형태의 토기가 함께 출토되어 주목되고 있다.

이 시기의 유물로 대표되는 즐문토기는 당시 사회의 생산경제에 일대 변혁을 보여주고 있는데, 이러한 토기에 대한 연구는 일제시대부터 있어 왔다.

1917년 조거용장鳥居龍藏은 경기도·평안도·대동강유역을 조사하여 토기를 유문토기有文土器와 무문토기無文土器로 분류하였고, 1930년 등전양책藤田亮策은 우리나라 선사시대의 토기를 즐목문토기櫛目文土器와 무

문토기無文土器로 분류하고, 즐목문토기를 시베리아와 연결된다고 파악하였다(「櫛目文樣土器の分布について」,『靑丘學叢』 2, 1930). 이후 삼상차남三上次男은 한국의 즐문토기는 시베리아 계통과 구분된다고 하면서 유문토기有文土器란 명칭을 지지하였고(「朝鮮における有文土器の分布とその文化の擴がりについて」,『朝鮮學報』 14, 1959), 유광교일有光敎一도 이 견해에 동의하고 있으나 즐목문토기櫛目文土器란 명칭을 주장하였다(『朝鮮櫛目文土器の硏究』, 1962). 그러나 해방 후에 김정학은 우리나라 즐문토기는 주로 첨저尖底에서 위로 벌어진 반란형半卵型의 기형이며, 또 토기 표면은 기하학적 문양이 주류를 이루고 있다고 보아 즐문토기란 용어는 부적합하며, 따라서 기하문토기幾何文土器라 명명하기도 하였다(『韓國の孝古學』, 1972).

이 시기에 생활하였던 종족에 대하여는 고아시아종Paleo Asiats 또는 즐문토기인이라는 견해가 있다(김정배,『한국민족문화의 기원』, 고려대 출판부, 1973). 즉 즐문토기의 신석기인은 오늘날 시베리아 원주민으로 고아시아종으로 볼 수 있다는 견해인데, 고아시아종은 Chukchee · Kolyak · Gilyak · Kamchadal · Ainu · Eskimo 등이 여기에 포함되고 있다. 한국사의 즐문토기인이 고아시아종이라는 이유에 대하여는

1) 즐문토기의 분포가 시베리아 지방으로 연결되고 있고, 한국사에서 즐문토기가 시작되는 B.C. 3,000년경은 동북 아시아에서 고아시아종이 살고 있었다.

2) 언어학적 측면에서 고아시아의 Gilyak어가 한국어 및 만주어와 연결되고 있으며, 고구려어휘 가운데 Gilyak어와 일치되는 것이 많다. 또『삼국지三國志』위서魏書 동이전東夷傳 고구려전高句麗傳에 보이는 '동이東夷의 구어舊語'는 바로 무문토기 단계에서 볼 때 전 단계를 지칭하는 말로 볼 수 있다.

3) 곰 숭배사상은 고아시아의 동일사상이며, 단군신화의 웅熊사상
  이나 『삼국지』 위서 동이전에 나오는 곰 숭배사상은 상통한다.

는 등의 요건이 제시되고 있다.

최근에 통영 연대도·울진 후포리·춘천 교동 등의 신석기시대
유적지에서 인골이 출토되고 있는데, 이에 대한 체계적인 연구가 종합
된다면 이들 인류의 실체에 대한 체질 인류학적인 접근이 가능해 질
수도 있을 것이다.

우리나라 신석기시대의 현황을 살펴보면 이제까지 한반도에서 발
견된 신석기시대 유적만 하더라도 약 400여 곳에 이르고 있다. 1970대
까지의 연구성과는 이들 신석기 유적지가 한반도 전역에 균등하게 분
포되어 있지는 않고, 주로

1) 대동강과 한강유역 및 그 인접도서를 포함한 서해안 지역
2) 두만강유역을 포함한 동북해안 지역
3) 낙동강유역을 포함한 남해안 지역

등 3개 지역에 밀집 분포되어 있으며, 이들 각 지역군 사이에 문화 양
상의 차이 또한 적지 않다고 보아 왔다. 그러나 최근의 발굴조사 결과
한반도 전역에서 신석기시대 유적이 대량으로 발견되고 있다.

신석기시대의 편년에 대하여 김원룡은 전기·중기·후기로 구분
하여, 전기는 동삼동東三洞 1기층의 문화를 여기에 해당시키면서 그 시
기를 B.C. 4,000~3,000년경으로 보았고, 중기는 B.C. 3,000~2,000년경
으로 보면서 동삼동 2기층의 문화를 여기에 포함시키고, 이 시기를 즐
문 제Ⅰ기라고 명명하였다. 또 후기는 B.C. 2,000~700년경으로 보면서

이 시기의 특징은 2중구연二重口緣의 무문토기가 나타나고, 또 변형된 즐문토기가 제조되고 있다고 하면서 이 시기를 즐문토기 제Ⅱ기로 규정하였다(『韓國考古學槪說』, 일지사, 1973).

그러나 이후 오산리를 비롯한 각 지역의 신석기 유적이 발굴됨으로써 그 편년도 보다 위로 소급되고 있다. 임효재任孝宰는 전기·중기·후기 등으로 구분하면서, 전기는 다시 전기전엽·전기중엽·전기후엽으로 세분시키고 있다(「編年」, 『韓國史論』 12, 1983). 또 그는 제주도 지역의 발굴성과에 따라 고古신석기시대(B.C. 10,000~6,000)를 추가하여 신석기시대의 상한을 10,000년까지 소급하고 있다(임효재, 「韓日文化交流史의 새로운 발굴자료」, 『東亞文化』 32, 1994).

출토유물을 살펴보면 전기전엽에는 석촉·석창·석부와 함께 어패류가 다수를 점하고 있어 어로漁撈에 커다란 비중을 두었음을 알 수 있다. 전기 중·후엽과 중기에는 전기전엽과 마찬가지로 어로용 석기류가 다수 출토되며, 서해안 지역의 유적에서는 석제石製 어망추가 다수 발견되어 어망에 의해 고기를 잡았음을 짐작하게 한다. 이와 같은 어망에 의한 어로방식은 전기전엽의 조침釣針이 개별적 작업을 벗어나 다량의 어획을 보장하는 집단적 활동으로 그 방법이 변화하였음을 의미한다. 후기는 마제석기의 양이 증가되며, 농경農耕과 관련된 석기류가 출토되어 이 시기에는 농경이 시작되었음을 알 수 있게 한다.

주거지는 대부분 땅을 파고 들어간 수혈豎穴이 주를 이루고 있으나 오산리의 경우와 같이 수혈식 주거 대신 점토를 다져서 지상가옥을 만든 예도 있다. 주요 주거지로는 암사동岩寺洞 취락지를 들 수 있고, 중기와 후기의 주거지로는 서포항西浦港의 유적에서 찾아볼 수 있다. 분묘로는 춘천 교동·통영 연대도·울진 후포리·진주 상촌리 유적 등이 있는데, 교동의 경우 동굴에 시신과 함께 부장품도 안치하고 있는 것을 볼 수 있다. 또 상촌리에서는 독널[甕棺]에 화장火葬한 인골편

이 검출되었다(『남강선사유적』, 경상남도·남강유적발굴조사단, 1998).

신석기시대의 생활경제는 유적이 강안이나 해안에 위치하는 분포 빈도가 높고, 또 출토 석기의 주종이 어구류라는 점에서 볼 때 당시 생활은 주로 어로에 의존하였음을 알 수 있다. 이런 유적(특히 패총)의 해안가 집중 현상을 식량 획득을 위한 계절적 이동에 따른 결과로 보기도 한다(임효재, 「한국 중부지방 신석기문화의 相似性과 相異性 연구」, 『韓國考古學報』 2, 1977). 후기에 와서 일부 농경이 시작되었지만, 그 이전에는 채집경제라 할 수 있으므로 필요한 탄수화물의 공급원으로는 도토리가 큰 역할을 하였을 것으로 생각된다. 이것은 암사동과 미사리美沙里 그리고 오산리의 유적지에서 도토리가 출토되고 있는 것에서 알 수 있다.

한편 신석기 문화는 주변지역과의 긴밀한 교류관계를 보이고 있다. 즉 서해안 토기는 시베리아적인 요소가 있으며, 일본 구주九州의 증연토기曾烟土器의 성립배경에 커다란 영향을 미쳤다. 또 동북해안의 토기는 연해주 토기와 관련성을 보이고 있는데, 오산리 출토 토기는 중국 동북지역의 흑룡강성지역과의 관련성이 시사되며, 동삼동에서 출토된 융기문토기隆起文土器는 일본과의 관계구명에 중요한 자료로 주목된다. 또한 동삼동에서는 일본의 승문토기繩文土器가 발견되어 일찍부터 양 지역간의 교류가 있었음을 시사해 주고 있다. 또 제주도 고산리高山里 유적에서 식물줄기 등을 넣어 소성한 원시무문토기와 융기문토기가 세석기細石器와 함께 출토되었는데, 이런 토기는 청도 오진리 바위그늘 최하층에서도 출토된 바 있으며, 남러시아 아무르 하류 등지에서 찾아지고, 그 연대가 10,000 B.P.를 넘고 있다(이청규, 「제주도 고산리 출토 융기문토기」, 『탐라문화』 9, 1989). 이로 볼 때 당시 이들 지역과 아무르 지역의 연계성도 생각할 수 있다.

## 3) 한국사의 청동기시대

인류역사상 청동기시대의 시작은 지역에 따라 상이하게 나타나고 있다. 즉 근동지방近東地方에서는 B.C. 4,000~3,500년, 그리이스의 크레타 지방은 B.C. 3,000~2,500년, 지중해 다뉴브 지역의 유럽은 B.C. 3,500~2,500년 시기에 금석병용기시대金石倂用器時代에서 청동기시대로 넘어가는 과도기였고, 우랄산맥과 그 동부는 B.C. 1,500년경부터 청동기시대에 들어갔다. 동양에서는 인도의 인더스강 하류지역이 B.C. 2,500년, 중국에서는 황하유역에서 B.C. 2,000년경의 용산문화龍山文化에서 순동제품이 발견되었고, 200~300년 후인 은殷나라 때부터 구리[銅]와 주석[錫]의 합금인 청동제품이 성행하였다.

금석병용기Chalcolithic란 합금술 발견 이전에 자연동으로 채집되는 순동을 돌 망치로 두들겨서 조그마한 장신구나 간단한 공작구를 만드는 이른바 영동단계冷銅段階가 있었는데, 이 순동제품이 석기들과 함께 쓰이던 시대 또는 단계를 금석병용기라 한다. 아나토리아(현재 터어키)에서는 B.C. 6,000년경에 이미 이 단계에 들어갔다. 즉 금석병용기란 청동 합금술 발견 이전의 순동단계를 말하는 것이며, 문화단계로는 신석기시대의 연장이며, 청동기시대의 출발로 볼 수 있다.

일본인 학자들은 한국상고사의 발전단계를 신석기시대에서 출발하여 바로 철기시대로 발전하는 파행적 단계를 거쳤다고 하면서 한국사에서 청동기문화 단계를 부정하고 과도기적 단계로 금석병용기시대가 있었다고 주장하여 왔다.

그러나 해방 이후의 연구결과 한반도에도 독자적인 청동기문화가 있었음이 확인되었고, 이것은 현재 우리 학계의 정설로 되었다. 그 근거로 즐문토기와는 태토의 질 및 시대를 달리하는 무문토기無文土器와 반월형석도半月型石刀 및 동제품, 특히 용범鎔范이 발견되고 있으며, 또 지석묘支石墓의 성격규명 결과 이곳에서 청동제품이 출토되고 있는 것을 들고 있다. 이로써 우리나라에서 청동기시대가 존재하였음이 확인되었고, 또 그 동안의 발굴성과는 이러한 사실을 더욱 확고히 해주고 있다. 그러나 이 시기에 많이 출토되는 유물이 무문토기이기 때문에 한국의 청동기문화를 무문토기문화라고 부르는 학자들도 있다.

청동기문화와 무문토기와의 관계에 대하여 ① 무문토기문화를 제1차 청동기문화로 보는 견해 ② 초기의 무문토기문화를 농경문화와만 관계시키고, 후기에 와서 청동기문화와 관련시키는 견해도 있다. 전자의 견해를 제시한 대표적 학자는 김원룡인데, 그는 『한국고고학개설』에서 위의 근거로

1) 무문토기와 반월형석기가 결합되어 나타나는 가장 초기의 유적에서는 실용도구로서 마제석검이 출토되고 있다.
2) 이 마제석검은 오르도스Ordos계 동검을 모방하고 있다.
3) 따라서 무문토기인은 이미 그 초기부터 청동기를 알고 있었다고 볼 수 있고, 무문토기 자체도 청동기의 기형을 모방하였던 것으로 볼 수 있다.

(김원룡, 『한국고고학개설』, 일지사, 1973)

는 등의 요인을 제시하였다. 후자의 견해를 제시한 대표적 학자는 김정배인데, 그는 「한국 청동기문화의 사적 고찰」(『한국민족문화의 기원』, 1975)에서

1) 무문토기는 청동기시대이지만 무문토기의 상한과 청동기의 상한은 반드시 일치하지 않는다. 즐문토기가 사라진 이후 청동기를 갖지 않은 무문토기시대가 있었다.

2) 무문토기는 초기에는 석기와 함께 반출되다가 이후에 청동기가
  출토된다. 반월형석도는 화북의 영향인데, 본격적인 청동기문
  화는 시베리아계의 영향를 받고 있다.

(김정배,『한국민족문화의 기원』, 고려대 출판부, 1975)

고 하였다.

한국 청동기문화의 기원에 대하여는 학자들 사이에 의견이 다양
하다. 대표적인 학자로는 김원룡·김정배·윤무병尹武炳 등을 들 수 있
는데, 이들은 한국 청동기문화의 연혁과 성격에 대하여 각기 상이한
의견을 제시하고 있다. 김원룡은『한국고고학개설』(일지사, 1973)에서

1) 예니세이강 상류의 Minusinsk지방에서 출발한 시베리아 청동기
  가 남쪽 Ordos지방의 청동기문화와 함께 전래된다. 이 시기의
  Minusinsk 청동기문화는 Tagal문화인데, 여기에 스키타이의 요소
  가 합쳐져 Tagal－Scytae－Ordos라 할 수 있는 북방계 청동기문
  화의 형태로 우리나라에 전래되었다.
2) Tagal 문화의 시작은 B.C. 700년으로 스키타이문화도 흑해黑海
  북안에서 B.C. 600년경에 크게 발전하였다. 따라서 우리나라의
  청동기문화의 시작은 B.C. 700년을 올라갈 수 없다.
3) 일본 학자들은 B.C. 400~300년으로 보았다. 그러나 요녕遼寧의
  십이대영자十二臺營子에서 발견된 만주식동검은 전형적인 세형동
  검細形銅劍의 모방이라는 종래 일본 학자들의 학설은 믿을 수 없
  고, 오히려 만주식동검이 세형동검보다 더 고식古式이다.
4) 청동기를 전·후기로 구분할 때, B.C. 300년을 그 경계선으로
  잡을 수 있는데, 전기는 교통이 빈번하게 펴져 내려가는 전파
  단계이고, 후기는 주민의 지역화가 뚜렷해져서 남쪽은 한韓, 북

쪽은 예맥濊貊으로 전파되어 우리나라에서 남·북문화를 형성하
였다.

5) 반월형석도의 변형인 삼각형석도는 남한에 국한되어 있고, 또
   충청·전라의 해안에 집결되고 있다. 이 석도는 전북 부안과
   경남 울산에서도 출토되고 있는데, 이것은 교통에 의한 상호
   교류의 결과일 것이다.

라고 보았다. 그는 이러한 견해를 바탕으로 우리나라에 있어서 청동기
시대의 편년을 전기와 후기로 구분하였다. 즉 전기는 B.C. 700~300년
으로 고분으로는 지석묘와 석상분石箱墳이 그 대표이며, 주요 유물로는
청동부青銅斧·요령식동검遼寧式銅劍·동포銅泡·조문식세문경粗文式細文鏡·
장두형長頭形토기·각형토기가 출현하는 시대로 보았다. 후기는 B.C.
300~100년의 시기로 전형적인 세문경·세형동검細形銅劍이 출토되고,
또 고분으로서는 토광묘土壙墓와 옹관묘甕棺墓, 그리고 석상분이 변형된
석관묘石棺墓가 출현하는 시기로 보았다.

　위의 학설은 종래 우리나라에서 청동기문화를 부정하고 금석병용
기시대만 강요하면서, 그 시기도 B.C. 4~3세기로 보았던 일본 학자들
의 견해를 지양하고, 우리나라에도 독자적인 청동기문화가 있었음을
구명하고, 그 시기도 B.C. 7~6세기로 소급하였다는데 의의가 있다.

　이에 대하여 김정배는 『한국민족문화의 기원』(고려대 출판부, 1973)
에서

1) 우리나라 청동기문화는 시베리아로 통한다.
2) 일본 야오이문화彌生文化가 한반도에서 전래되었다는 것이 정설
   인데, 한국에 청동기문화가 없었다면 어떻게 야오이문화가 성

립될 수 있는가?

3) 시베리아의 Ural 동쪽에서는 B.C. 3,000년경에 Atanasievo(신석기 후기) 단계부터 청동기문화가 시작되었고, 그후에 Andronovo문화(청동기초, 목축), Karasuk문화(농경시작, 몽골), Tagar문화(후기는 철기)로 발전하여 철기시대로 들어가는데, 우리나라의 청동기문화가 Tagal에서 왔다고 할 수 있는가?

4) 화북에서는 은殷나라 때부터 청동기를 시작하였는데, 그 시기는 B.C. 1,500년경이다. 이때 우리 민족은 은과 접촉하고 있었다.

5) 연해주 지방도 B.C. 2,000~1,200년으로 추정되는 청동기 유물이 발견되고 있다.

6) 부산 동삼동 유적은 B.C. 1,500년이라는 견해가 지배적이다.

라고 하면서 한국사의 청동기문화는 B.C. 1,000년 이상으로 소급되어야 할 것으로 파악하였다.

또 윤무병은 「한국 청동유물의 연구」(『백산학보』 12, 1972)에서

1) 지석묘사회는 계급사회라 보기 어렵다. 은율殷粟과 같은 거대하고 특수한 예가 있기는 하지만 대체적인 지석묘의 분포상태를 보면 수십기씩 모여있는 것이 보통이다. 그러한 단위군의 지석묘를 비교해 보면 그 가운데 특별한 존재가 없이 부장품이나 구조상으로도 동등하다. 이와 같이 볼 때 이들 지석묘군은 일종의 공동묘제로 볼 수 있으며, 이때까지는 사회의 분해과정은 나타나지 않은 것 같다.

2) 이와 대조적인 것은 토분묘土墳墓인데, 이것은 개인묘의 성격을 강하게 띠고 있다. 즉 동일처에서 두 개 이상 발견되는 예는

극히 드물다. 이곳에서 청동제 유물이 다량으로 출토되고 있는
데, 이로 보아 이 시기는 일반계층과는 동떨어진 특수존재가
사회에서 분리되고 있었음을 의미한다.
3) 마제석검이 나오는 지석묘와 동검이 나오는 토광묘는 시기상으
로 다르다. 지석묘사회은 대체로 신석시시대 말기로, 토광묘는
청동기시대에 속하는 것으로 보아야 한다.

라고 하면서 우리나라에 있어서 청동기시대의 편년을 1·2·3기로 구
분하였다. 1기는 외래품外來品 즉 만주의 요녕식동검 문화에서 생산된
물건들이 유입되었던 시기로써 B.C. 4세기경이며, 2기와 3기는 독자적
으로 특색있는 청동기를 주조하기 시작한 단계로서 B.C. 4세기 말에서
A.D. 1세기 말까지로 보았다. 그러나 그는 우리나라 청동기문화의 상
한은 보다 더 소급될 수 있다고 보았다.

김정학은 「고고학으로 본 고조선」(『한국상고사의 제문제』, 한국정
신문화연구원 보고서 87-1)에서

1) 한국 청동기문화의 원류는 Yenisei강 상류의 Minusinsk에서 유래
하며, 우리나라에 직접적으로 영향을 미친 것은 B.C. 1,200~700
년 사이에 존재하였던 Karasuk문화이다. 한민족韓民族이 하나의
민족단위로 형성된 것은 요녕遼寧지방이며, 이때의 문화는 청동
기였다.
2) 행인형석도杏仁形石刀(魚形石刀)를 기반으로 하는 전작농경문화田作
農耕文化가 B.C. 3,000년 후반에서 B.C. 2,000년 전반에 산동반도
를 중심으로 만주지방에 퍼져 있었는데, 그후 이를 바탕으로
하여 요녕지방에서는 가축과 농경의 생산경제단계에 들어가서

정착사회를 이루면서 초기적 국가를 형성하였다.

고 하면서 한반도의 청동기문화는 B.C. 1,000년을 전후한 시기에 보편
화되는 것으로 보았고, 우리 민족사의 터전으로 파악되는 만주지방은
이보다 빠른 B.C. 2,000년경까지 소급시키고 있다.

위에서 살펴본 바와 같이 우리나라 청동기시대에 대한 학계의 의
견은 다양하지만 현재 우리 학계에서는 B.C. 1,000년의 연대를 수용하
고 있다. 이것은 이기백의 『한국사신론』(1994), 변태섭의 『한국사통론』
(1996)에서 볼 수 있는데, 앞으로 이 분야의 연구가 심화되면 또 다른
각도에서 청동기시대의 상한연대가 구명될 수 있을 것이다. 참고로 북
한에서 편찬된 『조선통사』(1977)에서는 B.C. 2,000년경에 청동기가 보
급되고 이때부터 사회생산성이 향상되었으며, 또 원시공동체가 붕괴되
었다고 보았다. 또 1984년에 황기덕은 『조선의 청동기시대』(사회과학
출판사, 1984)에서 중국 동북방 지역으로부터 한반도에 걸쳐 널리 분
포되고 있는 동검의 제작연대를 추적하면서 그 시기를 B.C. 3,000년까
지 소급시키고 있다.
　　한반도에서도 B.C. 2,000년 이전의 청동기유적이 보고된 바 있다.
1970년대 초반에 문화재관리국에서 경기도 양평군 양수리의 고인돌
유적을 발굴하였는데, 방사성탄소연대측정 결과 B.C. 1,950±200년으로
판정되었고(이호관·조유전, 「양평군 양수리 지석묘 발굴보고」, 『팔
당·소양댐 수몰지구유적발굴 종합조사보고』, 문화재관리국, 1974),
1980년대 중반에 목포대학교 박물관에 의하여 전남 영암군 장천리의
청동기시대 주거지 유적이 발굴되었는데, 이곳에서 수집된 숯은 방사
성탄소연대측정 결과 B.C. 2,190±120·1,980±120년으로 나타나고 있
다(최성락, 『영암 장천리 주거지』 2, 목포대 박물관, 1986).

# 2

# 한민족 사회의 성립과 고조선


제1절  단군조선

제2절  기자조선

제3절  위만조선

# 제2장
# 한민족 사회의
# 성립과 고조선

일반적으로 고조선古朝鮮이란 개념은 1392년에 이성계李成桂가 건국한 조선과 대칭되는 고대古代의 조선이란 개념으로 파악하여 단군조선檀君朝鮮·기자조선箕子朝鮮·위만조선衛滿朝鮮을 총칭하고 있다. 이것을 삼조선三朝鮮이라 부르기도 한다. 그러나 고조선이란 용어는 고려시대에 이미 사용되고 있었다. 이것은 고려 충렬왕 때 일연一然이 『삼국유사三國遺事』를 편찬하면서, 그 첫머리에 우리 역사의 출발을 고조선으로 설정하고 있는 것에서 보인다. 『삼국유사』 「고조선(왕검조선王儉朝鮮)」조에서는 단군조선을 위주로 서술하고 있으며, 그 속에 기자箕子와 관련한 내용을 약간 소개하고 있다. 그리고 위만조선은 「고조선」조의 다음 항에 「위만조선魏滿朝鮮」조를 두어 별도의 항목에서 서술하고 있다. 이로 볼 때 고려시대에는 단군조선과 기자조선을 고조선으로 이해하고 있었고, 위만조선은 이들 고조선과는 성격을 달리하는 별도의 조선으로 이해하고 있었음을 알 수 있다.

## 제1절  단군조선檀君朝鮮

### 1. 단군기사檀君記事의 내용과 분석

우리 역사상 단군조선에 대한 기록으로 가장 처음 보이는 것은 고려 충렬왕 때 일연에 의하여 편찬된 『삼국유사三國遺事』이다. 일연은 『삼국유사』의 첫 머리에 「고조선古朝鮮」조를 두어 고조선의 출자와 개국과정을 『위서魏書』와 『고기古記』를 인용하여 서술하고 있다. 또 거의 같은 시기에 이승휴李承休는 『제왕운기帝王韻紀』를 찬술하면서 「전조선기前朝鮮記」라는 항목에서 『본기本紀』를 인용하여 고조선의 역사를 서술하고 있다.

이와 같은 단군조선과 관련한 인식은 조선의 개국 이후에 그대로 전승되어 권람權擥은 조부인 권근權近이 서술한 『응제시應製詩』를 주석한 『응제시주應製詩註』에서 단군의 개국과정을 역시 『고기』를 인용하여 서술하였고, 『세종실록世宗實錄』 지리지地理志는 『단군고기檀君古記』를 인용하여 고조선의 건국 사실을 기록하고 있다. 이밖에 『용비어천가龍飛御天歌』·『동국통감東國通鑑』·『동국여지승람東國輿地勝覽』 또한 단군의 개국을 우리 역사의 한 장으로 서술하고 있다. 따라서 먼저 『삼국유사』·『제왕운기』·『응제시주』·『세종실록』 지리지에 서술되어 있는 단군기사를 살펴보기로 한다.

#### 1) 『三國遺事』 卷 1 紀異 1 古朝鮮(王儉朝鮮)

『위서魏書』에는 이렇게 기록하고 있다. "지금부터 2,000여 년 전에 단군왕검壇君王儉이 있었다. 그는 아사달阿斯達에 도읍을 정하고 새로 나라를 세워 국호를 조선朝鮮이라고 불렀으니, 이것은 고[高 ; 堯]와 같은 시기였다"고 하였다.

또 『고기古記』에는 이렇게 기록하고 있다. "옛날에 환인桓因[帝釋을 말한다]의 서자庶子 환웅桓雄은 뜻을 천하에 두어 널리 인간 세상을 구하고자 하였다. 아버지가 이러한 아들의 뜻을 알고 삼위태백三危太伯을 내려다 보니 인간들을 널리 이롭게 해 줄 만했다. 이에 환인은 천부인天符印 3개를 환웅에게 주어 인간 세계를 다스리게 했다. 환웅은 무리 3,000을 거느리고 태백산太伯山 마루턱에 있는 신단수神壇樹에 내려와 신시神市를 베풀었다. 이 분이 즉 환웅천왕桓雄天王이다. 그는 풍백風伯·우사雨師·운사雲師를 거느리고 곡식·수명壽命·질병疾病·형벌刑罰·선악善惡 등을 주관하고, 모든 인간의 360여 가지 일을 주관하여 세상을 다스리고 교화敎化했다. 이때 호랑이[虎] 한 마리와 곰[熊] 한 마리가 같은 굴 속에서 살고 있었는데, 그들은 항상 신웅神雄, 즉 환웅에게 빌어 사람이 되기를 원했다. 이에 신웅이 신령스러운 쑥 한 줌과 마늘 20개를 주면서 말하기를 '너희들이 이것을 먹고 100일 동안 햇빛을 보지 않으면 곧 사람이 될 것이다'고 했다.

이에 곰과 호랑이는 이것을 받아서 먹고 3·7일(21일) 동안 조심했더니, 곰은 여자의 몸으로 변했으나 호랑이는 조심을 잘못해서 사람의 몸으로 변하지 못했다. 웅녀熊女는 혼인해서 같이 살 사람이 없었으므로 날마다 단수壇樹 밑에서 아기를 가질 수 있도록 기원했다. 환웅이 잠시 사람으로 변해 그와 혼인하여 아들을 낳으니, 이가 곧 단군왕검壇君王儉이다. 단군왕검은 당고[唐高 ; 唐堯]가 즉위한 지 50년인 경인년庚寅年이다[요堯가 즉위한 원년元年은 무진년戊辰年이다. 그러니 50년은 정사년丁巳年이지 경인년庚寅年이 아니다. 이것이 사실인지 아닌지 의심스럽다]. 평양성平壤城에 도읍하여 나라의 이름을 조선朝鮮이라고 하였다. 이후 도읍을 백악산白岳山 아사달阿斯達로 옮겨 1,500년 동안 여기에서 나라를 다스렸다. 주周나라 호왕[虎王 ; 武王]이 즉위한 기묘년己卯年에 기자箕子를 조선朝鮮에 봉하였다. 이에 단군壇君은 장당경藏唐京으로 옮겼다가 뒤에 돌아와서 아사달阿斯達에 숨어서 산신山神이 되니, 나이는 1908세였다"고 하였다.

## 2) 『帝王韻紀』卷下 東國君王開國年代 前朝鮮紀

처음에 어느 누가 나라를 열었던고(初誰開國啓風雲)

석제釋帝의 손자, 이름은 단군일세(釋帝之孫名檀君)

『본기本紀』에 다음과 같이 기록하고 있다. "상제上帝 환인桓因은 서자庶子가 있었으니, 이름이 웅雄이었다. …… 웅에게 말하기를 '아래로 내려가 삼위태백三危太伯에 이르러 크게 인간을 이롭게 하라'고 하였다. 이리하여 웅이 천부인天符印 3개를 받고 귀신 3천을 거느려 태백산太白山 마루에 있는 신단수神檀樹 아래에 내려왔다. 이 분을 단웅천왕檀雄天王이라 한다. …… 손녀孫女로 하여금 약을 먹여 사람이 되게 하여 단수신檀樹神과 결혼시켜 아들을 낳게 하니, 이 분이 즉 단군檀君이다. 조선朝鮮의 땅을 차지하여 왕이 되었다. 1038년을 다스리다가 아사달阿斯達에 들어가서 신神이 되었으니, 죽지 아니하였던 까닭이다"고 하였다.

요제堯帝와 같은 해인 무진년戊辰年에 나라를 세워(並與帝高興戊辰) 우순虞舜을 지나 하국夏國까지 왕위에 계셨도다(經虞歷夏居中宸於殷)

은殷나라 무정武丁 8년 을미년乙未年에 아사달산阿斯達山에 들어가서 신이 되었으니, 나라를 누리기를 1028년, 그 조화 상제上帝이신 환인桓因이 전한 일 아니랴. 그 뒤 164년 만에 어진 사람이 나타나서 군君과 신臣을 마련하였다.

### 3) 『應製詩註』 命題十首 始古開闢東夷王

『고기古記』에 다음과 같이 기록하고 있다. "상제上帝 환인桓因의 서자 웅雄은 인간을 교화하기 위하여 천부인天符印을 받아 무리 3,000을 거느리고 태백산太白山 신단수神檀樹 아래에 내려오니, 이 분이 환웅천왕桓雄天王이다(桓은 혹 檀이라고도 한다). 이곳을 신시神市라 하고, 이 분을 환웅천왕桓雄天王이라고 이른다. 그는 풍백風伯·우사雨師·운사雲師를 거느리고 곡식·수명壽命·질병疾病·형벌刑罰·선악善惡 등을 주관하고, 모든 인간의 360여 가지 일을 주관하여 세상을 다스리고 교화했다. 이때 한 마리의 곰과 호랑이가 있어 웅雄에게 인간이 되기를 기원하니 …… 호랑이는 금기를 어겨 사람이 되지 못하였고, 곰은 금기를 지켜 3·7일(21일)에 여자의 몸을 얻었다. 신단수 아래에서 잉태하기를 기원하니, 웅이 임시로 사람으로 변하여 자식을 낳으니, 이가 곧 단군檀君이다. 당요唐堯와 같은 날인 무진년戊

辰年에 즉위하여 국호를 조선朝鮮이라 하고, 평양성平壤城에 도읍하였다가 후에 백악白岳으로 옮겼다. …… 은殷나라 무정武丁 8년 을미년乙未年에 아사달阿斯達에 들어가 신이 되었다. 나라를 다스린지 1048년이며, 그후 164년 기묘년己卯年에 기자箕子가 와서  봉封해졌다”고 하였다.

### 4) 『世宗實錄』卷 154 地理志 平安道 平壤府

평양부平壤府는 본래 삼조선三朝鮮의 옛 도읍지이다. 당요唐堯의 무진년戊辰年에 신인神人이 단목檀木의 아래로 내려오니, 나라 사람들이 받들어 임금으로 삼았다. 평양에 도읍하고 단군檀君이라 부르니, 이것이 전조선前朝鮮이다.

『단군고기檀君古記』에는 다음과 같이 기록되어 있다. “상제上帝 환인桓因의 서자는 이름이 웅雄인데, 인간 세상을 교화하기 위하여 천부인天符印을 가지고 태백산 신단수 아래로 내려오니, 이 분이 단웅천왕檀雄天王이다. 손녀로 하여금 약을 먹여 사람으로 만들어 단수신檀樹神과 혼인하게 하고 아들을 낳으니 단군檀君이다. 나라를 세워 조선이라 하였다. 단군은 당요唐堯와 같은 날에 즉위하였고, 나라를 다스린 지 1038년이다. 은殷나라 무정武丁 8년 을미년乙未年에 아사달阿斯達에 들어가 신神이 되었다”고 하였다.

위의 내용들이 각종 자료에서 보이는 고조선 건국에 대한 기록이다. 이를 분석하면 다음과 같은 사실을 확인할 수 있다.

첫째, 『삼국유사』를 비롯한 모든 자료들은 단군의 고조선 건국을 역사적 사실로 인식하고 있다는 점이다. 위의 사서史書들은 충분한 전거를 가지고 이것을 근거로 단군의 실체를 서술하고 있다. 즉 『삼국유사』에서는 『위서』와 『고기』를, 『제왕운기』에서는 『본기』를, 『응제시주』에서는 『고기』, 『세종실록』 지리지에서는 『단군고기』 등을 인용하여 고조선의 건국을 서술하고 있다.

『삼국유사』와 『응제시주』에서는 모두 『고기』를 인용하고 있는데,

이들『고기』는 비록 이름이 같다고 할지라도 동일한 자료가 아님이 분명하다. 이것은 앞에서 살펴본 바와 같이『삼국유사』에서 인용하고 있는『고기』의 내용과『응제시주』에서 인용하고 있는『고기』의 내용이 서로 상이하기 때문이다. 즉『삼국유사』에서는 단군의 표기를 단군壇君으로, 개국 연대를 당고唐高 경인년庚寅年으로 표기하고 있는데 비해『응제시주』에서는 그 표기를 단군檀君으로, 개국연대를 요堯의 원년인 무진년戊辰年으로 파악하고 있다.

일본인 학자 금서룡今西龍은 이『고기』를『단군고기檀君古記』에 비견하고 있지만,『단군고기』를 인용하고 있는『세종실록』지리지의 내용에는 환웅桓雄을 단웅檀雄으로, 단군의 출생 과정을 "환웅이 손녀孫女로 하여금 약을 먹여 사람이 되게 하여 단수신檀樹神과 혼인을 통해 단군을 낳았다"고 서술하고 있다. 이로 볼 때 위의『고기』는『단군고기』와는 다른 자료임을 알 수 있다.『세종실록』지리지의 단군출생설은 오히려『제왕운기』에서 인용하고 있는『본기』의 내용과 거의 유사하다는 점이 주목된다. 이로 볼 때 위의 사서들이 편찬되는 시기인 고려말부터 조선 초까지는 단군 관계의 기록을 수록한 다양한 서책이 이미 존재하고 있었으며,『고기』또한 여러 종류가 있었던 것을 알 수 있다.

이에 대해 최남선崔南善은『고기』라는 사서가『삼국유사』에만 10여 차례 인용되어 있고, 또『신라고기新羅古記』·『고려고기高麗古記』·『고전古傳』·『고전전기古傳典記』·『단군기壇君記』등 고기와 관련한 다양한 자료가 보이고, 더 나아가『삼국사기三國史記』에도『삼한고기三韓古記』·『신라고기新羅古記』·『해동고기海東古記』등의 책명이 보이는 것을 근거로『삼국유사』고조선(왕검조선)조에 인용되어 있는『고기』는 이들 사서 중의 하나일 것이라는 견해를 밝혔다(崔南善, 「三國遺事解題」,『新訂三國遺事』, 1941). 또 김정배金貞培와 이강래李康來는 이와 관련하여『삼한고기』와『해동고기』를 주목하고 있다(金貞培, 「단군기사와 관련된『고기』

의 성격」,『한국상고사의 제문제』, 한국정신문화연구원, 1987 ; 李康來,
「三國遺事 引用 古記의 性格」,『三國史記典據論』, 민족사, 1996).

또 위에서 관심의 대상이 되는 것은『삼국유사』첫 머리에 인용
하고 있는『위서魏書』의 성격에 관한 문제이다. 금서룡은 현재 전하는
중국의 여러『위서』에서는 이러한 내용을 찾아 볼 수 없음을 근거로
『삼국유사』 고조선(왕검조선)조에서 인용하고 있는『위서』를 일연의
조작으로 치부하며 믿을 수 없다고 하였지만, 최남선은 이를 중국 사
서를 총칭하는 개념으로 파악하면서 더 나아가 현존하는『위서』에는
이러한 내용이 없다고 하더라도 이미 없어진 척발씨拓拔氏의 위魏를 기
술한『위서』에는 이러한 내용이 있었을 것으로 추정하였다. 이와 같은
그의 견해는 리상호·리지린·김병룡·손영종 등 북한 학자들에게 계
승되어『위서』의 실체는 조위曹魏의 위서류 또는 왕침王沈·하후담의
『위서』와 관련하여 구체적으로 추론되고 있기도 하다(리상호, 「단군설
화의 력사성」(상),『력사과학』1962-3 ; 리지린,『고조선연구』, 사회과
학출판사, 1964 ; 김병룡, 「단군의 건국사실을 전한『위서』에 대하여」,
『단군을 찾아서』(이형구 엮음), 살림터, 1994 ; 손영종, 「고조선 3왕조
의 시기구분에 대하여」,『단군과 단군조선』(이형구 엮음, 증보판), 살림
터, 1999).

또 정중환丁仲煥과 전중준명田中俊明은 위만과 위만조선에 대한『삼
국유사』의 기록이 위만魏滿·위만조선魏滿朝鮮으로 되어 있음에 착안하
여 이를 위만조선의 역사서로 파악하고 있다(丁仲煥, 「삼국유사 기이
편 고조선조에 인용된 위서魏書에 대하여」,『대구사학』12·13, 1977 ;
田中俊明, 「檀君神話の歷史性をめぐって-史料批判の再檢討-」,『韓國
文化』4-6, 1982).

금서룡이 주장한 바와 같이『위서』와 관련한 내용이 과연 일연의
조작이었는가의 문제에 대해서는 현재 학계에서는 대부분 부정적 입

장을 취하고 있다. 일찍이 최남선이 「삼국유사해제」에서 주장한 바이지만, 일연의 역사인식은 사료에 입각한 정확한 사실의 기술을 전제하고 있다. 이 점을 감안할 때 일연이 『삼국유사』를 편찬할 당시 『위서』라는 사서가 존재하고 있었음이 분명하다.

둘째, 위의 사서들은 모두 단군의 고조선 건국 이전에 환인桓因·환웅桓雄 또는 단웅檀雄에 대한 내용을 서술하고 있다. 이것은 단군이 고조선을 건국하기 이전에도 환인을 대표로 하는 정치체가 있었고, 이후 환웅을 대표로 하는 정치체가 존재했음을 의미한다. 환인에 대하여 『삼국유사』에서는 석제釋帝, 즉 제석帝釋이라 하였고, 『제왕운기』를 비롯한 그 외의 사서들은 거의 모두 상제上帝라고 기록하고 있다. 그렇다면 석제 또는 상제를 정점으로 하는 준국가 단계의 정치체가 있었을 개연성이 있다. 환웅에 대하여는 모든 사서가 환인의 서자로 표기하고 있고, 또 환인의 명을 받아 무리 3,000을 거느리고 태백산 마루턱인 신단수神壇樹·神檀樹 아래로 내려와 정치체로 추측되는 신시神市를 열었다고 서술하고 있으며, 이로써 그는 환웅천왕桓雄天王 또는 단웅천왕檀雄天王이라는 호칭을 받고 있다.

위의 사서에서 보이는 환웅의 기록을 검토할 때, 그는 환인이 통치하던 정치체에서 자신의 족당族黨을 거느리고 삼위태백으로 이동하여 국가를 건설하였다는 논리가 성립된다. 이것은 우리 민족사의 이동과 분파 과정의 일면을 암시해 주고 있는 것으로 보아야 할 것이다. 또 이와 같은 이동과 분파과정의 측면에서 환인과 환웅을 중국계로 추측하려는 이종욱李鍾旭의 견해도 참고할 수 있다(李鍾旭, 「古朝鮮의 建國神話인 檀君神話」, 『韓國 古代史의 새로운 體系』, 소나무, 1999).

단군의 출자出自에 대해서는 위의 모든 사서들이 환웅의 아들 또는 단웅의 손녀와 단수신이 결혼하여 낳은 아들로 서술하고 있다. 그렇다면 단군조선은 환웅(단웅)을 계승하여 새로이 국가를 건설하였다는 것이 된다. 즉 단군의 출자를 『삼국유사』와 『응제시주』에서는 환웅이 웅녀와 혼인하여 낳은 아들로, 『제왕운기』와 『세종실록』 지리지에서는 환웅(단웅)이 손녀에게 약을 먹여 사람이 되게 하여 단수신과 결혼시켜 낳은 아들로 기록하고 있다. 전자를 따르면 단군은 환웅의 아들이 되고, 후자의 견해를 따르면 환웅(단웅)의 손녀와 단수신이 결혼하여 낳은 아들이 된다. 이들을 검토할 때, 환웅 치세에 그 지역에는 웅熊 또는 호虎, 그리고 단수신이라 불리는 세력들의 강력한 지배 영역이 있었음을 알 수 있다. 이로써 환웅은 자신에게 복속하지 않는 호족虎族을 축출하고, 웅족雄族과 혼인 관계를 맺었던가, 또는 당시 이 지역의 강력한 실력자인 단수신과 혼인관계를 맺음으로써 그 소생인 단군으로 하여금 국가를 건설하게 하고, 이들과 연합 형태의 정권을 형성하였던 것으로 볼 수도 있다.

셋째, 위의 사서를 종합할 때 단군조선은 수차례에 걸친 정치적 변화과정을 겪고 있다. 단군의 개국연대에 대하여 『삼국유사』에서는 『고기』의 내용인 "당고(요) 즉위 50년인 경인년에 개국하였다"라는 기사를 그대로 수록하고 있으나 일연은 당고 즉위 원년이 무진년으로, 50년은 정사년이지 경인년이 아니라고 의문을 제기하고 있다. 『제왕운기』와 『응제시주』 · 『세종실록 지리지』에서는 『본기』와 『고기』 · 『단군본기』의 기록을 인용하여 단군조선의 건국연대를 모두 요가 즉위한 원년인 무진년(B.C. 2,333)으로 기술하고 있다.

단군의 치세에 대하여는 『제왕운기』와 『세종실록』 지리지에서 은殷나라 무정武丁 8년 을미년에 아사달에 들어가 신神이 되었고, 단군의 치세는 1,038년으로 기술하고 있다. 『응제시주』에서는 단군조선의 종국終國을 은나라 무정 8년인 을미년으로 보고 있는 것은 같으나 단군의 치세를 1,048년으로 기술하고 있다. 위의 사서에서 인용하고 있는 『고기』와 『본기』 두 사서의 공통된 견해는 단군이 아사달에 들어간 시기를 은나라 무정 8년인 을미년으로 보고, 이를 단군조선의 종국으로 보면서 이후 기자箕子가 수봉受封하여 조선을 다스렸던 것으로 서술하고 있는 점이다.

그러나 『삼국유사』에서는 이와 다른 견해가 나타나고 있다. 『삼국유사』에서는 단군조선의 변천과정을 평양을 도읍지로 한 시기, 백악산 아사달로 천도한 시기, 장당경藏唐京으로 천도한 시기로 구분하고 있다. 그리고 평양에서 백악산까지의 치국 연대를 1,500년으로 보았고, 이때 주周나라 무왕 즉위년인 기묘년에 기자가 조선에 오니 장당경으로 도읍을 옮겨 나라를 다스리다가 후에 아사달에 들어가 산신이 되었다고 기록하고 있다. 즉 『삼국유사』가 인용하고 있는 『고기』의 내용을 분석하면, 단군 치세 1,500년 경에 기자가 조선에 왔고, 이로써 단군조선은 그들의 통치영역 중에서 일부를 기자에게 양여하고 장당경으로 치소治所를 옮겨 나라를 계속 유지하였다는 결론이 나온다.

『제왕운기』와 『응제시주』에서도 단군이 아사달에 들어가 산신이 된 시기를 고조선의 종국으로 보고 있지만, 이후 164년 후인 기묘년에 기자가 조선에 봉국하였음을 서술하고 있다. 여기서 말하는 164년 후는 기자가 조선의 전 영역을 통치하였던 시기로 볼 수 있고, 그 동안에는 단군이 아직도 장당경에서 나라를 다스리고 있던 시기로 평가할 수도 있을 것이다.

앞에서 살펴본 바와 같이 단군의 고조선 개국에 대한 내용이 사서들마다 약간의 혼선이 있다. 환인의 명칭을 제석 또는 상제라 하고, 환웅을 환웅천왕 또는 단웅천왕으로, 단군도 단군壇君 또는 단군檀君으로, 단군의 출생 과정을 웅녀熊女 또는 단웅천왕의 손녀孫女와 단수신의 결혼으로 보는 등 혼선이 나타나고 있다. 특히 단군조선의 치세가 1,000년 이상이고, 또 단군 한 사람에 의하여 치국이 이루어 지고 있음을 서술하고 있다.

이러한 사실로 인하여 금서룡今西龍과 소전성오小田省吾 등 대부분의 일본인 학자들은 단군조선을 실체로 인정하지 않고, 단지 신화로서만 처리하고 말았다. 과연 위의 사서들에서 수록하고 있는 단군의 개국 사실을 단지 신화로만 처리하고 말아야 할 것인가. 현재 학계의 일반적인 경향은 고조선의 실체를 인정하고, 단군조선의 건국을 역사적 사실로 수용하고 있다. 유구한 역사의 흐름 속에 용어의 차이는 있을 수 있는 것이고, 단군의 출생과정에서 나타나는 신화적 요소는 일연이 『삼국유사』에서 고조선의 건국 기록을 기이편紀異篇에 수록하면서 그 서두에 "개국의 시조에는 항상 신이한 이적이 수반되고 있다"고 한 바와 같이 어느 나라에도 개국 시조에 대하여는 신화적인 요소가 많이 부연되고 있다. 또 위『삼국유사』의 기록에 보이는 단군의 치세 1,000여 년을 단군 한 사람에 의해 1,000년 이상의 역사가 유지되었다고 결론짓는 것은 어리석은 일이라 하지 않을 수 없다. 최남선이 일찍이 "단군이란 용어는 몽고어의 Tengri, 즉 무당 또는 제사장이란 명칭에서 유래하였다"고 하는 견해를 수용한다면, 단군이란 명칭은 오늘날 지배자, 즉 군왕의 칭호로 보아야 할 것이다.

학계에서 비록 위서僞書로 규정하고는 있지만, 『환단고기桓檀古記』·『단기고사檀奇古史』·『규원사화揆園史話』 등에는 단군의 역년歷年이 45세 또는 47세 등으로 나타나고 있고, 또 재야사학자들과 일부 강단사학자들까지도 단군조선을 실체로 보면서 단군을 지배자의 칭호로 이해하고 있음도 유의할 필요가 있다.

## 2. 단군조선檀君朝鮮에 대한 여러 견해

　단군조선에 대한 학계의 견해는 다양하다. 일제시대에는 단군조선에 대한 검토가 두가지 방향에서 이루어지고 있었다. 하나는 단군조선을 실체가 아닌 신화로 이해하려는 견해가 그것이고, 다른 하나는 단군조선을 실체로 파악하면서 이를 우리 민족사의 시원으로 확정하려는 연구였다.

　전자는 일제의 식민사관에 입각하여 주로 금서룡·소전성오 등 일본인 학자들에 의하여 주도되었으며, 후자는 신채호申采浩·최남선崔南善·정인보鄭寅普 등 우리나라 학자들에 의하여 주도되고 있었다.

　해방 이후의 혼란기에도 이러한 흐름은 계속되었으나, 얼마 후에 발생한 한국전쟁韓國戰爭으로 후자의 계열에 속하는 학자들이 대거 월북 또는 납북됨으로써 우리 학계에서는 한때 단군조선을 신화로만 처리하고, 그 실체를 부정하는 방향으로 연구가 진행되기도 하였다. 그러나 1960년대를 기점으로 단군조선에 대한 새로운 조명이 여러 각도에서 나타났고, 특히 문화인류학적인 측면과 고고학적인 측면에서 단군조선을 새롭게 부각하는 연구가 나타나 괄목할 만한 성과를 보이고 있다. 이를 전제로 현재 우리 학계에서는 대부분 단군조선을 역사적 실체로 인정하고 있다. 그 동안에 있었던 이 분야에 대한 학계의 연구성과를 개관해 보기로 한다.

　먼저 단군조선의 실체를 부정하고 이것을 단지 신화로만 처리하려는 연구방법은 삼상차남三上次男·금서룡今西龍 등 일본인 학자들에 의해 주도되고 있는데, 삼상차남은 단군조선의 실체를 부정하고, 기자조선을 한국사의 시원으로 파악하면서 중국의 사서에서 보이는 기자동래설箕子東來說을 한반도에서 한족漢族이 식민국가를 건설하였다는 것을 의미한다고 보았다. 그는 조선총독부가 주관한 『조선사朝鮮史』를 간행하면서 그 첫머리에 "은殷의 기자箕子가 조선으로 달아나다. 이로써 주周의 무왕武王은 기자를 조선왕으로 봉封하였다"라고 하여 단군조선의 실체를 부정하고, 한국사의 시원을 기자수봉箕子受封으로부터 파악하고 있다. 또 금서룡은

    『삼국유사』에서 인용하고 있는 『위서魏書』에는 단군 관계의 기사가 없으며, 『고기古記』 또한 믿을 수 없다. 또 『삼국유사』의 환인제석桓因帝釋이란 기사는 불교 경전인 『법화경』에서 나온 것이고, 단군을 수록한 각종 사서들도 시조 단군 한 사람의 치적만 기록하고, 또 그 재위 년수도 1,000여 년 이상인데, 이것도 각 자료마다 다르게 기술되어 있다. 따라서 이것은 객관성이 결여된 하나의 설화에 불과하다. 이것이 나온 배경은 고려 중엽에 몽고의 침략을 받던 고려인들이 민족의 우월성을 기리기 위하여 평양 지방에 전승되어 내려오던 왕검인신앙王儉人信仰을 윤색하여 만든 설화에 불과하다.

(今西龍, 『朝鮮古史の硏究』, 近澤書店, 1937)

라고 하여 단군조선의 실체를 부정하였다.

    소전성오小田省吾 역시 금서룡의 견해를 답습하면서

    단군조선·기자조선을 정통 왕조로 보고 위만조선을 참위라고 취급한 조선인 사가의 견해는 잘못이다. 즉 단군조선이 반도고대사의 한 시기를 획하였다는 것은 올바른 역사연구 방법으로 인정할 수 없다.

(小田省吾,「檀君傳說に就いて」,『朝鮮史大系』, 上世史附節)

라고 하여 역시 단군조선의 실체를 부정하였다.

    이러한 견해를 비판하고 단군조선의 실체를 인정하려는 연구는 신채호·최남선 등 민족주의 사학자들에 의하여 주도되었다. 신채호는 『조선상고사朝鮮上古史』에서 단군조선을 조선 최초의 국가로 파악하였

다. 그는 단군壇君이 개국한 조선은 대단군왕검大壇君王儉의 시대로서, B.C. 10세기 이후 500~600년 동안은 대단군조선大壇君朝鮮의 전성기이며, B.C. 7세기 말 제齊나라 환공桓公이 10여 국을 인솔하고 침입함으로써 조선은 쇠약해 졌다고 하면서 단군조선을 역사적인 사실로 수용하였다. 그리고 이와 같은 단군조선의 역사는 이후 부여와 고구려로 계승되고 있음을 밝히고 있다. 이러한 그의 역사인식은 전통사서에서 보이는 단군조선→기자조선→위만조선의 승계의식과 실학자들에게서 보이는 단군→기자→마한→신라의 승계의식을 거부하고 있어 주목된다.

최남선은 「삼국유사해제三國遺事解題」(최남선 편, 『삼국유사』, 민중서관, 1946)에서 『위서』와 『고기』의 인용 내용을 그대로 사실로 인정하였다. 또 일연의 역사인식이 사료에 근거하고 있는 점, 즉 『삼국유사』에 약 150여종의 자료를 인용하고 있는데, 현존하는 사료와 비교할 때 사료를 자의대로 개량하지 않고 있다. 그런데 일연이 유독 단군에 관한 기사만을 개변하였겠는가? 라고 하여 일본인의 신화조작설을 비판하고 단군조선의 실체를 인정하였다. 그는 이러한 입장에서 폭넓은 비교문화의 토대 위에 단군신화를 해석하여 불함문화론不咸文化論을 제기하였다. 여기서 그는 "파미르고원과 연결되는 천산산맥·알타이산맥·샤얀산맥에서 남쪽의 흥안령산맥 이동의 조선·일본·유구를 포함하는 일선에는 붉사상의 신앙과 사회조직을 갖는 민족이 분포하고 있었는데, 이들은 문화적으로도 일련의 관계가 있으며, 그 중심은 백산白山이다. 이 문화가 구체적으로 우리 역사에 나타난 실체가 바로 단군과 부루이다"라고 하였다(최남선, 「불함문화론」, 『六堂崔南善全集』 2, 현암사, 1973).

이후 우리나라 학자들 중에는 단군조선의 실체를 규명하기 위한 다양한 연구가 나타났다. 김재원金載元은 단군조선의 실체를 고고학적인 측면에서 분석하였는데, 특히 산동성 무씨사석실武氏祠石室에 있는 화상석畵像石의 그림 내용을 단군신화와 관련하여 해석하였다. 이를 전제로 그는 단군신화에 대하여 우리의 전통사상이 북방계의 샤먼사상과 결합되어 나타난 설화로 파악하였다. 이로써 우리 민족은 북방계 유목민계통으로 인류학상으로는 퉁구스족으로 추정되고, 단군설화는 북방계 종족이 최초로 정착되면서 토착화한 사상이며, 단군은 실체로 파악해야 한다는 결론을 내리고 있다(金載元, 『檀君神話의 新研究』, 정음사, 1947). 이와 같은 그의 입론이 역사적 사실과 부합하는지는 재론의 여지가 있지만, 단군신화가 고려 후기의 승려에 의해 조작되었다고 하는 일본인들의 망설을 불식시키는데 큰 역할을 하였음은 인정되어야 한다.

김정학金廷鶴은 단군신화를 삼신三神 사상의 표현으로 보았다. 즉 태양신화와 토테미즘의 두 계통 신화가 결합되어 나타난 것이 단군신화이며, 이것은 원래 고조선의 한 부족의 시조설화였는데, 삼국통일과 고려시대에 민족의식이 고조되면서 한민족의 시조신화로 발전했다고 보았다(金廷鶴, 「檀君說話와 토테미즘」, 『歷史學報』 7, 1954 ; 『韓國上古史研究』, 범우사, 1990).

또 그는 행인형석도杏仁形石刀[V식]를 기반으로 하는 전작농경문화田作農耕文化가 B.C. 3,000년 후반부터 B.C. 2,000년 전반에 산동반도를 중심으로 만주지방에 퍼져 있고, 그후 이를 바탕으로 요녕지방에서는 가축과 농경의 생산경제 단계에 들어가서 정착사회를 이루면서 초기국가를 형성하였는데, 이 국가가 바로 단군조선이라고 하였다(金廷鶴, 「考古學的으로 본 古朝鮮」, 『韓國上古史의 諸問題』, 한국정신문화연구원, 1987).

황패강黃浿江은 단군신화를 문화인류학의 관점에서 분석하였다. 즉

웅熊이 변하여 사람이 되었다[化爲人身]는 것은 농경민의 무巫 의식이 제의祭儀에서 재현된 것이며, 이것이 신화에 투사된 것을 단군신화로 보았다. 이로써 그는 단군조선의 실체를 농경사회를 기반으로 하는 샤만적 사회로 파악하였다(黃浿江, 「檀君神話의 한 研究」, 『白山學報』 3, 1967).

김정배金貞培는 고아시아의 시조신화는 웅熊 숭배사상이며, 신석기문화와 연계된다는 전제아래 단군조선은 신석기문화기에 나타난 우리 역사의 실체이며, 종족은 고아시아족과 연결된다고 보았다(金貞培, 「古朝鮮의 주민구성과 文化的 複合」, 『白山學報』 12, 1971).

이기백李基白은 단군신화는 본래 한민족의 건국신화였는데, 한족漢族의 기자전설과 얽혀 혼선을 빚게 되었고, 이후 고구려가 평양으로 천도하자 몽골신화와 융합되면서 완성을 보게 되었으며, 고려시대에 단군신화의 비중이 커지면서 『삼국유사』에 실리게 되었다고 짐작하였다(李基白, 「檀君神話의 諸問題」, 『韓國古代史論』, 1975).

천관우千寬宇는 단군은 처음 고조선 유역의 어느 지배 족단의 조상신이었을 것이며, 그후 역사 전개에 따라 한국과 만주 방면의 주민들이 공통으로 섬기는 조상신으로 발전하였을 것으로 파악하면서 단군이 우리 민족의 조상으로 고정을 보게된 것은 신라新羅의 삼국통일三國統一 이후로 보았다. 그리고 그는 단군조선은 난하灤河 유역을 중심으로 건국되었던 역사의 실체로 파악하였다(千寬宇, 「古朝鮮의 몇가지 問題」, 『韓國 上古史의 諸問題』, 한국정신문화연구원, 1987).

윤내현尹乃鉉은 단군조선은 지금의 하북성河北省 일부와 요령성·길림성의 전부 그리고 한반도 북부를 차지하고 있던 동북아시아의 강국으로 보았다. 또 그는 이 지역에서 기자조선이 단군조선을 계승하여 나라를 세웠다는 것을 부인하고 있다. 그는 기자가 이주한 지역은 단군조선의 서쪽 일부분인 낙랑군의 조선현朝鮮縣으로 파악하고, 이곳을 지금의 난하灤河 지역에 비정시키고 있다. 또 기자 이후에도 단군조선은 여전히 유지되고 있었음을 밝히고 있다(尹乃鉉, 『古朝鮮硏究』, 일지사, 1994).

이종욱李鍾旭은 『삼국유사』에서 보이는 환인은 중국에 머물러 있던 세력이며, 웅雄은 중국에서 이주한 집단으로 보았고, 웅熊은 고조선 지역에 선주先主한 집단이며, 호虎는 은나라 계통의 이주민으로 보았다. 이를 전제로 그는 고조선의 발전 단계를 소국小國 형성 이전의 단계(B.C. 15C~B.C. 12C)와 소국小國의 단계(B.C. 12C 말~B.C. 9C 말)·소국연맹기의 조선 단계(B.C. 8C~B.C. 5C)·소국병합기의 조선 단계(B.C. 5C 말~B.C. 4C 말)·평양천도 이후의 고조선왕국(B.C. 4C 말~B.C. 190)·위만조선의 고조선(B.C. 190~A.D. 107)·낙랑조선시대의 고조선 유민 단계로 구분하여 단군조선의 건국기를 2단계인 소국 단계로 파악하였다(李鍾旭, 『古朝鮮史硏究』, 일조각, 1994).

이상의 연구성과는 일제시대 일본인 학자들을 제외하고는 거의 모두 단군조선의 실체를 역사적 사실이란 전제 하에서 이루어지고 있다. 이들의 견해를 종합할 때 환웅계桓熊系는 농경기술을 지니고 있음을 보아 신석기시대의 즐문토기와는 결부시킬 수 없고, 무문토기와 연결되는 족단으로 이해할 수 있다. 당시 한국사회의 농경문화는 화북지방, 특히 황하 유역의 산동山東 방면의 용산문화龍山文化와 연결된 반월형석도로 이해되고 있다. 따라서 환웅계는 이들 문화권과 연계되는 족단으로서 농경기술을 지니고 고조선 지역으로 이주하였던 것으로 파악된다. 이에 대비되는 웅熊과 호虎는 이곳에 선주한 토착인으로 볼 수 있다. 이들이 웅熊이나 호虎란 동물의 명칭을 갖고 있는 것은 신석기시대의 토템사상과 연계된 사상적 이념으로, 특히 웅사상은 북방아시아에 광범위하게 유포된 것으로 고아시아 사회의 거의 공통된 사상이었다. 즉 이들은 신석기 단계의 고아시아인이거나 그들의 영향을 강하게 받고 있는 신석기 단계의 즐문토기인으로 볼 수 있을 것이다.

『삼국유사』에 보이는 단군조선의 건국과정을 선학들의 연구와 결부하여 살펴보면, 주목할 만한 사실을 발견할 수 있다. 즉 민족 구성의 이원적 요소를 발견할 수 있는데, 외래 선주 족단으로서의 환웅족의 존재와 토착사회의 기층족단으로서의 웅족과 호족의 존재를 찾아볼 수 있다. 또 환웅족의 전래에 따른 토착사회의 구조적 변화가 수반됨을 알 수 있는데, 환웅족의 전래에 따라 웅熊족은 지배계층으로 동화하고 있는데 비하여 호虎족은 피지배계층으로 전락하고 있음을 알 수 있다. 그리고 전래 부족과 토착 부족의 문화적인 수준의 격차를 찾아볼 수 있다. 즉 전래한 환웅족은 농경기술을 갖는 청동기문화를 갖고 있었는데 비하여 토착의 웅熊족과 호虎족은 아직 농경에 경험이 없는 신석기의 문화단계를 벗어나지 못하고 있었음을 알 수 있다.

이와 같은 단군신화의 사회 성격을 전제로 단군조선의 성립과정을 살펴보면, 당시 이 지역에는 웅熊 Totem 부족과 호虎 Totem 부족으로 대표되는 신석기 문화단계의 즐문토기인櫛文土器人들이 정착하여 생활하고 있었다. 여기에 선진 청동기문화와 농경기술을 가진 무문토기인들이 환웅이란 이름으로 도래하여 이들 중에서 웅熊 Totem 부족과 결합하여 새로운 사회를 형성했으며, 이것이 바로 단군조선이었을 것이라는 결론을 내릴 수 있다.

이와 같은 이론을 전제로 하여 고조선의 건국연대를 상정할 때

1980년대 초반만 하더라도 신석기시대의 즐문토기인들이 활동한 시기는 B.C. 3,000~B.C. 2,000년경이고, 청동기시대 무문토기인과의 접촉은 B.C. 1,500~B.C. 1,000년경으로 보아 단군의 고조선 건국 B.C. 2,333년은 신빙성이 희박하다고 보는 견해가 지배적이었다. 그러나 이후 각지의 신석기 유적들이 발굴되면서 그 시기가 B.C. 6,000년까지 소급되고 있고, 최근에는 10,000년전으로 소급하는 성과도 보이고 있다. 청동기문화의 경우 아직까지 우리 학계에서는 B.C. 1,500~B.C. 1,000년의 단계를 벗어나지 못하고 있지만, 이것은 한강 이남의 경우이다. 북한의 경우는 B.C. 2,000년 이상으로 소급하고 있고, 또 연해주 지방에서는 B.C. 2,000년전의 청동기유물이 발굴되고 있음이 확인된다. 그렇다면 우리 민족사의 시원으로 보고 있는 단군조선의 건국 연대도 부정적 측면에서만 취급되어서는 안될 것이다.

한편 윤내현은 Elman R. Service의 이론인 Band Society → Tribal Society → Chiefdom Society → State(Ancient, Industial state)의 사회발전론에 입각하여 요령성 지역은 4,400년전에 청동기시대에 진입하였음을 밝히면서 이 시기를 고대국가로 진입을 하였던 시기로 보았다(尹乃鉉, 「古朝鮮의 彊域과 社會」, 『韓國上古史의 諸問題』, 한국정신문화연구원, 1987). 그리고 요령성의 청동기 진입 시기는 고조선의 개국 연대와 일치하고 있다고 보고 있는데, 이 견해는 앞으로의 연구에 많은 시사를 준다.

또한 복기대卜箕大는 윤내현의 입론을 바탕으로 기원전 24세기 전후부터 기원전 4세기 정도까지 존재했던 것으로 짐작되는 요서遼西 지역에서의 청동기문화를 하가점 하층문화夏家店 下層文化·하가점 상층문화夏家店 上層文化·위영자문화魏營子文化·능하문화凌河文化 등으로 세분하여 검토하고, 이 지역에서의 청동기문화와 고조선 청동기문화의 연계를 모색하고 있다(卜箕大, 『遼西地域의 靑銅器時代文化研究』, 백산자료원, 2002).

## 3. 역사적으로 본 우리 민족의 단군인식檀君認識

　　우리 역사에서 단군에 대한 인식은 삼국시대에도 나타나고 있다. 이후 신라가 삼국을 통일한 후에는 단군에 대한 기록이 보이고 있지 않지만, 고려시대에는 건국 초기부터 단군에 대한 인식이 있어 왔고, 고려 후기에는 이러한 인식이 『삼국유사』·『제왕운기』를 통해 역사적 실체로 등장하고 있다. 조선 건국 후에도 단군시조설은 그대로 승계되고 있다. 이러한 인식은 이후 우리 민족의 정신적 모체로서 계승되어 왔다.

　　『삼국사기』 고구려본기, 동천왕 21년조에는

　　　왕은 환도성丸都城이 난을 겪고 나서는 다시 도읍을 할 수 없게 되었음으로 평양성平壤城을 쌓고 여기에 백성들과 종묘宗廟·사직社稷을 옮겼다. 평양平壤은 본래 선인왕검仙人王儉이 살던 곳이다. 혹 이르기를 왕의 도읍을 왕험王險이라고도 한다(王以丸都城經亂 不可復都 築平壤城 移民及廟社 平壤者本仙人王儉之宅也 或云 王之都王險).

　　　　　　　　　　(『삼국사기』 권 17, 고구려본기 5, 동천왕 21년조)

라는 기록이 있다. 이로 볼 때 고구려에서는 평양에 국한된 것인지는 단정할 수 없지만, 단군이 신앙의 대상으로 받들어져 왔음을 알 수 있다. 고려 건국 이후에도 단군은 고조선의 건국시조로서의 의미와는 거리가 있지만, 서북한 지역을 중심으로 신앙의 대상으로 존숭되고 있었다. 이것은 『고려사』 지리지 서경유수조西京留守條에

　　　평양부平壤府는 본래 고조선古朝鮮의 옛 도읍지로서 당요唐堯 무진년에 신인神人이 단목檀木의 아래에 내려오니, 국인國人들이 임금으로 삼았다. 평양에 도읍하고 단군이라 하였으니, 이것이 전조선前朝鮮이다(平壤府 本三朝鮮舊都 唐堯戊辰歲 神人降于檀木之下 國人立爲君 都平壤 號檀君 是爲前

朝鮮).
(『고려사』 권 58, 지 12, 지리 3, 서경유수조)

라고 하였고, 또『고려사』현종 2년 5월조에는

평양과 목멱木覓·교연도지암橋淵道知巖·동명왕東明王 등의 신神에게 훈호勳號를 더하여 받들었다(加平壤 …… 木覓橋淵道知巖東明王等神勳號).
(『고려사』 권 4, 세가 4, 현종 2년 5월 정묘)

라는 기록을 확인할 수 있으며, 같은 책 예종 4년 4월조에서는

동지추밀원사 허경許慶을 보내어 평양신사平壤神祠·목멱신사木覓神祠·동명신사東明神祠에서 제사를 지내게 하였다(遣同知樞密院事許慶 祭平壤木覓東明神祠).
(『고려사』 권 13, 세가 13, 예종 4년 4월 을유)

라는 내용을 확인할 수 있다. 이와 같은『고려사』의 단편적인 기록들을 검토할 때 고려 사회에서는 평양을 단군과 밀접한 관련을 가진 곳으로 이해하고 있었음을 보여준다. 이로써 단군을 평양지역의 고유 신격으로 추존하여 훈호勳號하는 한편, 예종 때에는 제관祭官을 보내어 제사를 올렸던 것으로 볼 수 있다.

이상의 기록을 종합할 때 삼국시대에는 고구려 왕실을 중심으로 단군이 선행 국가의 시조라는 막연한 이해가 이루어지고 있었고, 또 민간에서는 신앙의 대상으로 전승되고 있었음을 알 수 있다. 그리고 신라가 고구려를 멸망시킨 이후에는 이러한 인식이 민간신앙으로 더욱 고착되었던 것으로 짐작된다. 이와 같은 전승의 양상은 고려 건국 이후에도 그대로 전해지다가 고려 후기에 와서는 비로소 역사인식의

체계 안에서 그 존재가 부각되면서 고려 역사의 선행 국가로서 고조선이 인식되기 시작하였고, 이러한 역사적인 배경에서 단군은 개국의 시조로 부각되었던 것으로 볼 수 있다. 『고려사』 지리지에 기록되어 있는 '전조선前朝鮮의 시조 단군'이란 기사는 당시 이러한 역사인식을 그대로 반영하고 있다.

특히 고려 전·중기의 단군전승은 고려 사회를 풍미한 도참사상과 연계되면서 이자겸李資謙의 난에서 볼 수 있는 바와 같이 반란의 명분으로 활용되기도 하였다. 또 인종 때에 묘청妙淸은 평양의 임원역林原驛을 중심으로 팔성당八聖堂을 건립하고 서북한 지역의 대표적인 신격神格으로 추측되는 8위八位의 산신山神들을 봉안하고 있는데, 이들 8위의 신격 중에서 구려평양선인駒驪平壤仙人의 실체를 단군으로 보는 견해도 있다(김성환, 『고려시대 단군인식 연구』, 경인문화사, 2002). 하지만 묘청의 난을 토벌한 김부식金富軾은 이후 『삼국사기三國史記』를 저술하면서 그 나마도 평양을 중심으로 전하고 있던 단군전승을 의도적으로 삭제하였던 것으로 보인다. 그러나 민간에서 전해지고 있던 단군전승은 여전히 지역공동체의 운영과 관련하여 긴밀하게 기능하고 있었다. 1170년(의종 24) 정중부鄭仲夫의 무인난武人亂 이후 무인정권이 수립되고, 몽고의 침입으로 국도國都를 강화江華로 옮기게 되면서 단군은 개국시조로 다시 부각되었고, 또 이것은 이후 고려 사회에 그대로 계승되고 있다. 이것은 최자崔滋가 「삼도부三都賦」에서

| | |
|---|---|
| 西都之創先 帝號東明 | 서도西都가 처음 이룩될 때 그 왕의 이름은 동명東明이라네 |
| 降自九玄及 眷下土 | 하늘로부터 내려와 이 땅에 자리 잡으니 |
| 此維宅焉 | 이곳이 새롭게 자리잡은 터전이 아니던가 |
| 嶸然乘五龍車上天下天 | 홀연히 오룡거五龍車를 타고 하늘을 오르내리니 |
| 導以百神 從以列仙 | 온갖 신神들이 인도하고 또 신선들이 뒤를 쫓았네 |

熊淵遇女　來往翩翩　　　웅연熊淵에서 여인을 만나 내왕이 빈번했다네
靈祇所宅　平壤其祠　　　그 영靈이 계시는 곳, 바로 평양의 신사神祠가 아
　　　　　　　　　　　　닌가
呼叱風伯　指揮雨師　　　풍백風伯을 부르시고 우사雨師를 지휘하시니
　　　　　　　　　　　　　　　　　　　（『동문선』 권 2, 삼도부）

라고 읊고 있는 것에서 보인다.

위의 내용에서는 비록 그 초점이 동명東明에 맞추어져 있지만, 웅연熊淵·풍백風伯·우사雨師 등 단군신화와 관련한 내용을 찾아볼 수 있다. 이것은 무인집권기 역시 단군에 대한 이해가 평양을 중심으로 지속적으로 전해오고 있음을 보여주는 것이며, 특히 고구려 시조 주몽朱蒙과의 연계는 평양에서의 단군전승이 고구려 건국신화와도 어느 정도 융합되어 전하고 있음을 짐작하게 한다.

하지만 원元 간섭기에 들어서면서 고려 사회는 대외적인 위기의식과 대내적인 사회분위기의 변화를 수반하면서 역사인식 또한 많은 변화를 보이게 된다. 이에 따라 이전부터 전해오던 단군전승을 중심으로 하는 고조선 건국신화는 재차 주목되었으며, 그 결과 우리나라 건국의 시원을 단군조선에서 출발하는 역사인식으로 귀결되었다. 충렬왕 때에 일연一然과 이승휴李承休가 『삼국유사三國遺事』와 『제왕운기帝王韻紀』에서 각기 『고기』와 『본기』를 인용하여 단군조선의 건국신화를 싣고, 단군을 그 시조로 천명하고 있는 것도 이러한 역사인식의 반영으로 볼 수 있을 것이다.

이후 고려말의 성리학자들은 단군시조설檀君始祖說을 보편적 역사인식으로 이해하고 있었다. 『고려사』 백문보白文寶 열전에서 확인할 수 있듯이 그는

우리 동방은 단군이 나라를 세운 이래 지금 3,600년으로 주원周元의

때를 맞았습니다(吾東方 自檀君至今 已三千六百年 乃爲周元之會).

(『고려사』 권 112, 열전 25, 백문보전)

라는 상소를 1363년(공민왕 12)을 전후한 시기에 올리고 있다. 또 1369년(공민왕 18)에는 동녕부東寧府 정벌에 즈음하여 내린 방문傍文에서

　　　본국은 요堯와 같은 시기에 일어났다. 주周나라 무왕武王이 기자를 조선에 봉封하니, 서西로는 요하遼河에 이르렀고 대대로 강역을 지켜왔다(本國與堯並立 周武王 封箕子于朝鮮 而賜之履西至遼河 世守疆域).

(『고려사』 권 114, 열전 27, 지용수전)

라고 천명하여 단군조선에 대한 인식을 명백히 하고 있다. 아울러 이색李穡은 「파사부婆娑府」라는 시詩에서

| | |
|---|---|
| 鴨江東岸是吾土 | 압록강 동안東岸은 바로 우리의 땅 |
| 靑嶂白波相媚嫵 | 푸른 산 흰 물결이 서로 교태를 부리는데 |
| 東韓仁壽君子國 | 동한東韓은 인수仁壽한 군자국君子國으로 |
| 唐堯戊辰稱始祖 | 당요唐堯 무진년에 시조를 칭하였네 |

(『목은시고牧隱詩藁』 권 3, 파사부婆娑府)

라고 읊어 중국 요임금 무진년에 단군이 나라를 건국하였음을 밝혀 단군조선에서 출발하는 상고사 인식을 재차 천명하고 있다.

　　　이러한 인식은 고려말에 성리학자들의 보편적인 역사인식이기도 하다. 따라서 일제시대 식민사관植民史觀에 입각하여 원의 지배하에서 민족의식을 선양하기 위하여 단군시조설이 우리 역사에서 부각되었다는 금서룡 등의 일본인 학자들의 견해는 재검토되어야만 한다. 고조선의 건국시조로서 단군에 대한 인식은 고조선 사회의 해체 이후 부여·

고구려를 중심으로 면면히 이어져 온 우리 민족의 사상적 근간이었으며, 이것이 고려 후기 역사의식의 새로운 정립에 의해 우리 사서에서 재등장하였을 것이다. 일연이 지은 『삼국유사』 역시 단군시조설을 『위서』·『고기』 등의 기록에 산재한 것을 인용하여 수록한 것이지 아예 없던 사실을 날조한 것은 아니다. 『삼국유사』에서 원에 대한 비판의식을 찾아보기는 어렵다. 이승휴의 『제왕운기』도 기존의 사서인 『본기』를 근간으로 단군시조설을 수록한 것이지 원에 대한 비판적 의식으로 수록한 것은 아니다. 이것은 『제왕운기』의 상권 끝 부분에 대원大元에 대한 칭송이 주를 이루고 있는 것에서도 보인다. 따라서 고조선에서 출발하는 상고사 인식의 출발은 원의 지배하에서 민족의식을 선양하기 위하여 의도적으로 수용된 것이 아님을 알 수 있다. 그리고 이와 같은 고조선 건국시조 단군에 대한 인식은 조선시대에도 그대로 계승되어 더욱 다양한 논의로 발전하게 된다.

## 제2절  기자조선箕子朝鮮

## 1. 기자箕子 관계 사료의 내용과 인식

### 1) 사료의 내용

기자조선에 대한 기록은 일찍부터 중국 사서에서 보인다. 대표적인 것으로는 복생伏生의 『상서대전尙書大傳』 권 2, 은전殷傳 「홍범洪範」조와 사마천司馬遷의 『사기史記』 권 38, 「송미자세가宋微子世家」조, 그리고 반고班固의 『한서漢書』 권 28 하, 지리지, 「연燕」조를 들 수 있다. 위의 자료들의 내용을 살펴보면 기자가 동으로 와서 조선을 세웠다는 것은 모두 일치하고 있다.

그러나 그 구체적인 내용에 있어서는 약간씩 차이가 있다. 즉 『상
서대전』에서는 기자동래설箕子東來說에 대한 내용으로

　　　은殷나라 3현三賢 중의 한 사람인 기자는 은나라 마지막 왕인 주紂의
친척으로서 기국箕國의 자작子爵으로 봉封해졌는데, 주왕紂王의 타락을 충간
하다가 옥에 갇히게 된다. 그후 주周나라가 은을 멸하고 무왕武王이 그를
석방하니, 그는 무왕에 의하여 석방된 것을 부끄러이 여겨 조선으로 망명
하게 되었고, 이를 알게된 주 무왕武王은 기자를 조선왕으로 책봉하였다.
(『상서대전』 권 2, 은전, 홍범조)

라고 서술하고 있다. 이에 비해 『사기』에서는 "기자가 주나라 무왕의
책봉을 받고 조선으로 갔다"라고 서술하고 있다. 또 『한서』에서는 "은
殷나라의 도道가 퇴락되자 기자가 조선으로 갔다"란 기사만을 서술하
여 주나라 무왕과의 관계를 일체 생략하면서, 단지 8조금법八條禁法에
대한 내용은 크게 조명하고 있다.

　　우리나라 사서에서도 역시 기자에 대한 기록을 일찍부터 확인할
수 있다. 『삼국사기』 제사지祭祀志에서는 『신당서新唐書』를 인용하여

　　　고구려에는 일찍부터 영성靈星과 기자箕子 등을 신神으로 받들어 제례
祭禮를 올리고 있다.
(『삼국사기』 권 32, 지 1, 제사)

라고 기록하고 있고, 『고려사』 등의 기록에도 기자를 신으로 받들어
사당을 지어 추존하고 있는 기록이 도처에서 보인다. 국가의 건국자로
서 기자의 위상이 부각되고 있음은 『삼국유사』에서도 확인되고 있다.
즉 『삼국유사』 고조선(왕검조선)조에서

(단군은) 도읍을 백악산 아사달로 옮겨 1,500년 동안 나라를 다스렸
는데, 주周나라 호왕虎王이 즉위한 기묘년에 기자箕子를 조선에 봉했다. 이
에 단군은 장당경藏唐京으로 옮겼다.

(『삼국유사』 권 1, 기이 1, 고조선조)

라고 하여 기자의 실체를 전하고 있다. 또 『삼국사기』 연표年表에서는

해동海東에 국가가 있은지 오래 되었다. 기자 때부터 주나라 왕실로
부터 봉封함을 받았다(海東有國家 自箕子受封於周室 衛滿號於漢初).

(『삼국사기』 권 29, 연표)

라고 하여 기자수봉箕子受封에 대한 기사를 수록하고 있다.

한편 이승휴는 『제왕운기』 동국군왕개국연대東國君王開國年代에서 첫
머리에 전조선기前朝鮮紀를 설정하여 단군조선의 내용을 서술한 후에
후조선기後朝鮮紀에서 기자조선의 실체를 전하고 있는데, 그 내용은 다
음과 같다.

후조선後朝鮮의 시조는 기자箕子인데
주周나라 무왕武王 원년인 기묘년己卯年 봄에
망명亡命해 와 스스로 나라를 세웠더니
무왕武王이 멀리서 봉왕封王하여 조서詔書를 보내어 왔네
사례하지 않을 수 없어 찾아가 뵈올적에
홍범구주洪範九疇와 인륜人倫들을 물어왔다네

상서소尙書疏에 적기를 "무왕이 기자를 가두자 그는 조선으로 달아나
입국立國했다. 무왕이 이를 듣고 그대로 제후로 봉하였다. 기자가 수봉受封
하고 신하의 예가 없을 수가 없어 사례하기 위하여 들어가 뵈었다. 무왕
이 홍범구주를 물었는데, 이 일은 주나라 13년의 일이다"라고 하였다.

41대 손자되는 준왕準王님은
남에게 나라 잃고 백성마저 버렸도다
9백 28년이란 오랜 세월 다스리니
기자의 남긴 풍교風敎 찬연히 전하였다
나라 잃은 준왕은 금마군金馬郡에 옮겨 앉아
도읍 이루어 또 다시 임금이 되었도다
(『제왕운기』 권 하, 동국군왕개국연대, 후조선기)

『삼국사기』와 『제왕운기』에 보이는 기자에 대한 이러한 이해는 고려말에 사대부들의 일반적인 역사인식이었던 것 같다. 고려말의 유종儒宗으로 존경을 받았던 이색李穡은 일찍이 만주의 요령성 동쪽에 있는 파사로婆娑路를 지나면서 「파사부」라는 시를 지었는데, 여기서 그는 먼저 단군의 역사적 사실을 전하고 계속하여

箕子受封師道新　기자가 봉封해지자 사도師道를 새롭게 하여
九疇森列照天下　구주홍범九疇洪範이 삼엄하게 온 세상 비추었으니
當時親炙知何人　당시 감화받았던 자들이 그 누구였던가
(『목은시고』 권 3, 파사부)

라고 읊어 홍범구주를 중심으로 하는 기자의 교화지정敎化之政을 강조하였다. 그러나 한편으로는 『목은시고牧隱詩藁』 권 2에서 우리나라를 "삼한三韓을 신하로 삼지 않았던 기자箕子의 땅三韓箕子不臣地"이라고 표현하면서 원元에 대한 고려 사직의 주체성을 강조하고 있다.

　조선 건국 이후에도 이러한 역사인식은 그대로 계승되고 있다. 조선 초기에 정도전鄭道傳은 『조선경국전朝鮮徑國典』 권 상上 「국호國號」에서 "해동海東의 나라에는 국호가 한결같지 않다. 조선이라는 국호도 3개가 있으니, 단군·기자·위만이 그것이다"라고 하였고, 권람의 『응제시주』 「시고개벽동이왕始古開闢東夷王」조에서는 "단군이 나라를 다스린 지 1,048

년, 그후 164년 기묘년에 기자가 내봉來封하였다”고 서술하고 있다.


2) 우리 역사의 기자인식箕子認識

고구려에서는 일찍부터 기자를 신神으로 받들고 있었다. 이것은
『삼국사기』 제사지祭祀志에서


『당서唐書』에 이르기를 고구려 풍속에는 음사淫祠가 많다. 영성靈星과
일日·기자箕子·가한可汗 등의 신神에게 제사를 올렸으며, 나라의 왼쪽에
있는 큰 동굴에는 수신襚神이 있다. 매년 10월에 왕이 제사를 지낸다(唐書
云 高句麗俗多淫祠 祠靈星及日箕子可干等神 國左大穴曰襚神 每十月王皆
自祭).

(『삼국사기』 권 32, 지 1, 제사)


라고 한 기록에서 알 수 있다. 또 고려시대에는 건국 초기부터 고구려
의 전통을 이어 기자에 대한 인식이 있어 왔다. 이것은 933년(태조 16)
에 당唐나라 사신이 태조 왕건王建을 책봉하는 조서詔書를 가지고 왔는
데, 그 내용 중에서


주몽朱蒙이 나라를 일으키고 그곳의 군장君長이 되어 기자箕子가 남긴
유풍遺風을 이어 받았다

(『고려사』 권 2, 세가 2, 태조 16년 3월 신사)


라고 하면서 주몽의 개국유업을 계승하고 기자의 교화를 본받도록 하
고 있는 기록에서 보인다. 고려에서는 이러한 인식을 근거로 국가적인
입장에서 기자사당箕子祠堂을 건립하고 정례적인 제례祭禮를 행하고 있
다. 이것은 1102년(숙종 7) 10월 예부禮部에서


우리나라의 교화敎化와 예의禮義는 기자로부터 시작되었으나 사전祀典

에는 기재되지 못하였습니다. 원하건대 기자의 분영墳塋을 찾아 제사를 올
리도록 하소서.

(『고려사』 권 63, 지 17, 예)

라고 건의하여 수용되고 있는 것에서 알 수 있다. 또 1325년(충숙왕
12) 10월에도 평양부平壤府로 하여금 기자사箕子祠를 세워 제사하도록 하
였으며, 1356년(공민왕 5) 6월과 1371년(공민왕 20)에도 평양부로 하여
금 기자의 사당을 중수하여 제사를 올리도록 하였다.

『삼국유사』와 『제왕운기』에도 역시 기자에 대한 기록이 서술되어
있다. 『삼국유사』는 주나라 무왕에 의한 기자수봉설箕子受封說을 계승하
고 있으나 기자에 앞서 단군이 존재하였음을 밝히고 있으며, 『제왕운
기』에서는 기자조선의 마지막 왕인 준왕準王이 위만衛滿에게 쫓겨서 남
쪽으로 내려와 마한馬韓을 건국하였다는 기자조선의 마한계승설을 기
술하여 실학자들에게 기자조선 → 마한으로 이어지는 마한정통설馬韓正
統說의 논거를 제시하였다. 하지만 『삼국사기』에서는 팔조금법八條禁法
등 문화적 업적을 높이 평가하고 있는 반면, 『삼국유사』에서는 이러한
기록이 일체 보이지 않는다. 이로 볼 때 『삼국유사』가 『삼국사기』의
기자 관련 기록보다는 중국적인 시각이 희박하였음을 알 수 있다.
　『제왕운기』에 보이는 기자조선의 서술내용을 살펴보면 다음과 같다.

(1) 단군조선을 전조선前朝鮮, 기자조선을 후조선後朝鮮이라 하여 단
　　군조선이 망한 후에 기자조선이 건국되었다.
(2) 주나라 무왕과의 관계에서는 '선입국先立國 후수봉後受封'이라 하
　　여 『상서대전』의 설을 취하여 비교적 독립성을 강하게 나타내
　　고 있으며, 또 홍범구주에 대해서도 이를 중국의 천자에 전하

여  교화했다고 서술하고 있다.

(3) 기자조선이 입국立國 928년 만에 망한 후(B.C. 194) 41대 준왕準
  王이 금마군金馬郡으로 이도移都했다고 하여 그 후속을 인정하고
  있다.


이러한 역사인식은 조선 건국 이후에도 그대로 계승되고 있다. 『태조실록』 권 1, 태조 원년 8월 경신의 기록에서 확인할 수 있듯이 1392년(태조 원년) 8월에 단군은 '시수명지주始受命之主'로, 기자는 '시흥화지군始興化之君'으로 존숭되어 단군과 기자에 대한 제사를 평양부로 하여금 주관하게 하였고, 태종 때에는 단군을 기자사당에 합사合祀하고 있다. 한편 조선 건국 후에 편찬된 『조선경국전朝鮮經國典』에서도 단군·기자·위만의 삼조선三朝鮮을 설정하여 단군조선을 전조선, 기자조선을 후조선이라 하여 『제왕운기』의 역사인식을 그대로 승계하고 있으며, 또 단군이 망한 후에 기자조선이 입국하였음을 밝히고 있다. 또 1403년(태종 3)에 권근權近이 주도하고 하륜河崙·이첨李詹 등이 참여하여 편찬한 『동국사략東國史略』에서도 단군·기자·위만의 삼조선 역사를 순차적으로 서술하고 있다.


## 2. 기자조선에 대한 여러 견해

일본인 학자들은 은나라 기자에 의한 조선 건국설을 비판없이 수용하였다. 더 나아가 그들 대부분은 기자에 의한 조선 건국을 한국사의 시원으로 파악하려는 경향을 보였다. 이것은 당시 일본 제국주의의 식민사관과도 연계되어 있는 문제이다. 즉 삼상차남三上次男 등을 비롯한 일본인 학자들은 당시 일제의 식민사관에 입각하여 기자수봉설을 확고한 역사적 사실로 수용하여 이를 한국사의 시원으로 파악하였다.

우리나라의 경우 역시 조선시대까지는 기자의 수봉설受封說을 긍정적으로 수용하고 있었다. 고려 후기부터 조선시대에 걸쳐 편찬된 우리나라 사서들은 거의 모두가 기자수봉설을 수용하고 있고, 특히 이와 같은 사조는 당시 사대모화事大慕華의 사조가 팽배해 가는 시대상에서 오히려 자랑으로 생각하고 있었다.

그러나 실학자 이규경李圭景(1788~?)은 기자묘箕子墓가 중국에만 3곳이나 존재하고 있기 때문에 평양의 기자묘는 의심하지 않을 수 없다고 하면서 기자조선의 실체를 새로운 지배세력으로 등장한 한씨조선韓氏朝鮮으로 이해하기도 하였다(李圭景, 『五州衍文長箋散藁』 권 7, 「箕子事實墳墓辨證說」 ; 권 34, 「檀箕爲國號辨證說」 ; 권 35, 「三韓始末辨證說」).

일제시대에는 기자수봉설이 일본인 학자들에 의하여 거의 모두 수용되고 있었던데 반하여 최남선崔南善을 비롯한 우리나라 민족주의 사학자들은 비판적 입장에서 이를 재검토하게 되었고, 해방 이후에는 실증적 방법에 의한 사료 분석이 선행되면서 기자수봉설은 설 땅을 잃게 된다. 최남선은

> 조선은 처음 송화강松花江과 요하遼河 유역에 있다가 대동강大同江 유역의 평양으로 옮겼고, 뒤에 정치체계가 변경되어 그 군주를 일자日子를 의미하는 기ᄋ지로 불렀으며, 이것이 후일 와전되어 기자조선箕子朝鮮으로 되었다.
>
> (崔南善, 『故事通』 6)

라고 하여 기자의 조선 건국을 원천적으로 부정하였다.

안재홍安在鴻은

송화강의 유역인 북만주의 북부여北扶餘에 아득한 옛날부터 '크치조
선'이 있었는데, 대동강 연안에 이주하자 이후 은나라 기자의 후예인 줄
로 알고 기자조선이라 불렀다. 당시에는 '크치조선' 혹은 '크치국' 또는
'크치시대'라고 하여도 좋을 만큼 '크치'의 이름을 가진 고조선이 당시에
널리 인식되고 있었다. 이것이 기자조선으로 오인된 역사적 본원이다.
(安在鴻,「箕子朝鮮考」,『朝鮮上古史鑑』上)

라고 하여 기자조선을 대국大國을 의미하는 '크치조선' 또는 '기치조선'
의 오인으로 파악하였다

　　또 정인보鄭寅普는 기자箕子의 기箕를 검의 한역漢譯으로 보았고, 또
검은 조선 전역을 통치하는 천왕天王·천가한天可汗을 지칭하는 칭호로
보아 기자조선을 '검조선'으로 파악하였다(정인보, 『朝鮮史研究』上, 서
울신문사 출판국, 1946).

　　이병도李丙燾는


　　기자조선이란 단군조선의 아사달阿斯達 사회에 신 지배씨족이 나타나
새로운 체제를 이룩한 것을 의미하며, 이 신 지배씨족은 기씨箕氏가 아닌
한씨韓氏일 것이다.
(李丙燾,『한국사』고대편, 을유문화사, 1959)

라고 하였는데, 그 근거로 왕부王符의 『잠부론潛夫論』권 9에 보이는


　　일찌기 주(周)나라 선왕宣王 때 한후韓侯가 있었는데, 그 나라는 연나
라에 가까웠다. …… 그후 한韓의 서쪽에도 한씨라는 분이 있었는데, 위만
의 정벌을 받게 되어 해중海中으로 옮겨갔다.
(『잠부론』권 9, 씨성지)

라는 기록과 『삼국지三國志』위서魏書 동이전東夷傳 한전韓傳의

준왕準王이 위만衛滿에게 나라를 잃자 좌우 궁인宮人들을 거느리고 바다를 건너 한지韓地에서 살면서 스스로 한왕韓王이라 칭하였다.

(『삼국지』 권 30, 위서 30, 동이열전 30, 한전)

라는 기록을 들고 있다. 또 그는 어한魚豢의 『위략魏略』에는 배송지裵松之의 주註를 인용하여 위만에 의하여 왕검성王儉城에 억류되어 있었던 준왕의 아들과 친족들의 성씨를 한씨라 기록하고 있고, 또 현재 청주한씨淸州韓氏는 시조를 기자로 기술하고 있다는 점 등을 들어 기자가 조선을 건국하였다는 것은 믿을 수 없으며, 따라서 이들 조선은 한씨조선韓氏朝鮮으로 불러야 한다고 주장하였다.

김정배金貞培는 기자조선의 실체를 고고학적인 측면에서 구명하면서 단군조선은 신석기시대의 고아시아족에 의한 유문토기인有文土器人이 건국한 국가이며, 소위 기자조선은 거석문화巨石文化와 청동기문화를 이룩한 예맥인濊貊人이 건국한 국가로 파악하였다. 그는 또 무문토기인無文土器人에 의하여 즐문토기인櫛文土器人이 지배당하는 과정을 B.C. 2,000년 경으로 추정하면서 소위 기자조선으로 봉해진 B.C. 12C 경은 한반도가 거석 및 청동기문화 단계였음을 논증하고 있다. 이로써 그는 소위 기자조선과 중국은 하등의 문화적 관계가 없다고 주장하면서 결론적으로 기자조선이란 용어 대신에 예맥조선濊貊朝鮮이라는 용어로 대체할 것을 제안하고 있다(金貞培, 「소위 기자조선과 고고학상의 문제」, 『한국민족문화의 기원』, 고려대 출판부, 1973).

천관우千寬宇는 기자조선을 한민족의 이동과정에서 파악하였다. 그는 대동강 지역으로 이주한 환웅족은 민족이동의 제1파로서 단군조선이며, 2파는 기자조선이고, 3파는 위씨조선衛氏朝鮮으로 보았다. 기자조선의 영역에 대하여는 초기에는 요서·요동 지방이 근거가 되었고, 후기에 대동강 유역으로 진출하였는데, 초기에 동래東來한 지역은 요서의 고죽국孤竹國으로 보았다. 그는 기자에 대하여는 은나라 말기의 현인賢人이라기 보다는 환웅족의 동진경로상東進經路上의 한 지역에 살던 부족 혹은 부족군의 수장首長으로 파악하였다(千寬宇, 「箕子攷」, 『東方學志』 15, 연세대 국학연구원, 1974). 즉 기자는 동이족이 세운 은이 멸망한 후에 동쪽으로 이동하는 과정에서 죽었지만, 기자를 조신祖神으로 섬기는 집단이 난하灤河와 대릉하大凌河 사이의 고죽국에 한 동안 정착하였다고 보았다. 그 증거로 이곳에서 멀지 않은 요령성 객좌현喀左縣에서 출토된 방정方鼎의 '기후箕侯'·'고죽孤竹'이라는 명문銘文을 들고 있다. 그리고 기자 집단은 요서와 요동을 지나 마침내 평양에 도착하였는데, 그 시기는 철기문화의 개막과 같다고 파악하였다(千寬宇, 『古朝鮮史·三韓史硏究』, 일조각, 1989).

윤내현尹乃鉉은 기자는 상商 왕실의 근친으로서 강성姜姓인 기족箕族을 통치하기 위하여 봉하여졌기 때문에 기자라 하였으며, 상나라 말기에 기자가 봉해졌던 이 기국箕國은 상왕의 직할지인 상읍商邑부근, 즉 지금의 하남성 상구현商丘縣지역으로 비정하였다. 이로써 그는 기자나 기자국은 한국고대사의 주류에 위치할 수도 없으며, 기자조선이란 용어도 전혀 부당하다는 결론을 내리고 있다(윤내현, 「箕子新考」, 『한국고대사신론』, 일지사, 1986). 그의 이와 같은 논리는 이형구李亨求의 연구에 의해 보강되고 있다(이형구, 「발해연안 대릉하유역 기자조선의 유물·유적」, 『한국고대사연구』 9, 1996).

정중환丁仲煥은 기자는 실재 인물이 아니며, 동방족의 시조설화가 중국적 시각에서 의인화한 것에 지나지 않는다고 보면서 기자조선의 사회를 맥족貊族의 사회로 파악하였다(丁仲煥, 「箕子朝鮮考」, 『東亞論叢』 2, 1964).

  기자조선에 대한 이상과 같은 다양한 견해는 나름대로의 근거를 갖고 있지만, 거의 모두가 기자동래설을 부정하고 있다는 것에는 일치하고 있다. 참고로 북한학계에서는 기자조선을 후조선後朝鮮이란 명칭으로 서술하면서 기자의 동래설을 부정하고 있고, 현재 우리 학계에서도 기자동래설은 수용되지 못하고 있다.

## 3. 기자조선의 실체

  기자조선의 실체는 일찍부터 중국의 기록에 보이고 있다. 즉 후한後漢시대 왕부王符는 그의 『잠부론潛夫論』 「씨성지氏姓志」에서

  옛날 주周나라 선왕宣王 때 역시 한후韓侯가 있었는데, 그 나라는 연燕나라와 가까웠다. 그러므로 『시경詩經』에 이르기를 "저 커다란 한성韓城이여, 연나라 군사가 완성시켰구나"라고 하였다. 그후 한서韓西에도 역시 한성韓姓이 있었는데, 위만에게 정벌되고 해중海中에 천거하였다(昔周宣王亦有韓侯 其國也近燕 故詩云 普彼韓城燕師所完 其後韓西亦姓韓 爲衛滿所伐 遷居海中).

(『잠부론』 권 9, 씨성지)

라는 기록을 남기고 있다. 위의 기록에서 주周나라 선왕宣王 때에 연나라와 이웃하여 한후韓侯가 있었고, 그후 한韓의 서쪽에도 한韓이란 성을 가진 세력이 있었는데, 이후 위만에게 멸망하여 해중으로 천거하였음을 말해주고 있다. 위에서 보이는 위만에게 정벌당한 한은 바로 소위 기자조선의 마지막 왕인 준왕이라는 것에는 거의 모든 학자들이 공감

하고 있다. 이것은 『제왕운기』에서

> 나라 잃은 준왕準王은 금마군金馬郡으로 옮겨 앉아 또 다시 임금이 되었도다.
>
> (『제왕운기』 권 하, 동국군왕개국연대 후조선기).

라는 기록과 같은 책 「위만조선기衛滿朝鮮紀」에서

> 한漢의 장수 위만衛滿이 연燕에서 태어나 준왕準王을 쫓고 나라를 빼앗았네.

라고 한 기록은 이와 같은 사실을 그대로 논증해 주고 있다. 위의 기록은 『후한서』의 동이전東夷傳 한韓조에서

> 조선왕 준準은 위만에게 나라를 빼앗기고 무리 수천인을 거느리고 바다를 건너 마한馬韓을 격파하고 스스로 한왕韓王이라 하였다. 준왕이후에 멸망하자 마한 사람들이 다시 자립自立하여 진왕辰王이라고 하였다(初朝鮮王準 爲衛滿所破 乃將其餘衆數千人走入海 攻馬韓破之 自立爲韓王 準後絶滅 馬韓人復自立爲辰王).
>
> (『후한서』 권 85, 동이열전 75, 한조)

라고 하는 기록과 『삼국지』 위서 동이전 한전韓傳에서

> 준準이 함부로 칭왕稱王하다가 연나라에서 망명한 위만에게 나라를 빼앗겼다. (준왕은) 좌우의 궁인宮人들을 거느리고 바다를 건너 한지韓地에서 살면서 스스로를 한왕韓王이라고 하였다. 그후 멸망하였는데, 지금까지도 한인韓人들은 그 제사를 모시고 있다(准既潛號稱王 爲燕亡人衛滿所攻奪 (准)將其左右宮人 走入海居韓地 自號韓王 其後絶滅 今韓人猶有奉其祭祀者).
>
> (『삼국지』 권 3, 위서 30, 동이열전, 한전)

라고 한 내용과도 일치하고 있다.

　주목되는 것은 『잠부론』의 기사에서 준왕의 한韓이 건국되기 이전, 즉 주周나라 선왕 때에도 연나라와 이웃하여 한후韓侯가 지배하는 사회가 있었다는 것이다. 위의 책에서는 『시경詩經』을 인용하여 "저곳 한성韓城이여! 연나라 군사가 완성시켰구나"란 기사를 수록하고 있다. 이로 볼 때 당시 이들 한후韓侯가 지배하던 지역과 연나라는 접경하고 있었고, 연나라는 이들 한후의 세력을 견제하기 위하여 국경에 성을 쌓아 한성韓城이라고 불렀던 것으로 이해할 수 있다.

　그렇다면 당시 이들 한후의 세력은 막강하였을 것이다. 이것은 『잠부론』에서 인용하고 있는 『시경』의 내용에서 보인다.

저 커다란 한성韓城이여!
연나라 군사가 완성시켰구나
선조들이 받으신 천명天命을 따라
백만百蠻을 다스렸도다
주周나라 왕은 한후韓侯에게
추족追族과 맥족貊族까지 내려주셨도다
북쪽의 나라들을 모두 맡아
그곳의 패자가 되었도다

(『시경詩經』 대아大雅, 한혁韓奕)

　위에서 당시 한후는 추족追族과 맥족貊族을 지배하고, 또 북방의 여러 종족들을 지배하면서 막강한 세력을 형성하고 있었음을 보여준다.

　이들 한후韓侯와 준의 한韓에 대한 관계는 학계에서 다양한 견해가 보이고 있지만, 위에서 보이는 추족追族을 예족濊族으로 파악하는 견해가 있음을 감안할 때(김상기, 「韓·濊·貊 이동고」, 『史海』 1, 1948), 이들 사회는 예족과 맥족, 즉 예맥족을 기반으로 한 국가였음을 시사받을 수 있다. 또 김정배를 비롯한 일부 학자들은 준왕의 기자조선을 예맥인이 건국한 국가로 파악하고 있는데, 이 견해를 수용한다면 『시경』에 보이는 한후와 위만에게 멸망당한 한은 모두가 예맥족을 근간으로 한 같은 성격의 국가였다는 결론을 구할 수 있다. 이들 양자에 대하여는 같은 시기에 병립하였는지, 또는 『시경』에 보이는 한후가 멸망한 후에 그 족단이 이동하여 다시 한을 건국하였는지는 알 수 없다. 그러나 『잠부론』에서 이들 두 개의 한이 같은 항목에 수록되어 있고, 또 이 기사에서 『시경』에 보이는 한후를 먼저 소개하고 이어 "그후에 한의 서쪽에 역시 한성韓城이 있었다"고 기술하고 있는데, 이로 볼 때 양자는 서로간에 연관성이 있음을 시사받을 수 있다. 즉 주나라 선왕 때에 막강한 세력을 가졌던 한후의 세력이 이후 중국세력의 침략으로 영토를 침식당하게 되자 이동하여 국가를 재건 또는 계승하였는데, 이것이 바로 준왕이 통치하던 소위 기자조선으로 볼 수도 있을 것이다.

당시 이들 조선 사회의 문화수준은 상당하였던 것 같다. 이것은 『후한서』 동이전 예전濊傳에

옛날 무왕武王이 기자를 조선에 봉封하였는데, 기자는 예의와 전잠田蠶으로 교화하고, 또 팔조八條의 가르침을 베풀었다. 이로써 사람들은 서로 도둑질을 하지 않고 문호門戶를 닫는 법이 없었다. 부인들은 정숙하였으며, 음식은 변두邊豆로서 하였다. 그후 40여 세인 조선후朝鮮侯 준準에 이르러 스스로 왕을 칭하였다(昔武王封箕子於朝鮮 箕子敎以禮義田蠶 又置八條之敎 其人終不相盜 無門戶之閉 婦人貞信 飮食以邊豆 其後四十餘世 至朝鮮侯準 自稱王).

(『후한서』 권 85, 동이열전 75, 예전)

라고 하였으며, 또 『삼국지』 위서 동이전 예전濊傳에서

옛날에 기자가 조선에 가서 팔조八條의 가르침을 펴 백성들을 교화하니, 문호門戶를 닫는 일이 없었고, 백성들은 도둑질을 하지 않았다. 그후

40여 세인 조선후朝鮮侯 준准이 마음대로 왕을 칭하였다(昔箕子旣適朝鮮 作
八條之敎 以敎之 無門戶之閉 而民不爲盜 其後四十餘世朝鮮侯准 潛號稱王).
(『삼국지』 권 30, 위서 30, 동이열전, 예전)

라고 한 기록에서 짐작할 수 있다. 위의 두 기록을 검토할 때 기자동
래箕子東來에 대한 견해는 상이하다. 즉 『후한서』에서는 "무왕이 기자를
조선에 봉하였다"라고 하여 기자가 무왕의 책봉을 받고 조선에 갔음을
강조하고 있으나 『삼국지』에는 이러한 기록이 보이지 않는다. 위의 기
사에서는 모두 기자조선의 치국이 40세임을 밝히고 있고, 또 『후한서』
는 기자조선의 마지막 왕을 준準이라고 표기하는 한편, 『삼국지』는 준
准이라고 표기하고 있으나 이때부터 왕을 칭하였다는 내용은 일치하고
있다. 또 8조의 금법을 말하고 있는데, 그 내용은 『한서』 지리지 연燕
조에서

은殷나라의 도道가 쇠퇴하자 기자가 조선으로 가서 백성들에게 예의
와 전잠田蠶과 직조織作를 가르치고, 낙랑과 조선인들에게 8조의 금법을 가
르쳤다(殷道衰 箕子去之朝鮮 敎其民以禮儀田蠶織作 樂浪朝鮮民犯禁八條).
(『한서』 권 28, 지리지 8 하, 연조)

라고 언급하면서 이어

1. 살인자는 바로 죽인다(相殺 以當時相殺).
2. 사람을 상하게 한 자는 곡물로 변상한다(相傷 以穀償).
3. 도둑질 한 자는 남자는 몰입沒入하여 그 집의 가노家奴가 되게 하
   고, 여자는 비婢로 삼는다. 스스로 면하려 하는 자는 사람마다 50
   만의 속전을 내야 한다(相盜 男沒入爲其家奴女爲婢 欲自贖者 人五
   十萬).

라고 하여 그 구체적인 내용을 기술하고 있다. 여기서 당시 사회가 법률에 의한 사회질서가 확립되어 있었고, 또 피지배계급으로 노비가 존재하였음을 알 수 있다.

그러나 『후한서』 동이전과 『삼국지』 동이전에서 준왕準王, 准王 때부터 칭왕했다는 것은 사실과 어긋난다. 이미 B.C. 311년 이전부터 칭왕하여 연燕과 대립하고 있었으며, 전국시대 초기에는 그 강역과 실력이 대단하였다. 다음의 기사는 이를 논증하고 있다.

> 『위략魏略』에 이르기를 "옛날 기자의 후예인 조선후朝鮮侯가 있었다. 주周나라가 쇠약해짐을 보고 연燕은 스스로를 높여 왕이라 하고는 동쪽을 정벌하려 하였다. (이에) 조선후도 역시 스스로 왕이라 칭하고 군사를 일으켜 역으로 연나라를 쳐서 주실周室을 받들고자 하였다 이에 대부大夫 예禮가 간하여 그만두고 예를 사신으로 보내어 연나라를 설득했다. 이로써 서로 싸움을 멈추고 공격하지 않았다. 후에 (조선후의) 자손들이 차차 교학驕虐해지니, 연나라는 마침내 장군 진개秦開를 보내어 조선의 서방을 공격하여 2,000여 리의 땅을 빼앗아 만번한滿藩汗으로서 경계를 삼으니, 조선은 마침내 약해졌다(魏略曰 昔箕子之後朝鮮侯 見周衰 燕自尊爲王 欲東略地 朝鮮侯亦自稱爲王 欲興兵逆擊燕 以尊周室 其大夫禮諫之 乃止 使禮西說燕 以止不攻 後子孫稍驕虐 燕乃遣將秦 開攻其西方 取地二千餘里 至滿藩汗爲界 朝鮮遂弱).
>
> (『삼국지』 권 30, 위서 30, 동이열전 30, 한전)

위의 기록에서는 다음의 사실을 주목할 수 있다.

1) 주나라가 쇠약할 때[周衰]라는 내용으로 미루어 그 시기는 춘추시대 말기 내지 전국시대 초기로 보아야 할 것이다.
2) 이때 조선후가 칭왕하고 있는 사실이 보이는데, 이로 볼 때 준왕 때에 칭왕했다는 것은 재조명해야 한다.

3) 당시 조선의 광역은 광대하였으며, 그 세력 또한 연과 전투를
   할 수 있을 정도로 강성하였음을 알 수 있다.
4) 당시 이들 고조선의 강역彊域은 만번한滿藩汗의 서쪽 2,000여 리
   였으며, 연나라 소왕昭王(B.C. 311~B.C. 279) 때에 진개秦開의 침
   입을 받아 만번한으로 이경移境하였고, 한漢나라 때에는 패수浿水
   로 다시 경계를 옮겼다.

이로 볼 때 소위 기자조선은 춘추시대 말기부터 독자적으로 왕을
칭하고 있었음을 알 수 있고, 그 영역은 만번한의 서쪽 2,000리까지 미
치고 있었으며, 이들 세력은 당시 연과 대등한 입장에서 싸울 수 있을
정도로 강력하였음을 알 수 있다.

그렇다면 만번한은 지금 어느 곳으로 비정할 수 있는가 하는 문
제가 나온다. 이에 대한 학계의 연구를 살펴보면 다음과 같다.

신채호는 『한서』 지리지에 보이는 요동군遼東郡의 속현인 문번한文
番汗, 즉 문현文縣과 번한현番汗縣으로 보았다. 그러나 그는 당시 실상으
로 보아 위의 『위략魏略』의 내용을 부정적 입장에서 접근하고 있다(신
채호, 『조선상고문화사』, 단재선생전집 상). 그는 이에 대한 근거로서

1) 어환魚豢의 『위략魏略』은 소설류의 야사野史로서 거짓이 많아서
   자음만 같으면 중국측 입장에서 사실을 윤색하였다. 즉 대진大
   秦과 같은 라마羅馬의 백인종도 진秦의 자손이라 하고 있고, 또
   진한辰韓도 진秦의 유민이 동으로 가서 건국하였다고 하는 것이
   그 대표적 사례이다. 따라서 위의 기록에서 보이는 2,000여리는
   『사기』 연燕 세가世家의 '진秦이 1,000리의 땅을 개척하였다秦開拓
   地千里'라는 문구를 취하여 배수를 더하여 2,000리라고 한 것이
   니, 이는 믿을 수 없다.

2) 『사기』에는 연나라에 대한 기사로서 '천리千里 또는 소국小國'이라 표현하고 있는데, 만일 연이 2,000리의 땅을 차지하였다면 위의 기록과 차이가 있다.

3) 문한文汗과 번한番汗은 오늘날 요양遼陽 부근이다. 그러나 말기에 겨우 산해관山海關에 이른 연이 요양으로 경계를 삼는다는 것은 불가능하다.

4) 이곳은 기자와 위만의 본거지인데, 만일 연의 영토였다면 어찌 위씨조선이 이곳에서 건국될 수 있었을 것인가.

등 대략 4가지를 들고 있다.

한편 이병도는 『사기』 조선전朝鮮傳에 보이는 "연은 진번과 조선을 침입하여 그곳에 관리를 두고 장새障塞를 축조하였다"는 기록을 근거로 『위략』의 기록을 믿을 수 있다고 하여 긍정적인 측면에서 보았다(李丙燾, 『韓國史』 고대편, 을유문화사, 1959). 즉 그는 『사기』 흉노전匈奴傳의 기사를 근거로 "조선의 땅 2,000리를 취하였다朝鮮略地二千里"는 기록은 실제로 1,000리로서 조선의 서쪽 경계로 생각되는 요하遼河 유역에서 동으로 만번한까지의 거리로 보아야 할 것이라고 하면서 현재의 평안북도 박천군博川郡을 여기에 비정하였다.

또 윤내현은 만번한을 난하灤河 유역에 있었던 지명으로 보면서 진개의 침입으로 만번한까지의 영토를 잃은 것은 일시적인 것이었고, 이후 고조선은 이들 영토를 곧 수복하였을 뿐만 아니라 더 나아가 연나라의 영토 일부를 빼앗아 그들의 침략을 응징하였다고 보았다(「고조선의 강역과 국경」, 『고조선연구』, 일지사, 1994).

이밖에 만번한의 위치를 요동의 개평蓋平과 해성海城 서남쪽을 잇는 선으로 추정하여 연나라는 국경인 요하에서 개평 구간을 점령한 것에 불과한 것으로 보는 견해도 제시되고 있다(盧泰敦, 「고조선 중심지의 변천에 대한 연구」, 『단군과 고조선사』, 2000).

위에서 살펴본 바와 같이 당시 소위 기자조선은 막강한 실력을 지니고 있었고, 이로써 연나라 소왕 때에는 진개의 침입을 받아 많은 영토를 상실하고 있다. 당시 조선의 자주의식은 중국에 대하여 자주적 노선을 취하고 있었고, 더 나아가 배타적인 입장을 취하고 있다. 조선의 말기에 비왕否王을 계승하여 왕위에 즉위한 준왕도 이러한 전통적인 정치노선을 계승하고 있다. 즉 그는 연·제·조에서 망명한 한漢나라의 불평 세력을 수용하였고, 또 연나라에서 족당 1,000여 명을 이끌고 내항한 위만에게 박사博士의 직을 주어 서쪽 변방을 지키게 함으로써 한나라의 침입에 대비하고 있다. 그러나 이곳 변방의 책임을 맡은 위만이 모반하여 반기를 들게 되자 패배하여 족당들을 거느리고 바다를 건너 한지韓地로 망명하여 그곳에서 나라를 부흥하고 한왕韓王이란 이름으로 통치권을 행사하게 된다. 이로써 지금까지 이들이 지니고 있던 조선의 강역은 위만의 통치권 속에 들어가게 된다.

### 제3절  위만조선衛滿朝鮮

## 1. 건국 배경

위만조선衛滿朝鮮은 단군조선·기자조선과는 달리 중국의 사서에 그 존재가 분명하게 기록되어 있다. 위만조선이 중국의 사서에 최초로 보이는 것은 사마천司馬遷이 서술한 『사기』의 조선전朝鮮傳이다. 여기에

보면

조선왕 만滿이란 자는 옛날 연(燕)나라 사람이다 …… 한漢나라가 일어나자 거리가 멀어 지키기 어렵다고 하여 요동遼東의 옛 성책城柵을 수리하고 패수浿水로서 경계를 삼고 연나라에 속하게 하였다. 연나라 왕 노관盧綰이 한漢나라에 반란을 일으켜 흉노에 들어가자 만滿은 망명하였다. 무리 1,000여 인을 모아 추결만리복魋結蠻夷服으로 동쪽으로 도망쳐서 패수를 건너 일찍이 진秦이 개척한 상하장上下鄣에 살면서 진번·조선·만이蠻夷와 옛날 연燕·제齊의 망명자들을 모아 왕험王險에 도읍하였다.

(『사기(史記)』 권 115, 조선열전 55)

라고 기록하고 있으며, 『후한서』 동이열전東夷列傳에는

진섭陳涉이 군사를 일으키자 천하가 붕괴되었는데, 연인燕人 위만衛滿은 난을 피하여 조선에 와서 그 나라의 왕이 되었다.

(『후한서』 권 85, 동이열전 75)

라고 서술하고 있다. 또 『삼국지』 동이전 한전韓傳에서는 『위략魏略』의 내용을 인용하여

준準이 선지 20여 년에 진항陳項(陳勝·項羽)이 일어나 천하가 어지럽자 연燕·제齊·조趙의 백성들은 고통을 참지 못하여 준準에게 망명하였는데, 준은 서쪽 경계에 이들을 살게 하였다. 한漢나라는 노관盧綰으로 왕을 삼고 취수臭水를 연과 조선의 경계로 삼았다. 노관이 한나라에 반란을 일으켜 흉노로 망명하자 연인燕人 위만衛滿은 호복胡服을 입고 망명하여 동으로 취수臭水를 건너 준왕에게 항복하고, 서쪽 경계에 살면서 중국에서 망명해 온 자들을 규합하여 조선의 번병藩屛이 되겠다고 하였다. 이에 준왕은 그를 총애하여 박사博士로 삼고 규圭를 하사하고 100리의 땅을 봉封해 주어 서쪽 변경을 지키도록 했다. 만滿은 일찍이 망명한 자들을 유인하여 무리가 많아지자 거짓으로 준에게 사람을 보내어 "한漢의 병사가 10도道로 쳐

들어 오니 들어가 숙위宿衛하겠다"라고 하고는 마침내 준을 공격하였다. 준은 싸웠으나 이기지 못하였다.

(『삼국지』 권 30, 위서 30, 동이열전 30, 한전)

라고 기록하고 있다.

한편 우리나라 사서에도 위만조선에 대한 기록이 보이는데, 주로 중국의 사서를 참고하여 서술하고 있다. 『삼국유사』에서는 「고조선(왕검조선)」조 다음에 「위만조선魏滿朝鮮」조를 설정하여

연인燕人 위만魏滿이 망명하여 무리 1,000여 인을 이끌고 동으로 와 …… 진번·조선의 만이蠻夷와 연燕·제齊의 망명객들을 모아 지배하면서 왕이 되어 왕검王儉에 도읍하였다.

(『삼국유사』 권 1, 기이 1, 위만조선)

라고 서술하고 있으며, 『제왕운기』에서도 「위만조선기衛滿朝鮮紀」에서

한漢의 장수 위만衛滿은 연燕에서 태어나 고제高帝 12년 병오년에 조선을 침공하여 준왕을 쫓고 나라를 빼앗았네.

(『제왕운기』 권 하, 위만조선기)

라고 기록하고 있다.

이들 자료에서는 모두가 위만衛滿·魏滿을 연인燕人으로 서술하고 있고, 연燕·제齊·조趙나라 백성들의 세력 규합과 이를 기반으로 조선 침공을 기정사실로 기록하고 있다. 여기서 주목되는 것은 『삼국유사』만은 위만을 위만魏滿으로 서술하고 있고, 또 『사기』와 『한서』에서는 단순히 조선왕朝鮮王 만滿으로 기록하고 있다는 사실이다.

위의 사료를 검토할 때에 위만의 세력 기반은 중국에서 망명해 온 집단이었음을 알 수 있다. 위에서 살펴본 『사기』 조선전에서

　　위만은 진번·조선의 만리와 옛날 연燕·제齊에서 망명해 온 자를 기반으로 왕험에 도읍하였다.

(『사기』 권 115, 조선열전 55)

라고 하였고, 『삼국지』 동이전 예전濊傳에서는

　　조선후 준準이 함부로 왕을 칭하였는데, 이때 진승陳勝 등이 일어나 천하가 진秦을 배반하자 연燕·제齊·조趙의 백성으로 조선에 피난해 온 자가 수만 구에 이르렀다. 연인燕人 위만이 추결魋結과 오랑캐 의복[夷服]을 하고서 (조선에) 와서 왕이 되었다.

(『삼국지』 권 30, 위서 30, 동이열전 30, 예전)

라고 한 것은 이를 말해 준다. 준왕은 이들을 조선의 서방에서 살게 하였고, 위만은 조선에 망명하자 이들 망명객들이 살고 있는 조선 서방의 땅 100리를 분봉받아 이곳에서의 세력을 기반으로 마침내 준왕을 축출하고 새로운 왕조를 건국하게 된다.

　　이상에서 보이는 위만조선의 건국과정을 검토하면서 학계에서는 위만조선의 성격을 여러 측면에서 조명하고 있다. 즉 위만조선은 연·제·조 등의 중국 망명객들을 기조로 한 국가로 보아야 한다는 견해와 이들과 더불어 진번·조선의 세력도 위만조선을 성립시킨 주체로 파악하려는 견해이다. 이밖에도 연·제·조에서 망명한 자들도 순수한 중국인이 아니고, 이들 나라에 일찍이 정복 당한 우리 민족이었을 가능성도 배제할 수 없다는 관점에서 위만조선의 건국 주체를 우리 민족으로 파악해야 한다는 견해도 있다. 이것은 주목할 만한 견해이다. 왜냐하면 위만이 망명할 때에 함께 온 족당 1,000여 인은 비록 연나라에서 왔지만 이들은 추결만리복魋結蠻夷服으로 생활하던 조선인이었다는 것이 학계의 지배적인 견해이기 때문이다. 또 위만이 먼저 망명해 온 수만구에 이르는 망명객을 흡수 통합할 수 있었던 기반도 서로 간의 동질성에 입각한 유대관계가 있었기 때문에 가능하였을 것이다.

## 2. 건국과정과 흥망

『삼국지三國志』 동이전東夷傳 한전韓傳에 인용된 『위략魏略』을 근거로 위만조선의 건국과정을 살펴보면 다음과 같다.

1) 위만은 연왕燕王 노관盧綰이 흉노匈奴로 망명하자 준에게 항복하는 한편(『사기』 조선전에는 그와 함께 온 족당들은 1,000여 명이었고, 추결만리복을 하고 있었다고 한다) 준왕을 설득하여 이미 망명한 연燕·제齊·조趙의 백성들이 살고 있는 조선 서쪽지역(『사기』 조선전에는 상하장上下鄣으로 기록하고 있다)에 대한 통치권을 요청하였다. 조건은 이들을 회유하여 조선의 번병藩屏이 되게 하겠다는 것이었다.

2) 준왕은 이를 허락하고 그에게 박사博士의 직을 주어 서쪽 100리의 땅을 분봉分封하여 서쪽 변경을 지키게 하였다.

3) 위만은 중국의 망명자들을 유인하여 세력 기반이 강성해지자 준에게 사람을 보내어 "한병漢兵이 10도道로 쳐들어오니 숙위宿衛하겠다"라고 하고는 왕경王京으로 들어와 준을 축출하고, 왕검에 도읍하고는 국호를 조선이라 하였다.

위만조선의 흥망을 『사기史記』 조선전을 중심으로 살펴보면 다음과 같이 요약된다.

위만은 국가를 건국한 후에 대내적으로는 국가의 기강을 확립하고, 대외적으로는 주변국가를 복속시키면서 그 영역을 확대해 나갔다.

한漢나라의 효혜고후(孝惠高后; 惠帝, B.C. 194~188) 때에 요동태수遼東太守는
위만과 협약을 맺었는데, 그 내용은

1) 색외塞外의 만이蠻夷들이 변경에서 노략질하지 못하게 할 것.
2) 만리蠻夷들의 군장君長들이 한漢에 입조하는 것을 방해하지 말 것.
3) 조선도 한漢에 수시로 입조할 것(이 항은 원문에는 없지만, 후
   속되는 기록에서 이것도 협약에 규정되고 있었음이 확인된다).

등 이었다. 이로써 위만은 한으로부터 국가를 공인 받고 주변 국가들
을 정복하니, 진번·임둔을 비롯한 주변 소국들이 모두 복속하였다. 그
러나 손자인 우거왕右渠王 때에 이르러 조선은 이 협약을 위배하였다.
즉 한의 망명자들을 수용하고, 한에 대한 입조를 거부하는 한편, 진번
을 비롯한 주위의 여러 국가들이 한에 입조하는 것을 방해한 것이다.
이로써 B.C. 109년元封 2년 한의 무제武帝는 섭하涉河를 조선에 사신으로
파견하여 우거왕과 협상했으나 실패하였고, 섭하는 귀국하는 도중에
그를 호송하던 조선비왕朝鮮裨王 장長을 살해하였다. 이때 무제는 섭하
를 요동동부도위遼東東部都尉에 임용하였는데, 조선은 군사를 발하여 그
를 살해하였다.
　섭하가 살해되었음을 들은 무제는 같은 해 가을 죄수들을 군사로
편성하여 조선 정벌군을 출동하였다. 누선장군樓船將軍 양복楊僕은 제齊
에서 출발하여 발해를 건너 조선에 들어왔고, 좌장군左將軍 순체荀彘는
요동을 출발하여 조선을 침입하였다. 그렇지만 전쟁의 양상은 정벌군
에게 불리하게 전개되었고, 이로써 한 무제는 2차에 걸쳐 원군을 파병
하였다. 1차 지원군인 위산衛山은 임무 수행에 실패하여 참형을 당하였
고, 제남태수濟南太守 공손수公孫遂는 2번째로 전권을 위임받아 파병되었
으나 역시 순체의 농간에 의해 양복을 구금하였는데, 이 소식을 들은

무제는 공손수를 참형하였다. 그러나 오랜 전쟁으로 조선도 내분이 발
생하게 된다.

조선상朝鮮相 노인路人, 상상 한음(韓陰: 『한서』에는 韓陶), 니계상泥谿相 삼
參, 장군將軍 왕겸王噤이 모반을 하였는데, 노인·한음·왕겸은 한나라에
투항하였고, B.C. 108년 니계상 삼은 우거왕을 죽이고 한에 망명하였
다. 우거왕의 대신大臣 성기成己는 끝까지 한에 대항하여 싸웠는데, 우
거왕의 아들 장長과 노인의 아들 최最가 백성들을 충동하여 성기를 죽
임으로써 마침내 위만조선은 멸망을 보게 된다. 이에 한은 이곳에 낙
랑·진번·임둔·현도의 4군을 설치하였고, 또 전쟁 과정에서 승리한
순체는 기시棄市의 형을 당하였으며, 감금당하였던 양복은 사형에서 일
등을 감하여 서인庶人으로 폄출되었다.


이와 같은 한의 위만조선 침공은 대략 두 가지 배경에서 단행되
었다고 이해되고 있다. 첫째, 위만조선은 한과 맺은 외신外臣 규정과는
달리 동북지역으로 진출하려는 한의 세력확대와 교역을 방해하였다는
점 둘째, 한은 위만조선을 숙적인 흉노의 왼팔로 여겼기 때문에 전략
적 차원에서 의도되었다는 것이 그것이다(權五重, 『樂浪郡硏究』, 일조
각, 1992).

위만조선의 멸망에 대하여는 많은 학자들의 다양한 견해가 있으
나 소련인 학자 유·엠·부찐이 그가 저술한 『고조선古朝鮮』에서

한군漢軍은 정정당당한 전투에서 조선을 이길 수 없었다. 조선은 오
직 반역자 때문에 망하였던 것이다. 조선과 같은 비교적 작은 국가가 어
떻게 1년 이상이나 한漢나라 군대에 대항하여 싸울 수 있었는지에 대하여
는 의문이 생기지 않을 수 없다. 더욱 조선군은 중앙아시아의 광활한 지
역에 있던 흉노병처럼 유사한 기동훈련도 할 수 없었던 것이다. 조선이
이처럼 강건할 수 있었던 것은 일찌기 이병도가 지적한 바와 같이 광범

위한 철제무기의 사용을 들 수도 있지만, 고조선이 그처럼 강할 수 있었
던 이유는 당시 조선의 정치·경제·군사조직의 특수성에서 찾아야 할 것
이다.

(유·엠·부찐,『고조선』, 국사편찬위원회, 1986, p. 161)

고 한 내용은 우리에게 많은 시사를 준다.

## 3. 국가 성격에 대한 여러 견해

일찍이 이병도는 위만을 조선인으로 규정하였다(李丙燾, 「衛氏朝
鮮興亡考」,『서울대논문집』 인문사회과학 4, 1956). 그가 위만을 조선인
으로 파악한 근거는 다음과 같다.

1) 추결만리복魋結蠻夷服을 한 1,000여 인의 족단은 바로 조선족일
   것이다. 이는 평소부터 추결만리복의 생활 습속에 젖은 집단으
   로 보아야 하며, 따라서 이들은 조선족일 것이다.『사기』 조선
   열전에 '만은 옛날 연나라 사람이다滿者 故燕人也'라고 한 기사를
   그대로 믿는다고 하더라도, 이것은 일찍이 연에 의하여 정복된
   조선 강역에 살고 있는 조선족이었을 것이다. 즉 연은 수시로
   조선을 침입하여 조선의 영토를 잠식하였는데, 대표적인 사례
   로써 진개秦開에 의하여 조선의 서쪽 변방 2,000여 리가 정복당
   하고 있는 내용이『위략』에 보이고 있다. 이로 볼 때 위만과 같
   이 온 1,000여 명의 족단은 연에 정복 당한 구조선舊朝鮮의 영계
   에 살고 있었던 조선인으로 보아야 할 것이다.
2) 한에 대한 조선의 태도이다. 즉 한의 불평 세력을 흡수하면서
   한의 봉조奉詔를 거부하였고, 또 주변국들의 한에 대한 조공을
   방해하였다는 것은 한과 조선 지배층의 성격이 상이하였음을

제 2 장  한민족 사회의 성립과 고조선  **103**

의미한다.

3) 준왕의 위만에 대한 예우이다. 만약에 위만이 한족漢族이었다면, 한과의 국경선에 그를 봉封할 수 있었겠는가 하는 문제이다.

4) 국호를 조선이란 쌍철음을 계승하고 있다. 중국은 국호를 정할 때 단철음을 사용하고 있는 것이 관례이다. 즉 중국은 국호를 정할 때에 하夏·은殷·주周 등과 같이 단철음을 사용하고 있는데, 우리 민족은 신라·백제·고구려 등과 같이 쌍철음을 국호로 하고 있다. 위만이 국가를 건국한 후에 조선이란 쌍철음을 그대로 계승하였다는 것은 그가 조선인이라는 것을 의미한다.

5) 이곳 지역은 전통적 조선족의 묘제인 지석묘支石墓를 조성하였던 사회이다.

이에 대하여 삼상차남三上次男은 위만조선을 토착사회에 기반을 둔 한족과의 연합정권聯合政權이라는 견해를 제시하였다(삼상차남, 「고대의 서북조선과 위씨조선의 정치 사회적 성격」, 『중국 고대사의 제문제』, 1954). 즉 위만의 세력 기반은 준왕 때 망명해 온 연燕·제齊·조趙의 망명인이었음을 감안할 때 그의 건국에 이들 세력기반을 지배층으로 흡수하였을 가능성은 부인할 수 없다는 견해이다. 그는 평안남도 일대에 남아 있는 지석묘支石墓의 유적으로 보아 지석묘 영조자營造者들인 토착민과 한족의 연합정권으로 파악하였다. 그 근거로써 『위략』에

> 조선상朝鮮相 역계경歷谿卿이 간하였으나 우거왕右渠王이 듣지 않자 동쪽 진국辰國으로 갔다. 이때 그를 따라간 백성들이 2,000여 구였다(朝鮮相 歷谿卿以諫 右渠不用東之辰國 時民隨出居者二千餘口).
>
> (『삼국지』 권 30, 위서 30, 동이전 30, 한전)

라는 기록을 들고 있는데, 그는 이 기록를 분석하면서 위만조선을 한

漢의 유이민 집단과 토착사회의 여러 부족들과의 부족연맹적인 구성체임을 알 수 있다고 하였다. 또 그는『한서漢書』「조선열전」의 '조선상朝鮮相 노인路人, 상相 한도韓陶(『사기』에는 韓陰으로 기록), 니계상泥谿相 삼參, 장군將軍 왕겹王狹'이란 기록에서 니계상 삼만을 제외하고는 모두 중국인으로 파악하였다. 이와 같은 견해는 비록 위씨조선의 무대를 평안도의 평양으로 한정하고는 있지만, 연합정권이라는 점에서 만큼은 긍정적인 측면에서 파악하고 있는 연구자들 또한 많다.

김한규金翰圭와 이도학李道學의 연구도 이러한 전제하에서 나타나고 있다. 김한규는 위만조선을 중국계 유이민들이 세운 국가였지만, 이를 이끌고 간 세력은 한반도 북부지역에 기반을 둔 토착세력으로 이들이 위만조선의 건국주체였다고 파악하고 있다. 즉 위만조선은 구조선의 기간세력과 토착세력을 대표하는 상권측相權側과 중국 유망세력에 기초한 왕권측의 타협적 결합으로 이루어졌다는 구조적 특성을 갖고 있었다고 파악하였다(金翰圭,「衛滿朝鮮關係 中國側 史料에 대한 再檢討」,『논문집』8, 부산여자대학, 1980 ;『한중관계사』Ⅰ, 1999).

이도학 역시 위만조선의 성격을 2단계로 나누어 설정하고 있다. 조선상 역계경歷谿卿이 우거왕右渠王에게 불복하며 진국辰國으로 망명할 때에 2천여호를 이끌고 간 사실과『사기』조선열전에 보이는 조선상朝鮮相 노인路人·니계상尼谿相 삼參 등의 명칭에서 보이는 조선·니계 등을 지명으로 보았다. 그리고 노인·삼 등을 지역에 토착하고 있는 수장으로 파악하여 위만조선의 통치구조를 국왕과 이들 지역에 기반을 둔 중앙의 대신들이 결합한 일종의 지역 연합체 국가였을 것으로 추측하고 있다(李道學,「古代國家의 成長과 交通路」,『國史館論叢』74, 1997).

또 위만조선을 토착사회에 기반을 둔 조선족의 전통국가로 이해하려는 견해도 있다. 김철준金哲埈은 위만조선의 관직에 나타나는 인명들을 분석하면서 이들의 대부분을 조선 사회의 부족연맹적 성격하에서 보이고 있는 토착사회의 족장으로 파악하였다(金哲埈,『韓國古代國家發達史』, 한국일보사, 1975). 이병도 역시 위만조선의 직관에 보이는 상相이란 관직에 주목하여 그의 견해에 동의하고 있다. 즉 그는 상相이란 찬贊·도導·면勉의 뜻이 있어 한 집단의 영도자로써의 기능을 표시하는 순수한 우리나라 관직의 명칭으로 파악하였다. 고구려에 있어서도 부족장을 상가相加라 하였는데, 가加는 족族을 의미하고, 상相은 지도자를 의미하였다고 하면서 위씨조선에 보이는 상이란 관직도 전통 한국사회의 관직명을 그대로 계승한 것으로 보아야 한다고 하였다. 따라서 위씨조선의 성격은 조선의 전통사회(원시부족장제)를 계승하고 있다고 파악하였다(李丙燾, 「衛氏朝鮮興亡考」,『서울대논문집』 인문사회과학 4, 1956).

이밖에 위만조선을 기존의 고조선과는 별개의 국가로 보는 견해도 있다. 이것은 윤내현의 「위만조선의 재인식」에서 볼 수 있는데, 그는 여기서

당시 위만조선의 강역은 서쪽은 지금의 난하灤河 상류와 중류로부터 동쪽은 요하遼河에 약간 미치지 못하는 지역이었다. 따라서 위만조선은 한국의 역사학계가 종래에 인식하고 있었던 것처럼 한반도 북부에 위치했던 것이 아니라 지금의 발해 북안에 위치했음을 알게 한다. …… 따라서 위만조선은 고조선과 같은 지역에서 대체된 정치세력이 아니었고, 고조선의 서부를 차지하고, 고조선과 서한西漢제국 사이에 위치해 있었다.
(윤내현,『한국고대사신론』, 일지사, 1986)

라고 하여 위만조선을 고조선의 서부에서 건국한 국가로 파악하였다. 그는 위만조선이 건국한 후에 고조선의 영역을 잠식하면서 그 세력을 고조선의 중심부까지 확대하였으며, 이러한 과정에서 위만은 중앙집권화된 영역국가領域國家를 성립시킨 것으로 보았다.

# ③ 한민족 사회의 시련과 연맹국가


제1절 연맹국가의 성립배경
제2절 연맹국가의 성립과 사회 성격

# 제3장
# 한민족 사회의 시련과 연맹국가

## 제1절  연맹국가의 성립배경

　　고조선 시기에 우리 민족의 각 부족들은 그들 영역에서 독자적인 통치권을 행사하고 있었고, 고조선 사회와는 수직적 또는 수평적 관계를 유지하면서 여러 곳에서 존립하고 있었다. 그러나 고조선이 멸망하자 이들 세력들은 구심점을 잃게 되었고, 이로써 그들 자신의 생활기반을 독자적으로 운영해 나가지 않을 수 없게 된다. 이러한 과정에서 일부는 강대한 이웃 세력에게 정복을 당하기도 하였고, 또 일부는 주변 세력을 복속시키면서 국가로 발전시켜 나가기도 하였다. 후자의 경우 대표적인 국가는 부여·고구려·옥저沃沮·예濊와 삼한三韓을 들 수 있다. 『삼국지』 동이전과 『한서』·『후한서』의 동이전에서는 이들의 생활상을 비교적 자세하게 서술하고 있고, 또 우리나라의 사서인 『삼국유사』와 『제왕운기』에서도 이들에 대한 기사가 수록되어 있다. 그리고

『삼국사기』에서도 비록 독립된 편목으로 이들을 서술하지는 않았지만, 삼국의 발전과정에서 이들에 대한 기록이 많이 나타나고 있다.

이들 사회의 성격에 대하여는 부족연맹部族聯盟, 성읍국가城邑國家, 읍락국가邑落國家, 군장사회君長社會, 초기국가初期國家 등 다양한 개념으로 설명되고 있다. 부족연맹의 명칭은 한때 이 시기의 사회를 설명하는 대표적인 개념으로 사용되어 1959년 진단학회에서 출간한『한국사韓國史』고대편, 1977년 국사편찬위원회에서 출간된『한국사』고대편에서도 사용하였고, 현재까지도 이 용어를 사용하는 연구자들이 많이 있다.

성읍국가의 개념은 천관우千寬宇에 의하여 제기되어 한때 거의 보편화되는 추세를 보였다. 이기백李基白의 경우는『한국사신론韓國史新論』에서 이 개념을 활용하여 당시 사회를 설명하고 있다. 한편 군장사회는 이 시기 사회에서 보이는 군장君長을 Elman R. Service의 이론인 Chiefdom과 연결시켜 사용한 개념으로 김정배金貞培에 의해 소개되었고, 이후 변태섭邊太燮은『한국사통론韓國史通論』에서 이 시기의 사회를 군장사회라는 항목으로 기술하고 있다. 또 초기국가라는 개념은 이종욱李鍾旭 등에 의해 제기되어 많은 연구자들이 보편적으로 사용하고 있다. 이밖에 이 시기를 규정짓는 개념으로는 한영우韓永愚가『다시 찾는 우리역사』(경세원, 1997)에서 사용하고 있는 열국시대列國時代를 들 수 있다.

이들 사회의 성립은 이미 고조선시대부터 있어 왔다는 것이 학계의 일반적인 견해이다. 최근의 연구 결과 고구려의 건국 연대가『삼국사기』의 기록과는 달리 B.C. 108년 이전으로 소급되고 있고, 부여는 고구려보다 그 기원이 오랜 점을 감안할 때 이러한 견해는 충분한 설득력을 갖고 있다. 또 이와 거의 같은 시기에 역사의 무대에서 활약한 옥저·예·삼한도 같은 맥락에서 파악해야 할 것이다.

이들 사회는 초기에는『삼국지』동이전 예전의 기록에서 보이는 바와 같이 산천을 경계로 하여 독자적으로 생활기반을 조성하고 있었을 것이다. 이러한 생활영역은 당시 사회의 전통적 통치양식으로 보편화되어 있었고, 그들 상호간에는 이를 존숭하는 것이 관례로 되어 있었다. 만약 이를 어기고 다른 부족을 침입했을 경우에는 여타의 부족들이 공동으로 제제를 가하는 관습이 존재하고 있었다.

그러나 이후 중국 사회와 고조선의 정치적 변화는 이들 사회에도 큰 변화를 가져오게 된다. 당시 중국은 춘추전국시대를 거쳐 진秦에 의하여 한때 통일을 보았다가 얼마 후에 초楚·한漢의 분열기가 나타났고, 이후 한漢에 의한 통일국가의 성립을 보게 된다. 이 과정에서 중국 민족 또는 당시 이들 중국의 영역 속에 있었던 조선 유민들은 대거 조선의 영역으로 이동을 하게 된다. 『삼국지』를 비롯한 중국의 사서에서 당시 연燕·제齊·조趙의 민民으로서 조선에 망명한 자가 수만구에 이르렀다고 하는 기록은 이를 말해주고 있다. 당시 소위 기자조선은 이들을 조선의 서쪽 경계에 생활의 기반을 마련해 주고 있으나 이들 중에서 일부는 조선 사회의 전역으로 이주하면서 당시 토착사회에 새로운 정치질서의 개편을 촉구하였다.

이러한 국제정치상의 변수는 한漢에 의하여 연燕이 정복당하자 위만 집단의 망명이 있었고, 위만은 이들 세력을 기반으로 하여 준왕準王을 축출하였다. 준왕은 자기의 족당들을 거느리고 해로海路로 한韓의 땅에 와서 한왕韓王이라 칭하면서 새로운 국가를 건설하게 된다. 또 『삼국지』와 『후한서』의 동이전에 진한辰韓을 설명하면서 "기노耆老들이 스스로 말하기를 진秦나라의 망인亡人이라 하고 있는데, 이들은 진秦나라의 역役을 피해 한국韓國으로 오니, 마한은 그 동쪽 경계를 떼어 주어 살게 하였다. 이로써 이곳을 이름하여 진한秦韓이라고도 한다"라는 기록도 당시 이러한 시대상을 말해 준다. 소위 기자조선의 멸망은 이러한 추세를 더욱 촉발하였고, 특히 위만조선의 멸망은 새로운 민족사회의 재편을 가속화하게 된다. 이것은 『삼국지』 동이전에서 『위략魏略』
의 기록을 인용하여

> 처음 우거右渠가 아직 멸망하지 않았을 때에 조선상朝鮮相 역계경歷谿卿
> 이 간언하였으나 우거가 들어주지 않자 동쪽의 진국辰國으로 갔다. 이때
> (그를) 따라서 출국한 백성들이 2,000호戶나 되었다.
> (『삼국지』 권 30, 위서 30, 동이열전 30, 한전)

라고 하였고, 또 『삼국사기』 신라본기 박혁거세朴赫居世조에서

> 박혁거세朴赫居世가 나라를 세우기 전에 이곳에는 조선朝鮮의 유민들이
> 들어와서 산곡山谷간에 살면서 여섯 마을을 이루고 살았다.
> (『삼국사기』 권 1, 신라본기 1, 박혁거세조)

라는 기록도 당시 이러한 시대상을 이해하는데 많은 도움이 된다.

고조선의 멸망 이후 우리나라 부족사회는 철기문화가 거의 보편
화 되며, 각 부족사회는 외세의 지배력 확장에 대한 위기의식으로 자
기보전을 위한 자구책을 강구하게 된다. 이로써 동질성에 입각하여 각
부족간에 병합이 가능해 졌고, 또 이를 기반으로 하여 전쟁 등의 방법
으로 이질 세력을 흡수시킴으로써 세력기반을 확대해가는 경우도 있
었다. 특히 고조선의 멸망으로 분열·해체된 세력들이 자신들의 세력
근거를 기반으로 하여 독자적인 세력을 재형성시키거나 또는 새로운
세력기반을 찾아 이동하여 거점을 확보하는 경우도 있었다.
그러나 발전의 속도는 외세 및 자체 세력의 내부적 여러 요인과
결부하여 일정하지 않았다. 고구려와 부여는 자체의 세력을 빨리 성장
시키고 있었으며, 예濊·옥저沃沮·삼한三韓 등은 이에 비하여 발전의

속도가 늦었다. 그 이유는 고구려와 부여는 목축과 농경을 겸한 기마민족騎馬民族의 기동성과 투쟁성을 갖고 있었는데 비하여 예·옥저·삼한 등은 이와 같은 것이 결여된 정체적이고도 후진적인 사회기반에서 탈피하지 못하였고, 또 한漢의 간섭에 대한 극복 여부도 발전속도와 연계되고 있었다. 즉 한漢은 토착사회의 통일세력 성장을 방해하여 각 군장들에게 왕王·후侯·읍군邑君 등의 중국식 관직[官銜]을 제공하고 조복의책朝服衣幘을 하사하여 이들에게 독자적으로 중국에 복속하도록 하였는데, 이 조복의책에는 무역권이 부여되고 있었다. 이것은 신속臣屬을 전제로 한 무역권의 부여였다.

그런데 고구려에서는 조복의책을 받은 족장族長의 명부를 스스로 주관하여 각 족장들의 개별행동을 막음으로써 무역권 부가의 대가로 신속을 요구한 중국의 정책이 실패하였는데 비하여 남방사회는 위와 같은 조복의책을 받은 자가 1,000여 명이 넘었다. 이밖에도 위솔선읍군魏率善邑君·귀의후歸義侯·중랑장中郎將·도위都尉·백伯·장長·후侯 등 위魏의 관직을 받기도 하였다(金哲埈, 『韓國古代國家發達史』 한국일보사, 1975). 이로써 이들 사회는 통일국가를 형성하지 못하고 각자의 영역에서 중국 세력의 지원하에 독자적인 사회를 존속시켜 발전의 속도가 정체될 수밖에 없었다.

이들 국가의 성격에 대하여 『삼국유사』에서는 북부여·동부여·졸본부여의 항목을 설정하여 이들을 모두 같은 계통의 종족으로 서술하고 있다. 또 『삼국지』 동이전을 비롯한 중국의 사서에서는 고구려를 부여의 별종別種이라 하여 같은 종족으로 서술하고 있고, 옥저와 예에 대하여는 "언어와 법속이 고구려와 거의 같다"고 하여 이들을 고구려와 같은 종족임을 암시하고 있다.

주목되는 것은 『삼국지』 동이전 예전에서는 기자의 동래설과 8조의 금법에 대한 내용을 이 항목에서 기술하여 이들 종족을 고조선과 연계시키고 있다. 또 같은 책 동옥저전에서는 "한漢나라 초에 연燕에서 망명한 위만이 조선을 건국하자 옥저도 여기에 속하였다"고 하여 동옥 저를 위만조선과 연계시키고 있다. 이밖에 같은 책 한전에서는 『위략 魏略』을 인용하여 '준왕의 이거지移居地', '고조선의 유민' 등으로 기술하 여 한韓도 역시 고조선과 연계시키고 있다. 또 『후한서』 동이열전에는

> 예濊·옥저·구려句驪는 본래 모두 조선의 땅이었다.
>
> (『후한서』 권 85, 동이열전, 예전)

라고 하여 예·옥저·고구려가 고조선의 영역이었음을 밝히고 있다.

위에서 볼 때 이 당시 연맹왕국을 구성하였던 여러 국가들은 고 조선이 해체된 이후 독자적인 세력권을 갖게된 동일 종족이었음을 알 게 한다. 『제왕운기』에는 이들 국가의 성격에 대하여 보다 구체적으로 서술하고 있다.

> 때에 따라 합하거나 흩어지며 흥하거나 망하여서
> 자연에 따라 경계를 나누어 삼한三韓이 이루어 졌다.
> 삼한에는 여러 고을이 있었으니
> 다정스럽게 호수와 산 사이에 흩어져 있었다.
> 각기 스스로 나라라 칭하고 서로 침략하였으니
> 70이 넘는 그 숫자 어찌 다 밝혀지겠는가?
> 그 가운데 큰 나라는 어느 것인가?
> 먼저 부여와 비류沸流가 이름을 떨치었고
> 다음은 시라尸羅와 고례高禮이며,
> (그 다음은) 남·북옥저와 예穢 그리고 맥貊이 따르더라
> 이들 나라 여러 임금님들 누구의 후손인가 묻는다면
> 그들의 혈통 또한 단군檀君으로부터 이어졌다.

그밖의 작은 나라들은 이름이 무었이었는지
옛 책을 찾아보아도 알 길이 없네.

(『제왕운기』 권 하, 한사군급열국기)

## 제2절  연맹국가의 성립과 사회 성격

### 1. 부여扶餘

#### 1) 건국

『삼국지』 동이전을 비롯한 중국의 사서에는 부여夫餘라 기록하고
있고,『삼국유사』를 비롯한 우리나라 사서에는 대부분 부여扶餘로 기술
하고 있다.『삼국지』 동이전에 의하면 부여는 장성長城의 북쪽에 있으
며, 현도玄菟와 1,000여리 떨어져 있다. 남으로는 고구려, 동으로는 읍
루挹婁, 서로는 선비鮮卑, 북으로는 약수弱水와 접하고 있으며, 사방
2,000리, 호戶가 80,000이라고 한다. 이들 지역에 대하여 대부분의 연구
자들은 현재의 장춘長春과 농안農安지역으로 비정하고 있다.

부여는 고구려·옥저·예 등의 종족들이 분파되어 나간 모체이며,
고조선을 계승한 최초의 국가로 평가되고 있다. 그러나 부여는 원래부
터 이곳에 있었던 것이 아니었고, 다른 지역에서 이동해 와서 국가를
건설한 것으로 보인다. 이것은『삼국지』 동이전을 비롯한 각종의 중국
사서에서 "이곳 사람들은 스스로를 말하기를 옛날의 망인古之亡人이라
고 하고 있다"는 기사에서 유추할 수 있다. 이들의 국가 건설에 대하
여『삼국유사』에는 해모수解慕漱가 나라를 세웠는데, 그 시기는 전한前
漢 선제宣帝 신작神爵 3년(B.C. 59)이라고 기록하고 있다. 그러나 전국시
대에도 부여夫餘의 명칭이 나타나고 있는 것으로 보아 그 연대는 보다

더 소급할 수 있을 것이다. 『사기』화식열전貨殖列傳에는

> 무릇 연燕은 발해渤海와 갈석碣石 사이의 한 도회都會이다. 남쪽은 제齊와 연燕과 통하고, 동북은 호胡와 접하고, …… 북은 오환烏桓·부여와 이웃하며, 동쪽은 예맥·조선·진번의 이利와 통하고 있다(夫燕亦勃碣之間一都會也 南通齊燕 東北邊 胡 …… 北鄰烏桓夫餘 東縮濊貊朝鮮眞番之利).
>
> (『사기』 권 129, 화식열전)

라고 하고 있는데, 이 기록을 참고하면 부여는 늦어도 전국시대부터 연나라의 북쪽에 있었음을 확인할 수 있다. 그러나 이 기록에서 보이는 부여의 위치는『삼국지』동이전에 보이는 위치와는 상이한 점이 많다. 이에 학계에서는『사기』에 보이는 부여를 초기 부여 또는 북부여北扶餘로 설정하고, 『삼국지』에 보이는 부여를 동부여東扶餘로 파악하려는 견해가 제시되고 있다. 그 근거로『삼국지』부여조의

> 나라의 늙은이들이 스스로를 일러 옛날의 망인亡人이라고 한다. ……나라에는 옛 성이 있는데, 이름을 예성濊城이라고 한다. 본래는 예맥濊貊의 땅이었으나 지금의 부여왕이 그곳에 있다(國之耆老 自說古之亡人 …… 國有古城 名濊城 蓋本濊貊之地 而夫餘王其中自謂亡人 仰有似也).
>
> (『삼국지』권 30, 위서 30, 동이전 30, 부여전)

라는 기록을 들고 있다. 이로 볼 때 이때의 부여는 예맥濊貊을 멸망시키고 이곳에 도읍을 정하였던 것 같다.

　『삼국유사』에는 부여를 북부여北扶餘·동부여東扶餘·졸본부여卒本扶餘로 구분하여 설명하고 있다. 즉『삼국유사』북부여조에서는

> 『고기古記』에 이르기를『전한서前漢書』에는 선제宣帝 3년 임술 4월 8일에 천제天帝가 흘승골성訖升骨城에 내려와 오룡거五龍車를 타고 도읍을 정하

여 왕이라 하고는 국호를 북부여北扶餘라 하고, 자칭 해모수解慕漱라 하였다. 아들을 두었는데, 이름은 부루扶婁라 하고, 해解로써 씨氏를 삼았다.

(『삼국유사』 권 1, 기이 1, 북부여조)

라고 서술하고 있고, 또 같은 책 동부여조에서는

북부여의 왕 해루부解夫婁의 상相 아난불阿蘭弗의 꿈에 천제天帝가 내려 와 "장차 내 자손으로 이곳에 나라를 세우려 하니, 너는 다른 곳으로 가라. 동해의 가섭원迦葉原은 땅이 기름지니, 가이 왕도王都를 세울만 하다"고 하였다. 이에 아난불이 왕에게 권하여 도읍을 그곳으로 옮기고, 국호를 동부여라 하였다.

(『삼국유사』 권 1, 기이 1, 동부여조)

라고 기록하고 있다. 또 졸본부여에 대하여는 같은 책 북부여조에서

(해루부가) 상제上帝의 명으로 도읍을 동부여로 옮기니, 동명제東明帝가 북부여에서 일어나 졸본주卒本州에서 도읍을 정하여 졸본부여卒本扶餘가 되었으니, 곧 고구려의 시조이다.

(『삼국유사』 권 1, 기이 1, 북부여조)

라는 기록에서 확인할 수 있다. 이와 같은 『삼국유사』의 기록을 통해서 부여의 변천과정을 볼 수 있다. 즉 이들 세 부여는 모두가 같은 종족을 기반으로 한 국가로 파악되며, 여기에서 동일계열의 분파, 즉 우리 상고사의 민족이동의 한 과정을 찾아볼 수 있다.

『삼국유사』에서는 부여의 건국을 전한前漢 선제 3년(B.C. 59)으로 기술하고 있으나 중국의 사서에서는 이미 전국시대에 그 국명이 보이고 있다. 또 『삼국유사』 북부여조에서는 부루를 해모수의 아들이라 하

고 있으나 고구려조에서는 『단군기壇君記』에 부루를 단군壇君의 아들이라고 하여 주몽과는 이모형제異母兄弟로 기술하고 있음을 소개하고 있다. 또 학계의 일부에서는 해모수와 환웅桓雄이 동일인이라는 견해도 제시되고 있음을 감안할 때(李丙燾, 『韓國史』 고대편, 을유문화사, 1959), 부여의 건국은 이미 고조선 때부터 있어 왔을 것이라는 것이 일반적인 견해이기도 하다.

신채호申采浩는 『조선상고사朝鮮上古史』에서 부여를 '불'의 음역音譯으로 보면서 고조선시대를 신수두시대로 정의하는 한편, 또 이 시대를 신眞, 辰조선, 불番, 弁조선, 말莫, 馬조선으로 구분하였다. 이후 이들 사회는 열국쟁웅시대로 진입하면서 북부여와 동부여 및 남부여의 시대로 분파하였다고 보았다.

천관우千寬宇는 『고조선사·삼한사연구古朝鮮史·三韓史硏究』(일조각, 1993)에서 민족이동의 과정에서 부여를 설명하고 있다. 즉 북부여는 해모수解慕漱의 하강下降으로 비롯되는데, 요遼나라의 의주계醫州界; 遼西 醫無閭山가 그 중심이었다고 보았다. 그는 단군조선과 부여를 같은 시기에 존재하였음을 전제로 환웅족(중국문헌에 보이는 韓과 濊貊)의 일파는 한반도에 들어 와서 단군조선을 이루었고, 또 일파는 해모수의 이름으로 요하遼河를 거슬러 올라가 부여국이 되었으며, 동부여는 해모수의 아들 부루가 북부여를 비우고 동해의 가섭원迦葉原으로 옮기는 것으로 파악하였다. 그러나 동부여의 경우는 동해안이 아니라 장춘長春과 농안農安 지역으로 보았다.

## 2) 정치와 사회

부여는 고조선의 전통을 계승한 국가로 이후 이들 족단의 일부는 고구려와 백제를 건국하는 주체가 되기도 한다. 이것은 중국의 기록에서 고구려와 백제를 모두 '부여의 별종'으로 서술하고 있는 것에서 찾아볼 수 있고, 또 『삼국사기』와 『삼국유사』에서 보이는 고구려와 백제의 건국기사에서도 이러한 사실을 확인할 수 있다.

부여의 정치제도에 대하여 『삼국지』 동이전에는

> 나라에 군왕君王이 있고, 모두 6종류의 동물 이름으로 관직을 삼았다. 마가馬加·우가牛加·저가豬加·구가狗加·견사犬使·견사자犬使者·사자使者가 있었고, 읍락에는 호민豪民·민民·하호下戶가 있고, 노복奴僕이 있다. 여러 가加들은 별도로 사출도四出道를 거느리고 있는데, 대자大者는 수천가數千家요, 소자小者는 수백가數百家였다(國有君王 皆以六畜名官 有馬加·牛加·猪加·狗加·犬使·犬使者·使者 邑落有豪民民下戶 皆爲奴僕 諸加別主四出道 大者主數千家 小者數百家).
>
> （『삼국지』 권 30, 위서 30, 동이열전 30, 부여전)

라고 기록하고 있다. 이 기사에서 부여에는 최고통치자로 왕이 있고, 그 아래에 가축의 명칭으로 붙여진 마가馬加·우가牛加·저가豬加·구가狗加 등의 관직과 견사犬使·견사자犬使者·사자使者 등의 관직이 지배계급으로 나타나고 있음을 알 수 있다. 또 여러 가加들은 사출도四出道를 관할하는데, 대자大者는 무려 수천가를, 소자小者는 수백가를 예속시키고 있다. 그렇다면 소속되고 있는 수천가·수백가는 그 지배계층의 신분에 따라 거느리고 있는 피지배계급인 예속민으로 파악할 수 있을 것이다.

그런데 주목되는 것은 위의 기록에서 견사犬使·견사자犬使者로 표기되어 있는 관직은 대사大使·대사자大使者를 잘못 표기한 것이라는 견해이다. 이것은 연구자들의 대부분이 제시하고 있는 견해이기도 하다. 그렇다면 위의 『삼국지』에서 보이는 관직의 배열에 의문을 갖지 않을 수 없게 된다. 즉 대사자大使者는 사자使者보다 상위 직품인데, 『삼국지』에서는 사자를 대사자보다 먼저 기술하고 있는 것이다. 이러한 모순에 대하여 이병도는 고구려 후기 직제에서 태대사자太大使者·대사자大使者 등의 관직이 나타나고 있음을 근거로『삼국지』동이전에서 보이는 부여의 대사 역시 그 다음 자者와 앞의 태太가 생략되어 나타난 태대사자太大使者의 오류일 가능성이 있다고 파악하였다(李丙燾,『한국사』고대편, 을유문화사, 1959).

한편 위의 기록에서 관직에 가加의 명칭을 사용함이 보편화되고 있음을 확인할 수 있다. 이병도의 견해에 의하면, 가加는 만몽滿蒙 계통의 간(汗, Han, Kan)·가간(可汗, Cahan, Kagan)과 고조선 및 남방행렬사회의 한韓·간干·감邯·금今과 같은 말로 귀인貴人·대인大人을 뜻하는 것이며, 원래 씨족장·부족장을 의미하는 말이었다고 한다. 따라서 이들 가加들은 처음에는 족장의 칭호였으나 후에 씨족이 붕괴되고 계급이 분화되는 과정에서 대관大官 또는 장관長官의 직명으로 변하였다고 보고 있다. 사출도四出道는 행정구역으로서 국도國都 중심의 사방통가도四方通街道로 볼 수 있을 것이며, 지배계층인 마가馬加·우가牛加·저가猪加·구가狗加의 독자적 기반을 중심으로 편제되었을 것이다.

위의 기록에서 주목되는 또 하나의 사실은 "邑落有豪民民下戶 皆爲奴僕"이란 내용이다. 이것은 당시 부여의 사회구성을 이해하는데 주요한 자료이다. 위의 내용을 원문 그대로 번역하면 "읍락邑落에는 호민豪民·민民·하호下戶가 있는데, 이들은 모두 노복奴僕이다"라는 내용이 된다. 그러나 이러한 해석으로 당시 사회를 이해하려 한다면 많은 모순이 나온다. 이로써 이에 대한 다양한 견해가 학계에서 제시되고 있다.

1) 『삼국지』동이전의 내용을 전문대로 해석하여 호민豪民·민民·하호下戶를 모두 노복奴僕으로 보는 견해

2) 민하호民下戶를 민의 하호民之下戶로 파악하여, 이를 개위노복皆爲

奴僕과 연계하는 견해.

3) 호민豪民·민民·하호下戶를 독립시키고, 하호下戶 다음의 기사인 노복奴僕은 하호만을 지칭한다는 즉 하호개위노복下戶皆爲奴僕으로 보는 견해

4) 호민豪民·민民·하호下戶를 독립시키고, 다음의 노복奴僕도 독자적인 신분층으로 이해하는 견해


1)의 견해에 따르면 당시 부여 사회는 왕-가加-노복奴僕으로 편제되었다는 결론이 나오고, 2)의 견해에 따르면 왕-가-호민-하호(노복)로 구성되었다는 결론이 도출된다. 또 3)의 견해에 따르면 왕-가-호민-민-하호(노복)의 사회구성이 되고, 4)의 견해에 따르면 왕-가-호민 민 하호 노복의 6단계의 구조가 된다.

이와 같이 『삼국지』 동이전의 기록에 대한 해석이 다양하지만, 하호는 『삼국지』나 『위략』이 편찬된 시기와 가장 가까운 시대인 한漢나라 때의 하호를 주목할 필요가 있다. 즉 한나라의 하호는 부강한 호족인 상가上家와 대비되는 계층이다. 무력하고 빈한하지만, 독립의 가계를 가지고 자유로운 신분을 보전하고 있는 소작농이었다. 이후 이것은 전객佃客 또는 전호佃戶로 대치되어 갔으며, 후대의 하호는 3등·5등·6등으로 나뉘어지는 호등제戶等制의 최하등호를 지칭하는 개념으로 나타나고 있다. 이로 볼 때 『삼국지』 동이전의 기록에서 보이는 하호를 노복으로 보기는 어렵다는 결론이 나온다.

또 "6종의 가축의 이름으로 관직을 삼는다六畜名官"는 기록을 볼 때 당시 부여 사회는 6부족의 연합체였음을 짐작할 수 있고, 부여의 왕권은 크게 미약하였을 것이라는 추론을 내릴 수 있다. 이것은 당시 부여 사회에서 왕은 하늘의 뜻을 성실히 수행하는 하늘의 대변자로 파악되어 천변이 나타날 때에는 왕을 교체하거나 죽이는 습속이 있었

다는 사실에서 그렇게 생각된다. 이것은 『삼국지』 위서 부여전에서

> 옛날 부여夫餘의 풍속은 수해와 한재가 일어 기후가 불순하여 5곡이 익지 않을 때에는 그 허물을 왕에게 돌려 혹 왕을 바꾸어야 한다던가 또는 죽여야 한다고 하였다(舊夫餘俗 水旱不調 五穀不熟 輒歸咎於王 或言當易 或言當殺).
>
> (『삼국지』 권 30, 위서 30, 동이열전 30, 부여전)

라고 기록한 것에서 찾아볼 수 있다.

『위서』의 기록에도 '옛날 부여의 풍속'이라고 기록하고 있는 것을 볼 때 이것은 왕권이 신장되지 못하고 부족연합체로 있을 당시의 왕의 위상을 서술한 것으로 보아야 할 것이다. 부여 초기의 왕위 계승에 대하여는 『삼국유사』에서 해모수-해부루-금와金蛙-대소帶素의 순서로 기술하고 있는데, 학계의 일반적인 견해는 부루와 금와왕이 양자관계임을 들어 당시 왕위계승을 이들 부족세력들의 선거왕제로 파악하고 있다. 그리고 금와와 대소가 부자지간임을 근거로 왕위계승이 이때부터 부자상속으로 전환하였다고 보고 있다. 이것은 이때부터 왕권이 강화되었다는 것을 의미한다.

부여의 법률은 엄격하여 1책 12의 법과 여자의 질투와 음란은 극형에 처하였고, 형이 죽으면 형수를 처로 취하는 풍속이 행해지고 있었다. 또 당시 사회제도로 영고迎鼓가 있었음을 전하고 있다. 즉 『삼국지』 동이전 부여조에는

> 은殷 정월이면 하늘에 제사를 지내는데, 나라에서는 큰 모임을 열어 몇일 동안 음식을 먹고 가무歌舞를 즐기는데, 이름하여 영고迎鼓라고 한다. 이때는 형벌을 중단하고 죄수들을 풀어준다. 길거리에서 밤낮으로 노소를 가리지 않고 모두 노래하는데, 그 소리가 하루종일 끊이지 않는다(以殷正月祭天 國中大會連日飮食歌舞 名曰迎鼓 於是斷刑 獄解因徒 行道晝夜 無

老幼皆歌 通日聲不絶).

(『삼국지』권 30, 위서 30, 동이열전 30, 부여전)

라고 하여 제천祭天의식으로 영고가 있었음을 기록하고 있다. 이 기록에서 영고의 행사가 은력殷曆 정월(우리나라 12월)에 행해지고 있는데, 이것은 북방적 요소를 계승하고 있음을 의미한다. 남방 농경사회에서의 집단의례는 수확을 마친 10월에 행하는 것이 통례이다.

또 부여 사회에서는 소를 죽여 점을 치는 우제점법牛蹄占法이 보편화되고 있었다. 즉 국가에 중대사가 발생하였을 경우 소를 죽여 그 굽을 봄으로써 길흉을 점치고 있는데, 이것은 은殷나라에서 거북을 죽여 길흉을 점친 예와 비교할 수 있다. 백색白色을 숭상하였고, 장법葬法으로 순장殉葬과 후장厚葬을 하였다. 당시 부여 사회는 사회의 윤리와 질서가 확립되어 있었다. 음식을 먹을 때에는 조두俎豆를 사용하였고, 서로 만날 때에는 배작拜爵과 세작洗爵을 행하는 풍속이 있었으며, 또 길에서 사람을 만나면 서로 읍揖하면서 길을 사양하는 것이 당시 사회적 규범으로 행해지고 있었음은 이를 말해 준다.


## 2. 고구려高句麗

### 1) 정치제도

『삼국지』동이전에 의하면, 고구려高句麗는 요동遼東의 동쪽 1,000여 리에 있고, 남으로는 조선·예맥과 접하고, 동으로는 옥저, 북으로는 부여와 접하고 있다. 환도성丸都城 아래에 도읍하였고, 사방 2,000리, 호戶는 30,000이라고 기록하고 있다. 부여에서 분파한 국가로 대부분의 중국 사서에서는 부여별종夫餘別種으로 언어를 포함한 제반의 생활상은 부여와 거의 같다고 서술하고 있다.

최고의 통치자는 왕이며, 관직으로서 상가相加·대로對盧·패자沛者·고추가古雛加·주부主簿·우태優台·승丞·사자使者·조의皂衣·선인先人이 있었는데, 대로對盧를 두면 패자沛者를 두지 않고, 패자를 두면 대로를 두지 않았다고 한다. 『삼국지』 동이전 고구려전에는 고구려의 정치조직에 대하여 다음과 같은 기록을 남기고 있다.

(1) 본래 5족族이 있는데, 연노부涓奴部·절노부絕奴部·순노부順奴部·관노부灌奴部·계루부桂婁部이다. 본래는 연노부에서 왕이 되었으나 차차 약해져서 지금은 계루부가 대신하고 있다(本有五族 有涓奴部 絕奴部 順奴部 灌奴部 桂婁部 本涓奴部爲王 稍微弱 今桂婁部代之).

(2) 관직을 두는데, 대로對盧가 있으면 패자沛者를 두지 않고, 패자가 있으면 대로를 두지 않았다. 왕의 종족으로 대가大加는 모두 고추가古雛加의 칭호를 가졌다(其置官有對盧則不置沛者 有沛者則不置對盧 王之宗族 其大加皆稱古雛加).

(3) 연노부는 본래 국주國主였는데, 지금 비록 왕이 되지 못하고 있지만 그 적통대인適通大人은 고추가古雛加의 칭호를 얻었고, 역시 종묘宗廟를 세워 영성靈星과 사직社稷에 제사를 올렸다. 절노부絕奴部는 대대로 왕비였으므로 고추가의 호를 더하였다(涓奴部本國主 今雖不爲王 適通大人 得稱古雛加 亦得立宗廟 祠靈星社稷 絕奴部世與王妃 加古雛之號).

(4) 여러 대가大加들도 스스로 사자使者·조의皂衣·선인先人을 두어 그 이름이 모두 왕에게 품달하였는데, 마치 경卿·대부大夫의 가신家臣과 같다. 그러나 이들이 서로 만나 회동할 때에는 왕가의 사자나 조의·선인과는 동열에 서지 못하였다(諸大加亦自置使者 皂衣 先人 名皆達於王 如卿大夫之家臣 會同坐起 不得與王家使者皂衣先人同列).

(5) 그 나라에는 대가大家로서 전작佃作을 하지 않는 좌식자坐食者가
10,000여 구였다. 하호下戶는 멀리서 쌀이나 고기·소금을 지고 와
서 공급하였다(其國中大家不佃作 坐食者萬餘口 下戶遠擔米糧魚鹽
供給之).

위의 기록에서 당시 고구려의 사회구조에 대한 다음과 같은 사실
을 확인할 수 있다. (1)의 기록에서 고구려는 연노부·절노부·순노
부·관노부·계루부의 5부족 연합정권이었고, 처음에는 연노부에서 왕
이 배출되다가 후에 계루부가 왕위를 교체·세습하였음을 알 수 있다.
연노부涓奴部는 『후한서』 동이전 및 『위략魏略』에서 소노부消奴部라는 명
칭으로 보이고, 『삼국사기』에서는 연나부掾那部 또는 연나부椽那部 등의
명칭으로 나타나고 있다. 또 계루부桂婁部는 성城을 의미하는 고구려어
의 구루溝婁라는 음과 비슷한데, 구루가 고구려라는 국호와도 연계된다
는 견해도 있다. 한편 노奴와 나那는 같은 말의 다른 표현으로 보는 것
이 일반적인 견해이다. 즉 우리나라 고대 지명에서 흔히 나타나는 나
那·라羅·야耶·노盧·양壤·양良·락洛과 같은 말로서 국읍國邑을 의미
한다고 보고 있다.

(2)의 기록에서는 최고관직으로 왕 아래에 대로對盧 또는 패자沛者
를 두었는데, 양자는 병립할 수 없었음을 밝히고 있다. 또 왕의 종족
(계루부)으로서 대가大加는 모두 고추가古雛加라 칭하였음을 알 수 있다.

(3)의 기록에서는 초기의 왕족인 연노부와 왕비족인 절노부의 적
통대인適通大人에게도 고추가라는 칭호를 부여했음을 알 수 있다. 주목
되는 것은 초기의 왕족이었던 연노부 역시 독자적으로 종묘를 세워
영성靈星과 사직社稷에 제사를 올리고 있다는 내용이다. 이로 볼 때 당
시 연노부는 왕족에서는 탈락되었지만, 그들의 기반은 독자적으로 유
지하고 있었음을 알 수 있다. 또 국가의 주요 관직으로는 상가·대
로·패자·고추가·주부·우태·조의·선인 등을 두고 있는데, 중국의

사서에서는 한결같이 이 당시 고구려의 관직배열을 상가·대로·패자·고추대가·주부·우태·사자·조의·선인으로 기록하고 있다. 이로 볼 때 대로와 패자에 앞선 관직으로 상가相加가 있었음을 알 수 있다. 상가란 각 부의 대가大加 중에서 선출된 부족연합체의 장으로 왕을 도와 정무를 관장하였을 것이란 것이 일반적인 견해이다.

(4)의 기록에서는 계루부를 제외한 각 부部도 부족장인 대가大加의 아래에서 독자적으로 사자使者·조의皂衣·선인先人을 두어 행정을 담당하고 있음을 밝히고 있다. 그러나 이들은 왕실의 사자·조의·선인과는 동렬에 설 수 없다고 하고 있다. 이것은 왕족인 계루부와 나머지 부部들 사이에 상하 관계가 설정되고 있었음을 의미한다. 이로 볼 때 당시 여러 부족들도 자체적으로는 독자적인 통치체제를 유지하고 있었음을 알 수 있다.

(5)의 기록에서는 고구려가 초기부터 사환仕宦 계급과 하층 계급이 구분되고 있음을 보여주고 있다. 여기서 대가大家, 즉 좌식자坐食者가 10,000여 구에 이르고 있음이 확인되고, 하층 계급인 하호下戶는 생산을 담당하여 이들에게 공물을 바치고 있었음을 알 수 있다.

고구려의 5부족 사회는 이후 왕권이 강화되면서 5부部의 행정체제로 개편되고 있다. 이러한 변화는 『후한서』동이전에

지금 고구려에는 5부部가 있다. 첫째 내부內部는 일명 황부黃部라고도 하는데 즉 계루부를 말함이고, 둘째 북부北部는 일명 후부後部라고도 하는데 본래 절노부이다. 셋째는 동부東部인데 일명 좌부左部라고 하며 본래 소노부이고, 넷째는 남부南部인데 일명 전부前部라고도 하며, 원래 관노부이다. 또 다섯째는 서부西部인데 일명 좌부右部라고도 하며, 원래 순노부이다(今高句麗五部 一曰內部 一名黃部 卽桂婁部也二曰北部 一名後部 絶奴部 三曰東部 一名左部 卽消奴部也 四曰南部 一名前部 卽灌奴部也 五曰西部

一名右部 卽順奴部也)

(『후한서』 권 85, 동이열전 75 고구려조)

라고 한 기록에서 확인할 수 있다. 이로 볼 때 고구려 초기의 5부족제
는 이후 일대 개편이 단행되었음을 알 수 있다. 이것은 왕권의 강화와
관련이 있을 것이며, 그 시기는 191년(고국천왕 13) 내지 192년(고국천
왕 14)으로 추정하고 있는 것이 일반적인 견해이다.

## 2) 사회제도

『삼국지』 동이전을 비롯한 중국의 각종 사서들은 거의 모두가 고
구려를 부여의 별종으로 서술하고 있다. 또 언어 및 법률제도와 사회
의식도 부여와 거의 동일하다고 기록하고 있다. 부여와 마찬가지로 법
률이 엄격하여 1책 12의 법을 행하였으며, 또 여자의 질투와 음란은
극형에 처하였고, 형사취수의 법이 행해지고 있었다. 감옥이 없었고,
범죄자가 있으면 여러 가加들이 평의評議하여 사형에 처하고, 처자는
몰입하여 노비로 삼았다. 또 국가에는 큰 창고가 없었으나 집집마다
작은 창고를 두어 곡물을 저장하였는데, 이를 부경桴京이라고 하였다.
　　동맹東盟이라는 제천의식이 행해지고 있었는데, 이에 대하여는 『삼
국지』 동이전 고구려전에

> 10월에는 하늘에 제사를 지내고 나라에서는 큰 대회를 열었는데, 이
> 름하여 동맹東盟이라 한다. …… 그 나라의 동쪽에는 큰 대혈大穴이 있는데,
> 이름을 수혈隧穴이라고 한다. 10월에 나라에서 대회가 열릴 때에는 수(혈)신
> 隧(穴)神을 맞이하여 나라 동쪽(물)에 돌아가 제사를 지낸다. 신좌神座에는 나
> 무로 만든 수신隧神을 안치한다(以十月祭天國中大會 名曰東盟 …… 其國東
> 有大穴 名隧穴 十月國中大會 迎隧(穴)神 還於東(水)上 祭之置木隧於神座).
> (『삼국지』 권 30, 위서 30, 동이열전 30 고구려전)

라고 한 기록에서 확인할 수 있다. 『후한서』동이전에서는 위에서 보이는 수신隧神을 수신襚神으로 표기하고 있고, 『위략魏略』과 『책부원구冊府元龜』에서는 수혈신隧穴神으로, 동상東上을 동수상東水上으로 기록하고 있다. 위의 인용문에서 ( )속에 넣은 부분이 『삼국지』동이전의 기록에서는 누락되고 있음을 알 수 있다. 또 『양서梁書』 고구려조에서는 고구려의 제천의례인 동맹東盟을 동명東明으로 기록하고 있다. 이로 볼 때 동맹이란 행사는 천신화天神化한 시조신을 제사한 것임을 알 수 있고, 또 부여의 영고와 같은 제천의식의 행사였음도 알 수 있다. 10월에 행하였던 것은 고구려가 농경사회로 정착되었음을 의미한다.

또 수신襚神의 명칭을 수혈신隧穴神이라고 하기도 하고, 그 신격이 좌정하고 있는 장소를 대혈大穴이라고 기록하고 있는 것을 볼 때 수신의 신격은 단군신화의 웅녀신熊女神과 연계될 수도 있다. 학계의 일부에서는 웅녀신을 하백녀河伯女와 같은 의미의 다른 표현으로 보면서, 웅녀신의 존재를 바로 하백녀로 연결시키는 견해도 있다. 또 고구려에서는 결혼제도로 예서제豫緖制가 있었는데, 이것은 모계사회의 유풍으로 현재 데릴사위제도로 이해하고 있다.

장례는 부여와 마찬가지로 순장殉葬과 후장厚葬이 행하여졌고, 봉분은 돌을 쌓아 만든 적석총積石塚이었으며, 봉분 앞에는 송백松柏을 심었다. 고구려인들은 주로 산곡山谷을 따라 생활하였는데, 집의 좌우에는 사당을 세워 귀신과 영성靈星·사직社稷에게 제사를 올렸다. 사람들은 기력이 있고 전투를 익혀 옥저와 동예를 일찍부터 복속시켰으며, 중국에 대해서도 독자적인 노선을 취하고 있다. 이것은 왕망王莽 초기에 고구려 군사로서 호胡를 정벌하려 하였으나 고구려는 이에 불복하여 이들로부터 하구려下句麗라는 비칭으로 나라 이름을 폄하당하고 있는 것에도 짐작할 수 있다.

# 3. 옥저沃沮

옥저는 『삼국지』·『후한서』 등을 비롯한 중국의 사서에서는 동옥저東沃沮·북옥저北沃沮·남옥저南沃沮가 있었음을 기록하고 있다. 또 『삼국유사』에서도 말갈발해靺鞨渤海조에서 동명제東明帝 즉위 10년에 북옥저北沃沮를 멸하였고, 온조왕溫祚王 42년에는 남옥저南沃沮의 20여 가家가 백제에 와서 항복하였으며, 혁거세赫居世 52년에는 동옥저東沃沮가 와서 말을 바쳤다는 기록을 남기고 있다.

『삼국지』 동이전에서는 동옥저에 대하여

> 고구려 개마대산蓋馬大山의 동쪽에 있고, 큰 바다에 접하여 살고 있다. 지형은 동북은 협소하고, 서남은 길며 사방 1,000여리인데, 북으로는 읍루挹婁·부여扶餘와 접하고, 남으로는 예맥濊貊과 접하고 있으며, 호戶는 5,000이다.
>
> (『삼국지』 권 30, 위서 30, 동이열전 30, 동옥저전)

라고 기록하고 있다. 그러나 『후한서』 동이전에는

> 고구려 개마대산의 동쪽에 있고, 동으로는 대해大海에 접하고, 북으로는 읍루挹婁·부여扶餘와 접하며, 남으로는 예맥濊貊과 접하고 있는데, 그 땅은 동서는 좁고 남북은 길다.
>
> (『후한서』 권 85, 동이열전 75, 동옥저전)

라고 하여 약간의 차이를 보이고 있다. 우리 학계의 일반적 견해는 ‘동서는 좁고 남북은 길다’라는 『후한서』의 기록을 취하고 있다. 위의 두 기록에서는 모두 이들의 언어와 음식·거처·의복·예절은 고구려와 비슷하다고 서술하고 있는데, 이로 볼 때 이들은 고구려의 별종別種으로 파악할 수 있고, 더 나아가 부여와도 같은 계열의 종족임을 알

수 있다. 또 남·북옥저에 대하여는

> (북옥저는) 일명 치구루置溝婁라고 하며, 남옥저南沃沮와 800여 리 떨어
> 져 있다. 풍속은 남·북옥저가 동일하고, 경계는 남쪽으로 읍루挹婁와 접
> 하고 있다.
>
> 　　　　　　　　　　（『삼국지』 권 30, 위서 30, 동이열전 30, 동옥저전）

라고 기록하고 있다. 이로 볼 때 옥저는 한韓과 같이 3개로 분열되어 3
옥저三沃沮를 형성하고 있었음을 알 수 있다. 그러나 여러 기록은 동옥
저를 중심으로 서술하고 있고, 북옥저의 경우에는

> 북옥저北沃沮는 읍루挹婁를 두려워하여 여름철에는 산골짜기나 깊은
> 동굴 속에 살면서 이들을 수비하였고, 겨울철에 얼음이 얼어 뱃길이 막히
> 면 촌락에 내려와 살았다.
>
> 　　　　　　　　　　（『삼국지』 권 30, 위서 30, 동이열전 30, 동옥저전）

라는 간단한 기사만 전하고 있다. 또 남옥저는 북옥저의 경계를 설명
하는 과정에서만 보이고 있어 이들의 생활상이나 사회상에 대하여는
알 수가 없다.

　『삼국지』나 『후한서』에서 주로 동옥저를 위주로 서술하고 있음을
볼 때 당시 중국의 관심은 동옥저에 있었고, 남·북옥저는 그들의 이
해에서 소외되고 있었음을 알 수 있다. 이들 사서에 나오는 동옥저를
중심으로 당시 정치·사회상을 살펴보면 대략 다음과 같다.

　동옥저는 단군조선과 기자조선 시대에는 독립된 통치형태를 취하
고 있었던 것으로 보인다. 위만이 나라를 건국하자 이에 복속되었고,
한漢의 무제가 위만조선을 멸망시키자 옥저성沃沮城은 현토군에 편입되
게 된다. 그러나 이후 이맥夷貊의 침입으로 군郡을 구려句麗의 서북으로
옮기면서 옥저는 낙랑에 속하게 되었고, 얼마 후에 한漢이 동부도위東

部都尉를 두어 영嶺 동쪽의 7현을 다스리게 되자 이때 옥저도 모두 현縣이 되었다. 후한後漢 광무제 6년에는 이를 파하고, 현縣의 거수渠帥로 현후縣侯로 삼아 이들을 후국侯國으로 하였으나 얼마 후에 고구려에 복속되었다.

고구려는 이곳의 대인大人을 뽑아 주자(主者, 『후한서』에는 使者로 기록됨)로 삼아 통치하도록 하였고, 또 대가大加로 하여금 조부租賦·맥포貊布와 어염魚鹽 등의 해중식물海中食物을 1,000리 밖에서부터 지고 와서 공급하게 하였으며, 미녀美女를 바치게 하여 비婢나 첩妾으로 삼았다.

옥저의 정치제도에 대하여는 『삼국지』 동이전 동옥저전에서

1) 대군왕大君王이 없고 대대로 읍락에는 각기 장수長帥를 두었다. 언어는 고구려와 크게 다르지 않았지만, 약간의 차이는 있다(無大君王 世世邑落 各有長帥 其言語與高麗大同 時時小異).

(『삼국지』 권 30, 위서 30, 동이열전 30, 동옥저전)

2) 옥저의 여러 읍락의 거수渠帥는 스스로 삼노三老라 칭하였는데, 이것은 옛날 현국縣國의 제도이다(沃沮諸邑落渠帥 皆自稱三老 則故縣國之制也).

(『삼국지』 권 30, 위서 30, 동이열전 30, 동옥저전)

라는 단편적인 기록에서 확인할 수 있다. 위 1)의 기록을 볼 때 동옥저는 발전이 늦어 통일국가를 형성하지 못하였고, 각 읍락에는 장수長帥가 있어 독자적으로 통치권을 행사하고 있었음을 알 수 있다. 그러나 이후 한漢나라의 침략으로 주권을 빼앗기게 되자 이들은 현토군에 예속되었고, 이로써 지금까지 독자적으로 통치권을 행사하였던 장수들은 현후縣侯가 되어 한나라의 지배를 받게 된다. 그러나 A.D. 30년에 한나라가 이곳을 포기하자 이들 장수들은 거수渠帥라는 명칭으로 존립하였

는데, 위 2)에서 볼 수 있는 바와 같이 이들 거수들은 삼노三老라 칭하면서 읍락을 통치하였고, 이후 고구려에 예속되었다.

옥저는 토지가 비옥하여 오곡의 생산에 알맞았고, 특히 밭농사를 주로 하였다. 또 산을 뒤로 하고 바다를 향하여 주거를 정하였으며, 성격이 강용彊勇하여 창을 주로 하는 보전步戰에 능하였다.

결혼제도로는 예부제豫婦制가 있었는데, 일명 민며느리제라고도 한다. 장법葬法은 목곽木槨을 쓰며, 처음에는 임시로 매장을 하였다가 가족이 죽어 성원이 되면 새로운 목곽에 이장하여 정식 장례를 치렀다. 또 시체는 강가에서 깨끗한 물에 씻어 뼈만 추려 안치하였다. 이로써 이 장법을 가족공동묘라 하기도 하고, 일명 세골장洗骨葬이라 하기도 한다.


## 4. 예濊

『삼국지』와 『후한서』를 비롯한 중국의 사서에서는 모두 예濊라고 서술하고 있다. 그러나 현재 우리 학계에서는 대부분 동예東濊라는 명칭을 사용하고 있다. 동예라는 것은 상대적인 개념으로 이와 대칭하는 예가 있었음을 의미한다. 『후한서』 동이전에서는 예를 서술하면서

원삭元朔 원년(B.C. 128)에 예군濊君 남여南閭 등이 (위만조선의) 우거왕右渠王을 배반하고, 28만구를 거느리고 요동遼東에 와서 내속內屬하였다. 무제武帝는 이 땅에 창해군蒼海郡을 설치하였는데, 수년만에 이를 파하였다.
（『후한서』 권 85, 동이열전 75, 예조）

라는 기록을 남기고 있다. 원삭 원년은 B.C. 128년으로 한漢나라 무제가 즉위한 지 13년 후이며, 위만조선에서는 우거가 왕위에 있을 때이다. 위의 기록에서 예군濊君이란 바로 예를 통치하던 지배자로 짐작되

는데, 이때의 예는 28만구를 통치하는 강대한 영역을 지니고 있었음을 보여준다.

그러나 이때의 예는 위만조선의 지배 아래에 있었는데, 우거왕 때에 배반하여 한나라에 투항하였다. 중국의 사서에서는 예를 서술하면서 기자동래의 과정과 위만조선의 건국과정을 함께 서술하고 있는데, 이것은 예가 이들 국가와 밀접한 관계가 있었음을 말해 준다. 현재 우리 학계에서는 『삼국지』나 『후한서』 등에 보이는 예濊의 위치를 검증하면서 이곳은 남여南閭가 통치하였던 예가 아니고 별도로 동쪽에 있었던 예를 기술한 것으로 보아 동예東濊라는 명칭으로 서술하고 있다. 이들 사서에서는 한결같이 예의 위치에 대하여 "남으로는 진한辰韓과 접하고, 북으로는 고구려·옥저, 동으로는 대해大海에 접하며, 호戶는 2만이다"라고 서술하고 있다. 또 이들 기록에서는 고구려와 동종同種이며, 언어와 법속 역시 고구려와 거의 일치한다고 기록하고 있다.

예濊의 정치와 사회에 대하여 『삼국지』 동이전에는

> 대군장大君長이 없고, 한漢나라 이래로 그 관의 명칭으로 후侯·읍군邑君·삼노三老가 있어 하호下戶를 통치하였다 …… (이후) 영嶺의 동쪽에 7현을 두었는데, 도위都尉가 주관하였고, 모두가 예민濊民이었다. 후에 성省의 도위都尉가 없어지면서 거수渠帥로써 후侯를 삼았다. 지금의 불내예不耐濊는 바로 그 종種이다. …… 한漢나라 말에는 다시 고구려에 속하였다(無大君長 自漢已來 其官侯邑君三老 統主下戶 …… 自嶺以東七縣 都尉主之 皆以濊爲民 後省都尉 封其渠帥爲侯 今不耐濊皆其種也 …… 漢末更屬句麗).
> (『삼국지』 권 30, 위서 30, 동이열전 30, 예전)

라는 기록을 남기고 있다.

위의 기록을 볼 때 예濊는 통일국가를 형성하지 못하고, 각 읍락은 거수渠帥가 독자적으로 자기 부락을 통치하였고, 한군현이 설치된 후에는 후侯·읍군邑君·삼노三老의 관官을 두어 이들로 하여금 하호下戶를 통치하게 하였다. 이후 도위都尉가 설치되자 이들이 예민濊民을 통치하였고, 얼마 후에 도위가 혁파되자 다시 거수로서 후侯를 삼아 통치하였음을 알 수 있다. 또 위의 기사에서 주목되는 것은 '한나라 말에 다시 고구려에 복속되었다'는 내용인데, 이로 볼 때 예는 일찍이 고구려에 복속되고 있었음을 알 수 있다.

이들 지역의 각 부족들은 독자적인 생활 영역을 존중하고, 다른 지역에 침범하는 것은 금기로 삼았다. 이것은 당시 이들 사회의 관습으로 존중되었으며, 만약에 이를 어기고 다른 부족의 영역을 침범하였을 때에는 여타의 부족들이 공동으로 침입한 부족을 견제하여 소·말·생구生口로서 변상하게 하였는데, 이것을 책화責禍라 하였다. 또 이들 지역에서는 마포麻布와 비단을 생산하였고, 성숙星宿을 점占쳐서 그해의 풍년과 흉년을 미리 알았다. 10월에는 고구려와 같이 제천의식을 행하였는데, 이를 무천舞天이라 하였다. 그리고 호랑이를 신으로 받들어 제사를 올리는 풍속도 행해지고 있었다.

법률은 엄격하여 사람을 죽인 자는 바로 죽음에 처하였고, 절도를 엄금하여 도둑질하는 자가 적었다. 보전步戰에 능하였으며, 단궁檀弓이 제조되었고, 또 과하마果下馬·반어피班魚皮 등이 생산되었는데, 이것은 모두 전투와 관계되는 것이기도 하다. 혼인제도로는 동성불혼同姓不婚이라고 기술하고 있으나 이것은 족외혼族外婚을 의미하는 것으로 볼 수 있다.


## 5. 삼한三韓

### 1) 사료를 통해 본 삼한

삼한은 마한馬韓·진한辰韓·변한弁韓을 말하는데, 『삼국지』·『한서』·『후한서』 등 초기 중국의 자료에서 그 내용이 비교적 소상하게 기록되어 있으며, 우리나라 기록인 『삼국사기』·『삼국유사』·『제왕운기』 등에서도 중국의 자료를 인용하여 그 내용을 서술하고 있다. 그러나 중국의 사서에서는 대부분 변한을 변진弁辰이라 하여 서술하고 있는데 비하여 『삼국사기』와 『삼국유사』 등에서는 주로 변한卞韓으로 표기하고 있다. 이들 국가에 대하여 『후한서』 동이전 한韓조에서는

> 한韓은 3종류가 있으니, 마한·진한·변진弁辰이다. 마한은 서쪽에 있는데 54개국이며, 북으로는 낙랑에 접하고 남으로는 왜倭와 접한다. 진한은 동쪽에 있는데 12개국이며, 북으로는 예맥과 접한다. 변진은 진한의 남쪽에 있는데 역시 12개국이다. 남으로는 역시 왜倭와 접하고 있다. 백제伯濟도 이들 중의 한 나라이다. 큰 것은 만여호戶가 되고, 작은 것은 수천 가家를 두고 있는데, 산과 바다 사이에서 살며, 땅은 모두 합하여 사방 4,000여 리이다. 동과 서는 모두 바다로서 경계를 삼는데, 모두 옛날 진국辰國의 땅이다. …… 마한인으로 진왕辰王을 삼아 목지국目支國에서 도읍하여 삼한의 땅 전체를 다스렸다.
>
> (『후한서』 권 85, 동이열전 75 한조)

라고 기록되어 있고, 『삼국지』 동이전 한韓전에서는

> 한韓은 대방帶方의 남쪽에 있는데, 동과 서는 바다로서 경계를 삼고, 남으로는 왜倭와 접하며, 사방 4,000리이다.
>
> (『삼국지』 권 30, 위서 30, 동이열전 30, 한전)

라고 기록하고 있다. 이 두 기록에서 삼한의 위치를 『후한서』에서는 낙랑의 남쪽으로, 『삼국지』에서는 대방의 남쪽으로 기록하고 있어 차이가 있지만, 다른 내용은 거의 일치한다. 이들 삼한에 대한 기록은 『진서晉書』를 끝으로 중국의 기록에서 소멸된다. 즉 무제武帝 태강太康 2

년·7년·10년(289), 태희太熙 원년(290), 함녕咸寧 3년·4년(278)의 기사에서 마한에서 조공한 기록이 보이고, 무제武帝 태강太康 원년·2년·7년(286)의 기사에서는 "진한왕辰韓王이 사신을 보내어 방물을 바쳤다"는 기록이 보인다. 이로 볼 때 290년까지는 진晉과 한韓의 교섭이 있었음을 알 수 있다. 290년은 신라 유례왕儒禮王 7년, 고구려 서천왕西川王 21년, 백제 책계왕責稽王 5년이다.

### (1) 마한馬韓

마한은 삼한 중에서 가장 먼저 성립하였고, 그 세력 또한 가장 강성하였다. 초기에는 진한과 변한도 마한의 통제하에 있었다. 이것은 『삼국지』 위서 동이전 진한전에

> 기노耆老들이 대대로 전하여 이르기를 "(우리들은) 옛날의 망인亡人인데, 진秦나라의 역役을 피하여 한국韓國에 오니, 마한이 그 동쪽 경계를 띠어주어 살게 하였다"고 하였다.
>
> (『삼국지』 권 30, 위서 30, 동이열전 30, 진한전)

라는 기록에서 알 수 있고, 또 같은 책 변진전에

> 변진은 모두 12개국인데, 진왕辰王에게 속하였다. 진왕은 항상 마한인으로 하여 대대로 이를 계승하도록 하였다.
>
> (『삼국지』 권 30, 위서 30, 동이열전 30, 변진전)

라고 한 기사에서도 알 수 있다.

『삼국지』 동이전 한전의 기사를 중심으로 마한 사회의 실상을 살펴보면 다음과 같이 정리할 수 있다.

마한은 서쪽에 위치하고 있으며, 모두 54개국으로 구성되어 있었다. 일찍부터 양잠과 면포를 생산하였으며, 나라마다 장수長帥를 두었는데, 큰 부족은 스스로 신지臣智라고 하였고, 다음은 읍차邑借라고 하였다. 모두가 산과 바다를 중심으로 하여 생활하며 성곽은 없다. 대국大國은 만여가, 소국小國은 수천가를 거느리며, 모두 10만여호가 된다. 관직으로는 위솔선읍군魏率善邑君·귀의후歸義侯·중랑장中郎將·도위都尉·백伯·장長·후侯 등이 있다.

위만에게 나라를 빼앗긴 준準이 이곳에 와서 한왕韓王이라 하였고, 이후 한漢나라 때에는 이들 나라 중에서 대국의 지배자인 신지에게는 읍군邑君이란 인수印綬를 내렸고, 소국의 지배자인 읍차에게는 읍장邑長이란 인수를 내렸다. 이들 지역에서 중국으로부터 조복의책을 받은 자가 1,000여 명이 넘었다.

사람들은 강용彊勇하였으며, 관가에서 성곽을 쌓을 때에는 연소한 강건자들이 종일토록 환호하면서 힘써 일하였다고 한다. 5월에 파종이 끝나면, 부여·고구려와 같이 제천의식을 행하였고, 가무歌舞와 음주飮酒로서 즐겼다. 10월에도 농사가 끝나면 역시 이러한 행사를 행하였다. 각국마다 소도蘇塗라 불리는 별읍別邑이 있어 천신天神에게 제사를 올렸는데, 주관자를 천군天君이라 하였다. 이곳은 신성한 지역으로 인식되어 비록 죄를 지은 자라도 이곳에서는 구금할 수가 없었다. 또 꼬리가 5척이나 되는 장미계長尾鷄라는 닭이 특산물로 나타나고 있고, 금金과 비단은 보물로 보지 않으며, 오직 영주瓔珠만 귀하게 여겨 옷의 장식으로 사용하였다.

## (2) 진한辰韓

『삼국지』 동이전에는 진한에 대하여

진한은 마한의 동쪽에 있으며, 옛날의 망인亡人으로 일찍이 진秦나라
의 역役에 견디지 못하여 한국韓國에 왔다. 마한이 그들 동쪽의 땅을 떼어
주어 살게 하였는데, 이로써 진한秦韓이라고 하였으며, 지금까지도 이 이
름이 남아 있다.

(『삼국지』 권 30, 위서 30, 동이열전 30, 진한전)

라고 기록하고 있다. 또 이어서 "성책城柵이 있고 그 언어는 마한과 같
지 않다. 처음에는 6국國이었으나 차차 나누어져 12국이 되었다"라고
하여 비교적 간략하게 서술하고 있다.

그러나 『후한서』 동이전에서는 진한에 대하여 비교적 소상한 기
록을 남기고 있는데, 주목되는 것은 『삼국지』 동이전의 변진弁辰조의
내용을 여기서는 진한의 사실로 기록하고 있는 부분이 많다. 아마도
이들 사서의 찬자들이 이 지역을 기술하면서 자료의 혼선을 일으켰을
가능성을 배제할 수 없다. 『후한서』 동이전에서는

이곳에는 여러 작은 별읍別邑이 있는데, 각기 거수渠帥를 두었다. 큰
곳은 (거수의 명칭을) 신지臣智라 하였고, 다음에 검측儉側, 그 다음은 번지
樊祇, 그 다음은 살해殺奚, 그 다음은 읍차邑借라고 하였다. 토질이 비옥하여
5곡이 잘 자라며 누에치기와 뽕나무를 가꿀 줄 알고 비단을 짰다. 혼인은
예를 지키고, 길에서 사람을 만나면 양보하였다. 그 나라에는 철鐵이 생산
되는데, 예濊·왜倭·마한에서 모두 와서 사 가지고 간다. 모든 무역에 있
어서 철을 화폐와 같이 사용한다.

(『후한서』 권 85, 동이열전 75, 한조)

라고 서술하고 있다.

(3) 변한弁韓

『후한서』 동이전을 비롯한 대부분의 중국의 사료에서는 변진弁辰

이라 기록하고 있고, 우리나라 사서에서는 대부분 변한弁韓이라고 서술
하고 있다. 『삼국유사』에서는

> 백제 땅에 원래 변산卞山이 있었음으로 변한卞韓이라고 한 것이다.
> ('삼국유사』 권 1, 기이 1, 변한·백제조)

라고 기록되어 있고, 『후한서』 동이전에서는

> 변진弁辰 사람들은 진한인辰韓人들과 뒤섞여 사는데, 성곽과 의복은 모
> 두 (진한과) 같으나 언어와 풍속은 다른 점이 있다. 이곳 사람들은 모두
> 신체가 장대하고 머리카락이 아름다우며, 의복은 깨끗하고 형법은 엄격하
> 다. 왜국倭國과 가깝기 때문에 문신文身을 한 자가 상당히 많다.
> (『후한서』 권 85, 동이열전 75, 한조)

라고 서술하고 있다. 그러나 『삼국지』 동이전에서는

> 변진弁辰은 모두 12국國이다. 여러 작은 별읍別邑이 있는데, 각기 거수
> 渠帥를 두고 있다. 그 중에서 큰 곳은 신지臣智라고 하였고, 다음은 험측險
> 側, 다음은 번예樊濊, 다음은 살해殺奚, 다음은 읍차邑借라고 하였다. …… 토
> 지는 비옥하여 오곡과 벼농사에 적합하며, 누에치기와 뽕나무를 재배하는
> 것을 알아 비단과 베를 짤 줄 알았으며, 소와 말을 탈 줄도 알았다. 혼인
> 하는 예법禮法은 남녀의 구별이 있었고, 큰 새의 깃털을 사용하여 장례를
> 치르는데, 이것은 죽은 자가 새와 같이 (천국으로) 날아가라는 뜻이다. 이
> 나라에서는 철이 생산되는데, 한韓·예濊·왜倭의 사람들이 와서 모두 사
> 가지고 간다. 시장에서의 거래는 모두 철을 사용하여 마치 중국에서의 화
> 폐와 같다. 또 이것을 (낙랑, 대방의) 두 군郡에도 공급한다.
> (『삼국지』 권 30, 위서 30, 동이열전 30, 한전)

라고 기술하고 있다. 이 내용은 앞서 살펴본 『후한서』 동이전 진한辰韓

조에서 기술한 내용과 거의 일치하고 있다.

### 2) 우리 역사상 삼한인식三韓認識

우리 역사상 삼한에 대한 인식은 일찍부터 있어 왔다. 그러나 삼한에 대한 인식은 시대에 따라 변화되어 갔고, 또 학자들의 견해에 따라 다양하게 서술되어 왔다. 현재는 마한이 백제로, 진한이 신라로, 변한이 가야로 발전했다는 것이 학계의 일반적인 견해로 수용되고 있으나 그 동안에 이에 대한 인식은 많은 혼선을 빚어왔다.

『삼국사기』 열전 최치원전에는

세 나라가 있으니, 이름은 마한馬韓·진한辰韓·변한卞韓이다. 마한은 즉 고구려요, 변한은 백제요, 진한은 신라이다. 고구려와 백제가 전성全盛하였을 때에는 강병强兵이 100만이었고, 남으로는 오吳·월越을 침략하고, 북으로는 유연幽燕·제齊·노魯를 침범하여 중국의 큰 좀이 되었다(有三國 其名馬韓辰韓卞韓 馬韓則高麗 卞韓 則百濟 辰韓則新羅也 高麗百濟全盛之時 强兵百萬 南侵吳越 北曉幽燕齊魯爲中國巨蠹).

(『삼국사기』 권 46, 열전 6, 최치원전)

라고 하여 마한·진한·변한의 삼한을 서술하면서 마한은 고구려로, 변한은 백제로, 진한은 신라로 계승·발전되었다고 하였다. 위의 기사에서 보이는 변한卞韓의 백제설, 마한의 고구려설은 현재 학계의 보편적인 인식과는 많은 차이가 있다.

최치원은 일찍이 당나라에 유학하고 그곳의 과거에 합격하여 문명文名을 떨쳤으며, 884년(헌강왕 10)에는 신라에 귀국하여 이후 수많은 저술을 남겼다. 특히 그는 역사인식에 뛰어난 식견을 보여 『계원필경』·『제왕연대력』 등을 저술하기도 하였다. 따라서 삼한에 대한 그의 인식은 당시에 충분한 근거가 있었을 것이다.

일연—然도『삼국유사』권 1, 기이紀異 2, 마한조에서『삼국사기』의
마한 → 고구려설을 계승하고 있다. 그는 최치원의 이러한 설을 그대
로『삼국유사』마한조에 수록하면서『본기本紀』를 인용하여

> 신라가 먼저 갑자년甲子年에 일어나고, 고구려는 그 뒤 갑신년甲申年에
> 일어났다고 하였으니, 여기에 말한 것은 준왕準王을 일컫는 것이다. 이로
> 써 보면 동명東明이 일어날 때 마한을 아울러 가진 것을 알 수 있다. 그러
> 므로 고구려를 마한이라 한 것인데, 지금 사람들은 혹 금마산金馬山으로
> 인하여 마한을 백제라고 하니 대개 잘못이다. 고구려 땅에는 본래 마읍산
> 馬邑山이 있음으로 마한이라 한 것이다(據本紀則羅先起甲子麗後起甲申 而
> 此云者 以王準言之耳 以此知東明之起已 并馬韓而因之矣 故稱麗爲馬韓 今
> 人或認金馬山以馬韓爲百濟者 盖誤濫也 麗地自有邑山 故名馬韓也).
>
> (『삼국유사』권 1, 기이 1, 마한조)

라고 하여 마한 → 고구려설을 계승하고 있다. 그러나 당시 고려 사회
의 인식은 "지금 사람들은 혹 금마산金馬山으로 인하여 마한을 백제라
하고 있다今人或認金馬山以馬韓爲百濟"라고 한 바와 같이 마한 → 백제설도
통용되고 있었음을 알 수 있다.『삼국유사』와 거의 같은 시기에 편찬
된『제왕운기』에서도

> 신라시조 박혁거세는 진한에서 개국하여 강계疆界를 정하였고, 고구
> 려시조 동명은 마한의 왕검성王儉城에서 개국하였으며, 백제시조 온조는
> 변한에서 개국하여 ……
>
> (『제왕운기』권 하)

라고 하여 최치원의 삼한설을 계승하고 있다. 이러한 최치원의 견해는
이후 조선시대에도 그대로 계승되고 있는데, 조선 초기에 권근權近은
『동국사략東國史略』에서 마한 → 백제, 변한 → 고구려, 진한 → 신라로

비정하고 있으나 조선 전기의 지리서인 『신증동국여지승람新增東國興地勝覽』의 찬자가

> 마한이 고구려가 되고, 진한이 신라가 되고, 변한이 백제가 되었다는 것을 최치원은 정론定論으로 삼았습니다. (그러나) 이것은 최치원이 만들어 낸 설說이 아니고, 삼국 초부터 계속 전하여 오던 설입니다.
>
> (『신증동국여지승람』 권 6, 경기)

라고 한 것을 보면, 조선시대에도 이 설이 통용되고 있었음을 알 수 있다. 주목되는 것은 위의 설이 최치원이 처음 주창한 것이 아니고, 삼국 초기부터 이러한 인식이 있어 왔다는 것이다.

이후 실학자들은 삼한에 대한 인식이 고조되면서 그 위치에 대한 논의를 활발하게 진행시켰다.

한백겸韓百謙은 『동국지리지東國地理誌』에서 마한·변한·진한의 위치를 한반도의 남부로 비정하였다. 즉 마한의 옛 땅은 오늘날 전라도·공홍도公洪道·경기도·강남도江南道에 비정하였고, 진한의 옛 땅을 오늘날 경상도의 동북지역에 비정하였다. 또 변한의 옛 땅은 지금의 경상도 서남지역과 지리산지역으로 비정하였다. 결론적으로 그는 마한 → 백제, 진한 → 신라, 변한 → 가야의 설을 제시하고 있다.

한편 안정복安鼎福은 『동사강목東史綱目』「강역고彊域考」의 부권附卷에서 삼한설三韓說과 삼한후설三韓後說을 설정하여 삼한의 위치를 논증하였다. 그는 여기서 진한은 영남, 변한은 낙동강 서쪽에서부터 지리산 남쪽, 마한은 한강 이남에서 남해까지로 보아 한백겸의 삼한설을 수용하고 있다. 그리고 마한 → 고구려, 변한 → 백제라는 최치원의 설에 대하여는 고구려가 마한의 동북부를 병합하고, 백제가 변한의 동북부를 통합한 것에서 나온 것으로 해석하여 이 역시 오류는 아니라고 파악하였다.

정약용丁若鏞은 『아방강역고我邦彊域考』에서 마한 54국은 지금의 경

기도 남부와 충청도·전라도인데, 이후 모두 백제에게 정복되었고, 또 영남지방에 살던 사람들을 진한이라 불렀는데, 이곳에서 박혁거세가 나라를 세워 진한의 총왕總王이 되었으며, 변진은 김해·거제·함안·고성 등 바다에 가까운 지역으로 가야의 땅이 되었다고 하여 한백겸의 설을 그대로 수용하고 있다.

또 한치윤韓致奫과 한진서韓鎭書도 『해동역사海東繹史』에서 한백겸의 견해를 수용하는 한편, 삼조선三朝鮮 다음에 「삼한세기三韓世記」를 넣어 사군四郡보다 삼한의 상한을 높이고 있다. 또한 기준箕準이 남으로 내려오기 전에도 마한이 존재하였다고 하면서 삼한三韓의 존재를 확인하고 있다. 또 그는 지금까지의 신라사 위주에서 탈피하여 삼국의 발전과정을 고구려·백제·신라의 순으로 이해하여 삼국의 역사를 그러한 인식을 토대로 서술하였으며, 같은 책 「지리고地理考」에서는 삼한의 위치를 한백겸이 주장한 설을 그대로 수용하고 있다.

위에서 보이는 삼한에 대한 실학자들의 역사인식은 이후 학계의 보편적인 역사인식으로 수용되어 갔으며, 현재 우리 학계에서도 마한에서 백제가, 진한에서 신라가, 변한에서 가야가 건국·발전하였다는 이들의 견해가 그대로 수용되고 있다. 삼한에 대한 연구는 이후 신채호와 천관우에 의하여 계승되고 있는데, 이들은 실학자들의 삼한에 대한 위치를 긍정적으로 수용하면서도, 이들 지역에서 삼한이 성립되기 이전에 북쪽지방에 삼한이 존재하고 있었음을 밝히고 있다.

신채호申采浩는 진수陳壽의 『삼국지』 동이전 삼한전三韓傳에 근거하여 삼한의 강역과 위치를 이해하려던 이제까지의 견해를 비판하고, 삼신설三神說을 토대로 하는 신·말·불 삼조선의 이해를 삼한에 그대로 적용시켜서 말한을 마한, 신한을 진한, 불한을 변한으로 설정하고자 하였다. 이에 한반도 남쪽지역과는 별개로 북쪽에도 삼한이 존재하였다는 전후삼한설前後三韓說을 주장하여 이들 역시 고조선에서 출발하는 역사인식의 체계 안에서 이해하려고 하였다. 즉 마한은 본래 압록강 이동 전역을 소유하고 있었으나 낙랑국樂浪國이 세력을 확장하면서 임진강 이북을 잃고, 그 이남에서 70여 국을 통어하였다. 그런데 북쪽의 신·불조선의 유민이 흉노 등의 난을 피해 마한으로 들어오자 낙동강 우측을 그들에게 할지割地하여 자치계를 세워 각기 진한부辰韓部·변한부卞韓部라고 하였다는 것이다. 그는 삼한의 역사를 한민족의 이동이라는 관점에서 접근하고 있는데, 이와 같은 그의 견해는 이후 민족주의 사학자들의 삼한설三韓說에 크게 영향을 미치고 있다(申采浩, 『朝鮮史硏究草』, 1929 및 『朝鮮上古史』, 1948).

1970년대 이후 고고학 자료와 국가기원에 대한 인류학 이론의 활용을 통해 한국고대국가의 기원에 대한 문제가 전면 재검토되면서 삼한에 대한 문제 역시 그 성격을 규명하려는 일련의 노력이 시도되었는데, 천관우千寬宇의 연구가 대표적이다. 그는 『삼국사기』의 초기 기록과 기년紀年을 합리적으로 해석할 수 있는 방법을 모색하고, 이를 사료로 적극 활용하여 삼한의 성립과정부터 국가형성의 문제, 여러 소국의 위치 비정에 이르기까지 삼한의 문제를 새롭게 검토하였다. 이러한 과정에서 그는 신채호가 주장한 전후삼한설을 계승하여 남북삼한설南北三韓說을 제기하였다. 특히 진왕辰王은 한韓의 왕이 아니라고 하여 『후한서』와 『삼국지』의 한전韓傳에 보이는 "진왕辰王이 한韓을 다스렸다"는 기록을 전면 부정하였다. 즉 그는 마한의 진왕을 옛 진국辰國 지역의 왕으로, 진한의 진왕을 진한 지역의 왕으로 해석하여 이를 각기 백제 고이왕 및 신라 첨해왕이라 주장하는 한편, 목지국目支國의 도읍을 인천으로 비정하기도 하였다(千寬宇, 『古朝鮮史·三韓史硏究』, 일조각, 1989).

# 4

# 한민족 고대국가의 성립과 고구려


제1절  고구려의 국가성립에 대한 검토
제2절  고구려의 국가기반과 성격
제3절  고구려의 국가발전
제4절  고구려의 통치구조와 사회구성

# 제4장
# 한민족 고대국가의 성립과 고구려

오랜 역사적 전통을 갖고 있던 고조선이 한漢의 침략으로 멸망하게 되자 이 지역의 한민족韓民族은 민족의식을 함양하여 이에 반항하며 투쟁하였고, 또 일부는 이들의 세력이 미치지 못하는 곳으로 망명하여 새로운 민족사회의 결집을 준비하게 된다. 이와 같은 민족적 의지가 결집하여 나타난 것이 바로 삼국三國이다.

따라서 삼국의 역사적 사명은 현재 분열·산재한 한민족을 국가조직에 흡수시켜서 국가적 민족으로 재편하는데 있는 것이며, 아울러 고조선의 옛 땅을 차지하고 있는 한漢의 식민정권을 타도하고, 그들의 지배하에 신음하고 있는 한민족을 구출하는 것이었다.

삼국 중에서 가장 먼저 발전을 보인 나라는 고구려이다. 고구려는 직접 한漢의 지배하에 있었던 현도군玄菟郡의 속현屬縣으로 일찍부터 이민족에 대한 민족적 정신이 고취되어 있었다. 따라서 고구려는 건국이래 인접한 여러 부족과의 투쟁과 한족漢族에 대한 줄기찬 항쟁으로 고대 정복국가로서의 체제와 국가면모를 확립시켜 갔다. 고구려가 고대한민족韓民族 사회 중에서 민족적 국가로 가장 빨리 성숙할 수 있었던 이유도 여기에 있었다.

한韓의 여러 토착사회가 한漢의 분열정책에서 벗어나지 못하고 있을 때에 고구려는 국경지방에 책구루幘溝漊라는 성을 쌓아 이곳을 통해 중국에 대한 외교의 창구를 일원화함으로써 중국의 간섭을 배제하는 데 성공하였다.

## 제1절  고구려의 국가성립에 대한 검토

### 1. 고구려 성립에 대한 제문제

고구려의 건국 과정에 대한 기록은 『삼국사기』·『삼국유사』·「광개토대왕비」·『삼국지三國志』와 이규보李奎報의 『동명왕편東明王篇』 등에 보이고 있다. 이들 기록에서는 모두 고구려의 건국과정을 신화적인 요소를 가미하여 서술하고 있지만, 이 기록에서 당시 고구려의 건국과정을 이해할 수 있다. 이들 기록 중에서 이규보가 지은 『동명왕편』이 고구려의 건국과정에 대한 내용을 가장 잘 보여주고 있다. 『동명왕편』은 고려시대 무인집권기에 이규보(1168~1214)가 동명왕의 신화를 오언율시五言律詩로 엮은 장편 서사시이다. 이것은 아마도 『구삼국사舊三國史』의 원형을 그대로 옮겼을 가능성이 높다. 여기에 나타나는 내용을 살펴보면 다음과 같다.

1) 부여왕扶餘王 부루夫婁는 늙어 자식이 없자 산천에 제사하여 자식을 구 하려고 하였다. 곤연鯤淵에 이르자 말이 큰 돌을 보고 눈물을 흘리니, 왕이 신하로 하여금 돌을 굴리게 하였다. 그곳에는 금빛나는 개구리 형상의 작은 아이가 있었다. …… 왕은

이를 얻어 금와金蛙라 이름하고 태자로 삼았다. 금와는 왕위에
올라 일곱아들을 두었다.

2) 정승 아난불阿蘭弗이 상언上言하여 서울을 가섭원迦葉原으로 옮기
도록하였고, 국호를 동부여東扶餘라 하였다.

3) 이곳[扶餘 故地]에는 해모수解慕漱가 와서 도읍하였다. 이때 그는
청하靑河 하백河伯의 딸 유화柳花를 웅심산熊心山의 압록강으로 유
인하여 사통私通하였다. 이를 안 하백은 유화를 우발수優渤水로
추방하였다. 때에 동부여의 금와왕金蛙王이 이를 듣고 구출하였
다. 유화의 품안에 햇빛이 비치자 임신하여 알을 낳았는데, 이
알을 깨고 나온 것이 주몽朱蒙이다. 그는 어려서부터 총명하여
금와왕의 아들들이 그를 제거하려 하였다.

4) 이 사실을 안 주몽은 오이烏伊 · 마리摩離 · 협보陜父와 더불어 남
으로 망명하였는데, 부여의 추격이 뒤따랐고 앞에 엄체수淹滯水
가 있어 강을 건널 수 없게 되자 그는 물을 향하여 "나는 천제
天帝의 아들이며, 하백河伯의 외손인데, 추격이 급박하니 어찌하
면 좋겠는가"하니, 고기와 자라들이 물위에 떠올라 다리를 만
들어 주어 건널 수 있었다. 얼마 후에 묵거默居 · 무골武骨 · 재사
再思를 얻었고, 그들에게 재능에 따라 각각 일할 것을 맡기고,
졸본천卒本川에 이르러 도읍을 정하였다. 그러나 궁성을 지을
겨를이 없어 비류수沸流水 위에서 띠자리에 앉아 임금과 신하의
위치를 정하고 나라 이름을 고구려라 하였다. 이때 주몽의 나
이 22세였고, 한漢의 효원제孝元帝 건소建昭 2년(B.C. 37)이었다.

위의 내용은 약간의 차이는 있지만 『삼국사기』를 비롯한 각종 사
서들도 비슷한 내용으로 서술하고 있다. 위의 내용을 검토할 때에 다
음과 같은 사실을 알 수 있다.

1) 위에서 주몽이 스스로 천제天帝의 아들이라고 하고 있다. 현재 학계에서는 청동기시대 무문토기인들의 사상적 이념이 하늘[天]이라는 것이 일반적 견해이다. 이로 볼 때 주몽집단은 하늘[天]사상을 갖는 족단으로써 고조선古朝鮮의 환웅계桓雄系와 연결될 수 있다. 또 위의 기록에서 부여에서 망명하고 있는 집단으로 나타나고 있는데, 이것은 『삼국지』를 비롯한 각종 사서에서 고구려를 부여의 별종別種으로 기술하고 있는 내용과 일치한다.

2) 주몽이 부여로부터 온 외래자로 되어 있음을 감안할 때 고구려를 건국한 세력은 밖으로부터 온 정복자였음을 알 수 있다. 이로써 그는 국가의 기반을 확장하는 과정에서 그곳에 선주한 족단과 동맹관계가 불가피하였을 것이다. 이것은 선주한 부여왕의 딸, 또는 그곳의 실력자 연타발延他勃의 딸을 취하여 왕비로 삼았다는 『삼국사기』의 내용에서 알 수 있다. 이러한 결혼관계는 고조선의 건국과정에서 외래인 환웅이 천제天帝의 아들로써 하강하여 웅녀熊女와 혼인하였다는 내용과 상통하고 있다.

3) 주몽은 오이烏伊·마리摩離·협보陝父 등 3명과 더불어 부여로부터 졸본卒本으로 오는데, 도중에서 재사再思·무골武骨·묵거默居 등을 만나 그들에게 재능에 따라 일을 맡기고 있다. 이것은 군왕 밑에 일정한 정치조직이 이루어지고 있었음을 의미한다.


고구려의 건국과정에 대하여 『삼국사기』 백제본기 온조왕조에서는 먼저 온조백제설溫祚百濟說을 수록하고, 그 중에서 고구려 건국에 대한 기사에 대하여

주몽이 북부여로부터 난을 피하여 졸본부여에 이르렀다. 이때에 (졸본) 부여왕은 아들이 없고 딸만 셋이었는데, 주몽을 보고 비상한 사람이

라 하여 둘째 딸로서 그의 아내를 삼게 하였다. 얼마 후에 부여왕이 돌아
가심으로 주몽이 왕위를 잇고 두 아들을 낳았는데, 장자는 비류沸流이고,
차자는 온조溫祚였다.

(『삼국사기』 권 23, 백제본기 1, 시조 온조왕조)

라는 내용을 수록하고 있고, 별전別傳에서는 또 다른 건국기사를 수록
하고 있는데, 그 내용은 다음과 같다.

후에 주몽은 부여에서 용납받지 못하자 전한前漢 건소建昭 2년 2월에
남쪽으로 달아나 졸본에 이르러 도읍을 세우고 국호를 고구려라 하였다.
(이어 주몽은) 졸본인 연타발延陀勃의 딸 소서노召西奴를 아내로 맞아 비妃로
삼았는데, 그는 창업의 기반을 열때 자못 내조內助가 있었음으로 주몽은
그를 총애하고 특별히 후대하였다.

(『삼국사기』 권 23, 백제본기 1, 시조 온조왕조)

위의 첫째 기사에서는 주몽이 졸본부여에 망명하여 당시 이곳을
다스리고 있던 졸본부여의 왕녀와 결혼하였고, 이후 왕이 죽자 그 뒤
를 이어 왕위를 계승한 것으로 되어있다. 둘째 기사의 경우는 주몽이
이곳에 망명하여 당시 이곳의 실력자 연타발의 딸인 소서노의 도움을
받아 국가를 건국하였던 것으로 되어 있다.

위의 기사를 종합 할 때 주몽이 졸본에 망명하였을 때에는 이
곳에 이미 강력한 세력의 족단이 있었음은 분명하다. 이것은 『삼국사
기』 고구려본기 시조 동명성왕조에서도 보이는데, 주몽이 나라를 세운
후의 기사에

왕은 비류수에서 채소가 떠 내려오는 것을 보고 상류에 사람이 살고
있음을 알았다. 이에 사냥을 떠나 그곳을 찾아갔는데, 비류국沸流國에 이르
렀다. …… 송양松讓이 이르기를 "나는 대대로 이곳에서 왕노릇을 하였는

데, 땅이 협소하여 두 임금을 용납할 수 없다. 그대는 도읍을 정한지 아
직 오래되지 않았으니, 나에게 부용附庸함이 옳을가 한다"고 하니, 왕(주
몽)은 크게 노하여 서로 말로써 싸우고 또 활쏘기로 재주를 겨루었는데,
송양은 능히 대적할 수 없었다. 2년 6월에 송양왕이 나라를 들어 항복함
으로 왕은 그 땅을 다물도多勿都라 하고, 송양을 봉하여 다물도주로 삼았
다. 다물多勿이란 고구려 말로 옛 땅을 복구한다는 의미인데, 이로써 이와
같이 이름한 것이다.

(『삼국사기』 권 13, 고구려본기 1, 시조 동명성왕조)

라는 내용이 보인다. 이 기록 역시 주몽이 졸본에 망명하였을 때 이미
이곳은 송양왕이 통치하는 비류국이 있었음을 말해주고 있다.

위의 여러 기사를 들어 이병도는 『한국사』 고대편(을유문화사,
1959)에서는 선주한 국가를 소노부消奴部의 왕권체제로 해석한 바가 있
고, 또 북한학계에서도 고구려의 왕권이 소노부에서 계루부桂婁部로 넘
어가는 과정으로 파악하고 있다. 그 대표적인 사례가 1976년에 이지린
과 김인숙이 펴낸 『고구려사연구』(과학원 출판사, 1976)이다.

위에서는 고구려 건국자를 주몽으로 서술하고 있지만, 고구려의
건국에 대한 또 다른 견해도 있다. 즉 『삼국지』 동이전의 기사와 『삼
국유사』의 기사가 그것인데, 『삼국지』 동이전 부여조에서는 그 말미에
『위략魏略』의 내용을 인용하여

구지舊志에 또 다음과 같은 말이 있다. 옛날 북방에 고리국稾離國이 있
었는데, 그 왕의 시비侍婢가 임신을 하였다. 이에 왕이 죽이려 하자 그 시
비는 "달걀만한 크기의 기운이 나에게 내려왔는데, 이로써 임신이 되었
다"고 하였다. 후에 아들을 낳았는데, 왕이 이를 돼지우리에 버리자 돼지
가 입김을 불어넣어 죽지 않았고, 또 마굿간에 버리자 말도 입김을 불어
넣어 죽지 않았다. 왕은 천제天帝의 아들일 것이라 생각하여 그 어미에게
거두어 기르게 하고는 이름을 동명東明이라고 하고, 항상 말을 사육하게
하였다. 동명이 활을 잘 쏘니, 왕은 나라를 빼앗길까 두려워하여 죽이려

하였다. 이에 동명은 남쪽으로 달아나 시엄수施掩水에 이르러 …… 부여의
땅에 도읍하여 왕이 되었다.

(『삼국지』권 30, 위서 30, 동이열전 30, 부여전)

라는 기사를 수록하고 있고, 또 『양서梁書』 고구려조에도

고구려는 그의 선조가 동명東明으로부터 나왔다. 동명은 본래 북이北
夷 고리왕의 아들이다. 고리왕稟離王이 출행한 사이에 한 시녀가 임신하였
다. 고리왕이 돌아와 그녀를 죽이려 하자 …… (이하 『삼국지』와 같음)

(『양서』권 54, 동이열전, 고구려조)

라고 하여 『삼국지』에 보이는 건국기사를 수용하고 있다. 이밖에 『삼
국유사』 고구려전에서도 해모수와 하백녀에 의한 주몽탄생으로 건국
과정을 서술하면서 말미에 『주림전珠琳傳』 제21권에 수록된 고구려의
건국과정을 소개하고 있는데, 그 내용은 다음과 같다.

옛날 영품리왕寧稟離王의 시비侍婢가 임신하였는데, 상相을 보는 사람이
점을 쳐서 이르기를 "장차 귀하게 되어 왕이 되겠다"라고 하였다. 이에
왕은 "나의 자식이 아니니 죽이는 것이 마땅하다"고 하니, 시비侍婢가 말
하기를 "하늘로부터 기운이 내려와 임신하였다"고 하였다. 그 아이가 태
어남에 상서롭지 못하다 하여 돼지우리 안에 버리니, 돼지가 입김을 불어
넣어 죽지 않았고, 마굿간에 버리니, 말이 젖을 먹이어 죽지 않았다. 마침
내 부여왕이 되었다.

(『삼국유사』권 1, 기이 1, 고구려조)

일연一然은 이 기사에 대하여 "이것은 동명제東明帝가 졸본부여의
왕이 된 것을 말한 것이다. 영품리는 부루夫婁의 다른 칭호이다"라는
주석을 붙이고 있다.

위에서 보이는 내용은 거의 비슷하다. 위의 기록에서는 모두가 주몽 대신에 동명東明으로 말로 기록되고 있고, 또 동명의 어머니를 시비侍婢로 표현하고 있다. 또 『삼국지』와 『양서』의 동이전에서는 고리국槀離國이란 국명을 내세우고 있는데, 『삼국유사』에서는 영품리왕寧禀離王으로 서술하고 있다. 고구려의 건국시조를 동명으로 보는 견해는 일찍부터 나타나고 있었다. 연개소문의 아들인 「천남산묘지명泉男産墓誌銘」에는

옛날에 동명이 기氣를 받아 사천虒川을 넘어서 나라를 건국하였고, 주몽은 해로서 잉태하여 패수浿水에서 도읍을 열었다.
(한국고대사연구회편, 『역주한국고대금석문』)

라는 기록이 보이고 있고, 실학자인 한치윤韓致奫은 『해동역사海東繹史』에서

동명이 빛나는 왕업을 열었고, 주몽이 그 여파를 계승했다.
(『해동역사』 권 6, 세기 6, 고구려조)

라는 기록을 남기고 있다. 이로써 북한학계와 우리 학계의 일부에서는 주몽과 동명을 서로 다른 사람으로 보기도 한다. 즉 동명을 부여국 또는 소노부 통치하의 고구려 시조로, 주몽을 계루부 통치하의 고구려 시조로 보는 견해가 그것이다. 또 고구려라는 국명도 고리국에서 유래한다는 주장하는 학자들이 나타나고 있다. 우리 학계에서도 일부 학자들에 의하여 이러한 견해가 수용되고 있다.

그러나 현재 우리 학계의 일반인적 견해는 중국의 사서인 『위서魏書』·『주서周書』·『북사北史』·『수서隋書』에서 고구려를 부여에서 분파된 국가로 서술하면서 그 시조를 주몽朱蒙으로 표기하고 있고, 또 『삼국사기』 고구려본기 동명성왕조에서 "시조 동명성왕東明聖王의 성은 고

씨高氏이고, 이름은 주몽이다"라고 한 내용과 『삼국유사』 고구려조에서
도 『국사國史』 고구려본기를 인용하여 "시조 동명성제東明聖帝의 성은
고씨요, 이름은 주몽이다"라고 한 내용을 근간으로 동명과 주몽을 동
일인으로 파악하고 있다.

위에서 살펴본 바와 같이 고구려의 건국자를 주몽 또는 동명으로
보면서, 그 출자에 대하여는 해모수의 아들, 영품리왕 및 고리국왕 시
녀의 아들 등 다양한 설이 있는데, 또 주목되는 것은 주몽을 단군의
아들로 보는 설이 『삼국유사』에 보인다. 즉 『삼국유사』 고구려조에서
는 『단군기壇君記』를 인용하여

> 단군壇君이 서하西河 하백河伯의 딸과 관계하여 아들을 낳아 부루夫婁라
> 하였으니, 부루와 주몽은 이모형제異母兄弟일 것이다.
>
> (『삼국유사』 권 1, 고구려조)

라는 기사를 수록하고 있다. 『삼국유사』를 지은 일연一然은 주몽을 단
군의 아들로 인식하고 있었다. 이것은 『삼국유사』 왕력王曆에 고구려
동명왕의 왕력을 기술하면서

> 갑신년甲申年에 즉위하였고, 19년간 나라를 다스렸다. 성은 고씨高氏이
> 며, 이름은 주몽朱蒙인데, 혹 추몽鄒蒙이라고도 한다. 단군壇君의 아들이다.
>
> (『삼국유사』 왕력 1, 고구려 동명왕조)

라고 하고 있는 것에서 찾아볼 수 있다.

## 2. 고구려의 건국배경

1) 고구려는 고조선의 문화전통을 계승하고 있다.

고구려의 영역은 고조선 영계이며, 따라서 고조선의 문화전통을 그대로 수용하였을 것이다. 고구려의 영역에 대하여 『주서周書』 고려전에

> 그 지역은 동쪽으로 신라에 이르고, 서쪽으로는 요수遼水를 지나니 (동서가) 2,000리요, 남쪽은 백제와 인접하고, 북쪽은 말갈과 이웃하니, (남북이) 1,000여리이다. 국도는 평양성으로 그 성은 동서가 6리里이며, 남쪽으로는 패수浿水에 닿아 있다.
>
> (『주서』 권 49, 이역전, 고려조)

라 하였고, 『구당서舊唐書』 고려전에는

> 그 나라는 평양성에 도읍하였으니, 곧 한漢나라 낙랑군의 옛땅으로 경사京師에서 동쪽으로 5,100리 밖에 있다.
>
> (『구당서』 권 199, 동이열전, 고려)

라고 기술하고 있다. 『신당서新唐書』를 비롯한 다른 사서들도 위와 같은 내용으로 서술하고 있다. 위에서 볼 때 고구려는 고조선의 영역을 국가무대로 하고 있다. 따라서 고구려가 고조선의 문화전통을 계승하였을 것은 당연하다.

2) 민족이동의 과정에서 고구려 국가의 성립을 이해해야 할 것이다.

중국의 사서인 『위서魏書』와 『주서周書』에서는 '부여에서 나왔다出於夫餘'라고 하여 고구려를 부여에서 분파된 국가로 이해하였고, 『수서隋

書』와 『북사北史』에서는 '출자는 부여이다出自夫餘'라 하여 고구려의 출자를 부여로 기술하고 있다. 또 『삼국지三國志』·『구당서舊唐書』·『신당서新唐書』에는 고구려를 부여의 별종[夫餘之別種]으로 기술하고 있으며, 우리나라 사서에서도 거의 모두가 부여의 별종 또는 부여에서 분파된 국가로 서술하고 있다. 또 『삼국지』 동이전에서는 고리국槀離國에서 파생하였다고 하는데, 고리국은 부여부근의 북방이다. 또 이 기사가 위의 책 부여조에 수록되고 있음이 주목된다. 그렇다면 이 고리국은 부여와 연계된 국가로 파악할 수 있다. 『삼국지』나 『후한서』의 고구려전에는 고구려의 위치에 대하여

　　고구려는 요동의 동쪽 1,000리에 있고, 남은 조선과 예맥에 접하며, 동은 옥저, 북은 부여와 더불어 접한다(高句麗 在遼東之東千里 南與朝鮮 濊貊 東與沃沮 北與扶餘接).

라고 하고 있고, 『한서』 지리지에서는

　　고구려는 요산遼山·요수遼水에서 출발하여 서남에는 요대遼隊에 이르러 대요수大遼水로 들어가고, 또 남소수南蘇水가 있으며, 북은 새외塞外를 경유한다(高句麗 遼山遼水所出 西南至遼隊入大遼水 又有南蘇水 北經塞外).
　　　　　　　　　　　　　　　　　(『한서』 권 28, 지리지 8 하, 고구려)

라고 하고 있다. 이로 볼 때 고구려는 부여국에서 남하하여 건국한 국가임이 분명하다. 이것은 당시 사회에서 민족이동의 한 과정으로 파악할 수 있을 것이다.

　3) 고구려의 존재는 B.C. 2C 이전부터 존재하고 있다.
　『후한서』 고구려전에 "무제가 조선을 멸망시키고 고구려를 현縣으

로 하여 현도군에 속하게 하였다武帝滅朝鮮 以高句麗爲縣 使屬玄菟郡"
라는 기사가 보이는데, 이것은 한 무제가 위만조선을 멸한 B.C. 108년
이전에도 고구려가 이미 존재하고 있었음을 의미한다.

4) 고구려는 건국 초기부터 부여에 대한 자립성 및 국가 성립의
정통성을 부각시키고 있다.

주몽의 건국설화에서 주몽을 북부여인, 또는 동부여인으로 혼선을
빚고 있다. 즉 주몽은 동부여를 무대로 생활하면서 자신을 북부여왕
해모수의 아들이라고 하고 있다. 이것은 주몽이 동부여의 왕위계승전
에서 실패하고, 그의 족적族的세력과 더불어 남하하여 졸본부여를 세운
이후 북부여의 전통성을 계승한다는 국가의식을 확립하면서 동부여의
권위를 부인하고 있음을 의미한다.

5) 고구려를 성립한 주민은 토착 예맥족으로서 오래 전부터 졸본
지역을 중심으로 권력사회를 형성하고 있었다. 이것은 주몽이 남하하
기 전에도 졸본부여왕이 있었고, 또 비류국의 송양왕에 의한 통치세력
이 있었던 것에서 알 수 있다. 이후 남하한 주몽족도 부여계의 일파이
며, 넓게는 환웅·단군계 이래의 예맥족에 속하는 것으로 토착 고구려
족인 예맥족과 동일한 무문토기인으로 파악할 수 있다.

6) 고구려의 건국은 북방유이민 세력과 토착사회와의 제휴로 성립
하였다.

고구려는 졸본지역을 중심으로 주위의 소국들과 연맹 및 정복의
관계를 통하여 연맹왕국으로 발전하였다. 즉 이곳에는 B.C. 2세기경에
토착세력이 성장하여 이미 28만구口를 거느렸던 예군濊君 남여南閭의 세
력이 있었고, B.C. 128년에 한은 이곳에 창해군蒼海郡을 설치하였으나

토착세력의 반발 때문에 3년만에 이를 포기하지 않을 수 없었다. B.C. 107년에 한漢은 이곳에 현도군을 설치 하였는데, 고구려현이 수현首縣이었다. 그러나 이곳에는 이미 지석묘 사회를 성립시켰던 토착 예맥족이 있어 이에 강력한 반발을 하였다. 이로써 B.C. 82년에 현도군과 그 치소治所는 만주 흥경노성興京老城 지방으로 축출당하였고, B.C. 75년에는 무순撫順지방으로 축출당하였다. 이것은 이곳 고구려인들의 저항이 강했음을 의미한다.

7) 한의 '조복의책朝服衣幘' 정책은 당시의 통치권자였던 연노부涓奴部를 맹주로 한 세력에 의하여 실패하였다.

당시 이곳의 부족들은 군현郡縣 초기에는 현도로부터 조복朝服과 의책衣幘을 받았다. 그러나 연맹왕국 단계로 발전하면서 고구려는 조복의책을 받고 있는 군과 현의 부족장들의 명부를 직접 주관하여 각 부족장들이 한漢에 대하여 개별적으로 접촉하는 것을 저지하였다. 이것은 고구려가 통일세력이 성장하여 이미 각 족장들을 통솔하고 있었음을 의미한다. 이것은 『삼국지』 동이전 고구려전에서

한漢나라 때 북과 피리와 악공을 하사하였으며, 항상 현도군에 나아가 조복朝服과 의책衣幘을 받아갔는데, (현도군의) 고구려의 영슈이 그 명부를 주관하였다. 그뒤에 차츰 교만 방자해져서 다시는 현도군에 오지 않았다. 이에 (현도군의) 동쪽 경계에 작은 성을 쌓아 조복과 의책을 그 속에 두어 해마다 (고구려인이) 그곳에 와서 가져가게 하였다. 지금도 호胡에서는 이 성城을 책구루幘溝漊라 부르고 있다. 구루溝漊란 고구려 말로 성을 일컫는 말이다(漢時賜鼓吹技人 常從玄菟郡 受朝服衣幘 高句麗令主其名籍 後稍驕恣 不復詣郡 於東界築小城 置朝服衣幘其中 歲時來取之 今胡猶名此城 幘溝漊 溝漊者句麗名城也).

（『삼국지』 권 30, 위서 30, 동이열전 30, 고구려전)

라고 한 기사가 말해주고 있다.


## 3. 고구려의 건국연대

고구려 국가의 건국에 대하여 『삼국사기』에는 B.C. 37년으로 기록되어 있다. 그러나 여기에는 많은 비판이 있다. 학계의 연구성과는 고구려의 건국 연대를 소급해야 한다는 것이 일반적인 추세이다. 이것은 남·북한 학자들의 공통된 견해이기도 하다. 대표적으로 이기백의 논거를 들 수 있다. 그는 고구려의 건국연대는 B.C. 107년 이전으로 소급해야 한다고 주장하면서, 그 근거로서

1) 현도군이 설치될 당시(B.C. 107년) 현도군의 수현首縣은 고구려현高句麗縣이었다.

2) 이것은 압록강 유역에 현도군이 설치되기 이전부터 고구려가 존재하였음을 의미한다.

3) B.C. 82년 현도군이 그 치소治所를 흥경노성興京老城으로 옮기고, B.C. 75년에 다시 이맥夷貊의 공격을 받아 서북쪽으로 옮겨가고 있다. 여기서 이맥夷貊이란 고구려를 말하는 것일 것이다. 그렇다면 고구려가 현도군을 축출할 정도라면 당시 고구려는 상당한 군사적·정치적 결집력이 있었다고 보아야 한다.

4) 고구려의 건국연대는 적어도 B.C. 75년 이전으로 보아야 하며, 더 나아가 B.C. 107년 이전으로 소급 할 수도 있다(이기백, 『한국고대의 국가와 사회』, 일조각, 1985).

라는 요건을 제시하고 있다. 그는 이상의 견해를 전제로 『삼국사기』와 『삼국유사』에 고구려의 건국이 B.C. 37년으로 되어 있는 것은 통일신

라 때에 신라인에 의하여 조작되었을 것으로 추측하였다.

북한학자들의 견해는 일찍부터 고구려의 건국연대를 소급시키고 있다. 대표적인 사례로 1976년 이지린과 김인숙의『고구려사 연구』(과학원 출판사, 1976)를 들 수 있는데, 여기에서는 고구려의 건국연대를 B.C. 232년까지 소급시키고 있다. 그 내용을 살펴보면

1) 주몽의 건국은 계루부가 소노부에 대신하여 왕권을 잡게 되었다는 것을 의미한다. 즉 주몽은 계루부 출신으로 송양국을 정복하고 왕권을 빼앗았다.
2) 『삼국사기』에 보이는 고구려 건국연대 B.C. 37년의 기사는 계루부에 의한 왕권의 변화로 볼 수 있다.
3) 소노부 시대의 고구려는 적어도 B.C. 108년 이전으로 보아야 하며, B.C. 232년까지 소급할 수도 있다. 그 근거로써
   ① 『삼국사기』 신라본기 문무왕 15년조(675년)에 문무왕이 고구려인 안승安勝에게 내린 책명문에 "고구려는 거의 800년간이나 유지되어 오다가 망하였다"고 기록하고 있다.
   ② 『당서唐書』 고구려전에 당나라 태종의 시어사侍御史 가언충賈言忠이 태종에게 『고구려비기高句麗秘記』를 인용하여 "고구려가 900년이 되기 전에 80살 나는 대장이 와서 멸망시킬 것이다"라고 하였는데, 고구려는 지금 나라를 세운지 900년이 되었고, 이적李勣의 나이도 80이라고 기록하고 있다.

라는 요건을 제시하면서, 위의 자료에서 볼 때 고구려가 멸망한 A.D. 668년에서 800년을 소급하면 B.C. 132년이 되고, 또 900년을 소급하면 B.C. 232년이 된다고 하고 있다.

이상에서 살펴본 바와 같이 고구려의 건국은 『삼국사기』에 기록된 B.C. 37년 이전으로 보고 있는 것이 남·북한 모두의 공통된 견해이다. 참고로 『상서尙書』와 『일주서逸周書』를 보면 고구려의 건국연대를 주周나라 시대까지 소급하고 있다.

즉 『상서尙書』 주관周官에 보이는 "무왕武王이 동이東夷·숙신肅愼을 정복하였다"는 기사에 대하여 한漢 무제 때에 공안국孔安國이 주석을 부쳤는데, 그는 "이들 해동의 여러 오랑캐[夷]는 바로 구려駒麗·부여夫餘의 족속이다"고 하였고, 『일주서逸周書』 왕회해王會解에서 성주대회成周大會에 참가했다는 고리高夷에 대해 진晋의 공조孔晁가 "고리高夷는 동북방의 오랑캐[夷]로서 고구려이다"란 주석을 부치고 있다.

위의 기사를 그대로 믿는다면 고구려는 이미 주周나라 시대부터 중국에 알려지고 있었다는 결론이 나온다.

## 제2절  고구려의 국가기반과 성격

### 1. 고구려의 국가기반

고구려가 국가를 건국한 지역과 그 주위에는 나那 또는 노奴로 표방되는 단위체의 독립영역이 있어 독자적으로 통치권을 행사하고 있었다. 따라서 고구려가 정복국가로 그 영역을 확대하는 과정에서 이들 나那 또는 노奴로 표방되고 있는 독립적인 세력권을 흡수·통합하지 않을 수 없었을 것이다. 이들 나 또는 노의 성격에 대하여 일찍이 백조고길白鳥庫吉은 「환도 및 국내성고丸都及國內城考」(『史學雜誌』 25-4, 1914)에서 방위를 뜻하는 고구려의 토속어에서 유래하였음을 밝히면서 현재 조선어에서 사방을 뜻하는 '녁(nyok)'과 같은 개념으로 파악하였다. 이후 이병도는 『한국사』 고대편(을유문화사, 1959)에서 땅[地] 또는 내

[川]나 하천유역의 평야를 뜻하는 순수한 우리말로써 이들 지역에 거주하는 독립적인 지역집단을 뜻한다고 보았다. 또 노태돈은 「삼국시대의 부部에 관한 연구」(한국사론 2, 1975)에서 씨족공동체가 붕괴된 이후 각 지역별로 성립된 단위 정치체로서의 성격을 지니는 것으로 이해하였다.

고구려의 생활상에 대하여 『후한서』 동이전에서는

> 대산大山과 심곡深谷이 많으며, 사람들은 이곳에 의지하여 살고 있다.
> (『후한서』 권 85, 동이열전 75, 고구려조)

고 하였고, 『삼국지』 동이전에서는

> 대산大山과 심곡深谷이 많으며, 원택原澤이 없고 (사람들은) 산곡山谷에 의지하여 살고 있다.
> (『삼국지』 권 30, 위서 30, 동이열전 30, 고구려전)

라고 서술하고 있다. 이로 볼 때 고구려를 구성한 족단들은 큰산과 깊은 골짜기에서 독자적인 생활영역을 형성하면서 그들 나름대로의 생활권을 형성하고 있었다고 보아야 할 것이다. 이들의 생활권인 산곡山谷은 나 또는 노의 기층기반이었을 것이다. 이러한 생활상은 이후 중심세력인 나 또는 노의 세력에 의하여 동맹 또는 복속의 과정에서 부족적 국가로 통합되어 나국那國 또는 노국奴國을 형성하였을 것이라는 것이 학계의 일반적인 견해이다. 이러한 현상은 우리나라 고대국가의 성립과정에서 보이는 공통된 성향이기도 하다. 다음의 자료는 이를 말해 준다.

1) 그들의 풍속은 산천山川을 중시하는데, 산천에는 각기 그들의 생활

영역이 있다. 이로써 함부로 이들 지역에 들어갈 수 없다. …… 각 읍락이 이를 어겨 침범하면 서로 벌하여 생구生口와 우마牛馬로서 변상하게 하는데, 이를 책화責禍라 한다.

　　　　　　　　　　　　(『삼국지』권 30, 위서, 동이열전 30, 예전)

2) (박혁거세가) 나라를 세우기 이전에 이곳에는 조선유민들이 들어와 산곡山谷간에 살면서 6촌을 이루고 살고 있었다.

　　　　　　　　　　　　(『삼국사기』권 1, 신라본기 1, 시조 박혁거세조)

3) (김수로왕이) 즉위하기 이전에는 이곳에 9간干이 있어 산야山野에 도읍하여 우물을 파서 마시고 밭을 갈아 경작하였다.

　　　　　　　　　　　　　　　　(『삼국유사』권 2, 가락국기)


　　위의 자료에서 당시 이들 족단들은 산천山川 또는 산곡山谷이나 산야山野에서 독자적인 생활권을 형성하고 있었음을 알 수 있다. 1)에서 보이는 예濊의 경우는 이러한 생활영역을 준수한다는 상호간의 규약이 책화로 나타나고 있다. 또 『후한서』 동이전에는 이들에 대한 기사로써 "대군장大君長이 없고, 후侯·읍군邑君·삼노三老가 있어 이들을 통치한다"라는 기록을 남기고 있다. 이로 볼 때 이들은 상호간에 독립적 유대를 갖는 생활권을 형성하고 있었고, 이후 동질적 성향을 갖는 족단들이 서로 연합하면서 부족적 성격을 갖는 소국小國으로 결속되어 갔을 것이며, 이들지역의 우두머리는 이후 중국세력과의 교류과정에서 후侯·읍군邑君·삼노三老란 명칭을 갖고 지배력을 행사하였을 것이다. 이러한 점은 『삼국지』와 『후한서』에서 동옥저를 기술하면서 "읍邑과 촌村에는 장수長帥가 있어 이들을 다스린다"라고 하고 있는 것을 볼 때 예濊도 처음에는 이들 옥저와 같이 각 읍락의 족장인 장수가 통치권을 행사하고 있었을 것으로 짐작된다.

　　위에서 보이는 2)와 3)은 신라와 가야가 국가로 성장하기 이전의 상황을 기록한 내용인데, 당시 이들 사회에는 촌장 또는 간구의 명칭을 갖는 족장들이 그들의 생활권에서 독자적인 통치권을 행사하고 있었음을 보여준다.

고구려도 예외일 수는 없었을 것이다. 위에서 살펴본 바와 같이 고구려의 각 부족들도 일찍부터 대산大山과 심곡深谷을 중심으로 생활하였고, 이들의 생활권은 나 또는 노로 불리는 단위체의 생활영역이었다. 이후 이들 세력들은 외부세력의 영향과 자신들의 성장과정에서 동질성에 입각하여 서로 병합하거나 또는 무력에 의한 복속의 과정을 거치면서 소국小國이나 지역적 연맹체의 성격을 갖는 나국那國 또는 노국奴國으로 결속되어 그들의 세력권을 확장하여 갔을 것이다. 고구려가 졸본지역을 중심으로 건국하자 이들의 일차적인 과제는 이들 나국 또는 노국을 자신의 통치권에 흡수시키는 것이었다. 이러한 과정에서 초기 고구려는 이들 세력 중에서 강력한 세력과 연합하여 이들을 통치권 내의 부部로 흡수시키면서 국가기반을 확충시키지 않을 수 없게 된다. 『삼국지』나 『후한서』 등 대부분의 중국 사서에서는 고구려전에

본래 5족五族이 있는데 연노부涓奴部(『후한서』 동이전에서는 소노부消奴部·절노부絶奴部·순노부順奴部·관노부灌奴部·계루부桂婁部이다. 본래는 연노부에서 왕이 되었으나 점차 세력이 약하여져 지금은 계루부가 이를 대신한다.

라고 서술하고 있다. 그러나 『삼국사기』를 비롯한 우리나라 사서에서는 이러한 명칭이 나타나지 않고, 조나藻那·주나朱那·연나부椽那部·비류나부沸流那部·관나부貫那部·환나부桓那部·제나부提那部 등의 명칭으로 나타나고 있다.

우리 학계에서는 양자를 검토하면서 연나부椽那部는 절노부絶奴部로, 비류나부는 연노부涓奴部 또는 소노부消奴部로, 관나부貫那部는 관노부灌奴

部, 환나부桓那部는 순노부順奴部와 동일한 개념으로 파악하고 있다(임기환,『고구려 집권체제 성립과정의 연구』, 경희대 박사학위논문, 1995).

초기 고구려를 형성한 부部들도 그 이전에는 독자적인 권력을 행사하던 소국小國 또는 지역연맹체의 성격을 갖는 국가로서의 성격을 갖고 있었다. 이것은 『삼국지』나 『후한서』의 동이전 고구려조에서

이들 여러 대가大加들은 스스로 사자使者·조의皂衣·선인先人을 두고 있다.

라고 한 내용에서 알 수 있다. 여기서는 대가大加로 지칭되고 있지만 이들은 고구려에 흡수되기까지는 자신들의 지역을 통치하는 수장들이었고, 이들 수장首長의 아래에는 사자·조의·선인 등의 관직을 두어 독자적으로 정무를 수행하였음을 알 수 있다. 즉 이들 부部의 족단들은 고구려가 졸본지역에서 건국하자 연맹적 성격을 갖고 고구려에 협조한 초기의 나 또는 노의 명칭을 갖는 국가로 볼 수 있다.

그러나 고구려 건국이후 이에 협조하지 않는 나 또는 노의 명칭을 갖는 국가군들이 있었을 것은 당연하다. 다음의 기록은 이를 말해 주고 있다.

1) 태조대왕 20년 2월 관나부貫那部 패자沛者 달고達賈를 보내어 조나藻那를 정벌하였다.

(『삼국사기』 권 15, 고구려본기 3)

2) 태조대왕 22년 10월 환나부桓那部 패자 설유薛儒를 보내어 주나朱那를 정벌하고, 왕자 을음乙音을 포로로 하여 고추가古鄒加로 삼았다.

(『삼국사기』 권 15, 고구려본기 3)

위의 자료에서는 조나·주나 라고 하여 국명을 생략하고 있다. 그러나 2)의 기록에서 왕자 을음으로 표기하고 있는 것으로 보아 이들은 독자적인 세력권을 갖고 국가로써의 체제를 갖추고 있었음을 시사해 주고 있다. 이들 조나국과 주나국이 이때에 와서 정벌당하고 있는데, 이것은 이들 세력이 이때까지는 고구려와 거의 대등한 위치에서 적대 세력으로 존속하고 있었음을 의미한다. 그 동안에 고구려는 많은 정복전쟁을 치르고 있다. 즉 동명왕 때에는 비류국·행인국荇人國·북옥저를 복속시켰고, 유리왕 때에는 양맥梁貊을, 대무신왕 때에는 부여·개마국蓋馬國·구다국句茶國·낙랑국을 멸망시켰고, 모본왕 때에는 한漢의 북평北平·어양魚陽·상곡上谷·태원太原까지 진출하고 있다. 이러한 과정을 거쳐 위의 두 나라를 복속하게 되는데, 주목되는 것은 주나국의 왕자 을음에게는 고추가古鄒加의 칭호를 주고 있는 점이다. 고추가란 왕족인 계루부의 대가大加와 처음 왕족이었던 연(소)노부 및 왕비족인 절노부의 적통대인適通大人에게 내린 호號인데, 주나국의 왕자인 을음에게 고추가의 호를 내렸다는 것은 당시 이들의 세력이 막강하였음을 의미하는 것이고, 또 이들을 왕족에 준하는 예우로 흡수하였음을 의미한다.

이와 같이 고구려는 건국 후에 산곡山谷을 중심으로 독자적인 생활권을 갖고 있던 나 또는 노의 세력들을 흡수·통합하는 과정에서 국가를 발전시켜 갔으며, 이들 세력들은 고구려에 흡수되면서 부部로 개편되어 갔다. 이 분야에 대한 학계의 연구성과를 살펴보면 다음과 같다.

1) 금서룡今西龍, 「고구려 5부족고」(『史林』 6-3 1921 ; 『조선고사朝鮮古史의 연구』, 1937)

   1. 계루부를 중심으로 사방에 분출하여 있던 나那는 고구려 건국이후 부部로 개편되었다.

   2. 3C경 계루부가 왕부王部로 되면서 그 안에 기내畿內 4부四部에

이들 나那의 세력이 가서 살게 되었고, 이들과 원래의 계루부를 합쳐 5부로 편성되었다.

3. 이때 고구려의 5부는 왕도王都의 행정구획이며, 동시에 귀인貴人들의 세력기반이 되었다.

4. 그리고 나那에서 부部로 변한 것은 봉건제후 관계에서 군신관계로 정치체제가 변한 것이다.

2) 지내굉池內宏, 「고구려의 5부五部와 5족五族」(『東洋學報』 16−1, 1926)

1. 평양 천도 이전의 나那는 씨족(氏族, Clan)들의 지방세력의 본산이었다.

2. 동부·서부·남부·북부·내부內部 등 5부五部는 전국을 대상으로 구분한 것이며, 이들 중에서 내부內部는 도성都城을 가리키며, 나머지 4부는 전국의 행정구분이다.

3. 이러한 제도는 동천왕대에 이루어 졌다.

4. 내부內部인 도성은 전부前部·후부後部·상부上部·하부下部·중부中部로 지역구분이 이루어 진다.

3) 삼품창영三品彰英, 「고구려의 5족五族에 대하여」(『조선학보』 6, 1954)

1. 미천왕 이전의 고구려는 원시적 소국 또는 부족인 나 집단에 의하여 부족연합체를 형성하고 있었다.

2. 미천왕 이후는 절대왕권의 발전에 의한 중앙집권적 지배의 성숙에 따라 나 집단이 소멸되고 5부제도로 개편되었다.

4) 김철준, 「고구려 신라의 관계조직의 성립과정」(『이병도박사화갑

기념논총』, 1956)

1. 고구려는 본래부터 가부장 세력이 중심이 된 5족五族이 있었고, 이것이 5부족으로 계승된다.
2. 이들 5부족은 각기 나那라는 부족국가를 형성하였다. 그런데 중앙의 지배력이 팽창하면서 고구려는 이들을 흡수하여 부족연맹체를 구성하였다.
3. 태조왕 이후 계루부에서 맹주의 지위를 차지하였는데, 그후에도 소노부 등은 모두 계속 부족국가로 존속하고 있었다.
4. 고대국가 형성 후에도 고구려의 통치 조직안에는 여러 부족들을 통솔하는 부족연맹장격인 대대로大對盧가 있었다.

5) 이기백, 「고구려왕비족고」(『진단학보』 20, 1959)

1. 고국천왕에서 서천왕에 이르는 시기는 절노부의 명림씨明臨氏가 왕비족으로 있던 시기였다.
2. 왕비족이 존재하던 시기는 부족연맹에서 고대국가로 넘어가는 과도기이다.
3. 이러한 정치적 과도기는 왕위가 형제상속에서 부자상속으로 진행되는 과도기와도 일치한다.
4. 이와 같은 과도기를 거쳐 혈연적·족제적 요소가 강하였던 5부제도 혹은 5나제도는 지연적·행정적 요소가 강한 5부제로 개편된다.

6) 노태돈, 「삼국시대 부部에 대한 연구」(『한국사론』 2, 1975)

1. 나那는 부部의 원형이다.
2. 나那나 평評은 씨족공동체가 붕괴된 이후 계급 문화가 크게 진행되었으며, 보편적인 공법과 수취체제가 보이지 않는 상

태에서 지역별로 성립된 단위 정치체제로써의 부족이다.

3. 태조왕 22년까지는 5부의 정치체제가 완비된다. 이러한 5부는 부족연맹체로서 왕국의 성립을 의미하며, 당시 계루부에서 정치적 주도권을 장악하였으며, 나머지 4부四部는 그 자체의 자치권은 인정되나 무역권과 외교권은 박탈당하였다.

7) 이종욱, 「고구려 초기의 지방통치제도」(『역사학보』 94, 1995)

1. 『삼국사기』 고구려본기에 나오는 인물들의 출신을 보면 부와 나 출신이 병행하고 있다. 특히 태조왕에서 중천왕·서천왕에 이르는 시기는 나那출신 인물과 부部출신 인물들이 중앙정부에서 여러 관직을 차지하고 있다. 따라서 나那라는 지역과 부部라는 지역은 별개의 행정구획으로 생각할 수 있다.

2. 계루부 이외의 4개의 나부那部에서도 계루부의 5방위부五方位部와 유사한 통치조직이 있었을 것이다.

8) 임기환, 『고구려집권체제 성립과정의 연구』(경희대 박사학위논문, 1995)

1. 나부那部는 고구려형성의 과정에서 다수의 나국那國이나 읍락을 포함하는 소연맹체 구조로 형성되었다.

2. 이 소연맹체가 고구려연맹체를 구성할 때에 나부那部로 편제된다.

3. 나부는 계루부왕권의 통제하에서 그들의 독자적인 자치력을 갖는 단위정치체제였다.

이상에서 살펴본 바와 같이 이 분야에 대해서 많은 학자들에 의

하여 다양한 의견이 개진되고 있다. 그러나 고구려의 기층구조가 나那이며, 이것은 혈연적·지연적 성격이 강한 원시적 소국으로 이후 고구려가 집권국가로 발전하면서 부部로 개편되고 있으며, 이러한 변화는 즉 부족연맹체제에서 고대국가로 넘어가는 것을 의미하고 있다는 것에는 대체로 의견을 같이 하고 있다.

## 2. 고구려의 국가발전론

고구려의 국가발전론에 대하여 우리 학계에서는 다양한 의견이 제시되고 있다. 1970년대까지만 하더라도 고구려의 건국을 6대 태조왕 때로 보고, 그 이전은 국가로써의 체제를 갖추지 못한 미발적 국가未發的 國家로 파악하는 견해가 지배적이었다. 일제시대 일본인 학자들은 『삼국사기』 고구려본기에 기술되어 있는 내용 중에서 태조왕 이전의 기록은 황당무계한 날조로 파악하여 무시해 버렸다.

그러나 해방 이후 우리나라 학자들은 고고학 등의 학술적 성과를 기반으로『삼국사기』에 대한 인식을 다시 하게 되었고, 또 지금까지 실증적 역사연구의 방법에서 제외시켰던 태조왕 이전의 기사에도 사실적인 근거에 입각하여 새롭게 평가하게 되었다. 이로써 태조왕 이전의 역사도 실증적 역사로 학계에 수용되게 되었고, 그 성격도 다양한 각도에서 조명이 가해졌다.

이 시기의 국가성격에 대하여는 종래 부족국가로 이해되다가 1970년대 이후에는 성읍국가城邑國家, 군장사회君長社會, 초기국가初期國家, 노예제 속국 등으로 파악되고 있다. 태조왕 이후의 국가성격에 대하여는 고대국가古代國家·집권국가集權國家·중앙집권적 귀족국가 등의 견해가 제시되고 있다. 이기백은『한국사신론』에서 태조왕 이전의 고구려 국가를 '성읍국가'와 '연맹왕국'이란 용어로 기술하고 있으며, 그 이후는 '중앙집권적 귀족국가'란 용어로 기술하고 있다. 또 변태섭은『한국사통론』에서 태조왕 이전의 고구려 국가를 '군장국가君長國家'와 '초기국가'란 용어로 기술하였고, 태조왕 이후는 '고대국가'란 용어로 기술하고 있다.

이후 학계에서는 노태돈·노중국·여호규 등에 의하여 이 분야에 대한 괄목할 만한 연구성과가 있었고, 1995년 서영대는 그 동안에 축적된 연구성과를 종합하여 고구려의 발전과정을 성립기·발전기·전성기·쇠퇴기로 구분하여 고구려사를 이해하고자 하였다. 그 동안에 나타난 이 분야에 대한 연구성과를 개관하면 대체로 다음과 같다.

1959년 이병도는『한국사』고대편(을유문화사, 1959)에서 고구려에 있어서의 엄밀한 의미의 건국, 즉 집권적 통치체제가 형성되는 시기를 6대 태조대왕 때로 보았다. 그는 그 근거로써 태조대왕 또는 국조왕國祖王이라는 왕호와『삼국사기』태조대왕본기에 보이는 패자沛者·우태于台 등의 관직명, 그리고 그의 재위 중에 행해지고 있는 활발한 정복사업 등을 들고 있다. 그는 주몽에서부터 모본왕에 이르는 시기를 부족연맹체에서 집권적 국가체제에 이르는 과도기적 단계로 파악하였다.

1964년 김철준은『한국고대국가발달사韓國古代國家發達史』(한국일보사 재간행, 1975)에서 동명東明이 국가를 건국한 시기의 고구려와 송양국松讓國 시기의 단계를 부족국가部族國家로 파악하였고, 태조왕 때를 고구려 고대국가古代國家의 출발기로 보고, 소수림왕 때를 고대국가의 체제정비기로 보았다.

1975년 노태돈은「삼국시대 부部에 대한 연구」(『한국사론』 2, 1975)에서 고구려의 발전과정을 서술하였는데, 그는 고구려의 5부는 태조왕 22년까지는 정비되었으며, 이때부터 고대국가 체계가 확립되었던 것으로 보고 있다. 또 그는 각 지역에 성장하던 나那가 5개의 대표적인 나

那로 통합되었고, 태조대왕 때에 와서 5부五部로 전환되었다고 하면서 이때의 각 부는 왕권의 통치 속에서 허용된 내치內治만이 가능했다고 보았다.

1983년 김광수는 『고구려 고대집권국가의 성립에 관한 연구』(연세대 박사학위논문, 1983)에서 지금까지 여러 학자들이 공통적으로 주장하였던 고대국가古代國家란 용어를 지양하고, 집권국가集權國家란 용어로 고구려의 발전과정을 고찰하였다. 그는 고구려의 집권국가는 태조대왕-신대왕 년간에 성립되었다고 보면서, 그 근거로 사성賜姓·관직체계·부제部制·왕의 시호의 변동 및 집권자의 정복력과 생산력의 향상 등을 제시하였다.

1985년에 이기백은 「고구려의 국가형성문제」(『한국고대의 국가와 사회』, 일조각, 1985)에서 고구려의 발전과정을 검토하면서 지금까지 김철준이 사용한 이래 거의 보편화되었던 부족국가란 용어는 부족이라는 혈연적 개념과 국가라는 지연적 개념이 모순적으로 결합되어 있으므로 부당한 용어라고 하였으며, 대신에 성읍국가城邑國家란 용어를 사용하였다. 이 용어는 일찍이 천관우에 의하여 제기되었던 용어이지만, 고구려의 발전과정을 이 용어를 적용하여 고찰하였다는 것이 주목된다. 그의 이와 같은 성읍국가론은 고고학적인 연구성과까지를 염두에 두고 있어 한 단계 진전을 보여주고 있는데, B.C 1세기 초 혹은 B.C 2세기 후기에 오녀산성五女山城과 같은 성城을 건축한 정치집단에 의해 초기국가 곧 성읍국가가 출현한 것으로 보았다.

1995년 서영대는 「고구려사의 시대구분」(『한국사의 시대구분에 관한 연구』, 한국정신문화연구원, 1995)에서 그 동안의 연구성과를 바탕으로 고구려의 발전과정을 ①성립기(B.C.4·3세기~A.D.53년) ②발전기(6대 태조왕 ~ 16대 고국원왕) ③전성기(17대 소수림왕 ~ 22대 안장왕) ④쇠퇴기(23대 안원왕 ~ 28대 보장왕)로 구분하고 있다.

최근 고구려사의 시대구분과 관련하여 노태돈은 『고구려사연구』(사계절, 1999)에서 정치사적인 측면에 초점을 맞추어 고구려사를 연맹체적인 부체제의 시기와 영역국가적인 중앙집권체제의 시기로 크게 구분하였다. 또 중앙집권체제의 시기에 대하여는 6세기 중반에 중앙권력의 운영이 귀족연립의 성격으로 변화하고 있다고 보아 이때를 기점으로 다시 시대를 양분하고 있다. 이로써 그는 고구려의 발전단계를 초기(B.C. 1세기 : 국가건국~A.D. 3세기 : 봉상왕), 중기(4세기 : 미천왕~6세기 중반 : 안원왕), 후기(6세기 중반 : 양원왕~668년 : 보장왕)의 세 시기로 파악하였다.

이밖에 북한학계의 견해를 살펴보면 건국시기를 『삼국사기』에 기록된 연대보다 훨씬 소급시키고 있다. 그 대표적인 사례가 이지린 등이 펴낸 『고구려사 연구』이다. 그런데 북한학계에서 보고 있는 고구려의 사회 성격은 남한학계의 그것과는 다른 것으로 삼국시대를 중세 봉건사회로 파악하고 있다.

## 제3절  고구려의 국가발전

고구려 국가의 발전에 대한 학계의 의견은 다양하다. 그러나 고구려의 건국 이후 태조왕에 이르는 시기는 연맹왕국의 성격을 벗어나지 못하였고, 태조왕 이후부터 고대국가古代國家 또는 집권국가로 발전하고 있다는 것에는 대부분 의견을 같이 하고 있다. 태조왕 이후를 고대국가 또는 집권적 국가란 용어를 사용하고 있는 것은 이때부터 왕권이 전제화專制化되면서 왕권적 차원에서 국가체제가 일원화되고 있다는 인식이 전제가 되고 있기 때문이다. 또 이때의 지배계급은 귀족적 성격

을 가지면서 정치적 지위를 보장받고 있다는 점에서 귀족국가貴族國家
란 용어를 사용하는 학자들도 많다.

일반적으로 고대국가 또는 집권적 국가의 성격은 왕권이 전제화
되면서 부자상속의 왕위계승이 확립되고, 관료체제가 완비되며, 율령
이 반포되고, 대외적 정복사업이 행해지는 국가로 인식되고 있으며,
또한 불교의 수용도 국가의 기반으로 포함시키고 있다. 위의 요소가
어느 정도 나타나는 시기를 고대국가의 성립시기로 보고, 이들 모든
요소가 완비되는 시기를 고대국가의 완성기로 파악하고 있다.

위와 같은 관점에서 우리 학계의 일반적 견해는 고구려의 경우
제6대 태조왕 때부터 고대국가의 성립기로 보고, 불교의 수용과 율령
의 반포가 나타나는 제17대 소수림왕 때를 고대국가의 완성기로 파악
하고 있다.

필자는 이러한 학계의 연구성과를 전제로 제6대 태조왕을 기점으
로 그 이전을 연맹왕국시대, 그 이후를 집권국가 성립기로 양분하였고,
제17대 소수림왕 때부터 제22대 안장왕까지를 집권국가 발전기, 그 이
후를 집권국가 해체기로 구분하여 고구려의 발전과정을 살펴보고자
한다.

## 1. 연맹왕국시대

이 시기는 고구려 건국 이후 태조왕이 집권하기 이전까지의 시기
이다. 이 시기는 주로 『삼국지三國志』 동이전에 부여·옥저·예 등과 같
이 서술되고 있었던 시기의 국가로, 이 속에는 성읍국가(부족국가)시대
도 포함되고 있다. 물론 위의 사서에서는 고구려의 기사를 동천왕 16년
(242)까지 서술하고 있어 그 전부를 이 시기에 포함시킬 수는 없다.

주몽은 졸본지역에 정착하여 국가를 건국하였다. 일차적으로 그는 이곳을 중심으로 지배력을 행사하고 있었던 비류국沸流國의 송양왕松讓王을 복속시키게 된다. 그는 즉위 2년에 송양왕이 나라를 들어 항복하자 그 땅을 다물도多勿都라 하고 송양왕을 다물도주多勿都主로 삼았는데, 다물이란 말은 고구려어로 그곳 땅을 복구復舊한다는 의미이다. 이것은 송양왕이 복속하자 그곳의 통치권을 위임하여 이들과 동맹적 관계를 맺었던 것을 의미한다. 고구려는 건국 후에 주변지역을 정복하면서 이들 지역을 성읍城邑으로 흡수하고 있다. 주몽은 즉위 6년(B.C. 33)에 태백산 동남쪽에 있는 행인국荇人國을 정복하여 성읍으로 삼았고, 왕 10년(B.C. 28) 10월에는 북옥저를 정복하여 그 땅을 성읍으로 삼았다.

다음 유리왕琉璃王(B.C. 19~A.D. 17)은 송양왕의 딸을 비妃로 삼고 있다. 학계에서는 이 송양왕의 출자를 고구려 5부족의 하나로 전前 왕족으로 표기되고 있는 소노부消奴部의 전신으로 보고 있다. 이와 같이 유리왕은 즉위하자 일차적으로 송양왕의 딸을 비妃로 간택하여 정치기반을 공고히 하면서, 왕 11년(B.C. 9)에는 선비鮮卑를 공략하여 이들을 복속시켰다. 유리왕의 재위시에는 부여와 한漢의 침입이 나타나고 있다. 왕 14년(B.C. 6)에 부여왕 대소帶素가 고구려에 질자質子교환을 요구하자 왕은 태자 도절都切을 보내려고 하였다. 그러나 도절이 거부하자 부여는 5만명의 대군으로 침입하였고, 왕 32년(A.D. 13)에도 침입하였으나 격퇴하였다. 왕 31년(A.D. 12)에 신新 왕망王莽의 침입으로 고구려 장수 연비延조가 살해당하는 위기를 맞게 된다. 왕망은 이 전투에서 승리하자 고구려를 하구려下句麗라 호칭하였다. 이때의 사실을 『삼국지』 동이전 고구려조에서는

왕망의 초년에 고구려의 군사를 징발하여 호胡를 정벌하려 하였으나 (고구려가) 응하지 않음으로 (왕망이) 강압적으로 보냈더니, 모두 국경을

넘어 도망하여 (중국의 군현을) 노략질하였다. 요서대윤遼西大尹 전담田譚이
이들을 추격하다가 도리어 그들에게 살해되었다. 이에 왕망은 엄우嚴尤를
보내어 고구려를 치도록 하여 구려후句麗侯 도(駒, 한서에는 추騶를 유인하
여 목을 베었다. 왕망은 크게 기뻐하여 고구려란 국호를 바꾸어 하구려下
句麗라 하여 이를 천하에 포고하였다.

(『삼국지』 권 30, 위서 30, 동이열전 30 고구려전)

라고 기록하고 있다. 그러나 『삼국지』의 기사에서 보이는 구려후句麗侯
도駒의 기사는 고구려 장수 연비延丕의 잘못으로 보아야 한다는 것이
학계의 일반적인 견해이다. 위의 기사에서 고구려의 군사력이 요서대
윤 전담을 살해할 수 있을 정도로 성장하였음을 알 수 있다.

유리왕은 이 사건이 있은 1년 후에는 오이烏伊와 마리摩離에게 명
하여 양맥梁貊을 멸망시키고, 바로 한漢을 공격하여 그들의 통치를 받
고 있던 고구려현을 습격하였다. 이로 볼 때 당시 고구려현은 양분되
고 있었음을 알 수 있다. 한 무제가 현도군을 설치하고 수현首縣을 고
구려현으로 하였는데, 고구려는 졸본성 중심의 고구려현을 중심으로
국가를 건국하였다. 그러나 이때까지 고구려현 전체를 흡수하지 못하
였고, 나머지 일부는 여전히 한漢의 통치영역 속에 있었음을 알 수 있
다. 이러한 와중에서 유리왕은 재위 22년(A.D. 3)에 새로운 정치기반의
조성을 위하여 국내성國內城으로 천도를 단행하게 된다.

다음 대무신왕大武神王(A.D. 17~44)은 즉위 3년에 동명왕묘東明王廟
를 세워 국가기반을 확고히 하면서 통치기반을 강화하고, 왕 5년(A.D.
22) 2월에는 그 동안 적대관계에 있었던 부여를 정벌하였다. 이때 부
여왕 대소帶素의 아우인 갈사曷思는 압록곡으로 망명하여 나라를 재건
하여 갈사왕曷思王이 되었는데, 왕은 이들에게 우호정책을 베풀면서 갈
사왕의 딸을 비妃로 맞이하였다. 호동好童은 그 소생이다. 또 부여왕 대
소의 종제從弟는 10,000여 명을 이끌고 항복하자 대무신왕은 그를 왕으

로 봉하여 연나부椽那部에서 살게하고, 낙씨洛氏란 성을 내렸다. 왕 8년 (A.D. 25)에는 을두지乙豆智를 우보右輔로 삼아 군국정사를 맡겼으며, 왕 10년(A.D. 27)에는 을두지를 좌보左輔로 승진시키고, 송옥구松屋句를 우보로 임용하고 있다. 이 제도는 신라와 백제에서도 보이고 있는데, 신형식은 『신라사』에서 삼국 초기의 재상宰相을 후세에 중국식으로 표기한 것으로 보았다. 송옥구는 그 이름으로 보아 송양왕 계열로 보이는데, 위의 사실은 지금까지 다물도주로써 독자적인 지배권을 행사해 왔던 송양왕의 세력권이 고구려의 행정체제 속에 흡수되고 있음을 의미한다. 이것은 왕 15년(A.D. 32)에 비류부장沸流部長인 대신 구도仇都·일구逸苟·분구焚求를 축출하여 서인庶人으로 만들고 있는 사실에서도 보인다. 『삼국사기』의 기록에는 그 죄명을 탐비貪鄙라 하고 있지만 이들은 비류국, 즉 송양왕의 구신舊臣으로 주몽의 건국을 도왔던 인물로 보여진다. 이때 이들은 대무신왕이 비류국을 고구려의 통치권내로 흡수하자 반발하였던 세력으로 볼 수 있을 것이다.

왕은 정복사업도 계속하여 왕 9년에는 개마국蓋馬國을 정벌하여 그 왕을 죽이고 군현으로 편입하였다. 이어 구다국句茶國도 복속하였으며, 왕 20년(A.D. 37)에는 낙랑樂浪을 습격하여 멸망시키고 있다. 왕 15년에는 한漢과 화친하여 왕망 때에 하구려로 격하된 국호를 다시 고구려로 환원시켰다.

다음 왕으로 즉위한 민중왕閔中王(A.D. 44~48)은 대무신왕의 동생으로 국인國人들의 추대를 받아 왕위에 즉위하였고, 다음 모본왕慕本王 (A.D. 48~53)은 대무신왕의 원자元子로 뒤를 이은 것으로 기록되어 있다. 그러나 이들 왕의 재위시에는 왕권에 대한 반발이 나타나고 있다. 민중왕 4년(A.D. 47) 10월에 잠지락蠶支落의 대가大加인 대승戴升 등 1만여호가 낙랑으로 가서 한漢에 투항하였고, 모본왕 6년(A.D. 53)에는 왕이 두노杜魯에게 시해를 당하였다.

## 2. 집권국가 성립기

이 시기는 제6대 태조왕 이후 제17대 소수림왕이 집권하기 이전까지의 시기이다. 이때는 정치체제의 정비와 대외적인 자주성이 국가의 당면문제로 부각되고 있었다. 이러한 정치상에서 대내적으로는 정치적인 갈등이 빈번하게 나타났고, 또 대외적으로는 국제적인 분쟁으로 국가가 위기에 처하는 경우도 잦았다.

연맹왕국시대의 불안한 정치상을 정비하고 국가체제를 확립한 왕은 제6대 태조왕이다. 태조왕은 『삼국사기』에서는 태조대왕이라 하였고, 『삼국유사』 왕력王曆에서는 국조왕國祖王으로 기록하고 있다. 이러한 왕명에서 볼 수 있는 바와 같이 그는 고구려의 발전사상 한 획을 긋는 중요한 위치에 있었던 왕이다. 『삼국사기』에는 그의 출자에 대하여 제2대 유리왕의 아들인 고추가古鄒加 재사再思의 아들이라고 기록하고 있으나 김철준을 비롯한 일부 학자들은 기존의 왕통과는 다른 새로운 왕통의 출현으로 보고 있다. 즉 지금까지의 왕통은 소노부였고, 태조왕 때에 이르러 연맹주가 교체되면서 계루부 출신의 왕통이 확립되는 것으로 파악하고 있다. 연맹주의 교체시기에 대하여는 태조대왕설 외에도 동명왕대설, 유리왕대설 등이 있다. 또 이와 관련하여 모본왕까지를 해씨왕계解氏王系로 보고, 태조왕 이후를 고씨왕계高氏王系로 보는 견해, 또 이들의 관계를 직계와 방계로 파악하는 견해, 이밖에 해씨왕계는 소노부왕실이고 고씨왕계는 계루부왕실로 별개의 왕통이라는 견해도 있다. 이처럼 종래 학계의 견해는 연맹주의 교체시기와 국가체제의 확립시기를 동일시하는 것이 일반적이었다.

그러나 현전하는 자료를 볼 때 주몽집단이 연맹주로 등장하는 시기와 계루부 왕권을 중심으로 국가체제가 확립되는 시기는 엄연히 구분된다. 이러한 의미에서 모본왕대까지를 해씨왕계로 보고, 태조왕 이후를 고씨왕계로 본다고 하더라도 이들은 별개의 왕통이 아니라 동일 왕계내에서 방계의 등장으로 파악하여야 할 것이라는 것이 학계의 지배적인 의견이다.

이 시기에는 다양한 정치개혁이 나타나고 있다. 학계의 일반적인 연구성과는 이 시기에 지금까지의 나那 또는 노奴의 체제가 5부部로 전환되었고, 계루부 고씨高氏의 왕위계승이 확립되며, 왕실의 제전祭典인 동맹東盟도 고구려 구성원 전체가 참여하는 국중대회國中大會로 확대되고 있고, 관등제도 이때에 성립되는 것으로 파악하고 있다. 그의 재위시에 주목되는 것은 정복사업이다. 이때의 사실에 대하여 『삼국지』 동이전 고구려조에서는

　　상제殤帝와 안제安帝 연간에 구려왕句麗王 궁宮이 자주 요동을 침범하니, 다시 현도에 귀속시켰다. 요동태수 채풍蔡風과 현도태수 요광姚光이 궁이 두 군에 해가 된다고 여겨 군대를 일으켜 토벌하였다. 궁宮이 거짓으로 항복하고 화의를 청하니, 두 군이 진격하지 않았다. 궁은 몰래 군대를 파견하여 현도를 공격하고, 후성候城을 불사르고, 요대遼隊에 침입하여 관리와 백성을 죽였다. 그뒤 궁은 다시 요동을 침입하자 채풍이 가벼히 군사를 거느리고 추격하였다가 패하여 죽었다.

　　　　　　　　　　　(『삼국지』 권 30, 위서 30, 동이열전 30, 고구려전)

라고 기록하고 있고, 『후한서後漢書』 동이전 고구려조에서는 태조왕의 침입에 대한 당시 한漢의 대응이 매우 급박하고 있었음을 전하고 있다. 그는 즉위 3년이 되던 해에 요서지방에 10성城을 쌓아 한병漢兵의 침입에 대비하였고, 왕 4년(A.D. 56)에는 동옥저를 정벌하여 성읍城邑으로 만들었다. 왕 16년(A.D. 68)에는 갈사국葛思國을 복속하고 그 왕인 도두都頭를 우대于臺로 삼았고, 왕 22년(A.D. 74)에는 주나朱那를 정복하고 왕

자 을음乙音을 사로잡아 고추가로 삼았다. 또 왕 66년(118)에는 현도군을 습격하여 화려성華麗城을 공취하고, 왕 69년(121)에는 한漢을 공격하여 요동태수 채풍을 격살시켰다. 이후 한漢은 단독으로는 고구려의 침입에 대항할 수 없어 부여와 동맹군을 형성하여 고구려의 침입을 방어하고 있다. 이러한 그의 정복사업으로 이때 고구려의 영역은 동으로는 창해滄海, 남으로는 살수薩水에까지 확장되었다.

다음 차대왕次大王(146~165)은 태조왕의 아우로 왕위에 즉위하였다. 차대왕은 즉위하자 자신의 즉위에 공을 세운 관나貫那의 패자沛者 미유彌儒와 환나桓那의 우태于台인 어지류菸支留에게 좌보左輔의 직을 내렸고, 비류나沸流那의 양신陽神에게는 중외대부中畏大夫와 우태于台라는 벼슬을 주었다. 이와 병행하여 그의 즉위에 반대하였던 우보 고복장高福章을 죽이고, 태조의 원자元子인 막근莫勤도 죽였으며, 그 아우 막덕莫德은 화가 미칠까 두려워 스스로 목을 매어 자결하였다. 그러나 차대왕의 이러한 왕권보육책도 왕 20년(165) 연나椽那의 조의皀衣인 명림답부明臨答夫에게 시해당함으로써 막을 내리게 된다.

신대왕新大王(165~179)은 명림답부를 국상國相으로 삼아 국정을 쇄신하였다. 지금까지는 좌보와 우보를 두어 국정國政을 총괄하게 하였는데, 이때부터 국상國相이 국정을 총괄하게 된다. 또한 그에게는 패자沛者의 직을 더하였다. 왕 4년(168)에 현도태수 경임耿臨의 침입으로 국난을 당하였으나 왕 8년(172)에는 다시 쳐들어온 한漢의 대군을 명림답부의 지혜로 격퇴하고 이들을 전멸시켰다.

신대왕의 뒤를 이은 고국천왕故國川王(179~199)은 신대왕의 둘째아들이었다. 고국천왕은 즉위하자 널리 인재를 구하고 국정을 과감하게 쇄신하였다. 왕 12년(190)에 왕후의 친척으로 국정을 농락하던 중외대부中畏大夫 패자沛者 어비류於畀留와 평자評者 좌가려左可慮 등이 4연나四椽那와 더부러 모반하자 이들을 숙청하고, 다음 해에 압록곡鴨淥谷 좌물촌

左勿村 출신의 을파소乙巴素를 등용하여 국상國相을 맡겨 정치를 총괄하도록 하였다. 고국천왕 때에는 지금까지 부족적 전통을 가졌던 5부의 개편이 나타나고 있다. 즉 종래의 족제적인 계루부·절노부·순노부·관노부·소노부를 내부內部, 또는 황부黃部·북부北部, 또는 후부後部·동부東部, 또는 좌부左部·남부南部, 또는 전부前部·서부西部, 또는 후부後部의 방위적 개념으로 개편하였다. 이것은 지금까지 족적배경을 바탕으로 독자적인 세력권을 형성하였던 5부를 국가의 통제속에 흡수하였음을 의미한다. 또 왕 16년(194)에는 국상 을파소의 건의를 받아들여 빈민구제법인 진대법賑貸法을 실시하여 이를 항식恒式으로 하도록 하였다.

다음 산상왕山上王(197~227)은 취수혼娶嫂婚으로 왕위에 즉위한 왕인데, 그의 즉위에 반발한 형 발기拔岐(『삼국지』 위서, 동이전, 고구려전에는 拔奇로 표기)는 요동태수 공손도公孫度에게 망명하여 그들의 군사를 빌려 동생 산상왕을 공격하였으나 실패하였다. 산상왕은 새로운 정치기반을 조성하기 위하여 왕 2년(198)에 환도성丸都城을 축조하고, 왕 13년(209)에는 이곳으로 천도하였다.

이후 동천왕東川王(227~248) 때부터 고국원왕에 이르는 시기는 주로 외부세력과의 투쟁으로 일관하고 있다. 동천왕이 즉위한 시기를 전후하여 중국에서는 위魏·오吳·촉蜀의 삼국이 대립하였는데, 동천왕은 위魏와 수교함으로써 이들의 침입으로부터 국가의 안전을 도모하고자 하였다. 그러나 왕 16년(242)에 위魏와 낙랑을 연결하는 서안평西安平을 공격하였으나 오히려 왕 20년(246)에는 위魏 유주자사幽州刺史 관구검田丘儉의 침입을 받아 위기를 맞게되었다. 이들의 침입으로 국도인 환도성이 함락당하고, 왕은 남옥저로 피난을 가는 수난을 당하게 되는데, 이때 밀우密友와 유유紐由의 분전으로 겨우 위기를 면하게 된다. 이때의 사실을 『삼국사기』에서는 다음과 같이 기록하고 있다.

왕은 남옥저를 향하여 달아나 죽령竹嶺에 이르렀는데, 군사들은 거의 흩어지고 다만 동부인東部人 밀우密友가 홀로 왕의 곁에 있으면서 왕에게 말하기를 "지금 추병追兵이 급박하여 이 형세로는 가히 빠져나가지 못할 것 같습니다. 청컨대 신이 결사적으로 이들을 막겠사오니, 왕께서는 이 어려움을 피하소서"라고 하고는 결사대를 모아 적진으로 나가 힘써 싸웠다. ······ 이때 동부인 유유紐由가 위군魏軍 속으로 들어가 거짓으로 항복하며 말하기를 "우리 임금이 대국에 죄를 짓고 바닷가로 도망하여 왔으나 어찌할 수 없어 곧 항복하려고 하여 변변치 못한 음식을 보내니, 종자從者들에게 먹이소서"라고 하니, 위나라 장수는 그 항복을 받아들이고자 하였다. 이때 유유는 식기 속에 칼을 감추어 적장 앞으로 나아가 급히 칼을 빼어 그의 가슴을 찌르고 함께 죽었다. 이에 위군은 소란하게 되고, 왕은 군사를 세 길로 나누어 급히 이를 격파하니, 위군은 마침내 낙랑을 거쳐 도망하였다.

(『삼국사기』 권 17, 고구려본기 5, 동천왕 20년 8월조)

다음 중천왕中川王(248~270) 때에는 위魏의 침입을 격퇴하고 8,000여 명을 참살하였고, 서천왕西川王(270~292) 때에는 숙신肅愼의 침입을 격퇴하고, 더 나아가 이들을 정벌하여 고구려의 영역으로 흡수하였다. 다음 봉상왕烽上王(292~300)은 서천왕의 태자로 왕위에 즉위하였는데, 그는 즉위하자 서천왕 때에 숙신 정벌에 큰 공을 세우고 안국공安國公을 제수받아 백성들의 신망이 두터웠던 숙부 달고達賈를 죽이고, 또 고추가인 아우 돌고咄固도 왕권의 위협세력으로 보아 살해하였다. 왕 2년(293)에 연燕의 모용외慕容廆의 침입이 있었으나 이를 격퇴하였다. 그러나 왕의 학정이 심하자 국상 창조리倉助利가 군신들과 모의하여 왕을 폐하고, 돌고의 아들을 맞아 왕으로 추대하니, 이가 미천왕美川王(300~331)이다.

미천왕이 즉위한 시기에 중국은 북방 유목민의 침입을 받아 5호胡·16국國의 혼란기를 겪고 있을 때였다. 왕은 이 기회를 이용하여 중국세력에 대한 공격을 본격화하였다. 왕 3년(302)에 현도군을 공략하여

8,000여 명을 포로로 잡아왔으며, 왕 12년(311)에는 요동의 서안평西安平을 공격하였고, 왕 14년(313)에는 낙랑군樂浪郡을 정복함으로써 한漢 무제武帝 때에 설치한 낙랑군을 완전히 축출하였다. 왕 15년(314)에는 대방군帶方郡을 침공하였고, 다음 해에는 현도성을 침공하여 전공을 올렸으며, 왕 21년(320)에는 요동을 공격하였다.

그러나 다음 고국원왕故國原王(331~371) 때에는 중국세력의 반격이 시작되었고, 또 남쪽으로부터는 백제의 침공도 있어서 국가는 다시 위기에 처하게 된다. 즉 왕 12년(342)에 전연前燕 모용황慕容皝의 침입으로 국도가 함락을 당하고 미천왕릉이 도굴되었으며, 왕모王母를 비롯하여 남녀 5만여 명이 포로로 잡혀갔다. 또한 왕 41년(371)에는 백제 근초고왕의 침입으로 평양성에서 죽음을 당하게 된다.

## 3. 집권국가 발전기

이 시기는 제17대 소수림왕 이후 제23대 안원왕이 집권하기 이전까지의 시기이다. 이때는 태조왕 이후 축적된 국력을 바탕으로 대내적으로는 국가체제가 정비되었고, 대외적으로는 국력이 크게 확장되었던 시기이다.

고국원왕의 뒤를 이어 왕위에 즉위한 소수림왕小獸林王(371~384)은 국가체제를 재정비하면서 집권적 국가로 통치제도를 개편하게 된다. 이 시기를 고대국가 또는 집권국가의 완성기로 보고 있는 것은 그의 이러한 정책이 현실적으로 성공을 거두고 있기 때문이다. 이때는 대륙의 정세도 변하고 있었다. 그 동안 고구려에 위협적이었던 연燕의 모용씨慕容氏도 전진前秦의 부견符堅에 의하여 멸망되었고(370), 그 동안 고구려에 공세를 취해오던 백제도 근초고왕 이후 상대적으로 약화의 징후를 나타내고 있었다.

이러한 시대상에서 왕위에 즉위한 소수림왕은 이때 고구려에 망명해온 연燕의 대부大夫 모용평慕容評을 부견에게 압송함으로써 전진과 우호관계를 수립하고, 이를 바탕으로 과감한 국내정치의 개혁을 단행하였다. 특히 왕 2년(372)에 불교佛敎를 수용하고 태학太學을 설립한 것과 왕 3년에 율령律令을 반포한 것은 주목할 만한 정책이라 할 수 있다.

고구려의 불교는 왕 2년에 전진前秦의 왕 부견이 중 순도順道를 보내어 불경과 불상을 전함으로써 시작되었다. 왕은 이를 수용하고, 왕 5년(375)에는 초문사(肖門寺 혹 성문사省門寺라고도 함)를 창건하여 순도를 주석하게 하였고, 또 이불란사伊弗蘭寺를 창건하여 아도阿道를 주석하게 하여 불교를 보급하였다. 불교는 이후 고대국가 또는 집권국가의 정치이념으로 수용되어 왕권강화에 크게 공헌하게 된다. 특히 불교의 원융사상圓融思想은 중앙집권적 통치구조의 이념으로 수용됨으로써 백성들을 왕권체제로 흡수할 수 있는 매체로 되어 갔다.

태학의 설립은 관료의 인적자원을 양성한다는 전제가 수반되어 있었고, 이로써 국가체제는 관료제官僚制에 입각한 원활한 통치구조를 형성할 수 있게 된다. 또 율령은 국가통치의 근본이 되는 성문법成文法으로 법률에 의하여 왕권의 합법화를 도모할 수 있다는 점과 통치질서의 기강확립이라는 점에서 주목된다. 불교가 국가의 정신적 통일에 기여한 것이라면, 율령의 반포는 바로 국가조직 그 자체의 정비를 의미하고 있다는 것에 큰 의미가 있다. 이와 병행하여 왕 5년(375)·6년·7년에는 계속 백제를 침공하여 전대의 수모를 복수하고자 하였으며, 왕 8년(378)에는 거란契丹을 공략하여 8개 부락을 함락시키었다.

소수림왕의 아우로써 왕위에 즉위한 고국양왕故國讓王(384~392)은 그 동안에 축적된 국력을 바탕으로 활발한 정복사업을 전개하였다. 왕 2년(385)에는 요동과 현도를 공략하여 함락시켰고, 왕 3년에는 백제를 침공하였다. 당시 연燕과의 전쟁에서는 뺏고 빼앗기는 각축전이 계속되었는데,『자치통감資治通鑑』권 106에 실린 호삼성胡三省의 주註에 의하면 "후연은 능히 고구려를 이기지 못하였다"고 평하고 있다. 이와 병행하여 왕 9년(392)에는 "불법佛法을 숭신하여 복을 구하라"는 명을 내려 불교의 보급을 전국적으로 확대하였다. 당시 고구려가 신라에 사신을 보내어 수교를 청하자 신라 내물마립간은 조카 실성實聖을 보내어 볼모로 삼았다.

고국양왕의 아들로 왕위에 즉위한 광개토대왕廣開土大王(392~413)은 고구려 역사상 가장 위대한 정복군주로써 일명 '국강상광개토경평안호태왕國岡上廣開土境平安好太王'이라고도 불린다. 또 재위기간 중에 영락永樂이란 연호를 사용했으므로 영락대왕永樂大王이라고도 한다. 본명은 담덕談德인데, 중국의 기록에는 안安으로 전한다.

그는 즉위 초부터 정복사업을 벌여 남으로 백제를 공략하여 10성城을 빼앗고, 이어 북으로 거란을 공략하여 그 동안 포로로 있던 고구려인 10,000여 명을 구하였다.『삼국사기』에는 왕의 치적을 극히 소략하게 취급하고 있으나 광개토대왕비에는 당시 그의 정복사업이 대단하였음을 보여준다. 그는 즉위하자 40,000명의 병력으로 백제가 난공불락으로 자랑하던 관미성關彌城을 함락시켰고, 왕 4년(395)에는 패수浿水에서 백제군을 대파하고 8,000여 명을 포로로 하였다. 다음 해에는 한강유역으로 진출하여 58성 700촌락을 공파하고, 백제의 아신왕으로부터 노객奴客이 되겠다는 서약을 받았다. 왕 13년(404)에는 대방고지帶方故地의 수복을 위하여 침공한 백제를 격퇴하고, 이때 백제와 더불어 침공한 왜도 궤멸시켰다. 또한 왕 9년(400)에는 왜의 침입으로 위기에 처한 신라를 구원하였고, 이때 가야지역까지 추격하여 왜를 소탕하였다. 또 서쪽으로 진출하여 왕 11년(402)에 연燕의 숙군성宿軍城을 공격하여 함락시켰고, 왕 13년에도 연을 공벌하였다. 왕 7년(398)에는 숙신을

정복하여 조공관계를 맺었으며, 왕 10년(401)에는 동부여를 친정親征하
여 굴복시켰다. 그의 재위기간 중에 공파한 성이 무려 64성城·1,400촌
락村落이었다. 이와 병행하여 그는 평양에 9개의 사원을 창건함으로써
불법佛法의 보급에도 정력을 다하였다(393).

　　다음 장수왕長壽王(413~491)은 부왕의 사업을 계승하여 국가를 크
게 발전시킨 왕이다. 그의 재위시에 중국 북조北朝는 북위北魏에 의하여
통일되었는데(439), 그는 북위와 우호관계를 강화하는 한편 남조南朝인
동진東晉·송宋·제齊에도 계속 사신을 보내어 친선적인 외교관계를 유
지하였다. 또 북위에게 망한 연왕燕王 풍홍馮弘의 망명을 수용하였다가
왕 26년(438)에는 그를 죽임으로써 북위에 대한 견제에서 벗어났다. 이
와 같이 북방의 위협에서 벗어나자 그는 백제와 신라에 대한 침공을
계획하게 된다. 왕 15년(427)에 평양으로 천도하였는데, 이것은 새로운
국가기반의 확립이라는 당면목표도 있었겠지만, 신라와 백제를 병합하
려는 의도도 내포되어 있었다. 따라서 왕 15년의 평양천도는 고구려의
국가발전에 한 획을 긋는 시기이기도 하다. 이 시기를 전후하여 고구
려는 왕권강화를 위한 숙청작업이 있었던 것으로 보인다. 이것은 장수
왕 60년(472)에 백제의 개로왕이 북위에 올리고 있는 표문에서

　　연璉이 죄가 있어 나라가 스스로 어육魚肉이 되고, 또 대신大臣과 강족
　强族의 살육을 그치지 않아 그 죄가 차고 쌓여서 백성들의 마음이 무너졌
　으니, 이는 멸망할 때로서 하늘의 손을 빌 때입니다.
　　　　　　　　　　　(『삼국사기』 권 25, 백제본기 3, 개로왕 18년조)

라고 하고 있는 것에서 알 수 있다. 물론 이것은 백제가 적대국인 고
구려에 대한 과장된 혹평이라 하더라도 당시 고구려에서는 수도천도
를 전후하여 일련의 정치적 변혁이 있었음을 시사해 주고 있다.

　　이러한 고구려의 움직임에 위협을 느낀 백제와 신라는 433년에

양국 간에 동맹관계를 맺게 된다. 이후 그 동안 친선관계를 유지하여 왔던 고구려와 신라는 적대관계로 변하게 되어 고구려에 의한 신라의 침입도 본격화된다. 왕 42년(454)에는 신라의 북변을 침공하였고, 왕 56년(468)에는 신라의 실직주悉直州를 공략하여 함락시켰다. 왕 63년(475)에는 백제를 침공하여 국도인 한성漢城을 함락시키고 개로왕을 살해하였다. 이로써 백제는 웅진熊津으로 천도하는 국가적 수난을 당하게 된다. 이때 구원요청을 받은 신라는 군사를 출동하여 백제를 구원하려고 하였으나 이미 백제가 변을 당한 후였다. 이후 신라도 고구려의 침입을 받아 죽령竹嶺 이북의 땅을 잃게 된다.

장수왕의 뒤를 이어 손자 문자왕文咨王(492~519)이 즉위하였는데, 이때도 선왕의 유업을 계승하여 국가발전이 계속되고 있다. 왕 3년(494)에는 부여의 왕실이 항복해 옴으로써 부여를 고구려의 영역으로 흡수하였다. 이어 신라의 살수원薩水原을 공격하여 함락시키고, 계속하여 견아성犬牙城을 공격하였으나 마침 신라를 구원하기 위하여 출동한 백제의 군사가 이르자 물러났다. 왕 5년(496)에도 신라의 우산성牛山城을 공격하였다. 또 백제에 대한 침공도 계속하여 왕 15년(506)에 백제 정벌을 위한 군사를 출병시켰고, 왕 21년(512)에는 백제의 가불성加弗城과 원산성圓山城을 공략하여 함락시켰다.

## 4. 집권국가 해체기

이 시기는 제23대 안원왕 이후 고구려가 멸망하는 제28대 보장왕까지이다. 이때는 그 동안의 집권체제에 불만을 가졌던 귀족들의 반발이 표출되고, 이로써 왕위계승의 분쟁과 귀족상호간의 대립도 격화되고 있다. 이러한 정치상에서 왕권은 약화되고, 국력은 쇠퇴기를 맞게 된다. 영양왕 때에는 이러한 정치상을 개혁하고 국가체제를 정비하고 있지만, 그의 사후에는 다시 내부 분쟁이 나타나고 있다. 이러한 과정에서 고구려의 국력은 급격히 약화되어 갔고, 결국 멸망이라는 운명을 맞이하게 된다.

문자왕의 뒤를 이은 안장왕安藏王(519~531)과 안원왕安原王(531~545) 때에는 삼국간에 소강상태를 이루고 있었던 시기이다. 이 당시의 전쟁기사로는 『삼국사기』에 안장왕 11년(529)에 백제와 오곡五谷에서 싸워 승리하였다는 기사와 안원왕 10년(540)에 백제가 우산성牛山城을 포위하자 이들을 물리쳤다는 내용만 보이고 있다.

그러나 학계의 견해는 이때부터 왕위계승을 위한 내부의 알력이 나타나고 있었던 것으로 파악하고 있다. 안장왕의 죽음도 왕위를 노리는 모종의 음모에 희생되었을 가능성이 있고, 그의 아우로 왕위를 계승한 안원왕 또한 외척들의 세력다툼으로 살해되었을 것으로 보고 있다. 이것은 『백제본기百濟本記』를 인용한 『일본서기日本書紀』 흠명기欽明紀 7년(546)의 기사에

『백제본기』에 이르기를 "고구려는 정월 병오丙午에 중부인中夫人의 아들을 세워서 왕으로 하였는데, 나이 8세였다. 박왕狛王에게는 세 부인이 있었다. 정부인正夫人에게는 아이가 없었다. 중부인中夫人이 세자를 낳았다. 그 사돈집안이 추군麤群이다. 소부인小夫人도 아들을 낳았다. 그 사돈집안이 세군細群이다. 박왕이 병들자 세군과 녹군이 각기 그 부인의 아들을 세우려고 하였다. 이로써 세군의 죽은자가 2,000명이나 되었다고 한다"고 하였다.

(『일본서기』 권 19, 흠명기 7년조)

라고 하고 있는 기록을 통해서 알 수 있다. 위의 기사에서 왕위계승을 둘러싸고 유력한 외척세력의 족단인 추군麤群과 세군細群이 서로 싸우

는 과정에서 세군細群쪽의 세력집단이 2,000여 명이나 희생되었다고 하고 있다.

이러한 당시의 분위기로 보아 이때 안원왕은 살해되었을 것으로 보고 있다. 이러한 과정에서 추군측의 추대를 받아 안원왕의 장자인 양원왕陽原王(542~559)이 즉위하게 된다.

그러나 이 정쟁政爭의 여파는 수습되지 못하고 국정은 매우 어지러웠다. 이것은 신라 진흥왕 12년(551)에 거칠부居柒夫가 고구려를 공략하여 10군郡을 함락시키고 있는데, 이때 만난 고구려 승僧 혜량법사惠亮法師가

우리나라는 지금 정치가 어지러워 멸망할 날이 멀지 않으니, 그대의 나라에서 가 살기를 원한다.

(『삼국사기』 권 44, 열전 4, 거칠부전)

라고 하면서 신라에 망명을 요청하고 있는 사실에서도 보인다. 이 시기에는 국력이 떨치지 못하고 있다. 왕 7년(551) 돌궐의 침입을 격퇴한 것 외에는 신라와 백제와의 전투에서 모두 참패를 당하고 있고, 왕 6년(550)을 전후한 시기에는 장수왕 때에 확보한 한강유역도 이들에게 빼앗기고 있다. 왕 13년(557)에는 환도성丸都城 간주리干朱理의 모반사건도 나타나 국내정세도 불안하였다. 양원왕의 장자로 왕위에 즉위한 평원왕平原王(559~590)은 내치內治에만 주력하면서 외부와의 분쟁을 피하고 있다.

다음 왕으로 즉위한 영양왕嬰陽王(590~618)은 평원왕의 장자로 이름은 원元이었다. 그는 즉위하자 정치기강을 확립하고 국가체제를 다시 정비하였다. 이때는 대륙의 정세도 변화하고 있었다. 오랫동안 남북조南北朝로 분열하여 흥망이 무상하였던 대륙의 정세도 수隋에 의하

여 통일을 보게 된다. 영양왕은 즉위 초기에는 수와 친선을 도모하면서 화친하였으나 이후 수가 신라와 화친하자 더 이상의 친선관계는 유지할 수 없게 된다. 양국의 전쟁은 고구려의 선제공격으로 시작된다. 영양왕 9년(598) 왕은 친히 말갈靺鞨의 군사 10,000여 명을 거느리고 요서遼西를 침공하였는데, 수 문제文帝는 이 소식을 듣고 크게 노하여 넷째 아들인 한왕漢王 양량諒과 왕세적王世績으로 행군원수行軍元帥로 삼아 수륙水陸 30만 대군을 이끌고 임유관臨渝關을 나와 고구려를 진격하게 하였다. 또 주라후周羅睺를 수군水軍사령관으로 하여 산동반도의 동래東萊로부터 바다를 건너 평양성을 바로 공격하도록 하였다. 그러나 한왕漢王인 양량諒이 거느린 군대는 홍수를 만나 군량의 운반이 계속되지 못하여 군사들은 굶주리게 되었고, 질병까지 생기게 되었다. 그리고 주라후가 거느린 해군도 도중에 풍랑을 만나 병선들이 많이 침몰되었다. 이로써 수나라는 군대를 돌리지 않을 수 없었는데, 이때 죽은 군사가 10명 중에서 8~9명이나 되었다고 전한다. 이때의 전투에 대하여 『삼국사기』 고구려본기 영양왕 9년조에는

> 수隋의 문제는 고구려가 요서를 침공하였다는 말을 듣고 크게 노하여 한왕漢王 양량諒과 왕세적王世績을 원수로 삼아 수륙 30만명으로 고구려를 정벌하도록 명하였다. 한왕인 양은 육군을 거느리고 임유관臨渝關으로 나와 진군하다가 홍수를 만나 군량을 운반하지 못하여 군사들이 굶주렸고, 또 역질疫疾에 걸렸으며, 주라후周羅睺는 수군을 거느리고 동래東萊로부터 바다를 건너 평양성으로 쳐들어오려다가 또한 풍랑을 만나 배가 많이 표몰되었다. 9월에 군사를 돌리는데, 이때 죽은 군사는 10명 중에서 8~9명이었다.
>
> (『삼국사기』 권 30, 고구려본기 8, 영양왕 9년조)

라고 기록하고 있다.

위에서는 수의 철군에 대한 원인을 모두 홍수와 풍랑 그리고 질

병으로 묘사하고 있지만, 군사들이 10명 중에서 8~9명이나 죽었다는 것은 당시 양국 사이에는 치열한 전투가 있었음을 시사 받을 수 있다.

이 전투 후에 왕은 수에 사신을 보내어 사죄하자 수 문제도 고구려에 대한 정벌을 단념하고 양국간에 화의가 성립되게 된다. 수로부터의 견제를 벗어 난 고구려는 방향을 남으로 돌려 신라와 백제를 공격하였다. 영양왕 9년 수의 고구려 침입 때에 백제의 위덕왕威德王은 수의 문제에게 사신을 보내어 고구려의 정벌을 위하여 군사를 인도하겠다고 자청하였는데, 이를 알게된 영양왕은 수와 수교가 이루어지자 바로 군사를 돌려 백제의 변경을 침공하였다. 또 왕 14년(603)에는 장군 고승高勝을 파견하여 신라의 북한산성北漢山城을 공격하였고, 왕 18년(607) 5월에는 백제의 석두성石頭城을 공격하여 남녀 3,000여 명을 포로로 하였다. 또 왕 19년 2월에는 신라의 우명산성牛鳴山城을 함락하였다. 이때는 수에서도 문제가 사망하고 양제煬帝가 즉위하고 있을 때였다. 양제는 고구려가 돌궐과 화친관계에 있는 것을 알고, 고구려에 대한 정벌을 계획하게 된다. 이때 백제와 신라는 고구려의 침입을 받고 있어 수에 구원을 요청하고 있다. 이러한 시대상에서 영양왕 23년(612)에 수의 양제는

고구려의 소추小醜는 혼미하여 공손치 못하고 갈석碣石 속에서 무리를 모아 가지고 요예(遼濊, 요동과 예맥)의 지경을 거듭 잠식하였다.
(『삼국사기』 권 20, 고구려 본기 8, 영양왕 23년 정월조)

라는 글을 서두로 한 고구려 정벌에 대한 조서를 내리고, 대대적인 병력으로 고구려를 침공하였다. 이때 양제는 그 자신이 건설한 대운하를 이용하여 양자강유역으로부터 운반한 미곡을 군량으로 삼고 군사 113만명, 이를 위한 경중병(輕重兵, 군량을 운반하는 병사)은 그 배가 넘는

다는 중국 역사상 일찍이 그 유래가 없었던 대군으로 공격해 왔다. 고구려도 이미 적의 침입을 예측하고, 왕제王弟 건무建武와 장군 을지문덕乙支文德으로 하여금 방비를 굳게 하여 이에 대비하고 있었다. 수의 군사는 요하遼河를 건너 고구려의 방어 제1선인 요동성遼東城을 공격하였으나 실패하자, 우문술宇文述·우중문于仲文이 거느린 30만명의 별동부대로 수도 평양성을 바로 공격하도록 하였다. 그러나 을지문덕의 유도작전에 빠져 살수薩水의 일전에서 대패하였다. 이때 압록강을 건너온 30만명 중에서 살아서 돌아간 사람은 2,700여 명이었다고 한다. 이때의 전투에 대하여 『삼국사기』에는

> 처음에 수隋의 9군九軍이 요동성을 출발할 때에는 30만 5천명이었는데, 퇴환退還하여 요동성에 이르렀을 때에는 오직 2,700명이었고, 모든 기기器機가 수십만이 되었던 것이 이때 모두 탕진되고 말았다.
> (『삼국사기』 권 20, 고구려본기 8, 영양왕 23년조)

라고 기록하고 있다.

한편 수의 수군 역시 고구려의 유도작전에 빠져서 평양성까지 육박하였다가 고구려의 급습으로 4만명 중에서 생존자가 겨우 수천명에 이를 정도로 섬멸당하였다. 이로써 전의를 상실한 수 양제는 철군하고 말았다.

그 후에도 수 양제는 두 차례나 고구려를 원정하였으나 모두 실패하고 말았다. 이후 수는 고구려와 수차에 걸친 전쟁과정에서 입은 군사적 손실과 경제적 파탄으로 민심은 이반되어 갔고, 이로써 각지에서 봉기한 반란으로 국가는 파탄에 이르게 된다. 이러한 과정에서 618년에 이연李淵에 의하여 수는 멸망을 하게 되었고, 동아시아의 정세도 새로운 국면을 맞이하게 된다.

영양왕은 『삼국사기』 고구려본기에서

라고 한 것과 같이 내치에도 훌륭한 업적을 남겼다. 주목되는 것은 왕
11년(600)에 태학박사太學博士 이문진李文眞으로 하여금 『신집新集』 5권을
편찬하게 하였는데, 이것은 고구려의 공동체의식을 확립하여 주변세력
의 침입으로부터 국가를 보위해야 한다는 의도가 개재되고 있었다.

　영양왕 사후 즉위한 영류왕榮留王(618~642)은 영양왕의 이복동생으
로 이름은 건무建武이다. 영양왕 23년 수 양제의 대군을 을지문덕과 더
불어 격퇴시킨 공로가 있었다. 그의 재위시에는 수를 대신하여 당唐이
중국을 지배하고 있었다. 수와의 오랜 전란으로 피폐해진 고구려는 새
로 건국한 당과는 화친을 바라고 있었고, 당 또한 오랜 전란으로 피폐
해진 민심을 수습하기 위해서 고구려와의 화친이 필요하였다. 이러한
양국의 공통된 의지는 왕 5년(622)에 당 고조高祖의 제의로 양국간에
포로교환이라는 명분으로 나타나고 있다. 이때 고구려는 수만명에 이
르는 포로들을 송환하였다. 왕 7년(624)에는 당 고조의 명으로 도사道士
가 와서 천존상天尊像과 도법道法을 전하고, 아울러 『도덕경道德經』을 강
講하였다.

　그러나 왕 14년(631)을 계기로 양국은 다시 대립하게 된다. 이때는
당 태종太宗의 치세였는데, 당 태종은 광주사마廣州司馬 장손사長孫師를
파견하여 수 양제 때에 죽은 병사들의 무덤에 위령제를 지내고, 또 고
구려가 당시의 전공을 기념하기 위하여 세운 경관京觀을 헐어버리도록
하였다. 당 태종의 고구려 침입을 예감한 왕은 천리장성千里長城을 쌓아
이에 대비하도록 하였다. 이 성은 동북쪽으로는 부여성扶餘城에서 서남
쪽으로는 발해만의 비사성卑沙城에 이르렀는데, 공사를 시작한 이후 무

려 16년만에 준공을 보았다. 당시 이 성의 공사책임자는 연개소문淵蓋蘇文이었다.

그러나 왕의 재위시에는 양국사이에 충돌은 없었다. 이것은 당시 서역西域지역을 지배하고 있던 돌궐이 당을 위협하고 있었기 때문이다. 640년에 서역을 복속시키자 다음 해에 당 태종은 고구려에서 태자를 입조시킨 것에 대한 답례란 명목으로 직방낭중職方郎中 진대덕陳大德을 보내어 고구려의 지형을 탐사하도록 하였다. 진대덕은 당시 보고 들은 바의 실상을 그대로 태종에게 전하고 있다. 진대덕이 돌아간 다음 해에 고구려는 큰 정치적 변혁이 나타난다. 지금까지 천리장성의 축성 책임을 맡고 있었던 서부대인西部大人 연개소문淵蓋蘇文이 쿠데타를 일으켜 자기를 죽이려는 영류왕과 반대파 대신들을 죽이고, 보장왕寶藏王(642~668)을 옹립하여 스스로 대막리지大莫離支가 되어 정권을 장악하였다.

보장왕 2년(643)에 연개소문의 주청으로 당에 도사道士를 파견해 주도록 요청하였는데, 당은 이를 수용하여 숙달叔達 등 8명의 도사를 보내고, 아울러 『도덕경』을 보냈다. 이에 연개소문은 도교道敎를 숭상한다는 명목으로 절을 빼앗아 도사들의 객관으로 만들었다. 고구려의 고승 보덕화상普德和尙이 고구려가 망할 것을 예감하면서 완산주完山州 고대산孤大山에 이거하였던 것도 이때이다.

왕 3년에 당 태종은 상리현장相里玄獎을 보내어 고구려로 하여금 신라에 대한 침공을 중지하도록 요청하였으나 연개소문은 이를 거절하였다. 뒤이어 고구려에 온 당의 사신 장엄蔣儼이 강경하게 나오자 그를 굴속에 가두기까지 하였다. 이에 당 태종은 고구려 정벌을 위한 군사를 일으켰는데, 육군은 약 6만명으로 이세적李世勣과 도종道宗이 인솔하였고, 수군은 형부상서 장량張亮에 의하여 지휘되었다. 처음에는 요하를 건너 요동성·백암성白巖城 등 몇 개의 성을 함락하였으나 안시성

安市城에 대한 공격이 실패하자 물러서지 않을 수 없게 된다. 안시성은 비록 조그마한 산성에 불과하였지만 양만춘楊萬春이라고 전해지는 성주의 지휘하에 군과 민이 일치 단결하여 항쟁함으로써 당군의 집요한 공격에도 성을 고수할 수 있었다. 그 후에도 당 태종은 몇 차례 산발적인 공격을 시도하였지만 별다른 성과를 보지 못하였고, 왕 8년에 30만 대군으로 재차 원정을 계획하던 중에 병사病死하자 마침내 고구려에 대한 원정은 일단락 되었다. 그러나 660년 나당연합군으로 백제를 멸망시키자 당은 이 기세를 몰아 고구려정복을 위하여 35만명의 대군을 출동하였으나 실패하였다. 이후 고구려는 보장왕 24년(665)에 연개소문이 죽고, 장자 남생男生이 아버지의 뒤를 이어 막리지莫離支가 되었으나 이때부터 그 동안 내재되었던 중앙귀족의 불만이 표출되기 시작하였다. 이들 귀족들은 연개소문의 아들 남건男建·남산男産과 부화하면서 상호간에 권력쟁탈을 벌리게 된다. 이러한 과정에서 고구려의 국력은 급속히 약화되었고, 결국 멸망하게 되었다.

## 제4절  고구려의 통치구조와 사회구성

### 1. 통치구조

고구려의 통치구조는 나那 또는 노奴의 정치세력을 결집시키는 것에서부터 시작되고 있다. 고구려지역에는 산이나 내를 중심으로 독자적인 생활영역을 가지면서 '나' 또는 '노'라는 단위체들이 형성되어 있었고, 이들 지역에는 대가大加가 있어 지배권을 행사하고 있었다. 이들 '나' 또는 '노'들은 대가大加의 주재하에 일정한 관부를 두어 관인官人들을 임용하여 지배하고 있었다. 이것은 『삼국지』 위서 동이전 고구려조에

(고구려에서는) 관직을 설치할 때 대로對盧가 있으면 패자沛者를 두지 않고, 패자가 있으면 대로를 두지 않는다. 왕의 종족宗族으로써 대가大加는 모두 고추가古鄒加로 불리워 진다. 소노부는 본래 국주國主였음으로 지금은 비록 왕이 되지 못한다 하더라도 그 적통대인適通大人은 고추가의 칭호를 얻었으며, 자체적으로 종묘宗廟를 세우고 영성靈星과 사직社稷에 따로 제사를 지낸다. 절노부도 대대로 왕실과 혼인하였으므로 그 대인大人은 고추가의 칭호를 더하였다. 모든 대가大加들은 스스로 사자使者·조의皂衣·선인仙人을 둘 수 있었지만, 그 명단은 왕에게 보고하여야 했다. 이들은 (중국의) 경卿이나 대부大夫의 가신과 같은 것으로 왕가의 사자·조의·선인들과는 같은 반열에 앉지 못한다.

(『삼국지』 권 30, 위서 30, 동이열전 30, 고구려전)

라고 하고 있는 것에서 보인다. 위의 기록에서 고구려 5부의 대가들은 독자적으로 사자·조의·선인이란 관직을 두고 있었음을 알 수 있는데, 이들은 바로 '나' 또는 '노'의 집단이 단위체로 있을 때의 직제로 보아야 할 것이다.

이후 고구려가 이들 대가들을 중앙의 통치구조로 흡수하면서 이전의 왕족인 소노부와 왕비족인 절노부의 대가에게는 고추가란 칭호를 주어 우대하고, 또 별도로 종묘를 두어 제사를 이어가게 함으로써 이들의 전통적 기반을 계승하도록 하고 있다. 그러나 위에서는 각 부들이 사자·조의·선인만을 두고 있다고 하였지만, 『삼국사기』의 기록에 관나부패자貫那部沛者·환나부패자桓那部沛者·북부소형北部小兄·북부대형北部大兄·남부대사자南部大使者 등의 관직이 나타나고 있다. 이로 볼 때 각 부에서는 패자·소형·대형·대사자 등의 관직도 두어 자체적으로 관위를 형성하고 있었던 것이 아니었을까 하는 생각을 가질 수 있다. 또 『삼국지』 동이전 고구려전에서는

그 나라에는 왕이 있고, 관직으로는 상가相加·대로對盧·패자沛者·고

추가古鄒加 · 주부主簿 · 우태優台 · 승丞 · 사자使者 · 조의皂衣 · 선인仙人이 있으며, 신분의 높고 낮음에 따라 각각 등급을 두었다.

(『삼국지』 권 30, 위서 30, 동이열전 30, 고구려전)

라고 하고 있는데, 이때는 연맹왕국으로 발전한 후의 고구려 관직으로 보인다. 7세기 후반 당唐의 장초금張楚金이 찬하고 옹씨예雍氏叡가 주석한 『한원翰苑』의 『고려기高麗記』에서는

> (고구려는) 관官이 9등이 있는데, 1은 토졸吐捽이며, 1품에 비정된다. 옛날의 대대로大對盧이며, 국사를 총괄한다. 3년에 한번씩 교체하는데, 만약에 연한에 구애받지 않는 경우 교체일에는 이를 용납하지 않고 모두가 군사를 일으켜 서로 공격하여 이긴 자가 맡는다. 이때 왕은 궁宮을 닫고 지키기만 하고 이들을 능히 제어할 수가 없었다. 다음은 태대형太大兄이니, 2품에 비정된다. 일명 막하라지莫何羅支라고도 한다. 다음은 울절鬱折이니, 종2품에 비정한다. 중국 말로서 주부主簿이다. 다음은 대부사자大夫使者이니, 정3품에 비정되고 알사謁奢라고도 한다. 다음은 조의두대형皂衣頭大兄이니, 종3품에 비정되고 일명 중리조의두대형中裏皂衣頭大兄이라고도 하며, 동이東夷에서는 조의선인皂衣仙人이라고도 한다. 이들 5관五官이 기밀을 관장하여 정사를 도모하고 군사를 징발하며 관직을 선수選授한다.

(『한원(翰苑)』 권 30, 고려기)

라고 하고 있다. 위에서 주목되는 것은 수상의 직인 대대로는 각 부에서 3년 임기로 교대하고, 왕은 이에 관여하지 못한다는 것이다. 아마도 이것은 연맹왕국 초기의 상황을 비판없이 수용한 것으로 보이지만, 당시 고구려 초기의 정치상황에 대한 일면을 전하고 있다는 점에서 주목된다.

위의 『한원』에서는 이들 5개의 관직이 고위직을 형성하면서 국무를 담당한 것으로 나타나고 있으나 다음의 관직으로 대사자大使者 · 대형大兄 · 발위사자拔位使者 · 상위사자上位使者 · 소사자小使者 · 제형諸兄 · 과절

過節·불과절不過節·선인先人이 있었음도 전하고 있다. 이로 보면 당시 고구려 관등조직은 14개로 분화되고 있다. 그러나 『수서隋書』와 『신당서新唐書』에서는 모두 12관등으로 기술하고 있다.

『수서』에서는 태대형·대형·소형·대로·의후사意侯奢·오졸烏拙·태대사자·대사자·소사자·욕사褥奢·예속翳屬·선인仙人의 12관등이, 『신당서』에는 대대로·울절·태대사자太大使者·조의두대형·대사자·대형·상위사자·제형·소사자·과절·선인先人·고추대가古雛大加의 12관등이 기록되고 있다.

위에서 주목하는 것은 형兄과 사자使者를 중심으로 관등이 분화되고 있다는 점이다. 『수서』에서는 태대형·대형·소형이 상위관등으로 나타나고, 『한원』에서는 태대형을 비롯하여 5개의 관등에서 '형'의 명칭이 나타나고 있다. '사자'의 경우는 『신당서』와 『한원』에서 대부사자大夫使者와 태대사자를 비롯하여 4개의 관등에서 보이고 있다. 이는 고구려의 지배체제가 족장세력의 편제와 수취체제의 정비라는 두 가지 방향에서 구성되고 있음을 보여준다. 즉 형은 고구려 초기의 '나' 또는 '노' 집단의 족장신분이며, 사자는 각 지방에서 조세나 공물을 수집하던 신분이었다. 이들은 고구려가 고대국가 또는 집권국가로 발전하는 과정에서 중앙통치기구에 흡수되어 관등체제에 흡수되었던 것으로 볼 수 있다.

고구려 초기의 관직으로는 대보大輔의 직이 처음 보이고 있다. 이것은 『삼국사기』 고구려본기 유리왕 23년조에 주몽과 더불어 남하한 협보陜父가 이 직을 맡고 있는 것에서 보인다. 이때 대보 협보는 왕의 그릇됨을 고하면서 나라를 새롭게 하도록 건의하다가 미움을 받아 파직되고 있다. 이후 대보의 직은 기록에 나타나지 않다가 이후 대무신왕 8년에 을두지乙豆智를 우보右輔로 삼아 군국정사를 맡기고 있다. 이때 을두지로 하여금 우보의 직을 주어 군국정사를 맡겼다는 것은 수상의 직에 임용하였음을 의미한다. 대무신왕 10년에는 을두지를 좌보

左輔로 삼고, 송옥구松屋句를 우보右輔로 삼고 있다. 이로써 고구려는 좌보·우보의 정치체제가 형성되게 되는데. 이것은 이후 신대왕 2년(166) 명림답부明臨答夫를 국상國相으로 임용할 때까지 계속되고 있다.

신대왕 2년부터는 국상國相이 임용되어 수상의 직을 담당하고 있는데, 이들 국상은 주로 패자·대주부·우대 등의 관직을 보유하고 있다. 이것은 최초로 국상의 직에 취임하고 있는 명림답부의 경우, 그는 연나부椽那部의 조의皂衣 출신이었으나 왕이 그를 국상으로 임용하면서 패자沛者의 직을 내리고 있고, 고국천왕 13년에는 을파소乙巴素를 국상으로 임용하면서 우태于台의 직을 내렸으며, 봉상왕 3년에는 남부南部 대사자大使者 창조리倉助利를 국상으로 임용하면서 대주부大主簿의 직을 내리고 있는 것에서 알 수 있다. 이로 볼 때 당시 국상은 조의·대사자 등 하위관직에서 등용될 수도 있었지만, 이들이 국상이 되었을 때에는 그에 준하는 패자·우대·대주부 등의 상급관등을 더 하였음을 알 수 있다.

지방관청은 5부체제로 운영하였는데, 전국을 동·서·남·북·내의 5부로 나누고, 각 부는 욕살褥薩이라고 불리는 지방장관이 대성大城에 머물면서 다스렸다. 그 아래에는 여러 성들이 소속되어 있었는데, 여기는 처려근지處閭近支 또는 도사道使라 불리는 성주城主에 의하여 통치되었다. 『한원翰苑』에 인용되고 있는 『고려기高麗記』에는 당시 고구려의 지방행정에 대하여

대성大城에는 욕살을 두었는데, 도독에 해당한다. 여러 성에는 처려구處閭區를 두었는데, 자사刺史에 해당한다. 이를 일러 도사道使라고도 한다. 도사가 있는 곳은 비備라고도 한다. 여러 소성에는 가라달可邏達을 두었는데, 장사長史에 비할 수 있다. 또 성에는 누초婁肖를 두었는데, 현령縣令이 이에 해당한다.

(『한원』 권 30, 고려기)

라는 기록을 남기고 있다. 여기서 볼 때 고구려의 지방행정은 욕살이 지배하는 대성大城이 있고, 그 아래에 비備라고 불리는 여러 성이 있어 처려근지 또는 도사가 통솔하였다. 또 그 아래에 가라달이 통솔하는 작은 성들이 있었으며, 그 아래에 말단구조로 누초가 통치하는 성이 있었음을 알 수 있다. 욕살이나 처려근지 등의 지방장관은 모두 중앙정부로부터 파견되었고, 그 임무는 행정과 군사를 아울러 겸하였다. 또한 수도인 평양성 이외에 국내성과 한성을 별도別都로 삼아 3경三京이라 하였는데, 이것은 지방통제를 위한 정치적 의도가 강하였다.

군사체제는 최고 군사지휘관인 대모달大模達을 중심으로 운영되었는데, 조의두대형 이상이 취임하였으며, 국가의 주요회의에 참여하였다. 고구려 후기에 와서는 대장군大將軍이 최고의 군사지휘관으로 나타나고 있는데, 관등은 태대형, 즉 막리지였다. 이로 볼 때 대모달의 명칭이 이후 중국의 영향을 받아 대장군으로 개칭되었고, 또 이와 병행하여 권한도 강화되면서 상위관등의 관로로 되었던 것 같다.


## 2. 사회구조

고구려는 일찍부터 지배계급과 피지배계급으로 분화되고 있었다. 고구려 초기의 국가기반인 '나' 또는 '노'의 집단도 그 자체내에 대가·사자·조의·선인 등을 두고 있어 이원적 사회구조를 가지고 있었다. 이들은 이후 고구려의 통치구조로 흡수되면서 그들 전통의 사회구조도 그대로 고구려의 사회구조로 수용되고 있다. 『삼국지』위서 동이전 고구려전에서는

그 나라의 대가大家들은 농사를 짓지 않고 놀고 먹는 좌식자坐食者가

만여구나 된다. 하호下戶는 먼 곳에서부터 미량米糧과 소금·고기 등을 짊어지고 와서 이들에게 공급한다.

(『삼국지』 권 30, 위서 30, 동이열전 30, 고구려전)

라고 서술하여 당시 사회가 좌식자坐食者 계층과 하호下戶로 분리되고 있음을 밝히고 있다. 『삼국지』 동이전 부여전에서도 당시 사회를 설명하면서 호민豪民·민民·하호下戶·노복奴僕으로 계층을 분류하고 있는데, 당시 고구려사회도 이와 같은 신분층으로 구성되고 있었음을 이해할 수 있다. 위에서 보이는 좌식자 계층은 호민에 해당할 것이며, 민은 주로 농업이나 수공업 기타 어업에 종사하는 자들이며, 하호는 당시 중국에서 전객佃客 또는 전호佃戶로 불리는 소작농 계층이었을 것이다. 또 하호로 생각할 수 있는 것은 고구려의 정복사업으로 고구려 영역에 흡수된 옥저와 예 등의 예속인들 중에서 고구려의 지배계급에 예속된 예민隸民들도 이에 포함되고 있었을 것이다. 이것은 『삼국지』 동이전 동옥저전에서

(동옥저는) 나라가 적고 큰 나라의 틈바구니에서 핍박을 받다가 결국 고구려에 신속臣屬하게 되었다. (고구려는) 그곳의 대가大加로 하여금 조세를 통괄 수납하게 하여 맥貊·포布·어魚·염鹽·해초류海草類 등을 천리나 되는 거리에서 져 나르게 하고, 또 미인을 보내게 하여 종이나 첩으로 삼아 마치 노복奴僕과 같이 대우하였다.

(『삼국지』 권 30, 위서 30, 동이열전 30, 동옥저전)

라고 하고 있는 것에서 보인다.

고구려의 기층구조는 민民이었으며, 이들은 주로 농업에 종사하면서 병사로 동원되기도 하고, 축성 등의 각종 토목사업에 노동력을 제공하였으며, 국가에서 요구하는 각종의 부담과 조세租稅를 담당하였다.

사회발전에 따라 이들 '민'들도 분화가 계속되어 갔는데, 크게 자

영농민과 용작농민傭作農民으로 이원화되었다. 자영농민은 다시 호민豪民과 일반농민으로 분화되어 갔다. 이들은 대소의 차이는 있었지만, 농지를 스스로 갖고 경작을 하고 있었던 자들이다. 이에 반하여 용작농민들은 무전농민無田農民으로 자영농민의 농지를 빌려서 토지를 경작하거나 품을 팔아서 생계를 유지하는 자들이었다. 이들 계층은 미천왕이 봉상왕의 박해를 피하여 수실촌水實村의 호민 음모陰牟의 집에서 용작傭作을 하였다는 기사에서 알 수 있다. 또한 고국천왕 16년 10월에 왕이 질양質陽을 순행했을 때에 용작傭作할 곳도 없어 통곡하고 있는 사람을 보고 크게 탄식하면서 유사有司에 명하여 빈궁하여 자활할 수 없는 자를 조사하여 구제하도록 하고, 이어 진대법賑貸法을 제정하고 있는 사실에서도 보인다. 이들을 『북사』 고구려조에서는 유인遊人이란 말로 표현하고 있다.

농민들은 매년 국가에 조租와 세稅를 의무적으로 납부해야 하는데, 『북사』 고구려조에는 포布 5필疋과 곡穀 5석石을 바치고, 유인遊人에게는 3년에 1필씩 세를 바치게 하였으며, 10명이 공동으로 세포細布 1필씩 바치도록 하고 있다. 또 조租의 경우는 호戶를 3등으로 나누어 상호上戶 1석石, 다음은 7두斗, 하급에서는 5두씩 바치게 하고 있다. 이것은 당시 농민의 분화가 다양하게 나타나고 있음을 의미한다. 『삼국지』 동이전 고구려전에서는

> (고구려는) 큰 산과 골짜기가 많고 넓은 들은 없다. 산골짜기에 의지하여 살면서 간수澗水를 식수로 한다. 좋은 전지田地가 없음으로 부지런히 농사를 지어도 식량이 충분하지 못하다. 이로써 사람들은 음식을 절약한다.
>
> (『삼국지』 권 30, 위서 30, 동이열전 30, 고구려전)

라고 한 것과 같이 일반 농업으로는 생활이 어려웠다. 고구려가 광활

한 부여나 옥저·예 등으로 정복사업을 확장시키고 있는 것도 이러한 맥락에서 이해할 수 있을 것이다. 고구려에서는 식생활을 해결하기 위하여 각 집마다 조그마한 창고를 설치하고 곡식을 저장하였는데, 이를 부경桴京이라고 하였다.

밭농사를 주로 하였으며, 삼베와 비단을 생산하였다. 『삼국사기』 고구려본기 평원왕 25년조의 기사에 사자를 군읍郡邑으로 보내어 농업과 양잠을 장려하도록 하고 있는 것도 당시 주력 산업의 일면을 보여준다. 또 상업활동도 원활하였던 것 같다. 한의 군현과 이웃하고 있는 고구려로서는 이들과 국제무역도 하였을 것이며, 국내적으로도 필수품을 수급할 수 있는 상행위가 필요하였을 것이다. 미천왕이 도망하는 중에 소금장사를 하였다는 것에서도 이러한 일면을 찾아볼 수 있다.

법률도 부여와 같이 엄격하였으며, 1책12一責十二의 법이 행하여졌고, 여자의 음행은 극형에 처하였다. 부여의 형사취수兄死取嫂의 풍속도 행해지고 있다. 『삼국지』 동이전 고구려전에서는

> 그 나라에는 감옥이 없었으나 죄를 지은 자가 있으면 제가諸家 등이 평의評議하여 사형에 처하고, 처자는 몰수하여 노비로 삼았다.
>
> (『삼국지』 권 30, 위서 30, 동이열전 30, 고구려전)

라고 하고 있으나 이후 사회구조가 다양해지면서 법률도 그 성격에 많은 변화를 보인다. 『주서周書』 고구려조에는

> 그 나라의 형법은 모반한 사람과 반역자는 먼저 불로 지진 다음 목을 베고, 그 집은 적몰하였다. 도둑질한 자에게는 물건의 10배를 징수하였고, 만일 가난하여 징수할 것이 없거나 공사公私로 빚을 진 사람은 모두 그 아들이나 딸을 노비로 주어 보상할 수 있도록 하였다.
>
> (『주서』 권 49, 열전 41, 이역 상, 고려조)

라고 하였고, 『북사北史』 고구려조에서는 『주서』의 내용을 그대로 서술
하면서

> 형벌을 사용함이 매우 준엄함으로 법을 범하는 자가 드물었다.
>
> (『북사』 권 94, 열전 82, 고구려조)

라고 하고 있다. 또 『구당서舊唐書』 고구려조에서는

> 반란을 음모하는 자가 있으면 많은 사람을 불러모아 횃불을 들고 서
> 로 다투어 지지게 하여 옷이 진무른 뒤에 목을 베고 가산을 적몰한다. 성
> 城을 지키다가 항복한 자, 전쟁에서 패배한 자, 사람을 죽이거나 겁탈한
> 자는 목을 벤다. 물건을 도둑질한 자는 그 물건의 12배를 물어주게 하고,
> 우마牛馬를 죽인 자는 노비로 삼는다. 대체로 법을 준엄하게 적용하였으므
> 로 범하는 자가 적으며, 심지어는 길에 떨어진 물건도 줍지 않는다.
>
> (『구당서』 권 199 상, 열전 199 상, 동이 고려조)

라고 기술하고 있다.

고구려는 학문을 숭상하는 것이 하나의 풍속을 이루고 있었다. 이
것은 『구당서』 고구려조에

> 또 서적을 좋아하여 문지기와 말먹이 따위의 집에 이르기까지 각 거
> 리마다 큰 집을 지어 경당扃堂이라 부르고, 자제들이 결혼을 할 때까지 밤
> 낮으로 그곳에서 독서와 활쏘기를 익혔다. 책은 5경五經 및 『사기史記』·
> 『한서漢書』·『후한서後漢書』·『삼국지三國志』·손성孫盛의 『진춘추晉春秋』·『옥
> 편玉篇』·『자통字統』·『자림字林』이 있고, 또 『문선文選』을 대단히 귀중하게
> 여긴다.
>
> (『구당서』 권 199 상, 열전 199 상, 동이 고려조)

라고 하고 있는 것에서 알 수 있다.

또 부모가 돌아가셨을 경우 3년상의 복을 입었으며, 영성신靈星神·일신日神·가한신可汗神·기자신箕子神을 섬겼고, 나라 동쪽에는 신수神隧라는 큰 동굴이 있었는데, 해마다 10월에 왕이 친히 제사를 지냈다. 또 매년 10월에는 동맹東盟이라는 제천의식이 있었는데, 이것은 『구당서』 고구려조에

      10월의 제천의식인 동맹東盟도 대를 이어 계속되었으며, 해마다 연초에 패수浿水가에 모여 놀이를 하는데, 이때는 왕도 가마를 타고 나와 우의羽儀를 나열해 놓고 구경한다. 놀이가 끝나면 왕이 의복을 물에 던지는데, 이때 군중들은 좌우로 두 편을 나누어 물과 돌을 그 못에다 뿌리거나 던지고, 소리치며 쫓고 쫓기기를 두 세번 되풀이하고 그만 둔다. 사람이 죽으면 3년 동안 집안에 두었다가 장례를 치루었다. 부모나 남편의 복服은 모두 3년을 입었고, 형제의 경우는 3개월을 입는다. 초상初喪에는 곡哭과 읍泣을 하지만, 장사 때에는 북을 치고 풍악을 울리며 장송葬送한다.

(『구당서』 권 199 상, 열전 199 상, 동이 고려조)

라고 하고 있는 것에서 알 수 있다.

# 5

# 한민족 고대국가의 성립과 백제


제1절   백제의 국가성립에 대한 검토
제2절   백제의 국가기반과 성격
제3절   백제의 국가발전
제4절   백제의 통치구조와 사회구성

# 제5장
# 한민족 고대국가의
# 성립과 백제

## 제1절  백제의 국가성립에 대한 검토

### 1. 백제의 건국에 대한 사료검토

백제의 건국에 대하여는 다양한 견해가 있다. 『삼국사기』에는 온
조溫祚를 백제의 시조로 기술하고 있으나 세주細註에는 비류沸流의 건국
설과 구태仇台의 건국설도 같이 수록하고 있다. 이것은 『삼국사기』를
편찬할 당시에도 백제 건국에 대한 의견이 다양하였음을 말해 준다.

백제의 건국에 대하여 『삼국사기』 백제본기에서는

1) 백제 시조 온조왕溫祚王은 그 아버지가 추모鄒牟인데, 혹 주몽朱蒙이
라고도 한다. 주몽이 북부여로부터 난을 피하여 졸본부여에 이르렀을 때
부여왕은 아들이 없고 단지 세 딸만 있었는데, 주몽을 보고 범상치 않은
사람인 것을 알고 둘째 딸로서 그의 아내를 삼도록 하였다. 얼마 되지 않

아 부여왕이 죽자 왕위를 이었다. 두 아들을 낳았는데, 장자는 비류沸流이고, 차자는 온조였다. 그런데 주몽이 북부여에 있을 때 낳았던 아들이 오자 그를 태자로 삼았다. 비류와 온조는 용납되지 못할 것을 두려워 하여 오간烏干·마려馬黎 등 10명의 신하와 함께 남쪽으로 떠나자 따라나서는 자가 많았다. …… 비류는 백성을 나누어 미추홀彌鄒忽에 가서 살았고, 온조는 하남위례성河南慰禮城에 도읍을 정하고 10명의 신하十臣로 보익輔翼을 삼고, 십제十濟라 하였는데, 이때는 전한前漢 성제成帝 홍가鴻嘉 3년이다. 비류沸流가 자리잡은 미추홀의 땅은 습하고 물이 짜서 백성들이 편안히 살 수가 없었다. …… 그 백성들이 모두 위례에 와서 살았다. 이후 백성들이 즐겁게 따름으로百姓樂從 나라 이름을 고쳐 백제百濟라 하였다. 그 세계世系는 고구려와 같이 부여에서 나왔음으로 부여扶餘로 성씨姓氏를 삼았다(百濟始祖 溫祚王 其父鄒车 或云朱蒙 …… 溫祚作都河南慰禮城 以十臣爲輔翼 國號十濟 是前漢成帝鴻嘉三年也沸流以彌鄒土濕水鹹 不得安居 …… 其臣民皆歸於尉禮 後以來時 百姓樂從 改號百濟 其世系與高句麗同出扶餘 故以扶餘爲氏).

2) 세주細註에 시조 비류왕은 그 아버지 우태優台는 북부여왕 해부루解夫婁의 서손庶孫이고, 어머니 소서노召西奴는 졸본인 연타발延陁勃의 딸이다. 처음에 우태에게 시집을 가서 두 아들을 낳았는데, 장자는 비류沸流이고, 차자는 온조溫祚이다. 우태가 죽자 졸본에서 홀로 살고 있었는데 …… (주몽이) 전한前漢 건소建昭 2년 2월에 남쪽으로 망명하여 졸본에 이르러 도읍을 정하고, 국호를 고구려라 하고 소서노를 취하여 비妃로 삼았다. …… 주몽이 부여에 있을 때의 소생인 예씨禮氏의 아들 유류孺留가 오자 태자로 삼으니, 비류는 동생 온조와 더불어 당류黨類를 이끌고 패수浿水와 대수帶水를 건너 미추홀에 이르러 살았다(細註 始祖沸流王 其父優台 北扶餘王解扶婁庶孫 母召西奴 卒本人延陁勃之女 始歸于優台 生子二人 長曰沸流 次曰溫祚 優台死 寡居于卒本 …… (朱蒙)以前漢建昭二年二月 南奔至卒本 立都號高句麗 娶召西奴爲妃 …… 朱蒙在扶餘所生禮氏子孺留來 立之爲太子 沸流隊與弟率堂類 渡浿帶二水 至彌鄒忽以居之).

3) 또 세주細註에 『북사北史』와 『수서隋書』의 내용을 보면 "동명東明의 후예에 구태仇台가 있었는데, 그는 인신仁信에 돈독하였다. 처음 대방帶方의

옛 땅에 나라를 세웠는데 한漢의 요동태수遼東太守 공손도公孫度가 그 딸로 서 부인을 삼게 하였다. 마침내 동이東夷의 강국이 되었다"고 하였다. 그러나 (위의 3개 중에서) 어느 것이 맞는지 알 수가 없다(東明之後有仇台 篤於仁信 初立國于帶方故地 漢遼東太守公孫度 以女妻之 遂爲東夷强國 未知孰是).

라는 기사를 수록하고 있다. 이 중에서 김부식金富軾은 시조 온조설을 수용하여 『삼국사기』 백제본기의 본문에 위 1)의 기사를 수록하고 있으나 2)와 3)도 세주細註에 수록하면서 마지막에 '미지숙시未知孰是'라 하여 어느 것이 정설인지 알 수가 없다고 하였다. 이로 볼 때 김부식이 『삼국사기』를 편찬할 당시에도 백제의 시조에 대한 다양한 의견이 전해지고 있었음을 알 수 있다.

위의 기록을 검토할 때 백제는 온조백제溫祚百濟와 비류백제沸流百濟·구태백제九台百濟로 구분되고 있음을 알 수 있다. 현재 학계에서는 온조백제를 수용하고 있지만, 비류백제에 대하여도 긍정적인 측면에서 이해하고 있다.

온조백제의 경우는 『삼국사기』에서 본문에 수록하고 있는 내용으로 백제의 시조를 온조라 하고 있다. 그는 비류와는 형제로 이들은 모두 주몽의 아들이며, 그 세계世系는 고구려와 같이 부여에서 나왔다고 하고 있다.

비류와 온조는 그의 아버지 주몽이 북부여에 있을 때에 낳은 아들을 태자로 삼자 용납되지 못할 것을 두려워하여 남쪽으로 떠나 비류는 미추홀을 중심으로 국가를 건국하였고, 온조는 10신臣의 보필을 받아 하남위례성에서 국가를 건국하여 국호를 십제十濟라 하였다. 이후 온조는 미추홀지역의 비류집단을 흡수하였는데, 백성들이 즐겁게 따르니[百姓樂從] 나라 이름을 백제라 하였다고 한다.

위의 기사를 보면 하남위례성에 도읍한 온조가 미추홀지역에 도읍을 정한 비류족단을 흡수하였고, 이로써 백제의 건국기반이 확립되고 있는 것으로 나타나고 있다.『삼국사기』에는 백제건국에 대한 당시의 다양한 견해를 소개하면서 어느 것이 정설인지 알 수 없다고 하고 있지만, 이 온조백제의 기사를 본문에 수록하고 있는 것을 볼 때『삼국사기』를 편찬한 김부식은 이것을 정설로 수용한 것 같다. 그리고 이것은 당시 고려사회에서 보편화되고 있었던 백제건국에 대한 인식으로 볼 수도 있다. 현재 우리나라 학계에서도 시조 온조설이 통용되고 있다.

비류백제沸流百濟는 위의 자료 2)에서 보이고 있는데, 백제의 시조를 비류沸流라고 하면서 그 혈통을 북부여왕 해부루의 서손인 우태優台로 표기하고 있다.

여기서도 위 1)의 내용과 같이 비류와 온조는 형제로 표기되어 있지만, 이들은 주몽과는 다른 북부여왕 해부루의 서손인 우태優台의 아들로 나타나고 있고, 주몽과의 관계는 그의 어머니인 소서노召西奴가 주몽과 재혼한 것으로 나타나고 있다. 또 국가건국도 비류가 동생인 온조와 함께 미추홀에 옮겨 와서 국가를 건국한 것으로 나타나고, 여기서는 위 1)에서 보이는 하남위례성은 보이지 않는다.

현재 우리 학계에서는 위의 두 기사를 모두 긍정적으로 수용하는 견해가 많다. 즉 백제의 왕계王系를 '우태-비류계', '주몽-온조계'로 양분하면서 이들 양 집단의 통합과정에서 시조 온조설과 시조 비류설의 혼선을 보게 되었다는 것이다. 이기백·천관우·이기동·노중국 등의 백제사 연구는 이를 전제로 하여 나타나고 있다.

이들의 견해를 따르면 비류와 온조는 상이한 계보를 갖고 있는 족단으로 이들 중에서 어느 한 족단이 한강유역을 중심으로 국가를 건국하였고, 또 다른 족단은 미추홀을 중심으로 국가를 건국하여 국가 체제를 형성하였는데, 이후 이들이 하나의 국가로 통합되는 과정에서 비류와 온조를 형제관계인 것으로 혼선을 빚게 되었다는 것이다.

그렇다면 이들 국가의 성격을 어떻게 파악해야 할 것인가 하는 문제가 나온다. 이에 대하여 이 분야의 대부분 학자들은 위의 자료 2)에서 해부루의 서손인 우태의 아들 비류가 미추홀에서 국가를 건국하였다는 기록을 그대로 역사적 사실로 수용하고 있다. 이를 전제로 비류백제의 성격을 부여에서 남하한 족단이 건국한 국가로 보아 이들 왕실의 성씨를 해씨解氏 또는 우씨優氏로 파악하였다. 이와 더불어 온조백제 또한 위의 자료 1)에서 주몽의 아들 온조가 위례성에서 국가를 건국하였다는 기록도 그대로 역사적 사실로 수용하여 온조백제의 성격을 고구려에서 남하한 족단이 건국한 것으로 보아 왕실의 성씨를 부여씨扶餘氏로 보았다.

이에 대한 학계의 견해를 살펴보면, 일찍이 천관우는 「삼한의 국가형성 (하)」(『한국학보』 3, 1976)에서 백제의 왕계를 '우태優台－비류계沸流系'와 '주몽朱蒙－온조계溫祚系'로 양분하면서, 시조 온조로부터 제7대 사반왕沙伴王까지는 '주몽－온조계'이고, 제8대 고이왕古爾王 때부터 제10대 분서왕汾西王까지와 제12대 계왕契王은 '우태－비류계'로, 또 제11대 비류왕比流王과 제13대 근초고왕近肖古王부터 제21대 개로왕蓋鹵王까지는 다시 '주몽－온조계'로 변화한다고 보면서, 비류계를 우씨優氏, 온조계를 부여씨扶餘氏로 파악하였다.

또 이기동은 「백제왕실 교대론에 대하여」(『백제연구』 12, 1981)에서 이러한 천관우의 주장 가운데 고이왕의 즉위를 '주몽－온조계(부여씨)'에서 '우태－비류계(우씨)'로 변화하였다고 파악하고, 근초고왕의 등장도 온조계가 아닌 새로운 세력의 출현으로 보았다.

노중국은 『백제정치사연구』(일조각, 1988)에서 고이왕의 우씨설優氏說을 부인하고, 종래의 부여씨로 환원하였다. 또 다루多婁·기루己婁·개루蓋婁의 왕명에 보이는 루婁에 착안하여 이것을 고구려 계통으로 파악하여 해씨解氏로 보았다. 그리고 백제 초기는 비류계 집단解氏과 온조계 집단扶餘氏이 지역연맹체를 형성한 가운데 처음에는 해씨가, 근초고왕 때부터는 부여씨가 주도권을 잡았다고 파악하였다. 특히 노중국은 이러한 견해를 전제로『삼국사기』에서 비류와 온조가 형제로 나타나고 있는 것은 이들이 혈연적인 면에서의 형제를 의미하는 것이 아니고, 비류계의 소국과 온조계의 소국이 연맹을 형성하게 되자 그들의 동맹관계를 합리화하고, 또 연맹의 결속력을 강화하는 상징으로 시조를 의제적擬制的인 혈연관계로 표현한 것에서 빚어진 산물로 보았다.

이밖에 강인구와 이도학의 견해도 주목되는데, 강인구는 「초기백제고분의 검토」(『백제연구』 22, 1991)에서 한강유역 묘제墓制의 변천과정이 (1) 부여 계통의 토광묘土壙墓 (2) 양자강 유역의 토축묘土築墓 (3) 고구려 계통의 적석총積石塚으로 구분되고 있음을 전제로 제일 먼저 남하한 족속이 비류계로서, 이들은 한강유역에서 백제를 건국하였고, 2~3세기 때에 양자강 유역의 토축묘土築墓세력이 해로海路를 통하여 이 지역으로 이동하여 정치적 변화를 수반하였으며, 3세기 경에는 고구려계의 세력인 온조계가 남하하여 비류계 왕실에 변혁을 일으킨 것으로 파악하였다. 즉 그는 먼저 비류백제가 성립하였고, 이후 온조백제에게 흡수되었을 것으로 파악하였다.

이도학은 『백제고대국가 연구』(일지사, 1995)에서 부여를 족원族源으로 하여 만주지역에서 성립된 백제는 3세기 중반 이전에 분파작용에 의하여 온조계가 한강유역으로 먼저 남하하여 백제국伯濟國을 건설하였고, 만주에 남아있던 비류계의 백제는 343년을 전후한 시기에 전연前燕과의 전투에서 패하고, 이후 고구려의 압박에 의하여 한반도의 한강유역으로 남하하여 선주한 백제국伯濟國을 정복하여 백제국百濟國를 건국하였다고 보았다. 이도학의 견해는 강인구와는 달리 먼저 온조백제가 성립되고, 이후 비류백제가 이를 복속함으로써 백제百濟를 건국하였다고 본 것이다.

그러나 이기백은 「백제왕위계승고」(『역사학보』 11, 1959)에서 『삼국사기』에 보이는 비류와 온조의 형제설을 수용하면서, 이들의 왕위교체를 형제상속이라는 관점에서 파악하였다.

이상으로 비류백제와 온조백제에 대한 학계의 견해를 살펴보았다. 이들은 『삼국사기』 백제본기에서 보이는 1)의 내용과 2)의 내용을 역사적인 사실로 수용하고 있고, 또 이들이 부여 또는 고구려에서 남하한 족단이라는 것에도 견해를 같이 하고 있다.

그렇다면 비류백제와 온조백제의 건국과정을 살펴보자. 비류백제는 앞의 자료 1)과 2)에서 모두 미추홀에서 건국하고 있음을 밝히고 있다. 미추홀의 위치에 대하여는 인천仁川으로 비정하는 설이 가장 유력하다. 실학자 안정복安鼎福은 『동사강목東史綱目』 제1에서 "인천仁川의 문학산文鶴山에는 비류성지沸流城址·비류정沸流井이 남아 있다"고 하면서 미추홀의 위치를 현재의 인천지역으로 비정하였고, 정영호鄭永鎬도 이 견해를 받아들여 「서울지역의 백제문화」(『마한백제문화馬韓百濟文化』 3, 1979)에서 "지금도 인천의 문학동文鶴洞에는 미추왕릉彌鄒王陵으로 불리는 유적이 있다"고 하여 이를 확고히 하고 있다.

이와는 반대로 김기섭은 「미추홀의 위치에 대하여」(『한국고대사연구』 13, 1998)에서 미추홀=인천설의 문제점을 지적하고, 『삼국사기』 이후의 역대 사서에서 미추홀이 인천에 비정된 것은 신라말 고려초에 인천지역 거주인들, 특히 고려시대에 인주이씨仁州李氏가 득세하면서 현실적인 이유에서 인천=미추홀=비류도읍지임을 유포하자 이를 믿은 후대의 역사가들이 인천의 지리적 특성을 백제의 건국설화에 반영시켜 기재하였을 것으로 추정하였다. 그는 최근 임진강 유역에서 발견되는 무기단식 적석총 등 각종 유적을 백제 초기사와 연결지으면서 이를 근거로 미추홀의 위치를 파주 혹은 연천지역에 비정하였다.

온조백제는 위의 자료 1)에서 주지를 이루고 있는 내용인데, 김부식은 이것을 정설로 수용하여 『삼국사기』 본문에 서술하고 있다. 위의 내용을 보면 비류와 온조는 주몽의 아들로 비류와 함께 남하하여 위례성慰禮城에서 독자적으로 나라를 세워 '십신十臣이 보익輔翼한다'고 하여 국호를 십제十濟라 하였다가, 후에 미추홀의 비류계가 흡수되자 '백성들이 즐겁게 따랐다百姓樂從'고 하여 나라 이름을 백제로 고쳤다고 하였다. 십제와 백제에 대한 학계의 견해를 살펴보자.

학계의 일반적인 견해는 진국辰國세력이 해체된 이후 구심점이 형성되지 못한 상태에서 소국을 건설하였는데, 이때의 국명이 바로 십제이며, 이후 국력이 신장되면서 백제로 고쳤다는 것이 지배적이다. 즉 국호의 변경은 국력의 신장을 의미한다는 전제하에 실학자 정약용丁若鏞은 『위례고慰禮考』에서 백제의 국호변화는 하북위례성河北慰禮城에서 하남위례성河南慰禮城으로 천도된 시기와 연계된다고 보아 하북위례성에 도읍하였을 때에는 십제라 하였고, 하남위례성에 도읍하였을 때에는 백제라 개칭하였을 것으로 보았다. 이러한 견해를 바탕으로 현재 학계에서는 하북위례성에 정착하여 주위의 읍락들을 통합하여 소국을 형성했을 때의 국호는 십제이며, 후에 이 소국이 지배기반을 확대하게 되자 하남위례성으로 도읍을 옮기고, 이 변화된 상황에 부응하여 국호를 백제라 하였다고 보는 견해가 지배적이다.

하북에서 하남으로 옮긴 시기에 대하여 정약용은 「위례고」에서 온조왕 14년으로 보았고, 이병도는 「위례고慰禮考」(『한국고대사연구』,

1976)에서 비류왕 때로 보았다. 이밖에 제9대 책계왕責稽王과 제10대 분서왕汾西王이 낙랑樂浪과의 관계 악화로 피살당한 것을 천도원인으로 보는 견해도 있고, 제5대 초고왕肖古王 때로 보는 견해도 있다.

또 백제란 국명에 대하여 이병도는 『한국사』 고대편에서 마한馬韓 54국 중의 한 나라인 백제국伯濟國에서 유래하였다고 보았고, 『수서隋書』 백제전百濟傳에서는 '백가제해百家濟海'의 준말로 백제란 국명이 유래되었다고 하고 있다.

그렇다면 위의 기사에 보이는 십신十臣의 존재를 어떻게 파악해야 할 것인가. 이에 대하여도 여러 견해가 있다. 즉 이종욱은 「백제왕국의 성장」(『대구사학』 12·13, 1977)에서 온조溫祚의 가신家臣으로 파악하였고, 노태돈은 「삼국시대 부部에 대한 연구」(『한국사론』 2, 1975)에서 온조와 비류를 따라온 10개의 친족집단으로 파악하였으며, 노중국은 『백제정치사연구』에서 십신十臣은 온조와 함께 남하한 유이민세력이 아니며, 이들은 십제十濟를 형성한 10개의 선진토착 집단이었다고 파악하였다.

또 『삼국사기』에는 중국의 사서인 『북사北史』와 『수서隋書』의 기록을 인용하여 위의 자료 3)에서 보이는 구태仇台의 백제건국설을 전하고 있다. 실제로 『주서周書』 이역전異域傳 백제조에는

> 백제百濟는 그 선대가 대개 마한의 속국이며, 부여의 별종別種이다. 구태仇台란 자가 있어 처음으로 대방帶方의 옛 땅에 나라를 세웠다. …… 또 매년 4차례 그들 시조 구태의 묘廟에 제사를 올린다.
>
> (『주서』 권 49, 열전 41, 이역 상, 백제조)

라고 전하고 있고, 또 『수서隋書』 동이전 백제조에도

동명東明의 후예에 구태仇台가 있어 인신仁信에 돈독하였다. 처음으로 대방의 옛 땅에 나라를 세우니, 한漢 요동태수 공손도公孫度는 그 딸로서 아내를 삼게 하였다. 이후 점차 창성昌盛하여 동방의 강국이 되어 처음으로 백가百家가 바다를 제패濟海하였음으로 이로써 나라 이름을 백제라 하였다. …… 시조 구태의 묘를 국성國城에 세워 매년 4차례 제사를 올린다.

(『수서』 권 81, 열전 46, 동이 고려조)

라고 기록하고 있다. 이러한 기록은 『한원翰苑』에서 옹씨예雍氏叡가 주註로 인용한 『괄지지括地志』에서도 보이고, 또 『북사北史』 백제전에서도 보인다.

이에 대하여 조선시대의 『해동역사海東繹史』와 『동사강목東史綱目』에서는 구태를 『삼국사기』에 보이는 '우태優台'의 와전·오기로 보았다. 이후 이병도는 『한국사』 고대편에서 구태仇台는 『삼국지』 위서 동이전에 보이는 부여왕 위구태尉仇台와 혼동한 것임으로 일고의 가치가 없다고 하면서, 백제 시조 구태는 백제 제8대왕인 고이왕古爾王의 잘못된 표기로 보았다. 즉 그는 고古자와 구仇자는 자음상으로 서로 일치하고, 태台는 후세에 흔히 대臺로 발음하였지만, 원음은 역시 이以로써 이爾와 통한다고 보면서 구태를 고이古爾의 이칭으로 보았다. 이 외에도 구태를 근초고왕으로 보는 견해도 있고(김재붕, 「백제 구태고」, 『조선학보』 78, 1976), 또 부여신인 하백녀河伯女로 비정하는 견해(왕민신, 「백제시조 '구태'고」, 『백제연구』 17, 1986)도 제기되었다.

또 일본의 사서에는 도모都慕시조설이 전하고 있다. 즉 『속일본기續日本紀』에 백제왕 인정仁貞 등의 말에

무릇 백제 태조 도모대왕都慕大王은 태양신[日神]이 강령降靈하여 일찍이 부여에서 나라를 세우고, 천제天帝의 뜻을 이어 여러 한韓을 지배하여

왕이라 칭하였다.

(『속일본기』권 40, 연력 9년 7월조)

라고 한 내용이 보이고, 『신찬성씨록新撰姓氏錄』백제조에도 '도모왕 13
세손 귀수왕貴首王', '백제국 도모왕의 후예 비유왕毗有王', '백제국 도모
왕 18세손 무녕왕武寧王'등의 기록이 보인다. 이에 대하여도 이병도는
도모를 고구려 시조인 동명東明·추모鄒牟·주몽朱蒙과 동명동인同名同人
으로 파악하였다. 즉 백제에서는 동명東明을 시조로 받들어 매년 제사
를 올렸는데, 위의 기록에서는 동명을 도모로 기록하였다는 것이다.

위에서 살펴본 바와 같이 백제의 시조에 대한 설이 다양하게 보
이고 있다. 그러나 현재 학계에서는 위의 자료 1)과 2)에 보이는 비류
와 온조에 의한 건국설이 일반적인 견해로 수용되고 있다.

## 2. 백제의 건국배경

백제가 건국한 한강유역은 구석기시대로부터 신석기시대, 그리고
청동기시대와 철기시대의 문화를 단계적으로 수용·발전시킨 문화전
통을 갖고 있었다. 즉 이들 지역에는 구석기시대·신석기시대의 유적
과 지석묘支石墓·석관묘石棺墓·적석총積石塚 등의 청동기시대의 묘제墓制
와 토광묘土壙墓·옹관묘甕棺墓 등의 초기철기시대의 묘제도 산재하고
있다. 따라서 이들 지역에서는 일찍부터 전통적 문화기반이 형성되어
있었고, 이후 새로운 문화를 수용하여 독자적인 선진문화권을 형성하
고 있었음을 알 수 있다. 이들 지역에는 고대문화의 전통인 구석기·
신석기·청동기·철기시대의 문화전통을 배경으로 고조선시대에는 진
국辰國 또는 개국蓋國으로 불리는 국가가 있어 중국과 교류하고 있었다.

진국辰國은 일명 개국蓋國이라 보는 견해도 있는데, 개국에 대하여 이병도는 「개국과 진국문제」(『한국고대사연구』, pp. 238~239)에서 『산해경山海經』에 "개국蓋國은 연나라 남쪽에 있고, 왜倭는 북쪽에 있다蓋國在鉅燕南 倭北 倭屬燕"라는 기사를 근거로 개국蓋國을 진국辰國의 별칭別稱으로 보았다. 진국辰國은 『사기史記』 조선전에

> 진번眞番의 옆에 진국辰國이 있다(眞番旁辰國).
>
> (『사기』 권 115, 조선전 55)

라는 기사에서 처음 보이고, 또 『후한서』 동이전에

> 한韓은 3종류가 있는데 마한·진한·변한이다 …… 이들은 모두 옛날 진국辰國이다(韓有三種一曰馬韓 二曰辰韓三曰弁韓辰 …… 皆古之辰國).
>
> (『후한서』 권 85, 동이열전 75 한조)

라는 기사에서도 보인다. 또 『사기史記』 조선전의 기록에 위만조선의 우거왕右渠王이 진국과 한漢나라의 교통을 막고 있다는 내용도 보이는데, 이로 볼 때 진국은 일찍부터 한漢나라와 교통하고 있었음을 보여준다. 이밖에 『삼국지』 위서 한전에 "우거의 신하인 역계경歷谿卿이 동쪽 진국으로 갔다東之辰國"고 한 기록도 참조할 필요가 있다.

이들 지역은 고조선의 문화전통을 계승하여 이후 한韓문화의 모체로 작용하고 있음을 알 수 있다. 마한 54국 중에서 백제국伯濟國이 보이는데, 이병도는 이를 백제百濟의 모체로 보았다. 그렇다면 백제의 건국지였던 마한지역은 일찍부터 선진문화권을 형성하고 있었음을 알 수 있다. 또 『삼국지三國志』 위서 동이전의 기록에 기자조선의 마지막 왕인 준왕準王에 대하여 "준왕은 바다를 건너 한韓 땅에 가서 살면서, 스스로 한왕韓王이라 하였다準 …… 走入海居韓地 自號韓王"라고 한 내용을

들어 고조선이 마한지역에서 국가를 재건했음을 밝히고 있다. 그렇다면 이곳 한지韓地는 고조선의 문화전통이 그대로 이식되었을 것이다.

　　이밖에 백제는 부여와 고구려의 문화전통도 계승하고 있다. 이것은『신당서新唐書』를 비롯한 각종의 중국 사서에서 백제를 부여별종 또는 고구려별종으로 서술하고 있고, 또『삼국사기』백제의 건국기사에서 "백제는 …… 그 세계世系는 고구려와 같이 부여에서 나왔다. 이로써 부여扶餘로 성姓을 삼았다百濟 …… 其世系與高句麗 同出扶餘 故以扶餘爲姓"라고 하였다. 또 개로왕蓋鹵王 18년(472)에 북위北魏에 보낸 국서國書 중에서도 "신臣은 고구려와 더불어 같은 세계世系인데, 원래는 부여에서 나왔다臣與高句麗 源出扶餘"라고 하고 있는 기록에서도 이러한 사실을 시사받을 수 있다. 제25대 성왕聖王 때에 국호를 남부여南扶餘라 하고 있는 것도 이러한 의식이 전제되고 있음을 알 수 있다.

## 제2절　백제의 국가기반과 성격

### 1. 백제의 국가기반

　　최치원崔致遠은『삼국사기』에서 변한弁韓백제설을 주장하였다. 이후『삼국유사』를 비롯한 우리나라의 사서에서는 변한백제설과 마한백제설이 혼용되면서 혼란을 빚어왔다. 그러나 실학자 한백겸韓百謙은『동국지리지東國地理誌』에서 마한백제설을 주장한 이후 이 학설은 부동不動의 설이 되어 현재 우리 학계에서는 마한백제설이 통용되고 있다. 그러나 중국의 사서에서도 백제의 위치에 대하여는 많은 혼선이 나타나고 있다.

　　1) 백제국은 본래 고구려와 같이 요동의 동쪽 1,000리 밖에 있었다.

그후 고구려는 요동을, 백제는 요서遼西를 경략하여 차지하였다. 백제가
통치한 곳은 진평군晋平郡·진평현晋平縣이라고 한다.

(『송서宋書』 권 97, 이만열전夷蠻列傳, 백제)

2) 백제는 동이東夷의 삼한국에 있는데, 하나는 마한이요, 또 하나는
진한이요, 또 변한弁韓이 있다. 변한과 진한은 각기 12국이었고, 마한은 54
국이었다. 백제는 이들 중의 한 나라인데, 본래 고구려와 더불어 요동의
동쪽에 있었다. 진晋나라 때에 고구려가 요동을 경략하자 백제 역시 요서
군遼西郡·진평군晋平郡 2군을 점거하여 스스로 백제군百濟郡을 설치하였다.

(『양서梁書』 권 54, 동이열전, 백제)

3) 백제국은 그 선조가 부여로부터 나왔다. 그 나라는 북쪽으로 고구
려와 1,000여 리 떨어져 있고, 작은 바다의 남쪽에 위치하였다.

(『위서魏書』 권 100, 백제)

4) 백제는 그 선대先代가 마한의 속국이며, 부여의 별종이다. 구태仇台
란 자가 처음으로 대방에 나라를 세우니, 그 땅의 경계는 동쪽으로 신라,
북쪽으로는 고구려와 접하며, 남쪽은 모두 큰 바다이다.

(『주서周書』 권 49, 백제)

5) 『양서梁書』와 같음.

(『남사南史』 권 79, 이맥열전夷貊列傳, 백제)

6) 백제국은 마한의 족속으로써 색리국索離國에서 나왔다. (색리국 출
신인) 동명東明의 후손에 구태仇台가 있으니, 매우 어질고 신의가 두터웠다.
그는 대방帶方의 옛 땅에 처음 나라를 세우니, 한漢의 요동태수 공손도公孫
度는 딸을 그에게 시집보냈다. 이로써 마침내 동이 중에서 강국이 되었다.
당초에는 백가百家가 바다를 제패하였다百家濟海고 하여 나라 이름을 백제
라 하였다. 동쪽은 신라가 있고, 북쪽은 고구려, 서남은 모두 바다이다.

(『북사北史』 권 94, 열전, 백제)

7) 백제의 선대는 고구려에서 나왔다. 동명의 후예인 구태가 있어

······ 이하『북사』와 같음 ······

(『수서隋書』 권 81, 동이열전, 백제)

8) 백제국은 본래 부여의 별종이다. 일찍이 마한의 옛 땅으로서 경사京師에서 6,200리, 대해大海의 북쪽, 소해小海의 남쪽에 위치한다.

(『구당서舊唐書』 권 199 상, 동이전, 백제)

9) 백제는 부여의 별종이다. 경사에서 동쪽으로 6,000리 남짓한 바닷가의 양지에 위치한다. 서는 월주越州, 남은 왜倭, 북은 고려와 경계를 이루고, 동쪽은 신라이다.

(『신당서新唐書』 권 220, 동이열전, 백제)

위에서 『송서宋書』·『양서梁書』·『남사南史』에서는 백제의 건국지를 요동遼東의 동쪽으로 기술하면서 모두 요서遼西지방을 경략하였다고 기록하고 있고, 『주서周書』·『북사北史』·『구당서舊唐書』·『신당서新唐書』에서는 백제의 출자를 마한으로 기록하고 있다. 또 『위서魏書』와 『구당서』·『신당서』는 부여별종 또는 부여에서 나왔다고 하였고,『수서隋書』에서는 고구려에서 나왔다고 기록하고 있다. 백제의 건국지를 요동의 동쪽으로 기술하면서 요서지방을 경략하였다고 기록하고 있는 것은 위의 사서 외에도 『양직공도梁職貢圖』와 『통전通典』에서도 보인다.

특기할 만한 것은 백제의 건국지를 요서지방과 연계시키고 있는 것은 양梁·송宋 등 남조南朝의 사서들이고, 이를 누락하고 부여별종, 고구려별종 또는 마한지방으로 서술하고 있는 것은 모두 북조北朝의 사서들이란 점이다.

백제의 건국에 대한 남조와 북조의 기록이 이렇게 혼선을 빚고 있는 것은 무엇 때문일까? 당시 백제는 북조와도 교류는 하였지만, 남조와 더욱 밀접한 관계를 맺고 있었다는 것이 학계의 보편적 견해이다. 한백겸이 『동국지리지東國地理誌』에서 마한을 오늘날 경기도·충청도·전라도 지방으로 비정한 이래 이것은 현재까지도 통설로 인정되고 있다. 이러한 인식을 근거로 위의 자료를 검토하면 백제의 건국지를 요동의 동쪽지방으로 이해하고 있는 남조의 사서는 도저히 이해가 되지 않는다.

그러나 실학자 이규경李圭景은 『오주연문장전산고五州衍文長箋散稿』에서 '마한은 둘이다馬韓有二'라는 견해를 피력하면서 「역대사책욱불가신변증설歷代史策尤不可信辨証說」·「동국강역변증설東國疆域辨証說」·「삼국입국변증설三國立國辨証說」을 통하여 초기 마한의 북방설을 주장하였다.

이러한 견해를 계승하여 신채호는 『조선상고사朝鮮上古史』에서 '전후삼한설前後三韓說'을 주장하였고, 천관우는 「삼한의 성립과정」(『사학연구』 26, 1975)에서 '남북삼한설南北三韓說'을 주장하였다. 이 두 사람의 견해는 삼한이 모두 요동·요서지방에 있었고, 이후 이들이 이동하는 과정에서 한반도 남쪽에 정착하였다는 것이다. 또 1976년 문정창文定昌은 『백제사百濟史』(백문당, 1979)에서 백제를 전백제前百濟와 후백제後百濟로 구분하여 전백제는 요동의 동쪽에 있는 마한이며, 후백제는 온조 13년에 옮긴 한강유역의 마한으로 파악하였다. 이들의 견해는 현재 학계에서 부정적으로 이해되고 있지만, 만약에 이들의 논증이 실증된다면 백제의 건국지를 요서지방과 연계시키고 있는 위의 사서들의 내용도 긍정적 측면에서 검토될 수 있을 것이다. 또 이들 남조의 사서들은 모두 백제의 요서지방의 경략을 수록하고 있다.

백제의 요서경략설遼西經略說에 대하여는 일찍이 신경준申景濬도 『동국문헌비고東國文獻備考』「여지고輿地考」에서 이를 수용하였고, 정인보는 『조선사연구』에서, 김상기는 「백제의 요서경략에 대하여」(『백산학보』 3, 1967)에서, 김철준은 「백제사회와 그 문화」(『한국고대사회연구』, 1975)에서 위의 사실을 긍정적인 측면에서 수용하고 있다.

『삼국사기』나 『삼국유사』 등의 우리나라 사서에서는 위에 보이는 남조의 기록은 찾아볼 수 없고, 단지 온조백제설과 비류백제설을 혼용하면서 하남위례성과 미추홀에서 나라를 세웠음을 기술하고 있다. 그러나 백제의 출자를 '부여 또는 고구려', '동명과 주몽'으로 기술하고 있는 것은 북조의 기록과 거의 일치하고 있다. 현재 우리 학계에서는 북조의 사료를 수용하여 백제를 건국한 세력은 부여 또는 고구려에서 남하한 족단이며, 그들은 동명 또는 주몽을 시조로 받들고 있는 족단이었을 것으로 파악하고 있다.

이들 세력이 과연 요서지방을 경략하여 그곳에서 국가를 형성하였는가 하는 문제는 현재 일부 재야사학자들을 제외하고는 대부분 부정적 측면에서 보고 있다. 그러나 이들이 한강유역에 정착하기 이전에도 이미 국가를 형성하고 있었을 것이라는 견해가 강단사학자들 사이에도 나타나고 있다. 특히 천관우는 신채호의 전후삼한설을 수용하여 남북삼한설을 제기하고 있는데, 이 견해를 수용한다면 마한이 북쪽에 있을 때에 그곳에서 백제가 국가를 건국하였고, 이후 마한이 현재 우리가 이해하고 있는 경기도·전라도·충청도 지역으로 이동한 후에 백제 또한 이곳으로 이도移都하였을 가능성도 배제할 수는 없다.

마한은 『삼국지』나 『후한서』의 동이전에 54개국이 있었으며, 또 목지국目支國의 진왕辰王이 이들의 연맹장으로써 통수권을 행사하고 있었으며, 진한과 변한도 이들의 통치권내에 있었음을 전하고 있다. 그러나 백제가 한강유역에 정착하여 국가를 건국할 당시에는 이들 마한의 세력은 크게 약화되고 있었다. 이것은 김철준이 『한국고대국가발달사』(한국일보사, 1975)에서 밝힌 바와 같이 중국의 교묘한 조복의책朝服衣幘 정책에 의하여 마한의 각국은 독자적인 통치구조를 확립하면서 지금까지 연맹적 관계로써 통제를 받아왔던 진왕의 세력권에서 이탈하고 있었고, 또 그 동안에 이주하여 온 다양한 집단들이 독자적으로 생활영역을 형성하고 있었기 때문이다.

이러한 과정에서 당시 진한지역은 박혁거세에 의하여 건국된 신라에 병합되어 갔고, 변한도 김수로왕이 건국한 금관가야를 중심으로 독자적인 행보를 내딛고 있었다. 이러한 시대상에서 부여와 고구려에서 이주해 온 비류계와 온조계도 한강유역을 중심으로 마한의 영역을 잠식하면서 새로운 국가기반을 형성하였을 것으로 보인다. 이들이 국가를 형성할 수 있었던 기반은 『삼국사기』 백제본기에서 보이고 있는 오간烏干·마려馬黎를 비롯한 10명의 신하, 즉 십신十臣이었다. 이로써 처음에는 '10명의 신하가 보좌한다'고 하여 국호를 십제十濟라 하였다. 이들 십신의 성격에 대하여는 학계의 의견은 매우 다양하게 나타나고 있다. 그러나 이들 세력이 백제의 기반이 되었다는 것에는 의견이 일치되고 있다. 학계에서는 비류백제와 온조백제가 이원적 체제를 탈피하고 하나의 국가로 통합하면서 백제 왕위계승도 이들 양 세력에 의하여 교체가 빈번했다는 견해가 주도되고 있다.

이러한 견해를 바탕으로 백제건국의 기반을 살펴보면, 초기백제는 비류계와 온조계가 하나의 국가로 통합되면서 초기의 국호였던 십제가 백제란 국호로 변화하였고, 또 이들 양 세력에 의하여 왕위가 교체되어 갔음을 시사받을 수 있다. 이것은 신라에서 박씨계가 처음 국가를 건국하여 왕위를 계승하였으나 얼마 후에 석씨계昔氏系가 도래하면서 박씨계와 연맹적 관계를 맺으면서 왕위가 교체되어 갔고, 이후 토착세력이었던 김씨金氏세력의 성장과 더불어 박·석·김 삼성三姓체제로 왕위가 교체되고 있는 것과 연계할 수 있다.

이러한 정치상에서 백제는 일차적으로 유이민인 부여계 족단을 공동체의식으로 결합시키는 것이 급선무였을 것이다. 이로써 백제는 건국 후에 가장 먼저 행한 것이 그들이 공동으로 받들고 있는 동명의 사당을 세우는 일이었을 것이다. 『삼국사기』 백제본기 온조왕 원년의 기사로 가장 먼저 나타나고 있는 '동명왕묘東明王廟를 세웠다'는 내용은 이를 말해 준다. 그러나 이들 부여·고구려계열의 이주민만으로는 국가기반을 발전시킬 수 없다는 한계에 부딪치게 되며, 따라서 토착세력과의 제휴를 통한 국가기반의 확충을 시도하지 않을 수 없게 된다. 주목되는 것은 백제의 대성8족大姓八族으로 나타나고 있는 해解·연燕·백苩·사沙·진眞·협劦·국國·목木 등의 8성이다. 또 이밖에 백제초기의 기록에 흘씨屹氏·곤씨昆氏도 보인다. 이들 중에서 해씨解氏는 부여계통의 족단으로 보인다. 이것은 온조왕 41년에 우보右輔 을음乙音이 죽자 북부北部의 해루解婁가 이를 계승하였는데, 이 기사에서

> 해루는 본래 부여사람인데, 지식이 많고 나이가 70이 넘었으나 힘이 줄어들지 않았음으로 그를 등용하였다.
>
> (『삼국사기』 권 23, 백제본기 1, 시조 온조왕 41년조)

라고 한 기록에서 짐작할 수 있다. 그러나 그는 왕족은 아니었다. 이홍직은 「백제인명고百濟人名考」(『서울대논문집』 인문사회과학 1)에서 그는 온조 이전에 도래한 부여인으로 파악하였다. 위에서 보이는 성씨들은 백제의 국가발전과정에서 왕족은 아니지만 왕권과 밀착하여 권력을 행사하고 있는데, 이들은 백제 전 시기에 걸쳐서 동시에 존재한 것은 아니었다. 한성漢城시대에는 진씨·해씨·흘씨가 왕비족이 되거나 또는 중앙권력의 유력세력으로 활동하였고, 웅진熊津시대에는 백씨·연씨·사씨·목씨 등 새로운 재지在地세력이 대두하였으며, 사비泗沘시대는 연씨와 더불어 사씨의 세력이 큰 비중을 차지하고 있었다.

이것은 백제 왕계王系가 재지在地세력과 결탁함으로써 국가기반을 강화시키고 있음을 의미한다. 당시 국도는 동·서·남·북·중 5부五部로 편성되고 있었는데, 『삼국사기』의 기록에 의하면 온조왕 31년(A.D. 13)에 남부와 북부가 만들어졌고, 온조왕 33년(A.D. 15) 8월에 동부와

서부가 설치된 것으로 기록되어 있다. 또 중부는 왕부王府로써 기능하고 있었다. 북부에는 진씨와 해씨가 유력세력으로 있었고, 동부에는 흘씨屹氏가, 서부에는 백씨咨氏가 유력세력으로 있었다.

백제는 건국 후에 족부族父인 을음乙音을 우보右輔로 삼아 병마兵馬의 권한을 장악하게 하였으나 온조왕 41년(A.D. 23)에는 북부의 해루에게 이 직임을 맡겼고, 다루왕多婁王 7년(A.D. 34)에는 동부의 흘우屹于가 이 직임을 맡았다. 또 다루왕 10년(A.D. 37) 흘우가 좌보左輔가 되면서 북부의 진회眞會가 우보가 되고 있다. 이와 같이 각 부部의 실력자들을 중앙의 요직에 임용하고 있는 것은 당시 왕실로써는 이들 세력과의 연대가 시급하다는 위기의식이 작용하고 있었기 때문이었을 것이다.

백제의 건국초기에는 국가영역을 확대해야 한다는 당면과제가 있었고, 또 북방의 말갈靺鞨·낙랑樂浪과 남방의 마한세력에 대한 견제도 절실하였다. 이러한 상황에서 백제는 마한에 대하여는 친선적인 외교관계를 유지하면서 서서히 그들의 영역을 잠식하였고, 말갈에 대하여는 국가존망이라는 위기의식에서 배타적인 입장을 취하였다. 온조왕 10년(B.C. 9)에 신록神鹿을 잡아 마한에 바치고 있고, 또 왕 13년(B.C. 6)에 천도를 즈음하여 마한왕에게 사신을 보내어 이를 고하고 있는 것에서 이러한 의도를 알 수 있다. 또 온조왕 2년(B.C. 17)에

> 말갈이 우리 북쪽 경계에 연하여 있는데, 그 사람들은 용맹하고 꾀가 많으니, 마땅히 군사를 정비하고 양곡을 저장하여 이들을 막는 계책을 세우도록 하라.
>
> (『삼국사기』 권 23, 백제본기 1, 온조왕 2년 정월조)

는 기록을 통해서 말갈에 대한 당시의 위기의식을 찾아 볼 수 있다. 특히 말갈은 온조왕 재위시에만 10여 차례나 백제를 공격하고 있고, 이후에도 계속 침공하고 있다. 이러한 과정에서 백제는 재지세력들의

도움을 받지 않을 수 없었을 것이다. 이들 재지세력들을 중앙권력의 핵심으로 흡수하고 있는 것은 이러한 국가의 당면과제와 연동連動되고 있었다. 특히 말갈의 침입에 대하여는 각 부의 실력자들의 도움이 절실하였다.

다루왕 3년(A.D. 30)에는 동부의 흘우屹于가 말갈과 마수산馬首山에서 싸워 대승을 거두고 있고, 이 공으로 흘우는 다루왕 7년(A.D. 34)에 우보右輔로 진출하고 있다. 또 왕 29년(A.D. 56)에는 동부에 명하여 우곡성牛谷城을 쌓아 말갈의 침입에 대비하도록 하였고, 초고왕肖古王 49년(214)에는 북부의 진과眞果에게 명하여 말갈의 석문성石門城을 습격하도록 하여 이를 공취하였다. 이와 같이 백제는 이들 각 부部의 실력자들을 말갈의 침입에 대비하는 지원세력으로 활용하고 있다. 제8대 고이왕은 이들 중에서 진씨眞氏세력의 협조를 얻어 강력한 왕권강화정책을 수행하고 있다.


## 2. 백제의 국가발전론

일제시대 학자들 중의 대부분은 제13대 근초고왕近肖古王이전의 역사는 전설의 시대로서 파악하였고,『삼국사기』백제본기의 초기기록은 김부식에 의하여 조작되었다고 보았다. 이러한 견해는 금서룡今西龍의 『백제약사百濟略史』나 『백제사강좌百濟史講座』에서 제기되었고, 진전좌우길津田左右吉·백조고길白鳥庫吉·대전량大田亮 등이 이 견해에 동조하면서 일반화되었다. 그러나 1936년 이병도는 「삼한문제의 신고찰」(『진단학보』6)에서 일본인 학자들이 전설의 시대로 파악한 근초고왕 이전의 백제기사를 검토하면서 제8대 고이왕 이후의 역사는 믿을 수 있다고 보았다. 그리고『주서周書』백제전에 보이는 백제의 시조 구태仇台를 고이왕의 이칭으로 보면서 백제의 국가건국을 이때부터 비롯되는 것으로 파악하였다.

이러한 이병도의 견해는 1970년대 중반까지도 이 분야의 학자들에게 통설로 수용되고 있었다. 그러나 1976년 천관우는 「삼한의 국가형성」(『한국학보』 2·3, 1976)에서 『삼국사기』 초기기록을 부정해야 할 이유가 없다고 하면서 온조왕 때에 백제는 이미 영역국가領域國家를 형성하였다고 보았다. 이러한 견해는 같은 해에 발표된 이종욱의 「백제의 국가형성」(『대구사학』 11)에서도 보이고 있고, 1983년 노중국도 「해씨와 부여씨의 왕설교체와 초기백제의 성장」(『김철준화갑기념사학논총』)에서 초기백제를 소국-소국연맹단계로 파악하여 『삼국사기』 백제본기의 초기기록을 수용하고 있다. 이러한 연구성과는 1971년 공주에서 발견된 무녕왕릉武寧王陵의 발굴이 촉매가 되기도 하였다. 이러한 성과를 통하여 당시 학계에서는 『삼국사기』의 내용을 부정해야 할 이유가 없다는 것이 일반화되었다. 이로써 고이왕 이전의 역사기록도 역사적인 사실로써 수용해야 한다는 것이 이 분야의 학자들 사이에서도 보편화되고 있다.

그러나 그 성격에 대하여는 논란이 많다. 이 분야의 학자들은 고이왕 때의 정치개혁과 연계하여 이때를 기점으로 하여 정치적 변혁이 있었을 것이라는 것에는 대부분 의견을 같이 하고 있지만, 반면 왕계王系를 온조계로 볼 것인지 아니면 비류계로 볼 것인지에 대하여는 이견이 많다. 그렇지만 이 시기에 왕계의 변화가 있었다는 것에는 의견을 같이 하고 있다. 이러한 학계의 상반된 의견은 백제사의 성격을 다시 평가할 수 있다는 점에서 주목된다.

사실 고이왕 때에는 다양한 정치적 변화가 나타나고 있다. 『삼국사기』 백제본기에는 고이왕의 즉위에 대하여

고이왕(234~286)은 (4대) 개루왕蓋婁王(128~166)의 둘째아들이다. (6대)

구수왕仇首王(214~234)이 재위 21년에 돌아가자 장자 사반沙伴이 뒤를 이었
으나 유소幼少하여 능히 정사를 돌볼 수 없었음으로 (5대) 초고왕肖古王(166
~214) 모제母弟인 고이古爾가 즉위하였다.

(『삼국사기』 권 24, 백제본기 2, 고이왕 즉위년조)

라고 하고 있다. 그러나 이것은 많은 의문을 던져주고 있다. 위의 기록
대로 그가 개루왕의 아들로써 초고왕의 동생이라면 그는 초고왕이 즉
위하기 이전, 즉 개루왕이 죽기 전에 출생했을 것이다. 그런데 초고왕
은 재위 49년이었고, 그의 장자 구수왕仇首王은 재위 21년이었다. 그렇
다면 그가 개루왕이 죽은 해에 태어났다고 하더라도 그가 즉위할 때
의 나이는 70세가 된다. 또 고이왕의 재위기간이 53년이다. 이와 같이
보면 그는 123세나 살았다는 것이 된다. 이것은 잘못일 것이다. 학자
들의 일반적 견해는 이 시기에 정치적 변혁이 있었을 것이라는 것에
동감을 표하고 있다. 즉 기존의 왕권과는 다른 계통의 세력이 혁명에
의하여 왕위를 계승하였을 가능성이 있다는 견해도 있고, 또 제2파로
남하한 부여계의 왕위교체로 이해하는 견해도 있다. 천관우·이기동·
노중국 등의 학자들은 고이왕의 즉위를 온조계 또는 비류계의 왕위교
체로 파악하고 있다.

　고이왕 때에는 주목할 만한 정치개혁이 수반되고 있다. 일차적으
로 그는 진씨眞氏세력과 결합함으로써 왕권을 강화시키고 있다. 이것은
왕 7년(240)에 진충眞忠을 좌보로 임용하고 있고, 왕 14년(247)에는 진물
眞勿을 좌장左將으로, 왕 28년(261)에는 진가眞可를 내두좌평內頭佐平으로
임용하고 있는 것에서 보인다. 또 고이왕 27년(260) 정월에는 내신좌평
內臣佐平·내두좌평內頭佐平·내법좌평內法佐平·위사좌평衛士佐平·조정좌평
朝廷佐平·병관좌평兵官佐平 등 6좌평제가 제정되었고, 또 이때에 16관등
제도 확립되고 있으며, 관리의 복색服色제도도 제정되고 있다. 다음 해
정월에는 남당南堂에서 정사를 보았고, 왕 29년(262) 정월에는 관리로

부정한 재물을 받거나 또는 도둑질한 자에게는 3배로써 변상토록 하고 종신토록 금고禁錮의 형에 처하도록 하는 영令을 내리고 있다.

주목되는 것은 당시 6좌평에 임용된 사람들 중에는 우수優壽·진가眞可·우두優頭·고수高壽·곤노昆奴·유기惟己 등이 보이지만, 지금까지 권력의 핵심에 있었던 해씨解氏는 보이지 않는 점이다. 위에서 우수는 『삼국사기』 백제본기 고이왕 27년 3월조에 왕의 동생으로 기록되어 있는 것을 볼 때, 우두도 같은 계열의 왕족이었을 것으로 보인다. 새로운 인물로 고수·유기 등이 보이는데, 이들도 고이왕의 즉위에 공을 세운 사람들이었을 것이다. 해씨의 탈락은 고이왕의 즉위과정에서 실각되었던 것으로 보인다. 고이왕의 즉위는 백제의 국가발전에 한 획을 긋고 있다는 것은 분명한 사실이다.

이후 백제는 많은 시련을 겪으면서도 제13대 근초고왕(346~375) 때에는 국가체제의 정비와 도약을 보게 된다. 그 동안에 책계왕責稽王은 한漢과 맥인貊人들의 침입에 피살당하였고, 분서왕汾西王도 낙랑태수가 보낸 자객에 의해 피살당하였다. 그리고 비류왕比流王 때에는 지금까지 핵심권력에 있었던 내신좌평 우복優福의 반란이 있었다. 이와 같이 내우외환을 겪었던 백제는 근초고왕 때에 와서 다시 국가기반을 정비하게 된다. 그는 서울을 한산漢山으로 옮겨 새로운 국가기반을 조성하면서 왕권을 강화하고, 진晉과 신라와는 평화적인 수교관계를 맺었다. 그리고 수차에 걸쳐 고구려의 침입을 격퇴하고, 왕 26년(371)에는 고구려의 평양성을 공략하여 고국원왕을 살해하였으며, 마한의 잔존세력을 소탕하고 영역을 전라도 지방까지 확대하였다.

다음 근구수왕近仇首王(375~384)도 부왕의 뜻을 이어 국가기반을 확장하여 멀리 일본에 왕인王仁과 아직기阿直伎 등을 보내어 유학을 전수하였고, 양자강 유역까지 진출하여 세력을 확장하였다. 신채호는 『조선상고사』에서, 김상기는 「백제의 요서遼西경략에 대하여」(『백산학보白山學報』 3, 1967)에서 중국의 사서에 보이는 요서경략遼西經略을 이때에 이루어진 정복사업으로 보았다. 그러나 이후 개로왕 때에는 고구려의 침입으로 왕이 피살당하고, 문주왕文周王은 웅진熊津으로 천도하였다. 그러나 제26대 성왕聖王은 다시 서울을 사비泗沘로 옮겨 국호를 남부여南扶餘라 하여 국가 중흥을 도모하게 된다.

백제의 국가발전론에 대하여 학계에서는 다양한 의견이 제시되고 있다.

일차적으로 주목되는 것은 『삼국사기』 백제본기에 대한 사료적인 비판이다. 일본인 학자들은 대부분 근초고왕 이전의 기록은 허구로 파악하였고, 이병도는 고이왕 시대를 주목하면서 이때부터 백제의 실질적인 건국기로 보았다.

그러나 이후 『삼국사기』 백제본기의 기록을 긍정적으로 수용하면서 백제 건국의 시기를 기원후 1세기로 보는 견해가 김원룡과 천관우 등에 의하여 제기되었다. 즉 김원룡의 「삼국시대의 개시에 대한 일고찰」(『동아문화』 7, 1967)과 천관우의 「삼한의 국가 형성(하)」(『한국학보』 3, 1976)에서 이러한 견해가 보이고 있다.

김원룡은 고고학적 측면에서 발굴성과와 문헌기록을 대조하면서 『삼국사기』 초기기록에 대한 신뢰도를 높이 평가하였고, 천관우는 삼한의 국가형성 과정을 성읍국가에서 영역국가로의 영토확대 과정에서 파악하여 온조시대의 초기백제를 성읍국가로 보면서 한강유역인 광주 고읍廣州古邑으로 비정하였다. 그리고 당시 백제의 북계는 예성강, 동계는 춘천, 남은 직산으로 보았다. 이종욱도 「백제의 국가형성」(『대구사학』 11, 1976)에서 천관우의 설을 수용하면서 백제 초기의 발전과정을 4기로 구분하였다.

또한 최근에는 백제사 전체를 심도있게 이해하기 위한 작업의 일

환으로 수도의 변천, 정치세력의 구조적 측면 등을 기준으로 백제의
국가 발전론에 대한 다양한 시대구분이 제시되고 있다. 먼저 수도의
변천과정에 따른 시대구분을 살펴보면

　　제1기 한성시대(B.C. 18~475)
　　제2기 웅진시대(475~538)
　　제3기 사비시대(538~660)

로 정리되고 있는데, 최근의 연구성과는 이를 다시 조명하고 있다. 즉
제1기에 해당하는 한성시대는 그 존속기간이 493년이나 되어 백제 전
체 역사의 4분의 3에 해당하고 있다. 이로써 이종욱은「백제의 국가형
성」(『대구사학』11, 1976)에서 한성시대가 갖는 시간적 비중을 고려하
여 이를 백제의 집권체제가 일차적으로 정비를 보게되는 고이왕 27년
(A.D. 270)을 기준으로 하여 한성전기와 한성후기로 구분하였고, 최근
에 이용빈은『백제 지방통치제도 연구』(서경문화사, 2002)에서 영토를
크게 확장하면서 동북아의 강국으로 성장하는 근초고왕 24년(A.D. 369)
을 기준으로 한성전기와 한성후기로 구분하고 있다.
　　또 지배세력의 변화에 따른 시대구분론도 다양하게 제시되고 있
는데, 대표적으로는 이기백·판원의종坂元義種·이종욱·신형식·노중국
등을 들 수 있다.
　　이기백은「백제왕위계승고」(『역사학보』11, 1959)에서 왕위계승원
칙 및 왕족과 왕비족의 정치적 성격에 따라

　　1기(온조왕~구수왕) : 불확실한 시기(『삼국사기』백제본기 고이왕
　　　　이전 기사 불신)
　　2기(고이왕~계왕) : 백제사의 출발기로 부족연맹왕국시대

3기(근초고왕~아신왕) : 고대국가로 넘어가는 과도기로 왕족(부여
　　씨)과 왕비족(진씨)의 연합정권시기
4기(전지왕~삼근왕) : 왕족과 왕비족(해씨)의 연합정권에서 전제화
　　시대로 옮겨가는 시기
5기(동성왕~의자왕) : 왕의 전제권력이 행사되는 고대국가의 완성
　　기

의 5시기로 구분하였고, 판원의종坂元義種은 「5세기의 백제대왕百濟大王과
왕王・후侯」(『古代の朝鮮』, 1973)에서 백제의 대표적인 귀족들의 세력에
대한 변천과정을 통하여

1기(온조왕~고이왕) : 좌보左輔・우보右輔・좌상左將의 시기
2기(고이왕~비류왕) : 6좌평의 설치・임명시기
3기(근초고왕~비유왕) : 진씨와 해씨가 왕비족으로 대두되는 시기
4기(개로왕~삼근왕) : 한성 함락으로 인한 웅진 천도시기
5기(동성왕~무녕왕) : 진씨・해씨 이외의 사씨沙氏・연씨燕氏 등 신
　　흥귀족들의 등장시기
6기(성왕~무왕) : 성왕 이후 중신의 지위가 높아졌다가 무왕대 왕
　　권 강화 시기
7기(의자왕) : 백제의 멸망기
8기(부여풍) : 백제의 부흥운동기

의 8기로 시대를 구분하였다. 또 이종욱은 「백제의 좌평」(『진단학보』
45, 1978)에서 좌평을 중심으로 하여 백제 정치사의 변천과정을 구명
하면서

　　1기(온조왕~고이왕) : 좌보左輔·우보右輔가 최고 관직으로써 지방
　　　분권적인 정치조직이 형성된 시기
　　2기(고이왕27년~전지왕4년 이전) : 남당南堂 중심의 정치조직과 6
　　　좌평의 활동기로 지방세력의 중앙집권화가 이루어진 시기
　　3기(전지왕4년~동성왕 말년) : 상좌평上佐平이 최고 관직으로 설치
　　　되고 여러 귀족들이 정치적으로 활동한 시기
　　4기(동성왕 말년~의자왕) : 22부部 중심체제로 왕권의 전제화가 이
　　　룩되면서 좌평제가 변화하는 시기

의 4기로 구분하였고, 신형식은 『백제사百濟史』(이화여대 출판부, 1992)
에서 특정한 왕통이나 관직에 의해서가 아니라 국가체제의 성격이라
는 대원칙하에

　　1기(온조왕~사반왕) : 초기국가 시기
　　2기(고이왕~삼근왕) : 고대집권국가 시기
　　3기(동성왕~의자왕) : 전제왕권 시기

의 3기로 백제사를 구분하였다. 이밖에 노중국은 『백제정치사연구』(일
조각, 1988)에서 중앙의 지배세력·지방통치체제의 전환·지역단위
(성·촌)·재지세력·묘제 등의 변화상을 종합적으로 고찰하여 국가 형
성과정을 '소국·소국연맹 단계'와 '중앙집권적 고대국가의 단계'로 양
분하고, 후자를 다시 한성시대와 사비시대로 나누고 있다. 특히 3세기
중엽 이후는 고대국가 성립의 과도기이며, 4세기에 이룩된 집권적 고
대국가는 지방통치체제의 특징을 기준으로 담로擔魯체제인 한성시대와
방－군－성(현) 체제인 사비시대로 구분하며, 웅진시대는 과도기적 의
미를 갖고 있다고 보았다.

## 제3절  백제의 국가발전

　　백제는 처음 비류백제와 온조백제로 출발하였으나 이들 양 세력이 일원화됨으로써 국가기반이 확립되었고, 이후 마한의 영역을 흡수하는 과정에서 그 세력이 확장되어 갔다. 백제의 발전은 크게 한성백제漢城百濟의 시기와 웅진백제熊津百濟의 시기, 사비백제泗沘百濟의 시기로 구분되고 있다. 물론 지배세력의 변화에 따라 다양한 시대구분이 제시되고 있지만, 여기에서는 위와 같은 수도의 변천에 따라 백제의 발전과정을 살펴보고자 한다.

### 1. 한성백제

　　백제는 처음 하북위례성에 국가를 건국하였고, 이후 하남위례성으로 옮겼다가 집권적 국가로 발전되는 근초고왕 때에는 다시 한산으로 천도를 하게 된다.

　　위례성에 정착하여 백제를 건국한 세력은 비류계와 온조계가 일원화되는 과정에서 이들 양 세력을 공동체의식으로 결합시키는 것이 당면한 문제로 제기되게 된다. 이로써 백제는 건국 후에 가장 먼저 동명왕묘東明王廟를 세웠고, 다음 해에는 족부族父 을음乙音을 우보右輔로 삼아 병마兵馬의 일을 맡겼으며, 온조왕 17년(B.C. 2) 5월에는 국모國母를 받드는 사당을 세웠다. 이러한 과정에서 동근의식同根意識에 의한 공동체의식이 확립되어 갔고, 이를 바탕으로 말갈과 낙랑의 침입을 격퇴하면서 남으로 마한의 영역을 흡수하여 갔다. 온조왕 13년(B.C. 6)에는 새로운 국가기반의 조성을 위하여 천도를 단행하였는데, 이때의 사실을 『삼국사기』 백제본기에서는 다음과 같이 전하고 있다.

　　(온조왕 13년 5월) 왕이 신하에게 말하기를 "나라 동쪽에는 낙랑이 있고, 북에는 말갈이 있어 조금도 편안한 날이 없다. …… 내가 지난 날 한수漢水의 남쪽으로 가서 사방을 살펴보니, 땅이 기름져 마땅히 도읍을 그곳으로 옮겨 영원히 안전한 계책을 도모하고자 한다"고 하고는 (7월에) 위례성의 민호民戶를 옮겼다.

(『삼국사기』 권 23, 백제본기 1, 온조왕 13년 5월조)

　백제가 건국 20여 년 후에는 남쪽 웅진熊津까지 진출하여 당시 백제는 마한의 위협세력으로 부각되고 있다. 이것은 『삼국사기』 온조왕 24년조에

　　왕이 웅천책熊川柵을 축조하니, 마한왕이 사신을 보내어 "왕이 처음 강을 건너왔을 때 발 붙일 곳이 없었음으로 내가 동북 100리의 땅을 주어 편히 살게하고 왕에 대한 대우도 후하게 하였음으로 마땅히 이에 대한 보답을 생각해야 할 것인데, 지금 나라가 완전히 이룩되자 우리와 대적하여 성지城地를 설치하고 우리 강토를 침범하니, 그 의리가 어찌되는 것인가"라고 하였다.

(『삼국사기』 권 23, 백제본기 1, 온조왕 24년 7월조)

라는 기사에서 보인다. 온조왕 33년(A.D. 15)에는 국토를 동부·서부·남부·북부·중부의 5부체제로 편성하고, 이곳에는 유력한 재지세력들을 수용함으로써 국가의 내부체제를 정비하였다. 그리고 이들 부部의 유력한 재지세력을 중앙의 관계官階로 흡수하면서 지금까지 왕계 중심의 통치체제에서 벗어나고 있다. 이것은 온조왕 41년(A.D. 23)에 지금까지 우보右輔로 권력을 행사하고 있던 족부 을음이 죽자 북부출신의 해루解婁, 다루왕 7년(A.D. 34)에는 동부의 흘우屹于, 동 10년(A.D. 37)에는 북부의 진회眞會가 그 뒤를 잇고 있는 것에서 알 수 있다.

　온조왕 때에는 주로 말갈과 낙랑이 주적主敵으로 나타나고 있지만, 다

음 다루왕 때부터는 신라가 이에 포함되고 있다. 다루왕 37년(A.D. 64)에 신라 와산성蛙山城에 대한 공격이 나타나고 있는데, 이것은 동쪽으로 진출하려는 백제의 의도로 보인다. 다루왕 6년(A.D. 33) 2월에는 전국의 주군州郡에 명을 내려 벼농사를 경작하도록 하고 있다. 제3대 기루왕己婁王 때에도 신라와 접전하였으나 기루왕 37년(113)에는 서로 화친하여 이후 신라가 말갈의 침입을 받자 다섯 장군을 파견하여 구원하기도 하였다. 그러나 다음 개루왕蓋婁王 38년(165)에는 신라의 아찬 길선吉宣이 백제로 망명하는 사건이 발생하자 양국관계는 악화되었고, 이후 초고왕肖古王과 구수왕仇首王의 시기는 신라와의 투쟁기라 할 수 있다. 이러한 양국의 관계는 제8대 고이왕 53년(286) 수교할 때까지 계속된다.

고이왕은 다양한 정치개혁을 시행하여 백제를 집권적 국가로 발전시키고 있다. 그의 재위시에 행한 정치개혁은 이러한 사실을 논증하고 있다. 그는 정치개혁 뿐만 아니라 민생에도 관심을 가져 왕 9년(242)에는 남택南澤을 개간하여 논을 만들어 벼농사를 장권하였고, 왕 15년(248)에 한재旱災가 들자 창고를 열어 백성들을 구휼救恤하고 세금을 감면시키기도 하였다. 이와 병행하여 왕 13년(246) 8월에는 위魏의 유주자사幽州刺史 관구검毌丘儉이 낙랑태수 유무劉茂와 삭방태수 왕준王遵과 더불어 고구려를 공략하자 이 틈을 이용하여 좌장左將 진충眞忠을 파견하여 낙랑의 변민邊民을 습격하여 취하고 있다. 이와 관련하여 주목되는 것은 『삼국지』 동이전 한韓전에

경초(景初, 魏 明帝의 연호, 237~240) 연간에 명제明帝가 대방태수 유흔劉昕과 낙랑태수 선우사鮮于嗣를 파견하여 바다를 건너 두 군郡을 평정하였다. … 부종사部從事 오림吳林은 낙랑이 본래 한국韓國을 통치했다는 이유로 진한 8국을 분할하여 낙랑에 넣으려 하였다. 이때 통역하는 관리가 말을 옮기면서 틀리게 설명한 부분이 있어 신지臣智와 한인韓人들이 모두 격분하여 대방군의 기리영崎離營을 공격하였다. 이때 대방태수 궁준弓遵과 낙

랑태수 유무劉茂가 군사를 일으켜 이들을 정벌하였는데, 준遵은 전사하였
으나 두 군은 마침내 한韓을 멸하였다.

(『삼국지』 권 30, 위서 30, 동이열전 30 한전)

라고 한 기사이다. 위에서 이 사실을 경초景初 연간이라 하고 있는데,
이때는 고이왕 4년에서 6년에 해당한다. 위의 사실에 대하여 이병도는
『한국사』 고대편에서 이때의 신지란 바로 고이왕을 뜻하는 것으로 보
았고, 이후 다른 학자들도 이를 수용하고 있다. 그렇다면 고이왕 때에
는 대방태수 궁준의 군사에 대항할 수 있을 정도로 국력이 강화되고
있었음을 알 수 있다.

고이왕 이후 백제는 중국 군현의 정치적 간섭과 왕실 내부의 권
력투쟁 등으로 한때 불안을 면치 못하였다. 고이왕의 뒤를 이은 책계
왕責稽王은 한漢과 맥인貊人으로 호칭되던 동예東濊의 침입으로 살해당하
였고, 다음 분서왕汾西王도 낙랑태수가 보낸 자객에게 살해를 당하게
된다. 분서왕의 뒤를 이은 비류왕比流王(304~344) 때에는 고구려에 의
하여 낙랑과 대방이 멸망되었던 시기이다. 이때 백제는 북쪽의 압력으
로부터 벗어나 대외적으로 팽창하였던 것 같다. 정인보는 『조선사연
구』에서 비류왕 3년(305)에는 산동반도까지 진출하였을 것으로 보았고,
또 이 시기에 왕권의 안정을 위하여 수도를 하북위례성에서 하남위례
성으로 천도한 것으로 보았다. 이병도는 이러한 견해를 『한국고대사연
구』(박영사, 1976)에서 수용하고 있다. 그러나 이때는 왕실내부의 권력
투쟁도 격화되고 있는데, 이것은 『삼국사기』 백제본기 비류왕 24년
(327)조의 기사에 내신좌평 우복優福이 북한성北漢城을 근거로 모반을 일
으키고 있는 기사를 통하여 확인할 수 있다.

백제가 전성기를 맞게 되는 것은 제13대 근초고왕(346~375) 때이
다. 이 시기에는 북으로는 고구려를 공략하여 고국원왕을 살해하였고,

남으로는 마한의 잔존세력을 정복하여 영역을 전라도까지 확장하였으며, 동남쪽으로는 가야계加耶系의 세력들을 정복하면서 백제영역으로 흡수하였다. 이 시기에 박사博士 고흥高興으로 하여금『서기書記』를 편찬케 하였고, 대내적으로는 부자상속의 왕위계승을 확립하였다. 또 진씨眞氏 가문에서 왕비를 맞아들여 왕권을 강화하였다. 그뒤를 이은 근구수왕(375~384)은 부왕의 사업을 계승하여 고구려의 침입을 격퇴하고, 또 자신이 직접 군사 3만명을 거느리고 평양성을 공격하기도 하였다.

근초고왕과 근구수왕 때에는 백제의 국력이 대외적으로도 크게 떨쳤던 시기이다. 이들 왕때에 중국의 요서지방까지 경략하였으며, 일본에도 세력을 뻗쳤다. 왕인王仁과 아직기阿直伎를 일본에 파견하여 유학을 전하였으며, 일본 대화정부大和政府의 왕에게 칠지도七支刀를 전하여 백제의 위엄을 과시하기도 하였다.

침류왕(384~385) 때에는 동진으로부터 온 호승胡僧 마라난타摩羅難陀가 불교를 전하자 이를 수용하여 한산漢山에 사찰을 세우고 승려 10여 명을 배출하였다. 진사왕辰斯王(385~392)도 고구려와 말갈의 침입을 효과적으로 방어하면서 국력을 배양하였으나 다음 아신왕阿莘王(392~405) 때에는 고구려 광개토대왕의 침략을 받아 관미성關彌城·아단성阿旦城 등 58개의 성城과 700여개의 촌村을 함락당하자 항복하게 되었고, 이로써 왕제와 대신 10여 명을 인질로 보내지 않을 수 없게 된다. 이 사건을 계기로 백제의 국력은 급속히 약화되었고, 이후 왕권의 동요도 보이게 된다.

아신왕 사후 왕제인 훈해訓解와 첩례諜禮사이에 분쟁이 일어나 첩례가 훈해를 죽이고 왕이 되었으나 당시 왜국에 인질로 있었던 태자 전지腆支가 귀국하여 해충解忠의 도움을 받아 왕위에 즉위하게 된다. 이 때의 사실을『삼국사기』백제본기에는 다음과 같이 기록하고 있다.

전지왕은 아신왕의 원자元子로 아신왕의 재위 3년에 태자가 되었고, 6년에 왜국에 볼모로 가 있었다. (아신왕) 14년에 왕이 죽자 (전지)왕의 중제仲弟인 훈해가 섭정하면서 태자의 환국을 기다렸는데 (전지)왕의 계제季弟 첩례가 훈해를 죽이고 즉위하였다. 이때 태자 전지는 왜국에 있으면서 부음을 듣고 귀국하였는데, 왜왕은 군사 100명으로 호위하도록 하였다. 전지가 국경에 이르자 한성漢城인 해충解忠이 와서 "대왕께서 세상을 떠나자 왕제 첩례가 형을 죽이고 자립하였으니 들어가지 마소서"라고 하니, 태자는 왜인들의 호송을 받으며 해도海島에 의거하여 때를 기다렸다. 때에 국인國人들이 첩례를 죽이고 태자를 맞아 즉위하게 하였다.

(『삼국사기』 권 25, 백제본기 3, 전지왕 즉위조)

위에서 보는 바와 같이 전지왕의 즉위과정에는 왕실내부의 알력이 있었고, 또 그의 즉위에는 지금까지 정계에서 배제되었던 해씨解氏계의 지원이 있었다. 이로써 고이왕 때에 실각되었던 해씨는 다시 중앙정계에 진출하게 된다. 왕은 해충의 공을 치하하여 달솔達率의 벼슬을 내리고 벼 1,000석을 하사하였으며, 해수解須에게 내법좌평, 해구解丘에게는 병관좌평의 직을 내렸다. 또 왕 4년(408)에는 여신餘信에게 상좌평上佐平의 직을 내렸는데, 이것이 백제 상좌평의 처음이다. 이종욱은 「백제의 좌평」(『진단학보』 47, 1978)에서 상좌평이 실시되었던 이때부터 동성왕 말까지를 백제발전의 3단계로 파악하여 시대구분에 적용시키고 있다.

왕 12년(416)에는 동진東晋으로부터 사지절도독 백제제군사 진동장군 백제왕使持節都督 百濟諸軍事 鎭東將軍 百濟王이란 책봉을 받았다. 그 뒤를 이은 구이신왕久尒辛王과 비유왕毗有王 때에는 국위를 떨치지 못하였다. 그러나 비유왕 때에는 주목할 만한 사실이 나타나고 있다. 왕은 고구려 장수왕의 남하정책을 저지하기 위하여 왕 7년(433)에 신라에 수교를 청하여 나제동맹羅濟同盟을 결성하였다.

제21대 개로왕蓋鹵王은 즉위 후에 고구려를 공격하기도 하고, 성책

城柵을 수리하여 이들의 침입에 대비하였다. 또 중국의 북위北魏에 사신을 파견하여 고구려를 압박하려고 하였다. 그러나 왕 21년(475)에 고구려 장수왕의 침공으로 한성이 함락당하고, 왕도 죽음을 당하게 된다. 이로써 한성백제는 종언을 고하게 된다. 당시 장수왕이 백제를 침공하기 위하여 승僧 도림道琳을 간첩으로 보내어 바둑으로 개로왕의 정사를 그르치게 하였다는 내용이 『삼국사기』에 수록되어 있다.

이때 고구려 장수왕의 선봉이 되어 개로왕을 살해한 사람은 걸루桀婁와 만년萬年 등이었는데, 이들은 원래 백제인으로 고구려에 망명하였다. 『삼국사기』의 찬자는 이들의 소행에 대하여

> 초楚나라 명왕明王이 망할 때 운공鄖公 신辛의 아우 회懷는 왕을 시해하고는 "평왕(平王, 명왕의 아비지)은 너의 아비지를 죽였으므로 나는 그 아들을 죽였다. 이 또한 옳지 않으랴"고 하였는데, 이때 신辛은 "임금이 신하를 죽였는데, 누가 감히 이를 원수라 하겠는가? 임금의 명은 천명天命이다. 만약에 천명으로 죽는다면 누구를 일러 원수라 하겠는가?"라고 하였다. 이제 (개로왕을 죽인) 걸루 등은 스스로 죄를 지어 나라에 용납되지 않았음으로 도망하여 적병의 향도가 되어 전의 임금을 묶어 보내고 이를 살해하였으니, 그 불의不義는 아주 심한 것이다.
> (『삼국사기』 권 25, 백제본기 3 개로왕 21년조의 논찬)

라는 논평을 하고 있다.


## 2. 웅진백제

한성백제가 고구려 장수왕의 침입으로 함락되자 이후 백제는 웅진熊津으로 천도하여 재기를 기하게 된다. 이 시기는 문주왕文周王이 웅진에 천도하여 국가를 재기한 후(538) 성왕聖王 16년(538) 사비泗沘로 천

도할 때까지이다. 그 동안에 삼근왕三斤王·동성왕東城王·무녕왕武寧王 등의 왕들이 재위하였다.

문주왕의 즉위과정에 대하여 『삼국사기』 개로왕 21년(475) 조에

장수왕의 침입으로 위기를 당하게 되자 개로왕은 왕자 문주文周에게 말하기를 "내가 어리석고 밝지 못한 관계로 간사한 사람의 말을 신용하여 이 지경에 이르렀구나. 백성들은 쇠잔하고 군사는 약하니 비록 위태롭다 하더라도 누가 나를 위하여 힘써 싸우겠는가. 나는 마땅히 사직을 위하여 죽겠지만 너는 여기에서 함께 죽어도 이로움이 없을 것이니, 어찌 이 어려운 때를 피하여 나라의 계통을 계승해야 되지 않겠는가"라고 하였다. 문주는 곧 목협만치木劦滿致와 조미걸취祖彌桀取와 함께 남쪽으로 길을 떠났다.

(『삼국사기』 권 25, 백제본기 3, 개로왕 21년조)

라고 하였고, 또 『삼국사기』 문주왕 즉위조에는

개로왕이 즉위하자 문주는 상좌평이 되었는데, 개로왕 재위 21년에 고구려가 침입하여 한성을 포위함으로 개로왕은 성을 굳게 지키고 문주로 하여금 신라에 구원병을 청하게 하여 군사 1만을 얻어 돌아왔다. 고구려의 군사는 물러갔으나 성은 파괴되고 왕이 돌아가셨으므로 드디어 즉위하였다. …… 10월에 왕은 서울을 떠나 웅진으로 천도하였다.

(『삼국사기』 권 26, 백제본기 4, 문주왕 즉위조)

라고 하고 있다. 위의 두 기록에서 개로왕조의 기사는 국가의 위기상황에서 개로왕은 문주로 하여금 남으로 가서 국기國基를 계승하도록 명하고 있고, 문주왕조의 기사는 신라에 가서 구원병을 요청하도록 되어 있다. 주목되는 것은 이때 신라의 기사이다. 당시 신라와 백제는 고구려를 공동의 적으로 보아 이들의 침입에 상호 협조한다는 나제동맹羅濟同盟이 체결되어 있었다. 『삼국사기』 자비마립간 17년(474) 7월조에

고구려 왕 거연巨連(장수왕)이 친히 군사를 거느리고 백제를 공격하였다. 이에 백제왕 경慶(개로왕)이 왕자 문주를 신라에 보내어 구원을 청함으로 왕은 군사를 내어 이를 구원하도록 하였다. 그러나 신라군이 이르기 전에 백제는 이미 함락되고 왕 또한 죽음을 당하였다.
(『삼국사기』 권 3, 신라본기 3, 자비마립간 17년 7월조)

라고 기록하고 있다. 이들 기록을 종합할 때 개로왕은 국가가 위기에 봉착하자 일차적으로 문주로 하여금 신라에 구원병을 요청하도록 하였고, 만약 이 일이 실패한다면 남으로 가서 국기國基를 계승하도록 하였던 것 같다. 문주왕은 이곳에 천도하자 대두산성大豆山城을 수리하여 한북漢北의 민호民戶를 옮겼다.

그러나 당시 웅진의 재지세력들의 반발도 심각하였다. 또 이러한 와중에서 왕비족인 해씨解氏와의 알력도 나타나게 된다. 당시 해씨로 병관좌평에 있던 해구解仇는 내신좌평 곤지昆支가 죽은 후에 전권을 오로지 하면서 왕이 사냥을 나가자 자객을 보내어 살해하였다. 문주왕의 뒤를 이어 그의 아들 삼근왕(477~479)이 13세의 나이로 즉위하였으나 해구는 여전히 군국정사를 오로지 하였고, 다음 해(478)에는 연신燕信과 더불어 대두성大豆城을 근거로 모반을 일으켰다. 이에 왕은 진남眞男·진로眞老 등 진씨眞氏세력을 이용하여 이들을 격살하였다. 『삼국사기』의 찬자는 이 사건에 대하여

『춘추』의 필법에 임금이 시해를 당하였는데도 그 역적의 죄를 다스리지 않으면 이를 엄하게 규탄하였으니, 이는 신하다운 신하가 없다고 생각한 때문이다. 해구가 문주왕을 시해하였는데, 그의 아들 삼근이 왕위를 계승하였음에도 불구하고 능히 그를 죽이지 않았을 뿐만 아니라 도리어 정사를 그에게 맡겨 하나의 성을 거점으로 반란을 일으키게 만들고, 그런 뒤에야 대병을 출동시켜 그를 제압하였으니, 이는 소위 서리를 밟을 때 경계하지 않다가 마침내 얼음을 얼게 하는데 이르게 하고, 또 조그만 불

씨를 끄지 않다가 큰 불을 일으키게 한 격이니, 이러한 일이 일어나는 연유는 그 까닭이 있는 것이다. 당나라 헌종이 살해되었을 때도 3대 후에야 겨우 그 역적을 죽였으니, 하물며 바다 모퉁이에 있는 외진 땅의 삼근과 같은 애숭이에 있어서야 어찌 말할 것이 있으랴!

(『삼국사기』 권 26, 백제본기 4, 삼근왕 2년조)

라는 논평을 하고 있다.

삼근왕을 이어 왕위에 즉위한 동성왕(479~501)은 국력회복을 위한 다양한 정책을 실시하게 된다. 그는 진노眞老를 병관좌평 겸 지내외병마사知內外兵馬事에 임용하여 군사체제를 정비시키고, 또 웅진의 재지세력인 연씨燕氏·사씨沙氏·백씨苩氏 등의 신흥세력을 중용하여 기존의 정치체제를 개혁하고자 하였다.

왕은 즉위 후에 사약사沙若思를 내법좌평에 임용하였고, 왕 8년 (486)에는 백가苩加를 위사좌평에, 왕 19년(497)에는 연돌燕突을 병관좌평에 임용하였다. 이들은 모두 웅진을 중심으로 하는 재지세력들로써 연씨는 탕정성湯井城, 지금의 온양을 기반으로 하는 재지세력이었고, 백씨는 웅진의 재지세력이었으며, 사씨는 사비泗沘, 지금의 부여지방 토착세력이었다. 이와 병행하여 왕 15년(493) 3월에 신라의 왕족인 이찬伊飡 비지比智의 딸을 부인으로 맞아들였는데, 이것은 귀족세력들에 의한 왕권의 제약을 일소하고, 아울러 신라와의 동맹체제를 굳건히 하는데 그 목적이 있었다. 그러나 재지세력의 등용으로 왕권을 강화시키려고 하였던 동성왕의 정책도 왕 23년(501) 위사좌평 백가苩加에게 피살당함으로써 막을 내리게 된다.

그 뒤를 이은 무녕왕武寧王(501~523)은 즉위하자 해명解明으로 하여금 백가의 반란을 진압하게 하고, 이후 수차에 걸친 말갈과 고구려의 침입을 격퇴시키면서 국력을 배양하였다. 그 뒤를 이은 성왕聖王은 국가중흥을 위하여 국도를 협소한 웅진으로부터 대륙과의 교통이 용이

하고, 자연적 요새를 갖춘 사비泗沘로 천도하여 국호를 남부여南扶餘라 하였다.

성왕은 『삼국사기』에 "지식이 있고 영매하며 과단성 있었기 때문에 나라 사람들은 그를 성왕聖王이라 불렀다"고 평한 바와 같이 과단성과 실천성을 겸비한 인물이었다. 그는 학문과 불교를 숭상하여 중국 남조南朝의 양梁과 통하여 그 문물을 수입하여 국내문화의 수준을 높였고, 또 왜와 우호관계를 유지하여 학자를 보내거나 기타 전문기술자를 보내기도 하였다. 이와 병행하여 정치제도도 정비하였다. 그는 재위시에 중앙에 22부部와 지방의 5부五部 및 5방五方의 제도를 갖추어 행정체계를 확립하였다.

또 성왕은 신라와의 동맹관계를 이용하여 진흥왕眞興王과 함께 고구려에 빼앗긴 한강유역의 고토故土회복을 위하여 출병하였다. 드디어 왕 28년(550)에 남북 한성漢城을 포함한 한강유역의 실지를 회복하였다. 그러나 철령鐵嶺이북으로 진출하여 오늘날 함남咸南 이원利原까지 영토를 확장한 신라 진흥왕은 백제가 점령한 한강유역에 눈을 돌려 이곳을 빼앗음으로써 백제의 중흥 기도는 좌절되고 말았다. 성왕은 이와 같은 신라의 배신행위를 응징하기 위하여 동왕 32년(554)에 대가야大加耶와 연합하여 친히 군병을 이끌고 신라의 관산성管山城을 공격하였으나 오히려 신라 복병의 기습을 받아 구천狗川 부근에서 피살되고 말았다. 이로써 120여 년 동안 유지되었던 양국의 동맹관계는 완전히 결렬되고 말았다.

## 3. 사비백제

이 시기는 제26대 성왕聖王 16년(538)에 서울을 사비로 옮기고 국호를 남부여라고 한 이후부터 의자왕義慈王 20년(660) 신라와 당의 연합군에게 멸망할 때까지이다. 이 시기에 성왕을 이어 위덕왕威德王·혜왕惠王·법왕法王·무왕武王·의자왕이 왕위를 순차적으로 계승하였다. 성왕이 신라 진흥왕의 배신행위에 격분하여 신라를 공격하다가 도리어 왕 32년(554)에 불의의 반격을 당하면서 죽은 이후에 이 시기의 왕들은 신라에 대한 복수를 제1의 당면과제로 삼았다. 이로써 신라와의 투쟁은 이 시기의 일관된 백제의 국시國是였다.

위덕왕威德王(554~598)은 수차에 걸쳐 신라를 공격하였고, 또 남조南朝의 진陳과 북조北朝의 북제北齊와 교류하면서 고구려의 침입에도 대비하였다. 이후 수隋가 중원을 통일하자 친선관계를 맺었고, 왕 45년(598)에는 수가 고구려를 공격하려고 하자 사신을 수 문제에게 보내어 고구려 정벌에 함께 참여할 것을 청하기도 하였다. 이 사실을 알게 된 고구려는 이후 수차에 걸쳐 백제를 공격하여 이에 대한 보복을 행하게 된다. 위덕왕의 뒤를 이은 혜왕惠王(598~599)은 단명으로 일찍 돌아가니, 장자인 법왕法王(599~600)이 즉위하였다. 그는 불법佛法에 심취하여 전국에 명을 내려 살생과 민가에서 매를 사육하는 일을 금하고 어렵기구漁獵機具를 불태워 버리도록 하였고, 또 왕흥사王興寺를 창건하여 도승度僧 30여 명을 주석하게 하였다.

그 뒤를 이은 무왕武王(600~641)은 즉위 3년에 신라의 아막산성阿莫山城을 공격하였고, 왕 17년(616)에는 달솔 백기苩奇에게 명하여 신라의 모산성母山城을 공격하였으며, 왕 25년(624)에는 신라의 속함성速含城·앵잠성櫻岑城·기잠성岐岑城·봉잠성烽岑城·기현성旗縣城·용책성冗柵城 등 6성城을 공략하여 빼앗았다. 또 28년·29년·33년·34년·37년에도 신라를 계속 공격하고 있다. 이 중에서 무왕 28년(627)의 침공은 신라로 하여금 위기의식을 크게 불러일으킨 것 같다. 이것은 이 전쟁에서 패한 신라 진평왕이 수隋에 사신을 보내어 구원을 요청하고 있는 사실에서 알 수 있다.

백제의 신라 침공은 의자왕이 즉위한 후에 더욱 가속화된다. 의자왕은 즉위 2년(642) 2월에 친히 군사를 거느리고 신라의 미후성獼猴城 등 40여 성을 함락시켰고, 이 해 8월에는 장군 윤충允忠을 파견하여 대야성大耶城을 함락시키고, 성주城主인 김품석金品釋과 처자를 살육하였다. 이때 살육당한 품석의 처는 김춘추의 딸이었는데, 『삼국사기』 신라본기에는 이때의 사실을 다음과 같이 기록하고 있다.

백제장군 윤충允忠이 군사로서 대야성을 공격하여 성이 함락되었는데, 이 싸움에서 도독인 이찬 품석品釋과 사지舍知인 죽죽竹竹, 그리고 용석龍石이 전사하였다. …… 대야성 전투에서 패할 때 도독 품석의 아내도 함께 죽음을 당하였는데, 이는 곧 김춘추의 딸이었다. 춘추는 이 비보를 듣고 기둥에 의지하여 서서 종일토록 꼼짝하지 않고 사람이나 어떤 것이 그 앞을 지나가도 알지 못하더니, 얼마 후에 말하기를 "슬프다! 사나이 대장부로서 어찌 백제를 능히 멸망시키지 못하겠는가?"라 하고는 바로 왕을 배알하고 왕의 허락을 얻어 고구려에 원병을 청하기 위해 출발하였다.
(『삼국사기』 권 4, 신라본기 4, 선덕왕 11년조)

의자왕 3년(643)에는 지금까지 적대관계에 있던 고구려와 수교하여 여제동맹麗濟同盟을 결성하고, 신라를 공동으로 협공하게 된다. 이로써 신라는 당唐에게 구원을 요청하지 않을 수 없는 상황에 놓이게 된다. 백제 역시 당과의 수교를 통하여 화친관계를 유지하고 있었지만, 당은 목전의 적인 고구려를 응징하기 위하여 신라에 더욱 호의적인 태도를 보이게 된다. 이로써 고구려의 배후세력을 제거하려는 당의 의도와 고구려와 백제의 침공으로부터 국가를 보위해야 한다는 신라의 절대적인 위기의식이 결합되면서 신라와 당은 나당羅唐연합이라는 동맹체제를 구축하게 된다. 이러한 과정에서 백제는 역사적 종언을 고하게 된다.

## 제4절 백제의 통치구조와 사회구성

### 1. 통치구조

백제는 북방계통의 유이민 집단과 토착세력의 연합으로 지배계급이 형성되었고, 낙랑·대방의 압력과 고구려·왜 등 외부세력의 영향을 받으면서 지배체제가 성립되고 있다. 또 백제가 자리잡은 마한지방은 일찍부터 구석기문화·신석기문화·청동기문화를 단계적으로 거쳤고, 이후 이들 지역의 전통적 문화기반과 중국계 및 고조선계의 유이민이 정착하면서 이들 유이민 집단의 문화적 전통이 결합되는 과정에서 삼국 가운데 가장 먼저 정비된 정치조직을 갖추게 된다.

백제의 지배체제는 최고 통수권자인 왕을 정점으로 그 아래에 사환士宦계급이 있어 통치권을 행사하였다. 왕은 비류계와 온조계가 병행하고 있었고, 따라서 왕계王系의 성씨는 부여씨扶餘氏·여씨餘氏·우씨優氏·해씨解氏 등으로 나타나고 있다. 즉『삼국사기』 백제본기 시조 온조왕조에서는 온조왕의 성씨를 부여씨라 하였고, 또 비류에 대하여는 북부여왕 해부루의 서손인 우태優台의 아들로 기록되면서 성씨도 해씨 또는 우씨로 혼용되어 나타나고 있다. 중국의 기록에서도 백제 왕성王姓을 여씨餘氏 또는 부여씨로 기록하고 있다. 백제에서는 왕을 칭하여 어라하於羅瑕라 하였고, 백성들은 그 왕을 건길지鞬吉支라 불렀으며, 왕비는 어륙於陸이라 불렀다. 이것은『주서周書』 백제전에서

> 왕의 성은 부여씨로써 왕을 어라하於羅瑕라 부르고, 백성들은 (왕을 호칭하여) 건길지鞬吉支라고 부르는데, 이것은 중국말로 모두 왕이라는 뜻이다. 왕의 부인은 어륙於陸이라고 부르는데, 이것은 중국말로 왕비라는 뜻이다.
>
> (『주서』 권49, 열전 41, 이역 상, 백제조)

라고 하고 있는 것에서 보인다. 왕 아래에는 관직에 진출할 수 있는 사환계층土宦階層이 있었는데, 이들은 기내畿內 5부五部에서 살았다. 이것은 『수서隋書』 동이전 백제조에

> 기내畿內는 5부로 나누는데, 부部에는 5항五巷이 있으며, 사인土人들이 산다.
>
> (『수서』 권 81, 열전 46, 동이, 백제조)

라고 하고 있는 기록에서 보인다. 기내畿內 5부五部는 『삼국사기』 백제본기에 의하면 온조왕 31년에 남부와 북부가 만들어졌고, 동왕 33년 8월에 동부와 서부가 만들어지면서 체제가 확립된 것으로 나타나고 있다. 『수서』의 기록을 보면 부部에는 각기 5항五港의 편제가 있었음이 확인된다. 이들 각 부에는 사환계층이 주거를 이루고 있었음을 알 수 있고, 실제로 『삼국사기』 백제본기에 의하면 이 지역 출신자들로 고위 관료로 등용되고 있는 기록이 많이 보인다.

이 5부의 성격에 대하여는 전국을 대상으로 인위적으로 구획한 초보적 단계의 지방 통치조직으로 인식하는 견해도 있으나(이종욱, 「백제의 건국과 통치체제의 편성」, 『백제논총』 4, 1994 : 박현숙, 「백제초기의 지방통치체제」, 『백제문화』 20, 1991) 이병도·김상기를 비롯하여 노태돈·노중국·문동석 등 대부분의 학자들은 부족연맹시대의 단위 정치체제인 '부部체제'로 파악하면서 백제가 고대국가를 형성하는 과정에서 지배자 집단의 거소居所 및 이들이 관할하는 행정구역으로 개편되었다고 보고 있다. 이러한 관점에서 볼 때 5부는 유이민 집단인 백제 왕실이 재지세력을 중앙의 통치구조에 흡수하면서 이들을 사환계층으로 하여 왕도의 일정지역에 편제하였던 제도로 볼 수 있을 것이다.

5부체제하에서 중앙에 진출한 이들 세력들을 서열화하면서 상호 간의 상하존비를 규정한 제도적 장치가 6좌평·16관등으로 나타나고 있다. 이 제도는『삼국사기』백제본기에 의하면 고이왕 27년(260) 정월에 확립된 것으로 기록되어 있다. 이러한 기록에는 위의 사실을 전하면서 고이왕 27년 3월에는 우수優壽를 내신좌평에 임용하고 있고, 다음 해 2월에는 진가眞可를 내두좌평, 우두優頭를 내법좌평, 고수高壽를 위사좌평, 곤노昆奴를 조정좌평, 유기惟己를 병관좌평에 임용하고 있는 사실도 아울러 전하고 있다. 이때 제정되고 있는 관품을 살펴보면 다음과 같다.

1) 관위 16등官位十六等

1품 좌평佐平－2품 달솔達率－3품 은솔恩率－4품 덕솔德率－5품 한솔扞率－6품 내솔奈率 : 상 공복公服 자색紫色

7품 장덕將德－8품 시덕施德－9품 고덕固德－10품 계덕季德－11품 대덕對德 : 이상 공복公服 비색緋色

12품 문독文督－13품 무독武督－14품 좌군佐軍－15품 진무振武－16품 극우剋虞 : 이상 공복公服 청색靑色

위의 관위는 상하의 위계位階가 엄격히 구분되고 있다. 이것은 복색제도服色制度와 의대衣帶에 엄격한 구분이 아울러 적용되고 있는 것에서 알 수 있다. 즉 위의 관위에서 1품부터 6품까지는 자색紫色의 공복을 착용하도록 규정하였고, 7품에서 11품까지는 비색緋色의 공복을, 그 이하는 청색靑色의 공복을 착용하도록 하고 있다. 또『북사北史』백제조에는 자색의 공복을 착용하는 6품 이상에게는 은화銀花로 관冠을 장식하게 하였고, 7품 장덕은 자주색 띠를, 8품 시덕은 검은색 띠를, 9품

고덕은 붉은색 띠를, 10품 계덕은 청색 띠를, 11품인 대덕과 12품인 문독은 황색 띠를, 13품 이하는 흰색 띠를 패용하도록 하였다고 기록되어 있다. 이것은 관료의 관위등급에 따라 상하의 위계질서를 엄격히 유지하려는 의도로 보아야 할 것이다.

위의 관품에서 주목되는 것은 16관등의 명칭이 좌평을 제외하고는 솔率계열과 덕德계열, 그리고 문독 이하의 계열로 구분되고 있는 점이다. 노중국은 「백제의 정치」(『백제의 역사와 문화』, 학연문화사, 1996)에서 이들 관등제는 5부체제 단계에서의 관등을 토대로 그것을 분화·격상하여 만들어진 제도로 파악하면서, 이러한 과정에서 솔 관등이 달솔에서 내솔까지, 덕 관등이 장덕에서 대덕까지 각각 5개로 분화·확대되었다고 보았다. 또 이기동은 『한국사강좌』 고대편(일조각, 1982)에서 이들 관위는 관직에 나갈 수 있는 신분적 자격과 연계되는 것으로 파악하였다.

16관등 중에서 가장 핵심인 것은 좌평이다. 좌평은 1품으로 최고의 직위였고, 맡은 업무의 성격에 따라 6좌평으로 나누어 진다. 『주서周書』와 『북사北史』 등 중국의 사서에서는 모두 좌평이 5명인 것으로 기록하고 있으나 『삼국사기』 백제본기에는 6좌평으로 되어 있다. 또 좌평에 임용된 자들이 모두 나타나고 있는 것을 볼 때 6좌평이 분명한 것 같다. 좌평의 임무는 업무의 성격에 따라 구분되는데, 『신당서』 백제전에는 내신좌평內臣佐平은 왕명의 출납을 담당하였고, 내두좌평內頭佐平은 재정과 회계를 담당하였으며, 내법좌평內法佐平은 의례와 제사를, 위사좌평衛士佐平은 왕궁숙위의 임무를, 조정좌평朝廷佐平은 형옥刑獄과 치안을, 병관좌평兵官佐平은 군사를 맡고 있다. 이들 6좌평 중에서 내신좌평이 수상의 임무를 맡았고, 국가의 주요회의를 주관하는 의장의 역할도 맡았다.

고이왕 27년에 마련된 것으로 전해지는 이와 같은 제도는 백제의 정치사상 획기적인 변화가 아닐 수 없다. 국초부터 백제는 최고관직으로 좌보左輔가 있었고, 또 우보右輔와 좌장左將 등의 관직도 있어 백제관직의 상층부를 구성하고 있었다. 이때에 이르러 6좌평제가 마련되고, 국가의 주요업무를 분담하였다는 것은 주요한 의미를 갖는다. 이것은 국가의 정치체제가 왕권을 중심으로 일원화되고 있음을 의미한다.

6좌평의 설치는 백제의 국가발전에 따른 국무의 확대에서 그 배경을 찾을 수 있겠지만, 지배세력의 실권을 분산시켜서 왕권을 강화하려는 정치적 의도와도 연계되고 있었을 것이다. 이러한 정책은 바로 백제가 집권적 국가로 발전하고 있음을 의미한다. 그러나 이 좌평제도도 이후 국가의 발전과 더불어 많은 변질을 보게 된다.

왕권에 대한 도전을 극복하고 왕위에 즉위한 제18대 전지왕腆支王은 왕권강화를 위하여 기존의 6좌평 외에 상좌평上佐平을 설치하고, 서제庶弟 여신餘信을 임용하여 국군國軍의 정사를 담당하도록 하였다. 상좌평은『삼국사기』백제본기에서 지금의 재상과 같다고 한 것과 같이 위로는 왕을 보좌하고, 아래로는 백성들을 통치하였으며, 또 6좌평을 감독하면서 국정전반을 총괄하는 수상의 역할을 담당하였다.

이후 동성왕東城王 말기에는 다시 좌평제의 변화가 나타난다. 이때는 좌평의 수가 증가하였고, 좌평의 역할 또한 모호하게 된다. 이 당시의 좌평에는 그들이 맡은 직책이 누락되고 있다. 이때에 와서는 그 동안 좌평이 맡았던 직무는 22부의 행정관부로 이양된 것 같고, 좌평은 실무를 담당하기 보다는 명예직으로 전락한 것 같다.

『주서周書』이역전 백제조를 보면 백제의 행정체제는 내관內官 12부와 외관外官 10부로 구성되어 있다. 그 내용은 다음과 같다.

1) 내관 12부 : 전내부前內部·곡부穀部·육부肉部·내량(품)부內掠(廩)部·외량부外掠(廩)部·마부馬部·도부刀部·공덕부功德部·약부藥部·목

부木部 · 법부法部 · 후관부後官部

2) 외관 10부 : 사군부司軍部 · 사도부司徒部 · 사공부司空部 · 사구부司寇部 · 점구부點口部 · 외사부外舍部 · 객부客部 · 조부綢部 · 일관(궁)부日官(宮)部 · 도시부都市部

위의 행정체제에 대하여 김철준은 「백제사회와 그 문화」(『한국고대사회연구』, 지식산업사, 1975)에서 백제가 부여로 천도한 이후의 사실로 파악하였지만, 위의 기록을 수록한 『주서周書』에서 당시 백제의 수도를 고마성固麻城, 즉 웅진으로 서술하고 있는 것으로 보아 이들 행정부서는 웅진시대에 운영되고 있었던 행정부서로 볼 수 있다. 더 나아가 『주서』의 내용에서 좌평제와 16관등에 대한 것도 수록되고 있음을 볼 때 위의 행정부서는 한성백제 때부터 운영되어 왔던 제도로 파악할 수도 있다.

행정구역에 대하여는 『주서周書』 이역전 백제조에서

도성都城에는 1만호가 거주하여 5부로 나누었는데, 상부上部 · 전부前部 · 중부中部 · 하부下部 · 후부後部이며, 이들 부部는 각기 500명의 군사를 거느린다. (지방은) 5방五方으로 나누는데, 각기 방령方領 1인씩을 두어 달솔達率로써 임명하고, 군郡에는 군장郡將 3인이 있어 덕솔德率로써 임명한다. 방方에서 거느리는 군사는 1,200명 이하 700명 이상이다.

(『주서』 권 49, 열전 41, 이역 상, 백제조)

라고 하였고, 『북사北史』 백제조에서는

도성에는 1만호가 거주하고 5부로 나누었는데 상부 · 전부 · 중부 · 하부 · 후부이다. 각 부에는 5항五巷이 있어 사士와 서인庶人이 거주하고, 이들 부는 각기 병사 500명씩 통솔한다. 5방에는 방령 1명을 두는데, 달솔로써 방령을 삼고, 방좌方佐가 그를 보좌하였다. 방마다 10군郡이 있고, 군에는 군장 3명씩을 두는데, 덕솔로써 임명하였다. 각 군에는 1,200명 이하 700명 이상의 군사를 거느린다.

(『북사』 권 94, 열전 82 백제조)

라고 하고 있다. 위의 기록에 대한 학계의 일반적 견해는 사비천도 이후의 사실로 파악하고 있다.

위의 두 기사를 볼 때 도성에는 5부로 행정구역이 정해지고 있었음을 알 수 있다. 『삼국사기』 백제본기에서는 동부·서부·중부·남부·북부로 나타나고 있는데, 위의 기사에서는 모두 상부·전부·중부·하부·후부로 나타나고 있다. 이로 볼 때 초기의 부명은 후대에 와서 개칭되었던 것으로 볼 수 있다. 학계에서는 이러한 변화를 고이왕 또는 근초고왕의 개혁정치와 연계시키는 견해도 있지만(노태돈·주보돈), 대부분의 학자들은 사비천도 이후의 사실로 파악하고 있다.

위에서 볼 때 백제도성의 행정구역은 5부의 체제로 되어 있었고, 각 부는 각기 5항巷의 행정구역을 통제하고 있었음을 알 수 있다. 또 지방은 5방方으로 편제되었는데, 방에는 각기 방령方領이 한명씩 있었고, 이들은 2품의 관등인 달솔에서 임용되었으며, 방좌方佐가 이들을 보필하였다. 또 방方은 10군씩을 관할하였는데, 군에는 덕솔의 관등으로 임용된 3명의 군장이 있었음을 알 수 있다.

이밖에 백제의 지방행정으로 주목되는 것은 담로檐魯이다. 이 담로제의 실시는 『남사南史』 백제조에

(백제는) 도성을 고마固麻라고 하며, 읍邑을 담로檐魯라 하는데, 이는 중국의 군현郡縣과 같은 말이다. 나라 안에는 22담노가 있는데, 모두 왕의 자제와 종족宗族들을 나누어 웅거하게 하였다.

(『남사』 권 79, 열전 69, 이맥 하, 동이 백제조)

  한국고대민족사의 탐구

라고 한 기사에서 보인다. 위의 사실에 대한 학계의 견해는 다양하게 나타나고 있다.

이병도는 『한국사』 고대편(을유문화사, 1959)에서 위의 사실을 웅진시대에 관한 것으로 파악하면서 5방方의 편제가 나타나기 이전 시기에 전국을 22개의 담로체제로 구성하였을 것이라고 보았다. 그리고 담로란 말은 큰 성을 의미하는 개념이며, 그 기원은 백제 건국초기부터 찾아볼 수 있다고 하였다. 이에 대하여 유원재는 「양서梁書 백제전의 담로」(『백제의 중앙과 지방』)에서 담로란 어원은 돌로 둘러쌓아 안과 밖을 구분하는 구조물인 '담'에서 비롯되었다고 보면서, 이를 마한 소국의 토성와 연결시켜 지방의 치성治城으로 파악하였다. 또 노중국·김영심·김기섭·박현숙 등은 부部체제의 미숙성을 극복하기 위하여 지방관을 중앙에서 직접 파견함으로써 백제 전역에 대한 적극적이고 일원적인 통치체제를 구현하기 위한 의도에서 실시되었다고 보았다. 그러나 이도학은 「한성후기의 백제왕권와 지배체제의 정비」(『백제논총』 2, 1990)에서 근초고왕 때에 새로이 복속한 지역인 금강 이남의 전라도 지역을 통치한 제한된 지배형태로 파악하였고, 최근 이용빈은 『백제 지방통치제도 연구』에서 담로란 『삼국사기』 권 13 고구려본기 1 동명성왕 2년조에 나오는 (잃었던) 옛 땅을 회복하였다는 뜻을 가진 '다물多勿'과 같은 의미로 파악하면서 근초고왕 때에 남방경략을 통하여 새로 복속된 가야의 일부지역과 영산강 유역 등에 설치한 지방통치기구로 파악하였다. 이 제도의 실시 시기에 대하여는 건국초기, 근초고왕대, 개로왕대, 무녕왕대 등의 다양한 견해가 제시되고 있다.

## 2. 사회성격

백제는 지배계급과 피지배계급으로 사회를 구성하고 있었다. 지배계급은 최고통치자인 왕을 비롯한 왕족이 특수신분층을 형성하였고, 그 아래에는 선주한 부여계의 족단과 재지세력을 대표하는 세력가들이 사환계층仕宦階層을 이루면서 관료층을 형성하고 있었다. 당시 백제의 사환계층은 『북사』 백제조에서 "도성에는 5부가 있는데, 이곳에는 사士와 서인庶人이 거주하였다"라고 한 기사와 『수서隋書』 백제조에 "각 부에는 사인士人들이 산다"라고 한 기사에서 확인된다. 『수서』 백제조에 보이는 사인士人을 사士와 인人의 합칭으로 본다면, 당시 사환계층은 하나의 신분층으로 고정되어 있었던 것으로 보인다.

기내畿內 5부五部 외에도 사환층은 존재하였을 것이다. 당시 마한은 54국이었다. 이들 국가들은 이후 백제의 발전과정에서 백제의 영역에 흡수되었음을 감안할 때 당시 이들 지역을 통솔하던 신지臣智 또는 읍차邑借로 불리우던 지배세력은 백제의 사환층으로 흡수되었을 것이다. 이것은 백제초기에는 진씨眞氏·해씨解氏·흘씨屹氏·곤씨昆氏 등이 유력한 성씨로 등장하고 있으나 웅진시대에는 연씨燕氏·백씨苩氏·사씨沙氏·협씨劦氏·국씨國氏·목씨木氏 등의 다양한 성씨들이 유력세력으로 중앙정치에 참여하고 있다. 또 의자왕 때에는 이들 외에도 장군 의직義直, 좌장左將 은상殷相, 좌평 성충成忠 등의 이름도 나타나고 있다. 이것은 백제가 마한의 영역을 흡수하는 과정에서 이들 영역의 실력자들을 사환계층으로 등용하였음을 의미한다.

사환계층의 아래에는 백성들의 대다수를 차지하는 서민庶民 또는 민民으로 불리는 계층이 있었다. 이들 계층은 주로 농업에 종사하면서 국가에 전조田租와 공물貢物을 바치면서 부역賦役에 종사하는 민民이었다. 그리고 수공업과 상업·어업에 종사하는 자들도 이 계층에 포함되었다. 이들은 자기들의 본업에 종사하면서 병사로 징발되기도 하였고, 축성 등의 공역에 동원되기도 하였으며, 기타 국가에서 요구하는 각종의 의무를 수행하였다. 이들 신분층은 이후 부강한 민인 호민豪民계층

과 일반농민, 그리고 가난하여 자립해 살 수 없는 영세농민들로 분화
되어 갔다.

호민계층은 마한 각국의 거수渠帥계층으로써 일찍부터 자신의 지
역에 토착하여 지배계층을 형성하고 있었다. 이들은 처음에는 독자성
을 지닌 세력들이었으나 이후 그 독자성을 상실하여 지방의 유력세력
으로 전환되어 갔다. 일반농민들은 원래 마한의 지배층들에게 예속을
받았던 읍락민으로 이들은 토지를 경작하는 자영농민이었다. 이들 중
에는 부를 축적하여 호민계층으로 진출하는 자들도 있었고, 또 일부는
부채 등으로 농지를 잃고 영세농민으로 전락하는 경우도 있었다.

국가는 지방통치조직을 통하여 이들을 파악한 후에 이들이 거주
하는 자연촌을 단위로 장적을 만들었으며, 또 몇 개의 자연호를 묶어
행정적인 성격의 편호編戶를 만들었다. 이것은 『삼국사기』 열전 도미都
彌전에 도미를 편호소민編戶小民으로 표현하고 있는 것에서 보인다. 또
호구가 작성되고 있었음은 외관外官 10부十部 중에서 점구부가 있는 것
에서 알 수 있다. 이 관청은 호구를 전담하던 관청으로 이해되고 있다.

최하층의 신분으로 천민계층이 있었다. 이 신분층은 사회분화가
진전되던 과정에서 읍락민들의 일부가 정치적·경제적으로 몰락하면
서 발생하기도 하였고, 피복속민들의 백성들을 집단으로 예민화하면서
생겨나기도 하였다. 이들 중에서 주류를 이루는 것은 노비였다. 노비
들은 전쟁포로·형벌·부채·인신매매·반역 등으로 발생하였는데, 왕
실·관청 및 사환계층에게도 사적으로 소유되었고, 일반농민들 중에서
도 이들을 소유하기도 하였다. 『삼국사기』 백제본기 근초고왕 24년
(369) 9월조에는 치양성雉壤城 전투에서 사로잡은 고구려의 포로들을 장
병들에게 나누어 준 기사가 보이고, 『주서周書』 백제조에 간음한 부녀
자는 남편집의 노비로 삼았으며, 『구당서舊唐書』 백제전에는 살인한 자
에게는 노비 3명으로 속죄하게 한 기사도 보인다.

백제의 법률도 부여와 고구려의 법률과 비슷하였던 것 같다. 부여는 고조선의 법률을 계승하고 있고, 고구려와 백제 또한 이들의 문화적 전통하에서 배양된 족단임을 감안할 때 같은 한민족 계통의 법률이 계승되었다는 것은 당연한 일이기도 하다.

최초로 기록에 나타나는 것은 『삼국사기』 백제본기 고이왕 28년(261) 정월조에

> 왕은 명을 내려 모든 관리로써 부정한 재물을 받거나 도둑질을 한 자는 3배의 장물로써 징수하게 하고, 종신토록 금고의 형벌에 처하도록 한다.
>
> (『삼국사기』 권 24, 백제본기 2, 고이왕 28년 정월조)

라는 기록이다. 또 『주서周書』 백제조에는

> 세금은 베·명주·삼베 및 쌀 등으로 그 해의 풍흉에 따라 차등있게 바치게 하였다. 그 나라의 형벌은 모반하거나 전쟁에서 퇴각한 자 및 살인자는 참수하였다. 도둑질을 한 자는 유배시키고, 도둑질한 물품의 배를 변상하도록 하였다. 부인으로써 간통한 자는 남편집의 노비로 삼았고, 부모나 남편이 죽으면 3년동안 상복을 입게하고, 그 나머지 친척들에게는 장례가 끝나면 복을 벗게 하였다.
>
> (『주서』 권 49, 열전 41, 이역 상, 백제조)

라는 기록을 남기고 있다.

백제의 풍속에 대하여 『양서梁書』 백제전에서는

> 키는 크고 의복은 깨끗하다. 그 나라 가까이에 왜倭가 있어 문신文身을 한 사람들이 더러 있다. 언어와 복장은 고구려와 거의 비슷하며, 걸을 때 두 팔을 벌리지 않는 것과 절할 때 한쪽 다리를 펴지 않는 것은 다르다.
>
> (『양서』 권 54, 열전 48, 제이 동이 백제조)

라고 하였고, 『주서周書』 백제전에서는

> 그들의 의복은 고구려와 대개 비슷하다. 조회나 제사를 지낼 때에는
> 관冠의 양쪽 끝에 (새의) 깃을 달았으나 군사의 일이 있을 때에는 그렇지
> 않았다. 절하고 뵙는 예는 두 손을 땅에 짚어 공경을 나타냈다. 부인의
> 의복은 도포같으면서 소매가 약간 컸다. 시집가지 않은 여자는 편발編髮로
> 머리 위에 또아리를 틀고 뒤로 한 가닥을 늘어뜨리는 것으로 꾸밈을 삼
> 았고, 시집간 사람은 이를 두 가닥으로 늘어뜨렸다. 그들의 습속은 말 타
> 고 활 쏘는 것을 숭상하고, 아울러 경전經典과 사서史書를 애독하니, 뛰어
> 난 사람은 문장을 엮을 줄도 알았고, 음양 5행五行도 이해하였다. 또 의약
> 醫藥·복서卜筮 및 점치고 관상 보는 것도 알고 있었다. 투호投壺와 저포樗蒲
> 등 여러 놀이가 있으나 바둑이나 장기를 매우 숭상한다. 또 송宋의 원가
> 력元嘉曆을 채용하여 인월寅月(음력 정월)로써 그 해의 첫 달로 하였다.
>
> (『주서』 권 49, 열전 41, 이역 상, 백제조)

라고 하고 있다.

백제인들은 주로 산을 의지하여 생활하였고, 오곡을 생산하고,
소·돼지·닭 등을 사육하였으며, 주로 생식生食을 하였던 것 같다. 이
것은 다음의 기록에서 확인된다.

> 백성들은 땅에 의지하여 사는데, 지대가 대부분 낮고 습하여 모두
> 산에 의지하여 산다. 오곡이 생산되고, 의복과 음식은 고구려와 같다.
>
> (『위서(魏書)』 권 100, 백제조)

> 토지는 낮고 습하였으며 기후는 따뜻하다. 오곡과 각종 과일·채소
> 및 술·음식·반찬·의약품은 중국과 거의 같고, 낙타·당나귀·새·양·
> 거위·오리 따위는 없다.
>
> (『주서(周書)』 권 49, 백제조)

> 오곡과 소·돼지·닭이 있으나 대개 화식火食은 하지 않는다. 땅은 지

대가 낮고 습하여 사람들은 모두 산에 올라가 산다. 또 굵은 밤[栗]이 난다.

(『수서(隋書)』권 81, 백제조)

그러나 백제는 국가적인 측면에서 벼농사를 가장 장려하였다. 이 것은 『삼국사기』 백제본기에서 다루왕 6년(33)에 주州와 군郡에 명하여 벼농사를 경작하도록 하였고, 또 고이왕 6년(242)에는 남택南澤을 개간 하여 논을 만들고 벼를 심게 하고 있는 것에서 알 수 있다. 백제는 벼 농사의 원활한 경작을 위하여 비류왕 27년(330)에는 김제에 대규모의 저수지인 벽골제碧骨堤를 축조하였다. 이 벽골제는 윤무병의 「김제 벽 골제 발굴보고서」(『백제연구』 7, 1976)에 의하면 제방의 길이가 3km, 높 이가 4.3m, 상편의 폭 7.5m, 하변의 폭이 17.5m에 달하는 대규모의 저 수지 였으며, 이 벽골제의 축조에는 연 인원 322,500명이 동원되었다 고 하고 있다. 벼농사 이외에도 보리와 콩도 국가에서 권장하는 작물 이었다. 보리에 대한 기록은 『삼국사기』 온조왕 28년 4월조, 기루왕 14 년 3월조, 고이왕 13년, 동성왕 23년 3월조 등의 기사에서 나타나고 있 으며, 콩은 기루왕 23년 8월조의 기사에서 확인된다.

# 6

# 한민족 고대국가의 성립과 신라


제1절  신라의 국가성립에 대한 검토
제2절  신라의 국가기반과 성격
제3절  신라의 국가발전
제4절  신라의 통치구조와 사회구성

# 제6장
# 한민족 고대국가의 성립과 신라

## 제1절  신라의 국가성립에 대한 검토

### 1. 신라의 건국에 대한 사료 검토

신라 건국에 대한 사서의 내용은 매우 다양하게 나타나고 있다. 우리나라 사서에는 신라의 건국을 박혁거세와 사로斯盧 6촌을 중심으로 기술하고 있다. 그러나 중국의 사서에는 이러한 내용의 기사는 보이지 않고, 진한辰韓의 종족과 변한弁韓의 종족이란 말로써 서술하고 있다. 또 신라의 국호를 신로新盧·사라斯羅·사노斯盧 등으로 표기하고 있고, 위치에 대하여는 고구려의 동남쪽, 또는 낙랑樂浪 등으로 표기하고 있다.

먼저 중국의 사서에 나타나는 신라의 건국과정을 살펴보자.

1) 신라는 본래 진한辰韓의 종족이다. 진한辰韓을 진한秦韓이라고도 하

는데, (양나라와는) 서쪽으로 10,000리쯤 떨어져 있다. 전하는 바에 의하면 진秦나라 때 유망민이 역役을 피하여 마한으로 가니, 마한에서는 동쪽 땅을 분할하여 그들을 살게 하고, 그들이 진나라 사람인 까닭에 이름을 진한秦韓이라고 하였다 한다. …… 또 진한의 왕은 항상 마한 사람을 세워 대대로 이어갔고, 진한 스스로는 왕을 세울 수 없었다. …… 위魏나라 때에는 신로新盧라 불렸고, 송宋나라 때에는 신라新羅 또는 사라斯羅라 불렸다.

(『양서梁書』 권 54, 동이열전, 신라)

2) 신라는 백제의 동남쪽 5,000여리에 있다. 국토의 동쪽은 큰 바다와 접하며, 남과 북은 구려·백제와 접하고 있다. 위나라 때에는 신로新盧라 불렸고, 송나라 때에는 신라 또는 사라로 불렸다. 나라가 작아 독자적으로 사신을 파견할 수 없었다.

(『남사南史』 권 79, 이맥열전 하, 신라)

3) 신라는 본래 진한辰韓의 종족이다. 그 땅은 고려의 동남쪽에 있으니, 즉 한漢나라 때의 낙랑지역이다. 진한辰韓을 진한秦韓이라고도 한다. …… (양서梁書와 같음) …… 진한의 왕은 항상 마한 사람을 세워 대대로 이어가고 항상 마한의 지배를 받았다. 진한은 처음에 6국이었으나 차츰 나누어져 12국이 되었는데, 신라는 그 중의 한나라이다. 일설에 의하면 위魏나라의 장수 관구검毌丘儉이 고려를 토벌하여 격파하니, (고구려인들이) 옥저로 쫓겨갔다가 그 뒤에 다시 고국으로 돌아갔는데, 이때 따라가지 않고 남아있던 자들이 마침내 신라를 세웠다고 한다. 신라는 사로斯盧라고도 한다. 신라에는 중국·고구려·백제의 족속들이 뒤섞여 있으며, 왕의 선조는 본래 백제사람이었는데, 바다로 도망쳐 신라에 들어가 마침내 그 나라의 왕이 되었다. 이로써 처음에는 백제에 부용하였다.

(『북사北史』 권 94, 신라)

4) 신라는 본래 고구려의 동남쪽에 있는데, 한漢나라 때의 낙랑 땅으로서 사로斯盧라고도 한다. 위나라 장수 관구검이 고구려를 정벌하여 격파하니, (고구려는) 옥저로 도망갔다가 이후 다시 본국으로 돌아갔는데, 이때 따라가지 않고 남아있던 자들이 마침내 신라를 세웠다. 그 나라는 중국·고려·백제의 족속들이 뒤섞여 살고, 옥저·불내不耐·한韓·예濊의 땅

을 차지하고 있다. 그 나라의 왕은 본래 백제사람이었는데, 바다로 도망
쳐 신라로 들어가 마침내 신라왕이 되었다.

(『수서隋書』 권 81, 동이전, 신라)

    5) 신라국은 본래 변한弁韓의 후예이다. 그 나라는 한漢나라 때의 낙
랑에 있으며, 동과 남은 모두 큰 바다에 접하고, 서쪽은 백제, 북쪽은 고
려와 이웃하였다.

(『구당서舊唐書』 권 199 상, 동이전, 신라)

    6) 신라는 변한의 후예이다. 한나라 때의 낙랑군 땅에 위치한다. ……
그 나라 관제는 왕의 친속으로서 상관上官을 삼으며, 족명族名은 제1골第一
骨과 제2골第二骨로 나누어진다. 왕족을 제1골이라 하는데, 부인도 그 가운
데서 고르고, 아들을 낳으면 모두 제1골이 된다. 제1골은 제2골의 딸에게
장가가지 않으며, 간다 하더라도 잉첩을 삼는다.

(『신당서新唐書』 권 220, 동이열전, 신라)

    위의 사서 중에서 『양서梁書』·『남사南史』·『북사北史』·『수서隋書』는
7세기 전반인 당唐 태종 때에 편찬된 사서이며, 『구당서舊唐書』는 10세
기 전반에 후진後晉의 유향劉昫(877~946)이 칙명을 받들어 편찬한 사서
이고, 『신당서新唐書』는 송宋나라 인종仁宗 때에 구양수歐陽修 등이 칙명
을 받들어 편찬한 사서이다. 위의 사서를 검토할 때 신라에 대한 기사
의 내용이 시대에 따라 많은 차이를 보이고 있음을 알 수 있다.

    신라의 출자에 대하여 『양서』와 『북사』에서는 진한辰韓의 종족으
로 기술하고 있는데 비하여 『구당서』와 『신당서』에서는 변한弁韓의 종
족으로 기술하고 있다. 주목되는 것은 『북사』·『수서』·『구당서』·『신
당서』에서는 모두 신라의 땅을 한漢나라 무제 때에 설치한 낙랑군으로
기술하고 있다. 또 신라의 시조에 대하여 『북사』와 『수서』에는 "왕의
선조는 본래 백제사람이었는데, 바다로 도망쳐 신라에 들어와 왕이 되
었다"는 기록을 남기고 있고, 이와 함께 관구검의 침입으로 옥저로 망

제6장 한민족 고대국가의 성립과 신라   **269**

명한 고구려의 일파가 신라를 세웠다는 내용을 설說이라는 주석을 붙이면서 전하고 있다.

『북사』가 당나라 태종 때에 편찬된 사서임을 감안할 때 신라의 낙랑군설과 백제인에 의한 신라 건국설은 이 당시 신라에 대한 당나라 지식계급의 보편적인 이해였던 것 같다. 이것은 이후『수서』의 편찬자들에게 그대로 수용되었던 것으로 보이고, 특히 신라의 낙랑군설은『구당서』와『신당서』의 편찬자들에게 까지도 수용되었던 것으로 보인다. 그러나 우리나라 사서에서는 이러한 기록은 전혀 보이지 않는다.

중국의 사서에서는 신라국의 출자를 진한 또는 변한 그리고 낙랑군으로 기술하고 있으나 우리나라 사서에서는 모두 진한 신라설을 수용하고 있다. 최치원도 마한 고구려설과 변한 백제설을 제시하고 있으나 진한 신라설은 수용하고 있다. 또『삼국사기』에서도 신라본기 권 1에서 신라의 출자를 진한이라 하였고,『삼국유사』권 1 신라시조 박혁거세왕조에서도 서두에 "진한에는 옛날에 6촌이 있었다"고 하면서, 이곳에서 신라가 건국하였음을 밝히고 있다. 이러한 진한 신라설은 이후 고려시대와 조선시대를 거치면서 현재에 이르기까지도 부동의 설로 자리잡고 있다. 이로 볼 때『구당서』와『신당서』의 변한 신라설은 잘못된 인식이라는 것을 알 수 있다.

그러나『구당서』와『신당서』의 기사도 전혀 근거없는 것은 아닐 것이다.『삼국지』나『후한서』의 기록에 진한은 변한인과 더불어 잡거雜居하고 있음을 밝히고 있고, 또 이후 진한지방에서 일어났던 신라가 변한지역을 흡수·통합하면서 당나라가 치세治世할 당시에는 이들 지역은 대부분 신라의 강역으로 되어 있었다. 이로써 신·구당서의 찬자들은 기존의 진한설 대신에 변한이란 용어를 사용하였던 것이 아니었을까 하는 추론을 가질 수도 있다. 신·구당서 찬자들은 이들 사서를 편찬하면서 전대에 편찬된『양서』와『북사』의 기록을 참고하였을 것이고, 여기서 진한 신라설을 보았을 것이다. 그런데 이들 사서의 내용을 부정하고 변한설을 제기한 것은 당시 이들 사서의 편찬자들이 진한과 변한을 둘로 보지 않고, 변진이란 개념으로 하나로 파악하고 있었기 때문일 것이다. 또 당시 신라는 변한지역에서 가야加耶를 정벌하고 국세를 확장하고 있었기 때문에 신라를 변한으로 인식하였던 것이 아닐까 하는 의심을 가질 수도 있다.

변한 신라설은 이후 중국의 보편적 인식으로 계승되었던 것 같다. 이것은 『요사遼史』 지리지에서 삼한현三韓縣을 설명하면서

진한은 부여가 되고, 변한은 신라가 되었고, 마한은 고려(고구려)가 되었는데, 개태開泰 중에 성종聖宗이 고려를 정벌하고, 삼국의 유인遺人들을 포로로 하여 현을 설치하였다.

(『요사』 권 39, 지리지 3, 중경도 중경대정부)

라고 하고 있는 것에서 알 수 있다.

위의 중국의 사료 중에서 『북사』·『수서』·『구당서』·『신당서』에는 신라가 한漢나라 때의 낙랑군에서 일어났음을 밝히고 있다. 우리나라의 사서에는 한결같이 경주지방을 중심으로 존재하고 있었던 사로국斯盧國에서 일어난 것으로 서술하고 있다. 현재 학계에서는 한사군의 설립과 그 위치에 대하여는 많은 논란을 극복하지 못하고 있다. 낙랑군에 대하여는 평양을 중심으로 평안도지역에 위치하였다는 설이 유력한 가운데, 요동·요서지방으로 비정하는 견해도 있다.

신라가 낙랑에서 건국하였다는 위의 사서의 내용도 전혀 근거가 없는 것은 아닐 것이다. 『삼국지』 동이전 진한전에

진한은 마한의 동쪽에 있다. 구노舊老들이 대대로 전하여 말하기를

> "(우리들은) 옛날의 망인亡人으로서 진秦의 고역苦役을 피하여 한국韓國으로 왔는데, 마한이 그들의 동쪽 땅을 분할하여 우리에게 주었다." …… 낙랑 사람들을 아잔阿殘이라 하였는데, 동방사람들은 나我라는 말을 아阿라 하였으니, 낙랑인들을 일러 아잔이라 한 것은 '우리들의 남은 무리'라는 뜻이다.
>
> (『삼국지』 권 30, 위서 30, 동이열전 30, 진한전)

라고 한 내용이 보인다.

위에서 볼 때 진한인들은 북방에서 이동해 온 족단으로 파악할 수 있고, 특히 낙랑의 기사가 진한조에 수록되어 있는 것을 볼 때 이들 족단은 낙랑과 관계가 있음을 시사 받을 수 있다. 주목되는 것은 이곳 사람들은 낙랑인들을 '우리들의 남은 무리'라는 뜻인 아잔阿殘으로 호칭했다는 내용이다. 이것은 진한인들과 낙랑인들 사이에는 상호간에 어떤 관계가 있음을 시사해 준다.

위의 기사를 검토할 때 1997년 국사편찬위원회에서 출간한 『한국사』 고대편 「삼국의 성립과 발전」에서 노태돈이 "철기시대에 접어들면서 연속적으로 밀려든 북방으로부터의 유이민 파동의 사실"이라고 밝힌 바 있고, 또 일찍이 이병도는 『한국사』 고대편(을유문화사, 1959, pp. 155~158)에서 낙랑樂浪은 동방어의 음역音譯인 '알라'·'아라'의 사음寫音으로 보면서 아라가야阿羅加耶의 아라나 신라 남산신성비南山新城碑에 보이는 아라촌阿良村의 아라阿良와 같은 말로 보았다. 그는 아라·알라는 중심 또는 핵심의 뜻을 갖는 '알'에서 유래하였는데, 이것이 이후 국읍國邑의 뜻, 즉 중국中國 혹은 중읍中邑으로 개념이 바뀌면서 낙랑이란 명칭으로 고정되었다고 보고 있다. 그리고 우리 민요인 「아리랑곡」은 사랑하는 고국인 아라·알라와 아리(즉 낙랑; 고조선의 옛 땅)를 등지고 월남하여 오는 유이민의 슬픈 노래로 파악하였다.

이러한 사실을 종합할 때 고조선시기, 또는 고조선의 멸망 후에 낙랑군이 설치된 고조선 지역에 살고 있던 우리 민족의 일부가 남하하여 진한의 어느 지역에 정착하였을 가능성을 배제할 수 없다. 신라는 진한을 근거로 하고 있고, 이곳에는 일찍이 고조선지역의 낙랑지방에 거주하던 유민이 이동하여 정착하고 있었음을 감안할 때 위의 사서에서 신라가 낙랑의 땅에서 일어났다고 한 것은 바로 이러한 사실을 과장되게 포장한 것으로 보아야 할 것 같다.

## 2. 신라의 건국배경

신라의 건국에 대하여 중국 사서에서는 진한·변한·낙랑 등의 의견을 제시하고 있으나 우리나라 사서에서는 한결같이 진한설을 택하고 있다. 특히 『삼국사기』 열전 최치원전에

> 동해 밖에 삼국이 있으니, 마한·변한卞韓·진한이다. 마한은 고려(고구려)이며, 변한은 백제요, 진한은 신라이다.
> （『삼국사기』 권 46, 열전 6, 최치원전)

라고 한 기록이 보인다. 최치원은 신라말에 활동하였던 석학으로서 삼한에 대한 그의 인식은 당시 신라인의 보편적 역사인식이었을 것이다. 우리 학계에서도 진한 신라설을 모두 수용하고 있다. 그렇다면 신라의 건국배경은 진한의 역사성과 연계하여 살펴보지 않을 수 없다.

『삼국지』 동이전 진한전에서는 "진한은 마한의 동쪽에 있으며 (진한의 구노舊老들이 대대로 전하여 말하기를) 우리는 옛날에 망명한 자로써 진秦나라의 고역苦役을 피하여 한국韓國으로 왔는데, 마한이 그들의 동쪽 땅을 떼어서 우리에게 주었다"고 하였다. 『후한서』 동이전 한韓조에도 역시 같은 내용을 수록하고 있으며, 『진서晋書』 동이열전에도

같은 내용이 수록되어 있다. 그렇다면 이들은 북방에서 이주해 온 족단의 한 갈래가 이곳에 정착하여 진한을 구성하였을 것이라는 견해를 가져볼 수 있다.

북방민족의 이동과정은 이미 고조선 때부터 있어 왔다. 『삼국지』나 『후한서』의 동이전에서는 소위 기자조선의 말기에 진승陳勝·항우項羽 등이 진秦나라에 반기를 들어 천하가 어지럽자 이 와중에서 연燕·제齊·조趙의 백성으로 조선에 망명한 자가 수만구에 이르고 있음을 기록하고 있다. 이후 기자조선이 망하자 준왕이 그의 족당들을 거느리고 바다를 건너 한韓의 땅으로 망명하여 한왕韓王을 칭하고 있고, 위만조선 때에는 조선상朝鮮相 역계경歷谿卿이 우거왕에게 반기를 들고 족당 2,000여 호를 거느리고 동쪽 진국辰國으로 망명하고 있다. 또 『위략魏略』에는 염사치廉斯鑡가 진한에 갔을 때 그곳에는 한인漢人으로 포로가 되어 노예가 된 자들이 1,500여 명이나 있었음을 기록하고 있다.

이와 같이 북방민족의 유이민 집단이 계속하여 한지韓地로 이동하고 있었고, 이러한 상황에서 이들 집단은 그들의 전통적 문화유산을 기반으로 한지韓地에 정착하여 그곳의 토착민들과 결속하는 과정에서 새로운 세력권을 형성하여 갔을 것이다. 이러한 민족의 이동은 위만조선이 한漢에 멸망하자 더욱 가속화하게 된다. 이들 족단은 마한 뿐만 아니라 경상도 지방인 진한·변한지역까지 진출하였을 것이다. 이것을 반증하는 것이 『삼국지』나 『후한서』 등 중국의 사서들이 진한인을 설명하면서 모두가 진秦나라에서 망명한 족단으로 표현하고 있는 것에서 보인다. 위의 사서에서는 진秦나라의 망명족단으로 표현하고 있지만, 이곳에는 다양한 족단이 수차에 걸쳐 이동하여 다양한 세력권이 형성되고 있었다. 이것은 신라 건국기사에서 신라의 건국주체를 조선유민朝鮮遺民으로 표현하고 있는 것에서도 알 수 있다.

이 조선유민에 대하여 이종욱은 『신라국가형성사연구』에서 먼저 조선유민이 산곡간에서 분거하면서 6촌을 이루었다는 기록이 주목된다. 대체로 기원전 3세기 말 중국에서 진秦·한漢의 교체기에 중국 동북지역에 있던 연·제·조로 부터 유이민들이 고조선을 비롯한 한반도 지역으로 이주한 바 있다. …… 이러한 정치적 변혁이 일으날 때 고조선과 위씨조선지역의 주민들이 점차 한반도 남쪽으로 이주하게 되었다. 이때 조선의 유민들이 사로지역까지 와서 정착하고 6촌을 이루고 살게 되었다고 생각한다. …… 이들 이주민들이 사로 6촌에 나타난 시기는 고조선이 멸망된 기원전 2세기 초 이후였음이 틀림없다.

(「사로 6촌의 정치사회조직과 그 성격」, 『신라국가형성사연구』, 일조각, 1982)

라고 한 견해는 주목할 만 하다.

『삼국지』 동이전 진한전辰韓傳에는 "처음에는 여섯 나라였는데, 차츰 12개의 나라로 나누어졌다"고 기술하고 있다. 이것은 토착집단의 세력권 및 초기에 이동한 족단들의 세력구성이 원래는 6국이었으나 이후 수차에 걸쳐 족단의 정착이 계속되면서 12개의 나라로 변하여 갔음을 의미한다.

『삼국지』 동이전 변진전弁辰傳에는 변진 24국을 열거하고 있는데, 이 중에서 기저국己柢國·불사국不斯國·근기국勤耆國·난미리미동국難彌離彌凍國·염해국冉奚國·군미국軍彌國·여담국如湛國·호로국戶路國·주선국州鮮國·마연국馬延國·사로국斯盧國·우유(중)국優由(中)國 등의 12국은 진한에 자리 잡았던 국가들이다. 이들 중에서 대국은 4~5천가家였고, 소국은 6~7백가였으며, 이들 나라에는 각기 거수渠帥가 있어 통치하였는데, 지배하는 세력의 규모에 따라 신지臣智·험측險側·번예樊濊·살해殺奚·읍차邑借로 구분하여 호칭하였다. 이로 볼 때 이들 집단은 세력권의 대소에 따라 상하의 관계가 어느 정도 설정되어 있었음을 알 수 있다. 그러나 지배와 피지배의 관계가 아니라 상호간에 연맹관계를 맺어 서로 공존하면서 독자적으로 통치권을 행사하고 있었음을 보여준다. 이들은 중국의 군현과 독자적으로 외교관계를 맺어 이들로부터 솔선읍

군솔善邑君·읍장邑長·귀의후歸義侯·중랑장中郞將·도위都尉·백장伯長  등
의 중국식 관직을 받기도 하였다.

신라는 위의 12국 중에서 사로국斯盧國을 중심으로 건국한 국가이
다. 이후 사로국은 신라국으로 발전하면서 주변의 진한제국을 그들의
세력권으로 흡수하면서 이 지역의 패자로 등장하게 되고, 이후 계속되
는 유이민 집단을 흡수하는 과정에서 그들의 세력을 강화시켜 나갔다.
남해차차웅 때에는 석탈해昔脫解세력의 흡수와 함께 고구려와 백제지방
의 유민들도 아울러 흡수하였을 것으로 보여진다.

고구려 건국의 주역이던 협보陜父는 유리왕 22년(A.D. 3)에 왕의
유오遊娛를 충간하다 죄를 입자 남한南韓으로 망명하고 있는데, 이 사실
을 『삼국사기』 고구려본기 유리왕 22년조에는 다음과 같이 기술하고
있다.

왕은 질산質山 북쪽에서 사냥을 하느라고 5일 동안 돌아오지 않았는
데, 대보大輔 협보陜父가 간하기를 "대왕께서 새로 도읍을 옮기고 민심이
아직 안정되지 않았음으로 마땅히 형정刑政에 부지런히 힘쓰셔야 할텐데
이를 생각하지 않고 사냥만 하고 돌아오지 않으니, 만약 이 과오를 고치
지 않고 스스로 새롭게 하지 않으면 신의 생각에는 정치가 거칠어지고
백성들이 헤어질까 염려되며, 선왕의 창업이 그만 땅에 떨어질까 두렵습
니다"고 하였다. 이에 왕이 노하여 협보의 직을 파하니, 협보는 분격하여
남한南韓으로 갔다.

(『삼국사기』 권 13, 고구려본기 1, 유리왕 22년 12월조)

위에서 주목되는 것은 남한南韓이다. 여기서 남한은 어디일까. 일차
적으로 백제를 생각할 수 있는데, 이때는 백제 온조왕 40년이다. 그렇다
면 온조가 졸본지방에 있을 때에 협보와는 면식이 있었고, 서로 잘 알
고 있었을 것이다. 만약 이때 협보가 백제로 망명하였다면 온조는 크게
우대하였을 것이며, 따라서 『삼국사기』의 기록에 나타나아 할 것이다.

그러나 이러한 내용은 『삼국사기』 백제본기의 기사에서는 전혀 보이지
않는다.

당시 신라는 주변 국가로부터 남한南韓이란 호칭을 받고 있었다.
이것은 『삼국사기』 박혁거세 53년(B.C. 5)조에

> 동옥저의 사신이 좋은 말 20필을 바치면서 말하기를 "우리 임금께서
> 남한南韓에 성인이 나셨다는 것을 듣고 사신을 파견하여 이 예물을 바칩
> 니다"라고 하였다.
>
> (『삼국사기』 권 1, 신라본기 1, 박혁거세 53년조)

라고 한 기사가 보이는 것에서 알 수 있다. 당시 마한은 서한西韓이라
불리고 있었다. 이로 볼 때 협보가 남한으로 갔다는 것은 신라로 망명
한 것이 아닐까 하는 추론을 가져볼 수 있다. 만약에 협보가 신라로
망명하였다면 그의 족당도 아울러 함께 망명하였을 것이다.

또 중국의 사서인 『북사北史』와 『수서隋書』에는 모두 신라의 시조
에 대하여 "왕의 선조는 본래 백제사람이었는데, 바다로 도망쳐 신라
로 들어와 왕이 되었다"고 기술하고 있다. 이러한 내용은 우리나라 사
서에서는 찾아볼 수 없고, 또 학계에서도 부인하고 있다. 그러나 북조
와 수는 신라와 같은 시기에 있었던 국가였고, 특히 수는 신라와 외
교관계를 맺어 사신의 교류가 활발하였다. 이로 볼 때 당시 수나라는
신라에 대한 정보를 많이 확보하고 있었을 것이다. 신라왕의 선조가
백제라고 한 것은 백제를 부여로 파악했기 때문에 나타난 오류로 보
인다.

『북사北史』와 『수서隋書』의 백제전에서는 백제국을 부여의 색리국索
離國에서 나왔다고 하였고, 『구당서』와 『신당서』의 백제전에서는 모두
백제를 부여의 별종으로 서술하고 있다. 당시 신라지역은 북방계통,
특히 부여계통의 유이민 집단의 정착이 활발하였을 것이고, 이로써 『북

사』와 『수서』의 찬자들은 백제와 신라를 같은 계열의 종족으로 파악하
였던 것에서 이러한 기사가 수록되지 않았을까 하는 의문을 갖는다.

　또 당시 미추홀 지방의 비류백제가 온조백제에게 귀순할 때에 일
부는 신라로 망명할 수도 있었을 것이며, 백제의 세력강화로 기반을
잃은 마한의 세력들도 대거 신라에 망명할 수도 있었을 것이다. 이러
한 복합적인 요소가 『북사』와 『수서』의 찬자들로 하여금 위와 같은 서
술을 하게 한 것이 아닐까 하는 의문을 배제할 수 없다.

## 제2절　신라의 국가기반과 성격

### 1. 신라의 국가기반

　『삼국사기』 신라본기 시조 박혁거세거서간朴赫居世居西干조에


　시조의 성은 박씨朴氏고, 이름은 혁거세赫居世이다. 전한前漢 효선제孝宣
帝 오봉五鳳 원년元年 갑자甲子 4월 병진丙辰에 즉위하여 거서간居西干이라고
불렸는데, 이때 그의 나이 13세였고, 국호는 서나벌徐那伐이라 하였다.

　이보다 먼저 조선의 유민들은 이곳에 와서 산곡간山谷間에 헤어져 여
섯마을을 이루고 살았는데, 1은 알천閼川 양산촌楊山村이고, 2는 돌산突山 고
허촌高墟村이고, 3은 취산觜山 진지촌珍支村이고, 4는 무산茂山 대수촌大樹村이
고, 5는 금산金山 가리촌加利村이고, 6은 명활산明活山 고야촌高耶村이니, 이를
진한 6부辰韓六部라고 한다.

　어느 날 고허촌장 소벌공蘇伐公이 양산楊山기슭을 바라보니, 나정蘿井곁
의 숲 사이에 말 한마리가 무릎을 꿇고 울고 있어 그곳으로 가보니, 갑자
기 말은 보이지 아니하고 큰 알만이 남아 있었다. 이를 갈라보니, 그 속
에서 한 어린아이가 나왔다. 소벌공은 그 아이를 거두워 돌아와서 잘 길
렀는데, 10여세가 되자 유달리 숙성하였다. 6부 사람들은 그 아이의 출생
이 신기하므로 모두 우러러 받들게 되었는데, 이때에 이르러 그를 임금으

로 뽑아 세우게 된 것이다.

　　진한 사람들은 표주박瓢을 박朴이라 하였는데, 혁거세赫居世가 난 그 알의 모양이 표주박과 같이 생겼으므로 이로 인하여 박朴으로써 성姓을 정하였다. 그리고 거서간이란 진한 사람들의 말로 왕이라는 뜻이었다.

(『삼국사기』 권 1, 신라본기 1, 시조 박혁거세거서간조)

라 하였고, 또 『삼국유사』 신라시조 혁거세왕조에는

　　진한辰韓 땅에는 옛날에 여섯 마을이 있었다. 1은 알천閼川 양산촌楊山村이니, 그 남쪽은 지금의 담엄사曇嚴寺이다. 촌장村長은 알평謁平이니, 처음에 하늘에서 표암봉瓢嵒峰에 내려왔는데, 이가 급량부及梁部 이씨李氏의 조상이 되었다. 2는 돌산突山 고허촌高墟村이니, 촌장은 소벌도리蘇伐都利이다. 처음에 형산兄山에 내려왔으니, 이가 사량부沙梁部 정씨鄭氏의 조상이 되었다. …… 3은 무산茂山 대수촌大樹村이니, 촌장은 구례마俱禮馬이다. 처음에 이산伊山에 내려왔으니, 이가 점량부漸梁部 또는 모량부牟梁部 손씨孫氏의 조상이 되었다. …… 4는 취산觜山 진지촌珍支村이니, 촌장은 지백호智伯虎이다. 처음에 화산花山에 내려왔으니, 이가 본피부本彼部 최씨崔氏의 조상이 되었다. …… 5는 금산金山 가리촌加利村이니, 촌장은 지타祇沱이다. 처음에 명활산明活山에 내려왔으니, 이가 한기부漢岐部 또는 한기부韓岐部 배씨裵氏의 조상이다. …… 6은 명활산明活山 고야촌高耶村으로 촌장은 호진虎珍이다. 처음에 금강산金剛山에 내려왔으니, 이가 습비부習比部 설씨薛氏의 조상이다.

(『삼국유사』 권 1, 기이 1, 신라시조 혁거세왕조)

라고 기록되어 있다.

　　위의 두 기록에서는 모두 신라의 출자가 진한辰韓이었음을 밝히고 있다. 위에서 신라 건국의 기반인 6촌의 명칭, 즉 알천양산촌閼川楊山村·돌산고허촌突山高墟村·취산진지촌觜山珍支村·무산대수촌茂山大樹村·금산가리촌金山加利村·명활산고야촌明活山高耶村 등이 보이고 있다. 주목할 만한 것은 이들 6촌의 명칭에는 반드시 산山이나 내川의 이름이 병기되고 있다. 또 위의 기록에서 박혁거세가 나라를 세우기 전에 조선유민들이 이곳에 정착하여 산곡山谷간에 헤어져서 여섯 촌村을 이루고 살고 있었음을 밝히고 있다. 이것은 『삼국지』 동이전 예전濊傳에서



> 예濊의 풍속은 산과 내를 중시하였고, 산과 내는 각기 구분이 있어 함부로 들어가지 못한다. …… 만약에 함부로 다른 부락을 침범하면 벌로써 생구生口와 소·말을 부과하는데, 이를 책화責禍라고 한다.
>
> (『삼국지』 권 30, 위서 30, 동이열전 30, 예전)

라고 하였는데, 신라 6촌의 경우도 예의 경우와 같이 산과 내를 중심으로 독자적인 생활권을 갖던 마을로 볼 수 있다. 그리고 이들은 서로 간에 동맹관계를 유지하면서 공동체 속에서 생활하고 있었음을 알 수 있다. 이들은 위의 기록에서 모두 조선유민으로 표현하고 있는데, 이것은 동일문화권의 같은 종족이었음을 의미한다.

이들도 고구려와 같이 나那 또는 노奴를 기반으로 하면서 독자적인 생활권을 형성해 갔던 것으로 보인다. 이것은 신라 초기에 나那 또는 노奴를 비롯하여 이것과 같은 의미의 야耶·내奈·라羅·진珍·가加·랑良·로盧·아阿의 명칭이 지명이나 관직명에 두루 나타나고 있는 것에서 알 수 있다. 위의 기사에서도 6촌의 명칭 중에서 금산가리촌·명활산고야촌에서 가加와 야耶의 이름이 보이고, 또 신라의 국호를 서나벌徐那伐·서라벌徐羅伐·서야벌徐耶伐이라 하고 있는데, 여기서도 나那·라羅·야耶 의 명칭이 보이고 있으며, 『삼국사기』 권 34 지리지에는 신라의 국호를 사라斯羅 또는 사로斯盧로 표기하고 있다. 이밖에 『삼국사기』에는 안나현安那縣, 고타야군古陀耶郡 등의 명칭도 보인다.

또 신라 17관등의 명칭 중에서 아阿·진珍·내奈 등의 이름이 나타나고 있다. 아阿의 경우는 6관등 아찬阿飡·5관등 대아찬大阿飡, 진珍의 경우는 4관등 파진찬波珍飡, 내奈의 경우는 11관등 내마奈麻와 10관능 대

내마大奈麻 등이 보인다. 이와 같은 진珍·내奈·아阿는 고구려의 나那·노奴와 같이 지역이나 성城 또는 읍邑을 표현하는 용어라는 것이 서의식徐毅植의 「신라 상고기 간干의 편제와 분화」(『역사교육』 53, 1993)에서 밝혀진 바 있다.

위에서 볼 때 고구려가 그들 지역과 주변지역의 나 또는 노의 세력을 흡수하면서 통치권을 강화하였던 것과 같이 신라도 주변세력을 복속하면서 이들 세력을 중앙관계로 흡수하였고, 이로써 통치권을 강화해 갔던 것으로 볼 수 있다. 또 신라 초기에는 나那·야耶·진珍·라羅 등으로 불리는 생활영역이 많았음도 알 수 있다. 신라는 이들 주변세력을 흡수하는 과정에서 국가의 기반을 강화하여 갔고, 박혁거세 때에 이르러서는 이들 지역의 거수渠帥들을 통합하면서 이들을 통합하는 군장이란 뜻으로 왕호를 거수간渠帥干 또는 거서간居西干이라고 하였을 것이다.

『삼국사기』와 『삼국유사』에서 주목되는 것은 박혁거세의 출신에 대한 기록이다. 위의 두 기록에 의하면 6촌 중에서 돌산 고허촌장 소벌공蘇伐公이 말[馬]이 울고 있어 그곳에 가보니, 말은 보이지 않고 큰 알이 있었는데, 이것을 깨뜨려 보니 그 속에서 박혁거세가 나왔다는 것이다.

이로 볼 때 당시 6촌 중에서 주도적인 역할을 한 것이 돌산 고허촌이라는 것을 알 수 있고, 또 말[馬]이 울고 있었다는 기록으로 보아 박혁거세는 기마족단으로 외부에서 진출한 족단임을 시사 받을 수 있다. 그렇다면 박혁거세는 이곳보다 우수한 문화 수준을 갖고 있는 족단으로 파악할 수 있고, 이곳에 도래하자 주도적인 위치에 있던 돌산 고허촌의 협조를 얻어 국가를 건국한 것으로 보아야 할 것이다. 실제로 박혁거세의 비妃인 알영부인閼英夫人이 돌산 고허촌 출신이라는 것은 이러한 심증을 더욱 굳게 한다. 또 박혁거세의 출자가 알[卵]에서 나왔다고 하는 난생설화卵生說話로 포장되어 있는데, 이것은 부여·고구려 등 우리 한민족 국가의 공통된 시조설화이기도 하다. 『삼국지』동이전 부여조에서는 고리국槁離國의 설화를 수록하면서 난생설화를 소개하고 있고, 『삼국사기』와 『삼국유사』에서는 고구려 시조 주몽의 출자를 천제의 아들인 해모수와 청하 하백의 딸인 유화柳花의 소생으로 기술하면서 그 출생을 역시 난생설화로 포장하고 있다. 그렇다면 박혁거세도 부여·고구려와 동일한 문화전통을 갖고 있던 족단으로 파악해야 할 것이다.

　『북사』·『수서』·『신당서』·『구당서』에는 신라의 출자를 모두 낙랑으로 기술하고 있다. 『후한서』권 23 군국지郡國志에는 낙랑군樂浪郡의 수현首縣이 조선현朝鮮縣임을 표기하고 있다. 이로 볼 때 한漢나라가 위만조선을 멸망하고 구舊 조선朝鮮의 영계領界를 낙랑군에 소속시켰음을 알 수 있다. 이러한 시대상에서 이곳 조선의 백성들은 새로운 삶을 찾아 이동하였을 것이며, 이후 이들 중에서 일파가 신라지역에서 박혁거세란 이름으로 나라를 세웠을 것이라는 추론을 가질 수 있다. 이로써 중국의 사서에서는 신라의 출자를 낙랑이라고 했을 것이다. 또 박혁거세는 일명 불구내왕弗矩內王이라고도 하였는데, 불구내왕이란 것은 '붉은 해'의 한역漢譯이라는 것이 일찍이 선학들에 의하여 밝혀진 바 있다. 그렇다면 이들 족단도 태양숭배 신앙을 갖는 종족으로 파악할 수 있고, 이러한 사상은 우리나라에 있어서 청동기시대 무문토기인들의 일반적인 사상구조였다. 단군조선도 이러한 족단에 의하여 건국되었고, 부여·고구려도 마찬가지이다. 그렇다면 박혁거세도 이들과 동일한 문화전통을 갖는 족단이라는 것은 더욱 분명한 일이다.

　또 『삼국사기』와 『삼국유사』에는 박혁거세가 나라를 세우기 전에 이곳에는 조선유민들이 6촌을 형성하고 있었다고 기록하고 있다. 이 6촌에 대한 학계의 의견은 다양하게 나타나고 있다.

금서룡今西龍은 『신라사연구新羅史研究』(近澤書店, 1933, pp. 30~32)에서 사로 6촌을 혈족촌으로 규정하였고, 백남운白南雲은 『조선사회경제사朝鮮社會經濟史』(改造社, 1933, p. 324)에서 6개의 씨족이며, 그 자체를 부족동맹으로 보았다. 이덕성李德星은 『조선고대사회연구朝鮮古代社會研究』(정음사, 1949, p. 22)에서 원시적 농업공동체로 보았으며, 삼품창영三品彰英은 『고대사강좌古代史講座』 7(학생사, 1963, pp.187~188)에서 자연촌락으로 규정하였다. 또 이병도는 「신라의 기원문제」(『진단학보』 8, 1937)에서, 이기백은 『한국고대사론』에서, 천관우는 「삼한의 국가형성(상)」(『한국학보』 2, 1976)에서 이들 6촌을 6개의 씨족집단으로 보는 것에는 의견을 같이 하고 있으나 그 구체적인 내용에서는 약간의 차이를 보이고 있다. 이병도는 이들 가운데 박·석·김 3성을 포함시키고 있고, 이기백은 박·김 양성 만이 포함되며 석씨는 후대에 외부에서 진출하였던 것으로 보았으며, 천관우는 6촌이 김·박의 두 부족집단을 중심으로 운영되었던 것으로 보았다. 또 김철준은 「신라상대사회의 Dual Organization (상)」(『역사학보』 1, 1952)에서 6촌 중에서 1개 촌만이 경주에 있었을 뿐이며, 나머지 5개 촌은 경북 일원에 널리 산재되어 있었고, 이들 5개 촌은 신라에 의해 정복되어 경주지역에 그 지배계급이 투항해 옴으로써 6부가 생겨났는데, 그 시기는 대체로 지증왕 이전으로 보인다고 하고 있다.

　이들 6촌은 이후 6부로 개편되고 있는데, 이병도는 족제적族制的 의미의 6촌이 5세기 중엽 자비마립간 시대에 행정구획으로서의 6부로 개편되었다고 보았고, 이덕성은 3씨족 상호간의 분열과 정복은 혈연의 잔재를 소탕하는 방향으로 나타나지 않고 혈연의 누대가 지연적으로 분화할 때 경화되어 갔다고 하였다. 정중환丁仲煥은 「사로육촌과 육촌의 출자에 대하여」(『역사학보』 17·18, 1962)에서 유리이사금 9년 이전은 6촌이 씨족체제 사회를 구성하였고, 그 이후 부족체제 사회로 개편되었다고 보았다. 또 말송보화未松保和는 「신라 6부고新羅六部考」(『新羅史の諸問題』, 1954, pp. 294~300)에서 사로 6촌은 후대 왕도의 구획인 6부를 갖고 만들어진 허구이며, 중고시대의 6부는 신라국가의 팽창과정에서 나타난 새로운 제도로 파악하면서, 6부 가운데 사량부沙梁部나 본피부本彼部는 각각 원신라原新羅, 及梁部에 비정에 의해 병합된 사벌국沙伐國, 상주를 반파국伴跛國으로 보았다. 그리고 이들 지배세력을 집결시키는 과정에서 최초 3부가 성립되었고, 그후에 다시 3부가 신설되어 6부가 되었다고 보았다.

또 6부와 3성의 비정에 대하여는 이병도와 이기백은 급량及梁 박씨朴氏, 본피本彼 석씨昔氏, 사량沙梁 김씨金氏로 보았고, 김철준은 급량은 박·김 양성에 의한 2부체계였고, 후에 한기부漢岐部가 생기면서 석씨昔氏가 되었다고 보았으며, 천관우는 「삼국의 국가형성」(『韓國學報』 2)에서 급량 김씨, 사량 박씨로 보았다.

이종욱은 『신라국가형성사연구』(一潮閣, 1982)에서 당시 사로국은 6촌의 영역을 기반으로 하여 형성된 하나의 소국小國이었으며, 그 영역은 대체로 울주군·울산시·청도군·영천군을 경계로 하는 현재의 경주시 전부와 월성군의 대부분지역에 자리잡았다고 하였다. 또한 월성月城을 기점으로 하여 경주평야의 중심부는 알천 양산촌이었고, 현재의 오릉五陵과 나정蘿井을 포함하여 그 남쪽에 펼쳐진 평야에는 돌산 고허촌이, 알천 양산촌을 중심으로 서쪽에 무산 대수촌이, 동남쪽에 취산 진지촌이, 동쪽에 금산 가리촌, 북쪽에 명활산 고야촌이 있었던 것으로 파악하였다.

위와 같이 학계에서는 다양한 견해가 나타나고 있으나 신라의 모체가 사로국斯盧國이었다는 사실에 대해서는 모두가 견해를 같이 하고 있다.

## 2. 신라의 국가발전론

신라는 국초부터 고조선의 유풍을 계승하고 있었다. 이것은 『삼국사기』 시조 박혁거세 30년(B.C. 28)조에

> 이때 낙랑인들이 군사를 이끌고 침입하였는데, 이 지방사람들이 밤에도 문을 닫지 않고 노적가리를 그대로 들에 쌓아둔 것을 보고 말하기를 "이 지방 사람들은 서로 도둑질을 하지 않으니 도의가 있는 나라이다. 그런데 우리들이 가만히 군사를 이끌고 와서 이들을 습격하는 것은 도둑놈과 다름없으니 어찌 부끄럽지 않겠는가"하고 군사를 이끌고 물러났다.
> (『삼국사기』 권 1, 신라본기 1, 시조 박혁거세거서간 30년조)

리고 한 기사에서 보인다. 박혁거세는 이곳 사로斯盧지방에서 나라를 세우자 이들 지역의 유력한 족단인 돌산 고허촌 출신의 알영閼英을 비妃로 맞아 내부세력의 결속을 이루고, 이후 주변국가들을 복속하면서 세력을 확장시켜 나갔다. 이것은 『삼국사기』 시조 박혁거세 38년조에 보이는 다음의 기사에서 알 수 있다.

> 호공瓠公을 마한馬韓에 보내어 예방禮訪하였다. 마한왕이 호공을 꾸짖어 말하기를 "진한과 변한 두 나라는 우리의 속국인데 근년에 공물貢物을 보내지 않으니, 큰 나라를 섬기는 예의가 이와 같을 수 있는가?"라고 하니, (호공이) 대답하기를 "우리 나라는 두 성인이 일어나서부터 인사人事가 잘 다스려지고 천시天時가 순조로와 창고는 가득 차고 백성은 공경하고 겸양할 줄 압니다. 그래서 진한의 유민으로부터 변한·낙랑·왜인에 이르기까지 모두가 두려워하는 마음을 품지 않음이 없습니다. 그러나 우리 임금은 겸허하게 신하인 저를 보내어 안부를 묻게 하였으니, 예가 지나치다고 할 수 있습니다. 그런데도 대왕께서는 크게 노하여 군사로써 위협하니 이것이 무슨 마음입니까?"라고 하였다. 이에 (마한) 왕이 격분하여 그를 죽이려 하였으나 좌우의 신하들이 간언諫言하여 말리니, 이에 돌아갈 것을

허락했다.

(『삼국사기』 권 1, 신라본기 1, 시조 박혁거세거서간 38년 2월조)

박혁거세를 계승한 남해는 왕호를 차차웅次次雄이라 하고 있는데, 이 차차웅에 대하여는 여러 설이 있으나 『삼국사기』 남해차차웅 즉위년조에

차차웅은 자충慈充이라고도 한다. 김대문金大問은 "이는 방언方言에 무당을 이르는 것으로 사람들은 무당이 귀신을 섬기고 제사를 숭상하는 까닭에 이를 두렵게 여겨 공경함으로 드디어 존장자尊長者를 칭하여 자충이라 하였다"고 말하였다.

(『삼국사기』 권 1, 신라본기 1, 남해차차웅 즉위년)

라고 하고 있다. 이 기사에 대하여 학계에서는 초기 사로국斯盧國의 신정정치神政政治의 일면으로 이해하고 있다. 그러나 위의 기사에서 "사람들이 두렵게 여겨 공경을 다하는 무당의 칭호를 빌어 왕호를 정하였다"고 하고 있는 것을 보면 왕권의 존엄, 즉 왕권강화의 의지로써 왕호로 차용하였을 것이다.

그러나 이 당시 박씨계는 비록 토착세력인 김씨계와 연합하여 정권을 유지하고 있었지만, 왕권은 강화되지 못하고 있었다. 이것은 남해차차웅 때에 석탈해昔脫解가 도래하자 그에게 딸을 주어 화의를 표하고 있고, 얼마 후에는 대보大輔의 직을 내려 군국軍國의 정사를 위임하고 있는 것에서 보인다. 석탈해의 출신에 대하여 『삼국사기』에는

탈해이사금이 즉위하였다. 왕은 이때 나이가 62세였는데, 성은 석씨昔氏이고, 비妃는 아효부인阿孝夫人이다. 탈해왕은 본래 다파나국多婆那國의 출생으로 그 나라는 왜국倭國의 동북 1,000리 되는 곳에 있었다. 처음에 그 나라의 국왕이 여인국女人國의 왕녀를 아내로 맞았는데, 아이를 밴지 7년

만에 큰 알을 하나 낳으므로 왕은 말하기를 "사람으로서 알을 낳는다는 것은 상서롭지 못하니 마땅히 버려라"고 하였다. 그러나 그 여자는 차마 버릴수 없어서 비단으로 알을 싸고 보물과 함께 궤속에 넣어 바다에 띄워 떠가는대로 내버려 두게 하였다. 그런데 그 궤짝은 처음에는 금관국金官國의 해변에 이르렀는데, 금관국 사람들은 괴이하게 여겨 이를 거두지 않으므로 궤짝은 다시 바다에 떠서 진한의 아진포阿珍浦에 이르렀다. 이때는 시조 혁거세가 재위한지 39년(B.C. 19)이었다. 그때 해변에 한 늙은이가 이것을 보고 밧줄을 매어서 해안으로 이끌어 올려놓고 궤짝을 열어보니, 그 속에 한 어린아이가 있으므로 이를 거두어가지고 집으로 돌아와서 기르니, 아이는 자라서 키가 9척尺이나 되고 용모가 준수하고 성품이 명랑하며 지식이 유달리 뛰어났다.

(『삼국사기』 권 1, 신라본기 1, 탈해이사금 즉위조)

라고 기록하고 있으나 『삼국유사』 가락국기駕洛國記에는

완하국琓夏國 함달왕含達王의 부인이 홀연히 아이를 배어 달이 차서 아이를 낳았는데 사람으로 화하였음으로 이름을 탈해脫解라 하였다. (김수로왕이 금관가야를 다스릴 때에) 바다를 통하여 가락駕洛에 와서 왕에게 말하기를 "내가 왕위를 빼앗으려고 왔다"라고 하였다. (가락국의) 왕이 대답하기를 "하늘이 나를 명하여 즉위하게 한 것은 장차 나라를 편안히 하고 하민下民들을 안도하게 하도록 하기 위함이니, 감히 천명을 어기면서 내 왕위를 주지 못할 것이며, 또 우리나라 백성들은 너에게 맡길 수도 없다"라고 하였다. 이에 탈해가 재주로써 겨누어 보고자 하여 응하였는데, …… (탈해는) 이 재주 겨루기에서 패하자 왕에게 배사拜辭하고 부근 교외의 진두津頭에 이르러 중국선박을 이용하여 떠나려 하였다. (가락국의) 왕은 그가 체류하여 난을 꾸밀 것을 염려하여 주사舟師 500척을 발하여 쫓으니, 탈해는 계림의 땅으로 달아났다.

(『삼국유사』 권 2, 기이 2, 가락국기)

라고 기록하고 있다. 위의 『삼국유사』의 기록을 볼 때 그는 신라에 오기 전에 먼저 가락駕洛에 상륙하여 이곳의 김수로왕과 왕위를 다투다

가 실패하였고, 이후 가락국의 추격을 받아 신라로 도망하였던 것으로
나타나고 있다.

『삼국사기』에는 위와 같이 설화적 요소로써 그를 미화하고 있지
만, 『삼국유사』에는 왕권을 넘볼 수 있을 정도의 실력을 가진 족단의
수장으로 기록하고 있다. 남해차차웅이 그에게 딸을 출가시키고 대보
의 직을 주어 군국의 정사를 위임하였다는 것은 이들 세력을 동맹적
관계로써 왕권에 흡수시키고자 한 의도로 보아야 할 것이다. 이것은
바로 당시 박씨계의 신라 왕권이 이들 세력을 축출할 수 있을 정도로
성장하지 못하였다는 것을 의미한다. 이러한 사실은 남해차차웅이 임
종시에도 자신의 후계를 결정하지 못하고 장자 유리왕儒理王과 탈해를
불러 다투지 말고 의논하여 뒤를 잇도록 부탁하고 있는 것에서도 보
인다. 여하튼 석탈해의 출현으로 신라는 박朴·석昔·김金 3성三姓의 연
합정권으로 새로운 출발을 하게 된다.

남해차차웅의 사후死後 유리는 탈해보다 연장자라는 명분으로 왕
위를 계승하였고, 이때부터 연장자를 뜻하는 이사금尼師今으로 왕호를
개칭하게 된다. 유리이사금의 즉위과정에 대하여 『삼국사기』에는

> 남해왕이 돌아가자 태자 유리儒理가 마땅히 즉위해야 할 것이었는데,
> 대보大輔 탈해가 평소 덕망이 있어 유리는 왕의 자리를 그에게 사양하니,
> 탈해는 "신기대보神器大寶는 용열한 사람이 감당할 바가 아닙니다. 듣건대
> 성스롭고 지혜로운 이는 치아가 많다 하오니 시험하소서"라고 하였다. 이
> 에 떡을 물어 시험하니 유리의 잇금[齒理]이 많은 지라 군신들이 유리를
> 받들어 왕으로 모시고, 왕호를 이사금이라 이름하였다.
>
> (『삼국사기』 권 1, 신라본기 1, 유리이사금 즉위조)

고 기록하고 있다.

유리이사금의 뒤를 이어 탈해가 왕위에 즉위하였으나 다음에는

유리왕의 둘째 아들인 파사婆娑이사금이 즉위하였고, 이후에도 지마祇摩이사금·일성逸聖이사금·아달라阿達羅이사금 등 유리이사금계가 왕위를 계승하였다. 그러나 9대 벌휴伐休이사금 때부터는 석씨昔氏 계열이 다시 왕위에 올랐다. 그 다음 내해奈解이사금·조분助賁이사금·첨해沾解이사금도 석씨로써 왕위를 계승하였다.

그러나 13대 미추味鄒이사금은 김씨로써 처음으로 왕위에 올랐다. 그는 김알지金閼智의 6대 손이다. 신라가 건국하고 약 320여 년 이후의 일이다. 그러나 미추이사금 이후 왕권은 다시 석씨계로 넘어가 유례儒禮이사금·기림基臨이사금·흘해訖解이사금이 왕위를 계승하였으나 17대 내물마립간은 김씨계로 다시 왕위에 올랐고, 이후 김씨왕계가 확립되었다. 이 과정에서 석씨계와 김씨계는 서로 간에 많은 갈등이 있었던 것 같다. 왜냐하면 석씨계는 이후 다시는 왕위에 즉위하지 못하였을 뿐만 아니라 왕비족에서도 배제되고 있기 때문이다.

내물마립간의 즉위는 신라의 발전과정에서 큰 분수령이 되고 있다. 학계의 일반적 견해는 이때부터 신라가 고대국가 또는 집권국가로 성장하고 있다고 보고 있다. 즉 김씨세습권의 확립과 마립간이란 왕호의 사용, 주변국가에 대한 정복사업, 그리고 중국과의 외교관계 수립 등은 지금까지의 신라사와 대비할 때에 획기적인 사실로 평가되고 있다. 이와 같이 내물마립간 때에는 연맹국가의 성격에서 고대국가 또는 집권국가로 발전되는 시기로, 고구려의 태조왕太祖王이나 백제의 고이왕古爾王과 같은 성격으로 파악되고 있다.

그가 왕호를 마립간麻立干이라 칭하였다는 것은 지금까지 거서간居西干이나 차차웅次次雄·이사금尼師今을 왕호로 사용하였을 때의 국가체제를 벗어나 새로운 국가의 지향을 예시한 것으로 볼 수 있다. 또 이후 김씨가 왕위를 세습하였다는 것은 고구려에서 소노부消奴部에서 계루부桂婁部로 왕실이 교체된 것과 같은 맥락에서 파악할 수 있고, 이때부터 집권적 정치체제가 확립되고 있음을 말해 준다. 또 이 시기에는 대외적인 자주의식도 선양되고 있다. 이것은 왕 18년(373) 백제 독산성주禿山城主의 투항을 계기로 백제와 신라 사이에 분쟁이 나타나게 되는데, 이때 백제 근초고왕近肖古王이

> 양국이 서로 화친하여 형제가 되었는데, 우리나라에서 도망한 백성을 거두어 두시니 이는 화친하는 뜻에 심히 어그러진 일로서 이런 것은 대왕에게 바란 바가 아니오니, 청컨대 이들을 돌려주시기 바랍니다.
> (『삼국사기』 권 3, 신라본기 3, 내물이사금 18년조)

라는 글을 보냈지만, 신라 내물마립간은

> 백성들은 상심이 없는 탓으로 생각이 나면 오기도 하고 마음에 싫으면 가 버리기도 하는 것을 구태여 만류하지 못하는 바입니다. 그런데 대왕은 백성들의 불안한 것은 걱정하지도 아니하고 도리어 과인을 책망하시니 그 어찌 심하지 아니 하오리까.
> (『삼국사기』 권 3, 신라본기 3, 내물이사금 18년조)

라고 하여 이를 거절하고 있는 사실에서도 확인할 수 있다.

이와 같은 신라의 국가발전은 왕 26년(381)에 전진왕前秦王 부견符堅의 질문에 대한 신라 사신 위두衛頭의 대답에서도 신라가 이미 고대국가로 성장하였음을 보여주고 있다. 당시 전진왕 부견은 신라의 사신 위두에게 "해동의 사정이 옛날과 같지 않다고 함은 무엇을 말하는가"라고 하니, 위두는 "이는 마치 중국의 시대변혁時代變革이나 명호개역名號改易과 같은 것이니, 어찌 옛날과 같을 수 있겠습니까"라고 대답하고 있다.

신라의 발전과정에서 주목되는 것은 골품제도骨品制度이다. 신라는

주변의 여러 국가를 복속하는 과정에서 이들 국가를 신라의 행정구역으로 흡수하면서 그 통치자 또는 유력세력들을 그들의 직위에 상응하는 골품으로 편입시켰다. 또 이러한 과정에서 신라 구성의 핵심세력인 박·석·김 3성은 이들을 통제할 수 있는 상위의 골품으로 고정을 보게 된다.

골품제도는 문자 그대로 골骨과 품品의 합칭으로서, 당시 신라에는 골骨로써는 성골聖骨과 진골眞骨이 있었고, 품品으로서는 6두품頭品·5두품·4두품·3두품·2두품·1두품이 있었다. 그러나 신라가 발전하는 과정에서 3두품 이하는 소멸되어 평민층으로 고정되었던 것으로 보인다. 또 성골에 대하여는 신라 중고기에 왕가의 신성을 과시하기 위하여 일반 진골과 구별하여 부른 호칭에 불과하다는 견해도 있고, 또 박·석·김 3성의 순수혈통으로 구분하는 견해 등이 있지만, 골제는 신라 핵심세력인 박·석·김 3성에 주어진 제도였다는 것에는 모두 공감하고 있다. 이에 대한 학계의 견해를 살펴보자.

금서룡今西龍은 이 분야를 연구한 최초의 학자로, 그는 「신라골품고新羅骨品考」(『史林』 7-1, 1922)에서 골骨은 혈족으로서 그 필수조건은 혈종을 같이 하는데 있다고 파악하였다. 그리고 진골은 왕종王種이며, 같은 왕종王種인 성골聖骨과 진골眞骨은 구분 기준이 모호하며 성골은 어쩌면 실재實在하지 않았을지도 모른다고 보았다. 또 중고시대 왕비의 부父에는 갈문왕葛文王의 칭호가 붙는 것이 원칙인데, 무열왕의 조祖인 진지왕의 국구國舅 기오공起烏公에 갈문왕의 칭호가 보이지 않는 것으로 보아 골품의 변화는 모계母系에 의한 출생문제와 연계되지 않았을까 하는 의심을 제기하였다.

지내굉池內宏은 「신라 골품제와 왕권新羅骨品制と王權」(『동양학보』 28-30, 1941)에서 성골과 진골은 모두가 왕족의 골종으로서 실질적으로는 전혀 구별이 없으며, 성골은 실로 진덕왕眞德王 앞에 오래지 않은 시기에 중국사상의 영향에 의하여 성왕聖王으로 추론한데 불가하다고 보았다. 또 이덕성은 『조선고대사회연구朝鮮古代社會研究』(정음사, 1949)에서 골품제의 기원은 신라국가의 정복활동에 수반하여 요청된 새로운 사태를 대비하기 위하여 귀족세력을 재편성한 것으로 보았다.

김철준은 「고구려 신라의 관계조직의 성립과정」(『이병도박사 화갑기념논총』, 1956)에서 이덕성의 이론을 수용하여 신라가 족장층의 강인한 사회적 기초를 해제하지 못하고, 이를 연맹형식으로 통합한 바에 의하여 골품제가 성립되었다고 보면서, 직계와 방계라는 관점에서 성골과 진골을 파악하였다. 이병도는 「고대남당고古代南堂考」(『서울대논문집』, 인문사회과학 1, 1954)에서 성골은 부계와 모계가 모두 순수한 왕종王種이며, 진골은 그 중 어느 쪽에 한대라도 비왕종非王種의 혈통이라고 보면서, 성골은 부모양계의 혈통이 모두 신성한다는 의미에서 취한 것이고, 진골의 진眞은 한쪽은 비진非眞이나 다른 한쪽은 진종眞種이라는 의미에서 취한 것이라고 보았다. 정중환은 「신라성골고新羅聖骨考」(『이홍직박사회갑기념논총』, 1969)에서 성골의 개념은 불교가 공인된 후에 불교의 종교적 신성 개념에서 도출된 것으로 중고中古의 정치적·사회적 여건을 배경으로 하여 성립되었다고 하였다. 이종욱은 「신라중고기의 골품제」(『역사학보』 99·100, 1983)에서 골骨 신분층은 신라 상고시대上古時代에 왕실세력이었던 박·석·김을 중심으로 편재되었는데, 이 중에서 석씨는 내물마립간 이후 중앙정계에서 도태됨으로써 골骨의 신분층에서 배제되었고, 품品 신분층은 국가 형성기에 6부의 지배세력은 6두품으로, 리里의 지배세력은 5두품, 그리고 방坊의 지배세력은 4두품으로 편성되었을 것으로 파악하였다.

위와 같이 골품제도에 대한 학계의 견해는 다양하게 제시되고 있지만, 신라가 주변국들을 병합·복속하는 과정에서 그 통치자 또는 지배세력을 골품제라는 원리하에 수용하였다는 것에는 대부분 공감하고 있다. 『삼국사기』 잡지雜志를 보면 신라사회는 골품제의 엄격한 적용을 받고 있다.

신라 행정체계는 17관등으로 이루어져 있는데, 각 골품이 진출할 수 있는 정치적 상한선이 제한되어 있는 것이 특징이었다. 즉 진골은 최고 관등인 이벌찬伊伐飡까지 승진할 수 있으나, 6두품은 제6관등인 아찬阿飡까지, 5두품은 제10관등인 대내마大奈麻까지, 4두품은 제12관등인 대사大舍까지 그 정치적 상한선이 제한되어 있었다.

이와 같은 정치적 상한선의 제한은 관직에도 그대로 반영되어 각 부部의 장관인 영令은 제5관등 대아찬 이상으로 제한하여 결국 진골계통의 전유물로 하였으며, 차관급인 경卿은 제6관등 아찬을 상한선으로 하고 제11관등 내마를 하한선으로 하여 결국 6두품을 원칙으로 5두품도 참여할 수 있는 기회를 주고 있다.

이러한 신분상의 제한은 관직에서 뿐만 아니라 복색服色·거기車騎·기용器用·가옥家屋에 이르기까지 작용되고 있었다.

## 제3절  신라의 국가발전

### 1. 신라사의 시대구분

『삼국사기』는 신라의 국가발전사를 상대上代·중대中代·하대下代의 삼대三代로 구분하였고, 『삼국유사』에서는 상고上古·중고中古·하고下古의 삼고三古로 구분하였다. 『삼국사기』의 시대구분은 정치발전사의 입장에서 추론한 것이고, 『삼국유사』의 시대구분은 사상사적 측면, 즉 불교의 수용과 발전과정을 염두에 두면서 추론한 것으로 보인다.

이러한 관점에서 『삼국사기』에서는 삼국통일의 기반이 형성되는 무열왕을 기점으로 전시대를 상대上代라 하였고, 그 이후를 중대中代로 파악하였으며, 문무왕계의 왕통이 막을 내리고, 비문무왕계의 왕통이 즉위하는 37대 선덕왕宣德王 이후를 하대下代로 설정하였다.

　　상대의 정치적 특징은 삼국의 병립시대라는 시대적 상황이 작용하고 있고, 또 박·석·김의 왕위교체도 특수요인으로 열거되고 있다. 이 밖에 합의체에 의한 국가중대사의 결정, 즉 국인國人 또는 군신群臣으로 표현되는 집단의 존재와 이들의 권위가 인정되고 있다는 정치상이 또 하나의 특징으로 부각되고 있다. 중대로 표현되는 시기는 태종무열왕의 직계에 의한 왕위계승, 강력한 군사력을 배경으로 하는 왕권의 전제화專制化와 이를 위한 정치개혁이 특징으로 부각되고 있으며, 하대는 비문무계의 왕위계승과 상대등上大等의 권한강화로 인한 왕권의 약화, 왕권을 위요한 중앙귀족들의 세력다툼 등이 이 시대의 특징으로 부각되고 있다.

　　『삼국유사』의 삼고三古 개념은 불교가 공인되었던 법흥왕 때를 기점으로 그 이전을 상고上古, 그 이후를 중고中古로 하였는데, 상고시대는 전통적 사상에 입각한 정치이념과 사상적 이념이 마찰 없이 수용되어 졌던 시기이다. 중고시대는 불교의 공인 이후 왕권이 불교세력과 결합함으로써 왕권의 신성화를 도모하였던 시기, 즉 왕실 불교시대로 정의될 수 있다. 법흥왕과 진흥왕은 모두 독실한 불교신자로 불교의 발전에 크게 이바지하였고, 만년에는 모두 출가하여 법명法名을 받고 있다. 또 진평왕은 자신의 가계家系를 석가모니의 가계로 포장하여 왕권을 성골聖骨 개념으로 성화聖化시키고 있다. 하고下古시대는 무열왕 이후로 불교가 민중과 더불어 대중화되어 가는 시기이다. 이때는 교종教宗보다도 선종禪宗이 민중과 영합하여 산문불교山門佛教로 발전되면서 구산선문九山禪門이 완성을 보게 된다.

　　그러나 『삼국사기』와 『삼국유사』에 나타나는 이러한 시대구분은 그 나름대로의 특수성은 찾아볼 수 있지만, 역사발전에 따른 계기성과 각 시기에 흐르고 있는 역사적 특수성을 관철하지 못하고 있다는 비판도 아울러 받고 있다. 이러한 관점에서 학계에서는 다양한 시대구분이 제시되고 있다. 정상수웅井上秀雄은 「신라정치체제의 변천과정新羅政治體制の變遷過程」(『新羅史基礎研究』, 1974)」에서 신라사를

① 제1기 : 원시촌락국가
② 제2기 : 원시통일국가
③ 제3기 : 귀족집단지배시대
④ 제4기 : 왕권지배시대
⑤ 제5기 : 왕권쟁탈시대
⑥ 제6기 : 지방세력의 자립기

로 구분하였으며, 김철준은 『한국고대국가발달사』에서

① 제1기 : 부족연맹기, 토착세력인 김씨족단과 이주민인 박朴·석昔의 연맹사회
② 제2기 : 고대국가 성립기, 소지왕~진덕여왕
③ 제3기 : 고대국가 발전기, 무열왕~혜공왕
④ 제4기 : 고대국가 해체기, 선덕왕~경순왕

으로 구분하였으며, 또 왕호의 성격에 따라

① 신라고유왕명시대 : 박혁거세~지증왕
② 불교왕명시대 : 법흥왕~진덕여왕
③ 한식시호시대漢式諡號時代 : 무열왕~경순왕

으로 구분하였다. 이와 같은 김철준의 첫번째 견해는『삼국사기』의 상대上代를 부족연맹기와 고대국가 성립기로 분화하여 이해하였고, 제3기에 해당하는 고대국가발전기는『삼국사기』의 중대中代 개념을 사회발전사적 개념으로 용어를 개칭한 것이고, 제4기 고대국가해체기는『삼국사기』의 하대下代 개념을 역시 위의 개념으로 용어를 개칭한 것으로 볼 수 있다. 또 그가 구분한 왕호의 성격변화에 따른 시대구분은 『삼국유사』의 삼고三古 개념과 일치하고 있다.

이기백은『신라정치사회사연구』에서『삼국사기』의 삼대三代 개념을 그대로 수용하면서 단지 용어에 있어서는 귀족연합시대, 전제왕권시대, 귀족연립시대란 용어로 사용하였다. 위의 시대구분에 반하여 신형식은『신라사』(이화여대 출판부, 1985)에서 정치·천재天災·전쟁·외교 등 다양한 분야에 걸쳐 신라의 발전과정을 고찰하며, 신라의 발전단계를

① 제1기 : 국가형성기(박혁거세~소지왕), 왕의 추대선거 및 세습과도시대
② 제2기 : 국가체제 완성 및 민족결정기(지증왕~문무왕), 국가체제 정비기 및 민족결정시대
③ 제3기 : 민족문화개발기 및 민족국가 발전기(신문왕~선덕왕), 민족문화 발전 및 무열왕권 전제기
④ 제4기 : 국가체제 동요기(원성왕~정강왕), 귀족간의 항쟁 및 타협시도기
⑤ 제5기 : 국가체제 해체기(진성여왕~경순왕), 호족의 자립성 및 신라멸망기

로 구분하였다. 위의 시대구분은 민족국가의 발전이란 명제하에 신라

사를 구분하였다는 점에서 큰 의의가 있을 것 같다. 특히 제2기를 민족의 결정기, 제3기를 민족국가 발전기로 구분하고 있는 것은 앞으로 이 분야 연구자들에게 시사하는 바가 클 것이다. 비록 그는 제1기와 제4·5기에서는 민족이란 말을 생략하고 있지만, 아마도 제1기는 민족국가 형성기, 제4기는 민족국가 동요기, 제5기는 민족국가 해체기를 염두에 두고 있었을 것이다.

필자는 위에서 살펴본 선학들의 연구성과를 깊이 음미하면서 신라사의 발전단계를 민족국가 태동기, 민족국가 형성기, 민족국가 결정기, 민족국가 진통기로 구분해 보고자 한다. 제1기인 민족국가 태동기는 건국 이후 내물마립간이 즉위할 때까지로 보았는데, 이 시기는 박·석·김 3성의 왕위교체가 있어 국가의 주체가 불분명한 시대였고, 왕권은 일원적 통제력을 행사할 수 없었으며, 국가의 규모도 소국의 단계를 벗어나지 못하고 있어 민족국가란 개념으로 이 시기를 정의하기에는 많은 한계가 있다. 그러나 다음 단계인 민족국가형성을 위한 준비기로서의 성격은 충분히 갖추고 있었다고 볼 수 있다.

제2기는 내물마립간부터 무열왕 이전까지로 보았는데, 법흥왕을 기점으로 그 이전을 민족국가형성 제1기로, 그 이후는 민족국가형성 제2기로 파악하였다. 내물마립간은 지금까지의 3성체제를 타파하고 김씨계의 일원적국가로 통치체제를 확립하였고, 정복사업도 활발하게 진행되고, 중국과의 대외교섭도 나타나고 있어 이전과는 다른 국가의 변모를 과시하고 있다. 이후 눌지마립간·자비마립간·소지마립간·지증왕을 거치는 시기에 국가체제는 더욱 정비되고 통치체제도 많은 변화를 보이고 있다. 법흥왕은 외래종교인 불교를 수용하여 이를 기존의 전통신앙과 결합시킴으로써 새로운 사상적 이념을 창출하였고, 또 불교신앙으로 왕실을 성화聖化시킴으로써 왕권강화에 이용하고 있다. 이와 병행하여 율령律令이 반포되고, 상대등제가 확립되며 병부兵部가 마련되고 있는 것도 이 시기의 국가 변모를 말해주고 있다. 이러한 법흥왕 때의 개혁정치는 다음 진흥왕 때에도 그대로 계승되어 이 시기는 불교의 발전과 정복사업이 병행되는 과정에서 국가는 획기적인 발전을 도모하게 된다.

제3기는 태종 무열왕부터 혜공왕에 이르는 시기로 보았는데, 태종 무열왕은 가야계의 김유신金庾信과 결합함으로써 왕권의 강화가 비약적으로 나타나게 되고, 또 백제를 멸망시킴으로써 삼국통일의 기반을 마련하고 있다. 지금까지의 불교식 왕명을 타기하고 국가체제를 유교적 정치이념에 입각하여 개편하였고, 또 다양한 율령이 반포되고 있다. 다음 문무왕은 고구려를 멸망시키고 삼국통일을 이룩하여 지금까지 삼국으로 분열되었던 민족을 신라라는 통치체제하에 하나로 결집시킴으로써 민족국가의 결정기를 마련하게 된다. 이후 혜공왕까지는 문무왕 계통이 대를 이어 왕권을 계승하였고, 그 동안 삼국으로 분열되어 이질화되고 있었던 민족의식民族意識이 하나의 공동체의식 속에 결집을 보게 된다.

제4기는 선덕왕 때부터 신라가 멸망하는 시기로 보았다. 선덕왕은 무열왕계이지만 지금까지 왕통을 이어왔던 문무왕계는 아니었고, 문무왕의 아우 김인문金仁問의 후예이다. 따라서 그의 즉위는 비문무계의 등장으로 볼 수 있다. 그러나 다음 원성왕은 비무열왕계로서 왕위에 즉위하였다. 이와 같이 볼 때 선덕왕은 왕통이 무열왕계에서 비무열왕계로 넘어가는 과도적 단계의 왕으로 파악할 수 있다. 이 시기에는 그 동안에 전제화 되었던 왕권이 해체되면서 귀족 상호간에 분열과 대립이 나타나게 된다. 선덕왕 다음의 원성왕은 무열왕계의 왕통을 완전히 불식하고 이후 그의 혈통에 의하여 왕권이 계승되고 있지만, 이 시기는 일종의 귀족연합 또는 연립정권의 성격을 띠면서 왕권은 약화되었고, 왕권을 위요한 원성왕계 자체내의 대립이 격화됨으로써 진성여왕 때에는 후삼국後三國의 분열을 보게 된다. 이러한 과정에서 그 동안 한 민족의 통일국가로 정착하였던 신라는 다시 민족의 분열이라는 새로운 진통을 겪게 된다.

그러나 이러한 시대구분은 민족사의 입장에서 본 신라사의 구분이고, 신라사의 측면만으로 볼 때에는 1단계인 민족국가 태동기는 신라국가 형성기로 보아야 할 것이고, 제2기인 민족국가 성립기는 신라국가 발전기로 파악할 수 있을 것이다.

## 2. 신라의 국가발전

### 1) 국가형성기

『구당서舊唐書』와 『신당서新唐書』에서는 신라의 출자를 변한弁韓에서 나왔다고 하고 있으나 대부분의 중국 사서에는 진한辰韓으로 서술하고 있다. 또 『삼국사기』와 『삼국유사』 등 우리나라 사서에서는 모두 진한으로 기록하고 있다. 현재 우리 학계에서는 진한 12개국의 하나인 사로국斯盧國을 모체로 하여 신라가 건국된 것으로 이해하고 있다. 『삼국지三國志』 동이전 변진전에는

변한弁韓과 진한은 모두 24개국이다. 대국은 4~5천가이고, 소국은 6~7백가로, 모두 4~5만호이다. 그 중에서 12개국은 진왕辰王에게 신속臣屬되어 있다. 진왕은 항상 마한인으로 왕을 삼아 대대로 세습하였으며, 진왕이 자립하여 왕이 되지는 못하였다.
(『삼국지』 권 30, 위서 30, 동이열전 30, 변진전)

라고 기록하고 있다. 그렇다면 신라의 출자로 이해되고 있는 사로국은

진한 12국의 한 나라로서 당시 호구는 많아야 4~5천가 정도였고, 마한의 통제를 받았음을 알 수 있다.

　박혁거세의 신라 건국은 마한의 지배를 벗어나 독자적으로 국가를 운영하게 되었음을 의미한다. 『삼국사기』와 『삼국유사』에는 당시 신라의 건국과정을 진한 6부의 추대로 표현하고 있다. 또 박혁거세의 출자는 기마족단으로 이곳에 정착한 유이민遊移民으로 이해하고 있다. 박혁거세는 이곳 세력의 추대를 받아 국가를 건국한 후에 이들 세력을 기반으로 활용하면서 국가를 발전시키고 있다. 박혁거세는 나라를 세운 후에 자기의 추대에 공을 세운 돌산突山 고허촌高墟村의 장長이었던 소벌공蘇伐公의 관내에서 알영閼英을 취하여 부인으로 삼고 있다. 이것은 유이민인 박혁거세가 선주한 토착세력인 김씨와 결합함으로써 국가기반을 조성한 것을 의미한다.

　박혁거세의 뒤를 이어 남해차차웅과 유리이사금이 왕위를 계승하였으나 유리이사금의 다음에는 이성異姓인 석탈해昔脫解가 왕위에 즉위하고 있다. 탈해는 『삼국사기』에 다파나국多婆那國 출신으로 되어 있고, 『삼국유사』에는 용성국龍城國 또는 완하국琓夏國출신으로 되어 있다. 여하튼 석탈해는 철기문화를 소유한 유이민 집단으로 이해되고 있다. 『삼국사기』에 의하면 남해차차웅 5년(A.D. 8)에 왕은 탈해에게 맏딸을 출가시켰고, 왕 7년에는 대보大輔의 직을 주어 군국정사軍國政事를 맡기고 있다. 또 왕이 죽은 후에 당시 태자였던 유리는 왕위를 그에게 양도하려고 하였다. 이것은 박혁거세가 국가를 건국하였으나 세력기반이 그렇게 강하지 못하였다는 것을 의미한다.

　박혁거세는 국가를 건국한 후에 그곳의 유력한 재지세력인 김씨계와 결합함으로써 국가기반을 조성하였으나 왕권은 여전히 불안하였고, 이후 남해차차웅 때에도 철기문화를 갖고 도래한 석씨昔氏계를 장악할 수 있을 정도의 국가기반은 조성되지 못하고 있었다. 이로써 남

해차차웅은 석탈해에게 맏딸을 주어 동맹적 관계로 흡수하지 않을 수
없었고, 죽을 때에도 후사를 결정할 수 없었던 것으로 볼 수 있다.

이 시기에는 왕의 명칭도 거서간居西干·차차웅次次雄(일명 慈充)·이
사금尼師今 등으로 불리면서 통일되지 못하고 있었다. 노태돈은 1977년
국사편찬위원회에서 발간된『한국사』2,「삼국의 성립과 발전」에서 거
서간은 신라의 강역이 경주지방에 한정되었을 때의 부족국가의 장이
었고, 차차웅은 왕권이 부족국가의 장의 권위에다 제사장의 성격을 흡
수시키면서 생긴 명칭으로 보았으며, 이사금은 연장자를 의미하는 것
으로 박·석·김 3성의 교위交位과정에서 씨족사회 이래의 장로정치長
老政治의 성격이 계승되고 있는 것으로 파악하였다.

이러한 견해를 수용한다면 당시 신라는 왕권이 강화되지 못하였
음을 알 수 있다. 실제로 신라는 건국 후에 제5대 파사이사금 이전까
지는 정복사업을 펼치지 못하고 있다.『삼국사기』의 기록을 보면 박혁
거세 8년(B.C. 50)에 왜인倭人들의 침입이 있었고, 30년(B.C. 28)에는 낙
랑의 침입이 보이고 있다. 이후 남해차차웅 원년에도 낙랑의 침입이
보이고, 왕 11년(A.D. 14)에는 왜의 침입이 보이고 있으며, 유리이사금
때에도 백제와 왜의 침입이 수차에 걸쳐 있었다. 그러나 당시 신라는
외부의 침략에 방어적 입장만 취하고 있고, 신라 자신이 외부에 정복
사업을 펼치고 있는 것은 보이지 않는다.

그러나 이 시기에도 신라는 서서히 세력을 확장하고 있었다. 박혁
거세 39년(B.C. 19)에는 마한왕이 죽자 서한西漢정벌론이 대두하였고,
왕 53년(B.C. 5)에는 동옥저가 사신을 보내어 친선을 표하고 있다. 유
리이사금 14년(A.D. 37)에는 낙랑이 고구려에게 멸망당하자 유민 5,000
여 명이 귀화하고 있으며, 왕 17년(A.D. 40)에는 화려華麗와 불내不耐의
침입을 격퇴시켜 준 맥국貊國과 우호관계를 맺고 있다.

유리이사금 때에는 국내의 정치개혁도 수반되고 있다. 유리이사금

9년(A.D. 32)에는 6부의 명칭을 바꾸고 이들 각 부에 성姓을 하사 하였고, 또 17관등의 제도를 마련하고 있다.

탈해이사금(57~80) 재위시에는 와산성蛙山城을 중심으로 백제와의 격전이 있었고, 가야와의 전투기록도 보이고 있다. 그러나 이 시기도 침략에 대한 방어가 주류를 이루었고, 적극적인 대외공세는 보이지 않는다. 이 시기에 주목되는 것은 김알지金閼智의 출현인데, 탈해이사금 9년(165)에 김알지가 출현하자 왕은 그의 출생과 연유하여 신라의 국호를 시림始林에서 계림鷄林으로 개칭하고 있다. 이것은 김씨세력의 등장을 의미하는 것이기도 하다.

김알지의 출현에 대하여 『삼국사기』에는

왕이 밤에 금성 서쪽의 시림始林의 숲에서 닭 우는 소리를 들었다. 날이 새기를 기다려 호공瓠公을 보내어 살펴보게 하였더니, 금빛이 나는 조그만 궤짝이 나뭇가지에 걸려 있고 흰 닭이 그 아래에서 울고 있었다. 호공이 돌아와서 아뢰자 사람을 시켜 궤짝을 가져와 열어 보았더니, 조그만 사내아기가 그 속에 있었는데, 자태와 용모가 기이하고 컸다. 왕이 기뻐하며 좌우의 신하들에게 말하기를 "이는 어찌 하늘이 나에게 귀한 아들을 준 것이 아니겠는가?"하고는 거두어서 길렀다. 성장하자 총명하고 지략이 많았다. 이에 알지閼智라 이름하고 금궤짝으로부터 나왔기 때문에 성을 김金이라 하였으며, 시림을 바꾸어 계림鷄林이라 이름하고, 그것을 나라이름으로 삼았다.

(『삼국사기』 권 1, 신라본기 1, 탈해이사금 9년조)

라고 기록하고 있다.

탈해이사금이 죽자 왕계王系는 다시 박씨계로 환원하여 파사婆娑이사금이 즉위하였고, 그 뒤를 이어 지마祇摩이사금 · 일성逸聖이사금 · 아달라阿達羅이사금이 즉위하였으나 아달라이사금의 사후에는 또 석씨계의 벌휴伐休이사금이 왕위에 올랐다. 이후 내해奈解이사금 · 조분助賁이사금·첨해沾解이사금이 뒤를 이었으나 다음 미추이사금味鄒尼師今(282~284)은 김씨로써 처음으로 왕위에 올랐다. 그러나 다음에는 석씨계인 유례儒禮이사금이 왕위에 올랐고, 이후 기림基臨이사금·흘해訖解이사금도 석씨계로서 왕위를 계승하였다.

이상에서 보는 바와 같이 신라 초기에는 왕계王系가 확립되지 못하고, 박·석·김의 3성이 그들 세력의 강약에 따라 왕위를 계승하고 있다. 비록 이들 중에서 한 성이 왕위에 즉위하였다고 하더라도 다른 성에 대한 배려는 이 시기의 특징이기도 하다. 탈해이사금은 왕위에 즉위하자 전 왕족인 박씨계로 하여금 국내의 주州와 군郡을 나누어 다스리게 하고, 이들을 주주州主·군주郡主라 하여 우대하고 있다. 이후의 왕들도 왕비를 다른 성에서 취한다던가 또는 이들에게 갈문왕葛文王의 호칭을 내린다던가 하면서 유대의식을 강화하고 있다.

특히 갈문왕제도는 제3대 유리이사금 때에 처음 나타나 이후 계속되고 있는데, 이기백은 「신라시대 갈문왕」(『신라정치사회사연구』, 일조각, 1974)에서 이들 호칭을 왕비나 왕모의 부, 또는 왕부王父, 왕제王弟에게 내린 칭호로써 왕권과 이에 준하는 귀족세력과의 관계를 반영해 주는 것으로 파악하였다. 즉 왕권을 중심으로 한 지배계급의 연합이라는 관점에서 이 제도의 성격을 구명하고 있다. 이러한 과정에서 이들 3성은 공동체 의식으로 결합되면서 특수 신분층, 즉 진골眞骨이라는 신분층을 형성하게 된다.

탈해이사금의 뒤를 이은 파사이사금(80~112) 때부터는 지금까지의 방어적 태도에서 벗어나 정복국가로 탈바꿈하게 된다. 일차적인 과업은 기존 사로국 주변의 세력을 신라에 흡수하는 것으로 나타나고 있다. 파사이사금은 왕 23년(102)에 음집벌국音汁伐國을 정벌하고, 이후 실직국悉直國과 압독국押督國을 정벌하였으며, 왕 29년(108)에는 비지국比只國·다벌국多伐國·초팔국草八國을 정벌하였다. 이러한 파사이사금의 정

복사업에 대하여 이기동은 『신라사회사연구』에서

> 사로국이 경주분야의 성읍국가에서 탈피하여 일정한 영토를 가진 영역국가 혹은 여러 성읍국가를 그 지배체제 속에 망라하게 된 연맹왕국으로 발돋움하게 되었다.
>
> (이기동, 「신라사회의 형성」, 『신라사회사연구』, 일조각, 1997)

라고 평하고 있다. 다음 지마이사금祗摩尼師今 때에는 주로 가야지방으로 진출하면서 이들과의 교쟁이 잦았고, 이후 가야·왜倭·말갈·백제와 투쟁 및 화친관계를 번복하면서 복잡한 국제관계를 양출하였다가, 조분이사금助賁尼師今(230~247) 때에는 다시 정복사업을 가속화하게 된다. 왕 2년(231)에는 감문국甘文國을 토벌하였고, 왕 7년(236)에는 골벌국骨伐國을 복속하였다.

제13대 미추이사금味鄒尼師今(262~284)은 김씨로써 처음으로 즉위한 왕이다. 그의 가계는 『삼국사기』에

> 왕의 성은 김씨이고, 어머니는 박씨로써 갈문왕 이칠伊柒의 딸이다. 비妃는 석씨이며, 광명부인光明夫人으로 조분왕의 딸이다. 첨해왕이 아들이 없음으로 국인國人들이 의논하여 왕으로 삼았는데, 이는 곧 김씨로써 나라를 맡게 된 처음이다.
>
> (『삼국사기』 권 2, 신라본기 2, 미추이사금 즉위년조)

라고 기술하고 있다. 위에서 보는 바와 같이 그는 '국인國人'들의 추대를 받아 왕위에 즉위하고 있다. 이것은 지금까지의 지배체제에 일대 변화가 있었음을 말해 준다. 신라 국가의 건국 초기에는 우수한 문화 수준을 가진 외래 유이민인 박씨와 석씨 부족에서 왕이 나올 수 있었고, 토착 한인韓人인 김씨부족은 왕비족으로 만족할 수밖에 없었다. 그 동안에 김씨족단은 박·석 부족의 선진문화를 수용하면서 그들의 세

력기반을 확충시켜 왔으며, 이때에 이르러 왕위에 즉위할 수 있을 정도로 그 세력이 강화되었음을 보여준다. 위의 가계에서 보는 바와 같이 그는 박씨·석씨 모두와 혈연적 유대관계를 맺고 있다. 이로써 그는 이들 세력의 지지, 즉 국인國人들의 추대로써 왕위에 오를 수 있었을 것이다. 이후 다시 석씨계로 왕위가 교체되었으나 이 시기는 크게 국력을 떨치지 못하였던 것 같다. 유례이사금儒禮尼師今 때에는 왜국정벌론이 대두되기도 하였으나 실현되지 못하였고, 다음 기림이사금基臨尼師今 때에는 계림이란 국호를 신라로 개칭하였고, 흘해이사금訖解尼師今(310~356) 때에는 왜국왕에게 아찬 급리急利의 딸을 보내어 결혼시켰으나 얼마 후에 국교를 단절하였다. 흘해이사금이 죽은 후에 김씨계인 내물㮈勿마립간이 신라 제17대 왕으로 즉위하게 된다.

## 2) 국가 발전기

내물마립간 때에는 신라가 비약적으로 발전한 시기로 평가되고 있다. 말송보화末松保和를 비롯한 일본인 학자들은 거의 모두가 『삼국사기』 내물마립간 이전의 역사는 허구로 파악하면서도 내물마립간 즉위 이후의 기사는 긍정적으로 수용하고 있다. 이병도·김철준·이기백·변태섭 등은 내물마립간 이전의 역사기록에도 비교적 긍정적인 측면에서 조명하고 있지만, 내물마립간 때부터 국가체제가 정비·발전하였다는 사실에는 의견을 같이 하고 있다. 내물마립간 때의 왕호는 『삼국사기』에 이사금尼師今이라는 칭호를 그대로 사용하고 있으나 『삼국유사』 왕력王曆에는 이때부터 마립간麻立干의 칭호를 사용한 것으로 나타나고 있다. 내물은 일명 나밀那密이라고도 하며, 이때에 다양한 정치개혁이 수반되었음은 이미 앞의 절에서 살펴본 바 있다. 이 시기에 신라의 국정이 크게 개혁되고 있다. 이것은 『삼국사기』 내물이사금 26년조에

왕이 위두衛頭를 전진前秦의 부견符堅에게 파견하여 방물을 바치고 국
정을 말하니 부견왕은 위두에게 묻기를 "경의 말이 해동의 사정이 옛날
과 같지 않다고 함은 무엇을 말하는가?"라고 하였다. 위두는 대답하기를
"이는 마치 중국의 시대변혁이나 명호개이名號改易와 같은 것이니, 이 어찌
옛날과 같을 수 있겠습니까"라고 하였다.

(『삼국사기』 권 3, 신라본기 3, 내물이사금 26년조)

라는 기사에서 알 수 있다. 내물마립간의 뒤를 이은 실성마립간實聖麻立
干(402~417)은 전왕前王 내물마립간이 자기를 고구려에 질자質子로 파견
한 것에 대한 보복으로 즉위하자 내물마립간의 아들 미사흔未斯欣을 왜
倭에 질자로 보내고, 왕 11년(412)에는 복호卜好를 고구려에 인질로 보
냈다. 또 고구려와 내통하여 눌지訥祗를 죽이려고까지 하였다. 그러나
이것은 실패하고 도리어 눌지에게 살해되었다. 『삼국사기』에는 당시의
실상을 다음과 같이 수록하고 있다.

내물왕 37년에 왕이 실성實聖을 고구려에 인질로 보냈는데, 실성이
돌아와 왕위에 즉위하자 앞서 내물왕이 자기를 인질로 보낸 것을 원망하
여 그 아들을 죽여 원한을 갚으려 하였다. 이에 실성은 사람을 고구려에
보내어 그가 고구려에 있을 때에 교분을 쌓은 사람에게 비밀리에 말하기
를 "눌지로 하여금 그대를 맞게 할 것이니, 그대는 보는 즉시 죽여라"고
하였다. 얼마 후에 실성은 눌지에게 명하여 고구려 사람을 맞이하게 하였
는데, 그 고구려 사람은 눌지를 보고는 그가 용모와 기상이 아담하고 군
자의 기품이 있음을 알고 눌지에게 실성의 음모를 이야기하고 되돌아갔
다. 눌지는 이를 원망하여 마침내 왕을 죽이고 스스로 왕위에 올랐다.

(『삼국사기』 권 3, 신라본기 3, 눌지마립간 즉위조)

이러한 과정에서 왕위에 즉위한 눌지마립간訥祗麻立干(417~458)은
박제상朴提上에게 명하여 왜와 고구려에 질자로 있는 아우 복호卜好와
미사흔未斯欣을 비밀리에 소환하였고, 당시 고구려의 남하정책에 위협

을 느껴 백제와 나제동맹羅濟同盟을 결성하여 이에 대비하였다.

이로써 그 동안 적대관계에 있었던 신라와 백제는 화친관계로 변하게 된다. 그는 농업생산성을 제고하기 위하여 왕 13년(429)에 2,170보에 달하는 시제矢堤를 축조하였고, 왕 22년(438)에는 우차牛車의 이용법을 널리 보급하였다. 그리고 왕위의 부자상속제도 확립하였다. 뒤를 이은 자비마립간慈悲麻立干(458~479)은 서울의 방리坊里를 획정하였고, 곳곳에 성城을 쌓아 국방을 강화하였으며, 전국을 순행巡幸하면서 민심을 안정시켰다. 또 왕 17년(474) 7월에는 고구려가 백제를 공격하자 백제에 구원병을 보내기도 하였다.

소지마립간炤知麻立干(479~500)도 부왕의 뜻을 이어 왕 3년(481)에는 호명성狐鳴城 등 7성을 쌓아 고구려의 침입에 대비하였고, 왕 7년(485)에는 구벌성仇伐城을 축성하였으며, 왕 8년에는 삼년산성三年山城과 굴산성屈山城을 개축하였다. 또 수차에 걸친 고구려와 말갈·왜의 침입도 격퇴하였다. 이밖에 왕 9년(487)에는 시조 탄생지인 내을奈乙에 신궁神宮을 건립하였고, 사방에 우역郵驛을 설치하고 도로를 수리함으로써 전국을 하나의 행정권으로 통합하였다. 왕 12년(490)에는 처음으로 서울에 시장市場을 개설하여 화물의 유통을 원활하게 하였고, 왕 15년(493)에는 백제 동성왕이 청혼하자 비지比智의 딸을 보내어 양국의 친선을 돈독히 하였다.

소지마립간의 뒤를 이은 지증왕智證王(500~514) 때에는 비약적인 발전을 보게 된다. 왕 3년(502)에는 지금까지의 전통적 장례법인 순장殉葬을 혁파하고, 또 외관外官에게 명하여 농사를 권장하도록 하면서 처음으로 우경牛耕을 실시하였으며, 수리사업도 활발히 진행하였다. 다음해에는 '덕업을 날로 새롭게 하고, 사방을 아우른다(德業日新 網羅四方)'는 의미로써 신라新羅를 국호로 확정시키었고, 지금까지 사용하던 마립간이란 왕호 대신에 신라국왕新羅國王이란 호칭을 정식 왕호로 채

택하였다. 왕 6년(505)에는 지방행정을 주州·군郡·현縣의 제도로 개편하고, 또 실직주悉直州를 설치하여 이사부異斯夫를 군주軍主로 삼았다. 군주의 명칭은 이때부터 시작된다. 또 이 해에 석빙고를 만들었고, 선박의 편리를 도모하는 제도도 만들었다. 왕 10년(509)에는 동시전東市典을 만들었고, 왕 13년(512)에는 이사부에 명하여 우산국于山國을 복속시켰으며, 왕 15년(514)에는 아시촌阿尸村을 소경小京으로 만들어 6부 및 남쪽지방의 사람들은 이곳에 옮겨 살도록 하였다.

이러한 개혁을 거쳐 법흥왕法興王(514~540) 때에 이르러서는 중앙집권적 통치체제를 갖추게 된다. 학계의 일반적 견해는 이 시기에 고대국가 또는 집권국가의 체제가 완비되고 있는 것으로 보고 있다. 왕 4년(517)에는 병부兵部를 설치하여 군사적 통제권을 강화하였고, 왕 7년(520) 정월에는 율령律令을 반포하고, 백관百官의 공복公服과 복색服色제도를 정하였으며, 왕 9년(522)에는 가야국왕에게 이찬 비조부比助夫의 여동생을 출가시켜 양국의 관계를 돈독히 하였다. 왕 15년(528)에는 이차돈異次頓의 순교를 계기로 불교를 공인하였고, 왕 18년(531)에는 유사有司에 명하여 제방을 수리하도록 하였으며, 또 이해 4월에는 이찬 철부哲夫를 상대등上大等으로 삼아 국사國事를 총리하게 하였다. 왕 19년(532)에는 금관가야金官加耶를 복속하였고, 왕 23년(536)에는 건원建元이란 연호年號를 처음 사용하였다.

진흥왕眞興王(540~576)은 전왕 법흥왕을 계승하여 신라를 정복국가로 발전시키고 있다. 그는 불교를 장려한 왕으로도 유명하다. 왕 5년(544)에 흥륜사興輪寺를 개창하였고, 왕 14년(553)에는 황룡사皇龍寺를 개창하였으며, 왕 27년(566)에는 기원사祇園寺와 실제사實際寺를 창건하였다. 그리고 불교의 전륜성왕轉輪聖王 교리를 이용하여 장자를 동륜銅輪, 차자를 사륜舍輪이라 이름하였다. 또 척경拓境지역을 순시할 때에는 반드시 승려를 대동하였으며, 왕 35년에는 황룡사 장육상丈六像을 주성鑄

成하였다.

그의 재위시는 다양한 혁신정책이 나타나고 있다. 왕 6년(545)에는 이찬 이사부異斯夫의 건의를 수용하여 거칠부居柒夫로 하여금 『국사國史』를 편찬케 하였고, 왕 12년(551)에는 우륵于勒에 명하여 가야금加耶琴을 만들었다. 그는 전왕에 이어 독자적인 연호를 사용하여 대외적으로 자주성을 과시하기도 하였다. 왕 12년(551)에는 개국開國이란 연호를 사용하였고, 왕 29년(568)에는 대창大昌이란 연호를, 왕 33년(572)에는 홍제鴻濟란 연호를 사용하였다.

이와 같이 그는 자주성을 대외적으로 과시하면서 한편으로는 정복사업도 단행하였다. 왕 10년을 전후한 시기에는 백제의 성왕과 연합하여 고구려를 공격하여 장수왕의 침입으로 빼앗긴 죽령竹嶺 이북의 고토를 회복하고 더 나아가 오늘날 함경남도 이원利原까지 영토를 확장하였다. 더욱이 백제가 확보한 한강유역을 점탈함으로써 인적·물적 자원의 확보는 물론 서해를 통하여 중국과 직접 교통할 수 있는 터전을 확보하였다. 또 왕 23년(562)에는 이사부異斯夫로 하여금 대가야大加耶를 공격하게 하여 멸망시켰고, 뒤이어 다른 가야제국도 정복하여 낙동강유역을 완전히 확보하였다. 이러한 진흥왕의 정복사업은 창녕·북한산·황초령·마운령의 순수비巡狩碑가 그 실체를 증명해 주고 있다. 왕 15년(554)에는 한강유역을 탈환하기 위하여 침공한 백제 성왕의 대군을 격파하였고, 이때 침입한 성왕은 죽음을 당하였다. 진흥왕은 내치內治에도 힘을 기울여 왕 18년(557)에는 국원國原을 소경小京으로 삼아 귀족들의 자제와 6부의 부호富豪들을 옮겨 살게 하였고, 감문주甘文州와 북한산주北漢山州를 설치하였다. 또 37년(576)에는 화랑도花郎徒를 설치하여 인재를 배양하였다.

진흥왕은 두 아들을 두었는데 태자는 동륜銅輪이고, 다음은 사륜舍輪이었다. 그러나 태자 동륜이 일찍 죽자 사륜이 진흥왕을 이어 왕위에 즉위하였는데, 이가 곧 진지왕眞智王(576～579)이다. 그는 재위 4년만에 반대파에 의하여 폐위를 당하였고, 동륜의 아들이 추대되어 진평왕眞平王(579～632)으로 즉위하였다.

진평왕은 불교의 가문을 빌려 왕가王家를 성화聖化시킴으로써 불안한 왕권을 강화하고자 하였다. 그 자신의 이름은 석가의 아버지 이름을 따서 백정白淨 또는 정반淨飯이라 하였고, 그 부인은 석가의 어머니 이름인 마야부인摩耶夫人이라 칭하였다. 또 동생들의 이름은 백정의 동생이름을 따서 백반白飯과 국반國飯이라 하였다. 그는 숙부 진지왕을 축출하고 왕위에 즉위하였다. 그가 이와 같이 자신의 가문을 성화聖化시키고 있는 것은 그 자신의 숭불이념崇佛理念도 작용하였겠지만, 숙부 진지왕을 축출하고 왕위에 즉위한 그로서는 불교의 가계를 빌려 자신의 가문을 성화시킴으로써 불안한 왕권을 안정시키고자 한 의도도 내재하고 있었을 것이다.

진평왕 때에도 여러 가지 정치개혁이 수반되고 있다. 왕 3년(581)에 위화부位和府를 설치하여 관리의 임면권을 행사하도록 하였고, 왕 5년에는 선부서船府署를 설치하여 대감大監과 제감弟監을 두었다. 또 왕 6년(584)에는 건복建福이란 연호를 사용하였고, 이 해 3월에는 조부調府를 설치하고 영令 1명을 두어 공부貢賦를 맡아보게 하였으며, 또 승부乘府를 두어 차승車乘에 대한 일을 맡아보게 하였다. 그리고 왕 8년에는 예부禮部를 두어 영令 2명으로 하여금 일을 담당하게 하였다. 왕 13년(591)에는 영객부領客府를 설치하여 영令 2명을 두었고, 왕 44년(622)에는 이찬 용수(龍樹; 또는 용춘龍春이라고도 함)를 내성사신內省私臣으로 삼아 대궁大宮·양궁梁宮·사량궁沙梁宮의 일을 겸장兼掌하게 하였다. 다음 해 정월에는 병부에 대감大監 2명을 두었고, 왕 46년(624)에는 시위부侍衛府·상사서賞賜署·대도서大道署 등의 관부를 설치하였다.

그러나 이때는 백제와 고구려의 침입으로 큰 위협을 당하고 있었던 시기이기도 하다. 진흥왕의 북진정책으로 죽령 이북을 빼앗긴 고구려와 성왕聖王의 피살로 원한이 맺힌 백제는 이에 대한 보복으로 신라를 적극적으로 침공하였다. 그리하여 왕 33년(611)에는 수隋에 군사적인 지원을 청하기 위하여 걸사표乞師表를 보냈다. 이 걸사표는 당대의 고승인 원광圓光이 지었는데, 원광은 걸사표를 지으라는 왕명에

> 자기가 살려고 하여 남을 멸망시키는 것은 사문沙門의 행실이 아닙니다. 그러나 빈도貧道는 대왕의 땅에 살고 대왕의 수초水草를 먹으면서 어찌 감히 이 명령을 따르지 아니 하오리까.
>
> (『삼국사기』권 4, 신라본기 4, 진평왕 30년조)

라고 한 말은 유명한 고사로 전해 온다. 진평왕 만년에 와서는 모반사건도 발생하고 있다. 왕 53년(631) 5월에 이찬 칠숙柒宿과 아찬 석품石品이 모반하여 9족九族이 몰살당하고 있는데, 이때 반란의 규모는 상당히 컸던 것 같다.

진평왕 사후 그의 딸 덕만德曼이 즉위하니, 이가 선덕왕善德王(632~647)이다. 선덕왕은 우리나라 역사상 여자로써 왕위에 오른 최초의 왕이기도 하다. 왕 3년(634)에 연호를 인평仁平이라 하였고, 이 해에 분황사芬皇寺를 준공하였다. 왕 11년(642) 백제가 고구려와 연합하여 당항성黨項城을 공격하여 신라의 대당교통로를 차단하려 하자, 왕은 당唐에 이러한 사실을 알려 구원을 요청하였다. 이 해에 백제장군 윤충允忠이 대야성大耶城을 공격하여 성을 함락하고 도독 김품석金品釋과 그 가족을 죽였는데, 품석은 바로 김춘추의 사위였다. 이때 춘추는 이 비보를 듣고 기둥에 의지하여 서서 하루종일 꼼짝하지 않고 있다가 얼마 후에 말하기를 "슬프다! 사나이 대장부로 어찌 능히 백제를 멸망시키지 못하겠는가"라고 하고는 왕명을 받들어 고구려에 원병을 청하기 위해 출발하였다. 그러나 연개소문淵蓋蘇文과의 대담에서 회담이 실패하자 귀국

하여 다시 왜에 가서 원병을 요청하였으나 역시 실패하였다.

이러한 시대상에서 김유신金庾信이 군공軍功을 떨치게 되고, 김유신과 김춘추의 교분이 날로 두터워 진다. 왕 16년(647)에는 상대등 비담毗曇이 염종廉宗 등과 결탁하여 반란을 일으켰으나 김춘추와 김유신 등의 활약으로 진압되었다.

선덕왕 사후 진평왕의 모제母弟인 국반國飯의 딸 승만勝曼이 즉위하니, 이가 진덕왕眞德王(647~654)이다. 이때에는 고구려와 백제의 침입이 더욱 강하게 나타나 왕 원년에는 동잠성桐岑城 전투에서 김유신의 휘하 비녕자丕寧子와 그 아들 거진擧眞의 전사가 있었고, 다음 해에는 백제장군 의직義直의 침입으로 요차성腰車城 등 10여성이 함락을 당하였다. 왕은 김유신으로 하여금 이에 대비하게 하고, 또 한편으로는 당에 사신을 급파하여 구원을 요청하였다. 이러한 와중에서 왕 3년(649)에 처음으로 중국식 의관衣冠을 착용하도록 제도화하였고, 다음 해에는 진골眞骨로써 벼슬을 가진 자에 대하여는 아홀牙笏을 잡도록 규정하였다. 또 이 해에는 왕이 직접 비단을 짜서 거기에 오언시五言詩의 태평송太平頌을 수놓아 김춘추의 아들 김법민金法敏을 당에 보내어 고종에게 바쳤다. 그리고 이 해부터 지금까지 사용하여 온 독자적인 신라의 연호를 버리고 영휘永徽란 당의 연호를 사용하였다. 왕 5년(651)에는 조원전朝元殿에 나가 백관의 신정하례新正賀禮를 받았는데, 하정의 예가 행해진 것은 이때부터 비롯된다. 또 품주稟主를 고쳐 집사부執事部라 하고, 파진찬 죽지竹旨를 집사중시執事中侍로 삼아 기밀사무機密事務를 담당하게 하였다. 다음 해 정월에는 파진찬 천효天曉를 좌이방부령左理方府令으로 삼았다.

진덕왕이 죽자 이찬 알천閼川과 김유신 등의 추대를 받은 김춘추가 왕위에 즉위하니, 이가 태종 무열왕이다. 『삼국사기』 신라본기 진덕왕조의 마지막 기사에는 이때까지를 상대上代란 시대개념으로 파악하면서

　　나라사람들은 시조 혁거세로부터 진덕여왕까지 28왕을 성골聖骨이라
말하고, 무열왕부터 마지막 왕까지를 진골眞骨이라 한다. 당나라 영호징令
狐澄의 『신라기新羅記』에는 '그 나라의 왕족은 제1골第一骨이라 하고, 그 나
머지 귀족들은 제2골第二骨이라 한다'고 하였다.

(『삼국사기』 권 5, 신라본기 5, 진덕왕 8년)

라고 기록하였다.

## 제4절　신라의 통치구조와 사회구성

### 1. 통치구조

　　신라는 진한 12국 중의 하나인 사로국斯盧國을 중심으로 하여 건국
하고 있다. 당시 이들 지역에는 신지臣智·험측險則·읍차邑借 등의 거수
渠帥가 있어 지배권을 행사하고 있었다.

　　박혁거세는 국가를 건국하자 이들 거수渠帥들을 총괄한다는 의미
에서 왕호를 거수간渠帥干 또는 거서간居西干이라 칭하면서 주변세력을
흡수하였다. 그러나 족적기반을 갖지 못한 박혁거세 족단으로써는 독
자적인 통치권을 행사할 수 없었고, 이곳 세력의 협조를 기반으로 하
지 않을 수 없게 된다. 『삼국사기』와 『삼국유사』에 박혁거세의 건국을
6부의 합의로 표현하고 있는 것은 이러한 정치적 상황을 반영하고 있
다. 이로써 박씨집단은 이들 중의 유력세력인 김씨족단과 혼인관계를
맺음으로써 통치기반을 안정시키게 된다.

　　이후 남해차차웅 때에는 석탈해가 도래하자 그에게 딸을 출가시
켜 그들 세력을 국가기반으로 흡수하였고, 파사이사금婆娑尼師今은 석탈
해의 세력기반이었던 한기부漢岐部에서 비妃를 취하고 있다.

　　이와 같이 신라는 박·석·김 3성의 혈연적 유대로 국가기반을 조성하고 있다. 남해차차웅 때에는 석탈해에게 대보大輔의 직을 주어 군국의 정사를 담당하게 하였고, 탈해가 즉위한 후에는 박씨의 친족으로서 국내의 주군州郡을 나누어 다스리게 하고, 이들에게 주주州主·군주郡主의 호칭을 내렸던 것도 이러한 맥락에서 이해할 수 있다. 신라의 관제는 남해차차웅 7년에 탈해를 대보大輔로 임용하여 군국정사를 맡겼다는 것에서 처음 나타나고 있으나 이 직은 탈해이사금 2년에 호공瓠公을 끝으로 나타나지 않는다. 『삼국사기』 유리이사금 9년(A.D. 32)조에 이때 6부의 이름을 고치면서 아울러 17관등을 설치한 것으로 기록하고 있다. 이때 보이는 17관등을 살펴보면 다음과 같다.

1) 이벌찬伊伐湌, 一專 伊罰干 혹 于伐湌·角干·角粲·舒發翰·舒佛邯

2) 이찬伊湌, 혹 伊尺湌

3) 잡찬迊湌, 혹 迊判·蘇判

4) 파진찬波珍湌, 혹 海干·破彌干

5) 대아찬大阿湌

6) 아찬阿湌 혹 阿尺干·阿粲

7) 일길찬一吉湌, 혹 乙吉干

8) 사찬沙湌, 혹 薩湌·河咄干

9) 급벌찬級伐湌, 혹 級湌·級伐干

10) 대내마大奈麻, 혹 大奈末

11) 내마奈麻 혹 奈末

12) 대사大舍 혹 韓舍

13) 사지舍知 혹 小舍

14) 길사吉士 혹 吉次·稽知

15) 대오大烏, 혹 大烏知

16) 소오小烏, 혹 小烏知

17) 조위造位, 혹 先沮知


이와 같은 관등제의 성립에 대하여 이병도는 『한국사』 고대편에서 이때에 성립되었다고 보기는 도저히 어렵고, 17대 내물마립간 때에 17관등의 대체적인 직제가 성립되고, 그후에 백관의 공복제도가 이루어지던 법흥왕 때에 완비되었다고 보고 있다.

그러나 이후 학계의 연구성향은 법흥왕 때에 이 제도가 완비되고 있다는 사실에는 의견을 같이 하고 있으나 유리이사금 때에 이미 그 기반이 형성되고 대체적인 윤곽은 이때 제정되었을 것으로 보고 있다. 실제로 탈해이사금 11년(A.D. 67) 2월에는 순정順貞을 이벌찬伊伐湌으로 삼아 정사를 맡기고 있으며, 파사이사금 5년(A.D. 84) 2월에는 명선明宣을 이찬伊湌, 윤량允良을 파진찬波珍湌으로 임용하고 있는 내용이 보인다. 또 지마이사금祇摩尼師今 즉위조에는 이찬의 상급직으로 주다酒多란 관직을 설치하고 있는데, 이것은 후에 각간角干으로 명칭의 변화를 보인다. 이 외에도 내물마립간 이전에 17관등의 명칭이 많이 나타나고 있음을 고려하면, 유리이사금 때에 17관등의 대체적인 골격은 형성되었던 것으로 볼 수 있다.

이 관등제에 대하여 노태돈은 국사편찬위원회에서 출간한 『한국사』 2, 「삼국의 정치구조와 사회경제」에서 신라 초기에 중앙집권을 강화하여 6부의 여러 족장세력들을 중앙귀족으로 전화시켜 나감에 따라 관계官階의 분화와 확대를 가져오면서 생긴 제도로 이해하고 있다. 이것은 신라사회가 주변세력을 흡수하면서 기존의 족적세력과 그 동안에 흡수한 새로운 족장세력들을 중앙관계에 수용함으로써 통치구조를 확대시키고 있음을 의미하기도 한다.

『삼국사기』 직관지職官志에는 17관등에 대하여

유리왕 9년에 17등을 설치하였는데, 1관등 이벌찬에서부터 5관등 대
아찬은 오직 진골眞骨이라야 받을 수 있고, 다른 종파는 될 수 없다. 6관등
아찬에는 중아찬重阿湌으로부터 사중아찬四重阿湌에 이르고, 10관등은 대내
마大奈麻인데, 이는 중대내마重大奈麻로부터 9중대내마九重大奈麻에 이르고, 11
관등은 내마奈麻인데, 중내마重奈麻로부터 7중내마七重奈麻에 이른다.

(『삼국사기』 권 38, 잡지 7, 직관 상)

라고 하고 있다. 위에서 볼 때 관등과 골품은 서로 연계되면서 골품에
따른 관등의 진출로가 정해지고 있음을 알 수 있다. 진골은 1관등 이
벌찬까지 진출할 수 있고, 특히 5관등 대아찬 이상은 진골만의 관등이
었음을 보여준다.

6관등 아찬은 6두품이 진출할 수 있는 상한관등上限官等이며, 이들
이 상한관등인 아찬에 올랐을 경우 그 이상의 관로인 5관등에는 진출
할 수 없고, 중위제도重位制度를 두어 중아찬에서 4중아찬까지 진출하고
있음을 볼 수 있다. 또 10관등 대내마는 5두품의 상한관등으로, 이들
이 상한관등인 대내마에 올랐을 경우 그 이상의 관로인 9관등에는 진
출할 수 없고, 중대내마에서부터 9중대내마까지 진출하고 있음이 보이
고, 11관등 내마는 7중내마까지 진출할 수 있음이 보인다.

또 『삼국사기』 색복지色服志에는

법흥왕 때의 제도로써 태대각간太大角干으로부터 대아찬에 이르기까지
는 자색紫色의 옷을 입고, 아찬에서 급찬에 이르기까지는 적색赤色의 옷을
입는데, 모두 아흘牙笏을 들게 하였다. 대내마와 내마는 청색靑色의 옷을
입고, 대사 이하는 황색黃色의 옷을 입게 하였다.

(『삼국사기』 권 33, 잡지 2, 색복)

라고 기록하고 있다. 위에서 관등에 따라 백관의 공복제도도 엄격히
구분되고 있음을 알 수 있다. 위에서 보는 바와 같이 관등과 공복은

바로 골품과 연계되고 있으며, 이것은 당시 신라사회가 엄격한 신분제 사회였음을 의미한다.

또 신라는 갈문왕葛文王제도를 두었는데, 이것은 왕부王父·왕비의 부 또는 왕모王母의 부 등에게 내린 봉작封爵이다. 이것은『삼국사기』 신라본기 유리이사금 때에 처음 일지갈문왕日知葛文王이 나타나면서부터 제43대 희강왕僖康王 때에 갈문왕 충공忠恭에 이르기까지 계속되고 있다. 이 갈문왕제도는 이기백이「신라시대의 갈문왕」(『신라정치사회사연구』, 일조각, 1974)에서 밝힌 바와 같이 왕권과 이에 준하는 귀족세력과의 관계를 반영해 주고 있는 제도이다. 초기 박씨왕시대에는 왕비의 부, 즉 김씨족의 장長에게 책봉하였고, 눌지마립간 이후 김씨의 부자상속 제가 확립되면서 왕위계승에서 탈락된 왕제 또는 왕비나 왕모의 부계 父系에 책봉을 내리고 있다. 이것은 왕권세력을 결속시켜 내부의 결속 을 돈독히 하면서 통치기반을 강화하고자 한 정치적 의도이기도 하다.

법흥왕 때에는 새로운 정치개혁이 시도되고 있다. 이때 나타나고 있는 주요한 정치개혁으로는 왕 4년에 행한 병부兵部의 설치, 왕 7년의 율령반포 및 백관의 공복제정, 왕 18년의 상대등上大等의 설치 등을 꼽을 수 있다. 병부의 설치는 왕권의 군사적 기반을 조성하였다는데 그 의의 를 찾을 수 있고, 율령의 반포와 백관의 공복제정은 국가체제를 집권적 국가로 재편하고 있다는데 또 다른 의의를 찾을 수 있을 것이다.

주목되는 것은 상대등이다. 상대등은 신라의 대등회의大等會議를 주 관하는 장長으로써의 성격을 갖는다. 상대등은 제1관등에서 배출되었 으며, 국왕의 교체와 거취를 같이 하고 있다. 국왕과의 관계에 있어서 는 권력과 권위를 서로 보완하는 존재로써의 기능을 가지면서 그 자 신이 왕의 대변자요, 귀족세력의 대표자라는 특수한 지위를 갖는다. 이 대등회의는 진골출신인 대등들로 구성된 합의체제로 왕위의 계승 과 폐위 및 선전포고 등 국가의 중대한 일들을 결정하였다. 일명 화백

회의和白會議라고도 하는데, 이 용어는 『신당서』 권 220, 신라전에

> 국가에 일이 있으면 반드시 여러 사람과 의논하여 결정하는데, 이를 화백和白이라 한다. 한 사람이라도 이의異議가 있으면 일이 결정되지 못하였다.
>
> (『신당서』 권 220, 열전 145, 동이 신라조)

라고 하고 있는 것에서 보인다. 이기백은 「대등고大等考」·「상대등고上大等考」에서 이 회백회의는 신라의 국가 발전과정에서 귀족들의 협의체로 출발하여 왕이 이 회의를 주재하기도 하였지만, 법흥왕 때에 상대등을 임용하여 이를 주재하게 한 것은 왕권이 화백회의 주재자로서의 성격을 벗어나 이를 초월하는 권력의 소유자로 변신하고 있음을 의미한다고 보았다. 이후 새로운 관부가 수없이 설치되었고, 진덕왕까지 신라의 행정기구는 1차적인 정비를 보게 된다. 당시 1차적으로 정비된 행정관서는 크게 정무관서와 궁중관서로 구분되는데, 그 내용을 살펴보면 다음과 같다.

## (1) 정무관서

1) 집사부執事部 : 국가의 기밀사무를 담당하며, 장관은 중시中侍이다. 본래는 품주稟主라 하였는데, 진덕왕 5년에 집사부로 개칭.
2) 병부兵部 : 군사를 담당하며, 장관은 영令, 법흥왕 3년에 설치.
3) 조부調部 : 공부貢賦를 담당하며, 장관은 영令, 진평왕 6년에 설치.
4) 예부禮部 : 외교와 의례를 담당하며, 장관은 영令, 진평왕 8년에 설치.
5) 창부倉部 : 재정을 담당하며, 장관은 영令, 진덕왕 5년에 설치.
6) 사정부司正部 : 백관의 규찰을 담당하며, 장관은 영令, 무열왕 6

년에 설치.

7) 예작부例作部 : 영선營繕의 사무를 담당하고, 장관은 영令, 설치시기는 미상.

8) 영객부領客部 : 외빈 접대의 사무를 담당하며, 장관은 영令, 진평왕 이전에 설치.

9) 위화부位和府 : 관리의 임용에 관한 사무를 담당, 장관은 영令, 진평왕 3년에 설치.

10) 좌·우이방부左·右理方部 : 형사사무를 담당하며, 장관은 영令, 좌이방부는 진덕왕 5년, 우이방부는 문무왕 7년에 설치.

이 외에도 선부서(船府署, 진평왕 3년)·승부(乘府, 진평왕 6년)·시위부(侍衛府, 진평왕 46년) 등을 두었다.

## (2) 궁중관서

내성內省을 두어 왕궁인 대궁大宮과 박씨 본영인 양궁梁宮, 김씨 본영인 사량궁沙梁宮의 행정을 관할하게 하였다. 이후 전중성殿中省이라고 개칭되었다가 다시 내성으로 환원된다. 진평왕 7년에 설치하였는데, 이때는 대궁에 대아찬 화문花文을, 양궁에는 아찬 수힐부首肹夫, 사량궁에는 이찬 노지弩知를 각기 사신私臣으로 임용하였다. 그러나 진평왕 44년에 이찬 용수龍樹를 내성사신內省私臣으로 임용하면서부터 각 궁의 사신을 폐지하고 일원화시켰으며, 장관인 사신의 직급도 금하衿荷로부터 태대각간太大角干에 이르는 중신重臣으로 격상하였다.

지방의 행정은 『삼국사기』 신라본기 탈해이사금 11년 정월조에

박씨의 친척으로 국내의 주州와 군郡을 나누어 다스리게 하고, 이들

을 주주州主·군주郡主라 하였다.

(『삼국사기』 권 1, 신라본기 1, 탈해이사금 11년 정월조)

라고 하였고, 파사이사금 11년조에는 농사를 게을리 한 주주州主와 군주郡主에 대한 징계가 내려지고 있다. 또『삼국사기』에는 남신현南新縣·고소부리군古所夫里郡 등의 군과 현의 명칭이 보이고, 이밖에도 국초부터 주州·군郡에 대한 왕의 순행巡幸기록이 도처에서 보인다. 이로 볼 때 신라는 국초부터 군현제도郡縣制度로 지방행정을 관할하였던 것으로 보인다. 그렇지만 전국을 군현제도로 개편한 것은 지증왕때이다. 이것은『삼국사기』신라본기 지증왕 6년 2월의 기사에

　　왕이 친히 국내의 주州·군郡·현縣의 제도를 정하고, 실직주悉直州를 설치하여 이사부異斯夫를 그 군주軍主로 삼았는데, 군주의 명칭은 이때부터 시작되었다.

(『삼국사기』 권 4, 신라본기 4, 지증마립간 6년 2월조)

라고 하고 있는 사실에서 알 수 있다. 중국의 사서인『양서梁書』와『남사南史』의 신라조에는

　　신라에서는 왕성王城을 건모라健牟羅라 부르고, 읍邑으로서 (건모라의) 안에 있는 것은 탁평啄評이라 하고, 밖에 있는 것은 읍륵邑勒이라 하는데, 역시 중국의 군郡·현縣과 같은 말이다. 나라에는 6탁평과 52읍륵이 있다.
　　(『양서』 권 54, 열전 48, 동이, 신라 및『남사』 권 79, 열전 69, 동이, 신라)

라고 한 기사가 보인다. 이 기사에 대하여 이병도는『한국사』고대편에서 건모라健牟羅는 '큰모르'·'큰몰' 혹은 '큰ᄆᆞ을'의 사음寫音으로 보면서 대촌大村·대읍大邑으로 파악하였고, 탁평과 읍륵은 도내都內의 6부와 지방의 소읍小邑으로 파악하였다. 그는 위의 기록을 법흥왕 8년에

양梁에 파견된 신라 사신을 통해 청취한 기록으로 보아 이때까지는 아직 주군제州郡制가 전국적으로 실시되지 못한 것으로 보았다.

그러나 주·군의 명칭이 국초부터 보이고 있고, 지증왕 때에는 위에서 보는 바와 같이 지방제도의 개편이 나타나고 있음을 볼 때 주군제도는 일찍부터 부분적으로 있어 왔고, 지증왕 때에 와서는 전국을 대상으로 행해졌던 것으로 볼 수밖에 없다. 위의 중국의 기사는 지증왕 이전의 지방행정의 일면으로 파악해야 할 것 같다.

이러한 지방행정의 개편과 더불어 소경小京제도도 마련되고 있다. 지증왕 15년(514)에 아시촌阿尸村을 소경으로 만들어 6부와 남쪽지방 사람들을 이곳에 옮겨 살게 하였고, 진흥왕 18년(557)에는 국원소경國原小京을 설치하여 귀족자제와 6부의 부호富豪들을 옮겨 살게 하였다. 또 선덕왕 8년(699)에는 하슬라주何瑟羅州를 소경으로 만들어 사찬 진주珍珠로 하여금 진수鎭守하게 하였다.

소경의 장관은 사신仕臣이라 하였으며, 수도와 같이 6부의 내부 구획을 가지고 있었다. 주州는 지증왕 6년(505) 실직주悉直州가 설치된 이후에 진흥왕 때까지 사벌주沙伐州·신주新州·비사벌주比斯伐州·비열홀주比列忽州 등이 설치되고 있는데, 이들 주州는 장관을 군주軍主라고 한 것과 같이 군사적인 성격이 강하였다. 이 군주는 최고의 외관外官으로써 진골로 임용되었으며, 급찬이상 이찬의 관등에게 주어졌다.

신라의 군사조직은 지방제도와 밀접한 관계를 갖고 있었다. 국초에는 6부의 소속원을 군사로 징발하여 편성한 6부병六部兵이 있어 국방을 담당하였다. 그러나 자비마립간 16년에는 좌·우장군左·右將軍에 의한 군사체제의 변화가 있었고, 법흥왕 4년에는 병부의 설치로 군사조직이 왕을 중심으로 일원화 되었다. 진흥왕 5년(544)에는 중앙군단으로써 대당大幢이 설치되고, 이후 지방에는 상주정上州停·귀당貴幢·신주정新州停·비열홀정比列忽停·실직정悉直停·하주정下州停 등 6정六停이 설치되었다.

이들 군단은 진골출신의 장군이 지휘하였고, 이들 군단 외에도 귀족의 무장들이 군대를 모아 편성한 소모병召募兵이 있었다. 이 소모병은 진평왕 5년(583)에 서당誓幢으로 편성되었으며, 진평왕 47년(625)에는 낭당郎幢이 설치되고 있다.

신라 관인의 인적자원은 화랑도花郎徒라는 수련단체가 있어 여기서 많은 공급을 받았다. 화랑도에 대하여는 『삼국사기』 진흥왕 37년조에

> 처음으로 원화源花를 받들었다. 이보다 먼저 군신들이 인재를 알지 못하여 근심한 끝에 많은 사람들이 무리지어 놀게 하고 그들의 행실을 보아 등용하려고 하였다 …… 그후에 화랑花郎이라 하였는데, 무리들이 구름같이 모여들어 서로 도의로써 인격을 연마하고, 가악歌樂으로써 서로 즐기고, 널리 산수山水를 찾아다니며 아무리 멀어도 이르지 않는 곳이 없었다. 이로 인하여 그 사람됨이 옳고 그름을 알게되고, 그 중에서 좋은 사람을 뽑아 조정에 추천하게 하였다. 그런 까닭에 김대문金大問의 『화랑세기花郎世記』에는 '어진 재상과 충성된 신하가 모두 여기서 나왔고, 빼어난 장수와 용감한 군사도 이로부터 생겨났다'고 하였다.
>
> (『삼국사기』 권 4, 신라본기 4, 진흥왕 37년조)

라고 기록되어 있다.

위에서는 화랑제도의 시원을 진흥왕 37년으로 기술하고 있으나 화랑도는 신라 초기의 촌락공동체 내부의 청소년 조직에서 유래된 것이다. 이후 국가발전과 더불어 촌락공동체가 해체되면서 국가의 핵심 수련단체로 발전하였고, 여기서 배출된 인재들은 김대문이 『화랑세기』에서 밝히고 있는 바와 같이 국가의 기간동력으로 활동하고 있다. 진흥왕 23년 가야정벌에 공을 세운 사다함斯多含은 화랑출신이다.

이와 같은 화랑은 불교수용과 더불어 미륵사상彌勒思想을 정신적 이념으로 삼았고, 이밖에 도교의 신선사상神仙思想, 유교의 충효사상忠孝思想도 아울러 수양이념으로 수용하고 있다. 원광법사圓光法師로부터 받

은 세속 5계世俗五戒를 일상의 지침으로 삼아 신체와 정신을 아울러 수
련하였다. 집단의 성원들은 대개 15세에서 18세의 청소년들이었으며,
진골출신의 화랑을 중심으로 수백명의 낭도郞徒가 모여 집단을 이루면
서 학문과 무예, 정서와 덕망을 아울러 함양하였다. 이곳에서 배출된
인재들은 자신의 골품과 능력에 따라 국가의 관료체계에 수용되었다.

## 2. 사회구성

신라도 고구려·백제와 같이 지배계급과 피지배계급의 분화가 일
찍부터 있어 왔다. 박·석·김 3성은 왕족으로 지배계급의 상위계층을
형성하였고, 이와 병행하여 박혁거세의 추대에 공을 세운 6부의 실력자
들과 이후 국가의 팽창과정에서 수용되는 각국의 지배세력들도 특수신
분층으로 고정되어 갔다. 이들 지배세력 중에는 진한 12국의 거수渠帥들
도 포함되었을 것이며, 가야계의 지배세력과 변한지역의 지배세력들도
포함되고 있다. 이밖에 신라에 복속되고 있는 유력세력들도 지배계급의
일원으로 흡수되었을 것이다. 이들 신분층은 국가체제가 정비되는 과정
에서 그들의 족적기반을 근간으로 하여 골품제도에 편입되게 된다.
골품제는 전국의 지배계급을 국가의 통치체계에 흡수함으로써 그
들의 정치활동과 사회활동의 범위를 규정한 엄격한 신분제의 표출로
볼 수 있다. 이러한 과정에서 지배계급의 신분층은 골제骨制와 품제品制
로 이원화되었고, 다시 품제品制는 6두품·5두품·4두품 등으로 분화되
어 갔다. 이들 신분층은 그들의 골품에 따라 행정관료로서 그들이 진
출할 수 있는 관로官路를 예시받았고, 의복이나 거기車騎·기용器用·옥
사屋舍 등의 생활 전반에 걸쳐서 규제를 받았다. 또 지방의 유력세력들
은 촌주村主로써 실력을 행사하였는데, 이들도 행정촌 규모의 지배세력
은 진촌주眞村主층으로, 자연촌 규모의 지배세력은 차촌주次村主층으로

분화되어 갔다.

이들 골품은 주로 왕경王京에 거주하는 자를 중심으로 편제되었지만, 주목되는 것은 백성百姓 또는 평인平人으로 불리는 계층이다. 이들 계층은 원래는 골품의 하위계층을 형성하여 3두품·2두품·1두품의 명칭으로 세분되어 있었던 것으로 학계에서는 평가하고 있다. 그러나 사회발전의 과정에서 왕도내의 이들 계층은 백성 또는 평인이란 단일계층으로 일원화된다. 초기국가였을 때에 신라 왕도의 대부분을 차지하였던 이들은 국가의 주요한 근간으로 인적·물적자원을 공급하는 매체로 활약하였다.

지방은 촌주계통의 지배하에 백성 또는 평인으로 불리우는 민民의 존재가 구성체를 형성하고 있었다. 이들 민民들은 주로 농업에 종사하면서 국가에 조세와 공부貢賦와 역역力役을 담당하였다. 당시 농업에 대한 국가의 인식은 『삼국사기』 신라본기 일성이사금 11년조에

> 농사는 정치의 근본이다. 식량은 오직 민民의 하늘天이니, 모든 주州·군郡에서는 제방의 수리를 완전히 하고 논과 밭을 널리 개간하라.
> (『삼국사기』 권 1, 신라본기 1, 일성이사금 11년 2월조)

라고 한 것에서 알 수 있다. 위에서 '농자정본 식유민천農者政本 食惟民天'의 사상은 바로 '민'이 당시 국가의 근본으로 파악되고 있었음을 말해주고 있다. 이들 '민'들은 이후 자영농민自營農民과 영세농민零細農民으로 구분되어 갔다. 영세농민들은 토지를 잃고 용민傭民으로 전락하는 경우도 있었고, 또 채무 등의 이유로 노비로 전락하는 경우도 있었으며, 유식游食을 하면서 생계를 겨우 유지하는 자도 있었다. 이들 유식농민游食農民에 대하여 소지마립간 11년(489)년에는 모두 집으로 돌아가 농사에 전업하도록 하라는 명을 내리고 있다.

사회의 최하층은 천민들이었는데, 이들 중에서 노비가 그 대부분을 차지하였다. 노비의 존재에 대하여는 『신당서新唐書』 신라조에


> 재상의 집에는 녹祿이 끊어지지 않았고, 노비가 3,000이나 되고 갑병甲兵과 우마牛馬·돼지 등도 이에 맞먹는다 …… 곡식을 남에게 빌려주어 늘리는데, 기간 내에 모두 갚지 못하면 노비로 삼아 일을 시킨다.
>
> (『신당서』 권 220, 열전 145, 동이 신라조)

라고 하고 있는 것에서 보이고, 『삼국사기』 신라본기 진흥왕 23년 조에는 가야반란의 토벌에 공을 세운 사다함斯多含에게 포로 200구口를 노비로 하사하고 있는 기록이 보인다. 또 국가에서는 포로나 범죄자를 일정한 지방에 강제로 이주시켜 향鄕이나 부곡部曲과 같은 천민의 집단적 거주지를 만들기도 하였다. 신라사회는 농업을 기간산업으로 하였지만, 축산업·수공업·상업·어업 또한 국가의 장려대상이 되고 있다. 『남사南史』 신라조에서는

> 토지가 비옥하여 오곡을 심기에 적합하다. 뽕나무와 삼이 많아 비단과 베를 생산한다. 소는 수레를 끌게하고 말은 탄다.
>
> (『남사』 권 79, 열전 69, 동이 신라조)

라고 하였고, 또 『북사北史』와 『수서隋書』의 신라조에서는 모두

> 땅이 매우 비옥하여 논곡식과 밭곡식을 모두 심을 수 있다. 오곡·과일·채소·새·짐승 등 물산物産은 대략 중국과 같다.
>
> (『북사』 권 94, 열전 82, 신라조) 및 (『수서』 권 81, 열전 46, 동이 신라조)

라고 하고 있다. 신라에서 농업에 대한 관심은 일찍부터 나타나고 있다. 이것은 『삼국사기』 파사이사금 11년조에 사자使者를 주州와 군郡에

파견하여 주주州主·군주郡主로써 공사公事를 게을리하여 전지田地를 황폐하게 한 자에 대한 문책기사가 나타나고 있고, 왕 30년에는 황재蝗災가 들어 곡식에 피해가 심하자 왕이 직접 산천에 제사를 올리고 있다. 또 일성이사금 11년에는 농사는 정치의 근본이라 하여 이를 장려하도록 촉구하고 있는 사실에서 알 수 있다.

처음에는 보리·콩 등 밭농사를 위주로 하였으나 이후 벼농사가 보급되면서 이를 크게 장려하고 있다. 눌지마립간 때에 와서는 벼농사가 보편화되었던 것으로 보인다. 눌지마립간 13년(429)에는 시제矢堤를 축조하였는데 길이가 2,170보였고, 지증왕 3년(502)에는 각 주州와 군郡의 주주州主와 군주郡主에게 권농勸農에 대한 명을 내리고, 처음으로 우경농법牛耕農法을 실시하도록 하고 있다. 또 영천永川 청제비菁堤碑를 보면 법흥왕 23년(536)에 청제菁堤를 수리하고 있는데, 이때 동원된 인원이 7,000명이나 된다. 영천의 청제菁堤를 이때 수리하였다면, 처음 축조되었을 때에는 훨씬 이전으로 보아야 할 것이다.

농업과 더불어 수공업도 일찍부터 장려되고 있었다. 위에서 본 『남사南史』 신라조에도 비단과 베를 생산한다고 기록하고 있고, 실제로 『삼국사기』 유리이사금 9년(A.D. 32)에 7월 16일부터 6부의 여자들을 두 패로 나누어 길쌈[績麻]을 하게 하여 8월 15일에 이를 평가하는데, 이 행사를 가배嘉俳라 하였고, 이때 진편에서 부른 노래가 회소곡會蘇曲이었음을 전하고 있다. 이 행사는 신라의 풍속으로 대대로 계승되어 갔다. 또 내성內省에 소속된 관부로 조하전朝霞典·기전綺典·마전麻典·모전毛典·와기전瓦器典 등 수공업관계의 부서들이 소속되고 있는 사실에서도 당시 수공업에 대한 국가의 관심을 알 수 있다.

상업에 대한 국가의 관심도 높았던 것 같다. 이것은 소지마립간 12년(490)에 처음으로 서울에 시장을 개설하여 사방의 화물을 유통하게 하였고, 지증왕 10년(509) 정월에는 서울에 동시東市를 설치하고 있는 것에서 보인다.

　신라는 국초이래 장법葬法으로 순장殉葬을 행하였으나 지증왕 3년에 이를 금지하였다. 사람이 죽으면 염습敪襲을 하여 관棺에 넣어 땅에 묻고는 봉분을 세웠고, 왕과 부모 처자의 상喪에는 1년동안 복服을 입었다.『구당서舊唐書』에는 신라의 풍속에 대하여

> 　풍속·의복·형법 등은 대개 고구려·백제와 같으나 조복朝服은 흰빛을 숭상한다. 산신山神에게 제사지내는 것을 좋아하며, 식기食器는 버드나무 그릇을 쓰는데, 구리그릇과 질그릇도 있다. 국인國人은 김金·박朴의 성씨가 많으며, 다른 성씨와는 혼인하지 않는다. 원일元日(정월 초하루)을 중히 여겨 서로 이 날을 축하하고 연회를 베푸는데, 해마다 이 날에는 일월신日月神에게 절을 한다. 또 8월 15일을 중히 여겨서 군신群臣을 모아 풍악을 울리고 연회를 베풀며, 궁중에서는 활쏘기도 한다. 부인들은 머리를 틀어 올려서 비단 및 구슬로 치장하는데, 머리털이 매우 길고 아름답다.
>
> 　　　　　　　　　　(『구당서』권 199 상, 열전 149 상, 동이 신라조)

라고 하고 있다. 또『신당서新唐書』신라조에는

> 　남자는 굵은 베로 된 바지를 입고, 여자는 저고리를 입는데, 사람을 만나면 반드시 꿇어 앉아 손을 땅에 짚고 공손히 절한다. 분을 바르거나 눈썹을 그리지 않고 모두 치렁치렁한 머리를 틀어올려 구슬과 비단으로 꾸민다. 남자는 머리를 깎아 팔고 검은 모자를 쓴다. 또 시장에서 물건을 사고 파는 것은 모두 부녀자들이 한다. 겨울에는 집안에 부엌을 만들고, 여름에는 음식물을 얼음위에 둔다. 가축 가운데 양羊은 없고, 나귀의 숫자는 적으나 말은 많다.
>
> 　　　　　　　　　　(『신당서』권 220, 열전 145, 동이 신라)

라고 하고 있다. 위에서 당시 신라는 부여·고구려와 마찬가지로 흰색을 중시하였고, 예의와 절도가 분명하였음을 알 수 있다.

# 한민족의 여맥餘脈
# 가야연맹


제1절  가야의 건국과정
제2절  가야연맹의 흥망
제3절  가야연맹의 사회와 문화

# 제7장
# 한민족의 여맥餘脈
# 가야연맹

## 제1절  가야의 건국과정

### 1. 사료상에 나타나는 가야국명

오늘날 학계에서는 가야를 加耶 또는 伽耶로 표기하고 있는 것이 보편화되고 있지만, 『삼국사기』에는 주로 가야 또는 가락이란 이름으로 나타나고 있다. 그러나 그 표기에는 많은 혼선을 보인다. 즉 가야의 경우는 加耶 또는 伽耶로, 가락의 경우는 伽落 또는 駕洛으로 혼선을 보이고 있다. 『삼국유사』에는 가락국駕洛國이란 명칭을 정식호칭으로 사용하면서 가야伽耶란 이름도 통용되고 있었음을 밝히고 있다. 『삼국유사』에 보이는 가락국의 명칭은 고려 문종 때에 금관지주사金官知州事와 문인文人들이 편찬한 『가락국기駕洛國記』(『삼국유사』 권 2)의 책 이름을 취하여 가락국을 정식 호칭으로 하였던 것으로 보인다.

이밖에도 가야의 명칭에 대한 사서의 기록은 다양하게 나타나고

있다. 『삼국사기』에서는 위의 표기 외에도 가량加良과 가라加羅란 명칭
도 사용하고 있고, 『삼국유사』에서는 가라阿囉란 명칭도 보이고 있다.
또 광개토대왕 비문에는 가라加羅란 명칭으로 나타나고 있다.

　　중국의 사서에도 다양한 명칭으로 표기되고 있는데, 초기 기록인
『삼국지』동이전에는 구야狗邪란 명칭으로 나타나고 있으나 그 표기에
는 拘邪 또는 狗邪로 혼돈을 보이고 있다. 비교적 후대의 기록인 『양
서梁書』와 『수서隋書』에도 가라란 명칭이 보이지만, 이 역시 伽羅 또는
迦羅·加羅로 혼선을 빚고 있다. 이밖에 『일본서기日本書紀』에는 주로
임나任那라는 명칭을 사용하고 있는데, 이와 관련된 기사가 모두 68곳
에서 보이고 있다. 이들 기사를 분석해 보면 임나를 가야로 보면서 고
구려·백제·신라 등과 같이 하나의 정치집단으로 취급하고 있을 뿐
아니라 이때의 가야는 이들과 함께 조공해 오는 번국番國이며, 천황의
내관가內官家로 취급하고 있다. 이것은 『일본서기』를 편찬할 때의 율령
국가 지배층의 대외인식에 의해 규정된 것이다. 이외에도 『일본서기』
에는 가라란 명칭도 보이고 있는데, 이 역시 加羅·柯羅로 혼선을 보
이고 있다.

　　우리나라의 경우에는 고려시대 이후는 주로 伽倻 또는 加耶의 호
칭을 사용하였던 것 같다. 『고려사』와 『동국여지승람』의 기사에는 거
의 모두 위의 명칭으로 표기하고 있다.

　　우리나라 사서에서 가야의 명칭이 최초로 보이는 것은 『삼국사
기』 신라본기 탈해이사금 21년조에

아찬 길문吉門이 황산진구黃山津口에서 가야加耶의 군사들과 싸워 1,000
여 명을 참획하였으므로 길문을 파진찬에 승격시켜 그 공로를 포상하였다.
（『삼국사기』 권 1, 신라본기 1, 탈해이사금 21년 8월조）

라고 한 기사이지만, 이보다 앞서 탈해이사금 즉위년조에 금관국金官國
의 기사가 보이고 있다.

　또 『삼국유사』 왕력王曆에는 신라·백제·고구려의 왕력을 기술하
면서, 마지막으로 가락국駕洛國이란 명칭으로 가야의 왕력을 소개하고
있다.

　위와 같이 가야의 국명에 대한 사료상의 혼선은 이후 학자들의
연구에서도 그대로 나타나고 있다.

　실학자 정약용丁若鏞은 『아방강역고我邦疆域考』의 「변진별고弁辰別考」
에서 가라迦羅란 명칭으로 가야국의 변천사를 서술하였다. 일제시대의
금서룡今西龍은 1919년 가라加羅란 이름으로 『가라강역고加羅疆域考』를 발
표하였고, 그 다음 해에는 『가라강역고 보유補遺』를 발표하였다. 이러
한 명칭은 이후 귀두청명鬼頭淸明 등 대부분의 일본인 학자들이 계승하
고 있다.

　우리 학계에서도 예외는 아니다. 1976년 이병도는 「가라사상加羅史
上의 제문제諸問題」를, 1975년 문경현은 「가야사伽耶史의 신고찰」, 1977년
안춘배는 「가야伽耶지역 선사문화의 변천」, 1989년 김창호은 「가야伽耶
지역에서 발견된 금석문 자료」 등을 발표하고 있는데, 여기서도 가야
의 호칭에 대하여 加羅·伽耶·伽倻 등의 혼선을 보이고 있다. 그러나
현재 우리 학계에서는 加耶로 보편화되고 있는 추세를 보인다. 강봉진
·김정학·김태식·이영식·이현혜·김종철 등 많은 학자들이 이 용어
를 사용하고 있으며, 1991년에 천관우는 『가야사연구加耶史研究』, 1993년
김태식은 『가야연맹사加耶聯盟史』를 출간하였다.

　주목되는 것은 소위 일본학계에서 주장하고 있는 임나일본부任那日
本府의 문제이다.

임나일본부설은 관정우管政友·나가통세那珂通世 등 일본인 학자들에 의하여 주창된 학설인데, 임나일본부란 왜倭의 야마도정권大和政權이 가야를 비롯한 한반도 남부지방을 지배하기 위하여 설치하였던 통치기관이란 것이다.

이 임나일본부설의 이론적 근거는 『일본서기日本書紀』의 기록에서 연유하고 있다. 여기에 의하면 숭신천황崇神天皇 65년(3세기 중반) 임나국任那國이 소나갈질지蘇那曷叱智를 보내서 조공한 것으로부터 시작되어 섭정攝政 전년前年 신공왕후神功王后가 신라를 정벌하고 고구려·백제의 항복을 받은 다음, 신공섭정神功攝政 49년(369)에는 비자발比自烋·남가라南加羅·탁국喙國·안라安羅·다라多羅·탁순卓淳·가라加羅 등 소위 가라7국加羅七國을 평정함으로써 야마도정권과 임나 사이에 실질적인 종속관계가 시작된 것으로 되어 있다. 그후 야마도정권은 임나지역을 직접 지배하면서 백제의 내정에도 간섭하게 된다는 것이다. 그런데 532년경 남가라南加羅·탁순卓淳·탁기탄喙己呑 등이 신라에게 병합됨에 따라 야마도정권이 그 부흥을 위해서 노력하다가 흠명천황欽明天皇 23년(562) 잔존 임나제국任那諸國이 신라에 완전히 통합됨으로써 임나와의 실질적인 관계가 끝난 것으로 되어 있다. 그리고 임나가 신라에 통합된 뒤에는 야마도정권이 임나를 회복하기 위하여 신라를 정벌하거나 신라로 하여금 임나의 조租를 바치게 하다가 효덕천황孝德天皇 대화大化 2년(646)에 고향현리高向玄里를 파견하여 김춘추金春秋를 인질로 바치게 하고, 신라가 바치던 임나의 조租를 면하게 해 줌으로써 임나문제를 종결시킨 것으로 되어 있다(김현구, 「임나일본부 연구의 현황과 문제점」, 『한국사시민강좌』 11, 1992).

이 임나일본부설은 일제의 식민사관에 적극 수용되어 정리되어 갔는데, 이후 광개토대왕 비문의 신묘년조辛卯年條인

而百殘新羅舊是屬民　由來朝貢而①以辛卯年來渡②破百殘③④⑤羅以爲
臣民

이란 내용 중에서 ①을 倭로, ②를 海로, ③을 任으로, ④를 那로, ⑤를 新으로 판독하여 "백잔百殘과 신라는 옛날부터 속민으로써 대대로 조공하여 왔다. 왜가 신묘년에 바다를 건너 백잔(제)·임나·신라를 파하여 (왜)의 신민으로 삼았다"고 해석하고, 이 광개토대왕 비문을 일본이 한반도를 지배·경영했다는 임나일본부설의 유력한 근거로 삼았다.

그러나 현재 우리 학계에서는 광개토대왕 비문에 대한 이러한 해석에 모두 비판적 견해를 보이고 있고, 심지어는 현재 일본인 학자들도 이를 대부분 부정하고 있다. 또 광개토대왕 비문의 변조설도 대두되고 있어 위의 해석에 대하여는 부정적인 측면에서 보지 않을 수 없다.

현재 학계에서는 임나일본부가 한반도 남부, 특히 임나지방을 지배하기 위한 통치기관이었다는 것에는 거의 모두 부정하고 있다. 그 근거로 일본인 학자들이 제시하고 있는『일본서기』에서도 왜가 가야지방을 정복한 흔적을 찾아볼 수 없고, 임나일본부가 임나를 지배한 증거도 찾아볼 수 없다는 것이다. 만약에 임나일본부가 가야통치를 위한 지배기관이었다면, 그들의 명령이 가야에 직접 송달되어야 했을 텐데, 그들도 백제와 신라를 통하여 가야의 실정을 파악하고 있는 기사가 여러 차례 보이고 있다. 이로 볼 때 임나일본부가 임나지역을 지배하기 위하여 설치되었다는 견해는 일본제국이 한국의 식민통치를 합리화시키기 위하여 의도적으로 기획한 식민사관의 한 표상으로 이해하지 않을 수 없게 된다.

비록 일본의 패망 후인 1949년 말송보화末松保和가『임나흥망사任那興亡史』(大八州史書, 1949)에서

　　임나란 지리적으로 백제·신라의 통일권 내에 들어가지 않는 모든
한국韓國을 포괄하는 지역의 총체적 명칭이며, 정치적으로는 임나가라任那
加羅를 중심으로 하는 여러 한국의 지배체제이고, 더 나아가 그 외곽에 있
는 백제와 신라를 부용시켜 고구려에 대립하게 하였다.

(『임나흥망사』, 大八州史書, 1949, p. 69)

라고 하여 이 문제를 더욱 구체화시키고 있다. 그러나 이 연구가 일본
이 패망되기 전에 이루어진 것을 감안하면, 역시 일제 식민사관의 연
장선상에서 파악되어질 수 있다.

　　현재 학계의 일반적인 견해는 위의 견해를 모두 부정하고 있고,
더 나아가 대부분의 일본인 학자들도 이를 부정적인 관점에서 파악하
고 있다.

　　1966년 정상수웅井上秀雄은 「임나일본부의 행정조직」(『일본서기연
구』 2)에서 임나일본부를 임나지방에 거주하고 있는 왜인倭人 거류집단
을 통치하는 자치기관으로 이해하였고, 1937년 이병도는 「삼한문제의
신고찰」(『진단학보』 7)에서 왜국이 가야제국과 무역관계를 위하여 설
치한 공적인 상관商館으로 파악하였다. 또 천관우는 「복원가야사」(『문
학과 지성』 28·29, 1977, 1978)에서 임나일본부를 백제가 가야지방을
정벌한 후에 그곳을 지배하기 위하여 파견한 군대의 사령부로 파악하
여 왜와의 관계를 부정하였다.

　　이밖에도 임나일본부를 일본열도 내의 임나소국을 지배하기 위하
여 설치한 기구, 가야와 왜를 중재하는 정치적 외교기관이었다는 등의
견해가 제시되고 있다. 이러한 학계의 연구성과를 검토할 때 가야지방
을 포함한 한반도 남부지방을 통치하기 위하여 임나일본부가 설치되
었다는 것은 믿을 수 없으며, 가야는 독자적인 노선을 갖는 자주적 국
가로써 당시 왜와는 동등한 입장에서 외교관계를 수립하고 있었고, 백
제·신라에 대하여도 자주적 노선을 갖는 독립적인 국가체제를 유지

하고 있었다.

　참고로 김현구가 임나일본부에 대한 학계의 연구성과를 정리하면
서 맺음말에서

　　『일본서기』의 기록을 그대로 따른다 해도 '임나일본부'가 존재한 것
　은 6세기 전반의 20여 년간 정도로, 4세기 후반부터 6세기 중엽까지 존재
　했다는 일본의 통설은 증명될 수 없다. 또한 '임나일본부'는 실재했던 대
　화大和조정의 군사기관이 아니라, 대화조정을 구성한 씨족들 —주로 일본
　으로 건너간 백제계나 가야계 씨족들— 의 가야지역에서의 옛 활약담을
　바탕으로 하여 『일본서기』 편찬자가 만들어낸 것이다.
　　　　　(「임나일본부 연구의 현황과 문제점」,『한국사시민강좌』11, 1992)

라고 한 것을 음미할 필요가 있다.

## 2. 가야의 건국배경

　『삼국유사』 5가야五伽耶조에서

　　　아라가야阿羅伽耶(羅는 耶라고도 씀, 지금의 함안) · 고령가야古寧伽倻(지
　금의 咸寧) · 대가야大伽耶(지금은 高寧) · 성산가야星山伽耶(지금의 京山이나
　혹은 碧珍) · 소가야小伽耶(지금의 固城)라 하였고,『본조사략本朝史略』에는
　태조太祖 천복天福 5년 경자庚子에 다섯 가야의 이름을 고치어 1은 금관金官
　(金海府가 되었다.), 2는 고령古寧(加利縣이 되었다), 3은 비화非火(지금의 창
　녕이니, 아마 高靈의 잘못인 듯하다)이고, 나머지 둘은 아라阿羅와 성산星山
　(혹은 碧珍伽耶라고 한다)이라 하였다.
　　　　　　　　　　　　　　　(『삼국유사』 권 1, 기이 1, 5가야조)

라고 하여 가야의 국명을 소개하고 있다. 위에서 5가야만 설명하고 있
으나 위의 기사 첫머리에 "수로왕首露王의 금관가야金官伽耶는 6개의 둥

근 알이 내려와 이곳(김해)에서 왕이 되었으니, 5가야에 포함시키지 않은 것은 당연한 일이다"고 부연하고 있다.

위의 기사를 보면 당시 금관가야는 5가야의 맹주로써 이들을 지배하고 있었음을 말해주고 있다. 금관가야의 건국과정과 김수로왕의 출자에 대하여 『삼국유사』에서는 고려 문종 때에 금관지주사金官知州事와 문인文人들이 엮은 『가락국기駕洛國記』를 인용하여 다음과 같이 전하고 있다.

천지가 개벽한 후로 이 지방에는 아직 나라 이름도 없고, 또한 왕과 신하의 칭호도 없었다. 이때 아도간我刀干·여도간汝刀干·피도간彼刀干·오도간五刀干·유수간留水干·유천간留天干·신천간神天干·오천간五天干·신귀간神鬼干 등 9간九干이 있었다. 이들 수장首長들은 백성들을 통솔했는데, 대개 1백호 7만5천명이었다. 그때 사람들은 대부분 스스로 산과 들에 모여 살면서 우물을 파서 마시고 밭을 갈아서 먹었다.
후한後漢의 세조世祖 광무제光武帝 18년 임인(A.D. 42) 삼월 상사일上巳日에 그들이 사는 곳의 북쪽 구지龜旨에서 수상한 소리가 들렸다. …… 말하기를 "하늘이 나에게 명하신 것은 이곳에 와서 나라를 새로 세워 임금이 되라 하셨다. 그래서 내려왔다. 너희들은 이 산꼭대기를 파면서 흙을 집으면서 거북아, 거북아, 머리를 내 놓아라. 내 놓지 않으면 구워 먹겠다고 하면서 노래하고 춤을 추어라. 그러면 곧 하늘에서 내려온 대왕을 맞이하여 너희들은 매우 기뻐서 춤을 추게 될 것이다"고 하였다.
구간九干들은 그 말을 따라 마을 사람과 함께 모두 기뻐하면서 노래하고 춤을 추었다. 얼마 후에 자주색 줄이 하늘로부터 드리워져 땅에 닿는 것이었다. 줄끝을 찾아보니, 붉은 단이 붙은 보자기에 금합이 쌓여 있었다. 열어보니 황금색 알이 여섯 개가 있었는데, 해처럼 둥글었다. 조금 있다가 다시 보자기에 싸가지고 아도간我刀干의 집으로 돌아와서 탑榻위에 두고 무리들은 모두 흩어져 갔다. 12일이 지난 후 그 이튿날 아침에 마을 사람들이 다시 모여서 합을 열어보니, 알 여섯이 모두 화하여 어린이가 되어 있었는데, 모두 용모가 심히 컸으며, 이내 평상에 앉았다. 여러 사람들은 모두 배하拜賀하고 극진히 공경했다. 그 달 보름날에 왕위에 올랐다. 세상에 처음 나타났다고 하여 이름을 수로首露라 하고, 혹은 수릉首陵이라 했다. 나라 이름은 대가락大駕洛이라 하고, 또는 가야국伽耶國이라고도 했으니, 곧 여섯 가야국 중의 하나이다.

　　나머지 다섯 사람도 각각 가서 다섯 가야국의 임금이 되었다. 여섯 가야국은 동쪽은 황산강黃山江, 서남쪽은 창해滄海, 서북쪽은 지리산地理山, 智異山, 동북쪽은 가야산伽耶山으로써 경계를 삼았고, 남쪽이 나라의 끝이 되었다.

(『삼국유사』 권 2, 기이 2, 가락국기)

위의 기사에서 김수로왕이 가락국을 세울 때에 이미 그곳에는 아도간我刀干·여도간汝刀干·피도간彼刀干·오도간五刀干·유수간留水干·유천간留天干·신천간神天干·오천간五天干·신귀간神鬼干 등 9간九干이 있어서 이들이 추장이 되어 각기 산야山野에 도읍하여 농경으로 생활하면서 백성들을 다스렸다고 한다. 이것은 수로왕이 가야국을 세우기 이전부터 이곳에는 선주집단인 9간 세력이 있었음을 말해주고 있다.

그렇다면 이들 세력은 어떠한 족단이었을까 하는 문제가 나온다. 『삼국사기』 신라본기 시조 박혁거세조를 보면, 박혁거세가 서라벌徐那伐에서 나라를 세울 때에 일찍이 이곳에는 조선朝鮮의 유민遺民들이 살면서 산곡山谷간에서 각각 6촌을 이루어 살고 있었고, 이들 촌村에는 각기 촌장村長이 있어서 다스리고 있었다고 기록되어 있다.

이것은 가야국의 건국설화와도 상통하고 있다. 이로 볼 때 신라나 가야는 모두 건국이전부터 선주한 족단이 있어서 독자적인 통치권을 행사하고 있었음을 알 수 있다. 신라의 건국기사에서는 이들을 '조선유민'이라 하여 구체적으로 그 실체를 밝히고 있다. 이들 조선유민에 대하여는 고조선에서 망명한 집단, 특히 위만조선의 멸망 이후 남하한 세력으로 보는 것이 학계의 일반적 견해이지만, 소위 기자조선의 멸망 후에도 많은 이주 집단이 보이고 있는 것으로 보아 이들도 배제할 수는 없을 것이다.

　이들 조선유민은 서라벌 지방에만 정착한 것은 아닐 것이다. 이들 중에서 일부는 서라벌을 중심으로 6촌을 형성하여 살았을 것이고, 또 일부는 남하하여 김해지방으로도 이주하여 생활권을 구축하였을 것이다. 이것은 『삼국지』나 『후한서』의 동이전에서 변진弁辰을 서술하면서 모두 "변진 사람들은 진한 사람과 뒤섞여 사는데, 성곽과 의복은 모두 같다"고 하고 있으며, 『후한서』에서는 "언어와 풍속은 다른 점이 있다"라고 하고 있으나 『삼국지』에서는 "언어와 법속이 서로 비슷하다"고 기록하고 있다. 이것은 신라가 건국한 진한 지역이나 가야가 건국한 변진 지역의 족단들은 별개의 종족이 아니라 동일 종족임을 암시해 주고 있는 것으로 볼 수 있다. 또 『후한서』 동이전 변진조에서는

　　건무建武 20년(A.D. 44) 한韓의 염사廉斯에 사는 소마시蘇馬諟 등이 낙랑에 와서 공물을 바쳤다. 후한後漢의 광무제光武帝는 소마시를 봉하여 한漢의 염사읍군廉斯邑君으로 삼아 낙랑군에 소속시키고, 철마다 조알朝謁하도록 하였다. 영제靈帝 말년에 한韓과 예濊가 모두 강성해져 한漢이 군현을 제대로 제압하지 못하자 난리에 고통스러운 백성들이 한韓으로 유입하는 경우가 많았다.

(『후한서』 권 85, 동이열전 75, 변진조)

라고 기록하고 있다. 이것은 가야 건국 이후의 기사이지만 당시 한민족韓民族이 이동하고 있었음을 보여주고 있고, 또 이 기록이 변진조에 수록되고 있는 점이 주목된다.

　이들 가야국의 주체에 대하여 일찍이 천관우가 『가야사연구加耶史研究』(일조각, 1992)에서 민족이동의 한 과정으로 설명한 내용이 있어 주목된다. 즉 그는

　　이들 가야 세력은 처음에 요동지방에 있다가 B.C. 200년을 전후한 시기인 진秦나라 때부터 본격적인 이동을 시작하여 황해도 지방을 거쳐 조령鳥嶺과 죽령竹嶺을 지나 오늘날 경상도지방의 진한과 변한으로 이주 정착하였다.

(천관우, 『가야사연구』, 일조각, 1992, p. 10)

라고 하면서 이들 세력 중에서 일부가 가야국을 성립시킨 주체로 파악하였다. 그는 『동국여지승람東國輿地勝覽』에서 조령鳥嶺 북방인 제천군 청풍淸風에 '가라현加羅峴'이 보이고, 조령 남방인 문경에 '가해현加害縣', 상주에 '가량부곡加良部曲', 김천에 '신가량부곡新加良部曲'이 보이며, 또 죽령竹嶺 북방인 단양군에 '가라산加羅山', 죽령 남방인 봉화군에 '가야향加也鄕'과 '가량연원加良淵院', 영주에 '가이원加耳院', 안동에 '가량加良' 등 가야의 국명과 관계되는 가라加羅·가량加良·가야加也·가이加耳·가해加害 등의 명칭이 다수 보이고 이 계통의 지명이 이곳 조령과 죽령 지방에 집중적으로 분포되어 있는 것에 주목하여 이들 지역을 가야국 인들이 오늘날 변진지역으로 이동하기 이전에 생활하였던 곳으로 파악하였다.

　　위의 모든 사실을 종합할 때 김해지역을 중심으로 한 금관가야의 건국지에는 김수로왕이 가야국을 건국하기 이전부터 선주先住한 족단이 있었고, 또 이들 족단은 일찍부터 이곳에 이주하기 시작하였다. 그것은 북방의 정세와 연동되면서 수차에 걸쳐 중첩적으로 행하여졌으며, 이들은 이곳에 정착하면서 자신의 문화전통을 기반으로 독자적인 생활권을 조성하고 있었음을 알 수 있다. 이들 세력들은 원래부터 이곳에서 생활하던 토착인들을 정복하던가 아니면 제휴하면서 세력권을 확산시켜 나갔을 것이다.

　　이것은 9간九干의 명칭 속에 아도간·여도간·피도간·오도간 등 도刀를 사용하는 경우와 유천간·신천간·오천간 등 천天을 사용하는 경우가 보이는데, 이것은 바로 이곳 지배층의 다양한 성격과 관계가 있을 것이다. 이러한 사실은 이곳 지방의 발굴을 통한 고고학의 성과에서도 보인다.

그 동안에 금관가야의 본거지인 김해지방과 그 주변지역에 대한 활발한 발굴조사가 있었고, 그 성과도 괄목할만 하다. 이 지방에 대한 발굴조사는 일찍부터 경성대학교 박물관과 동아대학교 박물관을 비롯한 경남지역의 대학박물관에서 수차에 걸쳐 행해왔고, 또 그 성과도 발표되었다. 2000년에는 한국고고학회에서 『고고학을 통해 본 가야』를 출간하였다. 여기서 보이는 연구성과를 종합하여 이들 지역의 문화전통을 살펴보면 다음과 같다.

① 기원전 7세기 이후로는 이 지역에 농경에 기반을 둔 지석묘·민무늬토기[無文土器] 문화가 나타났다. 유적의 성격이 명확히 드러나지는 않으나 지표 조사를 통해 알려진 바에 의하면 김해시 일대만 해도 부원동·봉황동·동상동·서상동·풍류동·내동·구산동·대성동 등에 지석묘 유적이 널리 퍼져 있었다.

② 기원전 3세기 무렵에는 지석묘 가운데에서도 김해시 무계리 지석묘처럼 청동화살촉[銅鏃]과 의례용 간돌검[磨製石劍]이 부장된 유적이 등장하고 있다. 이로 볼 때 당시 이 지역에는 지석묘 축조 세력 상호간에 우열의 차이가 나타나기 시작했음을 알 수 있다.

③ 기원전 2세기 이후로는 김해시 봉황동의 패총에서 합구식[合口式] 옹관묘[甕棺墓]가 출토되었고, 내동 지석묘의 옆에서 목관묘로 추정되는 유구가 발견되었으며, 또 양동리 70호분의 목관묘에서 흑도장경호[黑陶長頸壺]가 출토되었다. 이들은 서북한 계통의 목관묘 문화와 밀접한 연

관성을 갖는다.

④ 그후 1세기로 넘어오면서 김해시 주촌면 양동리 일대에서 철기와 와질토기瓦質土器 유적이 계기적으로 나타나기 시작하고 있다. 1세기 전반의 초기 유적인 김해 양동리 52호분에서는 민무늬토기[無文土器]와 쇠도끼[鐵斧]·철제낫[鐵鎌] 등의 철제 이기利器가 출토되었고, 또 유리로 만든 작은 구슬의 일괄품도 출토되었다.

⑤ 1세기 말~2세기 초의 유적인 양동리 55호분에서는 청동검파두식靑銅劍把頭飾·철단검鐵短劍·쇠투겁창[鐵鉾]·철제낫[鐵鎌]·철제화살촉[鐵鏃]·철도자鐵刀子가 출토되었고, 이밖에도 남색구슬 일괄품과 내행화문 방제경內行花文 倣製鏡, 환형동기環形銅器, 원저단경호 등도 출토되었다. 이 무덤에 묻힌 사람은 일본의 천손강림 신화에 나오는 것과 같은 검劍·거울鏡·옥玉의 조합을 소유하고 있다는 점에서 제정일치적祭政一致的 지배자의 면모를 나타내고 있다.

⑥ 2세기 중·후반 무렵에는 이들의 내부 구조가 목곽묘로 발전하고, 철제무기의 부장이 많아지는 등 한 단계 높은 발전을 보이고 있다. 김해 양동리 162호분은 가야의 대형 목곽묘로 2세기 후반의 유구로 편년된다. 이 고분에서는 세형동검에서 발전한 쇠단검 6자루와 길이 0.6m의 대형 쇠투겁창을 비롯한 다수의 쇠투겁창이 발견되고 있다. 이로 볼 때 이곳 무덤의 부장자는 강력한 군사적인 권력을 가진 신분이었을 것으로 보인다.

특히 이곳에서 북방계 유물인 철복鐵鍑이 출토되고 있는데, 이 철복은 평양 정백동 53호 목곽묘에서 출토된 것과 그 형태가 유사하다. 이것은 양동리 고분을 축조한 세력이 서북한 지역의 낙랑문화와 밀접한 연관을 갖는 족단임을 시사해 준다.

⑦ 3세기 후반 이후의 유적으로는 김해 대성동 고분군의 대형 목곽묘와 봉황대 및 부원동의 패총을 들 수 있는데, 대성동 고분군에서는 2세기 후반에서 6세기 전반에 이르는 옹관묘가 발견되었고, 이밖에 목관묘·목곽묘·석곽묘도 발견되고 있다. 이곳에서 발견된 고분 중에서 대성동 2호분은 김해지방을 통틀어 가장 대형이고, 출토 유물의 수준도 매우 높아서 4세기 후반 당시의 김해지방 최고 지배자, 즉 금관가야 국왕의 무덤으로 파악되고 있다. 여기서 출토되고 있는 파형동기·통형동기·석촉 등은 왜와 관련이 있는 유물로 평가되고 있다. 이로 볼 때 이 당시 김해지방은 일본열도와 교류가 이루어지고 있었음을 알 수 있다. 또 대성동 29호분에서 출토된 동복銅鍑은 내몽고 오르도스 지방, 또는 길림성 집안 등지에서 발견되는 것과 유사하여 북방문화가 김해지방으로 유입되었을 가능성을 시사해 주고 있다.

⑧ 5세기 초 김해 지방에서 대형 고분군의 축조는 단절되었으며, 외형상으로 봉토를 높이 쌓은 고총고분高塚古墳은 보이지 않고, 소형 분묘만이 그 명맥을 유지하고 있다. 대표적인 유적으로는 김해시 덕정 고분군, 내덕리 내덕 고분군, 구산동 화정·두곡 고분군, 가달 고분군 등을 들 수 있다. 대성동·양동리·퇴래리·칠산동의 중심지역에서는 고분축조가 단절되고 있다. 6세기경의 고분도 발견되고 있으나 몇기 되지 않고 규모 또한 작다.

위에서 살펴본 바와 같이 김해지역에는 다양한 문화층이 시대를 달리하면서 나타나고 있다. B.C. 7세기 이후 지석묘와 민무늬토기를 사용하는 족단이 이 지역에 생활하고 있었고, B.C. 3세기경에는 청동화살촉과 의례용 간돌검이 출토되고 있어 이 지역에 있어서 부족상호간의 우열이 있었음을 시사 받을 수 있다. 그리고 A.D. 1세기를 전후한 시기에는 무문토기와 더불어 철제품이 보이고 있다. 이것은 이미 이 지방에서 철기문화가 보편화되고 있었음을 말해 준다. A.D. 2세기에는 북방계 유물이 대량으로 출토되고 있고, 3세기에 대형고분이 축조되고 있다. 특히 김해지역의 고분군 중에서 주목되는 것은 양동리 고분군이다. 이 고분군에 대한 발굴을 통하여 남부 가야지역의 변·진한의 묘제로부터 가야의 성립과 발전을 한 눈에 알 수 있고, 또 5세기에 이르러서는 이러한 대형고분군이 단절되고 있다는 점도 주목된다.

이로 볼 때 이 지역에는 다양한 문화를 갖는 족단이 일찍부터 도래하여 생활권을 조성하였고, A.D. 1세기를 전후한 시기에는 철기문화를 바탕으로 권력국가가 출현하였음을 시사해 주고 있다. 이것은 김수로왕의 건국과도 유관할 것이다. A.D. 3세기에는 대형고분이 나타나고, 출토유물 또한 다양하고 수준이 높은 것을 볼 때 이 시기에 이르러 크게 성장·발전하고 있었음을 알 수 있다. 이러한 발전의 배경은 가야국이 남해안 지역에서 관문사회關門社會(Gateway community)와 같은 기능을 발휘하면서 물자의 집산과 보급 등의 교역망을 통제할 수 있는 것에서 찾아볼 수 있을 것이다. 금관가야는 이러한 지정학적인 이점을 활용함으로써 주변지역에 대한 영향력을 극대화할 수 있었고, 또 가야연맹체를 주도하는 맹주국이 될 수 있었을 것이다.

그러나 5세기 이후 이 지역에서 대형고분이 단절되고 있는 것으로 보아 이들 세력이 크게 약화되었음을 시사받을 수 있다. 이것은 낙랑군의 멸망 등으로 그 동안 해상 교통로를 통한 국제교역의 중요한 거점으로서의 역할이 축소된 반면, 새롭게 내륙 교통로가 개척됨에 따라 주변지역에 대한 통제력을 급격히 상실하게 되었고, 또한 고구려 광개토대왕의 남정南征으로 국가 존폐의 위기를 겪는 등 국력의 급속한 약화가 반영된 결과라 할 수 있다.

　『삼국유사』를 비롯한 우리나라의 사서에서는 변진에서 건국한 가
야를 여섯 개로 기술하여 6가야라 하고 있다. 그러나 『삼국지』 동이전
변진조에서는 미리미동국彌離彌凍國·접도국接塗國·고자미동국古資彌凍國·
고순시국古淳是國·반로국牛路國·낙노국樂奴國·미오야마국彌烏邪馬國·감로
국甘路國·구야국狗邪國·주조마국走漕馬國·안야국安邪國·독로국瀆盧國 등의
12국이 있었다고 하면서 대국과 소국으로 구분하고 있다. 이들 중에서
대국은 4~5천가家, 소국은 6~7백가를 통솔하였고, 대국의 지배자는
신지臣智, 그 다음은 험측險側, 그 다음은 번예樊濊, 그 다음은 읍차邑借가
있어 통치하였다고 전하고 있다.

　　위의 기사에서 당시 변진 12국은 각기 세력의 강약에 따라 대국
과 소국의 구분이 있었음을 알 수 있다. 물론 대국과 소국의 구분 기
준이 무엇인지 분명하지는 않지만 인구와 영역이 고려되었을 것이다.
따라서 지배자의 명칭도 세력의 강약에 따라 정해지고 있었음을 알
수 있다. 이로 볼 때 이들 국가는 지배족단의 세력의 강약에 의하여
상호간에 어느 정도의 규제가 있었음을 알 수 있다. 이후 이들은 상호
간의 연맹이나 전쟁 등으로 병합되어 갔을 것이며, 이러한 과정을 거
치면서 이곳의 사회는 6가야로 통합되어 갔을 것이다.

　　또 주목되는 것은 『가락국기』에서 보이는 가야국의 시조설화이다.
여기에는 하늘[天]사상과 난생설화卵生說話가 혼재하고 있다. 즉 이 설화
에서는 6가야의 시조를 모두 하늘에서 강림한 신성한 존재로 서술하
고 있다. 또 이들은 모두 알[卵]의 상태에서 하강하고 있다. 이들이 하
늘에서 강림하였다는 것은 단군신화에서 보이는 환웅桓雄의 하강설화
와 일련의 관계가 있다. 환웅은 환인桓因의 아들로 홍익인간弘益人間의
이념을 가지고 태백산 마루턱인 신단수神檀樹 아래로 내려와 신시神市를

베풀고 있다. 그런데 6가야의 시조들은 모두 하늘에서 하강하여 구지
봉龜旨峯에 이르고 있다. 환웅이 하강한 태백산 마루턱이나 6가야의 시
조가 하강한 구지봉은 모두 산山의 정상으로 고대 우리 민족의 수목숭
배사상樹木崇拜思想과 연계되고 있다. 환웅은 하느님의 아들로 나타나고
있고, 6가야의 시조들은 황천皇天의 명으로 하강하고 있다. 하느님의
아들이나 황천이란 개념은 동일개념으로 파악할수 있고, 또 이들은 모
두 하늘[天]을 숭배하는 족단으로 이해할 수 있다.

　　학계의 일반적인 견해는 하늘숭배사상은 청동기문화를 갖는 무문
토기인들의 공통된 사상으로 이해하고 있다. 그렇다면 6가야를 건국한
족단은 바로 고조선과 사상적 맥락을 같이 하는 동일종족이었음을 의
미한다. 위의 건국설화에서 보이는 난생설화 또한 우리 민족의 전통적
인 건국설화로 이것 역시 하늘[天]사상과 연계된다. 고구려 주몽의 난
생설화, 박혁거세의 난생설화, 김알지의 난생설화 등은 이를 말해주고
있다.

　　고대 우리 민족은 닭을 하느님의 뜻을 인간에 전달하는 하느님의
사자로 파악하였고, 또 하느님의 사자인 닭이 낳은 알은 바로 하느님
의 아들로 이해해 왔다. 따라서 우리나라 고대국가의 건국설화는 이러
한 신성관념을 전제로 거의 모두 난생설화로 포장되고 있다. 6가야의
시조설화가 난생설화라는 것은 이들 족단 역시 고구려·신라와 같은
계열의 종족임을 의미한다. 중국의 사서인 『삼국지』나 『후한서』의 동
이전에서 이곳 변진을 설명하면서 "변진弁辰은 의복과 주택 및 언어·
법속이 진한辰韓과 같다"라고 한 기록은 가야의 종족적 성격이 신라와
동일하였음을 의미한다.

## 제2절  가야연맹의 흥망

## 1. 가야연맹의 성립

4세기 이후 가야사회의 범위는 『삼국유사』의 『가락국기』에 "동쪽은 황산강, 서남은 창해, 서북은 지리산, 동북은 가야산, 남쪽은 나라의 끝이다(東以黃山江西南以蒼海西北以地理山東北以伽耶山南以爲國尾)"라는 기사와 『일본서기』 흠명기欽明紀 23년조에 보이는 이른바 '임나 13국任那十三國'의 위치를 토대로 할 때에 그 대략적인 범위는 낙동강 이서, 가야산 이남, 지리산 이동의 범위에 분포하였음을 알 수 있다. 이러한 인식에 기반하여 실학자 한백겸은 『동국지리지東國地理誌』에서 가야의 위치를 변한지역, 즉 낙동강 이동에서부터 지리산智異山 서쪽지방으로 비정하였고, 이후 정약용은 『아방강역고我邦疆域考』「변진별고弁辰別考」에서 한백겸의 설을 수용하면서 오늘날 낙동강洛東江이란 지명도 가락駕洛의 동쪽에 있었기 때문에 부쳐진 이름이라고 하였다. 이러한 실학자들의 견해는 이후 정설로 수용되어 지금까지도 이 견해에 따라 가야사가 서술되고 있다. 그러나 가야사에 대한 사료가 절대적으로 부족하고, 그 나마도 사료의 혼선이 나타나고 있어서 가야사의 실체를 구명하는 것에는 많은 어려움이 있다. 정약용도 이러한 사실을 개탄하면서

신라사를 지으려면 마땅히 진본기秦本紀에 항우본기項羽本紀를 넣은 체제에 따라 『가라본기駕羅本紀』 한편을 넣어야 할 텐데, 김부식은 이를 빠뜨리고 기록하지 않았다.

(『아방강역고』 권 4, 변진별고)

라고 하여 김부식의 『삼국사기』에 대한 비판을 가하고 있다.

『삼국지』를 비롯한 중국의 사서에서는 이들 지역에는 일찍부터 구야국狗倻國·미오야마국彌烏邪馬國 등의 12국이 있었음을 전해주고 있다. 또 『삼국유사』 5가야五伽耶조에서는 아라가야阿羅伽耶·고령가야古寧伽耶·대가야大伽耶·성산가야星山伽耶·소가야小伽耶·금관가야金官伽耶 등 6가야가 있었음을 기록하고 있다. 또 같은 책 『가락국기駕洛國記』에서는 후한後漢 세조世祖 광무제光武帝 건무建武 18년 임인壬寅에 하늘에서 내려온 6개의 알卵에서 동자童子가 나왔는데, 이들 중에서 가장 먼저 동자가 된 수로首露가 나라를 건국하여 대가락大駕洛 또는 가야국伽耶國이라 하였고, 나머지 다섯 동자도 각기 나라를 세워 5가야五伽耶의 왕이 되었다고 서술하고 있다. 같은 책 5가야조에서는 위와 같이 6가야를 기술하면서 『본조사략本朝史略』을 인용하여 태조太祖 천복天福 5년 경자庚子에 5가야의 이름을 고쳐 금관가야金官伽耶·고령가야古寧伽耶·비화가야非火伽耶·아라가야阿羅伽耶·성산가야星山伽耶, 혹은 벽진가야碧珍伽耶라고도 함)이라 하였다고 하고 있다.

이들 가야국의 발전에 대하여 처음에는 김해지방에 있던 변진 12국 중의 하나인 구야국狗耶國을 중심으로 건국한 금관가야가 여섯 가야의 맹주로 활동하면서 가야연맹을 주도하였고, 후대에 와서는 고령지방에 있던 변진 12국 중의 하나인 미오야마국彌烏邪馬國을 중심으로 건국한 대가야가 맹주로 가야연맹을 결속시켜 나갔다는 것이 현재 학계의 주된 견해가 되고 있다. 정약용도 이러한 가야의 변천사적 발전과정을 일찍부터 수용하면서 금관가야를 남가야南加耶 또는 하가라下加羅로 지칭하였고, 대가야를 북가야北加耶 또는 상가라上加羅라 지칭하였다. 천관우도 『가야사연구加耶史研究』(일조각, 1991)에서 이러한 견해를 수용하면서, 김해지방의 금관가야를 조기가야早期加耶란 명칭으로, 고령지방의 대가야는 만기가야晩期加耶란 명칭으로 가야사를 이해하려 하였고, 김태식은 『가야연맹사加耶聯盟史』(일조각, 1993)에서 전기가야와 후기가야란 명칭으로 서술하고 있다.

가야의 정치적 성격은 가야가 연맹체를 형성한 것으로 보는 견해와 가야는 연맹체를 형성한 것이 아니라 개별국으로 존재하였다고 보는 견해로 대별할 수 있으며, 연맹체론은 다시 가야제국 전체를 포괄하는 단일연맹체론과 지역연맹체론으로 나뉘어진다. 전자는 가야제국이 특정국을 맹주국으로 하여 연맹을 형성한 것으로 파악하는 것이며, 후자의 경우 가야는 삼국과 달리 분립적·고립적 성격을 특징으로 하기 때문에 가야 전 지역을 하나의 정치체로 묶을 수 없다는 인식에서 나온 것이다. 그러나 가야의 정치적인 성격은 복합국으로 이루어진 단일연맹체로 보고, 그 내부에는 여러 지역세력권이 형성되어 맹주국과 일정한 관계를 맺고 있는 것으로 파악하는 것이 타당할 듯 싶다.

또한 가야의 정치발전 수준에 대하여 특히 가야제국 중에서 정치발전의 정도가 다른 가야국들보다 우위에 있었던 것으로 평가받고 있는 금관가야·대가야·아라가야(안라국) 등은 최고 수장이 왕을 칭하면서 중층적 관료조직을 두고 있지만, 그 발전 정도에 대하여는 학자에 따라 성읍국가단계, 도시국가 수준, 복합군장사회, 부체제단계, 신라의 마립간기에 준하는 정도로 파악하고 있다. 그러나 비록 가야의 정치수준에 대하여 약간의 이견이 있는 것은 사실이지만, 결국 연맹주의 위치에 있었던 가야들도 중앙집권적 국가체제의 단계에 도달하지 못하였다는 것에는 인식을 같이 하고 있다.

따라서 가야국이 주도세력에 의하여 통일된 집권국가로 발전하지 못하고 서로 연맹체를 구성하면서 운영되어 갔는데, 전기에는 금관가야에 의하여 가야국의 연맹체가 주도되었고, 후기에는 대가야를 중심으로 가야국의 연맹체가 주도되었음을 알 수 있다.

이것은 지금까지 발굴된 고고학의 성과에서도 나타나고 있다. 즉 금관가야는 3~4세기 경에 대형고분과 우수한 부장품이 발견되고 있으나 5세기에 접어들면서 퇴락하고 있는 실상을 찾아볼 수 있는데, 이 것은 이 시기에 금관가야가 쇠퇴하고 있었음을 의미한다.

반면에 고령을 중심으로 한 지역은 5세기에 들어와 대형고분이 활발하게 축조되고 있다. 이것은 이 당시 정치·문화의 중심이 대가야 로 옮겨왔음을 시사한다.

## 2. 전기 가야연맹의 흥망

전기가야의 주도세력은 김해를 중심으로 한 금관가야였다. 금관가 야는 『삼국유사』에 인용된 『가락국기駕洛國記』에 의하면, 후한 광무제 건무 18년(A.D. 42)에 건국된 것으로 되어있다. 그러나 『고려사』 지리 지 금주金州조에서는

> (금주는) 본래 가락국駕洛國으로 신라 유리왕儒理王 18년(A.D. 41) 가락 의 족장인 아도간·여도간·피도간 등 9간干이 부락 사람들을 데리고 계 제사를 지내고 술을 마시다가 구지봉龜旨峯에서 이상한 소리가 들리므로 곧 가서 보니, 하늘에서 내려온 금궤金櫃가 있었는데, 그 속에 해와 같이 둥근 금빛나는 알[卵]이 들어 있었다. …… 이를 아도간의 집에 두었는데, 이튿날 9간들이 모두 모여 궤를 여니 한 동자가 알을 깨고 나왔는데, 나 이 15세 가량 되어 보였다. …… 이달 보름에 9간들이 받들어 왕으로 삼 으니, 곧 수로왕이다. 국호를 가락駕洛이라 하고, 또 가야伽倻라고도 칭하였 는데, 그후 금관국金官國으로 개칭하였다.
>
> (『고려사』 권 57, 지 11, 지리 2, 금주조)

라는 기사를 수록하고 있다. 이 기록 역시 『삼국유사』에 수록된 『가락 국기』의 내용과 거의 비슷하지만, 건국연대는 유리왕 18년(A.D. 41)이 라 하여 1년의 차이를 보이고 있다. 위에서 보이는 구지봉, 금궤, 일륜 日輪, 알[卵] 등의 설화내용은 우리 민족의 건국과정에서 나타나는 설화

와 거의 일치하고 있다. 즉 수로왕의 설화는 단군의 건국기사에서 보이는 태백산 마루턱인 신단수神檀樹, 고구려와 신라의 시조설화인 난생설화와 태양설화, 김알지의 탄생설화인 금궤설화 등이 모두 혼재하고 있다.

이로 볼 때 금관가야를 세운 김수로왕의 족단은 이들과 문화전통을 같이 하는 동일계열의 종족이었음이 분명하다. 그러나 A.D. 41년으로 기록되고 있는 가야의 건국연대는 재고되어야 할 것 같다. 『삼국사기』 탈해이사금조에

> (탈해는) 다파나국多婆那國의 왕자인데, 태어날 때 알卵에서 나왔다. …… 상서롭지 못하다고 하여 궤속에 넣어 바다에 띄어 보냈는데, 처음에는 금관국金官國의 해변에 이르렀다. 금관국 사람들이 괴이하게 여겨 거두지 않음으로 그 궤짝은 다시 바다에 떠서 진한의 아진포阿珍浦에 이르렀다. 이때는 시조 혁거세가 재위한 39년(B.C. 19)이었다.
>
> (『삼국사기』 권 1, 신라본기 1, 탈해이사금 즉위조)

라는 기사가 보인다. 위의 내용을 보면 석탈해가 신라에 도착한 해가 B.C. 19년이며, 이 과정에서 금관가야에 먼저 도착하였다는 것은 금관국이 이때 존재하고 있었음을 말해 준다. 그렇다면 금관가야의 건국연대는 B.C. 19년 이전으로 소급해야 한다는 결론이 나온다. 위에서는 설화적 요소로 포장되어 나타나고 있으나 『가락국기』에서는 석탈해가 금관국에서 수로왕과 왕위를 다투었다는 내용의 기사가 보인다. 『삼국사기』의 기사에서 "금관국에서 취하지 않았다"는 내용은 바로 금관국 김수로왕과의 왕위쟁탈에서 실패하고 신라로 향하였던 것으로 보아야 할 것이다. 또 『일본서기日本書紀』 숭신천황崇神天皇 65년 7월조에는

> 임나국任那國에서 소나갈질지蘇那曷叱智를 보내어 조공을 바쳤다. 임나

는 축자국筑紫國에서 2천리 떨어진 북쪽의 바다를 건너 계림鷄林의 서남쪽에 있다.

(『일본서기』 권 5, 숭신천황 65년 7월조)

라는 기사가 보인다. 위에서 보이는 숭신천황 65년은 B.C. 33년이다. 그렇다면 이때 이미 가야는 존재하고 있었다는 결론이 나온다.

금관가야의 건국자는 위에 보이는 『삼국사기』의 기록과 『가락국기』에서 수로왕으로 표기하고 있지만, 『동국여지승람』에서는 최치원崔致遠의 『석리정전釋利貞傳』의 내용인

가야산신伽倻山神 정견모주正見母主가 천신天神인 이비가지夷毗訶之에게 응감되어 대가야의 왕 뇌질주일惱窒朱日과 금관국의 왕 뇌질청예惱窒靑裔 두 사람을 낳았는데, 뇌질주일은 (대가야를 세운) 이진아시왕伊珍阿豉王의 별칭이고, 청예는 (금관가야를 세운) 수로왕의 별칭이라 하였으나, 가락국의 옛 기록인 여섯 알의 전설과 더불어 모두 허황한 것으로 믿을 수 없다.

(『동국여지승람』 권 29, 고령현 건치연혁조)

라는 기사를 수록하고 있다. 최치원은 위에서 모두 허황된 것으로 믿을 수 없다고 하고 있으나 위의 기사를 볼 때 당시 신라사회에서는 금관가야의 시조로 뇌질청예설도 있어 왔고, 또 최치원이 위의 글을 쓸 당시에는 뇌질청예가 수로왕의 별칭으로 이해되고 있었음도 알 수 있다.

또 『삼국지』 위지 한조에서 보이는 '구야拘邪 진지렴秦支廉'을 수로왕으로 이해하는 견해도 있다. 이병도의 견해가 그것인데, 그는 『한국사』 고대편에서 구야拘邪는 즉 변진 12국 중의 하나인 구야狗邪이며, 진지秦支는 신지臣智의 별칭이고, 렴廉은 수릉首陵 또는 수로首露의 약칭으로 파악하면서 "이러한 나의 졸견은 하등의 모순이 없다"고 하고 있다.

위와 같이 금관가야의 건국에 대하여는 많은 주장이 있으나 김수로왕의 건국사실에 대하여는 대부분의 학자들이 공감하고 있다. 이후

금관가야는 주변의 가야제국들과 동맹관계를 형성하여 이들의 맹주국으로 활약하면서 강국으로 성장하고 있다. 이것은 『삼국사기』 신라본기에 수록된 다음의 기사에서 확인된다.

1) 아찬阿飡 길문吉門은 가야의 군사와 황산진黃山津 어귀에서 싸워 1,000여 명을 참획하였음으로 파진찬에 승진시켜 그 공로를 포상하였다.

(탈해이사금 21년(A.D. 77) 8월)

2) 왕이 명령을 내려 말하기를 "내가 덕이 없이 이 나라를 다스리게 되어 서쪽으로는 백제와 이웃하고, 남쪽으로는 가야와 접하였으나 덕망은 백성들을 안정시키지 못하고, 위엄은 이들을 두렵도록 하기에 부족하다. 그러므로 마땅히 성루城壘를 구축하여 그들의 침범을 대비하도록 하라"고 하였다. 이 달에 가소성加召城과 마두성馬頭城을 축조하였다.

(파사이사금 8년(A.D. 87) 7월)

3) 가야의 적賊들이 마두성으로 쳐들어와서 포위하므로 왕은 아찬 길원吉元을 파견하여 이를 치게 하니, 그는 군사 1,000명을 거느리고 나가 적을 격파 퇴주시켰다.

(파사이사금 15년(A.D. 94) 2월)

4) 가야 사람들이 남쪽 변방으로 침입하므로 왕은 성주 장세長世를 보내어 이를 막게 하였는데, 적에게 피살되었다. 왕은 크게 노하여 친히 군사 5,000명을 거느리고 나가 싸워 적을 패주시키고 많은 무리를 노획하였다.

(파사이사금 17년(A.D. 96) 9월)

5) 왕은 군사를 일으켜 가야를 정벌하고자 하였는데, 그 국왕이 사신을 파견하여 죄를 사과하므로 이를 중지하였다.

(파사이사금 18년(A.D. 97) 정월)

6) 음즙벌국音汁伐國과 실직곡국悉直谷國이 국경을 두고 서로 다투다가

왕에게로 와서 이를 판결하여 달라고 청하였다. 왕은 이는 어려운 일이라 하고 말하기를 "금관국金官國 수로왕首露王은 연로하고 지식이 많을 것이다" 라 하고 불러서 물었더니, 수로왕은 의견을 내어 그들이 서로 다투는 땅을 음즙벌국에게 속하게 하였다. 이에 왕은 6부部에게 명령하여 수로왕을 위하여 잔치를 베풀었다. 그런데 5부는 모두 이찬伊飡으로 주主로 삼아 보냈으나 오직 한기부漢祇部에서만 벼슬이 낮은 자로써 주主를 삼아 보내었음으로 수로왕은 크게 노하여 그의 종 탐하리耽下里에게 명하여 한기부漢祇部의 주主 보제保齊를 죽이고 돌아갔다. 이때 그 종이 도망하여 음즙벌音汁伐의 주主 타추간陁鄒干의 집에 의지하여 있으므로 왕은 사람을 시켜 그 종을 찾았으나, 타추陁鄒가 보내주지 않으므로 왕은 노하여 군사를 일으켜 음즙벌국을 정벌하니, 그 주主는 무리를 거느리고 나와 항복하였다. 이에 실직悉直과 압독押督의 두 나라도 항복하였다.

(파사이사금 23년(102) 8월)

위의 기사에서 가야는 신라지방으로 진출할 수 있을 정도로 국력이 강대하였음을 보여준다. 위 1)에서 신라는 가야와의 전투에서 승리하고 있는데, 이 전투를 승리로 이끈 길문에게는 제6관등인 아찬의 직에서 4관등인 파진찬으로 파격적인 승진을 시키고 있다. 이것은 당시 신라에서는 가야의 세력이 그 동안에 큰 위협으로 부각되고 있었음을 의미한다. 이러한 사실은 2)에서 알 수 있는데, 당시 신라는 백제와 가야의 침입에 대비하여 가소성加召城과 마두성馬頭城을 축조하고 있다. 3)에서는 이러한 신라의 대비에도 불구하고 가야가 마두성을 침입하고 있고, 4)에서는 가소성의 성주 장세長世가 가야의 침입에 피살되고 있음을 알 수 있다.

그러나 이러한 전투는 5)에서 보는 바와 같이 파사이사금 18년 정월에는 일단 막을 내리고, 이후 화친으로 양국관계가 조정되고 있다. 이것은 6의 기사에서 신라가 수로왕을 청하여 음즙벌국音汁伐國과 실직곡국悉直谷國의 분쟁을 해결해 줄 것을 부탁하고 있으며, 또 신라의 왕이 6부의 대신들을 모아 수로왕을 위한 향연을 베풀고 있다는 사실에서 알 수 있다. 이후 신라와 가야는 평화적인 관계를 유지하였던 것 같다. 그러나 13년 후인 지마이사금祗摩尼師今 4년(A.D. 115)부터 다시 가야와 신라의 분쟁이 나타나고 있다.

> 1) 지마이사금 4년(115) 2월에 가야가 남쪽 변방을 침범하였다.
> (『삼국사기』 권 1, 신라본기 1, 지마이사금 4년 2월조)

> 2) 지마이사금 5년(116) 8월에 장병을 보내어 가야에 쳐들어가게 하고, 이어 왕이 정병 10,000명을 거느리고 뒤를 이었다. 가야는 성을 닫고 군사를 정비하여 굳게 지켰다. 마침 비가 오래 계속되므로 그만 돌아왔다.
> (『삼국사기』 권 1, 신라본기 1, 지마이사금 5년 8월조)

위에서 보는 바와 같이 가야는 지마이사금 때에 다시 신라를 침입하고 있다. 그 이후도 양국은 계속 불편한 관계에 있었던 것 같다. 이것은 내해이사금奈解尼師今 6년(201) 까지는 『삼국사기』 신라본기에 가야에 대한 기사가 보이지 않지만, 이 해에 가야국에서 화친을 요청하고 있는 기사가 보이고 있는 것에서 알 수 있다. 만약 그 동안에 화친의 관계에 있었다면 구태여 이때에 화친을 요청하는 사신을 신라에 보내지 않았을 것이다. 그 동안에 가야에서도 그들의 동맹관계에 많은 갈등이 있었던 것 같다. 이로써 가야는 그들 내부의 국내정세로 신라를 침공할 겨를이 없었던 것으로 보아야 할 것 같다. 이러한 사실은 내해이사금 14년의 기사에서 지금까지 가야와 연맹체를 구성하고 있었던 포상 8국浦上八國이 가야를 배반하고 침략하고 있는 것에서 알 수 있다. 이때의 사실을 『삼국사기』 내해이사금 14년(A.D. 209)조에

포상8국浦上八國이 공모하고 가라加羅를 침범하매 가라왕자가 구원을

청하므로 왕이 태자 우로于老와 이벌찬伊伐湌 이음利音을 시켜 6부 군사를
거느리고 가서 구원하여 여덟 나라 장군을 죽이고, 그들에게 사로잡혀 갔
던 6,000명을 빼앗아 돌려보냈다.

(『삼국사기』 권 2, 신라본기 2, 내해이사금 14년 7월조)

라는 내용을 수록하고 있다. 위의 기사를 볼 때 내해이사금 6년에 가
야의 화친요구를 신라가 수용하였음을 알 수 있고, 이에 따라 신라는
포상 8국이 가야를 침범하자, 군사를 출병시켜 가야를 구원하고 있다.
　이 포상 8국의 난은 당시 신라에서도 어려운 전투였다. 이 전투에
서 물계자勿稽子가 큰 공을 세우고 있는데, 당시 전투에 대하여 『삼국
사기』 열전 물계자전에는 다음과 같이 기록하고 있다.

　　이때에 8포상국八浦上國이 함께 모의하여 아라국阿羅國을 침입하였으므
로 아라국에서는 신라에 사신을 파견하여 구원을 청하였다. 이에 내해이
사금은 왕손 내음捺音으로 하여금 근군近郡 및 6부의 군사들을 거느리고
이를 구원하게 하였다. 이 전쟁에서 물계자는 큰 공이 있었다. 그러나 왕
손에게 밉게 보인 까닭으로 그 공이 기록되지 않았다. …… 그후 3년이
되던 해에 골포骨浦・칠포柒浦・고사포古史浦의 세 나라 사람들이 갈화성竭火
城을 공격함으로 왕은 군사를 거느리고 나가 이를 구하고 세 나라의 군사
를 크게 파하였다. 이 싸움에서도 물계자는 수십 명을 참획하고 전공을
세웠으나 그 공을 논할 때에는 아무 소득이 없었다. …… 물계자는 부인
에게 말하기를 “내 일찍이 듣건대 신자臣子의 도리는 위험을 보면 목숨을
내놓고, 어려움이 다다르면 몸을 잊어버리라 하였는데, 전일 포상浦上・갈
화竭火의 전투는 참으로 위험하고, 또한 어려운 싸움이었다. ……”라고 하
였다.

(『삼국사기』 권 48, 열전 8, 물계자전)

　3년 후인 내해이사금 17년(A.D. 212) 3월에는 가야에서 왕자를 인
질로 신라에 보내고 있는데, 이것은 포상 8국의 난을 토벌해 준 신라

제7장　한민족의 여맥餘脈 가야연맹　**357**

에 대한 답례로 보아야 할 것이다.

이후 신라와 가야는 계속 동맹관계가 유지되었고, 법흥왕 때에는 그 세력이 크게 약화되었던 것으로 보인다. 『삼국사기』에 나타나는 다음의 기록은 이를 말해주고 있다.

1) 소지마립간 3년(481) 3월에 고구려와 말갈이 북쪽 변방으로 침입하여 호명성狐鳴城 등 일곱 성을 빼앗고, 또 다시 미질부彌秩夫로 진군하므로 신라군사는 백제·가야의 구원병과 함께 길을 나누어 방어하다가 적이 패하여 물러가는 것을 니하泥河의 서쪽까지 추격하여 1,000여 명의 목을 베었다.

　　　　　　　　　　　(『삼국사기』 권 3, 신라본기 3, 소지마립간 3년 3월조)

2) 소지마립간 18년(496) 2월에 가야국이 흰 꿩을 보내 왔는데, 꼬리의 길이가 다섯 자五尺나 되었다.

　　　　　　　　　　　(『삼국사기』 권 3, 신라본기 3, 소지마립간 18년 2월조)

3) 법흥왕 9년(522) 3월에 가야국이 사신을 보내어 혼인을 청하므로, 이찬 비조부比助夫의 여동생을 보냈다.

　　　　　　　　　　　(『삼국사기』 권4, 신라본기 4, 법흥왕 9년 3월조)

4) 법흥왕 11년(524) 9월에 왕이 남쪽 국경으로 순행하면서 땅을 넓혔는데, 가야국왕이 와서 만났다.

　　　　　　　　　　　(『삼국사기』 권4, 신라본기 4, 법흥왕 11년 9월조)

5) 법흥왕 19년(532), 금관국주金官國主인 김구해金仇亥가 왕비와 그의 세 아들인 장남長男 노종奴宗, 중남仲男 무덕武德, 계남季男 무력武力을 데리고 자기 나라 재물과 보물을 가지고 항복하였다. 이에 왕은 예절을 차려 그를 대우하고, 상등上等의 위품位品을 주었으며, 자기 나라를 식읍食邑으로 삼게 하였다. 그 아들 무력은 벼슬이 각간角干에 까지 이르렀다.

　　　　　　　　　　　(『삼국사기』 권4, 신라본기 4, 법흥왕 19년)

위의 자료 1), 2), 3), 4)에 대하여 천관우는 『가야사연구加耶史硏究』에서, 김태식은 『가야연맹사加耶聯盟史』에서 대가야의 역사적 사실로 이해하고 있고, 평야방웅平野邦雄은 「継體·欽明紀の對外關係記事」(『古代東アジア史論集』下)에서, 주보돈朱甫暾은 「가야멸망문제에 대한 일고찰」(『경북사학』4)에서 금관가야의 사실로 이해하고 있다. 필자도 위의 사실은 금관가야의 멸망과정으로 이해하였다.

위에서 보는 바와 같이 소지마립간 3년(481) 3월에 고구려가 말갈과 더불어 신라에 침공하여 호명성狐鳴城 등 7개성을 함락하자 가야는 백제와 더불어 신라를 구원하고 있으며, 또 소지마립간 18년(496)에는 가야에서 꼬리가 5척이나 되는 흰 꿩을 신라에 보내어 친선을 표하고 있다. 이때는 금관가야의 질지왕銍知王과 겸지왕鉗知王의 치세로 특히 질지왕은 국내정치를 안정시키고, 대외적으로는 신라와 화친함으로써 국력을 배양하려고 하였던 것 같다. 『삼국유사』에 인용된 『가락국기』 질지왕조에

> 원가元嘉 28년(451)에 즉위하여 이듬 해에 세조世祖와 허황옥황후許黃玉皇后를 위하여 명복을 빌고, 왕후사王后寺란 절을 지어 밭 40결을 내렸다.
> (『삼국유사』 권 2, 기이 2, 가락국기)

라는 기사가 보인다. 이것은 당시의 불안한 정치상을 지양하고 시조와 왕후에 대한 의식을 행함으로써 국가체제를 공동체의식으로 다시 결속시키겠다는 의도였을 것이다.

그리고 즉위 28년(A.D. 479)에는 남제南齊와 수교하고 있다. 이때 남제에서는 보국장군 본국왕輔國將軍 本國王의 직함을 내리고 있다. 이러한 사실은 『남제서南齊書』 동이열전 가라국加羅國조에

> 가라국加羅國은 삼한의 한 종족이다. 건원建元 원년(479)에 국왕 하지荷

知가 사신을 보내와 방물을 바쳤다. (이에) 조서를 내려 도량이 넓은 자가 등극하니, 먼 오랑캐가 교화에 젖도다. 가라왕加羅王 하지荷知가 바다 밖에서 방문하여 폐백을 받들고 관문을 두드렸으니, 가히 보국장군 본국왕輔國將軍 本國王을 제수함이 마땅하다고 하였다.

(『남제서』 권 58, 열전 39, 동이, 가라국전)

라고 한 기록에서 알 수 있다. 위의 기사에 대하여 천관우·김태식 등은 대가야의 사실로 수용하고 있으나 금서룡今西龍·촌상사남村上四男·귀두청명鬼頭淸明 등은 모두 금관가야의 사실로 수용하고 있다. 당시 대가야는 신라와 적대관계에 있었고, 또 백제는 고구려의 침입으로 웅진에 천도하고 있었다. 당시 대가야가 가야연맹의 주도권을 장악하고 있었다고 하더라도 초기 금관가야에서 볼 수 있는 것과 같은 강력한 연맹체는 구성되지 못하고 있었다. 또 신라와 백제 및 왜와 서로 화쟁和爭이 무상하였던 시대상에서 대가야가 독자적으로 바다를 건너 남제와 교류할 수 있었을까 하는 의문을 갖게 한다. 또 『일본서기』에도 이에 대한 기사는 보이지 않는다. 필자는 위에서 보이는 하지荷知를 금관가야 8대왕인 질지왕銍知王으로 보아도 큰 문제가 없을 것으로 생각한다. 즉 질지왕은 국내적으로는 분열세력을 통합하면서 대외적으로 국가의 위상을 재정립시키기 위하여 남제와 교류하였던 것이 아니었을까 하는 추론을 갖지 않을 수 없다.

그러나 가야의 국력은 이후 점차 약화되어 갔는데, 위의 자료 3)·4)·5)에서 이러한 사실을 알 수 있다. 위의 기사 1)에서 고구려의 신라침입에 가야는 원병을 파견하고 있는데, 이것은 양국 간의 동맹관계가 이루어지고 있었음을 의미하고, 2)에서 가야는 신라에 흰 꿩을 바치고 있는데, 이것은 가야의 세력이 약화되고 있었음을 의미하는 것이다. 3)에서는 가야국왕이 신라에 청혼을 하고 있는데, 이것은 이미 독자적으로 국가를 운영할 수 없을 정도로 국력이 약화되어 신라의 부용국으로 전락하고 있음을 보여준다. 이것은 4)의 기사에서 법흥왕의 남방으로 순시할 때에 가야국왕도 참석하고 있는 사실에서 보인다. 그러다가 결국 법흥왕 19년(532)에는 5)에서 보는 바와 같이 금관국왕 김구해金仇亥가 나라를 들어 항복을 하고 있다. 이로써 그 동안 변진지역에서 가야연맹을 주도하였던 금관가야는 역사적 종언을 고하게 된다.

금관가야의 왕력王曆에 대하여는 『삼국유사』에 인용된 『가락국기』에 다음과 같이 전하고 있다.

①김수로왕(42~199)  ②거등왕居登王(199~253)  ③마품왕麻品王(253~291)  ④거질미왕居叱彌王(일명  今勿,  291~346)  ⑤이시품왕伊尸品王(346~407)  ⑥좌지왕坐知王(일명 김질金叱, 407~421)  ⑦취희왕吹希王(일명 질희叱嘉, 421 ~451)  ⑧질지왕銍知王(일명 김질왕金銍王, 451~492)  ⑨겸지왕鉗知王(일명 김겸金鉗, 492~521)  ⑩구형왕仇衡王(521~562)

『가락국기』에 수록된 위의 왕력은 많은 문제점이 있다. 특히 김수로왕의 재위 연수가 무려 158년이 되고 있는 것은 이를 말해주고 있다. 또 마지막 왕인 구형왕의 기사에서

보정保定 2년(562, 진흥왕 23) 임인壬寅 9월에 신라 제24대 진흥왕이 군사를 일으켜 쳐들어오니, 왕이 군졸을 거느리고 대항하였으나 저 쪽은 많고, 이 쪽은 적어서 대적할 수가 없었다.
(『삼국유사』권 2, 기이 2, 가락국기)

라고 하여 진흥왕 23년에 멸망한 것으로 되어 있다. 그러나 『삼국사기』에는 법흥왕 19년(532)에 구해왕이 스스로 나라를 들어 항복하고 있음을 전하고 있다. 또 『삼국유사』에서도 『가락국기』에 수록된 위의

왕력을 소개하면서 말미에 『개황록開皇錄』의 "양梁 중대통中大通 4년 임자王子에 신라에 항복하였다"는 기사를 수록하고 있다. 그리고 『삼국유사』 왕력王曆 제10대 구형왕仇衡王조에도

　　나라를 다스린 43년인 중대통中大通 4년 임자에 신라에 투항하니, 김수로왕이 나라를 세운 임인년王寅年으로부터 이때王子年까지는 490년이 된다.
(『삼국유사』 권1, 왕력조)

라는 기사를 수록하고 있는데, 중대통 4년인 임자년은 바로 법흥왕 19년이다. 위의 『가락국기』에 보이는 진흥왕 23년의 기사는 『삼국사기』 진흥왕 23년조에 "가야가 모반하니, 왕이 이사부異斯夫를 보내어 토평하였다"라는 기사를 그대로 금관가야의 사실로 수록하였던 것으로 볼 수 있다. 구형왕은 법흥왕 19년(532)에 신라에 항복하여 본국本國을 식읍食邑으로 하사 받고있는데, 진흥왕 23년(562)에 이곳에서 다시 가야부흥을 위한 반란을 일으키자 이를 토벌하였는지는 의문이다. 현재 학계의 일반적인 견해는 이 기사를 대가야의 멸망기사로 파악하고 있다. 실제로 법흥왕 19년에 신라에 항복한 구해왕의 아들 김무력金武力은 신라에서 각간角干을 역임하였고, 또 그 아들 김서현金舒玄과 손자 김유신이 신라에 협조하여 대를 이어 공을 세우고 있음을 볼 때 진흥왕 때의 기사는 대가야의 사실로 보아야 할 것이다. 『동국여지승람』의 고령高靈조나 『고려사』 지리지 고령조에서도 이 해에 대가야가 멸망한 것으로 기록되고 있다.

## 3. 후기 가야연맹의 흥망

　　금관국을 중심으로 연맹체를 구성하였던 전기가야는 200년을 전

후한 시기부터 분열의 조짐이 나타난다. 이것은 주변의 정세, 즉 신라와 백제의 대외적 팽창에 따른 가야지역의 위기의식과 왜倭의 침입에 대한 위기의식도 아울러 게재하고 있었을 것이다.

이 시기는 국제적으로 신라와 백제의 투쟁기였고, 왜의 침입이 잦았던 시기이다. 즉 신라 벌휴이사금 5년(188)부터 모산성母山城(지금의 진천), 원산향圓山鄕(지금의 예천), 부곡성岳谷城(지금의 군위), 와산성蛙山城(지금의 보은)을 중심으로 3년 동안 신라와 백제는 격전을 벌이고 있고, 내해이사금 재위시에도 양국의 충돌이 빈번히 나타나고 있다. 이 밖에 왜의 침입도 나타나고 있는데, 아달라이사금 10년(193)에는 식량을 구걸하기 위하여 왜인 1,000여 명이 신라에 오고 있으며, 내해이사금 12년(208) 4월에는 왜인들이 신라를 침입하고 있다.

신라와 백제의 격진지는 대부분 가야와 인접한 지역이었고, 또 왜의 진출은 대부분 가야지방을 경유하지 않을 수 없었다. 이러한 국제정세하에서 지금까지 연맹체를 구성하였던 가야의 여러 나라들은 위기의식을 느끼지 않을 수 없었을 것이고, 이로써 그들은 생존권을 지키기 위하여 독자적으로 대책을 강구하게 되었을 것이다. 또 지금까지 이들 연맹체를 주도하였던 금관가야도 이들의 위기의식을 불식시켜 줄 수 있는 국력에는 한계가 있었다. 이러한 대내·외적인 요인으로 가야연맹체는 서서히 해체되어 갔으며, 마침내 209년에는 포상 8국의 반란이 나타나게 된다. 당시 금관가야는 독자적으로 이들을 제압할 수 있는 국력을 가지지 못하였고, 이로써 신라에게 구원을 요청하여 겨우 진압을 하게 된다. 이후 금관가야는 국력이 급격히 약화되었고, 특히 400년을 전후한 시기에는 이러한 현상이 가속화되게 된다. 이 시기에는 금관가야 내의 정치상도 크게 불안하였다. 이것은 『가락국기』에서

좌지왕坐知王은 의희義熙 3년(407)에 즉위하여 용녀傭女를 취娶하고, 그

여자의 족당으로 벼슬을 오로지하게 하니, 국내가 요란해 졌다.

(『삼국유사』 권 2, 기이 2, 가락국기)

라고 한 기사에서 알 수 있다. 이후 금관가야는 신라에 부용하여 겨우 국가를 유지할 수 밖에 없을 정도로 국력이 약화되고 있다. 이러한 과정에서 금관가야에서 이탈한 기존의 동맹체들은 그들 중에서 강국을 중심으로 다시 결집하게 되는데, 이때 그 세력의 구심점으로 등장한 것이 대가야였다.

대가야는 현재 고령高靈지방에서 발전한 국가인데, 그 연혁에 대하여는 변진弁辰 12국 중에서 미오야마국彌烏邪馬國이라는 설과 반파국伴跛國이라는 두 가지 설이 있다. 전자는 이병도가 『한국사』 고대편에서 정립하였고, 이후 천관우가 『가야사연구加耶史研究』에서 이를 계승하였으며, 후자는 김태식이 『가야연맹사加耶聯盟史』에서 주장한 것이다.

대가야의 건국에 대하여는 『고려사』 지리지 고령군조에

고령군은 본래 대가야국大伽耶國으로 시조 이진아시왕伊珍阿豉王(혹은 내진주지內珍朱智라고도 함)으로부터 도설지왕道設智王에 이르기까지 무릇 16세 520년으로 신라 진흥왕이 이를 멸하고, 그 땅을 대가야군大伽耶郡으로 하였다.

(『고려사』 권 57, 지리지 11, 고령군조)

라고 하였고, 또 『신증동국여지승람新增東國輿地勝覽』 고령현조에도 위와 같은 내용으로 서술하면서, 최치원의 『석이정전釋利貞傳』을 인용하여 대가야국의 시조 이진아시왕은 뇌질주일惱窒朱日의 별칭이며, 김수로왕은 뇌질청예惱窒靑裔의 별칭이라 하고, 이들은 모두 가야산신 정견모주正見母主와 천신 이비가지夷毗訶之의 감응으로 태어난 형제로 기록하고 있다.

위의 기사를 볼 때 대가야도 『삼국유사』의 『가락국기』에서 전하는 금관가야의 건국연대인 A.D. 42년에 건국한 것이 된다. 대가야는 건국 후에 김해의 금관가야가 주도하는 가야연맹체의 한 구성국가로 출발하였으나 이후 금관가야가 약화되면서 독자적으로 세력권을 확장하고, 5세기를 전후한 시기에는 가야지역의 새로운 맹주로 부각되게 된다. 이러한 사실은 고고학의 발굴성과에서도 보이고 있다. 1981년 계명대학교 박물관에서 발간한 『고령 지산동 고분군』을 참조하여 살펴보면 다음과 같다.

① 4세기 말에서 5세기 초에는 고령읍의 지산리·본관리·중화리·고아리·장기리, 고령군 운수면의 월산리, 덕곡면 후암리·예리·백리, 성산면 박곡리·기산리, 다산면 노곡리, 개진면의 양전리, 우곡면의 도진리, 쌍림면의 송림리·산주리·하거리·신곡리·안림리·고곡리 등에 고분군이 형성되면서 성행하였다.

② 5세기 전반 이후로 고령군 고령읍 지산리나 본관리에서 수혈식 석곽묘竪穴式 石槨墓를 내부 주체로 하는 고분군 축조 집단이 나타났으며, 그 가운데에서도 지산동 고분군은 고령뿐만 아니라 가야 지역 전체에서 가장 큰 규모로 조성되었다. 지산동 35호분은 5세기 전반의 것으로 추정되는 봉토 직경 14m의 원형분으로서 내부 매장시설은 석곽 길이 6.7m의 수혈식 석곽묘이다. 그 묘제는 부산 화명동 고분군이나 김해 예안리 고분군처럼 전기가야의 문화 중심지 연변에 있던 석관묘 전통의 수혈식 석곽과 구조가 유사하며, 그 규모가 크게 증대된 면모를 보이고 있다. 토기의 기종이나 형태는 당시의 백제나 신라의 토기 문화와는 달리 4세기 진·변한 공통문화 중에서 낙동강 하류지역인 김해·부산·창원 일대의 토기문화를 계승하는 면모를 보이고 있다.

③ 5세기 말엽으로 편년되는 유적으로 지산동 44호분이 있다. 이미 두 차례 이상 도굴된 것이었음에도 불구하고, 그 내부에서 철제대도鐵製大刀와 금귀걸이, 검릉형말띠드리개[劍菱形杏葉], 미늘갑옷[札甲] 등의 금속제 유물과 바닥이 둥글고 목부분을 졸라맨 듯한 모양의 유개장경호, 발형기대, 이단직렬 장방형투창 유개고배二段直列 長方形透窓 有蓋高杯, 대부파수부잔臺附把

手附盞, 개배蓋杯 등의 토기 유물이 다량 출토되었다. 특히 32개의 소형 석곽에서는 7~8세부터 50세에 이르는 남녀 순장 인골 22구가 출토되어, 당시 가야 왕권의 강력함과 아울러 그 통치권의 성격을 짐작케 한다.

④ 6세기 초에 들어서면 고령 고아동의 고분의 예처럼 백제계의 횡혈식 석실분이 보이고 있다. 이로 볼 때 당시 이들 지역은 백제문화의 영향을 받았던 것으로 보인다. 그러나 얼마 후 이 지역에서의 이러한 고분군은 소멸하게 된다.

5세기 경에는 금관가야의 김해지역은 지금까지의 대형목곽분이 거의 사라지고 소형목곽분이 주류를 이루고 있는 반면, 고령을 중심으로 합천·거창·함양·남원·사천 등지의 고분에서는 이전에는 거의 볼 수 없던 수혈식 석곽묘로 변화하면서 그 규모도 대형으로 형태가 변화되고, 출토유물도 이전에 비해 유래를 찾기 어려울 정도로 다양하다. 이러한 고고학적인 성과는 윤용진·심봉근·조영제·안춘배 등의 발굴보고서에도 거의 동일하게 나타나고 있다. 또 1982년 김종철이 발간한 『대가야 묘제의 편년연구』(한국학논총 9, 계명대학교 한국학연구소)에서도 이러한 고고학계의 성과가 그대로 반영되어 나타나고 있다.

이것은 이 시기에 가야지역의 주도권이 금관가야에서 대가야로 옮겨졌음을 의미하는 것이기도 하다. 대가야 중심의 가야연맹체는 주변의 백제와 신라 및 왜와 다양한 외교관계를 설정하면서 자체의 세력권을 유지 또는 강화시켜 갔던 것으로 보인다. 이들 가야는 주변세력 중에서 강국과 친선을 도모함으로써 다른 나라의 침입을 견제하였고, 또 자체적으로도 독자적인 세력기반을 강화하면서 국력을 배양하였다. 이때의 가야는 주로 임나任那·안라安羅·가라加羅 등의 명칭으로 기록에 나타나고 있다. 이때 가야의 기사는 『일본서기日本書紀』에 많이 나타나고 있다.

(왜군倭軍이) 탁순국卓淳國에 집결하여 신라를 격파하고, 비자발比自㶱·남가라南加羅·탁국㖨國·안라安羅·다라多羅·탁순卓淳·가라加羅 등 7국을 평정하고, 이어 서쪽으로 고해진古奚津에 이르고, 또 남쪽의 침미다례忱彌多禮를 치고 이를 백제에 사賜하였다. 이때 백제왕 초고肖古와 왕자 귀수貴須가 군을 이끌고 오니, 비리比利·벽중辟中·포미지布彌支·반고半古의 4읍邑이 스스로 항복하였다.

(『일본서기』 권 9, 신공기 49년 5월)

위의 기사는 백제 근초고왕 때의 사실을 『일본서기』에 수록한 것 같지만, 『삼국사기』 백제본기에는 이러한 기록이 보이지 않는다. 이 기사가 수록된 신공왕후神功王后 49년은 학계에서 369년으로 보고 있는 것이 통례이지만, 369년은 근초고왕 24년으로 『삼국사기』 백제본기에서는 이 해 9월에 고구려의 침입을 태자로 하여금 물리치게 하였고, 이 해 11월에는 한수漢水의 남쪽에서 군사를 사열하였다는 기사만 보이고 있다. 그러나 『일본서기』의 기사에서 주목되는 것은 당시 왜倭는 백제와 친선관계를 갖고 있었고, 가야는 신라와 더불어 친선관계에 있었음을 보여주고 있다. 이로써 왜와 백제의 동맹군은 신라와 가야의 세력을 공동으로 정벌하고 있다.

위의 기사에 대하여 천관우는 『가야사연구加耶史研究』에서 백제의 전남지역과 낙동강 방면에 대한 세력확대로 해석하였다. 위에서 신라를 제외한 나머지 국가들은 거의 모두 대가야를 중심으로 한 후기가야의 연맹체에 편입되고 있었던 국가들이었다.

위에 보이는 『일본서기』의 내용은 어느 정도는 사실에 입각하여 서술하였던 것 같다. 비록 『삼국사기』에는 기록이 누락되었지만, 이 시기를 전후하여 백제와 신라의 충돌이 잦았고, 또 왜의 신라침입이 빈번했다는 사실이 광개토대왕 비문에서 확인되기 때문이다. 광개토대왕비는 광개토대왕이 재위在位한 391~414까지의 업적을 수록한 것인데, 이 비문의 영락永樂 10년(400)조에 광개토대왕이 보기步騎 5만으로 신라를 구원하기 위하여 출병하였고, 당시 신라성新羅城은 왜군倭軍들에 의하여 점령당하고 있었다는 사실들이 기록되어 있다. 또 광개토대왕이 왜군을 격퇴한 후 임나가라任那加羅까지 추격하였고, 당시 안라인술병安羅人戌兵들이 신라의 성城을 빼앗는 등의 기사도 수록되어 있다. 광개토대왕 비문에 보이는 영락 10년은 신라 내물마립간 45년인데, 『삼국사기』 신라본기에는 이러한 사실이 전혀 보이지 않고, 또 고구려본기 광개토대왕 10년조에도 이러한 기사를 찾아볼 수 없다. 그러나 광개토대왕비는 장수왕 2년(414)에 세워진 것으로 위의 기록을 의심하는 학자는 없다. 『삼국사기』에서 의도적으로 위의 사실을 누락시켰을 것임이 틀림없다.

　　이와 같이 본다면 『일본서기』의 기사도 전혀 근거없는 것으로 평가할 수는 없을 것이다. 이 점에서 천관우의 견해는 일단 수용해도 좋을 것 같다. 위의 『일본서기』의 기사에서 보이는 369년을 전후하여 지금까지 우호관계를 유지하였던 신라와 가야의 외교관계는 파기되고, 가야는 백제 및 왜와 친선관계로 외교관계를 수립하였던 것 같다. 이것은 광개토대왕 비문에서 백제와 왜의 동맹군이 신라를 침공할 때에 이들과 더불어 신라를 침입하고 있다는 사실에서 알 수 있다.

　　당시 가야제국은 금관국의 주도세력에서는 이탈되고 있었지만, 그렇다고 대가야를 중심으로 모두 결집하였던 것은 아니었다. 당시 가야는 대가야로 이해되고 있는 미오야마국彌烏邪馬國과 반파국伴跛國을 제외하고도 가라국加羅國·안라국安羅國·사불기국斯不岐國·다라국多羅國·졸마국卒麻國·고차국古嵯國·자타국子他國·산반하국散半下國·걸식국乞食國·임례국稔禮國·탁순국卓淳國·탁기탄국喙己呑國 등이 있었다. 이들 국가들은 금관가야가 약화되자 대가야를 중심으로 한 때 결집력을 보였으나 529년을 전후한 시기에 탁기탄국이 신라에게 멸망당하자 이러한 결집력은 와해되게 된다. 김태식은 『가야연맹사加耶聯盟史』(일조각, 1993, p. 202)에 서 이때부터 대가야의 영도력에 의심을 갖게 된 가야남부의 제국들은 자구책으로 우선 자체 내의 단결을 도모하게 되었고, 그 단결을 주도 한 세력은 안라安羅였음을 밝히고 있다. 그러나 이후 안라를 중심으로 한 서남부의 가야세력들은 백제의 영향권으로 흡수되고 있다. 얼마 후 에는 그 동안 신라와 친선적인 관계를 유지해 오던 대가야도 신라세 력의 확장에 위협을 느껴 백제와의 친선으로 외교관계를 전환하였고, 554년 백제 성왕의 신라침입 때에는 동맹이란 명목으로 군대를 파병 하고 있다. 532년 금관가야가 멸망하자 백제·가야·왜는 동맹관계로 발전하고 있다. 이것은 『일본서기』에

안라安羅·가라加羅·졸마卒麻·산반해散半奚·다라多羅·사이기斯二岐·자 타子他의 수장들이 임나일본부의 대표와 함께 백제로 가서 왜왕의 뜻에 따라 임나任那를 다시 세우는 방책을 논의하였다.

(『일본서기』 권 19, 흠명기 2년 4월조)

라고 한 기사에서 보인다. 위에서 임나는 신라 법흥왕 19년(532)에 멸 망한 금관가야란 것을 알 수 있다. 위의 기사는 금관가야가 망하자 가 야제국의 수장들이 임나일본부의 대표와 함께 백제로 가서 금관가야 의 재건을 상의하고 있는 내용이다. 이후 12년이 지난 신라 진흥왕 15 년(554)에는 백제 성왕聖王이 가량加良과 더불어 관산성管山城을 침공하고 있다. 이때의 사실을 『삼국사기』 진흥왕 15년조에 다음과 같이 수록하 고 있다.

7월에 명활성明活城을 수축하였다. 이때 백제왕 명농明穠이 가량加良과 함께 와서 관산성管山城을 쳤다. 관산성의 군주軍主이자 각간角干인 우덕于德

과 이찬 탐지耽知 등이 이를 맞아 싸웠으나 전세가 불리하였다. 신주新州의
군주軍主) 무력武力이 주병州兵을 거느리고 나가서 고전하였는데, 그의 비장
裨將인 삼년산군三年山郡의 고간高干 도도都刀가 급격히 몰아쳐 백제왕을 죽
였다. 이에 모든 군사들이 적을 격파하여 크게 승리하고, 좌평佐平 네 사
람과 장병 29,600명을 참살하니, 적은 살아 돌아간 자가 없었다.
(『삼국사기』 권 4, 신라본기 4, 진흥왕 15년 7월조)

위에서 백제와 함께 신라침공에 참여한 가량加良은 바로 대가야이
다. 또 이때 이들의 침입을 방어한 김무력金武力은 금관국의 마지막 왕
인 구해왕仇亥王의 아들이다. 이 사건 이후 대가야는 세력이 급속히 쇠
퇴하면서 신라의 영향권으로 흡수되었던 것 같다. 이 사건이 있은 8년
후에 신라는 대가야 정벌의 군사를 일으키는데, 『삼국사기』 진흥왕 23
년(562)조에는 이때의 사실을

가야伽倻가 모반함으로 왕은 이사부異斯夫에게 명하여 이를 토평하게
하고, 사다함斯多含을 부장副將으로 삼았다. 이때 사다함은 기병 5명을 거느
리고 먼저 진격하여 전단문栴檀門으로 들어가서 백기白旗를 세워 놓자 성중
城中에서는 크게 두려워하여 어찌할 바를 모르고 있을 때, 이사부가 군사
를 이끌고 이에 이르러 공격하니, 모두 항복하였다.
(『삼국사기』 권 4, 신라본기 4, 진흥왕 23년 9월조)

라고 기록하고 있다. 주목되는 것은 위의 기사에서 "가야가 모반하여
……"라는 내용이다. 혹 이를 이미 흡수한 금관가야로 잘못 이해할 수
있으나 이것은 금관가야가 아닌 것은 분명하다. 그렇다면 이 기사는
대가야의 기사로 보아야 한다. 『동국여지승람』이나 『고려사』 지리지의
고령高靈조에도 이 해에 대가야가 멸망한 것으로 기록되어 있다. 그렇
다면 금관가야의 재건을 주도하였던 대가야가 이를 위하여 백제 성왕
과 함께 신라를 공격하였다가 참패를 당하자 이후 신라의 영향권에

흡수되었을 것으로 보이고, 이때에 다시 국가재건을 위하여 신라에 반기를 들었던 것으로 볼 수 있다. 따라서 위의 기사에서 '모반'이란 용어를 사용하였을 것이다. 여하튼 후기가야를 주도하였던 대가야는 이때 멸망을 하게 되고, 나머지 가야제국들도 신라에 병합되게 된다.

## 제3절  가야연맹의 사회와 문화

가야는 변진弁辰 12국 중에서 구야국狗耶國을 중심으로 하여 건국한 금관가야가 전기가야를 주도하였고, 후기에는 고령을 중심으로 건국한 미오야마국彌烏邪馬國 또는 반파국伴跛國이 가야연맹을 주도하였다. 가야국의 통치형태는 집권적 국가를 형성하지 못하고 연맹왕국으로써 초기에는 금관가야, 후기에는 미오야마국 또는 반파국이 주도권을 행사하였지만, 이들의 통치권이 다른 연맹국들에게 직접적으로 미치지는 못하였다. 이들 연맹국들은 각자 독자적인 영역을 가지고, 그곳의 지배자는 전통적 통치구조를 가지고 지배권을 행사하고 있었다.

금관가야의 경우 김수로왕이 국가를 건국하기 전에 이곳에는 9간干이 있어 산야山野에 도읍하여 우물을 퍼 마시며 밭을 갈아 생활하고 있었다. 여기서 9간은 당시 이 지역을 지배하던 씨족 내지 부족의 장이었고, 이들은 이후 김수로왕이 건국한 후에는 주요 관료층으로 흡수되고 있다. 이것은 『가락국기駕洛國記』에 김수로왕이 이들을 불러 "9간들은 모두 백료의 장長인데도, 그 직위와 명칭이 모두 비루하다"고 하면서 이들의 칭호를 개혁하고 있는 것에서 보인다. 또 직제도 마련하였는데, 신라의 관등제를 모방하여 각간角干·아질간阿叱干·급간級干의 위품位品을 두고, 그 아래는 주周나라의 제도와 한漢나라의 제도를 모방하여 새로이 정비하였으며, 설관분직設官分職하여 통치제도도 정비하였다.

이때 제정된 설관분직의 내용은 기록이 없어 알 수 없지만, 천부경泉府卿 신보申輔, 종정감宗正監 조광趙匡, 사농경司農卿 극충克忠의 명칭이 나오는 것으로 보아 천부·종정부·사농부 등의 관부를 두었던 것 같고, 이들의 장관은 경卿 또는 감監이라 하였음을 알 수 있다. 이밖의 관부로 왕실창고로 이해되는 내고內庫, 종묘의 제례祭禮를 주관한 것으로 생각되는 편방便房이 보인다. 또 위에서는 관등으로 각간·아질간·급간만 보이고 있으나『가락국기』왕력조에 아간阿干·사간沙干·이질금爾叱今·수이질水爾叱 등의 관등도 보이고 있다.

주목되는 것은 천부경 신보와 종정감 조광인데, 이들은 허왕후許皇后가 아유타국阿踰陁國에서 올 때 수종한 자들이다. 이들이 가야국의 주요 관부에 장長으로 임용되고 있고, 또 신보의 딸이 다음 왕인 거등왕居登王의 비妃가 되었으며, 조광의 손녀가 제3대 마품왕麻品王의 비가 되는 것으로 미루어 이들 세력도 금관가야국의 지배층으로 흡수되었음을 알 수 있다.

이들 사회의 기간계층은 '민'으로 표현되는 양인良人층이었다. 이들은 주로 농경에 종사하였고, 또 공장工匠과 어업에 종사하는 자도 있었으며, 화공畫工·악공樂工들도 있었다.『삼국지三國志』동이전 변진전에

토지는 비옥하여 오곡과 벼를 심기에 적합하다. 누에치기와 뽕나무 가꾸는 것을 알아 비단과 베를 짤 줄 알았으며, 소와 말을 탈줄 알았다 …… 나라에서는 철鐵이 생산되는데, 한韓·예濊·왜인倭人들이 모두 와서 사간다. 시장에서의 모든 매매는 철로 이루어져 마치 중국에서 돈을 쓰는 것과 같다. 낙랑과 대방의 두 군에도 공급한다.

(『삼국지』권 30, 위서 30, 동이전 30, 변진전)

라고 한 것과 같이 낙동강을 낀 이들 지역은 농업에 적당한 자연의 혜택을 입고 있었다. 지금도 김해평야는 곡창으로 그 명성을 떨치고 있

다. 주목할 만한 것은 철의 생산인데, 이들 지역에서는 일찍부터 철을 생산하여 주변지역에 수출하고 있었고, 또 철을 화폐의 대용으로 사용하고 있었다.

사회의 최하층 신분은 노비였는데, 이것은 『가락국기』에 허황후가 이곳에 올 때도 노비가 있었음을 전하고 있고, 또 가야지방의 많은 고분에서 순장殉葬의 흔적이 발견되고 있는데, 이들 순장의 대상은 대부분 노비였을 것으로 보인다.

이들 가야지역은 일찍부터 우수한 문화권을 형성하고 있었다. 농경생활에 필요한 철제 농기구는 생산용구로 보편화되어 있었고, 철제 무기류의 생산 역시 마찬가지였다. 이것은 이 지방의 발굴조사에서 철제유물이 다른 지역에 비하여 월등히 많은 수량으로 출토되고 있는 것에서도 보인다. 또 이 지방에서 출토되는 도질토기陶質土器로 차형토기車形土器·주형토기舟形土器 등의 이형토기異形土器가 보이고 있는데, 그 아름다운 모양과 탁월한 기교의 제작수법은 주변의 신라나 백제의 토기보다 훨씬 정교하고, 우위에 있음을 보여준다. 또 음악과 미술, 학문에서도 빼어난 능력을 발휘하고 있다. 가야의 대표적인 악기는 가야금이다. 이 가야금에 대하여는 『삼국사기』 진흥왕 12년(551)조에

왕이 국내를 순행하다가 낭성娘城에 이르렀는데, 우륵于勒과 그의 제자 이문尼文이 음악에 능하다는 말을 듣고, 특히 그들을 불러 하림궁河臨宮에서 음악을 연주하게 하니, 우륵과 이문은 각기 새로운 노래를 지어 연주하였다. 이보다 앞서 가야국加耶國 가실왕嘉悉王은 12현금十二弦琴을 12월의 율려律呂를 본떠 만들고 우륵으로 하여금 그 곡조를 짓게 하였는데, 그 나라가 어지럽자 악기를 가지고 우리에게로 왔다. 그 악기 이름을 가야금이라 하였다.

(『삼국사기』 권 4, 신라본기 4, 진흥왕 12년조)

라고 하고 있는 것에서 보인다. 『삼국사기』 악지樂志에서는 『신라고기
新羅古記』를 인용하여

> 가야국의 가실왕嘉悉王이 당의 악기를 보고 이를 만들었는데, 왕은
> "여러 나라 방언方言이 각각 다르니, 그 성음聲音을 어찌 통일할 수 있을
> 까?"라 하고 악사樂師인 성열현省熱縣 사람 우륵에게 명하여 12곡曲을 지었
> 다 …… 우륵이 제작한 12곡은 하가라도下加羅都 · 상가라도上加羅都 · 보기寶伎
> · 달이達已 · 사물思勿 · 물혜勿慧 · 하기물下奇物 · 사자기師子伎 · 거열居烈 · 사팔
> 혜沙八兮 · 이사爾赦 · 상기물上奇物이다.
>
> (『삼국사기』 권 32, 잡지 1, 악지)

라고 하고 있는데, 위 12곡에 나오는 명칭은 바로 가야연맹체를 형성
하였던 국가의 명칭이다. 즉 위에서 보이는 하가라는 금관가야의 별칭
이고, 상가라는 대가야의 별칭이다. 다른 10개의 명칭도 모두 가야연
맹체의 국명이다. 이러한 점을 감안하여 김태식은 『가야연맹사加耶聯盟
史』에서 "우륵 12곡은 가야연맹에 소속된 여러 소국들에 전하는 특징
적인 음악을 체계화 한 것"으로 보고 있다.

　가야의 미술수준도 대단하였던 것으로 보인다. 이것은 1963년 10
월에 발견되어 1967년에 김원룡 · 김정기에 의하여 조사 보고된 「고령
벽화고분 조사보고」(『韓國考古』 2, 서울대학교 고고인류학과)에서 알
수 있는데, 현실玄室의 내부에서 청색 · 홍색 · 갈색으로 된 연화문과 당
초문이 정교한 수법으로 천정과 사방의 벽면에 그려져 있다. 보고서에
서는 이 벽화에 대해 고분의 천정구조는 공주 송산리宋山里 벽화전분壁
畵塼墳과 비슷하고, 그곳에 그려져 있는 연화문의 양식은 부여 능산리
벽화 고분과 상통하고 있음을 밝히고 있다. 또 이들 지역에서 출토되
고 있는 와당에서도 그 문양의 정교함이 결코 신라에 뒤지지 않는다
는 학계의 견해가 있음을 볼 때 가야의 미술수준 또한 매우 뛰어났음

을 짐작할 수 있다.

　이 외에도 고고학 발굴에서 많은 유물이 출토되고 있는데, 이러한 유물들을 통하여 당시 귀족들의 생활 취향을 알 수 있다. 특히 장신구와 마구·무구 등은 귀족들의 호화로운 생활상과 가야국의 정복사업을 이해하는데 많은 도움을 준다.

　학문의 수준도 높았던 것으로 보인다. 이것은 이들 지역출신으로 신라 무열왕과 문무왕 때 문명文名을 떨친 강수强首에게서 볼 수 있다. 『삼국사기』 강수전에는

<blockquote>

　강수强首는 신라 중원경中原京 사량沙梁 사람으로 부친은 나마奈麻 석체昔諦였다. …… 태종대왕이 즉위하였을 때 그를 불러 이름을 물으니, "신은 임나가량任那加良인으로 이름자를 두頭라 합니다"고 하였다. 이후 왕은 그를 부를 때 임생任生이라고 불렀다. 문무왕 때에 왕이 "강수는 문장을 자기의 임무로 알고 능히 서한書翰으로 나의 뜻을 중국·고구려·백제에 전하여 능히 화호和好의 큰 공을 세웠다. 우리 선왕께서 당에 군사를 청하여 고구려와 백제를 평정한 것은 비록 무공武功도 컸겠지만 또한 문장의 도움도 있었으니, 어찌 강수의 공을 소홀히 하겠는가"라 하고, 그에게 사찬의 벼슬과 세조稅租 200석을 늘려 주었다.

(『삼국사기』 권 46, 열전 6, 강수전)

</blockquote>

라고 기록하고 있다. 여기에서 주목되는 것은 그의 출신이 '임나가량' 즉 가야출신이라는 것이다. 이기백은 「신라 6두품연구」(『신라정치사회사연구』, 일조각, 1974)에서 강수의 출신은 임나가야의 왕족이거나 귀족출신으로써 임나가야가 신라에 복속되면서 6두품의 예우를 받았고, 중원경에 옮겨 살았을 것으로 파악하였다. 『삼국사기』의 기록에서 당시 당과 고구려·백제에 보내는 외교문서는 거의 모두 그의 손에서 이루어졌음을 알 수 있다. 이러한 학문적 소양은 당시 신라에서는 불가능하였을 것이다. 이때는 아직 국학國學이 설립되기 이전이었고, 화랑

도에 의하여 유교적 기초교육이 이루어지고 있었을 때였기 때문이다. 그렇다면 강수의 학문은 가야의 전통에서 찾아야 할 것 같다. 이와 같이 본다면 당시 가야의 학문적 전통은 신라보다 우위에 있었음을 알 수 있다. 중국의 사서 중에서 『남제서南齊書』는 양梁의 소자현蕭子縣(489~537)이 편찬하였는데, 이 책에서 신라는 보이지 않고 가라加羅가 나타나고 있다. 이것은 당시 신라에 비하여 가야가 이들 국가와 먼저 교류하고 있음을 의미한다.

# 8

# 한민족 통일국가의 성립과 발전


제1절  동아의 정세와 삼국

제2절  신라의 삼국통일과 역사의 의의

제3절  통일신라의 발전

제4절  통일신라의 통치구조와 사회구성

# 제8장
# 한민족 통일국가의 성립과 발전

## 제1절 동아東亞의 정세와 삼국

### 1. 국제정세의 변화와 나제동맹羅濟同盟

고구려·백제·신라의 관계는 중국대륙의 국제정세와 긴밀히 연동連動을 맺으면서 전개되고 있다. 이들 3국과 중국과의 외교적인 관계는 『삼국사기』의 기록에 의하면, 고구려의 경우 대무신왕 15년(32)에 후한後漢 광무제에 사신을 파견하여 조공을 바치는 것에서부터, 백제는 근초고왕 27년(372)에 동진東晉에 사신을 보내면서부터, 신라는 내물마립간 26년(381)에 위두衛頭를 전진前秦에 사신으로 파견하는 것에서부터 활발하게 나타나고 있다. 316년 중국의 진晉이 양자강 이남으로 축출되면서 북중국은 5호五胡·16국十六國의 혼란기를 맞이하였고, 이후 남북조시대南北朝時代를 이룩하면서 일단 안정을 보게 된다.

이들 대륙의 정세변화는 삼국의 발전과도 그대로 연계되고 있다.

특히 고구려는 지리적으로 대륙과 접하고 있다는 점에서 이들의 성쇠
는 바로 국가의 존망과 직결되고 있었다. 이보다 앞서 고구려는 동천
왕 20년(246)에 위魏의 관구검이 대군을 이끌고 침공하자 동천왕은 옥
저까지 피난하지 않을 수 없는 국가적 위기를 겪었고, 고국원왕 12년
(342)에는 전연前燕의 모용황慕容皝이 4만명의 대군을 거느리고 침공하여
또 한차례 국가적인 위기를 맞기도 하였다.

　　이러한 대륙과의 직접적인 대치관계로 당시 고구려는 백제와 신
라에 대하여는 적극적인 공세를 취하지 못하였다. 이것은 『삼국사기』
에서 동천왕 이후 고국원왕 41년(371)까지는 중국과의 투쟁기사만 보
이고 백제와 신라에 대한 투쟁기사는 거의 나타나고 있지 않은 것에
서도 알 수 있다. 이 시기는 고구려로부터의 위기의식을 해소한 백제
가 주로 신라를 침공하였던 시기였다. 신라 조분이사금 11년(240), 첨
해이사금 9년(255), 미추이사금 5년(266)·7년(268)·22년(283)에 보이는
백제의 신라 침입은 이를 말해 준다.

　　그러나 고구려는 고국원왕 40년(370)에 지금까지 적대관계에 있었
던 대륙의 전연前燕이 전진前秦의 부견符堅에게 망하자 군사를 출동하여
연의 태부太傅 모용평慕容評을 잡아 전진에 보냈고, 이로써 양국은 우호
관계를 수립하게 된다. 중국과의 적대관계를 해소한 고구려는 다음 해
에 방향을 남으로 돌려 백제를 침공하였다. 그러나 도리어 백제와의
전투에서 고국원왕이 전사하였다. 『삼국사기』 고구려본기에서는 이 해
10월에 백제왕이 3만명을 거느리고 평양성을 공격하여 고국원왕을 살
해하였다고 기록하고 있다. 그러나 『삼국사기』 백제본기 근초고왕 26
년(371)에는 먼저 고구려가 군사를 일으켜 백제를 침입하였고, 겨울에
근초고왕이 태자와 더불어 평양성을 공격하여 고국원왕을 살해한 것
으로 기록하고 있다.

　　고국원왕의 뒤를 이은 소수림왕은 국내의 정치질서를 재확립하면

서 전진과 친선관계를 확고히 하고 백제에 대한 복수전을 전개하게 된다. 소수림왕 6년(376)과 7년의 백제에 대한 침공은 이를 말해 준다. 그러나 383년에 전진왕 부견이 동진東晉을 원정하다가 참패하자 그 예하에 있던 모용씨의 일족인 모용수慕容垂가 후연後燕을 건국하게 된다. 이로써 고구려는 강력한 우방을 잃는 대신 후연과 다시 대치하지 않을 수 없었고, 고국양왕 2년(385)에는 4만명의 군사를 출동시켜 요동과 현도의 두 군을 함락시키고 남녀 1만명을 포로로 잡아왔는데, 이 사건으로 후연과는 적대적인 관계가 되지 않을 수 없게 된다. 이러한 국제정세하에서 고구려는 후연의 침입에 대비하게 되었고, 이때에 백제는 고구려에 대한 공세를 강화하여 고국양왕 7년(390)에는 백제의 달솔達率 진가모眞嘉謨가 고구려를 침공하여 도압성都押城을 함락시키고 남녀 2백명을 포로로 하였다. 이에 고구려는 신라에 사신을 보내어 화친을 요구하였고, 신라도 이 당시 백제와 왜의 압력을 받고 있어서 실성實聖을 인질로 보내어 수교하고 있다(392).

이로써 그 동안 소강상태를 이루었던 백제와 신라의 관계는 악화되었고 적대관계로 변하게 된다. 이후 백제는 왜에 인질과 방물을 보내어 양국의 관계를 돈독히 하면서 고구려와 신라의 위협에서 벗어나고자 하였다. 더 나아가 백제는 왜와 가야의 군사를 빌려 신라를 대대적으로 침공하게 된다. 신라 내물마립간 38년(393), 실성마립간 2년(403)·4년·6년·7년의 백제 및 왜의 신라침공은 이를 말해주고 있다.

고국양왕의 뒤를 이어 왕위에 즉위한 광개토대왕은 일면 후연을 공격하고, 또 한편으로는 백제공벌을 위한 병력을 일으키게 된다. 그는 즉위하자 바로 백제를 정벌하여 10성城을 빼앗고, 이 해 10월에는 백제가 난공불락으로 자랑하던 관미성關彌城을 함락시켰으며, 왕 5년(396)에는 한강유역으로 진출하여 58성 700촌락을 공파하고, 백제의 아신왕阿莘王으로부터 노객老客이 되겠다는 서약을 받았다. 또 왕 9년(400)

에는 군사 5만명을 출동하여 백제의 동맹군인 왜의 침입으로 위기에 처한 신라를 구원하였다.

다음 장수왕 때에는 새로운 국제정세의 변화를 보이게 된다. 장수왕은 즉위하자 지금까지 적대관계에 있었던 후연後燕과 친선관계를 수립하였고, 얼마 후에 북위北魏가 대륙의 새로운 강자로 등장하자 왕 13년(425)에 사신을 보내어 우호관계를 맺었다. 이와 같이 북방세력의 위협으로부터 벗어난 고구려는 장수왕 15년(427)에 수도를 평양으로 옮기며 국가발전의 새로운 방향을 모색하게 된다. 장수왕의 평양천도에 대하여 이용범李龍範은 「대륙관계사大陸關係史」(『백산학보』 18, 1975)에서 신라와 백제의 북진北進을 봉쇄하고 한반도 내에서 세력균형을 이루려는 의도로 이루어졌다고 평가하였지만, 이병도는 『한국사』 고대편에서 신라와 백제를 정복하기 위한 고구려 남하정책南下政策의 일환으로 파악하였다.

장수왕의 평양천도는 신라와 백제에게 큰 자극을 주었다. 특히 백제는 이것을 국가의 존망과 연계되는 위기의식으로 받아들였다. 이로써 백제 비유왕毗有王은 왕 3년(429)에 사신을 신라에 파견하여 수교를 청하게 된다. 한편 신라로서도 고구려의 정치·군사적 간섭에서 벗어나 자주적 노선을 구축하는 것이 당면과제가 되고 있었다. 그 동안 신라는 백제의 침입을 견제하기 위하여 내물마립간 때에 실성을 고구려에 인질로 파견하였으나 이후 실성마립간의 즉위와 눌지마립간의 즉위과정에서 고구려의 내정간섭이 있었고, 이것은 신라에게 큰 부담이 되고 있었다. 이때를 즈음하여 백제가 수교를 요청해 오자 눌지마립간은 이를 수용하였다.

다음 해에 백제가 좋은 말과 흰 매를 보내어 친선을 표하자 신라는 황금과 비단을 보냄으로써 이에 답하고 있다. 그리하여 고구려의 침입에 대한 양국의 공동방어벽이 설정되면서 나제동맹羅濟同盟은 출발을 보게 된다. 신라의 배신행동에 분노를 느낀 고구려는 장수왕 38년 (450)에 실직원悉直原에서 사냥을 하고 있던 고구려의 장수를 죽인 것을 이유로 신라에 대한 출병을 시도하였으나 당시 눌지마립간의 사죄가 있었고, 또 남조 송宋과의 미묘한 국제관계도 있어 중지하였다. 그러나 송과의 관계가 원만히 해결되자 장수왕 42년(454)부터는 신라에 대한 침공을 시작하게 된다. 이로써 신라도 고구려에 대한 적대관념을 가지게 되었고, 백제와의 동맹관계를 확고히 하게 된다.

다음 해에 고구려가 백제를 침입하자 눌지마립간은 구원군을 백제에 출동시켰다. 이에 고구려는 장수왕 56년(468)에 말갈군사 1만여 명을 거느리고 신라의 실직주성悉直州城을 공격하여 함락시켰다. 고구려의 남진정책에 위협을 느낀 백제는 고구려에 대한 경계를 강화하게 된다. 개로왕 15년(469)에는 고구려의 남변을 침공하고, 또 고구려와 접하고 있는 쌍현성雙峴城과 청목령靑木嶺을 수리하여 그들의 침입에 대비하였고, 왕 18년(472)에는 북위北魏에 사신을 보내어 고구려에 대한 정벌을 요청하기도 하였다. 이 사실을 알게된 고구려 장수왕은 백제정벌의 뜻을 세워 장수왕 63년(475)에 친히 군사 3만명을 인솔하여 백제의 수도인 한성漢城을 함락시키고, 개로왕을 살해하였다. 이로써 백제는 웅진熊津으로 도읍을 옮기지 않을 수 없게 된다. 이때 신라 자비마립간은 구원군을 백제에 출동하였으나 이미 한성이 함락된 후였다. 장수왕 69년(481)에는 공격의 방향을 신라로 돌려 호명성狐鳴城 등 7성城을 함락하고 미질부彌秩夫로 공격하자, 소지마립간은 백제와 가야에 구원병을 요청하여 겨우 위기를 면하게 된다. 장수왕 72년(484)에도 다시 신라를 침공하였고, 이때도 백제는 구원병을 파병하여 신라를 위기로부터 구하고 있다. 그러나 5년 후인 장수왕 77년(489)에는 신라의 호산성狐山城을 함락시켰다.

고구려의 남진정책으로 신라와 백제의 동맹관계는 더욱 결속되어 갔고, 이러한 동맹관계를 더욱 확고히 하기 위하여 백제 동성왕 15년 (493)에는 사신을 신라에 보내어 청혼하였고, 신라 소지마립간은 이벌찬 비지比智의 딸을 보내어 이에 답하였다. 이후 양국의 관계는 더욱 돈독해진다. 소지마립간 17년(495)에 고구려가 백제의 치양성雉壤城을 공격하자 신라는 장군 덕지德智를 보내어 구원하였고, 소지마립간 19년에 고구려는 이에 대한 응징으로 신라를 공격하여 우산성牛山城을 함락시켰다.

이후 진흥왕 즉위까지는 고구려와 신라의 전쟁기사는 기록이 보이지 않는다. 이때 신라는 지증왕과 법흥왕이 재위하던 시기로 신라로서는 국내정치체제의 정비기였고, 또 우산국·가야 등을 복속시키는 시기였기 때문에 고구려에 대하여는 적대적인 행동을 취할 수 없었던 때였다. 고구려로서도 백제와의 전황이 급박하였기 때문에 신라에 적대행위를 보이지 않고 있다.

이 시기는 주로 고구려와 백제의 대립 충돌기로 볼 수 있다. 양국의 전투는 백제의 선제공격으로부터 시작되고 있다. 백제는 장수왕의 침입으로 한성이 함락 당하고 개로왕이 살해된 것에 대한 적개심이 표출되지 않을 수 없었을 것이다.

무녕왕武寧王은 즉위하자 바로 고구려를 침공하였고, 다음 해(502)에는 달솔 우영優永을 파견하여 수곡성水谷城을 공격하였다. 이에 고구려 문자왕文咨王은 왕 15년(506)에 백제정벌을 위한 군사를 출동시켰고, 다음 해에는 장군 고노高老를 보내어 한성을 침공하였다. 또 왕 21년(512)에는 백제의 가불성加弗城과 원산성圓山城을 함락하고, 안장왕安藏王 11년(529)에는 왕이 직접 대병을 이끌고 백제를 공격하여 오곡五谷에서 대승을 거두었다.

이때를 즈음하여 즉위한 백제의 성왕聖王은 국가중흥을 위하여 다양한 정치개혁을 실시하였다. 그는 즉위하자 좌장左將 지충志忠에게 명

하여 패수浿水에 진출한 고구려 군대를 격파하고, 왕 3년(525)에는 신라
와의 동맹관계를 다시 복원하였다. 왕 16년(538)에는 서울을 사비泗沘로
옮기고 국호를 남부여南扶餘라 하면서 개로왕 때에 상실한 한강유역의
회복에 전력을 기울였다. 이 당시 신라에서는 진흥왕이 재위하고 있었
다. 성왕은 사비로 천도한 다음 해인 왕 18년(540)에 장군 연회燕會를
보내어 고구려의 우산성牛山城을 공격하였고, 왕 26년(548)에는 고구려
양원왕陽原王이 예濊와 더불어 한북漢北의 독산성獨山城을 침략해 오자 신
라 진흥왕에게 구원을 요청하여 이들의 침입을 격퇴시켰다. 이때 진흥
왕은 장군 주진朱珍에게 3천명의 병사를 주어 구원하게 하였다. 소지마
립간 19년(497) 이후 신라와 고구려와의 충돌은 이것이 처음이다. 성왕
28년(550)에는 장군 달사達巳를 파견하여 고구려의 도살성道薩城을 함락
하였다. 이로써 개로왕 때에 상실한 한강 유역의 고토를 대부분 수복
하였다.

　　당시 신라의 진흥왕은 지증왕 이후 축적된 국력을 바탕으로 대외
정복을 일으킨 왕이다. 진흥왕 11년(550)에 백제와 고구려는 도살성道薩
城과 금현성金峴城을 둘러싸고 치열한 전투를 벌이고 있었다. 이 지역은
원래 백제의 땅이었으나 개로왕 때에 장수왕의 침입으로 고구려에 빼
앗겼던 땅이었고, 백제 성왕은 이를 수복하였으나 다시 탈취하려는 고
구려의 공격이 치열하였다. 이런 와중에서 진흥왕은 백제와 고구려의
군사들이 지치기를 기다려 두 성을 공취하였고, 왕 12년에는 거칠부居
柒夫 등에게 명하여 고구려를 공격하여 한강유역의 10군을 공취하였다.
왕 14년(553)에는 백제가 고구려로부터 수복한 한강유역을 공취하고,
이곳에 신주新州를 설치하여 아찬 김무력金武力으로 군주軍主로 삼았다.
이로써 신라와 백제의 동맹관계는 위기를 맞게된다.

　　이 사건이 있은 얼마 후에 백제 성왕은 왕녀王女를 진흥왕에게 보
내어 소비小妃로 삼게 하였는데, 이것은 성왕이 양국관계를 해치지 않

고 이 지역을 반환 받으려고 한 의도였던 것으로 보인다. 이것이 실패하자 성왕은 다음 해(554)에 가야의 군사와 함께 신라를 공격하였다. 그러나 관산성管山城에서 신라의 복병을 만나 살해되니, 백제의 중흥은 큰 타격을 입게된다. 이로써 지금까지 동맹관계를 유지하였던 신라와 백제는 상호간에 적대국으로 변하지 않을 수 없게 된다.

그러나 최근에는 백제 성왕의 신라침입을 신라와 고구려의 화친관계를 응징하려는 의도에서 나왔다는 견해가 있다. 노태돈의 견해가 그것인데, 그는 『고구려사 연구』(사계절, 1999, p. 432)에서 이러한 견해를 제기하였다. 그 근거로 『삼국유사』 권 1, 진흥왕조에

이보다 앞서 백제가 신라와 더불어 군사를 합쳐 고려를 정벌하려고 도모하였다. 이에 대해 진흥왕이 말하기를 "나라의 흥망은 하늘에 달렸는데, 만약 하늘이 아직 고려를 싫어하지 않는다면 내가 어찌 (고려의 멸망을) 바랄 수 있겠는가"라고 하였다. 이런 말을 고려에 통고하니, 고려가 그 말에 감격하여 신라와 통호하였다. 그런 까닭에 (백제군이) 침공해 왔다.

(『삼국유사』 권 1, 기이 1, 진흥왕조)

라고 한 내용과 『신당서』 신라전에

전에 백제가 고려를 정벌할 때 (고려가 신라에) 구원을 요청해 와서 (신라가) 병력을 동원하여 백제를 격파하였다. 그 이후로 신라와 백제가 상쟁相爭을 벌였다. 뒤에 백제왕을 사로잡아 죽이니, 이로써 원한이 깊어졌다.

(『신당서』 권 220, 열전 145, 동이 신라전)

라고 한 내용을 제시하고 있다. 그리고 신라와 고구려의 화친관계는 552년이나 553년 초로 보았다. 백제가 고구려로부터 확보한 6군은 신라가 중국과 통교할 수 있는 주요 교통로였기 때문에 일찍부터 신라

는 이 지역을 노리고 있었다. 고구려로서는 당시 귀족세력의 내분으로 왕권이 약화되고 있었으며, 또 서북방면으로부터의 새로운 위협에 대처하지 않을 수 없는 급박한 상황에 있었다. 이러한 시대상에서 고구려는 백제에게 빼앗긴 한강유역을 신라에 양여함으로써 신라를 우군으로 흡수하여 백제를 견제할 필요가 있었다. 이로써 고구려와 신라의 화친관계가 이루어졌고, 이와 같은 정치상에서 신라는 백제가 확보한 한강유역을 점거하였다. 이러한 신라의 배신행위에 분노한 백제 성왕이 신라를 침공하였다가 관산성管山城에서 살해당한 것으로 보았다.

## 2. 여제동맹麗濟同盟의 결성과 국제정세

성왕의 죽음으로 지금까지 우호관계에 있었던 신라와 백제의 동맹관계는 파기었되고, 이후 삼국은 자신의 이해관계에 따라 새로운 질서로 재편된다. 신라는 진흥왕 12년(551)에 거칠부居柒夫로 하여금 고구려를 공격하게 하여 10군을 공취하였는데, 이것은 고구려에게 큰 타격이 아닐 수 없었다. 이로써 신라는 고구려와 백제에게 모두 적대국가로 변하게 된다.

그러나 이 시기에는 고구려와 백제가 서로 간에 적대관계를 불식하지 못하고 양국 간의 투쟁이 격화되고 있었던 때이기도 하다. 당시 고구려는 백제의 침공으로 한강유역을 상실한 것에 대한 분노가 있었다. 그리하여 고구려는 양원왕 10년(554)에 백제 성왕이 신라에 의해 피살당하자 바로 군사를 일으켜서 백제의 웅천성熊川城을 침공하였다. 이러한 시대상에서 백제는 고구려의 침입에 대한 경계를 강화하면서 신라에 대한 복수전도 함께 감행하게 된다. 위덕왕威德王 8년(561)에 군사를 보내어 신라를 침공하였고, 왕 24년(577)에도 신라의 주州·군郡을 침공하였다.

이때에는 중국의 정세도 크게 변하고 있었다. 581년에는 그 동안 중국 북조北朝를 장악하고 있었던 북주北周가 망하였고, 수隋가 새로운 강자로 등장하였다. 수는 589년에 남조南朝의 진陳을 토평함으로써 그 동안 남북조시대로 분열되었던 중국을 다시 통일하였다. 이로써 316년 진晉의 멸망으로 분열되었던 중국은 무려 276년 만에 다시 통일국가를 이룩하게 되었다.

수가 중국의 강국으로 등장하자 고구려·백제·신라는 모두 수에 사신을 보내어 친선을 표하고 있다. 수가 건국한 581년에 고구려의 평원왕平原王은 사신을 파견하여 우호관계를 수립하였고, 같은 해 백제 위덕왕도 사신을 보내어 우호관계를 수립하였다. 신라는 이보다 10여 년 이상이 지난 진평왕 16년(594)에 수로부터 상개부낙랑군공 신라왕上開府樂浪郡公 新羅王이란 관작을 받았다.

삼국 중에서 수에 대하여 가장 적극적인 외교를 펼친 것은 백제였다. 고구려는 수의 침입을 견제하려는 의도에서 형식적으로 외교관계를 유지하려 하였지만, 백제는 수의 힘을 빌려 고구려를 정벌하려는 의도로 적극적인 외교활동을 취하였다. 당시 신라 진평왕은 숙부 진지왕을 축출하고 왕위에 즉위하였기 때문에 즉위 초에는 수에 대한 적극적인 외교활동은 펼치지 못하였다.

영양왕嬰陽王 즉위 이후 수와 고구려는 적대관계로 변하고 있었다. 양국의 전쟁은 고구려의 선제공격으로 시작된다. 영양왕 9년(598)에 고구려가 말갈군사 1만 명을 거느리고 요하遼河를 건너 요서지방을 공격하였는데, 이를 빌미로 수 문제文帝는 30만 대군을 동원하여 고구려 정벌을 단행하였다. 그러나 수의 참패로 전쟁은 종료되었고, 고구려는 사신을 보내어 사죄함으로써 양국의 정세는 형식적으로나마 평화관계를 복원하게 된다. 이때 백제 위덕왕은 수에 사신을 파견하여 백제가 고구려 정벌의 선봉에 설 것을 제의하였다. 그러나 전쟁이 종료된 후였기 때문에 수 문제는 백제의 사신을 예로써 대접하고 돌려보냈다. 이 사실을 알고 고구려는 백제의 변경을 침공하였고, 이후 고구려는 백제와 신라에 대한 공격에 박차를 가하게 된다. 영양왕 14년(603)에는 신라의 북한산성北漢山城을 공격하였고, 왕 18년(607)에는 백제의 송산성 松山城을 공격하였다. 다음 해에는 신라의 북변을 침공하여 8,000명을 포로로 하였고, 또 우명산성牛鳴山城을 침공하여 빼앗았다.

이 시기에는 백제에 의한 신라침공도 계속되고 있다. 백제 무왕武 王 3년(602)에는 신라의 아막성阿莫城을 침공하였는데, 이때의 전투는 치열하였다. 당시의 전투에 대하여 『삼국사기』에는

당시 신라장군 건품乾品과 무은武殷이 백제의 침입을 막았는데, 공세가 치열하여 신라는 고전을 면하지 못하였다. 이때 무은武殷의 아들 귀산貴山이 "내 일찍이 스승에게 가르침을 받기를 '군사는 싸움터에서 물러남이 없다臨戰無退'고 하였는데, 어찌 감히 물러나 스승의 가르침을 어길 것인가"라 하고 추항箒項과 더불어 힘써 싸우다가 죽음을 당하였다. 남은 군사들은 이를 보고 분전하니, 백제군은 대패하고 장수 해수解讐는 단기單騎로 돌아왔다.

(『삼국사기』 권 27, 백제본기 5, 무왕 3년조)

라고 기록하고 있다. 이때 전공을 세운 귀산과 추항은 화랑으로써 일찍이 원광법사圓光法師에게 세속 5계의 가르침을 받은 자들이다.

신라와 백제는 서로 적대관계에 있었지만 이들 모두는 고구려를 가장 위협적인 존재로 파악하고 있었다. 사실 신라와 백제에 대한 고구려의 공격은 국가의 존망과 바로 연결되고 있었다. 이로써 신라와 백제는 각기 고구려의 후방세력인 수와 동맹하여 고구려를 공격하고자 하였다. 백제는 무왕 8년(607) 3월에 좌평 왕효린王孝隣을 수에 파견하여 고구려 토벌을 청하였고, 수의 양제煬帝는 이를 수용하고 백제로

하여금 고구려의 동정을 탐지하도록 하고 있다. 이러한 양국의 관계를 안 고구려의 영양왕은 이 해 5월에 백제의 석두성石頭城을 공격하였다.

신라도 고구려에 대한 위기의식은 백제와 같았다. 계속되는 고구려의 침공에 위협을 느낀 신라 진평왕은 왕 30년(608)에 원광법사로 하여금 고구려 정벌을 청하는 걸사표乞師表를 짓도록 하여 왕 33년(611)에 이를 수 양제에게 바쳤다.

한편 수의 양제는 607년에 돌궐突厥을 순행하였는데, 그곳 추장 계민가한啓民可汗의 처소에서 고구려의 사신과 마주친 일이 있어 고구려를 의심하기 시작하였고, 이로써 수는 고구려에 사신을 보내어 영양왕의 입조入朝를 명하게 된다. 그러나 고구려는 이를 거부하여 양국관계는 전운戰雲이 감돌고 있었다. 이때를 즈음하여 신라와 백제로부터 고구려에 대한 정벌을 건의 받게 되자 수 양제는 신라가 걸사표를 바친 다음 해(612)에 고구려를 정벌하기 위한 대대적인 군사를 일으켰다. 이때 동원된 군사는 정규군만 113만이 넘었고, 비정규군도 그 수가 배나 되었다. 그러나 을지문덕乙支文德의 작전으로 살수薩水에서 대패하고 군사를 돌이키지 않을 수 없게 된다.

이 당시 백제는 이중의 기동성을 발하고 있다. 수 양제가 군사를 일으키려 하자 백제는 무왕 12년(611) 2월에 국지모國智牟를 수에 보내어 고구려 정벌에 함께 출병할 것을 의논하면서, 이 해 10월에는 군사를 일으켜 신라의 가잠성椵岑城을 공격하여 성주城主 찬덕讚德을 죽이고 성을 빼앗았다. 그리고 왕 17년(616)에는 달솔 백기苩奇에게 명하여 신라의 모산성母山城을 공격하였다.

618년에는 중국에 다시 정치적인 변화가 나타나게 된다. 이 해에 수는 이연李淵에게 멸망당하고, 당唐이 새로운 강자로 등장하였다. 이러한 국제정세 하에서 고구려와 당은 형식적으로는 친선의 관계를 유지하였지만, 서로간에는 경계의 태세를 늦추지 않았다. 당은 고구려에 대한 침공을 계획하였고, 고구려는 천리장성千里長城을 축성하고 기존의 성곽을 보수하는 등 당의 침입에 대한 대비책을 강구하고 있었다. 양국의 이러한 대치 하에서 신라와 백제의 투쟁은 본격화되고 있다.

당이 새로운 강자로 군림하던 618년에 진평왕은 북한산주北漢山州의 군주軍主 변품邊品으로 하여금 백제에 빼앗긴 가잠성을 수복하고, 그곳을 수비하던 백제장수 해론奚論을 살해하였다. 이에 백제 무왕 24년(623)에는 군사를 일으켜 신라의 늑노현勒弩縣을 침공하였고, 다음 해에는 속함성速含城·앵잠성櫻岑城·기잠성岐岑城·봉잠성烽岑城·기현성旗縣城·용책성冗柵城 등 6성을 공략하여 빼앗고, 무왕 27년·28년에도 계속하여 신라를 공격하였다. 특히 무왕 28년(628)에는 신라가 침탈한 한강유역을 회복하기 위하여 크게 군사를 일으켰는데, 이때 신라 진평왕은 당에 사신을 보내어 구원을 요청하고 있다. 당 태종太宗은 이때 백제에서 사신으로 온 복신福信에게

> 신라왕 김진평金眞平은 짐의 번병藩屏이요, 그대 국가의 이웃나라이다. 들건대 늘 군사를 파견하여 싸움이 그치지 않는다 하니, 이것은 싸움을 그만두고 참아야 한다는 나의 소망에 어긋나는 바이다. 짐朕은 이미 왕질王姪 복신福信과 고구려 그리고 신라의 사신들에게 서로 통호하고 화목할 것을 누차 말하였으니, 왕은 반드시 먼저의 원한을 잊고 짐의 본 뜻을 알아 이웃의 정의를 돈독히 하면서 싸움을 중지하도록 하라"고 하였다.
>
> (『삼국사기』 권 27, 백제본기 5, 무왕 28년 8월조)

라는 글을 내려서 무왕에게 전하도록 하고 있다. 무왕은 태종의 글을 받고 당에 사죄의 뜻을 표하고 있지만, 신라에 대한 침공은 계속하고 있다. 다음 해에도 신라를 침공하였고, 왕 33년(632)·34년·35년에도 계속 신라를 침공하였다. 당시 신라로서는 백제의 공격도 큰 위협이었지만 고구려가 당唐과 통하는 길목을 막아 신라를 고립화시키고 있었

기 때문에 이것이 보다 큰 위협이 되지 않을 수 없었다. 이에 신라 진평왕 47년(625)에는 사신을 당에 파견하여 이러한 실상을 알리고 중재를 요청하기도 하면서, 왕 51년(629)에는 대장군 용춘龍春과 부장군 김유신 등으로 하여금 고구려의 낭비성娘臂城을 공략하여 함락시켰다. 이로써 그 동안에 신라와 당의 교통로에 대한 장애를 제거하였다.

백제의 신라침공은 의자왕義慈王 때에 보다 적극적으로 나타나고 있다. 의자왕 2년 7월에는 친히 군사를 일으켜 미후성彌猴城 등 40여 성을 공략하여 함락하였고, 이 해 8월에는 장군 윤충允忠을 파견하여 김춘추金春秋의 사위인 김품석金品釋이 지키고 있는 대야성大耶城을 공격하여 함락시키고, 품석과 그 가족을 몰살시켰다. 이때 신라는 선덕왕善德王이 재위하였는데, 이 사건이 있은 얼마 후에 일차적으로 김춘추를 고구려에 파견하여 구원을 요청하였고, 이것이 실패하자 당에 글을 보내어 구원을 요청하였다.

의자왕 3년(643)은 주목할 만한 해이다. 이 해에 백제 의자왕은 고구려 보장왕寶藏王에게 사신을 보내어 화친을 요청하고 있다. 한강유역의 땅을 회복하려는 백제의 의도와 신라와 당과의 교통로를 차단하여 당의 배후세력을 제거하려는 고구려의 의도가 서로 일치하면서 이들 양국은 지금까지의 적대관계를 일소하고 동맹적 관계로 전환하고 있다. 당시 백제의 이러한 시도는 신라와 고구려의 관계를 차단하려는 의도도 있었다. 백제는 전년인 의자왕 2년에 신라를 공격하여 대야성 등 신라의 영역을 대거 함멸시켰는데, 이 사건이 있은 얼마 후에 김춘추는 백제를 응징하기 위하여 고구려에 가서 지원을 요청하였다. 만약에 이 일이 성사되었다면 백제로서는 큰 위협이 아닐 수 없었을 것이다. 이로써 의자왕은 고구려를 확실한 백제의 우군으로 확보해 놓을 필요성이 있었을 것이다. 또 고구려의 입장에서 볼 때도 그들에게 구원요청을 한 신라가 당과 연결되는 것은 원하지 않았을 것이다. 이러한 복합적인 요소가 고구려와 백제의 이해관계에 합일습—되면서 양국의 친선이 이루어졌던 것으로 볼 수 있다. 이후 백제와 고구려의 투쟁 기사는 『삼국사기』에서 보이지 않는다. 이러한 시대상에서 신라는 양국의 침입에 국가존망의 위기를 느끼지 않을 수 없게 되고, 당과의 동맹관계를 확고히 하면서 난국을 해결하려 하지 않을 수 없게 된다.

　이러한 과정에서 당시의 국제정세는 고구려·백제·돌궐·왜를 연결하는 종단동맹권과 신라와 당을 연결하는 횡단동맹권으로 이원화되면서 국제질서가 재편되고 있다. 이후 고구려와 백제의 신라에 대한 침공은 더욱 적극화하고 있다. 양국은 친선관계로 수교를 맺게 되자 바로 연합군을 편성하여 일차적으로 신라의 대당 교통로인 당항성黨項城을 침공하였다. 신라에서는 당에 이러한 사실을 알리고 구원을 요청하였다. 당 태종은 사농승司農丞 상리현장相里玄奬을 고구려에 보내어

　신라는 우리나라를 섬기고 조공을 게을리 하지 않는데, 그대 나라는 백제와 함께 전쟁을 거둘 것이다. 만약 다시 신라를 침공한다면 군사를 내어 그대 나라를 칠 것이다.
　　　　　　　　　(『삼국사기』 권 21, 고구려본기 9, 보장왕 3년 정월조)

라는 국서國書를 전하였고, 이에 대하여 당시 고구려 실력자인 연개소문淵蓋蘇文은

　우리는 신라와 원한으로 틈이 난지 오래이다. 지난날 수나라가 침입하였을 때 신라는 이 기회를 타서 우리 땅 500리를 침략하여 그들이 아직도 그 성읍城邑을 점령하고 있다. 신라가 이들 침략한 땅을 돌려주지 않는다면 전쟁은 그쳐지지 않을까 염려된다.
　　　　　　　　　(『삼국사기』 권 21, 고구려본기 9, 보장왕 3년 정월조)

라고 답하고 있다. 이에 당 태종은

　　(연)개소문은 그 임금을 죽이고 그 대신을 해치고 그 백성을 잔학하
게 대하고, 지금 또 우리의 조명詔命을 어기니 토벌하지 않을 수 없다.
(『삼국사기』 권 21, 고구려본기 9, 보장왕 3년 정월조)

라고 하고는 고구려 정벌을 단행하였으나 안시성安市城에서 양만춘楊萬
春에게 패하여 실패하게 된다. 이때를 즈음하여 신라는 김유신金庾信을
대장군으로 삼아 백제를 공략하여 7성城을 공취하였고, 당의 고구려
공격이 시작되자 군사 3만명을 내어 고구려 공격에 가담하였는데, 이
때 백제는 신라를 공격하여 서변 7성을 공취하였다.

　　진덕왕眞德王이 즉위하자 백제의 신라 침입은 더욱 격화되고 있
다. 왕 원년(647) 백제는 신라의 무산성茂山城·감물성甘勿城·동잠성桐岑
城을 공격하였는데, 이때 신라는 김유신의 휘하 비녕자丕寧子와 그의 아
들 거진擧眞의 분전에 힘입어 이들을 격퇴하였다. 왕 2년에는 백제장군
의직義直이, 왕 3년에는 백제장군 은상殷相이 계속하여 신라를 침공하였
다. 당시 신라는 김춘추를 당에 보내어 적극적인 외교활동을 전개함으
로써 당의 지지기반을 확대하였다. 또 당의 연호와 의관을 사용하여
친선을 표하였으며, 왕은 직접 비단에 태평송太平頌을 수놓아 고종高宗
에게 전하고 있다. 이러한 신라의 적극적인 대당외교對唐外交는 진덕왕
5년(651)에 당 고종이 백제에 글을 보내어

　　왕은 짐朕의 말을 깊이 생각하여 스스로 다복多福을 구하고 좋은 계
책을 도모함으로써 뒤에 뉘우침이 없도록 하라.
(『삼국사기』 권 28, 백제본기 6, 의자왕 11년)

라고 하여 신라에 대한 침입을 중단할 것을 권고하는 것으로 나타나
고 있다. 그러나 얼마 후에 백제는 고구려와 말갈의 군사와 더불어 신
라를 침략하여 30여 성을 공취하는 것으로서 이에 답하고 있다. 이때

는 신라 무열왕武烈王 2년(655)이다. 무열왕은 그 동안 대당외교에 주력하였던 김춘추이다. 무열왕은 이러한 상황을 급보로 당에 알리고 구원을 요청하게 된다. 이에 당 고종은 영주 도독 정명진程名振과 좌무위 중랑장 소정방蘇定方에게 명하여 고구려를 공격하게 하였다. 이후 백제와 고구려의 신라침공은 계속되었고, 이때마다 당은 고구려의 측면을 공격함으로써 신라는 위기에서 벗어나고 있다.

이러한 과정을 거쳐 660년에 신라와 당은 연합하여 백제와 고구려의 정벌을 위한 군사를 일으키게 된다. 이것은 백제와 고구려를 정복함으로써 통일국가를 이루겠다는 신라의 의지와 동방세력을 흡수하여 명실상부한 대제국을 이룩하겠다는 당의 의도가 결합되어 나타난 결과이다. 일차적으로 백제를 그 대상으로 하였는데, 이것은 계속되는 백제의 침입에서 벗어나려는 신라와 고구려의 지원세력을 우선적으로 제거하려는 당의 이해관계가 일치되었기 때문이다. 이즈음 백제의 국력은 급격히 약화되고 있었다. 백제의 의자왕은 『삼국사기』에

의자왕은 무왕武王의 원자元子로서 용맹스럽고 담력이 크고 결단력이 있었다. …… 어버이를 효도로써 섬기고 형제들과는 우애로써 지내니, 그 때 사람들은 그를 일러 해동증자海東曾子라 이름하였다.
(『삼국사기』 권 28, 백제본기 6, 의자왕 즉위조)

라고 한 것과 같이 군왕의 자질을 충분히 갖추고 있었다. 즉위 초기에는 다양한 정치개혁을 실시함으로써 국가기강을 확립시켰고, 신라를 공격하여 국력을 크게 확장시켰다. 그러나 계속된 전쟁으로 국력은 약화되어 갔고, 특히 대당외교의 실패로 국제적으로도 고립화 되고 있었다. 여기에다 왕 15년을 전후한 시기에는 탐학이 극에 달하였고, 이를 간하는 신하들은 모두 극형에 처하였다. 『삼국사기』 의자왕 16년조에

> 왕은 궁인과 더불어 음란하고 탐학하여 술마시고 노는 것을 그치지
> 않음으로 좌평 성충成忠(혹은 정충淨忠이라고도 함)이 극간하니, 왕은 노하
> 여 그를 감옥에 가두었다. 이로 인하여 감히 간하는 사람이 없어졌다.
>
> (『삼국사기』 권 28, 백제본기 6, 의자왕 16년 3월조)

라고 한 내용에서 이러한 사실을 알 수 있다.

이와 같은 정치적인 상황이 계속되는 가운데 당과 신라는 동맹군
을 편성하여 백제를 공격하게 된다. 의자왕 20년(660) 3월에 당은 좌무
위 대장군左武衛 大將軍 소정방蘇定方을 신구도행군대총관神丘道行軍大摠管으
로 삼아 군사 13만명을 거느리게 하여 출병시켰고, 무열왕은 김유신金
庾信·진주眞珠·천존天存 등을 거느리고 출병하였다. 대장군 김유신은
장군 품일品日·흠춘欽春과 더불어 5만명을 이끌고 황산黃山에서 계백堦
伯의 군사를 격퇴하고, 소정방은 기벌포伎伐浦에서 백제군을 대파하여
양군은 합류하게 된다. 이로써 백제는 멸망하게 되었다. 당시 계백 장
군의 용전은 대단하였다. 그는 출병할 때에 이미 백제의 운명을 예감
하고 있었다. 그는 출병하기에 앞서

> 국가의 존망을 알 수 없다. 나의 처자가 적들에게 잡혀 노비가 되어
> 그들에게 욕을 당한다는 것은 차라리 죽는 것보다 못하다.
>
> (『삼국사기』 권 47, 열전 7, 계백)

라고 하고는, 처자를 손수 죽이고 5천명의 군사를 이끌고 황산벌로 나
아갔다. 5만명의 대군을 인솔한 김유신과 5천명의 군사를 지휘하는 계
백, 이 양군의 전투에서 신라는 고전을 면치 못하게 된다. 이 와중에서
신라의 장군 흠춘의 아들 반굴盤屈과 좌장군 품일의 아들 관창官昌은
화랑으로써 용전하다가 죽음을 당하였고, 계백도 수적으로 우세한 신
라군을 대항하기에는 역부족이었다. 그러나 계백도 끝까지 싸워 충절

로써 마지막 생을 마치게 된다.

　백제를 멸망시킨 후에 당과 신라는 고구려정벌을 기획하게 된다. 소정방은 고구려정벌을 위하여 출병하였고, 신라 문무왕은 김유신에게 명하여 김인문金仁問·김양도金良圖 등 9명의 장군을 대동하고 차車 2천 량에 쌀 4천석과 조租 2만 2천석을 싣고 평양으로 가서 당군唐軍을 돕게 하였다. 이때 당은 좌우위대장 계필하력契苾何力을 패강도행군대총관浿江道行軍大摠管으로 삼고, 소정방을 요동도행군대총관遼東道行軍大摠管으로 삼아 고구려를 침공하였다. 고구려의 연개소문은 장군 뇌음신惱音信을 파견하여 신라의 북한산성을 공격하여 포위함으로써 신라와 당의 연결을 차단하게 하고, 한편으로는 아들 남생男生으로 하여금 당의 침공을 저지하도록 하였다. 662년 정월에 당의 장군 방효태龐孝泰는 대군으로 연개소문과 결전을 벌였는데 사수蛇水에서 전군이 섬멸되고, 방효태도 아들 13명과 함께 전사하였다. 이에 소정방은 평양의 포위를 풀고 철군하지 않을 수 없게 된다.

　보장왕 25년(666)에는 고구려에도 큰 정치적 변화가 생기게 된다. 이때 연개소문이 죽고 그의 장자 남생이 대막리지大莫離支가 되었는데, 아우인 남건男建과 남산男産이 모반하자 그는 국내성에 의거하여 당에 구원을 요청하였다. 이에 당 고종은 계필하력을 보내어 남생을 구출하고, 이 해 12월에는 이세적李世勣을 대장으로 삼아 고구려 정벌을 준비하도록 하였다. 마침내 보장왕 27년(668)에 당 고종은 이세적과 계필하력으로 하여금 대군으로 고구려를 정벌하라는 명을 내렸다. 이러한 상황에서 당시 신라는 당을 적극적으로 후원하였다. 문무왕 4년(664) 7월에는 장군 김인문金仁問과 품일品日로 하여금 고구려의 돌산성突山城을 공격하여 함락시켰고, 왕 7년(667)에는 왕이 김유신 등 30여 명의 장군을 대동하고 당 이세적의 군대에 호응하였으며, 다음 해에는 당이 고구려를 정벌하기 위한 대군을 일으키자 김인문과 김문영金文穎 등을 보내어 합류시켰다. 이러한 나당羅唐연합군의 활동으로 평양성은 함락되고, 마침내 고구려는 멸망을 하게 되었다.

## 제2절  신라의 삼국통일과 역사의 의의

### 1. 신라의 삼국통일

고구려와 백제가 멸망하였지만 신라의 삼국통일이 이루어진 것은 아니었다. 고구려와 백제는 비록 나라는 망하였지만 국가를 재건하기 위한 부흥운동이 사방에서 일어났고, 또 당은 고구려와 백제를 정복하여 이 지역을 자신의 통치권 내로 흡수하려고 하였다. 더 나아가 당은 신라까지도 자신들의 통치권으로 흡수하려고 하였다. 따라서 신라의 당면과제는 백제와 고구려의 부흥운동을 진압하면서 이들 세력을 신라의 통치권 내로 흡수하고, 또 당의 야심을 차단시키는 것이었다. 이로써 신라는 당과 함께 백제와 고구려의 부흥운동을 진압하는 한편 당의 이러한 정책에 제동을 가하는 양면정책을 취하지 않을 수 없게 되었다.

660년 7월 백제의 도성이 함락되고 의자왕이 항복하자 사방에서 백제의 중흥을 위한 부흥운동이 나타나고 있다. 이것은 『삼국사기』의 기록에

백제 도성이 함락되자 그 남은 무리들은 남잠성南岑城·정현성貞峴城 등에 의거하고, 또 좌평 정무正武는 무리를 모아 두시원악豆尸原獄에 진을 치고 신라와 당의 군사에 대항하였다.
(『삼국사기』 권 5, 신라본기 5, 태종무열왕 7년 8월조)

9월 23일 백제의 여적餘賊들이 사비성으로 쳐들어와 이미 항복한 자

들을 빼앗으려 하므로 유수留守 유인원劉仁願은 당과 신라의 군사를 거느리
고 나가 이를 격파 퇴주시켰는데, 적들은 사비성 남령南嶺에 물러나 무리
를 모으니 백제사람들이 모여들어 20여성이 이에 호응하였다.
(『삼국사기』 권 5, 신라본기 5, 태종무열왕 7년 9월조)

라고 하고 있는 것에서 보인다. 이러한 기세를 타고 무왕武王의 조카
복신福信은 군사를 거느리고 승려인 도침道琛과 함께 주류성周留城에 웅
거하여 일찍이 왜국에 볼모로 있던 왕자 풍豊을 왕으로 세우고 국가를
재건하였다. 당시 이들의 기세는 대단하였다. 이것은 사비에 있던 당
나라 장수 유인원劉仁願이 백제의 부흥군에게 포위를 당하자 당 고종에
게 급보를 올렸고, 고종은 웅진도독 유인궤劉仁軌를 검교대방주 자사檢
校帶方州 刺史로 삼아 신라의 군사와 더불어 구원하도록 하고 있는 것에
서 보인다. 이후 이들은 임존성任存城으로 옮겨서 백제의 중흥을 꾀하
였는데, 복신은 스스로 영동장군領東將軍이라 칭하고, 도침은 상잠장군霜
岑將軍이라 칭하고 있다. 그들의 휘하에는 흑치상지黑齒常之와 지수신遲受
信이 있어 군세를 크게 떨쳤다.

　　다음 해(661) 2월에는 당과 신라에서 대군을 동원하여 이들의 토
벌에 나섰는데, 당에서는 유인궤 휘하의 군사들이 출동하였고, 신라에
서는 이찬 품일品一을 총수로 한 군사들이 출동하게 된다. 그러나 이들
은 백제부흥군의 공격을 받아 많은 손실을 입고 퇴각하지 않을 수 없
게 된다. 얼마 후에 다시 공격하였으나 유인원의 당군은 이들에게 포
위되어 고립상태에서 고전하였고, 이를 구원하기 위하여 출동한 신라
군도 도중에 이들에게 격파되어 양군은 위기에 처하게 된다.

　　이때 백제부흥군도 자체 내에서 분쟁이 싹트고 있었다. 그 동안에
백제부흥군을 주도하였던 복신과 도침의 권력쟁탈을 위한 알력이 있
었고, 이때를 당하여 유리한 정국을 이끌었던 복신은 도침을 죽이고
권력을 독차지하게 된다. 그는 무왕의 조카로써 무왕 28년에 왕명을

받아 당에 사신으로 파견될 정도로 신임이 두터웠던 자이다. 그는 왕족출신으로써 왕권을 차지할 야심을 갖고 있었다. 도침을 죽인 후에 병권을 장악한 그는 계속 유인궤의 당군을 공격하였고, 유인궤는 본국에 이를 알려 구원병을 요청하게 된다. 이때 당 고종은 위무장군威武將軍 손인사孫仁師에게 군사를 주어 구원하게 하고 있다. 당시 복신은 왕을 시해할 음모를 꾸미고 있었고, 이를 안 풍은 군사를 대동하여 복신을 살해하였다. 풍은 고구려와 왜에 사신을 보내어 구원병을 얻어 당과 신라의 군사를 격퇴하려 하였으나 실패하고, 도리어 당과 신라의 협공을 받아 성이 함락 당하였다. 이때 풍은 도망하여 고구려로 갔다고 전한다. 그러나 지수신遲受信은 임존성에 의거하여 끝까지 대항하였다. 한편 흑치상지는 『삼국사기』에서

> 소정방이 노왕老王을 가두고 군사를 사방으로 내어 크게 침략하므로 좌우의 추장 10여 명과 함께 도망하여 임존산성에 의거하여 굳게 지키니, 10여 일이 못되어 모여드는 무리가 3만여 명이나 되었다. 이에 소정방은 임존산성으로 쳐들어가 이를 공격하였는데 이기지 못하였다. 흑치상지는 드디어 2백여성을 함락하고 크게 군세를 떨쳤다.
>
> (『삼국사기』 권 44, 열전 4, 흑치상지전)

라고 한 것과 같이 백제부흥에 크게 활동한 자이다. 그러나 그는 이후 내분으로 인한 갈등에 크게 실망하였고, 마침 당의 고종이 사자를 보내어 설득하자 당군에 항복하였다. 당의 유인궤는 임존성에 웅거하고 있던 지수신의 항전에 고전하였는데, 흑치상지를 설득하여 이를 토벌하도록 하였다. 이에 흑치상지는 부장 사타상여沙吒相如와 더불어 임존성을 공파하니, 지수신은 패하여 고구려로 망명하였다. 이로써 4년여에 걸친 백제부흥운동도 막을 내리게 된다.

668년 나당연합군에 의해 고구려는 평양성이 함락되고 보장왕도

항복함으로써 멸망당하였으나 고구려 또한 부흥운동이 사방에서 일어나고 있다. 『삼국사기』 지리지에

> 압록수 이북에는 항복하지 않은 성城이 11성인데, 북부여성주北扶餘城州 · 절성節城 · 풍부성豊夫城 · 신성주新城州 · 도성桃城 · 대두산성大豆山城 · 요동성주遼東城州 · 옥성주屋城州 · 백석성白石城 · 다벌악주多伐嶽州 · 안시성安市城이고, 항복한 성도 11성이다.
> 압록 이북에 도망한 성城은 7성인데, 연성鉛城 · 면악성面岳城 · 아악성牙岳城 · 취악성鷲岳城 · 적리성積利城 · 목은성木銀城 · 이산성犁山城이고, 공략하여 얻은 성은 3성이다.
>
> (『삼국사기』 권 37, 지 6, 지리 4)

라고 한 기록이 보인다. 위의 기록을 볼 때 당의 침입에도 끝까지 항복하지 않고 있는 성이 11개나 되고, 싸우다가 항복하지 않고 도망한 성이 7개나 되고 있다. 또 끝까지 싸우다가 함락 당한 성도 3개나 된다. 따라서 당군에 대한 고구려 각지의 반항이 매우 활발하였음을 알 수 있다. 『삼국사기』 권 22, 고구려본기 10, 보장왕 하下에서 고구려 멸망 후의 기사에 이어 고구려 부흥운동에 대한 기록을 남기고 있다.

① (670년 4월) 검모잠劍牟岑이 나라를 부흥하려고 당나라에 배반하여, 왕의 외손 안순安舜을 세워 임금으로 삼았음으로 당나라 고종이 장군 고간高侃을 동주도東州道 행군총관行軍摠管으로 삼아 이들을 토벌하게 하니, 안순은 검모잠을 죽이고 신라로 달아났다.

② (671년 7월) 고간이 반란군을 안시성에서 파하였다.

③ (672년 12월) 고간은 반란군과 백빙산白氷山에서 싸워 그들을 깨뜨렸다. 이때 신라가 군사를 보내 (고구려를) 구원하려 하였으나 고간에게 패하였다.

④ (673년 5월) 연산도총관대장군燕山道摠管大將軍 이근행李謹行이 반란군을 호로하瓠瀘河에서 격파하니, 나머지 반란군은 모두 신라로 달아났다.

위의 기록은 모두 당에 대항하여 나타난 고구려부흥군에 대한 내용으로 보아야 할 것이다. 위의 ①에서 보이는 안순安舜은 안승安勝이라고도 하는데, 그는 『삼국사기』에서는 보장왕의 서자, 또는 연정토淵淨土의 아들로 혼선을 빚고 있고, 『신당서新唐書』 고려조에는 보장왕의 외손으로 기록하고 있다. 그러나 문무왕 10년(670)에 안승을 고구려왕으로 책봉하면서 내린 글에

> 공의 태조太祖 중모왕中牟王은 덕을 쌓아 위풍이 사방에 떨치었고, 자손이 서로 대를 이어 본지本支가 끊어지지 아니하였다. 선왕의 정사正嗣는 오직 공이 있을 따름이니, 제사를 맡아 볼 사람은 공이 아니고 누구겠는가.
>
> (『삼국사기』 권 6, 신라본기 6, 문무왕 10년 8월)

라고 하고 있는 것을 보면, 보장왕의 서자였을 것으로 보인다. 이때 신라는 이들 세력을 지원하는 입장에 있었다. 이것은 그 동안 동맹관계를 유지하였던 신라와 당이 적대국으로 변하고 있었음을 의미한다. 이러한 일은 이미 예견되어 있었던 일이기도 하다. 당은 고구려와 백제를 정복함으로써 이들 지역을 자신의 영토로 편입시키려 하였고, 더 나아가 신라까지도 복속하려는 야심을 갖고 있었다. 또 신라는 당의 힘을 빌려 백제와 고구려를 멸망시켜 통일국가를 이룩하고자 하였다. 이로써 양국의 이해관계는 상충되었으며, 결국 적대관계로 변할 수밖에 없었다. 당은 백제를 멸망시키자 백제의 고지에 5도독부五都督府를 설치하여 유인원으로 하여금 도성을 진수하게 하고, 왕문도王文度를 웅진도독으로 삼아 점령지를 총괄시키고 있다. 신라로서는 막대한 희생

을 치르고도 얻은 것이 없었다. 이에 신라는 당에 대한 배신감에 크게 실망하지 않을 수 없게 된다.

신라와 당과의 내분은 백제정벌 초기부터 나타나고 있다. 양군은 출동에 앞서 소정방과 김유신이 당군의 병영에서 합류하도록 약속이 되어 있었는데, 김유신은 황산에서 계백과의 혈투로 지체되지 않을 수 없었다. 이에 소정방은 기선을 제압하고자 그 죄를 물어 신라 독군督軍 김문영金文穎을 참형하려 하였다. 이에 김유신은 크게 반발하여

> 대장군은 황산의 전투를 보지 못하고 기일에 늦었다 하여 죄를 논하려 하는가? 나는 죄없이 욕을 당하지 않을 것이며, 굳이 그렇다면 당군과 먼저 결전한 후에 백제를 칠 것이다.
>
> (『삼국사기』권 5, 신라본기 5, 태종 무열왕 7년 7월조)

라고 하여 당군과의 일전도 불사하겠다는 의지를 보이고 있다. 백제가 망한 후에 당의 의도를 간파한 신라는 독자적으로 군사를 움직여 백제에 대한 정복을 시도하게 된다. 문무왕 원년(661) 8월에 왕은 직접 군사를 인솔하고 백제의 옹산성甕山城을 함락하였고, 8월에는 내사지성內斯只城을 함락시켰으며, 왕 3년 정월에는 백제의 거열성居列城을 함락시켰다. 이 해 4월에는 당 고종이 신라를 계림대도독부雞林大都督府로 하고, 문무왕을 계림주대도독雞林州大都督으로 임용하는 조서를 내렸고, 다음 해인 문무왕 4년(664)에는 의자왕의 아들 부여융扶餘隆을 웅진도독으로 삼아 신라로 하여금 그와 동맹을 맺도록 강요하였다. 이것은 백제 세력을 부활시켜서 신라를 견제하려는 당의 정책이었는데, 신라는 크게 분노하지 않을 수 없게 된다. 그러나 당시 신라는 아직도 북방에 고구려의 세력이 있어 자제할 수밖에 없었고, 당에 대하여는 형식적이지만 협조하지 않을 수 없었다. 문무왕 6년(666)에는 고구려 연개소문의 동생 연정토淵淨土가 12성城을 들어 신라에 투항하였고, 문무왕 8년

(668)에는 고구려정벌도 성공을 보게 된다.

당은 고구려를 정복하자 평양에 안동도호부安東都護府를 설치하고 설인귀薛仁貴로 하여금 검교안동도호檢校安東都護로 삼아 통치케 하였다. 이때부터 신라의 불만은 노골적으로 표출되고, 백제를 공략하여 많은 영토를 신라의 영역으로 흡수하였다. 이에 당 고종은 크게 노하여 신라를 질책하였고, 신라는 사죄사를 보내어 일면 사과의 뜻을 표하고 있다. 이것은 『삼국사기』 신라본기 문무왕 10년(670)의 기사에

신라왕이 마음대로 백제의 토지와 그 유민을 거두어들인 까닭에 당 제唐帝가 노하여 사죄사로 온 신라의 사신을 구금하였다.
(『삼국사기』 권 6, 신라본기 권 6, 문무왕 10년조)

라고 한 것에서 보이고 있다. 이후 신라는 고구려세력들을 후원하면서 당과 적대적 관계를 표출하고 있다. 이 해 3월에 신라는 이찬 설오유薛烏儒를 보내어 고구려 태태형太太兄 고연무高延武와 더불어 당의 측면세력인 말갈군을 대파하고 당과도 교전하였으며, 7월에는 안승安勝을 고구려왕으로 책봉하여 옛 왕업을 일으키도록 격려하고 있다.

고구려 멸망 후에 부흥운동이 각지에서 일어났는데, 그 대표적인 인물은 검모잠劍牟岑이었다. 그는 수림성水臨城 출신의 대형大兄으로 궁모성窮牟城을 근거로 군사를 일으켰다(668). 그는 평양성을 공격하여 이를 취하기도 하였는데(669), 다음 해에 고간高侃 등이 거느린 당군에게 패하여 서해 사야도史冶島로 근거를 옮겼다. 이때 신라에 투항하기 위하여 4천호를 이끌고 남하하던 보장왕의 서자 안승安勝을 만나게 되어 검모잠은 그를 왕으로 추대하고 왕조의 부흥을 선언하였다. 이들은 근거를 한성漢城으로 옮겨 당군을 공격하면서 한편 신라에 사람을 보내어 구원을 요청하였다. 이때는 바로 신라 문무왕 10년(670)이었다. 신

라는 이들의 요구를 들어 안승을 고구려왕으로 봉하였다. 이 해 10월
에는 품일品日·문충文忠 등의 장군을 보내어 백제의 63성을 공격하여
취하였으며, 천존天存·죽지竹旨 등은 7성을 공취하였고, 군관軍官·문영
文穎 등은 12성을 공취하였다.

문무왕 11년(671)에는 대아찬 진공眞功 등을 보내어 백제 가림성加
林城을 함몰시키고, 이어 석성石城에서 당과 백제의 연합군을 대파하였
다. 이에 대당총관大唐摠管 설인귀薛仁貴는 문무왕에게 글을 보내어 그
동안의 신라 행적을 하나하나 규탄하면서 마지막으로

> 오오! 옛날에는 충신이 되었더니 지금은 역신이 되고, 처음에는 길하
> 였으나 마지막에 흉하게 될 것을 생각하니 한탄하는 바입니다. 본래의 마
> 음이 한결같지 못하고 뒤에 달라지는 것을 원망하는 바입니다.
>
> (『삼국사기』 권 7, 신라본기 7, 문무왕 11년조)

라는 말로 위협을 하고 있다. 이에 대하여 문무왕은

> 선왕께서 정관貞觀 22년(648)에 입조하여 태종문황제太宗文皇帝를 대면
> 하였을 때 말하기를 "짐이 지금 고구려를 치는 것은 신라가 고구려와 백
> 제의 틈새에서 침략을 받아 편안한 세월을 보내지 못함을 불쌍히 여기는
> 데 있는 것이다. 산천과 토지는 내가 탐내는 바 아니고, 옥백玉帛과 자녀
> 도 나에게 있는 바임으로 내가 양국을 평정하면 평양이남과 백제의 땅은
> 모두 신라에 주어서 편안하게 하려고 한다"고 하여 계책을 만들고 군기軍
> 期를 정하였습니다. …… 그런데 현경顯慶 5년(660)에 성상聖上은 선제先帝의
> 뜻을 받들지 못하여 이를 유감으로 생각하여 전일의 유업을 이루고자 군
> 사를 일으킨 바입니다.
>
> (『삼국사기』 권 7, 신라본기 7, 문무왕 11년조)

라는 답서를 보내고 있다. 문무왕 12년(672) 8월에는 고구려부흥군을
도와 당의 고간과 이근행의 군대를 격멸하였고, 이보다 앞서 웅진도독

부가 당의 협조를 얻어 신라를 공격하자 군사를 내어 이를 토벌하였다. 이로써 당 고종의 노함은 극에 달하게 되고, 신라는 사신을 보내어 사죄를 표하였다.

다음 해에도 당이 말갈과 거란의 병사와 함께 침공하였다가 참패를 당하였다. 이러한 신라의 행동에 분노한 당 고종은 문무왕 14년(674) 정월에 문무왕을 폐하고 김인문金仁問을 신라왕으로 책봉하고, 유인궤劉仁軌를 계림도대총관鷄林道大摠管, 이근행李謹行을 부총관으로 삼아 군사를 일으켜 신라를 치도록 하였다. 이에 문무왕은 한편으로는 이들의 침입에 대비하고, 또 한편으로는 당에 사신을 보내어 사죄하자, 당 고종은 왕의 관직을 복귀시켰다. 문무왕 15년(675)에는 설인귀의 군대를 격멸하고, 이어 20만 대군으로 매소성買肖城에 주둔하고 있는 이근행의 군대를 공격하여 대승을 거두고 성을 함락시켰다. 다음 해에는 사찬 시득施得이 병선을 거느리고 소부리주所夫里州의 기벌포伎伐浦에서 설인귀의 군사와 싸워 대승하였다. 이후 당의 세력은 위축되어 기세를 떨치지 못하게 되었고, 신라와 당과의 무력충돌도 막을 내리게 된다. 이 과정에서 신라는 백제의 전 영역을 확보하였고, 평양이남의 고구려 땅도 신라의 영역으로 편입하였다.

그러는 사이에 고구려 부흥운동도 서서히 막을 내리고 있었다. 그동안 고구려 부흥운동을 주도하였던 안승安勝은 그를 추대한 검모잠劍牟岑과 불화하면서 그를 살해하였다. 이후 이들의 부흥운동은 부진할 수밖에 없었고, 신라에 의지하여 명맥만 유지하게 된다. 신라 문무왕 14년(674)에는 안승을 보덕왕報德王으로 책봉하여 금마저金馬渚에 이주시켰고, 문무왕 20년(680)에는 누이를 그의 부인으로 출가시켰다. 이에 안승은 글을 올려 충성을 서약하고 있다. 신문왕 4년(684)에는 그의 족자族子 대문大文이 금마저에서 반란을 일으켰다가 주살되니, 신라에서의 고구려의 잔존세력은 설 땅을 잃게 된다.

한편 고구려의 부흥운동으로 당은 안동도호부를 평양에서 신성新城으로 옮겼고, 보장왕을 요동주도독 조선왕遼東州都督 朝鮮王으로 삼아 고구려 유민을 다스리게 하였다. 이것은 고구려 유민에 대한 회유책이기도 하다. 그러나 보장왕은 신성에 도착하자 말갈과 동맹하여 고구려의 재건을 계획하게 된다. 그러나 681년 이 사건이 누설되어 당은 보장왕을 다시 소환하였고, 요동지방의 고구려민들을 대량으로 중국 내지로 이주시켰다. 이로써 국내에 있어서 부흥운동은 막을 내리게 된다.

## 2. 삼국통일의 역사성

신라의 삼국통일은 화랑花郞의 도道를 기본소양으로 하여 심신心身을 단련하고, 국가의식을 고취한 화랑도花郞徒의 활동이 크게 작용하고 있다.

신라는 일찍부터 원시공동체의 수련집회인 모임체를 국가기반으로 흡수하여 원화源花란 조직으로 편성하여 청소년들을 수련시켰다. 이후 진흥왕 때에는 이를 화랑도花郞徒란 집회로 재편하여 조직적이고 체계적인 수련을 하게 된다. 그들의 수련방법은 원광법사에게서 받은 세속5계를 생활의 신조로 하면서, 서로 인격을 연마하고 가악歌樂을 즐기고 국토를 순례하면서 국가의식을 배양하였다. 이러한 화랑도의 활동은 김대문이 『화랑세기花郞世記』에서

어진 재상과 충성된 신하가 여기서 빠져나오고, 뛰어난 장수와 용감한 군사가 이로 인하여 생겨났다.
(『삼국사기』 권 4, 신라본기 4, 진흥왕 37년조)

라고 한 바와 같이 이후 국가의 기간 인력으로 수용되어 국가발전의

동력이 되었다. 신라 삼국통일의 대업에 선봉을 섰던 김유신도 용화향도龍華香徒를 이끌었던 화랑출신이었고, 당시 불교계의 거성이던 원효元曉도 화랑출신이었다. 진흥왕 23년(562) 가야토벌에 공을 세운 사다함斯多含, 진평왕 24년(602) 8월 백제의 침입에 순절한 귀산貴山과 추항箒項, 진덕왕 원년(647) 10월에 백제의 침략에 충절로서 위기를 구한 비녕자조寧子와 그 아들 거진擧眞, 태종 무열왕 7년(660) 백제정벌 때에 싸우다가 순국한 흠순欽純의 아들 반굴盤屈과 품일品—의 아들 관창官昌은 모두 화랑출신이었다. 신라의 삼국통일은 이러한 화랑도의 국가의식과 이들을 중심으로 한 민족적 단합이 그 배경이 되었다.

　　이와 더불어 간과할 수 없는 것은 김유신과 김춘추의 활동이다. 김유신金庾信은 금관가야의 마지막 왕인 구해왕仇亥王의 증손이고, 진흥왕 15년(554)에 신주도총관新州道摠管으로서 백제 성왕聖王의 침입을 격퇴하고 그를 살해한 김무력金武力은 그의 조부였는데, 이후 그는 각간角干의 직에 올랐다. 부친은 소판蘇判과 대량주도독大梁州都督 겸 안무대량주제군사安撫大梁州諸軍事를 지낸 김서현金舒玄이다. 이들의 가계家系는 가야의 왕족으로 법흥왕 19년(532)에 신라에 귀부한 이래 진골眞骨의 예우를 받고 있었다. 이들은 망국의 한을 신라를 통하여 풀고자 하였다. 신라는 당시 신흥하는 국가로써 그들의 의지를 여기에 담아 삼국을 통일함으로써 가야의 정신을 뿌리내리려 하였던 것으로 보인다.

　　김춘추金春秋는 진흥왕의 아들인 사륜舍輪의 손자인데, 사륜은 형 동륜銅輪이 태자로써 일찍 죽자, 그를 대신하여 태자가 되어 왕위에 올랐는데, 이가 바로 진지왕眞智王이다. 그러나 진지왕은 동륜의 아들인 진평왕에게 왕위를 빼앗기고 얼마 후에 죽게 된다. 왕위계승에서 축출당한 진지왕의 아들 김용춘金龍春은 바로 김춘추의 아버지인데, 이들 부자는 동륜계銅輪系의 왕위계승과정에 협조하면서 후일을 기약하고 있었다. 숙부를 폐위하고 왕위에 즉위한 진평왕도 이들 세력의 무마를 위해 이들을 중용함으로써 친선을 표하고 있다. 진평왕은 자신의 딸인 천명天明을 용춘에게 출가시켰고, 왕 44년(622)에는 이찬으로 삼아 내성 사신內省私臣에 임용하여 궁중의 부서를 맡겼다. 그의 아들 김춘추는 선덕왕 16년(647)에 일어난 비담毗曇과 염종廉宗의 난을 진압하고 진덕왕眞德王을 즉위시키는데 큰 공을 세웠다. 또 그 동안에 대당외교의 주역을 맡아 국제적으로도 능력을 인정받고 있었다.

김유신 가계는 일찍부터 신라왕실과 결합함으로써 자신들의 기반을 구축해 갔다. 그의 아버지 서현은 진흥왕의 아우인 숙흘종肅訖宗의 딸 만명萬明을 부인으로 하였으며, 이들 사이에서 출생한 김유신은 그의 누이를 사륜계舍輪系의 김춘추에게 출가시킴으로써 김춘추 가문과 김유신 가문은 혈연적인 유대를 갖게 된다. 사륜계 가문으로 왕권에서 탈락한 김춘추는 강력한 지지세력으로 김유신의 힘을 필요로 하였을 것이며, 김유신 또한 가야의 망국에 대한 한을 풀기 위하여는 당시 장래가 유망하던 김춘추세력과 결연하는 것이 유리하였을 것이다. 이러한 과정에서 양자의 우의는 혈연을 뛰어넘는 정의로써 결합되어 갔다(김덕원,『신라 중고기 사륜계의 정치활동 연구』, 명지대 박사학위논문, 2002).

이후 김유신은 백제·고구려의 침입에 그 용맹을 떨쳤고, 김춘추는 대당외교에서 탁월한 능력을 발휘하여 국내·외적으로도 신망을 받고 있다. 이러한 시대상에서 진덕왕이 죽게되자 김춘추는 김유신 등의 추대를 얻어 왕위에 즉위하게 되니, 바로 태종 무열왕이다. 당시 김춘추의 즉위에는 반대세력이 강하였던 것 같다. 이것은『삼국사기』태종 무열왕조에

진덕왕이 돌아가자 군신들은 이찬 알천閼川에게 섭정攝政을 청하였는데, 알천은 이를 사양하며 말하기를 "나는 이미 늙었고, 덕행도 이렇다 할

것이 없다. 임금이 될 덕망을 갖춘 자로는 춘추공春秋公 만한 사람이 없다. 그는 제세濟世의 영걸英傑이라 할 수 있을 것이다"하고는 드디어 춘추를 왕으로 받들게 하였다.

(『삼국사기』 권 5, 신라본기 5, 태종 무열왕 즉위년조)

라고 한 기사에서 보인다. 당시 신라의 중신회의, 즉 화백회의和白會議에서는 김춘추 대신 알천을 왕위에 추대하고 있다. 위의 기록에서는 섭정攝政이란 말로 표현하고 있지만, 이 당시는 진덕왕이 죽은 후임으로 왕위의 추대로 보아야 할 것이다. 알천공은 진덕왕 원년(647)에 상대등에 올랐던 중신重臣으로써 당시 조정에서 신망을 받고 있던 자였다. 그러나 그는 당시 김유신의 위엄에는 미치지 못하고 있었다. 이것은 『삼국유사』 진덕왕조에서

(진덕왕)대에　알천공閼川公·임종공林宗公·술종공述宗公·무림공武林公·유신공庾信公 등이 있었다. 이들은 남산 오지암亐知巖에 모여서 나라일을 의논하였다. 이때 큰 호랑이 한 마리가 좌중에 뛰어들었다. 여러 공公들이 놀라서 일어났지만 알천공만은 조금도 움직이지 않고 태연히 담소하면서 호랑이의 꼬리를 잡아 땅에 메쳐서 죽였다. 그러나 모든 공들은 유신공의 위엄에 심복하였다.

(『삼국유사』 권 1, 기이 1, 진덕왕조)

라고 하고 있는 것에서 보인다.

　김유신은 진덕왕이 죽은 후에 조정의 기미가 알천에게 향하고 있는 것을 알고 바로 알천공을 찾아가 김춘추를 추대할 것을 의논하고 있다. 이것은 『삼국사기』 김유신전에

진덕왕 8년 왕이 돌아가시니 뒤를 이을 왕자가 없으므로 유신은 재상 알천공과 모의하여 이찬 춘추를 맞아 즉위시키니, 이가 곧 태종 무열

왕이다.

(『삼국사기』 권 42, 열전, 김유신전)

라고 한 기사에서 나타나고 있다. 이러한 과정을 거쳐 김춘추는 비로소 왕위에 즉위하게 된다. 위에서 보는 바와 같이 태종 무열왕의 즉위는 바로 사륜계沙輪系와 가야계加耶系의 결합에 의한 왕권확보라는 점에서 의의를 찾을 수 있고, 또 이때부터 『삼국사기』와 『삼국유사』에서는 모두 한 시대의 서장으로 기술하고 있는 것으로 보아 신라사상新羅史上 중요한 의의를 갖는 시점으로 볼 수 있다.

　김춘추는 왕위에 즉위하자 그 동안의 외교활동을 기반으로 당의 협조를 얻어 백제를 멸망시키고 삼국통일의 기반을 형성하게 된다. 이때 김유신은 왕의 보익이 되어 백제정벌의 선봉에 섰다. 그 뒤를 이은 문무왕 또한 무열왕과 김유신의 누이 문명왕후文明王后의 소생으로 김유신의 보필을 받아 왕위에 즉위하였고, 이를 배경으로 그는 삼국통일의 대업을 완수하고 강력한 왕권을 구축하기 위해 정치개혁을 단행하였다.

　신라의 삼국통일에 대하여 후대의 학자들은 긍정적인 측면과 부정적인 측면에서 이를 조명하고 있다. 김부식은 『삼국사기』 김유신전의 논찬論贊에서

　김유신이 그 뜻한 바를 가지고 당나라와 일을 도모하여 삼국을 통합하여 한 국가를 이룩하고 능히 공명으로서 그 평생을 마쳤다.

(『삼국사기』 권 43, 열전 3, 김유신전 논찬)

라고 하여 신라의 통일을 민족통일의 계기로 평가하였고, 조선시대에 편찬된 『동국통감東國通鑑』의 찬자도

　　김유신은 능히 통일의 공을 이루어 임금으로 하여금 동한東韓의 땅을
보유하게 하고, 백성으로 하여금 전쟁의 걱정을 영원히 면하게 하였다.
(『동국통감』 권 9, 신라 문무왕 13년조 논찬)

라고 하여 『삼국사기』의 논찬을 계승하고 있다. 이러한 인식은 고려시
대와 조선시대의 일반적 역사인식이었던 것 같다. 그러나 단재丹齋 신
채호申采浩는 『독사신론讀史新論』에서

　　이종異種을 불러들여 동종同種을 멸함은 구적寇賊을 불러들여 형제를
죽임과 같으니 …… 오늘날에 와서는 본말本末을 탐구하지 아니하고 단지
삼국통일의 기초를 열은 인군人君이라 하니, …… 통일한 공으로 어찌 그
죄를 덮을 수 있으리오. 차등주의此等主義를 고취하여 우리나라를 삭약削弱
케 한 역사가여 ……
(신채호, 「김춘추의 외교와 김유신의 음모」, 『朝鮮上古史』)

라고 하여 김춘추의 통일사업을 민족사의 죄악으로 파악하고 있다. 손
진태孫晋泰는 『한국민족사개론』에서

　　우리가 여기서 주의할 것은 이로 인하여 백제왕조는 비록 패망하였
지마는 그 민중과 토지는 민족통일·국토통일의 노선으로 새로운 출발을
하게 되었다는 것이니, 이것은 민족사상의 일대 수확이다.
(손진태, 「백제왕조의 멸망과 그 원인의 검토」, 『한국민족사개론』)

라고 하여 신라의 백제정복을 민족통일·국토통일의 새로운 출발로
보아 긍정적으로 보면서도, 고구려의 패망에 대하여는

　　고구려의 패망은 조선 민족사상 수천년의 통한사痛恨事를 남겼으니,
그 결과로써 우리는 광대한 영토 만주와 거기에 거주하던 3백여 만의 동
족을 상실하였다.

라고 하여 부정적인 측면에서 이해하고 있다. 그러나 그도 만주와 그곳에 거주하던 민족을 상실한 것에 대한 아쉬움을 표하면서도, 같은 책, 「신라의 통일과 민족의 결정」에서는 신라의 삼국통일로 조선민족의 모체가 일단 형성되었다고 보아 긍정적으로 파악하였다. 지금까지도 학계의 일부에서는 신라가 외세의 힘을 빌려 삼국을 통일하였고, 이러한 삼국의 통일로 광대한 만주지방의 우리 영토와 백성들을 잃게 되었으며, 이로써 우리 역사는 약소국가로 전락되고 말았다는 인식을 갖고 있다.

그러나 신형식申澄植은 『신라사』에서

그러므로 외세이용이란 반민족적 행위가 인정된다 하더라도 고구려 멸망 후에 보여준 신라인의 줄기찬 대당항쟁은 그것을 충분히 보상해 줄 수 있는 것이다. 여기서 우리는 신라의 삼국통일을 외세에 의한 통일이란 표현이 불가함을 인식할 때가 되었다.

(신형식, 「삼국통일의 역사적 의의」, 『신라사』, 이화여대 출판부, 1985)

라고 하였다. 신라의 삼국통일에 대한 역사적 인식의 변화가 요구된다고 한 말을 음미할 필요가 있다.

## 제3절  통일신라의 발전

김유신세력의 추대를 받아 왕위에 즉위한 무열왕에게는 고구려와 백제의 공격으로부터 국가를 구해야 한다는 시급한 당면과제가 주어지고 있었다. 또 일면 그에게는 전통적 왕위계승의 방법을 탈피하고 변칙적으로 왕위에 즉위한 것에 대한 부담도 작용하고 있었다. 이로써 그는 김유신을 총수로 하여 고구려와 백제의 침공에 대비하고, 또 한 편으로는 아들 김인문을 당에 보내어 그의 즉위를 알리고, 고구려와 백제의 정벌에 대한 협조를 청하였다. 이러한 무열왕의 활동으로 당은 사절사를 파견하여 무열왕을 개부의동삼사 신라왕開府儀同三司 新羅王으로 책봉하는 조서를 내렸고, 다음 해 3월에는 영주도독 정명진程名振과 좌우위 중랑장 소정방蘇定方을 보내어 고구려를 공격하는 것으로 이에 답하고 있다.

또 무열왕은 정치기강을 혁신함으로써 민심을 안정시키는 것을 급선무로 파악하여 왕 원년(657) 5월에 이방부령理方府令 양수良首에게 명하여 종래의 율령을 살펴 이방부격理方府格 60여 조를 수정하게 하였다.

이와 동시에 그는 전제왕권의 확립을 위한 세력구축에도 전력을 다하고 있다. 그는 김유신 등의 지지세력이 있었지만, 신라의 전통적 귀족들에게는 기반이 약하였다. 왕 2년 정월에는 이찬 금강金剛을 상대등으로 삼고, 파진찬 문충文忠을 중시中侍로 삼았다. 주목되는 것은 지금까지 상대등으로 있었던 알천閼川이 배제되고 있다는 것이다. 알천은 그가 즉위하기 전에 상대등으로 있었고, 또 진덕왕 사후에 화백회의에서 왕으로 추대받았던 자이다. 그런데 이때 그가 상대등에서 물러나고 있다는 것은 무열왕에 의하여 의도적으로 배제되었던 것으로 볼 수 있다.

또 이 해 3월에는 원자元子 법민法敏을 태자로 삼고, 서자 문왕文王을 이찬으로, 노차老且를 해찬, 인태仁泰를 각찬, 지경智鏡과 개원愷元을 각각 이찬으로 임용하고 있다. 이러한 인사정책은 다음 후사를 결정지음으로써 있을지도 모르는 왕위계승에 대한 분쟁을 사전에 예방하고, 또 측근세력을 등용함으로써 왕권의 기반을 공고히 하고자 한 의도로 볼 수 있다. 이것은 다음 인사행정에서도 그대로 나타나고 있다. 다음 해에 당에 있었던 아들 김인문이 귀국하자 그에게 군주軍主의 직을 주어 장산성獐山城의 축조를 감독하게 하였고, 7월에는 전년에 이찬으로 승격시킨 서자 문왕文王에게 우무위장군右武衛將軍을 겸대시켰다. 왕 5년 (658)에는 중시中侍로 있던 파진찬 문충을 파격적으로 이찬에 승격시키고, 또 서자 문왕을 중시로 임용하고 있다. 이후 왕 7년에 상대등 금강이 죽자 그 후임으로 김유신을 상대등으로 삼았다.

이와 같이 왕권체제를 강화한 무열왕은 왕 7년(660)에는 당과 연합하여 백제정복을 위하여 군사를 대대적으로 일으키게 된다. 이 해에 백제를 정복하자 논공행상을 하게 되는데, 이때 왕은 백제를 포용한다는 명분에서 백제의 대신들에게도 벼슬을 내리고 있다. 당시 백제의 좌평 충상忠常·상영常永과 달솔 자간自簡에게는 일길찬의 벼슬을 내려 총관摠管으로 임용하였고, 은솔 무수武守에게는 대내마의 벼슬을 내려 대감大監에 임용하였다. 또 은솔 인수仁守에게는 대내마의 벼슬을 주어 제감弟監으로 삼았다.

무열왕을 이은 문무왕(661~681)은 고구려를 정복함으로써 삼국통일의 대업을 완수하였다. 그는 즉위하자 바로 고구려 정벌을 위해 군사를 일으켰다. 그가 즉위한 이후의 당면과제는 고구려 정벌도 있었지만 전년에 멸망한 백제의 잔존세력들을 소탕하고, 또 당의 관할에 있는 백제 정복지를 신라로 흡수하는 것이었다.

그리하여 당에 협조하면서 한편으로는 당과 투쟁하는 양면정책을 취하지 않을 수 없게 된다. 이후 당이 백제와 고구려의 영역을 자신의 영역으로 흡수하고, 신라도 흡수시키겠다는 의도를 간파하게 되자 문무왕은 당에 대하여 적대의식을 갖게 되었다. 이로써 문무왕은 백제와 고구려의 부흥세력에 협조하면서 당과 정면으로 충돌하게 된다. 그러나 이러한 문무왕의 정책에 대하여 신라 자체내에서도 반발하는 세력이 나타났다. 당시 대당총관大幢摠管 진주眞珠와 남천주총관南川州摠管 진흠眞欽이 바로 그들인데, 진주는 무열왕 6년에 병부령을 맡아 백제정복에 공을 세우고 문무왕이 즉위한 후에는 대당총관으로 있었다. 진흠

역시 무열왕 때에 백제정복에 공을 세우고 문무왕이 즉위 한 후에 남
천주총관으로 있었다. 이들은 왕의 이러한 정책에 반기를 들고 왕 2년
(662) 8월에 내사지성內斯只城의 백제부흥군을 소탕하라는·왕명을 거역
하고 출전을 기피하게 된다. 이에 왕은 군사를 풀어 이들과 함께 일족
도 모두 죽여버렸다. 이것은 『삼국사기』 문무왕 2년 8월조에

> 대당총관 진주와 남천주 총관 진흠이 거짓 병이라 일컫고 가만히 놀
> 면서 국사에 마음을 쓰지 아니함으로 드디어 그들을 죽이고 그 일족까지
> 도 멸하였다.
> (『삼국사기』 권 6, 신라본기 6 문무왕 2년 8월조)

라고 한 것에서 보인다. 이후 진주의 아들 풍훈風訓은 당과 정면으로
충돌할 때에 설인귀가 이끄는 당군의 향도嚮導가 되어 신라를 공격하
고 있다.

문무왕의 이러한 정책은 앞으로 있을 당군과의 충돌에 앞서 먼저
내부의 결속을 확고히 하고자 한 의도로 파악할 수 있다. 그러나 이후
당과의 투쟁이 본격화되면서 내부의 반발도 계속 나타나고 있다. 문무
왕 8년(668)에 평양성 공격에 가담하였던 대아찬 박도유朴都儒는 이후
한성도독으로 있으면서 백제지역에서 새로 형성된 친당세력과 연결하
여 왕 9년경 한성에서 반기를 들었다가 사전에 발각되어 처형당하였
고, 왕 10년 한성주 총관 수세藪世도 신라를 배반하고 당에 가려다 발
각되어 처형당하였다. 또 왕 13년(673) 7월에는 신라를 배반하고 당에
부화하려 한 아찬 대토大吐를 처형하고, 그 처자를 천민으로 만들었다.

문무왕은 왕 8년 고구려를 정벌할 때까지는 백제의 영역을 잠식
하면서도 당에 대하여는 형식상 성의를 다하고 있다. 당에 사신을 파
견하여 고구려정벌을 청하기도 하였고, 또 당의 고구려정벌에는 군사
를 파견하여 같이 출병하기도 하였으며, 당의 문책에 대하여는 사죄사

를 파견하여 해명하기도 하였다.

그러나 고구려가 멸망한 후에는 당과 정면으로 충돌하면서 영역을 독자적으로 확대해 나갔다. 이러한 와중에서도 문무왕은 민생 안정을 위한 다양한 정책도 아울러 행하고 있다. 왕 4년(664)에 지진이 일어나 민생이 극도로 피폐하자 명을 내려 백성들이 마음대로 재화와 전지田地를 불사佛寺에 시주하는 것을 금하였고, 고구려를 멸망시킨 다음 해인 왕 9년(669) 2월에는 민생안정을 위한 특단의 조치를 내리고 있다. 그 내용을 살펴보면 다음과 같다.

> 1) 이전에 죄를 지은 자 중 오역죄五逆罪로 사형을 선고받은 자를 제외하고, 나머지는 죄의 대소를 논하지 말고 모두 석방할 것이며,
> 2) 이전에 대사大赦를 받은 자들로써 또 죄를 범하여 관직을 빼앗긴 자들도 용서하고 옛날 벼슬을 되돌려 줄 것이며,
> 3) 도둑질 한 자는 석방하되 변상은 하도록 하는데, 징수에는 기한을 두지 말 것이며,
> 4) 집이 가난하여 남의 곡식을 경작하는 경우
>   ① 척박한 땅을 가져 곡식이 잘 여물지 않는 자는 원금과 이자를 모두 갚지 않아도 되며,
>   ② 비옥한 땅을 가져 곡식의 수확이 원활한 자는 원금만 갚도록 하고 이자는 갚지 않도록 한다.
>                        (『삼국사기』권 6, 신라본기 6, 문무왕 9년 2월조)

또 이 해 5월에는 천장군泉井郡·비열홀군比烈忽郡·각연군各連郡 등 3군에 기근이 심하자 곡창을 풀어 이들을 구제하였다.

이와 병행하여 전제왕권의 확립을 위한 정치개혁도 단행되고 있다. 왕 7년(667)에는 우이방부右理方府를 설치하여 영슈 2명과 경卿 2명을 두어 치안과 감찰 사무를 담당하게 하였고, 왕 10년(670)에는 촌도전村徒典을 설치하여 말단 행정기구의 국가통치를 원활하게 하였다. 왕 13

년(673)에는 외사정外司正을 전국에 설치하였는데 주州에는 2명을, 군郡
에는 1명의 사정을 두어 지방의 행정과 치안을 감찰하게 하였다. 이러
한 정치개혁은 삼국통일에 의한 영역의 확대와 그에 따른 인구의 증
가로 규찰 대상과 치안업무가 확대되었기 때문이다. 즉 이러한 감찰기
구의 확대는 전국을 하나의 행정체계로 흡수하면서 불평세력도 증가
하게 되자 이들에 대한 규찰의 범위가 확대되었기 때문이다.

　　문무왕 14년(674)에는 6도徒의 진골을 5경京·9주州에 옮겨 살게 하
고 이들에게는 따로 관명官名을 부여하였는데, 그들의 관등에 따라 악
간嶽干·술간述干·고간高干·귀간貴干·선간選干·상관上干·간干 등의 직을
제수하였다. 왕 17년(677)에는 좌사록관左司祿官을 두고, 왕 21년(681)에
는 우사록관右司祿官을 두었다. 이것은 행정기구의 확대에 따라 관료들
의 수가 대폭 증가하자 이들의 녹봉祿俸체제를 원활히 하기 위하여 설
치되었던 것 같다.

　　문무왕 13년(673)에는 백제에서 귀부한 관리들에게 그들이 갖고
있는 관등을 신라의 관등에 흡수시켜 이들을 포용하고 있다. 즉 달솔
達率에게는 10관등인 대내마, 은솔恩率에게는 11관등인 내마, 덕솔德率에
게는 12관등인 대사, 한솔扞率에게는 13관등인 사지의 경관직京官職을
제수하였고, 외관직外官職으로는 달솔은 귀간, 은솔은 선간, 덕솔은 상
간, 한솔은 간, 내솔은 일벌一伐, 장덕將德은 일척一尺으로 흡수하였다.

　　이를 전후하여 군사체제도 정비하였다. 왕 11년(671)에는 중당中幢
을 설치하였고, 다음 해에는 백금서당白衿誓幢을 설치하여 백제민으로
당幢을 만들었고, 비금서당緋衿誓幢도 설치하였다. 이 해에 지방의 요충
지인 청주菁州·완산주完山州·한산주漢山州·우수주牛首州·하서주河西州에
서 誓라는 군단을 만들어 5주서五州誓의 체제를 확립하였다. 이밖에도 왕
12년(672)에 우수주계당牛首州罽幢, 왕 17년(677)에 한산주계당漢山州罽幢을
설치하였고, 왕15년(675)에는 백금무당白衿武幢을 설치하였다. 또 신삼천

당新三千幢이란 군단도 설치하였는데, 우수주삼천당牛首州三千幢과 내토군삼천당奈吐郡三千幢은 문무왕 12년에, 내생군삼천당奈生郡三千幢은 왕 16년에 정비를 보게 된다. 이러한 과정을 거쳐 신문왕神文王(681~691) 때에는 전제왕권이 확립을 보게 된다.

신문왕은 문무왕의 아들로 즉위하였는데, 이때 그에게 주어진 당면과제는 반발세력을 숙청하고 왕권을 확고히 하는 것이었다. 신문왕은 즉위하자 서불한舒弗邯 진복眞福을 상대등으로 삼았는데, 이때 그의 장인 흠돌欽突이 반란을 일으켰다. 흠돌은 문무왕 원년에 대당장군大幢將軍이 되었고, 그 동안에 백제와 고구려의 공벌에 크게 활약하였다. 그리고 그의 딸은 바로 신문왕의 비妃였다. 그가 이때 반란을 일으켰다는 것은 왕권도전을 위한 반발이었던가, 아니면 얼마 전 상대등에서 탈락된 것에 대한 반발이었을 가능성이 많다. 아니면 이 두 가지를 모두 포함한 반란이었을 수도 있다. 당시 그의 딸이 왕비였지만 후사를 이을 아들을 낳지 못하고 있었고, 또 문무왕 원년에 그가 대당총관으로 임용되었을 때에 상대등으로 임용된 진복은 그 보다도 한참 아래인 서당총관誓幢摠管으로 있었다. 따라서 그는 그의 딸이 아들을 낳지 못하자 후사에 대한 불안이 있었고, 또 자신보다 아래인 진복이 상대등으로 임용되자 불만이 폭발하였을 것이다. 그의 반란에는 파진찬 흥원興元·대아찬 진공眞功 등 많은 사람들이 가담하고 있다. 왕은 사방에서 군사들을 모아 이들을 소탕하는데 무려 24일이나 걸리고 있다. 이때의 상황은 이들을 토벌하고 내린 하교下敎에서

　　그 포악한 마음을 들어내어 흉사凶邪한 사람을 불러들이고 근수近竪들과 교결하여 화가 내외로 통하고 악한 무리들이 서로 도와 기일을 정한 후에 난역하려 하였다. …… 정의正義를 범하고 미풍을 상하게 함이 이보다 심한 것이 없다. 그러므로 군사를 모아 효경梟獍과 같은 나쁜 무리들을 없애려 하니, 혹은 산곡山谷으로 도망하고 조정에 항복하기도 하였다. 그

러나 그 여당들을 샅샅이 찾아서 모두 죽여버리니 ……

(『삼국사기』 권 8, 신라본기 8, 신문왕 원년 8월조)

라고 한 것과 같이 당시 흠돌의 반란에는 가담한 자들이 많았다. 얼마 후에는 난의 모의사실을 알고도 고발하지 않았다는 죄목으로 당시 병부령兵部令으로 있던 이찬 군관軍官을 스스로 죽게 하였다. 당시 이들에 대한 숙청은 위의 교서에서 "나머지 무리들을 샅샅이 찾아서 모두 죽였다"고 한 바와 같이 철저하였다. 이들을 토벌한 후에 시위감侍衛監을 폐하고 장군 6명을 두고 있는데, 이것도 이 사건과 관계가 있을 것이다. 다음 해에는 위화부령位和府令 2명을 두어 인사행정을 관할하게 하고, 이 해 6월에는 국학國學을 설립하여 경卿 1명을 두었으며, 또 공장부감工匠府監 1명과 채전감彩典監 1명을 두었다.

　　주목되는 것은 국학의 설립이다. 이것은 유학의 전문교육기관으로 관등 내의 골품귀족들에게 유학을 교육시킴으로써 국가체제를 유교적 정치이념으로 개편하겠다는 의도와 연계되고 있다. 유교적 정치이념으로 정치체제를 개편하겠다는 것은 무열왕 이래의 정치이념이기도 하였다. 그러나 이것이 완전히 뿌리를 내리게 되는 것은 바로 국학을 설립한 이후이다. 국학의 설립은 지금까지 유·불·선으로 교육받았던 화랑도의 교육전통을 파기하였음을 의미한다. 여기서 수학한 자들은 그들의 골품에 따라 관로진출이 보장되고 있다.

　　왕 5년(685)에는 완산주完山州를 설치함으로써 9주九州의 지방행정체제를 완비하였고, 이 해 3월에는 남원소경南原小京과 서원소경西原小京을 설치함으로써 5소경五小京체제도 완비를 보게 되었다. 또한 왕 7년(687) 5월에는 문무관료들에게 전지田地를 하사하였고, 왕 9년(689)에는 내외관內外官의 녹읍祿邑을 폐지하고, 대신 해마다 조곡租穀으로써 이를 대신하도록 하였다.

다음 효소왕孝昭王(692~702)은 신문왕의 태자로 즉위하였다. 왕 4
년(695)에 물류의 유동을 원활히 하기 위하여 서울의 서쪽과 남쪽에도
시전市典을 설치하였고, 왕 7년(698)에는 일본국의 사신을 맞이함으로써
양국간에 친선관계를 수립하였다. 그러나 말기에는 모반사건이 나타나
고 있다. 왕 9년(700) 5월에 이찬 경영慶永이 모반사건으로 죽음을 당하
였고, 당시 중시中侍 순원順元도 이에 연좌되어 파면 당하였다. 이 사건
에 이찬과 중시가 관여되었다면 왕위계승과도 관계가 있었을 것이다.
이 사건이 있은 2년 후에 왕이 죽고 그의 동생이 즉위하였는데, 바로
성덕왕聖德王(702~737)이다.

성덕왕 때에는 전제왕권이 극성기를 이루었던 시기이다. 왕 4년
(705)에는 살생을 금하라는 교서敎書를 내렸고, 왕 10년(711)에는 「백관
잠百官箴」을 지어 군신들에게 보이고 있다. 학계에서는 이 「백관잠」에
대하여 많은 관심을 갖고 있다. 이기백과 이기동이 서술한 『한국사강
좌』 고대편(일조각, 1983, p. 310)에서

이 「백관잠百官箴」은 내용은 전하지 않고 있으나 필시 전제왕권의 인
신人臣으로서 받들어야 할 계명誡命들을 적은 것임이 분명하며, 유교적인
충군사상이 그 근본을 이루고 있었을 것으로 보인다.

라고 하고 있는 것이 그 대표적 사례이다. 「백관잠」의 내용은 대체로
전제왕권의 유지를 위한 유교적인 충효사상이 중요한 내용을 이루었
던 것으로 파악되고 있다. 왕 16년(717) 2월에는 의박사醫博士 1인을 두
었고, 3월에는 새로운 궁궐을 창건하였다.

왕 20년(721)에는 하슬라何瑟羅의 정부丁夫를 동원하여 북쪽에 장성
長城을 축조하고 있는데, 이것은 당시 발해渤海의 침입에 대한 방어책으
로 보인다. 이 시기는 북쪽의 옛 고구려 땅에서 대조영大祚榮에 의하여

발해국이 건국되어 있었다. 이로써 당시 우리 역사는 남북국南北國을 형성하게 되었고, 신라는 신흥 발해의 남침을 경계하지 않을 수 없게 된다. 다음 해 8월에는 처음으로 백성들에게 정전丁田을 하사하였고, 이 해 10월에는 일본의 침입을 차단하기 위하여 모벌군성毛伐郡城을 축조하였다. 왕 32년(733) 7월에는 발해가 군사를 일으켜 바다를 건너 당의 등주登州를 침략하자 당 현종玄宗이 신라에 사신을 보내어 발해의 남쪽을 공격해 달라는 요청을 하게 되었다. 신라는 이 요청에 따라 군사를 출동시켰으나 폭설로 많은 사상자를 내고 퇴군하였다.

왕 34년(735)에는 당 현종으로부터 패강浿江 이남의 땅을 신라에 소속시킨다는 정식통보를 받게 된다. 이 지역은 문무왕의 정복사업에 힘입어 신라의 관할 속에 있었는데, 그 동안 당과는 이 지역에 대한 분쟁이 끝나지 않고 있었다. 그러나 이때에 완전히 신라의 영역으로 인정을 받게 되고 분쟁의 소지도 해소되었다.

다음 효성왕孝成王(737~742)은 성덕왕의 둘째 아들로 즉위하였는데, 왕 4년(740)에는 파진찬 영종永宗이 모반하다가 복주되고 있다. 다음 경덕왕景德王(742~765)은 효성왕의 아우로서 즉위하였는데, 그의 재위기간에는 많은 정치개혁이 나타나고 있다. 경덕왕은 일본에 대하여 적대관념을 갖고 있었다. 이것은 그 동안 일본의 침입에 대한 신라조정의 적대감정을 대변한 것으로 보인다. 왕 원년(742)에 입조한 일본사신에 대하여 접견을 거절하였고, 왕 12년(753) 8월에도 입조한 일본사신의 접견을 거부하였다.

왕 6년(747) 정월에 중시中侍의 명칭을 시중侍中으로 개칭하였고, 또 국학國學에 제업박사諸業博士와 조교助教를 두었다. 이것은 기존 중시의 명칭을 시중으로 개칭하면서 그 직위를 격상시킨 것으로 볼 수 있고, 또 국학 교육의 활성화를 위하여 교육의 기능을 다변화하고 있음을 의미한다. 이것은 전제왕권의 기반확충과 연계되고 있다. 당시 신라사

회는 유학이 정치이념으로서 보편화되었고, 신라의 지식계급들은 유학
에 대한 상당한 수준의 실력을 배양하고 있다. 이것은 왕 15년(756) 당
의 현종이 5언·10운시五言·十韻詩를 왕에게 보내고 있는데, 그 중에서

> 높은 선비들은 예를 받들 줄 알게 되고, 신하들은 충성하고, 사람들
> 은 유학을 존중할 줄 알게 되었도다.
>
> (『삼국사기』 권 9, 신라본기 9, 경덕왕 15년 2월조)

라고 하고 있는 것에서도 보인다. 다음 해에는 정찰貞察 1명을 두었는
데, 이것은 백관의 규찰이 그 임무였다. 왕 8년(749) 3월에는 천문박사
天文博士 1명과 누각박사漏刻博士 6명을 두었다. 왕 16년(757) 3월에는 그
동안 관리들에게 지급하였던 월봉제月俸制를 폐지하고, 신문왕 9년에
폐지한 녹읍을 부활하였다. 이 해 12월에는 지방제도를 대폭 정비하였
고, 다음 해 정월에도 관제개혁을 대폭적으로 단행하였다.

혜공왕惠恭王(765~780)은 경덕왕의 아들로 왕위에 즉위하였는데,
그는 유학에 많은 관심을 가졌던 왕이다. 이것은 즉위 이후 태학太學에
행차하여 박사들과 『상서尚書』를 강론하고 있고, 왕 12년(776)에도 국학
에 행차하여 강론하고 있는 것에서 보인다. 그의 재위 기간에 행한 업
적으로 주목되는 것은 5묘제五廟制의 설치이다. 이 5묘제는 『삼국사기』
신라본기에는 보이지 않지만, 제사지에는

> 혜공왕 때에 비로소 5묘五廟를 정하고, 미추왕으로써 김씨의 시조로
> 삼았다. 태종대왕과 문무대왕은 백제와 고구려를 평정하여 큰공을 세웠음
> 으로 대대로 헐지 않는 종묘로 삼았으며, 친묘親廟 2개를 합하여 5묘로 삼
> 았다.
>
> (『삼국사기』 권 32, 잡지 1, 제사지)

라고 기록하고 있다. 이 5묘제에 대하여 변태섭은 「묘제墓制의 변천을 통하여 본 신라사회의 발전과정」(『역사교육』 8, 1964)에서 무열계가 그들의 가문에 대한 권위를 확고히 하기 위한 직조관념에서 만들어졌던 것으로 보면서 무열왕통의 전제왕권 확립이란 관점에서 파악하였다.

그러나 그 동안 무열왕통의 독점적 왕위계승은 비무열계의 반발을 불러일으키고 있었다. 신문왕 즉위시에 보이고 있는 흠돌의 반란, 효소왕 9년 이찬 경영의 반란은 이를 말해주고 있다. 혜공왕의 즉위 후에는 이러한 반발세력이 서로 연합하면서 왕권에 도전하고 있다. 혜공왕이 왕위에 즉위하였을 때에는 나이 8세였기 때문에 태후가 섭정을 하게 되었는데, 이에 대한 불만은 당시 대단하였던 것 같다.

무열왕 집권이후 왕위계승이 무열계의 부자상속으로 확정되면서 그 동안 왕의 추대에 막강한 힘을 발휘하였던 화백회의는 그 기능이 약화되었으며, 이들 회의의 의장의 역할과 수상의 역할까지 맡았던 상대등의 권위도 실추되어 있었고, 왕권이 전제화되면서 그 동안 국가의 주요 정책결정에 참여하였던 대신들의 지위도 크게 격화되고 있었다. 또 무열왕의 즉위에 공을 세웠던 김유신계도 서서히 몰락하고 있었다. 이것은 그의 적손嫡孫 김윤중金允中이 성덕왕 때에 대아찬이 되었으나 당시 왕의 친족들로부터 소외당하고 있는 것에서 알 수 있다.

이러한 시대상에서 혜공왕 때에는 불평세력의 반발이 심각하게 나타나고 있다. 왕 4년(768)에는 일길찬 대공大恭과 아찬 대렴大廉에 의하여 반란이 나타나고 있는데, 이 반란에는 지방의 호족豪族들까지 가담하였고, 전국 96각간角干이 서로 싸우면서 3개월 동안 계속되었다고 하고 있다. 이들은 33일이나 왕궁을 포위하였는데, 왕은 이들을 토벌하여 대공과 대렴형제를 죽이고 9족族을 멸하고 있지만, 그 여파는 계속 나타나고 있다. 왕 6년(770)에는 김유신의 후예로 보이는 대아찬 김융金融이 모반하여 주살되었으며, 왕 11년(775) 6월에는 이찬 김은거金隱

居가 모반하다가 죽음을 당하였고, 이 해 8월에는 이찬 염상廉相이 시중 정문正門과 더불어 모반하다가 죽음을 당하고 있다.

이러한 정치불안상을 혁신하고 새로운 정치기강의 확립을 위하여 왕 13년(777)에 상대등 김양상金良相이 정치개혁안을 제시하였으나 수용되지 못하였고, 왕 16년(780)에는 이찬 지정志貞의 반란이 일어나자 이 와중에서 왕은 살해당하고 만다. 이 난은 상대등 김양상과 이찬 김경신金敬信에 의하여 지정이 주살당함으로써 막을 내렸다. 그러나 이 난을 토벌한 상대등 김양상이 선덕왕宣德王으로 즉위하며, 그 동안 왕권을 계승하였던 문무왕계의 왕통도 종언을 고하게 된다.

## 제4절 통일신라의 통치구조와 사회구성

## 1. 통치구조

### 1) 중앙행정

신라의 관부는 법흥왕 13년(516)에 병부가 설치된 이후부터 신문왕 6년(986)에 예작부例作府가 설치되면서 그 완비를 보게 된다.

통일신라기에 있어 정치기구의 핵심은 집사부執事部였다. 이 집사부는 진덕왕 5년(651)에 품주稟主를 개편하여 만든 것인데, 국왕과 일반 관부와의 중간에서 위로는 왕명을 받들고, 아래로는 여러 관부를 통제하는 위치에 있었다. 따라서 집사부는 행정상의 서열로 볼 때 신라의 최고관부로 볼 수 있다. 장관은 처음 설치될 때에는 중시中侍라고 하였다가 경덕왕 6년(747)부터 시중侍中으로 개칭되었는데, 행정부 수반으로서의 지위를 갖는다. 이전에는 화백회의의 의장인 상대등이 수상의 역할을 담당하였고, 그 임명도 진골귀족의 대표적인 세력이 대상이었는데, 중시의 경우는 임용대상을 확대하여 대아찬에서부터 이찬에 이르는 관등에서 선발되고 있다. 이것은 당시 정치체제가 귀족들의 견제에서 벗어나 왕권의 전제화가 이루어지고 있었음을 의미한다.

통일신라의 관부는 전前 시대에 이루어진 관부를 기간으로 하면서 전제왕권의 확립과 새로 편입된 지역의 통치를 위하여 많은 관부가 새롭게 설치되어 신문왕 때에는 14관부의 중앙관서로 정비되고 있다. 이 시기에 운영되었던 주요관부는 다음과 같다.

1. 집사부 : 본래 품주인데, 진덕왕 5년(651)에 집사부執事部로 개칭되었고, 흥덕왕 4년(829)에 집사성執事省으로 고쳤다. 품주란 명칭으로 있을 때에는 전대등典大等을 두어 이를 관할하게 하였으나 이후 집사부執事部로 개칭되면서 중시가 장관으로 되자 전대등은 차관의 직관으로 변하였고, 경덕왕 6년(747)에는 시랑侍郎으로 개칭되었다. 중시는 경덕왕 6년에 시중侍中으로 개칭되고, 관등은 대아찬에서부터 아찬까지로 하였다. 진평왕 11년(589)에는 전대등의 아래에 대사大舍(경덕왕 18년에 낭중郎中으로 개칭) 2명을 두었고, 신문왕 5년(685)에는 사지舍知(경덕왕 18년에 원외랑員外郎으로 개칭) 2명을 두었으며, 그 아래 직관으로 사史 14명이 있었는데, 문무왕 11년(671)에 6명을 더 하였다. 국가의 주요 기밀사무를 담당하였다.

2. 병부兵部 : 법흥왕 4년(517)에 설치하여 처음에는 영令 1명을 두었으나 진흥왕 5년(544)에 1명을 더 하였고, 무열왕 6년(659)에는 또 1명을 더하여 모두 3명의 영을 두었다. 이들은 재상宰相과 사신仕臣을 겸할 수 있었다. 진평왕 45년(623)에 그 아래에 대감大監(경덕왕 때에 시랑侍郎으로 개칭하였으나 혜공왕 때에

대감으로 환원) 2명을 두었고, 문무왕 15년(675)에는 1명을 더 하였다.

그 아래 직관으로 제감弟監(무열왕 5년에 대사大舍, 경덕왕 때에 낭중郎中으로 고쳤으나 혜공왕 때에 대사로 환원) 2명을 두었고, 문무왕 12년에 노사지弩舍知 1명을 두었다. 또 사史 12명을 두었는데, 문무왕 11년에 2명을 더 하였고, 다음 해에 또 3명을 더 하였다. 문무왕 11년에는 노당弩幢 1명을 두었는데, 경덕왕 때에는 소사병小司兵이라 개칭하였다가 혜공왕 때에 노당으로 복구하였다.

3. 창부倉部 : 품주에서 분리된 관부로서 국가의 재정을 담당한다. 진덕왕 5년에 영令 2명과 경卿 2명·대사大舍 2명·사史 8명을 두었는데, 문무왕 15년에 경 1명을 더 하였고, 사는 문무왕 11년에 3명을 더하였으며, 다음 해에는 7명을 더 하였다. 이후 효소왕 8년(699)에는 1명을 더 하였고, 경덕왕 11년에는 3명을, 혜공왕 때에는 8명을 더 하였다.

4. 예부禮部 : 의례儀禮를 담당하는 기구로 진평왕 8년(586)에 영令 2명과 사史 8명을 두었고, 진덕왕 때에 경卿 2명과 대사大舍 2명을 보완하였다. 문무왕 15년에 경 1명을 더하였고, 진덕왕 5년에는 사 3명을 더하였다.

이 외에도 국가의 중앙부서로 공부를 담당하는 조부調府, 육상교통을 담당하는 승부乘府, 관리를 규찰하는 사정부司正府, 토목과 건축을 담당하는 예작부例作府, 해상교통을 담당하는 선부船府, 외교를 담당하는 영객부領客府, 관리의 인사행정을 담당하는 위화부位和府, 형사와 법률을 담당하는 좌·우이방부左·右理方府, 관리의 녹봉을 담당하는 좌·우사록관左·右司祿官, 토목공사를 담당하는 공장부工匠府 등이 있었다. 위의 관부들 중에서 예작부는 신문왕 6년(686)에 설치되었고, 사정부는 무열왕 6년(659)에, 선부는 문무왕 18년(678)에, 우이방부는 문무왕 7년(667)에, 공장부는 신문왕 2년(682)에, 좌사록관은 문무왕 17년(677), 우사록관은 문무왕 21년(681)에 각각 설립되고 있다.

위에서 주목되는 것은 위의 관부가 4부四部와 10부十府의 체제로 구성되고 있다는 점이다. 위에서 볼 때 이들 관부는 부部의 명칭과 부府의 명칭으로 이원화되고 있다. 이에 대하여 신형식은 『신라사』에서

신라의 14관부 중에서 병부·집사부·창부·예부 등 4부四部를 제외한 10개의 관청은 모두 부府로 표기하고 있는데, 이것은 부部가 부府보다는 한 단계 높은 기관임을 뜻한다. 따라서 10부府는 순수행정기관으로서, 부部의 명칭을 갖는 관부의 지휘를 받는 예속가능성이 크다.

(신형식, 『신라사』, 이화여대 출판부, 1985, p. 127)

라고 하였다. 즉 위화부와 예작부는 집사부의 감독을 받았고, 선부와 승부는 병부의 지휘를 받았으며, 영객부와 공장부는 예부의 지휘를, 조부는 창부의 통제를 받았을 것으로 파악하였다.

위의 관부들은 통일 이후에 신설된 관부도 있지만, 주로 통일 이전부터 있어왔던 관부를 계승하고 있다. 그러나 위에서 보는 바와 같이 인원이 확충되면서 정비되고 있는 것은 문무왕을 전후한 시기이다. 특히 이 시기에 실무행정을 담당하는 사史의 정원이 대폭 증원되고 있고, 병부의 기능이 확대·강화되고 있는 점이 주목된다. 이것은 군사력의 개편이 당면과제였음을 말해 준다.

또 이 시기에는 관기官紀 숙정을 위한 관부의 기능이 대폭 강화되고 있다. 기존의 좌이방부 외에 우이방부가 문무왕 7년에 신설되고 있

고, 무열왕 6년에는 사정부가 설치되고 있으며, 문무왕 13년(673)에는
외사정外司正이 설치되고 있는데 그 인원은 무려 133명이나 되고 있다.
이것은 통일과정에서 반발하는 세력과 전제왕권에 도전하는 중앙귀족
이나 지방호족세력을 규찰하기 위한 의도에서 나타난 것으로 볼 수
있다.

국학의 설립도 주요한 의의를 내포하고 있다. 신문왕 2년에 처음
으로 국학이 설치되어 유학교육이 본격화되고 있는데, 이것은 전제왕
권을 확립하려는 당시 왕권의 의도와도 연계되고 있다.

## 2) 지방행정

이 시기의 지방행정은 크게 9주九州·5소경五小京으로 편제되고 있
다. 통일 이전에도 주州와 소경小京은 있었다. 즉 지증왕 6년(505)에 실
직주悉直州를 두어 이사부異斯夫를 군주軍主로 하였다는 기록이 나타나고,
더 소급하면『삼국사기』신라본기 탈해이사금 11년(A.D. 67)에 박씨의
친척으로 국내의 주州와 군郡에 주주州主·군주郡主를 파견하였다는 기
록이 보이고 있다. 또 소경은 진흥왕 18년(557)에 중원소경中原小京이 설
치되고 있고, 하슬라경何瑟羅京의 이름도 보인다. 그러나 지방의 행정체
제가 9주·5소경으로 확정되는 것은 신문왕 때이다. 9주는 신문왕 7년
(687)에 사벌주沙伐州가 설치됨으로써, 5소경은 신문왕 5년(685)에 서원
소경西原小京과 남원소경南原小京이 설치됨으로써 완비를 보게 된다.

이들의 명칭과 설치연혁을 살펴보면 다음과 같다.

## (1) 9주九州

1. 사벌주沙伐州 : 첨해왕 때에 사벌국沙伐國을 취하여 사벌주로 하였
   는데, 진흥왕 18년(557)에 폐하였다가 신문왕 7년(687)에 다시

설치하였다. 경덕왕 16년(757)에 상주尙州로 개명하였다.

2. 삽량주歃良州 : 문무왕 5년(665)에 설치하였고, 경덕왕 때에 양주
   良州로 개명하였다. 지금의 양산梁山이다.

3. 청주菁州 : 신문왕 5년(685)에 설치하였고, 경덕왕 때에 강주康州
   로 개명하였다. 지금의 진주晋州이다.

4. 한산주漢山州 : 진흥왕 때에 고구려의 한산주를 취하여 신주新州
   라 하였다가 후에 한산주로 고쳤고, 경덕왕 때에 한주漢州로 다
   시 개명하였다. 지금의 광주廣州이다.

5. 우수주牛首州 : 선덕왕 6년(637)에 설치하였고, 경덕왕 때에 삭주
   朔州로 개명하였다. 지금의 춘천春川이다.

6. 하서주河西州 : 고구려의 하서량河西良을 취하여 주州로 하였는데,
   선덕왕 때에 소경小京으로 하였으나, 무열왕 5년(658)에 하서주
   라 하였고, 경덕왕 16년(757)에 명주溟州로 개명하였다. 지금의
   강릉江陵이다.

7. 웅천주熊川州 : 백제의 땅으로 신문왕 때에 웅천주라 하였고, 경
   덕왕 16년에 웅주熊州로 개명하였다. 지금의 공주公州이다.

8. 완산주完山州 : 백제의 땅으로 진흥왕 16년(555)에 설치하였고, 진
   흥왕 26년에 폐하였다가 신문왕 5년(685)에 다시 설치하였다.
   경덕왕 때에 전주全州로 개명하였고, 지금의 전주이다.

9. 무진주武珍州 : 백제의 땅으로 신문왕 6년(686)에 설치하였고, 경
   덕왕 때에 무주武州로 개명하였다. 지금의 광주光州이다.


(2) 5소경

1. 중원소경中原小京 : 고구려의 국원성國原城이었는데, 진흥왕 18년
   (557)에 이를 취하여 소경을 설치하였고, 경덕왕 때에 중원경中
   原京으로 개칭하였디. 지금의 충주忠州이다.

2. 북원소경北原小京 : 문무왕 18년(678)에 고구려의 평원군平原郡을 취하여 설치하였다. 지금의 원주原州이다.

3. 금관소경金官小京 : 예전의 금관국金官國으로 문무왕 20년(680)에 설치하였는데, 경덕왕 때에 김해경金海京으로 개명하였다. 지금의 김해金海이다.

4. 서원소경西原小京 : 신문왕 5년(685)에 설치하였고, 경덕왕 때에 서원경西原京으로 개명하였다. 지금의 청주淸州이다.

5. 남원소경南原小京 : 백제 고룡군古龍郡을 취하여 신문왕 5년에 설치하였다. 지금의 남원南原이다.


5소경五小京은 왕도의 행정구획과 같이 5부五部로 편제되었고, 이곳에는 왕경王京의 귀족들을 이주시켜서 거주하도록 하였다. 장관은 사대등仕大等 또는 사신仕臣의 명칭으로 불렀는데, 중앙의 진골에서 파견되었다.

9주九州는 원래 군사적인 성격이 강하여 장관을 군주軍主라 하였는데, 무열왕 때에는 도독都督이란 명칭으로 파견하기도 하였고, 신문왕 때에는 총관摠管이란 명칭으로도 파견하였다. 그러나 신라 하대에도 군주란 명칭이 보이는 것으로 보아 군사적 요충지의 주에는 군주란 명칭으로 파견하였던 것 같다.

이들 소경과 주에는 많은 군郡과 현縣이 소속되고 있었는데, 군에는 군태수郡太守가 임명되었고, 현에는 그 격에 따라서 소수少守가 임명되기도 하였고, 혹은 현령縣令이 임명되기도 하였다. 이 외관外官은 모두 중앙으로부터 임명받았다.

행정의 말단구역으로 촌村이 있었는데, 몇 개의 자연촌이 합하여 행정상의 촌을 형성하였다. 지방의 실력자인 촌주村主로 하여금 다스리게 하였는데, 이들도 중앙에서 파견된 지방관의 통제를 받았다. 또 특

수행정구역으로 향鄕·부곡部曲이 있었는데, 이들 지역은 주로 천민집
단지역으로 이해되고 있으나 일반 양인들이 주거하는 곳도 있었다.

### 3) 군사조직

이 시기에는 군사제도도 정비되고 있다. 이때의 군사조직은 중앙
군단과 지방군단으로 이원화되고 있는데, 중앙은 왕궁의 시위군侍衛軍
과 9서당九誓幢으로 편제되었고, 지방은 10정十停의 군단을 중심으로 다
양한 군제가 편성되어 있었다.

시위군은 시위부侍衛府에 소속되어 있었는데, 왕궁과 국왕의 신변
을 보호하는 임무를 맡았으며, 처음 설치된 것은 진덕왕 5년(651)이었
다. 처음에는 대감大監 6명을 두었으나, 신문왕 원년(681)에 김흠돌金欽突
의 반란이 있은 직후에 이를 폐지하고 장군將軍 6명을 두어 대체하였다.

중앙군단으로써 9서당은 진흥왕 5년(544)에 설치된 녹금서당綠衿誓
幢을 처음으로 하여 신문왕 7년(687)에 청금서당青衿誓幢이 조직됨으로서
그 체제가 완비된다. 편제는 신라인을 주축으로 새로 흡수된 고구려·
백제·말갈인으로 편성되었다. 이것은 중앙군단을 강화한다는 의도 외
에도 새로 신라에 흡수된 유민들의 이질적 감정을 해소시키려는 정책
적 의도도 반영되고 있다. 이 군단들은 복색服色으로 자신들의 소속을
표시하였으며, 이에 따라 명칭이 붙여졌다.

1. 녹금서당綠衿誓幢 : 진흥왕 5년(544)에 설치하였다. 처음에는 단지
   서당이라고 하였다가 진흥왕 35년(574)에 지금의 이름으로 개명
   하였다. 옷깃은 녹자색綠紫色이다.
2. 자금서당紫衿誓幢 : 진평왕 47년(625)에 설치하였다. 처음에는 낭
   당郎幢이라 하였다가 문무왕 17년(677)에 지금의 이름으로 개명
   하였다. 옷깃은 자록색紫綠色이다.

3. 백금서당<sub>白衿誓幢</sub> : 문무왕 2년(672)에 설치하였는데, 백제민으로 구성하였다. 옷깃은 백청색<sub>白靑色</sub>이다.

4. 비금서당<sub>緋衿誓幢</sub> : 문무왕 12년(672)에 설치하였고, 처음에는 장창당<sub>長槍幢</sub> 이라 하였으나 효소왕 2년(693)에 지금의 이름으로 개명하였다. 옷깃은 비색<sub>緋色</sub>이다.

5. 황금서당<sub>黃衿誓幢</sub> : 신문왕 3년(683)에 설치하였고, 고구려민으로 구성하였다. 옷깃은 황적색<sub>黃赤色</sub>이다.

6. 흑금서당<sub>黑衿誓幢</sub> : 신문왕 3년(683)에 설치하였고, 말갈인을 대상으로 구성하였다. 옷깃은 흑적색<sub>黑赤色</sub>이다.

7. 벽금서당<sub>碧衿誓幢</sub> : 신문왕 6년(686)에 설치하였고, 보덕성민<sub>報德城民</sub>으로 구성하였다. 옷깃은 벽황색<sub>碧黃色</sub>이다.

8. 적금서당<sub>赤衿誓幢</sub> : 신문왕 6년에 설치하였고, 보덕성민으로 구성하였다. 옷깃은 적흑색<sub>赤黑色</sub>이다.

9. 청금서당<sub>靑衿誓幢</sub> : 신문왕 7년(687)에 설치하였고, 백제잔민을 대상으로 구성하였다. 옷깃은 청백색<sub>靑白色</sub>이다.


지방은 기병군단과 보병군단으로 구분되는데, 기병군단은 영마병<sub>領馬兵</sub>으로 불리었다. 이들 군단은 각 주<sub>州</sub>에 정<sub>停</sub>이라는 이름으로 1개씩 설치하는 것을 원칙으로 하였으나 한주<sub>漢州</sub>만은 2개의 군단을 설치하여 10정<sub>十停</sub>이 되었다. 이들 각 정은 단순한 국방의 임무 뿐만 아니라 경찰의 임무도 아울러 갖고 있었다.

이들 군단의 명칭과 위치를 살펴보면 다음과 같다.


1. 음리화정<sub>音里火停</sub> : 상주<sub>尙州</sub> 청효현<sub>靑驍縣</sub>으로 지금의 상주<sub>尙州</sub>이다.

2. 고량부리정<sub>古良夫里停</sub> : 웅주<sub>熊州</sub> 청정현<sub>靑正縣</sub>으로 지금의 청양<sub>靑陽</sub>이다.

3. 거사물정居斯勿停 : 전주全州 청웅현靑雄縣으로 지금의 임실任實
   이다.
4. 삼량화정參良火停 : 양주良州 현효현玄驍縣으로 지금의 달성達城이다.
5. 소삼정召參停 : 강주康州 현무현玄武縣으로 지금의 함안咸安이다.
6. 미다부리정未多夫里停 : 무주武州 현웅현玄雄縣으로 지금의 나주羅
   州이다.
7. 남천정南川停 : 한주漢州 황무현黃武縣으로 지금의 이천利川이다.
8. 골내근정骨乃斤停 : 한주漢州 황효현黃驍縣으로 지금의 여주驪州이다.
9. 벌력천정伐力川停 : 삭주朔州 녹효현綠驍縣으로 지금의 홍천洪川이다.
10. 이화혜정伊火兮停 : 명주溟州 녹무현綠武縣으로 지금의 청송靑松이다.

또 특수 보병군단인 영보병領步兵이 있었는데, 이것은 전국적으로
설치된 것이 아니라 주요지역에 설치되고 있다. 즉 한산정漢山停·우수
정牛首停 등이 그 대표이다. 이밖에 지방의 요충지에는 서誓라는 군단이
조직되어 있었는데, 청주서靑州誓·완산주서完山州誓·한산주서漢山州誓·
우수주서牛首州誓·하서주서河西州誓 등 5주서五州誓가 그것이다.

## 2. 사회구성

이 시기에도 지배계급과 피지배계급의 분화가 있었고, 오히려 계
층사이의 분화는 더욱 심화되어 갔다. 진골세력들은 자신들의 골품을
고수하면서 특권적 지위를 더욱 결집해 나갔고, 고구려·백제의 지배
계급을 흡수하면서도 이들에게는 6두품 이하의 관등에서 흡수하였을
뿐 진골의 관등에서는 배제시켰다. 문무왕 13년(673)에 제정한 백제인
위百濟人位를 보면, 백제 2관등에 해당하는 달솔에게 10관등인 대내마大
奈麻를 제수하고 있는데, 이것은 신라 골품제에서 5두품의 관직에 해당

한다. 또 신문왕 6년(686)에 제정되고 있는 고구려인위高句麗人位를 보면 최고 관직으로 7관등 일길찬을 제수하고 있는데, 이것은 신라 골품제에서 6두품의 관직에 해당한다.

또 신문왕 2년에 설립되고 있는 국학에서 그 입학자격을 12관등인 대사大舍이하 무위자無位者로 하고 있지만, 그 벼슬이 11관등 내마奈麻, 10관등 대내마大奈麻에 이르러 졸업한다고 하고 있는 것으로 보아 그 수학대상으로 4두품은 배제되었던 것으로 볼 수 있고, 5두품의 경우도 그들에게 주어진 관로官路의 상한선이 10관등인 대내마였음을 감안할 때에 이들도 역시 배제되었을 가능성이 높다. 또 진골계층은 혈통적 특권을 이용하여 상위관등으로 진출할 수 있어 구태여 국학에서 수학하려고 하지 않았을 것이다. 그렇다면 국학은 주로 6두품이 그 대상이 되었을 것이다.

이미 3두품·2두품·1두품은 백성百姓 또는 평인平人으로 불리는 평민층으로 전락하였고, 통일기에는 5두품과 4두품도 그들의 신분에 많은 변화를 보이고 있다. 결국 이들은 신문왕 이후에는 서서히 그 지위가 전락되면서 경덕왕을 전후한 시기에는 대부분 기술직에 종사하는 전문직급으로 정착하였을 가능성을 배제할 수 없다. 이것은 성덕대왕신종聖德大王神鐘을 만들 때에 참가한 자를 보면, 주종대박사鑄鐘大博士인 박종일朴從鎰은 10관등 대내마였고, 차박사次博士로는 박빈내朴賓奈·박한미朴韓味·박부부朴負缶가 참가하고 있는데, 이들 중에서 박빈내와 박한미는 11관등인 내마였으며, 박부부는 12관등인 대사였다. 이러한 사실은 우리에게 많은 시사를 준다. 즉 위의 사업에 참가한 자들이 모두 5두품·4두품 출신이란 점과 이들이 모두 박씨라는 점이다. 이로 볼 때 통일 후에는 국초의 왕족이었던 박씨계의 몰락을 볼 수 있고, 또 5두품과 4두품의 입지를 어느 정도 알 수 있게 된다.

당시는 백성 또는 평인으로 불리는 민民의 분화도 심화되고 있었다. 부유한 계층인 호민豪民은 고리대 또는 고용생산의 증대로써 더욱 부유하여 갔고, 대다수를 차지하는 농민들도 천민으로 전락하는 경우 가 많이 생기게 된다. 이러한 현상은 삼국통일 과정에서 병사로 징발 된 자 중에서 전사자가 많았을 것이고, 이들의 가족은 생계를 위하여 토지를 매도하지 않을 수 없었을 것이며, 또 부유한 자로부터 고리高利 의 채무를 지지 않을 수 없었을 것이다. 이러한 현상은 고구려를 멸망 시킨 다음 해인 문무왕 9년(669)에는 심각한 사회문제로 대두되고 있 었다. 이에 문무왕은 유사有司에 명하여 남의 땅을 빌려서 소작하였지 만 수확이 없는 경우에는 원금과 이자를 모두 탕감토록 하고, 또 수확 이 있다고 하더라도 원금만 갚고 이자는 탕감토록 하라는 특명을 내 리고 있다. 그러나 이후 이들의 분화과정은 더욱 심화되어 농민은 자 영농민自營農民·용작농민傭作農民·유랑농민流浪農民으로 세분화되어 갔고, 이들 중에서 용작농민과 유랑농민들의 노비전락도 증가추세를 이루게 된다.

당시 농민들은 말단 행정구역인 촌村을 단위로 생활하면서 장적帳 籍에 수록되어 있었는데, 이 장적에는 촌락에 거주하는 호구와 이들의 생활등급, 가축의 종류와 수량 및 재배하고 있는 나무에 이르기까지 세세히 기록되고 있다. 이 장적은 일본의 정창원正倉院에서 발견된 장 적에서 확인되고 있는데, 이 장적은 경덕왕 14년(755) 혹은 헌덕왕 7년 (815)과 헌강왕 원년(875)에 작성되었을 것이라는 여러 가지 설이 있다. 이 장적은 서원경西原京 관하의 4개촌을 대상으로 하여 촌의 호수戶數, 인구수, 우마수牛馬數, 토지면적, 재배하고 있는 뽕나무·잣나무·호두 나무의 수량 그리고 호구와 우마牛馬의 증감 등을 기록하고 있으며, 3 년마다 한번씩 작성되고 있다.

여기에 의하면 당시 인구는 연령에 의하여 정丁·정녀丁女, 조자助 子·조녀자助女子, 추자追子·추녀자追女子, 소자小子·소녀자小女子, 제공除公

·제모除母, 노공老公·노모老母의 6등급으로 나누었고, 이러한 구분은 역역力役과 징세徵稅의 기준을 세우기 위한 것이었는데, 정丁의 수가 많고 적음을 기준으로 하여 호戶인 연烟의 등급을 메기었다.

이러한 연烟은 공연孔烟과 계연計烟으로 구분하고 있는데, 공연은 자연호自然戶로써 상상호上上戶로부터 하하호下下戶에 이르기까지 9등호로 구분되고 있다. 계연은 인위적으로 결성된 호戶로써 촌락단위로 계산되고 있는데, 여기에 편성되는 사람 수는 정丁에 한정되고 있다. 이것은 각 촌락에서 동원할 수 있는 정丁의 수를 파악하기 위한 목적에서 작성된 것으로 보인다. 이들 장적에 나타나는 4개촌의 총 인구는 462명인데, 이 중에서 노비가 25명 포함되고 있다. 이들 노비는 솔거노비率居奴婢로 보이는데, 그렇다면 이들 4개촌에도 다양한 신분의 분화가 나타나고 있음을 알 수 있다.

이 시기에는 노비의 수도 증가를 보인다. 이것은 민民의 신분전락과도 유관할 것이며, 또 통일전쟁 때에 획득한 포로의 수적인 증가와도 유관할 것이다. 위의 정창원 장적에서도 노비가 보이고, 또 『신당서新唐書』 신라전에 "재상의 집에는 녹祿이 끊이지 않았으며, 노비가 3천명이나 된다"고 한 내용에서도 당시 사회의 일면을 알 수 있다.

# 한민족 통일국가의 시련과 후삼국


제1절  한민족 통일국가의 시련
제2절  한민족 통일국가의 해체와 후삼국

# 제9장
# 한민족 통일국가의 시련과 후삼국

## 제1절  한민족 통일국가의 시련

### 1. 선덕왕의 즉위와 정치사회

선덕왕의 즉위는 신라사의 발전과정에 한 획을 긋고 있다. 혜공왕 16년(780)에 김지정의 난으로 왕이 죽게되자, 당시 상대등으로 있었던 김양상金良相과 이찬 김경신金敬信이 난을 진압하고, 김양상이 선덕왕으로 왕위에 올랐다. 선덕왕宣德王(780~785)은 혜공왕 10년(774)에 상대등으로 올라 왕 13년에는 시정時政에 대한 득실得失을 극론하였던 인물이다. 그의 출신에 대하여 『삼국사기』에는 단순히 내물왕 10세손이라 하였을 뿐 그의 가계에 대한 분명한 혈통을 누락하고 있다. 이로써 학계에서는 한 때 그를 비무열계의 왕통으로 보고, 이때부터 비무열계의 왕통이 성립되는 것으로 보기도 하였다.

그러나 그는 무열왕의 아들인 김인문金仁問의 후예로서 혜공왕 13

년(777)에 시중侍中으로 임용되고 있는 이찬 김주원金周元과는 족친族親의 관계에 있었음이 확인되고 있다. 그러므로 선덕왕의 즉위는 지금까지의 문무왕계의 왕통 대신에 그의 동생인 인문계仁問系의 왕위계승으로 보아야 할 것이다.

이와 같이 본다고 하더라도 이것은 당시 왕위계승에서 일대 혁명이라 하지 않을 수 없다. 그는 왕위계승과는 거리가 먼 비왕통非王統이었다. 문무왕 이후에 왕위계승은 문무왕계의 혈통으로만 계승되어 왔다. 그런데 그는 비문무계로서 중신衆臣들의 추대를 받아 왕위에 즉위하고 있다. 이것은 선덕왕 6년(785)의 조서에서

> 대보大寶를 받을 마음이 없었으나 추대함을 피할 수 없어 즉위하였는데, 즉위한 이래로 농사가 순조롭지 못하여 백성들은 곤궁에 빠졌다. 그래서 나는 항상 선양禪讓하고 퇴거退居하려 하였는데 군관群官과 백료百僚들이 항상 정성껏 간함으로 뜻과 같이 되지 않아 지금까지 머뭇거렸도다.
> (『삼국사기』 권 9, 신라본기 9, 선덕왕 6년 정월조)

라고 하고 있는 사실에서 보인다. 위에서 볼 때 당시 중신들은 기존의 왕통을 배제하고 무열계의 분파인 그를 추대하여 왕위에 즉위시키고 있는데, 이것은 당시 문무계의 왕통에 대한 귀족들의 불만이 표출된 것으로 보아야 할 것이다. 그 동안 문무계의 왕통에 의한 왕권전제화는 귀족들의 반발을 불러 일으켰고, 이러한 반발은 문무왕이 재위할 때부터 혜공왕에 이르기까지 반란이란 이름으로 『삼국사기』에 수없이 나타나고 있다. 특히 혜공왕 때에는 대공·대렴의 난, 대아찬 김융의 난, 이찬 김은거의 모반, 이찬 염상의 모반, 이찬 지정의 난 등이 계속 나타나고 있다. 김융이 김유신의 후손임을 감안할 때 당시 문무계의 왕통은 거의 모든 비왕통 귀족들로부터 반발을 불러일으키고 있었음을 알 수 있다.

　　이러한 시대상에서 김양상이 김지정의 난을 토벌하고, 이들 귀족들의 추대를 받아 비문무계로써 왕위에 즉위하고 있다. 그러나 그는 김인문의 후손으로 크게는 무열계武烈系에 속하고 있었다. 이러한 그의 출신은 그가 비록 왕위에 즉위하였다 하더라도 비무열계의 반감은 여전하였던 것 같다. 그는 즉위하자 비무열계로서 그와 함께 김지정의 난을 토멸하는데 협조한 김경신金敬信을 상대등으로 삼아 왕권체제를 안정시키려고 하였다. 그러나 그는 즉위 후에 반대파의 많은 반발에 부딪히지 않을 수 없었을 것이다. 기존 왕통인 문무계의 반발도 있었을 것이며, 또 비무열계 귀족들의 반발도 있었을 것이다. 이러한 사실은 그가 즉위한 5년에 왕위에서 물러나고자 하고 있는 것에서도 보인다. 이때의 상황은 『삼국사기』에

> 　　왕은 손위遜位하고자 하였으나 군신들이 재삼 글을 올려 간함으로 이를 그만 두었다.
>
> 　　　　　　　　　(『삼국사기』 권 9, 신라본기 5, 선덕왕 5년 4월조)

라고 하고 있는데, 이로 볼 때 당시 조정은 그의 손위遜位를 요구하는 세력과 그를 지지하는 세력으로 양분되고 있었음을 알 수 있다. 이것은 그의 사후 왕위계승에서 그대로 나타나고 있다. 『삼국사기』 원성왕 즉위조에는

> 　　선덕왕이 아들이 없어 죽자 군신들은 왕의 족자族子인 주원周元을 세우고자 하였다. 주원의 집은 서울 북쪽 20리에 있었는데, 때마침 큰비가 와서 알천閼川에 물이 넘쳐 주원이 건너 올 수 없었다. 이때 '혹자'가 말하기를 "인군人君의 대위大位는 실로 사람들이 도모할 바 아니다. 오늘의 폭우는 하늘이 주원을 세우고자 하지 않은 것이니, 지금 상대등 경신은 선왕의 아우로 그 덕망이 평소에 높았고, 임금이 될 체모를 갖추고 있다"라고 하자 이에 따라 중의는 마침내 경신을 세워 왕위를 계승하게 되었다.
>
> 　　　　　　　　　(『삼국사기』 권 10, 신라본기 10, 원성왕 즉위조)

라고 하고 있는데, 위에서 당시의 조정은 김주원계와 김경신계로 양분
되고 있었음을 보여준다. 당시 조정의 대세는 김주원을 추대하는 것으
로 확정되고 있었다. 위에서 '혹자'라고 한 것은 김경신의 지지자로 볼
수 있는데, 당시 조정에서는 이들 세력이 김주원계보다는 미약하였음
을 보여준다. 위에서는 폭우 때문에 김경신이 왕위에 즉위한 것으로
기록하고 있으나 김경신은 일찍부터 왕권에 대한 야심을 갖고 있었다.
이것은 『삼국유사』 원성왕조에서

> 아찬 여삼餘三이 찾아오자 (경신은) 꿈의 해몽을 청하였는데 …… 여
> 삼이 "왕이 될 꿈이라"라고 하니, 이르기를 "내 위에 주원周元이 있으니
> 어찌 상위上位에 있을 수 있겠는가"라고 하였다. 여삼이 말하기를 "비밀리
> 에 북천신北川神에 제사지내면 그렇게 될 것이다"라고 하여 그렇게 하였다.
> 오래지 않아 선덕왕이 돌아가자 국인國人 등이 주원을 왕으로 삼아 장차
> 왕궁에 드리려하였다. 그 집이 북천에 있어 갑자기 냇물이 불어 건너오지
> 못하였다. 그가 먼저 궁에 들어가 즉위하니 대신들이 모두 래부하였다.
>
> (『삼국유사』 권 2, 원성왕조)

라고 하고 있는 것에서 알 수 있다. 그러나 당시 조정의 대세는 김주
원이었음이 위의 글에서도 확인된다.

김경신은 북천신에서 비밀리에 제사를 올려 기회를 기다리다가
김주원이 추대를 받자 먼저 궁으로 들어가 왕위에 즉위하고 있다. 그
렇다면 그는 군사를 동원하였을 것이다. 그의 즉위는 일종의 쿠테타적
성격을 갖는다. 김주원은 선덕왕의 족친으로서 김인문의 후예였고, 크
게는 무열계이다. 김경신은 『삼국사기』에 내물왕의 12세손으로 기록되
고 있다. 그러나 그의 가계를 분석하면 지증왕의 8대손으로 무열계와
는 상이한 계열이다. 이때 김경신이 즉위하였다는 것은 무열계가 숙청
되고, 비무열계가 새로이 정권을 창출하였다는 것이 된다.

## 2. 원성왕의 즉위와 정치사회

김경신이 김주원을 축출하고 왕위에 즉위하니, 이가 원성왕元聖王 (785~798)이다. 원성왕은 즉위하자 일차적으로 직계에 의한 가문의 정통성을 확립하고자 하였다. 그는 즉위 직후에 4대조까지를 추봉追封하여 고조 법선法宣을 현성대왕玄聖大王, 증조 의관義寬을 신영대왕神英大王, 조부 위문魏文을 흥평대왕興平大王, 부친 효양孝讓을 명덕대왕明德大王에 봉하였다. 이와 병행하여 5묘五廟도 바꾸어 무열왕과 문무왕은 그대로 두었으나 성덕왕聖德王과 개성대왕開聖大王의 2묘는 헐고, 그의 조부 흥평대왕과 부친 명덕대왕의 친묘親廟로 대체하였다. 이후 그의 손자 애장왕哀莊王 2년(801)에 이르러서는 태종무열왕과 문무왕의 2묘는 별도로 설립하고, 5묘는 시조 미추왕·고조 명덕대왕·증조 원성왕·조부 혜충태자惠忠太子·부친 소성왕昭聖王으로 하여 김씨 전체의 공통시조 외에는 모두 원성왕의 직계로만 봉안하였다. 이것은 기존의 무열계 왕통을 완전히 부정하고 원성계元聖系로 왕권을 확고히 하겠다는 의도였다.

그러나 무열계의 세력이 완전히 제거된 것은 아니었다. 원성왕과의 왕위다툼에서 패배한 김주원은 자기의 족당을 거느리고 명주溟州지방으로 이주하여 명주군왕溟州郡王으로 호칭되면서 독자적인 세력권을 형성하고 있었다. 또 충청도 연해안 지방에는 김인문의 직계손들이 일찍부터 낙향하여 강력한 세력권을 형성하고 있었다.

원성왕은 즉위 후에 병부령 충렴忠廉을 상대등으로, 이찬 제공悌恭을 시중으로 임용하여 왕권체계를 강화하려 하였으나 원성왕의 즉위에 불만을 품은 제공은 이를 사양하고 있다. 그러므로 이찬 세강世强이 시중직을 대신하였는데, 제공은 왕 7년(791)에 반란을 일으키다 복주伏誅 당하고 있다. 또 바로 전 해에 김주원의 아들인 종기宗基가 시중으로 임용되었는데, 이 사건이 있은 다음 해에 파직되고 있다. 이로 볼 때 제공의 모반은 김주원의 복권과 관계가 있었을 것으로 보이며, 이 사건을 계기로 왕은 친권체제를 강화하고 있다. 이것은 종기의 후임으로 그의 손자 준옹俊邕을 시중으로 임용하고 있는 것에서 알 수 있다. 다음 해에 준옹은 병부령이 되어 군권을 장악하고 있다. 또 언승彦昇은 준옹의 아우인데, 왕 10년에 준옹을 이어 시중의 직을 맡았고, 왕 14년 (795)에 준옹이 태자로 책봉되자 다음 해에 병부령을 승계하였다.

　　원성왕의 치세에서 특기할 것은 독서삼품과讀書三品科의 제정이다. 이 제도는 왕 4년(788)에 제정되었는데, 이것은 국학생들을 성적에 의하여 상품上品·중품中品·하품下品으로 구분하여 관로진출에 특권을 부여한 제도이다. 이것은 『삼국사기』 원성왕 4년조에

　　　처음으로 독서삼품讀書三品을 정하여 출신하게 하였는데, 『춘추春秋』· 『좌씨전左氏傳』·『예기禮記』·『문선文選』을 읽고 그 뜻에 능통하고, 겸하여 『논어論語』·『효경孝經』에 밝은 자를 상품上品으로, 『곡례曲禮』·『논어論語』·『효경孝經』을 읽은 자를 중품中品으로, 『곡례』·『효경』을 읽은 자를 하품下品으로 하고, 만약 5경五經과 3사三史, 제자백가서諸子百家書에 널리 통하는 자는 뛰어서 발탁하였다.
　　　　　　　　　　　　(『삼국사기』 권 10, 신라본기 10, 원성왕 4년조)

라고 하고 있는 것에서 보이는데, 이것은 국학생을 대상으로 한 일종의 과거제科擧制로 보아도 좋을 것이다. 신문왕 2년(682)에 설치된 국학은 졸업과 동시에 관로가 보장되어 있었다. 그러나 당시 4·5두품은 현실적 여건으로 보아 여기서 공부할 수 없었고, 진골귀족들은 그들의 특권적 직위를 이용하여 여전히 궁시弓矢(箭)로 관로에 진출하고 있었다. 따라서 국학은 이들에게 외면되었고, 교육은 주로 6두품을 대상으로 하였을 뿐이었다. 『삼국사기』에서는 이 제도의 실행에 대한 평가에서

이보다 먼저는 궁전술弓箭術로서 인재를 뽑아 썼는데, 이때에 이르러 이 제도로 개혁하였다.

(『삼국사기』 권 10, 신라본기 10, 원성왕 4년조)

라고 하고 있는데, 이로 볼 때 원성왕은 진골귀족들도 국학에서 수학하게 함으로써 이들을 성적에 의하여 등용하고자 하였던 것으로 볼 수 있다. 이것은 바로 유교적 덕치德治로써 정치기강을 재편하고 왕권체제를 강화하겠다는 의도이기도 하다.

이후 원성왕 때에는 이 제도가 관리임용의 규정으로 수용되었던 것 같다. 이것은 다음 해 9월에 국학출신이 아닌 자옥子玉을 양근현楊根縣의 소수小守로 임용한 것에 대하여 집사부의 모초毛肖가 이에 반발하고 있는 것에서 보인다. 즉 『삼국사기』 원성왕 5년조에

자옥子玉을 양근현의 소수小守로 임용하였는데, 집사부의 모초毛肖가 이에 반박하여 말하기를 "자옥은 문적文籍출신이 아님으로 그에게 이 직책을 맡기는 것은 불가합니다"라고 하니, 시중은 의정議定하기를 "비록 문적출신이 아니라 하더라도 일찍 대당大唐에 들어가 학생이 되었음으로 어찌 등용하지 못하겠는가"라고 하자 왕은 이 말을 쫓았다.

(『삼국사기』 권 10, 신라본기 10, 원성왕 5년 9월조)

라고 한 기사에서 알 수 있는데, 위에서 문적文籍 출신이란 바로 국학에 학적을 둔 자라는 것을 예시 받을 수 있다. 위의 기사는 당시 대당 유학생 출신인 자옥을 양근현의 소수로 임용하자 집사부에서 그가 국학출신이 아니란 이유로 반발하였던 것으로 볼 수 있다. 이와 같은 집사부 모초의 반발에 대하여 『삼국사기』의 찬자는 "학문을 하지 않으면, 마치 담을 마주한 것 같아서 사리를 분별하는데 번거롭게 할 따름인데, 집사부 모초의 한 마디는 가이 만세의 모범이 될 만하다"고 칭송하고 있다.

왕 6년 정월에는 전주 등 7주의 사람들을 징발하여 백제 비류왕 때에 축조된 벽골제碧骨堤를 증축하였고, 이 해 3월에는 일길찬 백어伯魚를 발해渤海에 사신으로 파견하여 친선을 표하였다. 이때의 기사는 발해라는 용어대신 '북국北國'이란 용어를 사용하고 있는데, 이것은 당시 신라가 자기의 나라를 '남국南國'으로 보면서, 발해를 '북국'으로 인식하였음을 의미한다. 이것은 당시 신라가 발해를 동족 또는 고구려의 후예라고 인식하고 있었음을 의미한다.

다음 소성왕昭聖王(799~800)은 원성왕의 손자로 이름은 준옹俊邕이다. 원성왕 때에 시중과 병부령을 거쳐 태자가 되었고, 원성왕이 죽자 왕위에 즉위하였다. 그러나 소성왕은 재위 2년만에 죽고 태자 애장왕哀莊王(800~809)이 그 뒤를 이어 즉위하였는데, 이때 그의 나이 13세였으므로 병부령으로 있던 숙부인 언승彦昇이 섭정을 하게 된다. 왕 2년(801)에 5묘제를 원성왕계의 직계로 개편하였고, 다음 해에 해인사海印寺를 창건하였다. 이 해 12월에 균정均貞에게 대아찬의 직을 내리고, 가왕자假王者로 삼아 일본에 인질로 보내려 하였으나 균정의 반대로 이루어지지 못하였다. 이것은 왜와 친선을 도모함으로써 당시 발해와 당과의 견제에서 벗어나려 한 의도로 보인다. 다음 해에는 왜와 우호관계를 수립하였고, 왕 5년에는 왜에서 황금 500필을 바치고 있다. 왕 8년(807)에는 김주원의 아들 김헌창金憲昌을 시중으로 삼았는데, 이것은 김주원계를 등용함으로써 이들의 불만을 해소하겠다는 의도였을 것이다. 그러나 왕 10년(809)에 그 동안 섭정을 담당하였던 언승과 그 아우 제옹悌邕에게 시해를 당하였다. 다음 헌덕왕憲德王(809~826)은 이름이 언승인데, 조카인 애장왕을 살해하고 즉위하였다. 왕 3년에 평의전評議殿에 나아가 정사를 보았는데, 이것은 신라의 건국 이후 처음 행한 행사였다. 다음 해 9월에는 급찬 숭정崇正을 사신으로 발해에 파견하였다. 이때도 발해의 명칭은 '북국'으로 표현되고 있다. 그의 재위시에 특기

할 만한 것은 왕 14년(822) 김헌창金憲昌의 난과 왕 18년(826) 패강장성
浿江長城의 축성을 들 수 있다.

　　김헌창은 김주원의 아들이다. 그는 이찬으로서 애장왕 8년(807)에
시중에 임용되었고, 이후 헌덕왕 5년(813)에 무진주도독武珍州都督으로
나갔다가 다음 해에 다시 시중으로 소환되었으며, 왕 8년(816)에 청주
도독淸州都督으로 나갔다가 왕 13년(821)에는 웅천주도독熊川州都督으로
전보되었다. 웅천주는 일찍이 김인문이 수봉受封한 땅이 있는 지역으로
그의 후손들이 세거世居하고 있었다. 그는 선덕왕 14년에 웅천주도독으
로 부임하자 다음 해에 이곳을 중심으로 왕권에 도전하는 군사를 일
으키게 된다. 그는 일찍부터 아버지 김주원이 왕이 되지 못한 것에 대
한 불만을 품고 있다가 이때 반란을 일으켜 국호를 장안長安, 연호를
경운慶雲이라 하였다. 그리고 무진주武珍州・완산주完山州・청주菁州・사벌
주沙伐州 등 4도독都督을 위협하고 국원경國原京・서원경西原京・금관경金官
京 등의 사신仕臣과 주위의 여러 군郡・현縣의 수령들을 복속시켰다. 이
것은 당시 신라의 9주・5소경 중에서 4주와 3경이 그의 관할하에 흡수
되고 있을 정도로 그 규모가 매우 컸음을 보여준다. 이 난은 실패하고
말았지만 김주원과 김경신 사이에 나타났던 왕위계승권의 연장이라는
점에서 주목하지 않을 수 없다. 헌덕왕 17년(825)에는 헌창의 아들 범
문梵文이 고달산적 수신壽神 등과 함께 다시 반란을 일으켜 평양에 도
읍하기 위하여 북한산주北漢山州를 공격하였으나 역시 실패하고 말았다.

　　왕 18년(826) 7월에는 우잠태수牛岑太守 백영白永에게 명하여 한산
북쪽의 모든 주州와 군郡의 백성 1만여 명을 징집하여 길이 200리의
패강장성浿江長城을 축조하였는데, 이것은 북쪽 발해의 남침에 대한 경
계가 그 목적이었을 것이다. 당시 북방에는 발해가 강국으로 성장하고
있어 신라로서는 위기의식을 갖지 않을 수 없었을 것이다. 따라서 이
에 대한 방비는 이미 경덕왕 때부터 있어 왔고, 선덕왕 3년(782)에는

왕이 친히 한산주에 순행하여 예성강 이북지역으로 진출하는 교통의 요지인 대곡성大谷城을 승격시켜서 패강진浿江鎭을 설치하고, 민호民戶를 이곳에 옮겨 방비를 엄격히 하였다. 헌덕왕 때에 패강장성의 축성은 통일신라 이후에 추진하였던 북방정책의 완성으로 볼 수 있고, 발해의 침입에 대한 국경수비체제의 완비란 점에서도 그 의의를 찾을 수 있을 것이다.

헌덕왕이 죽자 아우인 흥덕왕興德王(826~836)이 계승하였는데, 재위시의 업적으로 주목되는 것은 해안경비를 위하여 설치한 군진軍鎭을 들 수 있다. 이들 군진은 일본의 침략으로부터 백성을 보호하고, 또 중국과의 교통로를 원활히 한다는 의도하에 설치되고 있다. 이들 군진은 일찍이 변경의 수비를 위하여 북진北鎭과 패강진浿江鎭 등 육지에 설치되었으나 이때에 이르러서는 해안에 설치되고 있다. 왕 3년(823) 4월에 처음으로 청해진淸海鎭이 설립되어 궁복弓福이 대사大使가 되어 주둔하였고, 다음 해에 당성진唐城鎭을 설립하고 사찬 극정極正으로 하여금 진수케 하였다. 이후 문성왕文聖王 6년(844)에는 혈구진穴口鎭을 설치하여 아찬 계홍啓弘을 진두鎭頭로 삼아 진수케 하였다.

청해진은 완도에, 당성진은 남양만에, 혈구진은 강화도에 설치한 것으로 이들 군진을 설치한 지역은 모두 해상교통의 관문이었다. 위의 군진 중에서 특기할 만한 곳은 청해진이다. 청해진은 궁복에 의하여 설치되고 있는데, 그는 일명 장보고張保皐라고도 한다. 그는 일찍이 당唐에 가서 군인으로 출세하여 서주徐州지방에 있던 무령군武寧軍의 소장少將으로 활약하였다. 또 신라인들이 많이 거주하고 있는 산동성山東城 문등현文登縣 적산촌赤山村에 법화원法花院이라는 사찰을 창건하여 신라인들을 보호하였다. 당시에는 해적이 성행하여 많은 신라인들이 노예로 매매되는 것을 보고 분개하여 본국으로 돌아와 흥덕왕의 승인하에 완도에 청해진을 설치하고 대사大使에 임명되었다. 당시 당성진이나 혈구진은 6두품인 아찬이나 사찬이 진두鎭頭에 임용되고 있었음을 상기할 때 그의 임용은 파격적인 예우라 하지 않을 수 없다. 그는 반사병적인 1만여 명의 수군水軍으로 해안일대를 경비하여 해적들의 출몰을 제압하고 서해와 남해의 해상을 장악하였다. 또 그는 당과 왜와의 무역을 독점하여 해상의 패자霸者가 되었다. 이와 같은 장보고의 활동으로 흥덕왕의 재위시에는 일본의 침입에서 해방될 수 있었고, 이것은 문성왕 즉위 후에 그가 살해될 때까지 지속되었다. 이밖에 그의 재위시에 나타나고 있는 주요사적으로 차茶의 보급을 들 수 있다. 이것은 『삼국사기』 흥덕왕 3년조에

> 이때 (당에) 사신으로 갔다가 돌아온 대렴大廉이 차茶의 종자를 가져왔음으로 왕은 지리산地理山에 이를 심게 하였다. 차를 마시는 풍속은 이미 선덕왕善德王 때부터 있어 왔는데, 이때에 이르러서 성하여졌다.
> (『삼국사기』 권 10, 신라본기 10, 흥덕왕 3년 12월조)

라고 하고 있는 것에서 보인다.

흥덕왕 사후에는 원성계의 족친들 사이에 왕권쟁탈을 위한 투쟁이 극열하게 나타나고 있다. 이것은 원성계의 분열로 보아야 할 것이다. 흥덕왕이 후사가 없이 죽자 왕의 종제從弟인 균정均貞과 종질從姪 제륭悌隆 사이에 치열한 왕위계승 쟁탈전이 일어나게 된다. 이때 흥덕왕의 아우인 충공忠恭의 아들 김명金明은 그의 족당인 아찬 이홍利弘과 배훤백裵萱伯 등과 함께 매부인 제륭을 받들었고, 김우징金祐徵은 고모부인 예징禮徵과 김주원의 직계손인 김양金陽과 함께 부친인 균정을 받들었다. 이들은 궁내에 들어가 서로 쟁투를 벌였는데, 이 싸움에서 균정이 패하고 제륭이 즉위하게 되는데, 바로 희강왕僖康王(836~838)이다.

희강왕은 즉위하자 반대파였던 김주원의 손자 김양을 상대등으로 삼고, 그에게 협조한 이홍을 시중으로 삼아 한때 이들 양 세력의 화해

를 시도하였다. 그러나 이들 세력간의 불화는 여전히 계속 되었고, 이로써 위기를 느낀 균정의 아들 김우징은 왕 2년(837) 5월에 도망하여 청해진 대사 장보고에게 의지하게 된다. 다음 달에는 균정의 매부인 아찬 예징도 양순良順과 함께 도망하여 우징에게 귀탁하였다.

왕 3년(838)에 즉위에 공을 세웠던 상대등 김명과 시중 이홍이 난을 일으키니, 왕은 궁중에서 목을 메어 자살하였다. 이로써 김명이 왕위에 즉위하였는데, 이가 민애왕閔哀王(838~839)이다. 그는 원성왕의 증손이고, 대아찬 충공忠恭의 아들이다. 김우징은 이 소식을 듣고 청해진 대사 장보고에게 협조를 요청하니, 장보고는 군사를 일으켜 민애왕을 살해하고 김우징을 즉위시켰다. 이가 바로 신무왕神武王이다.

신무왕은 즉위하자 장보고의 공을 높이 사서 그를 감의군사感義軍使로 삼고 식실食實 2천호를 봉하였다. 그러나 신문왕은 재위 6개월만에 돌아가고, 그 아들 문성왕文聖王(839~857)이 즉위하게 된다. 그는 즉위하자 장보고에게

청해진대사 궁복은 일찍 군사로써 아버지를 도와 선조의 거적巨賊을 토멸하였으니, 그 공을 잊을 수 있겠는가.
(『삼국사기』 권 11, 신라본기 11, 문성왕 즉위조)

라는 하교를 내리고, 진해장군鎭海將軍을 봉하였다. 그는 즉위하자 자신의 계파들로 권력을 독점시킴으로써 왕권유지의 기반으로 삼으려고 하였다. 또 장보고의 군사력도 왕권세력으로 흡수하고자 하였으나 왕권은 여전히 불안하였다. 왕 3년에 발생한 일길찬 홍필弘弼의 모반사건은 이를 말해 준다. 왕 6년(844)에는 혈구진穴口鎭을 설치하고 아찬 계홍啓弘을 진두鎭頭로 삼았고, 왕 7년에는 장보고의 딸을 차비次妃로 맞아들이려고 하였는데, 당시 조정대신들은 장보고의 신분이 해도海島 출신

임을 들어 반대하자 이루어지지 못하였다. 다음 해에 장보고는 이를
원망하여 청해진을 근거로 반란을 일으키게 된다. 그러나 조정에서 보
낸 자객 염장閻長에게 살해당함으로써 난은 막을 내리게 된다. 문성왕
13년(851) 2월에 청해진을 파하고 그곳의 백성들을 벽골군碧骨郡에 이주
시킴으로써 그 동안 해상의 패권을 잡았던 청해진도 역사에서 사라지
게 된다.

왕 11년(849)에는 이찬 김식金式과 대흔大昕 등이 모반하다가 복주
되었다. 이들은 김명(민애왕)과 우징의 왕위쟁탈전에서 김명파에 가담
하였던 인물들이다. 이로 볼 때 김명파의 세력은 이때까지 존속하면서
재기를 노렸던 것으로 볼 수 있다.

다음 헌안왕憲安王(857~861)은 신무왕의 이복동생으로 문성왕의 고
명顧命에 의하여 즉위하였다. 헌안왕 이후 정강왕定康王에 이르는 시기
에도 반란은 계속 나타나고 있다. 경문왕景文王 6년(866) 10월에는 이찬
윤흥尹興의 모역이 있었고, 왕 8년(868)에는 이찬 김예金銳와 김현金鉉 등
의 모역이 있었으며, 왕 14년(874) 5월에는 이찬 근종近宗의 모역이 있
었다. 이때의 특기할 만한 사항으로는 왕 13년에 황룡사黃龍寺 9층탑을
개조改造하였는데, 높이가 22장丈이었다. 헌강왕憲康王 5년(879) 6월에도
신홍信弘의 모역이 있었고, 정강왕定康王 2년(887)에는 김요金蕘의 모반이
있었다.

이러한 과정에서 신라사회는 서서히 해체되어 갔으며, 집권적 통
제력도 그 위엄을 상실당하고, 각지에서는 호족豪族들이 자립하면서 독
자적인 세력권을 형성해 나가고 있었다. 또 이 시기에는 해마다 흉년
이 계속되고 있어 민생고는 극심하여 사방에서 초적草賊들이 일어나
국가는 큰 혼란을 맞게 된다. 이러한 모순은 마침내 진성여왕 때에 이
르러서는 국가의 운명을 좌우하는 정치·사회적 문제로 부각되면서
폭발을 보게된다.

## 제2절  한민족 통일국가의 해체와 후삼국

## 1. 농민의 봉기와 호족세력의 대두

　　신라 하대에 원성계元聖系가 새로운 왕통을 확립하면서 왕위를 계
승하였지만 그들 내부에서 발생한 왕위쟁탈전은 왕권의 약화를 가져
왔고, 지방에 대한 통제력을 이완시켜 민생을 보살필 겨를이 없었다.
특히 헌덕왕 이후에는 만성적인 기근이 계속되어 농민들은 굶주림에
시달리고 있었으며, 전염병까지 유행하여 그들의 생활은 비참하였다.
　　농민들 중에는 굶어 죽는 자도 수없이 발생하였고, 자손을 팔아서
생계를 유지하거나 부유한 집에 노비로 들어가는 자들도 나타나고 있
다. 또 이들 중에서 일부는 당에 건너가 식량을 구걸하거나 해적이 되
어 약탈을 자행하기도 하였다. 이러한 시대상에서 이들은 마지막 탈출
구로 도적이나 초적草賊이 되어 기존질서에 반발하는 세력으로 결집되
어 갔다.
　　이러한 현상은 원성왕 때부터 나타나고 있었다. 원성왕 4년(788)
가을에 국서國西지방에 한재旱災와 황재蝗災가 들어 도둑이 사방에서 출
몰하여 왕은 사자를 보내어 안무하였고, 헌덕왕 7년(815) 8월에는 서쪽
변방의 주州·군郡에 큰 기근이 들자 도적이 벌떼처럼 일어나서 결국
군사를 내어 이를 토평하지 않을 수 없게 된다. 다음 해에도 기근이
계속되자 백성들 중에는 당의 절강浙江 동쪽지방으로 건너가 구걸하여
생계를 유지하는 자가 170여 명이나 되고 있다. 또한 헌덕왕 11년(819)
3월에는 초적들이 사방에서 일어나 왕은 여러 주·군의 도독들과 태수
에게 명하여 이들을 소탕하도록 하고 있다.
　　당시 백성들의 고통은 극에 달하고 있었다. 헌덕왕 13년(821)에 백
성들은 굶주림을 이기지 못하여 자손을 팔아 생계를 유지하는 자도

있었고, 흥덕왕 7년(828) 8월에도 기근이 심하여 도적이 창궐하고 있으며, 다음 해 10월에는 전염병으로 많은 사람들이 죽음을 당하고 있는 내용이 『삼국사기』에 나타나고 있다. 또 연해지방의 농민이나 어민들 중에는 해외로 유망하여 해적이 되는 자들도 많았다. 일본의 사서를 보면 헌덕왕 4년(812)에는 신라의 해적선 20여척이 대마도對馬島 침입을 기도하였고(『日本書紀』 권 22, 弘仁 3년 정월조), 다음 해에도 신라인 110명이 일본의 소근도小近島에 상륙하여 그곳의 주민들과 싸우고 있으며(『日本紀略』 전편 14, 弘仁 4년 3월조), 경문왕 9년(869)에도 신라의 해적들이 일본의 지방민이 상납하는 면綿을 약탈하고 있는 기사(『三代實錄』 권 24, 貞觀 15년 12월조)가 보이고 있다.

이러한 농민들의 처참한 생활상에 비하여 당시 진골귀족들은 부귀를 만끽하고 있었다. 이들은 『신당서新唐書』 신라조에

재상의 집에는 녹祿이 끊이지 않았으며 노비가 3천명이나 되고, 갑병甲兵과 우마牛馬·돼지 등도 이에 맞먹는다.

(『신당서』 권 220, 동이열전 신라전)

라고 한 것과 같이 부귀의 극치에서 생활하면서 날마다 연회와 향락으로 소일하였다. 이들에게는 사절유택四節遊宅이라 하여 계절에 따라 즐기는 별장이 있었고, 당시 찬란한 호화주택이 즐비하여 이를 금입택金入宅이라 하였는데, 서울에만 35개가 있었다. 당시 이들의 호화생활은 헌강왕 6년(880) 9월의 기사에

왕이 좌우군신과 더불어 월상루月上樓에 올라서 사방을 관망하였는데, 서울의 민옥民屋이 서로 줄지어 늘어졌고 가악歌樂소리가 연하여 일어났음으로 왕이 시중 민공敏公에게 말하기를 "지금 백성들은 집을 기와로 덮고 초옥으로 덮지 않았으며, 밥을 짓는데 숯을 쓰고 나무를 때지 않는다 하

는데, 사실이 그러한가"라고 하니, 민공이 대답하기를 "신도 일찍 이와 같
은 말을 듣고 있습니다"고 하였다.

(『삼국사기』 권 11, 신라본기 11, 헌강왕 6년 9월조)

고 하고 있는 것에서도 볼 수 있고, 또 『삼국유사』 사절유택四節遊宅에서

제49대 헌강왕 때에는 성중城中에 초가집이 하나도 없고, 가옥의 처
마와 담들이 서로 연접連接하였고, 노래부르는 소리가 길거리에 가득하여
밤낮 끊이지 아니 하였다.

(『삼국유사』 권 1, 사절유택조)

라고 하고 있는 것에서도 볼 수 있다.

이러한 정치상에서 당시 지식인 계층들은 비판적인 시각을 가지
게 되었다. 이들 지식인 계층들은 주로 6두품 계열이 주를 이루고 있
었는데, 이들은 국학에서 수학하였거나 또는 숙위학생宿衛學生으로 당에
가서 유학적인 지식을 함양한 자들이었다. 국학에서는 매년 100여 명
의 수학생들을 배출하였고, 또 당에 들어가 수학한 자들도 그 수를 헤
아릴 수 없을 정도로 많았다. 문성왕 2년에 귀국한 유학생만 하더라도
105명에 달했으니, 당시 신라에 산재한 이들 지식인 계층의 수를 가늠
할 수 있다.

이들은 유교적 정치이념을 신조로 하였고, 기존의 골품제적 족벌
정치에 대하여는 비판적 견해를 갖고 있었다. 특히 신라 하대의 정치
혼란상에서 그들은 이러한 정치이념의 실천을 강력히 요구하였으나
수용될 수가 없었다. 그 대표적인 사례가 최치원崔致遠이었다. 그는 일
찍이 당에 들어가 빈공과賓貢科에 합격하고 문명文名을 크게 떨쳤다. 그
는 헌강왕 11년(886)에 귀국하여 관로에 올라 당면정치의 개혁안인 시
무10조時務十條를 올렸으나 수용되지 못하였고, 또 당시 조정대신 중에

서 의심하고 꺼리는 자가 많아 도저히 뜻을 펼 수가 없음을 알고, 벼슬을 버리고 산림 속에 은거하여 한 생을 마쳤다.

이러한 시대상에서 이들 지식인 계층들은 심한 좌절감을 가지면서 최치원과 같이 벼슬을 버리고 은거생활을 하던가 또는 승려로 변신하기도 하였고, 일부는 유력한 호족과 결탁함으로써 새로운 시대를 개척하는 선봉에 서기도 하였다.

이 시기에 주목되는 것은 호족세력의 성장이다. 신라 하대의 계속적인 왕위쟁탈전은 기존 국가의 율령체제를 붕괴시켰고, 또한 지방에 대한 통제력을 상실하게 되었다. 이로써 율령체제하에서 파견되었던 지방의 장관들은 중앙의 통제력이 약화되자 독자적으로 지방을 통치하여 자신들의 세력기반을 확대해 나갔다. 또한 중앙의 왕위계승에서 탈락한 귀족들도 그들의 근거지에 낙향하여 족적 기반을 배경으로 독자적인 세력권을 형성하고 있었다. 이밖에 일찍이 5소경으로 이주한 귀족세력들도 새롭게 지역적인 기반을 조성해 나감으로써 이들 지역의 유력한 실력자로 성장하고 있었다. 한편 이 당시에는 본래부터 지방에 토착하여 살고 있던 촌주村主들도 국유지를 개인 사유화하면서 대지주로 성장하였고, 동시에 그들은 주위의 촌주들와 연합하는 과정에서 독자적인 세력을 형성하여 갔다.

신라 후기에 이르러 정치사회상의 모순이 노정되고 사방에서 초적들이 횡행하게 되자 이들 지방실력자들은 중앙의 협조로는 이들의 위협에서 벗어날 수 없었으므로 자신들의 세력이 미치는 영역에다 성城을 쌓아 스스로 성주城主라 칭하면서 성내의 백성들로 구성된 군대로 이를 방어하지 않을 수 없게 된다. 이들 성주들은 독자적으로 그들 영역의 백성들에게 조세를 징수하고, 또 이들을 군인으로 징용하기도 하였다. 이후 이들은 군사·행정에 이르기까지 지배권을 확대하여 독립적인 지위를 강화하였다. 또한 국경지방과 해안지방에 설치한 군진軍鎭

세력들도 중앙의 통제력이 약화됨에 따라 독자적인 세력권을 형성하고 있었다. 이들 지방세력들은 중앙의 통제력이 약화될수록 자신들의 세력기반을 강화시켜 나갔다.

　위에서 살펴본 바와 같이 신라 하대에는 지식인 계층의 왕권이탈과 호족세력의 성장이 특징을 이루고 있는데, 무엇보다도 이 시대의 특징은 농민의 비참한 생활상과 이로 인한 농민봉기를 들지 않을 수 없다. 진성여왕眞聖女王(887~897)은 헌강왕의 동생으로 왕위에 즉위하였는데, 그의 재위시에는 농민봉기로 일관되고 있다. 그는 즉위하자 죄수들을 사면하고 군郡·현縣에 1년 동안 조세를 면제시키는 정책을 펴기도 하였다. 그러나 이후 소년장부少年丈夫 2~3명을 궁중에 불러들여 음란한 짓을 행하고, 또 이들에게 요직을 주어 국정을 맡겨 정치가 크게 혼란해 진다. 이때의 정치상에 대하여『삼국사기』진성왕조에는

　　　왕은 평소에 각간角干 위홍魏弘과 더불어 통하였는데, 이때에 이르러 떳떳이 그를 궁내로 불러 일을 보게 하고, 왕은 그에게 대구화상大矩和尙과 더불어 향가鄕歌를 모아 수집하게 하고, 이를『삼대목三代目』이라 이름하였다. 각간 위홍이 죽자 시호를 혜성대왕惠成大王이라 하였다. 그뒤에 왕은 비밀리에 아름다운 소년장부 2~3명을 궁중으로 불러들여 음란한 짓을 하고, 또 그들에게는 요직을 주어 국정을 맡기니, 이로 인하여 아첨하는 이들이 뜻을 펴고 뇌물이 공공연하게 행하여졌다. 이로써 상벌이 불공평하고 기강이 무너졌다.
　　　　　　　　　　　(『삼국사기』권 11, 신라본기 11, 진성왕 2년 2월조)

라고 기술하고 있다. 이때를 즈음하여 대야주大耶州에 은거하고 있던 왕거인王居人은 이를 비난하는 벽서를 붙였다고 하여 고초를 당하고 있다. 왕 3년(889)에는 마침내 농민봉기가 발발하게 되는데, 이를 주도한 자는 사벌주沙伐州의 원종元宗과 애노哀奴였다. 이들의 봉기에 대한 원인

과 경과에 대하여 『삼국사기』에는

> 국내의 여러 주州와 군郡에서 공부貢賦를 바치지 않음으로 부고府庫가
> 비고 말라서 국가의 재정이 궁핍하였다. 이에 왕은 사자를 보내어 공부를
> 독촉하였다. 이로 인하여 사방에서 도적이 봉기하였다. 이때 원종과 애노
> 등은 사벌주에서 웅거하여 반란을 일으키므로 왕은 내마 영기令奇에게 명
> 하여 도적들을 소탕하게 하였는데, 영기는 적의 성루를 바라보고 두려워
> 진격하지 못하였고, 촌주村主 우운祐運은 역전하였으나 전사하였다.
>
> (『삼국사기』 권 11, 신라본기 11, 진성왕 3년조)

라고 기록하고 있다. 위에서 원종과 애노의 군사는 그 규모가 방대하
였고, 또 이들은 관군들을 압도할 수 있을 정도로 훈련이 되어 있었음
을 볼 수 있다. 이로 볼 때 원종과 애노는 단순한 도적이 아니라 일찍
부터 사벌주에서 세력기반을 조성하여 왔던 이 지방의 호족출신으로
보아도 좋을 것 같다. 이를 계기로 전국에서 농민봉기가 나타나는데,
이들 중에서 강력한 자는 북원北原의 양길梁吉, 죽주竹州의 기훤箕萱 등을
들 수 있다. 또 이때 궁예弓裔는 양길의 부하가 되어 힘을 기르고 있었
다. 왕 8년(894)에는 최치원에 의하여 이러한 난국을 타개할 시무 10조
가 건의되었으나 수용되지 못하였고, 그는 신라가 몰락할 것을 예감하
면서 얼마 후에 정계에서 은퇴하였다. 그가 신라가 망할 것을 예감하
였다는 것은 『삼국사기』 최치원전에서

> 처음 우리 태조(고려 태조 왕건)가 일어날 때 최치원은 그가 비상한
> 인물이므로 반드시 천명天命을 받아 개국하리라는 것을 알고 그러한 뜻을
> 글을 지어 왔는데, 그 속에 계림황엽鷄林黃葉(신라는 망한다는 뜻)·곡령청
> 송鵠嶺靑松(고려는 흥한다는 뜻)의 글귀가 있었고, 그의 문인들로서 국초에
> 조정에 들어와 벼슬하여 고관이 된 자가 한·둘이 아니었다.
>
> (『삼국사기』 권 46, 열전 6, 최치원전)

라고 하고 있는 것에서 보인다.

## 2. 통일국가의 해체와 후삼국

진성여왕 3년(889)에 일어난 원종元宗과 애노哀奴의 봉기는 탐학과
굶주림으로 시달려 왔던 농민들에게는 새로운 삶을 위한 기폭제가 되
었다. 이후 전국적인 농민봉기가 일어나게 되고, 왕 10년(896)에는 서
남지방에서 붉은 바지를 입은 소위 적고적赤袴賊이라 불리는 농민군들
이 봉기하여 서울의 서부 모량리牟梁里까지 쳐들어와 민가를 약탈하였
다. 이보다 앞서 왕 6년에(892)에는 완산完山에서 견훤甄萱이 후백제後百
濟를 건국하여 무주武州의 동남쪽 군과 현을 복속시키고 있었다. 진성
여왕의 재위 중에는 전국적인 농민봉기로 인하여 하루도 편한 날이
없었다. 이것은 최치원이 진성여왕 9년(895)에 찬술한 「해인사 묘길상
탑기海印寺 妙吉祥塔記」에서

> 악惡속에 악惡이 없는 곳이 없으며, 굶어 죽은 자와 전쟁에서 죽은
> 자들이 벌판에 별처럼 흐트러져 있다.

라고 하였고, 또 해인사 별대덕別大德 승僧 훈訓이 같은 해에 찬술한 「오
대산 사길상탑사五臺山 寺吉祥塔詞」에서

> 기유己酉(진성여왕 3년)부터 을묘乙卯(진성여왕 9년)까지 전후 7년 동
> 안에 천지는 혼란하고, 원야原野는 병란으로 덮혀 사람들은 방향을 잃고
> 행동은 이리와 같아서 나라는 기울어지려고 하였다.

라고 하고 있는 것에서 알 수 있다.

최치원과 승 훈이 위의 글을 지은 때가 진성여왕 9년이어서 이때

까지의 실상을 전한 것이지만, 이러한 현상은 이후에도 계속되었고, 오히려 더 심화되고 있다. 이러한 시대상에서 궁예弓裔가 효공왕 5년에

> 옛날에 신라가 당나라에 군사를 청하여 고구려를 멸망시켰으므로 옛 서울인 평양은 사냥터가 되어 무성한 풀로 가득하게 되었으니, 내가 반드시 그 원수를 갚으리라.
>
> (『삼국사기』 권 50, 열전 10, 궁예전)

라고 하여 고구려의 부흥과 신라에 대한 복수를 표방하면서 국호를 후고구려라고 칭하였다. 이로써 그 동안 통일국가를 이루었던 신라는 백제의 계승을 표방한 견훤세력과 고구려의 계승을 표방한 궁예의 세력으로 분열됨으로써 후삼국시대後三國時代를 양출하게 된다.

궁예는 제47대 헌안왕의 아들이라고도 하고, 제48대 경문왕의 아들이라고도 전해지는데, 그가 단오날에 출생하자 왕은 나라에 해가 될 것이라는 일관日官의 말을 듣고 사자를 보내어 죽이려 하였다. 사자는 아이를 죽이려고 다락 밑으로 던졌는데 유모[乳婢]가 다락 밑에 숨어있다가 이를 받았다. 그러나 이때 잘못하여 손가락으로 눈을 찔러 애꾸가 되었다고 전한다. 이후 그는 세달사世達寺에 들어가 스스로 선종善宗으로 이름하고 숨어지냈는데, 진성여왕 3년에 원종·애노의 봉기로 나라가 어지럽자 뜻을 세워 왕 5년 죽주竹州의 기훤에게 몸을 의탁하였다. 그러나 기훤이 오만하여 예로서 대하지 않자 다음 해에 기훤의 부하인 원회元會, 신훤申煊과 더불어 북원北原의 양길梁吉에게 의탁하였다. 그는 군사들과 고락을 같이 하며 사심을 버리고 공평하게 모든 일을 처리하자 사람들은 그를 존경하여 장군으로 추대하였다. 양길을 도와 명주溟州·금성金城·철원鐵圓 등지를 복속시키면서 명성을 떨쳤다. 이것을 기반으로 궁예는 양길을 배반하고 군사를 일으켜 그를 격파하며, 효공왕 5년에 스스로 왕을 칭하였다.

견훤은 상주尙州 가은현加恩縣 출신으로 아자개阿慈介의 아들이다. 성은 이씨李氏였으나 후에 견씨甄氏로 개칭하였다고 한다. 그러나 『삼국유사』권 2, 후백제 견훤조에는 『이제가기李磾家記』를 인용하여 진흥왕과 그 비 사도부인思刀夫人사이에서 출생한 셋째 아들 구륜공仇輪公의 후예인 각간 원선元善이 바로 아자개이며, 견훤은 그 아들이라고 기록하고 있다. 그는 일찍이 신라에 종군하여 서울로 갔다가 다시 서남해의 방비로 나가 있었는데, 이때 공을 세워 비장裨將이 되었다. 이후 진성여왕 6년(892)에 정치기강이 문란하고 사방에서 농민봉기가 잇따르자 그는 군사를 일으켜 마침내 무진주武珍州에서 스스로 왕이라 칭하였다. 그러나 공공연하게 왕이라고 칭하지는 않았는데, 효공왕 4년(900)에 완산주完山州에 이르자 주민들이 환영하자 인심을 얻은 것을 기뻐하며 좌우에 말하기를

> 내가 삼국의 시초를 살펴보니, 먼저 마한馬韓이 일어나고, 뒤에 혁거세가 일어났다. …… 백제는 금마산金馬山에서 개국하여 600여 년이나 내려왔는데, 의자왕 때에 당나라 고종高宗은 신라의 요청에 의하여 장군 소정방은 선병船兵 13만여 명을 거느리고 바다로 건너왔고, 신라 김유신은 있는 군사를 모두 거느리고 황산黃山을 거쳐 사비泗沘에 이르러 당나라 군사와 연합하여 백제를 공격하여 멸망시켰다. 이제 내가 완산完山에 도읍을 세워 의자왕의 원한을 풀어 주고자 한다.
>
> (『삼국사기』권 50, 열전 10, 견훤전)

라고 하고, 드디어 국호를 후백제라 하며 정식으로 왕을 칭하였다.

이러한 시대상에서 이미 국력이 쇠잔한 신라로서는 달리 대책을 강구할 수가 없었다. 이로써 진성여왕은 재위 11년(897)에

> 근년 이래로 백성들은 곤궁하여 도적이 봉기하니, 이것은 나의 부덕한 탓이므로 나는 어진 사람에게 왕위를 물려주기를 결심하였다.

(『삼국사기』 권 11, 신라본기 11, 진성왕 11년 6월조)

라고 하고는 태자 요嶢에게 선위하니, 이가 곧 효공왕孝恭王(891~912)
이다.

효공왕은 즉위하자 죄수들을 사면하고 문무백관의 관직을 1급씩
승진시켜 민심을 수습하려 하였으나 이미 대세는 기울고 있었다. 왕 2
년(898)에 궁예는 패서도浿西道와 한산주漢山州의 관내 30여성을 함락하
고, 드디어 송악군松嶽郡에 도읍하여 국가를 이루었다. 그리고 왕 4년에
는 국원國原 · 청주菁州 · 괴양塊壤 등에 웅거하던 청길淸吉 · 신훤莘萱 등도
성을 들어 궁예에게 귀복하였다. 이로써 다음 해에 궁예는 왕이라 칭
하고, 신라에 대한 공략에 속도를 더하게 된다. 또 견훤은 후백제왕이
라 칭하면서 효공왕 5년(901)에는 대야성大耶城을 공격하고, 또 금성錦城
남쪽과 연해변지방을 습격하여 약탈하였다.

이러한 시대상에서 효공왕은 이들에 대한 공세가 불가함을 간파
하게 되고, 이로써 효공왕 9년(905) 8월에는 모든 성주城主들에게 명을
내려 나가 싸우는 것을 삼가하고 성을 지키도록만 하고 있다.

원성계의 왕통도 여기서 일단 막을 내리게 된다. 효공왕을 이어
왕위에 즉위한 신덕왕神德王(912~917)은 박씨朴氏로 아달라왕阿達羅王의
후손이었다. 그의 즉위는 아달라이사금(151~184) 이후 무려 700여 년
이 지난 후에 처음 갖게 되는 박씨 왕통의 승계이다. 그는 정강왕 때
에 대아찬을 지낸 예겸乂兼의 아들이었고, 부인은 제49대 헌강왕의 딸
이었다. 『삼국사기』에는 효공왕이 죽은 후에 아들이 없었음으로 국인
國人들의 추대를 받아 왕위를 계승한 것으로 기록되어 있다. 그러나 그
의 즉위는 원성계의 왕위쟁탈과 당시 정치상에 혐오를 느꼈던 귀족들
의 반발이 그를 추대하였을 것으로 보인다.

그러나 그의 즉위 이후에도 국력은 떨칠 수가 없었고, 그의 사후

에 태자인 경명왕景明王(917~924)이 즉위하였으나 이 시기에 국력은 더욱 약화되어 갔다. 경명왕이 즉위한 다음 해(918)에 일길찬 현승玄昇이 모반하였고, 또 그 동안에 신라의 영역은 견훤과 궁예에게 대부분 복속되어 겨우 경상도 일원을 중심으로 명맥만 유지하게 된다.

이러한 정세하에서 918년에 궁예를 축출하고 왕건王建이 고려高麗를 개국하자 경명왕은 마침내 고려를 국가로 승인하지 않을 수 없게 되었고, 왕 4년(920)에는 사신을 보내어 고려와 수교를 맺게 된다. 왕 5년 2월에 말갈별부靺鞨別部인 달고達姑가 북변을 침공하자 왕건이 군사를 내어 이를 격퇴하자 왕은 사신을 파견하여 감사의 뜻을 표하였다. 이로써 양국의 친선은 돈독해졌고, 국력이 쇠약한 신라로서는 고려에 의지하여 국가의 명맥을 유지하려는 의존책을 쓰지 않을 수 없게 된다.

다음 경애왕景哀王(924~927)은 선왕인 경명왕의 아우로 즉위하였는데, 이때의 국내 정세는 더욱 약화되었다. 고려와는 친선관계를 유지하였지만, 그나마 신라에 소속되었던 많은 지역이 고려에 복속되어 갔고, 또 후백제는 우세한 군사력으로 신라의 영역을 잠식하고 있었다. 그는 고려에 대한 친선을 더욱 돈독히 하면서 후백제의 침입을 견제하고자 하였다. 왕 4년(927) 정월에 고려가 후백제 정벌의 군사를 일으키자 신라도 군사를 파견하여 이에 협조하였다. 그러나 이러한 신라의 외교는 후백제의 반감을 불러 일으켜서 이 해 9월에는 후백제의 침입을 받게 되고, 왕은 죽음을 당하게 된다. 후백제 견훤은 경애왕을 죽이고 스스로 경순왕敬順王(927~935)을 즉위시키니, 그는 문성왕의 후예로 김씨였다.

그러나 신라는 더이상 국가를 지탱할 능력을 상실하였다. 관문인 대야성도 후백제에게 함락을 당하였고, 경주 주변의 거의 모든 성도 고려에 귀부하였거나 백제에게 함락당하여 신라의 국기國基는 겨우 경주를 중심으로 몇 개의 성에 불과하였다. 이러한 시대상에서 경순왕은 고약하고 위험함이 이와 같아서 형세는 능히 온전하지 못할 것이니, 무고한 백성들을 참혹하게 죽도록 하는 것은 나로서는 차마 할 수 없는 일이다.

(『삼국사기』 권 12, 신라본기 12, 경순왕 9년 10월조)

라고 하고, 나라를 들어 고려에 귀부歸附하였다. 이로써 천년사직의 신라는 대단원의 막을 내리게 된다.

한편 궁예와 견훤은 각기 후고구려와 후백제를 건국한 후에 주변지역을 정복하면서 국가체제를 정비시켜 나갔다. 궁예는 신라의 왕자였지만, 신라에 대한 적개심으로 일찍이 영주 부석사浮石寺에 갔을 때 그곳에 있는 신라왕의 벽화를 보고 칼로 쳐서 이를 없애버리기도 하였다. 그는 효공왕 8년(904) 국호를 마진摩震으로 고치고, 연호를 무태武泰로 정하였으며, 또 정부관제를 정하였다. 이때 정한 관부와 관등은 『삼국사기』 직관지에 보이고 있다. 이를 보면 광평성廣評省을 설치하여 장관인 광치내(匡治奈, 후에 시중)를 두어 국무를 총괄하게 하였고, 병부兵部·대룡부(大龍部, 후에 창부)·수춘부(壽春部, 후에 예부)·봉빈부(奉賓部 후에 예빈성)·의형대(義刑臺, 후에 형부)·납화부(納貨府, 후에 대부시)·조위부(調位府, 후에 삼사) 등의 관부를 설치하였다. 이밖에도 내봉성內奉省·금서성禁書省·원봉성元鳳省·비룡성飛龍省·물장성物藏省 등을 설치하였으며, 또 정광正匡·원보元輔·대상大相·원윤元尹·좌윤佐尹·정조正朝·보윤甫尹·군윤軍尹·중윤中尹 등 9품 관등을 설치하였다.

그는 다음 해에 다시 서울을 철원鐵圓으로 옮기고, 연호를 성책聖冊으로 고쳤으며, 효공왕 15년(911)에는 국호를 다시 태봉泰封, 연호를 수덕만세壽德萬歲로, 또 신덕왕 3년(914)에는 연호를 정개政開로 고쳤다. 이와 병행하여 정복사업도 활발하게 일으켜 신라의 북부영계인 강원·경기·황해와 충청북도와 경상북도의 일원, 그리고 평안도 지역까지 복속시켜 국토의 3분의 2를 차지하는 강국으로 발전시켰다.

그러나 그는 일찍이 세달사에서 승려로 있었을 뿐 국가통치를 위한 기본적인 소양을 교육받은 일이 없었다. 따라서 이 당시 그에게 귀복하는 수많은 신라 6두품계열의 지식인과 호족들을 통제하기에는 많은 한계를 느낄 수밖에 없었다. 이후 그는 자신의 세력이 확대되어 가면서 이들에게 더욱 위기의식을 느끼지 않을 수 없게 되었고, 결국 불교의 미륵불彌勒佛 사상으로 자신을 포장하면서 권위를 유지하려고 하였다. 그리하여 소위 미륵관심법彌勒觀心法이라는 방술을 사용하여 이들을 위협함으로써 왕권을 유지하려고 하기도 하였다. 그는 스스로를 미륵불이라 칭하고, 아들을 청광보살靑光菩薩·신광보살神光菩薩이라 하였으며, 그가 출입할 때에는 백마를 타고 동남동녀童男童女로 하여금 천여 개의 향과 꽃을 들어 앞에서 인도하게 하고, 뒤에는 비구승 200여 명에게 범패염불梵唄念佛을 하면서 뒤따르게 하였다. 그리고 이러한 그의 행동을 비판하는 자들은 비록 승려라고 하더라도 무자비하게 살육하였다. 또 그의 미륵관심법은 수많은 사람들을 죽음으로 몰아 넣었다.

궁예의 폭정은 915년을 전후한 시기에는 더욱 심하여 부인인 강씨康氏를 간통을 하였다고 죽였으며, 그 아들들도 이와 연계시켜 죽였다. 문무관료와 백성들, 그리고 궁녀들도 그의 관심법에 의하여 수없이 살육되었으며, 심지어는 하루에 100여 명이나 되는 사람들이 죽는 일도 있었다. 왕건도 이 관심법에 의하여 위기를 당하였으나 최응崔凝의 기지로 겨우 면할 수 있었다. 이러한 그의 폭정은 당시 모든 사람들로부터 증오의 대상이 되지 않을 수 없었고, 마침내 경명왕 2년(918)에 홍유洪儒·배현경裵玄慶·신숭겸申崇謙·복지겸卜知謙 등에 의하여 축출되고 말았다. 이들로부터 추대를 받은 왕건王建이 왕위에 올라 고려를 세우게 됨으로써 궁예의 역사는 끝을 맺게 된다.

후백제를 세운 견훤도 국가체제를 정비시켜 나가면서 신라의 영역을 복속시켜 나갔다. 그는 나라를 세우자 관부를 정하고 관직을 새로 마련하면서 중국 남조인 오吳나라와 월越나라에도 사신을 보내어 국제적으로 공인을 취득하고 있다. 국가를 세운지 얼마되지 않아 그는 전라도 지역과 충청도 남부지방의 대부분을 복속시켰고, 경상도의 서쪽지방까지 그 영역을 확대하였다. 이후 후백제의 판도는 더욱 확대되어 충청도 지역에서는 태봉과 대치하게 되었고, 동쪽으로는 안동·영천·경주 등지까지 진출하기도 하였다.

918년 왕건이 궁예를 축출하고 즉위하자 그는 바로 일길찬 민극閔郤을 보내어 친선을 표하였고, 경명왕 4년(920)에는 군사를 풀어 신라의 대야성大耶城을 함락하였다. 신라가 고려에 사신을 보내어 수교를 요청하고 구원을 청한 것은 바로 이 사건이 일어난 이후이다.

이로써 신라와 고려의 화친관계는 더욱 공고해진 반면 후백제와 고려는 적대관계로 변하게 된다. 후백제와 고려는 이후 반목을 거듭하면서 복잡한 외교전을 펼치고 있지만, 후삼국을 통일하려는 야심은 모두 동일하였다. 고려는 신라와 동맹관계를 유지하면서 평화적으로 이를 흡수하려 하였고, 후백제는 이러한 고려와 신라의 관계를 적대행위로 보아 신라를 무력으로 정복하고자 하였다. 이들의 관계는 927년(고려 태조 10년, 신라 경애왕 4년)에 견훤이 신라를 공격하여 경애왕을 죽이고 경순왕을 즉위시키고 있는 것을 통해서 알 수 있다. 이때 고려는 신라를 구원하기 위하여 대군을 출동하였는데, 공산公山전투에서 견훤은 승리를 거두게 된다. 이때의 전투에서 고려는 대장 신숭겸申崇謙과 김락金樂이 전사하였고, 왕건은 겨우 목숨만 부지하여 탈출하였다. 이후 후백제의 우세가 계속되었으나 930년(고려 태조 13년)의 고창古昌전투를 계기로 고려의 우세로 반전된다. 이때 고려는 후백제에 대승함으로써 이후 이들 지역에 대한 주도권을 장악하게 된다. 이 전투가 있은 다음 해에 고려는 신라를 방문하여 신라에 대한 친선을 표하였다.

당시 고려 태조의 신라 방문에 대하여 『삼국사기』 경순왕 5년조에는

> 태조는 수십일 동안 (신라에) 있다가 돌아갔는데, 왕은 혈성穴城까지 전송하였다. …… 그런데 그 동안에 태조 휘하의 군사들은 군기가 엄정하여 민가를 조금도 침해하지 않았다. 이에 서울의 사녀士女들은 서로 기뻐하며 말하기를 "전일에 견훤甄萱이 왔을 때에는 시호豺虎를 만난 것과 같더니, 지금 왕공王公이 이르렀을 때에는 마치 부모를 만나보는 것과 같다"라고 하였다.
>
> (『삼국사기』 권 12, 신라본기 12, 경순왕 5년 2월조)

라고 기록하고 있다.

한편 후백제는 고창전투의 패전 이후에 국세가 급격히 약화되어 갔다. 이러한 상황에서 935년 후백제는 왕위계승으로 인한 분쟁이 돌출하게 된다. 이 해에 견훤의 장자 신검神劍은 아우 양검良劍·용검龍劍과 더불어 견훤이 총애하는 넷째 아들 금강金剛을 죽이고, 견훤을 금산사金山寺에 유폐하고 왕위에 즉위하였다. 금산사에 유폐된 견훤은 탈출하여 고려에 귀부하게 되었고, 고려는 다음 해에 대군을 출동하여 후백제를 멸망시켰다.

이로써 그 동안 분열되었던 후삼국은 고려에 의하여 다시 통일되었고, 우리 역사는 한민족의 새로운 통일국가를 맞이하게 된다.

『삼국사기』의 찬자는 궁예와 견훤에 대하여

> 궁예는 본래 신라의 왕자이면서 도리어 자기 나라와 원수가 되어 신라의 멸망을 도모하고, 선조의 화상까지 칼로 베어버리는 데까지 이르렀으니, 그 불인不仁함이 너무 심하였다. 견훤은 신라의 백성에서 일어나 신라의 관록을 받아 먹었으나 신라를 침해하려는 나쁜 마음을 먹고 나라의 위기를 다행으로 여겨 서울을 침범하여 임금과 신하를 참혹하게 죽였으니, 이는 금수가 풀을 깎는 것과 같은 것으로 실로 천하의 악마이다. 그

런 까닭에 궁예는 그 신하에게 버림을 받게 되었고, 견훤은 그 아들에게
서 화근이 조성되었다. 이것은 모두 스스로 취한 잘못이니, 그 누구를 원
망하겠는가

(『삼국사기』 권 50, 열전 10, 견훤전)

라는 논평을 하고 있다.

# 잃어버린 우리역사 발해


제1절  발해사에 대한 인식

제2절  발해의 국가성립과 성격

제3절  발해의 발전

제4절  발해의 통치구조와 사회구성

# 제10장
# 잃어버린 우리역사 발해

## 제1절  발해사에 대한 인식

### 1. 발해인의 역사인식

발해는 고구려가 멸망한 30여 년 후에 길림성吉林省 돈화敦化 부근인 동모산東牟山을 중심으로 건국한 국가로 처음에는 국호를 진(震, 『구당서舊唐書』에는 振으로 표기)이라 하고, 연호를 천통天統이라 하였다. 이때는 698년으로 신라 효소왕孝昭王 8년이다. 발해의 건국자인 대조영大祚榮은 고구려의 유장遺將으로 일찍부터 그의 아버지 걸걸중상乞乞仲象과 더불어 고구려 부흥을 위한 군사를 일으켰고, 이때에 이르러 나라를 세워 스스로 진국왕震國王이라 칭하고, 돌궐과 신라를 비롯한 주변 국가에도 이러한 사실을 알렸다. 발해는 고구려인을 중심으로 그 지배층이 형성되었고, 또 말갈족靺鞨族의 대부분을 흡수하여 국가체제를 정비시켜 나갔다. 따라서 발해사는 당연히 우리 민족사의 일부로써 파악되어야 할 것이다.

　그러나 이 당시 신라는 발해와 적대적인 관계에 있었기 때문에 같은 민족사의 범주에 포함시키지 않았고, 일제시대에는 식민사관에 입각하여 발해를 만주사滿洲史에 편입시키기도 하였다. 그러나 발해는 고구려, 더 나아가 부여를 계승한 국가로 우리 민족사의 한 영역임은 분명한 사실이다. 이러한 인식은 727년 발해의 무왕武王이 일본에 보낸 국서國書에서

　　(대)무예武藝(발해 2대왕 文王)가 외람되이 열국列國을 주관하고 제번諸蕃을 거느려 고구려의 옛 땅을 회복하고, 부여의 유속遺俗을 잇게 되었도다. 그러나 (왜국과는) 멀리 떨어져 있어 길이 막히고 해로가 아득하여 지금까지 소식을 통하지 못하여 길흉을 묻지 못하였도다. 오늘에 이르러서야 비로소 옛날의 예에 맞추어 선린을 도모하고자 사신을 보내노라.
　　　　　　　　　　　　　(『속일본기』 권 10, 성무천황 신구 5년 정월 갑인조)

라고 하고 있는 것에서 보이는데, 여기서 발해는 고구려와 부여를 계승한 나라임을 강조하고 있다. 이 국서에 대하여 일본에서는 3개월 후에 "옛 땅을 회복하고 지난 날의 우호관계를 그대로 이으려고 하는 것을 알게 되니 기쁘다"란 답서를 보내고 있다(『속일본기續日本記』 권 10, 성무천황聖武天皇 신구神龜 5년 4월 임오). 따라서 당시 일본도 발해를 부여와 고구려를 계승한 국가로 인식하고 있었음을 알 수 있다.

　765년(문왕 29) 문왕文王은 일본에 조문사를 보내면서 스스로를 '고려대왕高麗大王 대흠무大欽茂'라고 칭하고 있으며, 같은 해 일본에서 발해에 보낸 국서에서도 발해왕을 '고려국왕高麗國王'으로 호칭하고 있다. 이밖에도 『속일본기續日本記』에는 발해사渤海使를 고려사高麗使로, 발해국을 고려국으로 지칭하고 있는 사례가 많이 보이며, 또 일본 나라현 평성경平城京에서 발견된 목간木簡에도 '의견고려사회래 천평보자 2

년 10월 28일 진이계급依遣高麗使廻來 天平寶字二年 十月二十八日 進二階級'이라
는 묵서명墨書銘이 보이고, 763년(문왕 27)에 작성된 일본 동대사東大寺의
고문서에서도 발해인을 고려인으로 기술한 내용이 보인다. 이로 미루
어 볼 때 당시 발해는 스스로 고구려를 계승한 국가임을 자부하고 있
었고, 또 당시 일본에서도 발해를 고구려의 계승국가로 인식하고 있었
음을 알 수 있다.

발해는 고구려의 천손天孫의식을 계승하고 있다. 고구려 건국시조
인 동명東明은 천제天帝의 아들인 해모수를 아버지로 하고 있다. 그렇다
면 동명은 천제天帝의 손자, 즉 천손天孫이 된다. 고구려 왕실의 이념적
구조는 이 천손사상을 바탕으로 하면서 계승되고 있다. 이러한 고구려
의 천손의식을 발해왕실에서 그대로 계승하고 있다. 이것은 771년(문
왕 35) 발해가 일본에 국서를 보냈는데, 그 국서의 내용 중에서 천손天
孫이라는 용어가 사용되고 있어 일본에서는 무례하다고 하여 국서를
수령하지 않고 있는 사실에서 알 수 있다. 즉『속일본기續日本記』에 발
해의 국서에 대하여 일본이

······ 글의 말미에 허망되게 천손이란 칭호를 쓰고 있으니書尾虛陳天孫
僭號 ······

(『속일본기』권 32, 보구 3년 2월 기묘조)

라고 하여 국서의 수령을 거부하고 있는 내용이 보인다. 여기서 천손
이란 개념은 일찍부터 고구려 왕실의 의식구조였으며, 발해왕실이 이
개념을 계승하여 스스로 이 용어를 사용하고 있다는 것은 발해왕실이
고구려를 계승하고 있다는 것을 말해주는 것이기도 하다.

발해가 고구려를 계승한 국가란 것은 당시 당唐에서도 인식하고
있었던 것 같다. 이것은『책부원구冊府元龜』권 964, 봉책封冊조를 보면

대조영이 발해국을 건국하자 당 현종玄宗은 713년에 홍로경鴻臚卿 최흔
崔忻을 발해에 보내어 대조영을 발해군왕渤海郡王으로 책봉하고, 장자 대
무예大武藝에게는 계루군왕桂婁郡王을 책봉하고 있다. 이후 대무예가 발
해군왕을 계승하자 대무예의 장자 대도이행大都利行에게도 계루군왕을
책봉하고 있다. 이것은 주목할 만한 사실이다.

계루부는 고구려의 왕부王部였다. 고구려는 처음에는 연노부涓奴部,
일명 소노부消奴部에서 왕이 나왔으나 이후 계루부가 이를 대신하였고,
이것은 고구려가 망할 때까지 계승되었다. 당이 대조영을 발해군왕으
로 책봉하면서 그 장자에게 계루군왕을 제수하였고, 또 이를 그 아들
에게까지 승계시키고 있다는 것은 당시 당에서도 발해의 왕가王家를
고구려의 왕가인 계루부를 계승한 것으로 인식하고 있었음을 의미하
는 것이다.

또 주목되는 것은 대조영은 발해를 건국한 후에 신라에 대하여
친선적 외교정책을 취하였고, 신라 또한 발해의 건국을 긍정적으로 수
용하였다는 사실이다. 이것은 대조영이 발해를 건국한 후에 신라로부
터 제5관등인 대아찬의 벼슬을 제수받고 있다는 것에서 알 수 있다.
이것은 최치원崔致遠이 당에 올린 「사불허북국거상표謝不許北國居上表」에서

그들이 처음 거처할 고을을 세우자 우리 신라에 와서 인접을 청하옵
기에 그 추장 대조영에게 우리 신라의 제5품 벼슬인 대아찬을 주었더니,
후 선천先天 2년에 이르러 대조大朝：唐의 총명을 받아 발해군왕에 봉해졌
습니다. 이와 같이 그들이 황은皇恩을 입게되자 갑자기 우리 신라와 대등
한 교제를 하려고 하니, 차마 입에도 담지 못할 일입니다.

(『동문선』 권 33, 표전)

라고 한 내용에서 보인다. 위의 기사에 대하여 학계에서는 다양한 의
견이 있지만, 위 기사의 내용은 액면 그대로 믿어도 좋을 것 같다. 최

치원의 생존시에는 발해가 국가로써의 체제를 완전히 정비하고 있을 때였고, 또 위의 글은 왕명에 의하여 작성되고 있다는 점에서, 그리고 최치원은 역사의식이 밝아 사실에 근거하여 역사를 서술하고 있다는 점 등을 고려할 때 대조영에게 제5관등인 대아찬을 제수했다는 위의 내용은 그대로 믿지 않을 수 없다. 그렇다면 신라에서 먼저 대조영에게 제5관등을 제수하지는 않았을 것이다. 앞의 최치원의 글에서 보는 바와 같이 발해가 국가를 건국한 후에 먼저 신라에 화친을 요구하고 있고, 이에 신라에서는 제5관등을 제수하고 있다. 이것은 신라가 고구려와 백제를 멸망시킨 후에 이곳의 관료들에게 내린 벼슬과 연계하여 생각할 수 있다. 문무왕 13년(673)에 제정된 백제인들에 대한 관위규정을 보면 백제 제2관등에 해당하는 달솔에게 신라의 제10관등인 대내마를 제수하고 있고, 신문왕 6년(686)에 제정되고 있는 고구려인의 관위규정을 보면 고구려인들에게는 최고 관직으로 제7관등 일길찬을 제수하고 있다. 이것은 당시 신라가 백제와 고구려를 자신의 통치기구로 흡수하고자 한 정책적 의도였다. 또 이것은 동족이라는 의식이 전제되어 있었다. 이와 같은 관점에서 고구려가 당의 영역으로 흡수되자 신라는 고구려의 부흥군을 지원하면서 당과 결전을 벌이기도 하였다. 당시 발해가 건국 후 신라에 친선적 외교를 취하였고, 신라 또한 이를 호의적으로 받아들여 제5관등을 제수하였다는 것은 이와 같은 당시 정치상의 연장선상에서 파악해야 할 것 같다. 즉 발해는 건국 후 당의 침입을 견제하기 위하여 같은 민족인 신라에게 친선을 표하였고, 신라 또한 발해를 고구려의 부흥국가로 보아 그들이 일찍이 고구려와 백제의 부흥운동을 지원한 것과 같은 맥락에서 이들에게 호의적인 태도를 취한 것으로 볼 수 있을 것이다.

신라는 일찍부터 발해를 같은 민족이 세운 국가로 이해하고 있었던 것 같다. 이것은 신라가 발해를 칭하여 '북국北國'으로 호칭하고 있

는 것에서 보인다. 『삼국사기』 신라본기에

> 일길찬 백어伯魚를 사신으로 하여 북국北國에 보냈다.
>> (『삼국사기』 권 10, 신라본기 10, 원성왕 6년 3월)

> 급찬 숭정崇正을 사신으로 하여 북국에 보냈다.
>> (『삼국사기』 권 10, 신라본기 10, 헌덕왕 4년 9월)

라는 기사가 나타나는데, 여기서 북국北國은 최치원이 「사불허북국거상표」에서 발해를 북국으로 호칭하고 있음을 볼 때 역시 발해로 보아야 할 것이다. 이 점은 한규철韓圭哲이 『발해의 대외관계사』(신서원, 1994)에서도 밝힌 바 있다. 이것은 주목할만한 사실이다. 신라가 발해의 국호를 생략하고 북국으로 지칭하였다는 것은 자신들의 국가인 신라를 남국南國으로 인정하면서 발해를 동족의 국가로 파악하여 북국으로 지칭하였을 것으로 보아야 할 것이다.

## 2. 발해에 대한 우리 역사의 인식

『삼국유사』 말갈발해靺鞨渤海조에는

> 『통전通典』에 이르기를 발해는 속말말갈粟末靺鞨이다. 그 추장 조영祚榮이 나라를 세워 자칭 진단震旦이라 하였다. 선천先天 연간(712~713)에 비로소 말갈의 이름을 버리고 단지 발해라 일컬었다. 개원開元 7년에 조영이 죽자 시호를 고왕高王이라 하고, 세자가 계승함에 명황明皇이 책봉하여 왕위를 잇게 하였는데, 사사로이 연호를 고치고, 드디어 해동海東의 성국盛國이 되었다.
>> (『삼국유사』 권 1, 기이 1, 말갈발해조)

라고 기술하고 있다. 이로 볼 때 『삼국유사』를 편찬한 일연一然은 발해를 말갈에 속하는 국가로 파악하였던 것 같다. 그러나 신라시대에도 발해가 고구려를 계승한 나라로서 인식되고 있었다. 이것은 『삼국유사』에서 위의 기록을 중심으로 발해를 기술하면서도 『신라고기新羅古記』라는 다른 자료를 인용하고 있는데, 여기서

> 고구려의 구장舊將 조영祚榮의 성은 대大씨니, (고구려의) 잔병을 모아 나라를 태백산 남쪽에 세우고 국호를 발해라 하였다.
>
> (『삼국유사』 권 1, 기이 1, 말갈발해조)

라고 하고 있는 것에서 보인다. 한편 최치원崔致遠이 당唐에 올린 표문表文인 「사불허북국거상표謝不許北國居上表」에서는

> 삼가 살피건대, 발해의 원류는 구려句麗가 망하기 전에 본래 사마귀만한 부락이었고, 말갈靺鞨의 족속이 번영해 지자 그 무리 중에 속말粟末이란 소번小蕃이 있어 항상 구려를 쫓아 내사內徙하더니, 그 수령 걸사우乞四羽 및 대조영 등이 무후武后가 조정에 임할 때 영주營主로부터 죄를 짓고 도망하여 문득 황구荒丘를 점거하여 비로소 진국振國이라 일컬었습니다.
>
> (『동문선)』 권 33, 표전)

라고 하여 대조영을 말갈인으로 기록하고 있다. 최치원이 진성여왕 때 하정사賀正使가 되어 당나라에 올린 「상대사시중장上大師侍中狀」에는

> 고구려의 유민들은 무리를 모아가지고 북으로 태백산 아래에 의거하여 국호를 발해라 하고, 개원開元 20년에 천조天朝에 원한을 품고 군사를 거느려 등주登州를 습격하여 자사刺史 위준韋俊을 살해함으로 당 명황明皇이 크게 노하여 군사를 일으켜 이를 도모할 때, 우리왕 김모金某(성덕왕)를 정대위지 절륜영해군사 계림주대도독正大尉持節允寧海軍事 雞林州大都督으로 삼았습니다. 그러나 이때는 겨울이라 눈이 깊이 쌓여 두 나라 군사들이 추위

와 괴로움이 심함으로 칙명으로 군사를 돌렸습니다.
(『삼국사기』 권 46, 열전 6, 최치원전)

라고 하여 발해의 건국을 고구려 유민들에 의한 것으로 이해하고 있다. 또 그가 지은 「신라왕여당강서고대부상장新羅王與唐江西高大夫湘狀」에서는

대개 고구려는 사나운 습속으로 기강을 범하고 상도常道를 어지럽혔습니다. …… 그런데 저 고구려가 지금은 발해가 되었습니다.
(『동문선(東文選)』 권 47)

라고 하여 발해를 고구려의 계승국가로 표현하고 있다. 위에서 볼 때 최치원은 발해의 건국자를 비록 말갈인으로 표현하고 있으나 발해의 주체는 고구려 유민들로 인식하여 발해국 또한 고구려를 계승한 국가로 인식하고 있었음을 알 수 있다.

일연一然과 거의 같은 시기에 살았던 이승휴李承休도 『제왕운기帝王韻紀』에서

전 고구려 장수 대조영이 태백산 남쪽 성에 웅거하여 나라를 열었다.
(『제왕운기』 권 하, 동국군왕개국연대)

라고 하여 대조영을 고구려 장수로 표현하고 있다. 이러한 인식은 고려 건국 후에도 그대로 계승되고 있었다. 이것은 『고려사』 태조 8년(925) 9월조에

발해는 본래 속말말갈粟末靺鞨인데, 당唐나라 무후武后 때 고구려인 대조영이 달아나 요동을 보유하니, 예종睿宗이 발해군왕渤海郡王으로 봉封하였으므로 스스로 발해국渤海國이라고 칭하고, 부여·숙신 등 10여 국을 아울러 모두 차지하였다. 문자·예악과 관부제도官府制度가 있었는데, 5경京·15

부府·62주州에 지방이 5,000리里요, 인중人衆이 수십만이었다.

(『고려사』 권 1, 세가 1, 태조 8년 9월 경오조)

라고 하고 있는 것에서 알 수 있다.

고려 태조는 발해에 대하여 동족의식을 갖고 있었던 것 같다. 이 것은 발해 멸망 후에 발해의 유민들을 수용하고, 또 발해를 멸망시킨 거란契丹에 대하여는 적대의식을 노골적으로 표명하고 있는 것에서 알 수 있다. 태조 25년(942) 10월에 발해를 멸망시킨 거란契丹이 사신을 보내어 낙타 50필을 바쳤는데, 태조는

거란은 일찍이 발해와 화목하게 지내오다가 별안간 의심을 내어 맹약을 어기고 멸망시켰으니, 신히 무도無道한지라 그들과 화친을 맺어 이웃을 삼는 것은 있을 수 없다.

(『고려사』 권 2, 세가 2, 태조 25년 10월조)

라고 하여 교빙을 거절하고, 거란 사신 30인을 해도海島로 유배시켰다. 또 그들이 보낸 낙타를 만부교萬夫橋 아래에 메어 놓아 모두 굶어 죽게 하고 있다. 그 다음 해 4월에는 내전內殿에 거동하여 대광大匡 박술희朴述希(熙)를 불러 훈요 10조訓要十條를 내렸는데, 그 중에서 4조에서는

우리 동방東方은 예로부터 당唐의 풍속을 본받아 문물·예악이 모두 그 제도를 준수하여 왔으나 수방이토殊方異土에 사람의 성품이 각기 다르니, 반드시 구차하게 더불어 같이 하지 마라. 거란은 금수禽獸와 같은 나라인지라 풍속이 같지 않고 언어도 다르니, 의관제도衣冠制度를 삼가 본받지 마라.

(『고려사』 권 2, 세가 2, 태조 26년 4월조)

라고 하여 거란을 금수禽獸의 나라로 표현하면서 친교하지 말 것을 훈

요하고 있다. 반면 태조는 발해의 유민들에 대하여는 그들의 귀부를 넓게 포용하여 우대를 더하고 있다. 발해 또한 고려에 대하여는 동족의식을 가지고 있었고, 발해가 망하자 당시 발해의 지배층들은 대거 고려로 귀화하고 있다. 태조 8년(925) 9월에는 발해장군 신덕申德 등 500명이 귀화하였고, 4일 후에는 발해의 예부경禮部卿인 대화균大和鈞과 균노사정均老司政 대원균大元鈞, 공부경工部卿 대복예大福譽 등이 귀화하였다. 『고려사절요』에는 다음과 같은 기사가 보인다.

거란이 발해를 멸망시켰다. …… 발해를 멸망시켜 동단국東丹國이라 고쳐 부르니, 발해국의 세자 대광현大光顯과 장군 신덕申德·예부경 대화균大和鈞·균노사정 대원균大元鈞·공부경 대복예大福譽·좌우위장군 대심리大審理·좌수위소장左首衛小將 모두간冒豆干·검교개국남檢校開國男 박어朴漁·공부경 오흥吳興 등이 그 남은 사람을 거느리고 전후로 수만호가 도망하여 왔다. 왕(태조)은 이들을 매우 후하게 대접하여 대광현에게는 왕계王繼란 성명을 내려주고, 종실宗室의 적籍에 붙여서 그 선대先代의 제사를 받들게 하고, 요좌僚佐들에게는 모두 작爵을 내렸다.

(『고려사절요』 권 1, 태조 8년 12월조)

위의 기록으로 볼 때 발해가 멸망하자 세자 대광현大光顯을 비롯한 발해의 지배층들이 거의 모두 고려로 귀화하고 있으며, 태조는 파격적인 예우로 이들을 맞아들이고 있다. 특히 대광현에게는 왕계王繼란 성명을 내려 종실과 같은 예우를 내리고, 조선祖先들의 제사를 받들게 하고 있다.

발해인의 고려 귀부는 이후 계속되고 있는데, 태조 11년(928) 7월에는 대유범大儒範이 백성들을 거느리고 귀부하였고, 다음 해 9월에는 정근正近 등 300여 인이 귀부하고 있다. 태조 왕건은 이와 같이 발해유민을 흡수하면서 더 나아가 중국의 후진後晋과 연합하여 거란을 토벌하고자 하였다. 이러한 사실은 우리나라 사서에는 나타나고 있지 않지

만, 『자치통감資治通鑑』에

> 처음에 고려왕 건建이 군사를 일으켜 이웃나라를 병합하여 자못 강대해졌다. 호승胡僧 말라襪囉를 통해 고조高祖에게 말하기를 "발해는 우리와 혼인한 사이인데 그 왕이 거란에 사로잡혀 있으니, (귀국의) 조정과 함께 공격하여 취할 것을 청합니다"고 하였으나 고조는 답을 보내지 않았다.
> (『자치통감』 권 285, 후진 제왕 개운 2년 10월조)

라고 한 기록을 통해 확인 할 수 있다. 위의 기사를 볼 때 발해 멸망 후에 고려의 왕건은 후진과 연합하여 거란을 협공할 것을 제의하고 있다. 이것은 당시 고려가 발해를 민족사의 일부로 인식하고 있었고, 또 발해의 영역을 흡수함으로써 건국이념인 '고구려 고토회복'이라는 당면 과제를 실현하고자 한 정책으로 볼 수도 있을 것이다.

조선 건국 후에도 발해에 대한 인식이 나타나고 있다. 세조 때에 편찬된 『삼국사절요三國史節要』에는 비록 발해에 대한 기록을 별전別傳으로 펴내지 못하고 있으나 발해의 기사를 신라의 기사 속에 편입시켜 수록하고 있다. 조선 전기에 관찬사서의 대표적인 위치에 있는 『동국통감東國通鑑』도 『삼국사절요』의 이러한 체제를 그대로 수용하고 있다. 비록 『동국통감』은 고려 태조가 거란의 사신을 배척한 것에 대하여 "거란이 발해에 신의를 져버린 것이 우리와 무슨 상관이 있기에 발해를 위하여 보복을 한다고 하는가"(『동국통감』 권 13, 고려 태조 25년 사론史論)라고 하여 비판을 가하고 있다. 그러나 『동국통감』 성덕왕 12년 12월조에

> 당唐이 대조영을 발해군왕으로 삼았다. 발해는 본래 속말말갈로서 고구려의 별종別種이다. 조영과 그 아버지 걸걸중상乞乞仲象은 그 무리와 더불어 요수遼水를 건너 태백산 동쪽에 자리잡았다. 중상이 죽자 조영이 그 뒤

를 이었는데, 그는 효용驍勇이 있고 말을 잘 탔으며 활도 잘 쏘았다. 고구
려의 여진餘燼들이 차차 귀부하니, 나라를 세워 스스로 진국왕震國王이라
하고는 돌궐突厥과 교류하였다.

(『동국통감』 권 10, 신라기, 성덕왕 12년 12월조)

라는 기사를 수록하고 있고, 또 같은 책 성덕왕 18년조에는

발해군왕 대조영이 죽다. 시호를 고왕高王이라 하였다. 왕자 무예武藝
가 즉위하니 동북의 제이諸夷들이 복속하였다.

(『동국통감』 권 10, 신라기, 성덕왕 18년조)

라는 기사를 수록하고 있다. 이밖에도 발해에서 일어나고 있는 주요사
적을 『신라기新羅紀』에 수록하고 있다. 이것은 실학자 안정복이 『동사
강목東史綱目』에서 "(발해는) 본래 고구려의 옛 땅으로 우리나라와 이웃
하여 서로 의지하는 관계를 가졌기 때문에 『동국통감』에서 이들의 사
실을 두루 서술하였다"(『동사강목』 범례)고 지적한 바와 같이 『동국통
감』의 찬자도 발해를 우리 민족사의 일부로 이해하고 있었음을 의미
한다.

조선 후기 특히 17~8세기 실학자들에 의한 발해사 인식은 우리
민족사의 새로운 정리라는 점에서 크게 주목된다. 1615년(광해군 7) 한
백겸은 『동국지리지東國地理誌』에서 걸걸중상과 대조영을 모두 속말말갈
인으로 기술하면서도 이들을 고구려의 별종으로 이해하고 있고, 또 말
갈의 범주에 읍루挹婁 뿐만 아니라 부여계통까지 포함시켜 부여의 후
손들이 고구려에 복속되었다가 이후 발해를 건국한 것으로 이해하였
다(『동국지리지』, 후한서 부여국전 및 읍루전). 1667년(현종 8)에 허목許
穆에 의하여 편찬된 『동사東事』도 말갈을 고구려 별종이라고 하면서 뒤
에 발해로 흡수되고 있음을 강조하고 있다. 주목되는 것은 대조영의

아버지인 걸걸중상乞乞仲象을 야발野勃의 3세손으로 기술하고 있다는 점
이다. 또 발해가 망한 후에 세자 대광현이 고려에 귀화하여 왕계王繼란
성명을 받고 종적宗籍에 올라 제사를 중단하지 않았다고 하여 발해의
왕통이 고려와 접목된 사실을 강조하였다. 그는 발해는 영토상으로도
우리 땅에 있었을 뿐만 아니라 혈통상으로도 우리나라에 흡수되었음
을 주목하였다.

　　실학의 선구자로 평가받고 있는 성호星湖 이익李瀷(1681~1764) 역
시『성호사설星湖僿說』에서 비록 대조영을 말갈인으로 표현하고 있으나

　　　발해는 본래 고구려 별종으로 요서에서 일어나 동쪽으로 요하를 건
　　너 부여·옥저·조선의 땅을 차지하여 사방 5,000리의 영토를 갖게 되었
　　고, 대를 이어간 것이 10여왕이며, 역년歷年이 204년이었다.
　　　　　　　　　　　　　　　　　　　　(『성호사설』, 경사문經史門 발해조)

라고 하여 발해를 우리 민족사의 한 영역으로 파악하였다. 그리고 서
희徐熙가 소손녕蕭遜寧과 담판하여 거란을 물리친 것도 발해의 땅을 우
리 영토로 인식한 것에서 가능하였다고 보았다. 그러나 고려가 발해의
땅을 회복하지 못한 것에 대하여는

　　　이 기회를 물러나 천하의 약국弱國이 되었으니, 조롱 속의 새나 우물
　　안의 개구리를 면치 못하였다. 사람들의 기풍이 드디어 이로 말미암아 악
　　착스러워졌으니, 아! 이것도 또한 운명이던가.
　　　　　　　　　　　　　　　　　　　　　(『성호사설』 경사문 발해조)

라고 하여 안타까운 심정을 토로하고 있다. 그의 제자 안정복安鼎福
(1712~1791)은『동사강목東史綱目』에서 스승 이익의 견해를 수용하여
발해의 건국자를 말갈인으로 이해하고 있지만, 발해를 고구려의 옛 땅

에서 건국한 국가로 파악하고 있다. 또 같은 책 「전수지도傳授之圖」에서
는 고구려 다음에 부여국과 발해국을 부기하고 있어 발해가 고구려를
계승한 국가임을 암시해 주고 있다(『동사강목』 전수지도傳授之圖, 부附
발해조).

　　영조英祖 · 정조正祖대의 학자인 수산修山 이종휘李種徽(1731～1797)는
그의 문집 『수산집修山集』에서 「발해세가渤海世家」를 독립된 항으로 기술
하고 있어 주목된다. 지금까지의 사서에서는 발해를 신라, 또는 말갈
조에서 단편적으로 수록하고 있었으나 그는 이것을 독립된 세가世家로
분리시켜 서술하고 있다. 이것은 발해를 우리 민족사의 일부로 파악하
여 우리 역사의 일부로 수용하고 있음을 의미한다. 그는 같은 책 「동
사東史」, 「발해세가」에서 대조영에 대하여

　　　　발해의 시조 대조영은 고구려의 한 가난한 백성으로써 …… 5,000리
　　의 땅을 차지하고, 수백년간 소중화小中華의 나라를 만들었으니, (이것은)
　　태사太師(기자)이래 오직 그 한사람 뿐이었으니, 참으로 위대하다.
　　　　　　　　　　　　　　　　　　　　　　(『수산집』 권 11, 동사 · 발해세가)

라고 하여 그를 고구려인으로 서술하였고, 또 발해는 고구려를 계승한
나라로 파악하였다. 그의 이러한 역사인식은 고토 수복의 의지와 연결
되고 있다. 그는 위의 글에 계속하여

　　　　지금 발해의 동 · 서 · 남 · 북의 4경京의 땅 가운데 우리나라에 들어
　　온 것은 5분의 2에 불과하고, 그 나머지 1경京 · 11부府 · 50여 주는 모두
　　생여진生女眞과 숙여진熟女眞의 여러 부部로 나누어져 있다가 누루하치에 의
　　하여 통합되어 금국金國이 세워졌다.
　　　　　　　　　　　　　　　　　　　　　　(『수산집』, 고사삼국직방고론)

라고 하여 단군조선이래 발해에 이르기까지 3,000년 동안 우리 민족사

의 영역이었던 땅의 5분의 3을 잃은 것에 대한 아쉬움을 표하고 있다. 이러한 그의 인식은 『수산집修山集』 곳곳에서 나타나고 있다.

조선 후기의 역사인식은 발해사를 우리 민족사의 일부로 수용하고 있는 것이 일반적인 추세였다. 이러한 추세에서 발해사를 우리 민족사의 한 영역으로 확고히 한 것은 유득공柳得恭(1748~1807)이었다. 그는 37세가 되던 1784년(정조 8)에 『발해고渤海考』를 저술하였다. 그가 『발해고』를 짓게된 동기는 서문에서 고려시대이래 발해사에 대한 역사서가 존재하지 않아 발해사를 저술하고자 하나 할 수가 없었는데, 자신이 규장각 검서관으로써 규장각에 소장된 비서秘書들을 많이 읽을 수 있었던 것에 있다고 하였다. 이로 볼 때 당시 규장각에는 발해에 관한 많은 자료가 소장되고 있었음을 알 수 있다. 유득공은 『발해고』에서 발해는 엄연한 우리 민족의 국가로 당시 신라와 병립하여 남북국시대南北國時代를 이루었는데도 발해가 거란에게 망함으로써 고려에서는 발해사를 서술하지 않았기 때문에 이제는 이 땅을 다시 찾으려고 해도 근거가 없게 되었다고 통탄하고 있다. 그는 『발해고』의 서문에서 이러한 안타까운 심정을 토로하고 있다.


고려가 발해사를 편찬하지 않은 것은 고려가 떨치지 못함을 알게 한다. 고씨는 북쪽에 살며 고구려라 하였고, 부여씨는 서남쪽에 살며 백제라 하였고, 박·석·김씨는 동남쪽에 살며 신라라 하였는데, 이를 삼국이라 한다. 그 삼국의 역사가 있는 것은 마땅하다. 이후 신라가 백제와 고구려를 멸망시켰고, 또 고려씨가 그 북쪽을 차지하여 이를 발해라 하였다. 이를 남·북국이라 할 수 있으니, 그 『남북국사南北國史』가 마땅히 있어야 하는데, 고려가 『남북국사』를 편찬하지 않은 것은 잘못된 것이다. 대저 대씨는 어떤 사람인가? 고구려 사람이다. 그 소유한 땅은 어떠한 땅인가? 고구려의 땅이다. 그 동서북쪽을 넓혀 광대하게 만들었다. 김씨와 대씨大氏가 망하자 왕씨가 아울러서 소유하고는 고려라 하였다. 그 남쪽으로 김씨의 땅은 온전히 가지게 되었으나 북쪽의 대씨의 땅은 온전히 가지지 못하였다. 대씨의 땅은 혹은 여진에 편입되고 혹은 거란에 편입되었다. 이때를 맞아 고려를 위하여 세워야 할 계책은 마땅히 급히 발해사를 편찬하는 것이었다. (그렇게 하여) 사필史筆을 들고 여진을 책망하기를 왜 우리 발해의 땅을 되돌려주지 않는가 할 수가 있고, 또 발해의 땅은 곧 고구려의 영토라 하여 한 장군을 파견하여 그곳을 수복토록 하여 토문土門이북의 땅을 소유할 수도 있었을 것이다. 그러나 마침내 고려가 발해사를 편찬하지 아니하였으므로 토문이북과 압록서쪽의 땅이 누구의 땅인지를 모르게 했다. 여진을 책망하려 해도 할 말이 없고, 거란을 책망하려 해도 할 말이 없다. 고려가 드디어 약한 나라가 된 것은 발해의 땅을 얻지 못한 까닭이니, 가히 탄식할 일이다.

　　이러한 역사인식은 유득공과 같은 시기에 활약한 한치윤韓致奫 (1765~1814)의 『해동역사海東繹史』에서도 보이고 있다. 한치윤은 삼국 다음에 발해를 독립된 세기世紀로 넣어 신라와 동등하게 처리하였고, 또 발해는 고구려의 구장 대조영이 건국하였으며, 300년의 역사와 5,000리의 영토를 가진 해동성국海東盛國이었음을 밝히고, 중국의 자료를 다양하게 인용하면서 발해의 흥망을 고찰하고 있다(『해동역사』 권 2, 지리고, 조선 및 같은 책 권 11, 발해세기).

　　이러한 역사인식은 이후 김정호金正浩에게도 계승되었다. 그는 「방여총지方輿總志」에서 발해사를 독립된 항목으로 처리하고, 또 단군조선에서 고려까지의 역사승계를 삼한–삼국(신라·가야·백제)–삼국(고구려·신라·백제)–남북국(신라·발해)으로 이해하였다(『대동지지大東地志』 권 31, 방여총지, 발해국).

　　이상에서 살펴본 바와 같이 우리나라는 신라이래 조선 후기까지 발해를 우리 민족사의 하나로 인식하고 있었고, 혹 발해를 건국한 대조영을 말갈인으로 보는 견해도 있어 왔으나 당시 발해 건국의 주체세력은 고구려인이었다는 것에는 공통의 인식을 지니고 있었다. 혹 대조영을 말갈인으로 처리하는 경우도 순수한 말갈인이 아니라 고구려화한 말갈인으로 처리하고 있다. 이것은 즉 발해가 우리 민족사의 범주에 포함되고 있다는 견해를 반증하는 것이기도 하다.

## 제2절 발해의 국가성립과 성격

### 1. 발해국의 성격

발해국의 성격에 대하여는 여러 가지 견해가 있어 왔다. 발해를 말갈인이 세운 국가로 시조 대조영도 발해의 추장으로 보는 견해가 있는가 하면, 발해의 건국자인 대조영을 고구려의 구장舊將으로 표현하면서도 그 국가는 말갈에 속한다는 견해, 대조영을 말갈의 추장으로 보면서 건국의 주체는 고구려 유민으로 보는 견해, 그리고 대조영을 고구려의 구장으로 보면서 발해건국의 주체도 고구려 유민으로 보는 견해 등이 있어 왔다.

『삼국유사』 말갈발해조에서는 『통전通典』의 기록을 인용하여 발해를 속말말갈粟末靺鞨에서 일어난 국가이며, 대조영도 이곳의 추장이었다는 내용을 정설로 수용하고 있으나, 『신라고기新羅古記』에 수록되어 있는 "대조영을 고구려의 구장, 건국 주체를 고구려 유민"이라고 한 기사를 별주別註로 소개하고 있다.

발해가 망하기 전에 활동하였던 신라의 최치원崔致遠도 「사불허북국거상표謝不許北國居上表」에서 발해의 건국 주체는 속말말갈이며, 대조영과 걸사우乞四羽를 그곳의 추장으로 표현하고 있다. 그러나 「상대사시중장上大師侍中狀」에서는 대조영을 고구려 구장, 건국의 주체를 고구려 유민들로 표현하고 있어 양자간에 혼선을 일으키고 있다. 『고려사』에서는 발해를 속말말갈로 표현하고 있으나 대조영을 고구려인으로 서술하고 있다.

이와 같이 우리나라 사서에서도 발해의 건국자와 건국 주체세력에 대한 혼선이 나타나고 있으며, 이러한 혼선은 조선 후기의 실학자들 중에서도 보이고 있다. 정약용丁若鏞도 『신당서新唐書』와 『구당서舊唐書』 등 중국의 사서를 인용하여 『아방강역고我邦疆域考』에서 「발해고」와 「발해속고渤海續考」를 설정하여 발해의 건국과 발전과정을 서술하고 있으나 대조영의 출자와 발해의 건국 주체에 대한 구체적인 의견은 유보하고 있다.

발해 건국에 대한 중국의 자료도 많은 혼선을 보이고 있다.


1) 발해말갈渤海靺鞨의 대조영은 본래 고구려의 별종別種이다. 고려가 멸망하자 조영은 가솔을 거느리고 영주營州에 옮겨 살았다. 만세통천萬歲通天 연간에 거란의 이진충李盡忠이 반란을 일으키자 조영은 말갈의 걸사비우乞四比羽와 더불어 동쪽으로 망명하여 굳게 지켰다. 이진충이 죽자 측천무후則天武后가 이해고李楷固로 하여금 토벌하게 하여 걸사비우를 쳐서 죽이고 대조영을 추격하였는데, 대조영은 고구려와 말갈인을 규합하여 막으니, 이해고는 도망하였다. …… 대조영은 무리를 거느리고 동쪽에서 옛 계루桂婁지역을 지키고, 동모산東牟山을 점령하여 성을 쌓고 살았다. …… 이에 말갈의 무리와 고구려의 남은 무리들이 차차 귀부하였다. 성력聖曆 중에 스스로 일어나 진국왕振國王이라 하였다.

(『구당서舊唐書』 권 199 하, 발해조)


2) 발해는 본래 속말말갈粟末靺鞨로 고구려에 종속하였다. 대씨大氏란 성을 가진 자가 있었는데, 고려가 망하자 무리를 거느리고 읍루挹婁의 동모산東牟山에 자리잡으니, 바로 영주의 동쪽 2,000리이다. 남쪽은 신라에 연접하여 니하泥河로 경계를 삼았고, 동쪽은 바다에 닿았으며, 서쪽은 거란과 접하여 성곽을 쌓고 살았다. 이로써 고구려 백성들이 차차 귀부하였다. …… 사리舍利 걸걸중상乞乞仲象이란 자가 말갈추장 걸사비우乞四比羽와 고구려의 유민을 이끌고 동으로 달아나 …… 걸걸중상이 죽자 그 아들 대조영이 고구려와 말갈의 군사를 거느리고, …… 대조영은 걸사비우의 무

리를 합치고 나라를 세워 진국왕震國王이라 하였다.

(『신당서新唐書』 권 219, 북적北狄, 발해조)

3) 발해는 고려의 별종이다. 당나라 고종高宗 연간에 고려를 평정하고 그 백성들을 중국으로 옮겼다. …… 고려의 별종 대조영이 요동으로 도망하여 자리를 잡으니

(『송사宋史』 권 491, 열전 250, 발해)

4) 속말말갈은 처음에 고려에 부용하였고, 성은 대씨大氏이다. 이적李勣이 고려를 파하자 속말말갈은 동모산에 자리잡고 후에 발해가 되었고, 왕을 칭하여 10여세를 전하였다. 문자와 예악·관부가 있었다.

(『금사金史』 권 1, 본기 제 1)

5) 발해말갈은 본래 고려종이다. ……

(『오대회요五代會要』 권 30)

6) 발해말갈은 본래 고려의 별종이다. ……

(『당회요唐會要』 권 96)

7) 발해는 본래 말갈이라 하였는데, 고려의 별종이다.

(『신오대사新五代史』 권 74)

8) 발해말갈은 당나라 성력聖曆 중에 고려의 별종인 대조영이 스스로 일어나 진국왕振國王이라 하였다.

(『책부원구冊府元龜』 권 964, 계습 2)

9) 처음에 고려가 망하자 그 별종 대조영이 영주에 옮겨 살았다.

(『자치통감資治通鑑』 권 210, 개원 원년 2월)

위의 기록에서는 발해에 대한 호칭으로 발해말갈·속말말갈 등의 용어가 주로 사용되고 있다. 이와 같이 본다면 발해는 말갈인이 건국

한 국가가 되며, 더 나아가 말갈의 역사에 편입시켜야 한다는 결론이
나온다. 실제로 이들의 후계로 자부하는 『금사金史』에서는 위 4)에서
보는 바와 같이 이러한 관점에서 서술되고 있다.

그러나 『금사金史』를 제외한 대부분의 사서에서는 발해말갈·속말
말갈이란 용어를 사용하면서도 반드시 '고려별종'이라는 단서를 붙이
고 있다. 또 위의 3)에서 보이는 『송사』와 9)에서 보이는 『자치통감』에
서는 말갈이란 용어를 생략하고, 단지 '고려별종'이란 용어만을 취하고
있다.

주목되는 것은 『구당서』와 『신당서』의 내용이다. 『구당서』는 발
해 멸망 35년 만에 편찬된 사서이고, 『신당서』는 발해 멸망 130여 년
만에 편찬된 사서이다. 따라서 『구당서』의 편찬자들은 발해의 실정에
대하여 보다 정확한 이해를 갖고 있었을 것이다. 우선 위의 두 사서를
비교하면, 발해의 출자와 건국지에서 많은 혼선이 나타나고 있다. 『구
당서』에서는 발해의 건국자를 '고려별종 대조영'이라 하면서 그 건국
의 구체적 지점을 '계루의 옛 땅桂婁之故地'이라 하고 있다. 그러나 『신
당서』에서는 '고려에 복속된 말갈인'으로 표현하면서 『구당서』에서는
보이지 않는 말갈인의 이름과 비슷한 걸걸중상이란 인물을 첨가하여
그가 발해의 건국에 중요한 역할을 한 것으로 기록하고 있다. 이 점에
대하여 리종훈은 「중국고적古籍에 나타난 발해관」(『발해사연구』 4, 연
변대 출판부, 1993)에서 『신당서』는 의식적으로 발해에서 고구려의 요
소를 삭제하기 위한 의도로 위와 같이 기록한 것으로 파악하였다. 그
렇다면 우리는 발해를 고려의 별종이라 한 내용을 믿지 않을 수 없게
된다. 그렇다면 별종別種이란 어떠한 의미를 가지고 있는 것인가.

『삼국지』나 『후한서』의 동이전에서는 고구려를 부여별종夫餘別種이
라 하면서 언어와 풍속이 부여와 대부분 같다고 서술하고 있고, 또
『구당서』와 『신당서』에서는 백제도 부여별종으로 서술하고 있다. 우리

학계에서의 연구성과도 고구려를 부여에서 남하한 족단이 건국한 국가로 이해하고 있고, 백제 또한 고구려 또는 부여에서 남하한 족단이 건국한 국가로 이해하고 있다. 그렇다면 위에서 별종도 같은 계열의 종족, 즉 고구려에서 분파된 종족으로 파악할 수 있을 것이다.

　　주목되는 것은 『구당서』와 『신당서』의 내용에서 보이는 발해의 건국과정이다. 『구당서』 발해말갈조에는 대조영을 기술하면서 "조영은 말갈의 걸사비우와 더불어", "대조영은 고구려와 말갈인을 규합하여"라고 하여 발해의 건국 과정을 설명하고 있다. 또 『신당서』에서도 속말말갈로 표현하고 있으나 "(대조영의 아버지인) 걸걸중상이 말갈추장 걸사비우와 고구려 유민을 이끌고", "걸걸중상이 죽자 그 아들 대조영이 고구려와 말갈의 군사를 거느리고"라고 하여 발해의 건국과정을 기술하고 있다. 만약에 대조영과 그 아버지 걸걸중상이 말갈인이었다면, 걸사비우를 말갈추장이라고 하여 이들과 구별하고 있었겠는가 하는 의문을 갖지 않을 수 없다. 이들이 말갈인이었다고 한다면, 말갈의 추장 걸걸중상, 또는 말갈의 추장 대조영이라고 하던가, 또는 말갈추장 걸걸중상과 걸사비우라고 해야 했을 것이다.

　　위의 두 기록에서 걸걸중상과 대조영에 대하여 말갈인이란 표기가 없다는 것은 이들의 출신이 말갈과는 다르다는 것을 의미한다. 또 위의 두 기록에서는 대조영과 걸사비우가 모두 고구려의 유민과 말갈인을 규합하고 있음을 서술하고 있다. 그런데 말갈인에 대하여는 말갈추장 걸사비우가 있어 이들을 통솔하였지만, 고구려 유민을 이끈 족단은 누구였을까 하는 문제가 나온다. 이것에 대하여는 바로 걸걸중상과 대조영이었을 것이라는 해답을 구할 수 있다. 위의 자료 2) 『신당서』의 기사에서 "이로써 고구려 백성들이 차차 귀부하였다"라고 하고 있는데, 당시 고구려 유민들은 대조영이 고구려인이었기 때문에 그를 찾아 귀부하였을 것이다. 속말말갈에 대하여는 『수서隋書』 동이전 말갈조에

말갈은 고려의 북쪽에 있는데, 읍락에는 각기 추장이 있다. …… 속
말부粟末部는 고구려와 더불어 접하고 있는데, 승병勝兵이 수천이었다. 용감
하고, 무예가 뛰어나 매번 고려를 침입하였다.

(『수서』 권 81, 열전 46, 동이전 말갈조)

라고 기록하고 있다. 위에서 속말말갈부는 고구려와 이웃에 접하면서
고구려를 침공하고 있음을 알 수 있다. 이로 볼 때 고구려에서도 이곳
의 방비를 굳건히 하였을 것이며, 또 중앙에서 군대를 파견하여 이들
을 복속시켰을 것이다. 실제로 고구려 광개토대왕 때에는 이곳을 정복
하는 기사가 광개토대왕 비문에서 보인다. 즉 광개토대왕 비문에

영락永樂 5년 을미년(395)에 왕께서 비려碑麗가 도발을 그치지 아니함
으로 친히 군사를 이끌고 토벌하니, 부산富山과 부산負山을 지나 염수鹽水가
에 이르러 3개 부락과 6·7백의 영營은 깨트리고 수 많은 소·말·양을
획득하였다. …… 8년 무술년(398)에 교敎를 내려 군대를 파견하여 숙신肅愼
과 토곡土谷을 살피게 하여 그곳의 막신라성莫新羅城·가태라곡加太羅谷의 남
녀 300여 명을 포로로 잡고, 이후로 조공하고 정사를 묻게 하였다.

라고 하고 있는 것에서 알 수 있다. 또 『태평환우기太平寰宇記』 권 71,
하북도河北道 연주燕州조에서는 수隋나라 때 지은 『북번풍속기北蕃風俗記』
를 인용하여

개황 연간(581~600)에 속말말갈이 고려와 싸워 이기지 못하자 (속말
말갈) 궐계부厥稽部의 추장인 돌지계突地稽가 물사래부勿賜來部·굴돌시부窟突
始部·열계몽부悅稽蒙部·월우부越羽部·보호뢰부步護賴部·파해부破奚部·보보괄
리부步步括利部 등의 8부 승병勝兵 수천인을 끌고 부여성 서북에서부터 부락
을 들어 내부해 왔다. 이들을 유성柳城지역에 거주하게 하였다.

라고 하고 있는데, 여기서도 개황開皇 연간에 이들 속말말갈은 고구려

에 정복당하고 있음을 기록하고 있다. 이로 볼 때 속말말갈은 수차에 걸쳐 고구려에 정복당하였고, 또 고구려의 영토로 흡수되었음을 알 수 있다. 이러한 과정에서 이곳은 고구려에서 파견한 관료, 또는 장수에 의하여 통치를 받았을 것으로 볼 수 있다. 대조영의 출자도 이러한 관점에서 검토해야 할 것이다.

위의 모든 사실을 종합할 때 발해의 건국자인 대조영은 순수 고구려인으로 파악할 수 있고, 혹 그가 속말말갈 지역에서 활동하였다고 하더라도 이것은 이 지역의 통치를 위하여 파견된 고구려 장군이었을 것이라는 추론을 가질 수 있다. 이로써 그는 고구려가 망하자 이곳 속말말갈의 추장 걸사비우와 함께 고구려 부흥을 위한 투쟁군을 선도하였을 것이다. 속말말갈은 위의 모든 사서에서 고구려의 별종으로 서술하여 흑수말갈黑水靺鞨을 비롯한 다른 말갈과는 구분하고 있다. 『구당서』에서는 '말갈'과 '발해말갈'을 구분하여 독립된 별전에서 각기 기술하고 있고, 『신당서』에도 '흑수말갈'과 '발해'로 구분하여 서술하고 있다. 그렇다면 속말말갈은 일찍부터 고구려에 귀화하여 고구려화한 말갈인이거나, 또는 고구려에서 분파되어 그곳에 정착하면서 말갈화한 고구려인으로 보아야 할 것이다.

위의 자료 5)에서 보이는 내용은 이를 말해주고 있으며, 또 위에 보이는 거의 모든 사서들이 발해말갈을 고려별종으로 서술하고 있는 것도 이와 같은 맥락에서 파악해야 할 것이다.


## 2. 발해의 건국

668년 고구려 멸망 이후 당은 고구려의 민호民戶를 중국의 내지內地로 이주시켰다. 당의 이러한 정책에 반발하여 고구려인들은 신라로 망명하기도 하였고, 또 일부는 돌궐의 세력권에 있는 몽고 고원으로 망명하였다. 당시 신라로 망명한 세력 중에는 검모잠劍牟岑과 안승安勝 등을 찾아볼 수 있는데, 이들은 신라의 후원하에 고구려 부흥운동을 주도하였다. 또 돌궐로 망명한 세력 중에는 고문간高文簡 등을 찾아볼 수 있는데, 그는 돌궐의 묵철가한默綴可汗의 사위가 되어 '고려왕 막리지高麗王 莫離支'를 칭하였다.

이밖에도 요동지방과 동북 만주지역으로 이주한 자들도 많았다. 고구려가 망하자 걸걸중상과 그 아들 대조영은 가솔을 거느리고 영주營州에 옮겨 살았다. 당시 이곳에는 강제 이주된 고구려인 30,000여 호가 살고 있었으며, 대당전쟁에 참가한 고구려 동북지역 사람들도 포로나 노예로 잡혀와서 있는 사람들이 많았다.

696년 5월(당의 만세통천萬歲通天 원년)에 거란의 수령 이진충李盡忠이 영주도독 조홰趙翽의 착취와 학정에 대항하여 거란국의 건국이란 기치 하에 반란을 일으키자, 이곳에 있던 걸걸중상과 말갈추장 걸사비우는 자신들이 거느리는 족단과 함께 당나라 군사가 거란의 봉기를 저지하는데 급급한 틈을 이용하여 동쪽으로 망명하게 된다. 그리하여 요수遼水를 건너 만주의 동북부에 정착하고, 태백산 동북쪽을 지키며, 오루하奧婁河를 막아 성벽을 쌓고 굳게 지켰다.

이와 같은 와중에서 당은 거란의 공세가 급해지자 걸걸중상과 걸사비우의 집단에게 회유의 손길을 뻗쳐 이 두 사람에게 각각 진국공震國公과 허국공許國公이란 작위를 주면서 이들을 당의 지배체제 안으로 흡수하고자 하였다. 그러나 이들은 이를 거부함으로써 당에 대한 배타적인 감정을 표출하고 있다. 이에 측천무후則天武后는 거란의 배후에 있던 돌궐을 사주하여 이진충의 난을 토벌한 후에 거란출신인 이해고李楷固에게 옥령위대장군玉鈐衛大將軍이란 칭호를 내려 걸걸중상과 걸사비우 두 집단을 토멸하도록 하였다. 이들의 침공을 맞아 걸걸중상과 걸사비우는 대항하였으나 패배하여 걸사비우는 전사하고, 이 무렵 걸걸중상도 병으로 죽게 된다.

이로써 걸걸중상의 아들 대조영이 이들 두 집단의 군사를 통합하여 재정비하고 이해고의 토벌군을 맞아 천문령天門嶺전투에서 대승을 거두게 된다. 이 천문령전투는 발해국 성립과 연결될 수 있는 중요한 전투이다. 대조영은 이 전투에서 승리를 거두자 이후 동으로 계속 이동하면서 주변세력을 흡수하고, 마침내 계루부의 옛 땅인 동모산에 의거하여 성을 쌓고 나라를 열어 국호를 진국震國(또는 振國)이라 하였다. 실학자 홍석주洪奭周(1744~1842)는 일찍이 「발해세가渤海世家」를 저술하였는데, 여기서 그는

> 대조영은 드디어 걸사비우의 무리와 고구려·말갈의 군사 40만명을 합쳐 스스로 왕위에 올라 진국왕이 되었다. 이후 대조영은 패수이북의 옛 고구려 땅을 모두 얻었고, 부여·옥저·숙신의 땅이 모두 예속되었다.
> (『동사세가東史世家』권 4, 발해세가)

라고 하여 발해건국의 과정을 설명하면서, 말미에

> 발해의 고왕高王이 정벌 당하고 다친 쇠잔한 몸으로 한번 외쳐 40만의 무리를 얻어 동해에 우뚝 솟아 나라를 세웠도다. 200년 동안 그 문화와 제도가 빛나서 가이 중국의 풍도가 있었으니, (대조영을) 세상에 뛰어난 영웅이라 일컫지 않을 수 있으리요.

라고 하여 대조영을 칭송하고 있다.

## 제3절　발해의 발전

발해는 698년 대조영大祚榮이 나라를 세운 이후 926년 대인선大諲譔

이 거란契丹의 야율아보기耶律阿保機에게 망할 때까지 약 230여 년 동안 존속하였던 우리 민족사의 한 영역이다. 그 동안에 발해는 만주는 물론 동으로는 연해주를 복속하여 동해에 이르렀고, 북은 송화강·흑룡강, 서는 송화강에서 개원開元, 남은 대동강에서 원산元山에 이르는 광대한 제국을 형성하였다. 대조영은 국가를 건국하자 고구려의 천손天孫의식을 계승하여 황제라 칭하였고, 또 독자적인 연호를 사용하면서 자주성을 과시하였다. 또 신라에 대하여는 동족의식으로 친선적 외교관계를 수립하면서 당의 침입에 대비하였다.

발해는 대조영이 국가를 건국한 이후 다음 무왕과 문왕 때에 정치체제의 정비와 대외적인 발전을 아울러 이루었고, 이후 제4대 대원의大元義에서 부터 제9대 대명충大明忠에 이르기까지는 내분에 의한 정치적 불안상태가 계속되었으나 제10대 선왕宣王 때에는 해동성국海東盛國이라고 불릴 만큼 국가의 발전이 비상하고 있었다.

이후 국내의 정치적 내분과 거란의 침입으로 발해는 멸망하고 있지만, 우리 민족사에 미친 영향은 실로 높이 평가하지 않을 수 없다. 발해의 멸망으로 우리 역사는 한반도에 고착되는 비운을 맞게 되지만, 그 동안에 고구려를 계승하여 우리 한민족의 기상을 드높였다는 것은 우리 민족사에 영원히 기록되어질 것이다.

대조영(698~719)은 고구려의 옛 장수로 고구려가 멸망한 20여 년 후에 동모산東牟山을 중심으로 다시 세력을 결집시켜 진국震國을 세웠다. 고구려 멸망 이후 구심점을 잃고 방황하고 있었던 고구려계의 유민들은 발해가 건국하자 다투어 이에 복속하였다. 그들 중에는 일찍이 고구려에 복속되었던 말갈계도 포함되어 있었다. 대조영은 이들 세력들을 복속시키면서 나라를 세운지 얼마 되지 않아 부여·옥저·조선의 옛 땅까지 그 세력을 확장시켰다. 그리고 당과 적대관계에 있는 돌궐

과 우호적인 관계를 맺음으로써 당을 견제하였다. 또 신라에게도 발해
의 건국사실을 알려서 당에 대한 공동대책을 시도하였다. 이에 신라에
서는 이를 긍정적으로 수용하여 대조영에게 신라 제5관등인 대아찬을
제수하여 호의를 보이고 있다. 이러한 시대상에서 당시 당은 발해를
견제하기 위하여 보장왕의 아들인 고덕무高德武를 안동도독安東都督으로
임명하여 고구려 유민들을 통치하도록 하였다. 그러나 이러한 정책은
실효를 거둘 수 없었고, 또 거란과 돌궐의 침입에 당황한 당으로서는
발해까지 적대국으로 하기는 힘겨운 일이었다.

　　이로써 당은 발해에 대하여 친선적인 외교정책을 취하지 않을 수
없게 된다. 705년을 전후한 시기에는 당에도 정치적 변화가 나타나고
있다. 이때를 즈음하여 지금까지 권력을 장악하였던 측천무후는 사망
하고, 중종中宗이 실권을 장악하게 된다. 중종이 실권을 장악하자 발해
에 대한 당의 정책도 변화를 보이게 된다. 그는 왕위에 즉위한 얼마
후에 시어사侍御史 장행급張行岌을 발해에 보내어 친선을 표하였고, 713
년에는 당의 현종玄宗이 낭장郎將 최흔崔忻을 보내어 대조영을 좌효위
원외대장군 발해군왕左驍衛 員外大將軍 渤海郡王으로 책봉하고, 그 아들 대
무예大武藝에게는 계루군왕桂婁郡王을 책봉하였다. 이때는 대조영이 나라
를 세운지 16년이 되는 해이다. 이로써 대조영은 국호를 발해로 개칭
하였다. 719년에 대조영이 죽자 시호를 고왕高王이라 하였다.

　　대조영의 사후 그의 아들 대무예大武藝가 무왕武王(719~737)으로 즉
위하였는데, 그는 즉위 후에 인안仁安이란 연호를 사용하여 자주성을
대외적으로 과시하였고, 정복사업을 일으켜 그 영역을 크게 확장하였
다. 이것은 『신당서新唐書』 발해전에

　　(당) 현종(玄宗) 개원開元 7년(719)에 조영이 죽으니, 그 나라에서 함부
로 시호를 내려 고왕高王이라 하였다. 그의 아들 무예武藝가 왕위에 올라

영토를 크게 확장하니, 동북의 모든 오랑캐들이 겁을 먹고 그를 섬겼으며, 또 함부로 연호를 인안仁安이라 고쳤다. 현종이 전책典冊을 내려 왕王 및 도독都督을 세습하도록 하였다.

(『신당서』권 219, 북적열전 발해전)

라고 한 기록에서 보인다.

위에서 주목되는 것은 연호사용에 있어서 "함부로 연호를 고쳐 인안仁安이라 하였다"는 내용이다. 이로 볼 때 대조영이 통치하던 시기에도 독자적인 연호가 사용되고 있었음을 알 수 있다. 비록 중국의 사서에서는 이에 대한 기록을 누락하고 있지만, 조선시대 중종 때에 이백李栢이 편찬한 것으로 알려지고 있는 『환단고기桓檀古記』에는 대조영이 재위하고 있을 때의 연호가 천통天統이었다고 전하고 있다. 『환단고기』는 현재 학계에서 위서僞書로 전해지고 있지만, 어윤적魚允迪의 『동사연표東史年表』나 진단학회의 『한국사연표』에도 천통이란 연호를 수용하고 있다. 『신당서』의 기사에서 "함부로 연호를 고쳐 인안이라 하였다"라는 내용을 볼 때 대조영 때에도 독자적인 연호가 있었음을 시사받을 수 있다. 무왕은 『신당서』에서도 기록한 바와 같이 정복군주로서 이름을 떨쳤고, 멀리 일본에도 사신을 보내어 통교를 하고 있다.

이 시기에는 당과의 충돌도 나타나고 있다. 분쟁의 계기가 되었던 것은 인안仁安 8년(726)에 당이 흑수말갈黑水鞢鞨의 땅에 흑수주黑水州를 설치하고 장사長史를 파견하여 통치하려 한 것에서 비롯된다. 흑수말갈은 발해의 북쪽에 있었고, 지금까지는 발해와 우호관계에 있었다. 그러나 이때 흑수말갈이 당과 화친하여 그들의 통치권으로 흡수되자 발해는 크게 위기의식을 느끼지 않을 수 없었다. 이때 당은 흑수말갈을 통해 발해를 견제하려고 하였고, 흑수말갈 역시 돌궐과 발해의 위협으로부터 벗어나고자 하였던 것으로 보인다. 이러한 흑수말갈과 당의 친선에 대하여 발해가 위협을 느끼지 않을 수 없었던 것은 당연한 일이

기도 하다. 이로써 무왕은

> 흑수黑水는 처음에 우리에게 길을 빌려서 당과 통하게 되었고, 지난
> 번에는 돌궐突厥에게 토둔吐屯을 청할 때에도 모두 우리에게 먼저 알려왔
> 다. 이제 당에게 벼슬을 청하면서도 이를 우리에게 알리지 않았으니, 이
> 것은 반드시 당과 더부러 앞뒤로 우리를 치려는 것이다.
>
> (『신당서』 권 219, 북적열전, 발해전)

라고 하여 흑수말갈 정복을 위한 군사를 일으키고, 아우 대문예大門藝
로 하여금 이를 지휘하게 하였다. 그러나 대문예는

> 흑수가 벼슬을 청하였다고 하여 우리가 그들을 친다면 이는 당을 져
> 버리게 되는 것입니다. 당은 대국으로 군사가 우리보다 1만 배나 되는데,
> 그들과 원한을 맺는다면 우리는 망할 것입니다. 지난날 고려가 한창 강성
> 할 적에 군사 30만으로 당과 맞서 싸운 것은 영웅스럽고 굳세다고 할 만
> 하지만, 당병이 한번 덮치자 땅을 쓴 듯이 멸망하였습니다. 오늘날 우리
> 의 군사는 당시 고구려에 비하면 3분의 1에 지나지 않으니, 그들을 친다
> 는 것은 불가합니다.
>
> (『신당서』 권 219, 북적열전, 발해전)

라고 하여 반대하였으나 무왕은 이를 듣지 않고 출병시켰다. 국경지방
에 이르러 대문예가 다시 부당하다는 상소를 올리자 무왕은 크게 노
하여 종형從兄 일하壹夏를 보내어 그를 대신하게 하고, 그를 불러들여
죽이려고 하였다. 이에 대문예는 몸을 피하여 당으로 망명하였고, 당
은 그에게 좌효위장군左驍衛將軍을 제수하여 보호하였다. 무왕은 이러한
당의 처사에 크게 분개하여 당에 사신을 보내어 대문예의 죄상을 설
명하고, 그를 죽이도록 요구하였으나 받아 들여지지 않자 732년(무왕
14) 9월에 장군 장문휴張文休로 하여금 당의 등주登州를 공격하게 하여

자사 위준韋俊을 죽였고, 또 육로로 마도산馬都山 방향으로 군사를 출동
시켰다. 이에 당황한 당 현종은 신라인 태복원외경太僕員外卿 김사란金思
蘭을 신라에 보내어 발해의 남변을 공격하도록 청하였다. 『삼국사기』
신라본기 경덕왕 32년조에는 신라 성덕왕이 이때 군사를 출동하였으
나 폭설로 군사가 반이나 죽었음으로 헛되이 돌아오고 말았음을 전하
고 있다. 또 당은 신라가 발해와 친선적인 외교관계를 누릴 것을 두려
워하여 735년에는 지금까지 당과 신라의 분쟁지역이었던 패강浿江 이
남의 땅을 신라에 소속시킨다는 정식 통보를 보내게 된다. 이것은 신
라와 발해의 유대관계를 차단시키고, 신라를 당의 우익세력으로 존속
시키려고 한 정책적 의도로 보아야 할 것이다.

무왕의 정복사업은 신라에도 큰 위협이 되고 있었다. 이것은 신라
성덕왕 20년(722)에 발해의 남침을 방어하기 위해 하슬라주何瑟羅州의
정부丁夫를 동원하여 북쪽 경계에 장성長城을 축조하고 있는 것에서 보
인다.

727년(무왕 7)에는 고인의高仁義를 사신으로 일본에 보내어 처음으
로 국교를 수립하고 있다. 이때 무왕이 일본 성무천황聖武天皇에게 보낸
국서國書는 『속일본기續日本記』에 전하고 있다. 이 국서에서 무왕은 "고
려의 옛 땅을 회복하고 부여의 유속을 잇게 되었다"고 하면서 고구려
계승의식을 보여주고 있다. 이러한 발해의 외교정책은 일본과 우호관
계를 수립함으로써 신라와 당을 견제하려는 의도이기도 하다.

무왕의 뒤를 이어 즉위한 문왕文王(737~793)은 무왕의 아들로 이
름은 대흠무大欽茂였다. 문왕은 이름 그대로 문치에 주력하였던 왕이다.
지금까지는 대외정복에 일관하였다면 문왕 때에는 이를 바탕으로 대
내적인 체제정비에 주력하면서 제도와 문물을 크게 정비하였던 시기
이다. 그는 당의 문물수용에도 적극적인 자세를 취하여 그의 치세 중
에 49회나 당에 사신을 파견하였고, 당 역시 4회나 문왕을 책봉하는

등 양국의 관계가 긴밀하였다. 일본에도 수시로 사신을 파견하여 친선 관계를 유지하였고, 신라와도 통교를 시도하였다.

그의 재위시에는 3차에 걸친 천도와 또 이에 준하는 연호의 변화가 있었다. 그는 천보天寶 연간(742~756)에 중경현덕부中京顯德府로 서울을 옮겼고, 천보 말년인 755년을 전후한 시기에 상경용천부上京龍泉府로 다시 옮겼으며, 30여 년 후에는 동경용원부東京龍原府로 옮겼다. 이와 같이 잦은 수도의 변천은 당시 국제정세의 유동성과 이에 따른 국가의 위기상항을 해결하기 위한 의도였던 것으로 보인다. 상경용천부로 천도할 때 중국에서는 안록산安祿山과 사사명史思明의 난으로 소요가 있었던 때임을 감안하면, 이러한 가능성을 충분히 엿볼 수 있다. 그는 즉위 후에 대흥大興이란 연호를 사용하였고, 이후 보력寶曆이라고 개원改元하였다가, 말년에 다시 대흥이란 연호로 복귀하고 있다. 그는 고구려의 천손의식天孫意識을 계승하여 황상皇上 또는 대왕大王이란 호칭을 사용하면서 대외적으로 자주성을 선양하고 있다.

천손의식은 고구려 왕실의 의식구조였는데, 문왕은 이를 수용하여 771년(문왕 35) 일본 국왕에게 전한 국서國書에서 천손이란 용어를 사용하고 있다. 이것은 결국 외교문제로 까지 비화하였지만, 당시 발해 왕실의 이념적 구조를 이해하는데 많은 도움이 된다. 이 천손이란 용어는 1988년에 함경남도 신포시新浦市 오매리梧梅里 절골유적에서 발견된 고구려 금동판의 명문에도 나타나고 있다. 이로 볼 때 당시 발해 왕실도 고구려 왕실의 의식구조를 그대로 계승하고 있었음을 알 수 있다.

문왕은 당의 문물을 수용하면서 국가체제를 유교적 이념으로 개편하려 하였고, 또 불교를 장려하였다. 그는 즉위한 다음 해에 당에 사신을 보내어 『당례唐禮』·『삼국지三國志』·『진서晉書』·『36국춘추三十六國春秋』를 구하고 있는데, 이 중에서 『당례唐禮』는 『대당개원례大唐開元禮』를 의미하는 것으로 국가규범인 5례五禮와 각종 법률을 내용으로 하고 있어서 국가체제의 정비와 관계가 깊은 것이다. 이 책은 모두 150권으로 732년(무왕 14)에 완성되어 이 해 9월에 반포하였다. 무왕 말년에 중앙 관청인 정당성政堂省과 사빈시司賓寺 등의 명칭이 나타나고 있고, 지방제 도도 부府·주州·현縣의 명칭으로 개칭되고 있음을 볼 때 『당례』는 발 해 정치체제의 개편에 많은 영향을 미쳤을 것으로 보인다.

또 그는 불교 전륜성왕轉輪聖王의 사상을 차용하여 왕실을 성화聖化 시킴으로써 왕권을 확고히 하고자 하였던 것 같다. 이것은 1980년 길 림성吉林省 화룡현和龍縣 용두산龍頭山에서 발견된 문왕의 넷째딸 정효공 주貞孝公主의 묘지墓誌에서 '대흥보력효감금륜성법대왕大興寶曆孝感金輪聖法大 王'이란 기록이 나타나고 있는데, 이를 볼 때 그는 금륜성법대왕으로 불리워졌음을 알 수 있다. 이것은 신라 진흥왕 때에 장자를 동륜銅輪이 라 하고, 둘째 아들을 사륜舍輪으로 했던 것과 같은 맥락에서 파악할 수 있다. 이것은 모두 미륵사상을 기조로 한 전륜성왕의 사상이다. 문 왕이 자신을 금륜성법대왕이라고 호칭하였다면, 이것은 자신의 가계家 系를 불교의 전륜성왕사상으로 미화시키면서 왕권을 강화하고, 또 널 리 불법佛法을 펴겠다는 의도도 내재되고 있었음을 말해 준다.

당시 발해의 국세는 대단하였던 것 같다. 762년(문왕 26)에 당의 숙종肅宗은 그를 지금까지의 군왕郡王에서 발해국왕渤海國王으로 봉하는 조서를 내리고 있다. 이것은 당이 이때 발해를 자신들의 지방정권이 아닌 독립된 국가로 인정하고 있었음을 의미한다.

문왕의 사후 족제族弟 대원의大元義가 즉위하였으나 1년 만에 국인 國人들에게 피살당하고, 문왕의 손자 대화여大華璵가 즉위하니, 제5대 성 왕成王이다. 그는 즉위하자 상경용천부로 서울을 옮기고, 연호를 중흥中 興이라 하였으나 갑자기 죽어 문왕의 아들인 대숭린大嵩鄰이 왕위를 계 승하였는데, 이가 제6대 강왕康王(794~809)이다. 그는 즉위하자 정력正

歷으로 연호를 정하고, 중국과 일본과 친선관계를 유지하면서 국내정치를 안정시키고 있다. 그의 재위시에 당에 4회, 일본에 2회의 사신을 파견하고 있다. 그의 사후 아들 대원유大元瑜가 뒤를 이으니, 제7대 정왕定王(809~812)이다. 영덕永德이란 연호를 사용하였는데, 얼마 후에 정왕이 죽자 아우 대언의大言義가 즉위하여 연호를 주작朱雀이라 하니, 이가 제8대 희왕僖王(812~817)이다. 그가 즉위한 해에 신라 헌덕왕憲德王은 급찬 숭정嵩正을 사신으로 파견하고 있다.

희왕의 다음에는 아우 대명충大明忠이 왕위에 올라 연호를 태시太始라 하였는데, 이가 제9대 간왕簡王이다. 그는 즉위 후에 1년도 못되어 죽었으며, 그 뒤를 이은 왕은 대인수大仁秀였다. 그는 대조영의 아우인 대야발大野勃의 4세손으로 전한다. 그는 즉위하자 건흥建興으로 연호를 정하고, 국가제제를 성비시키면서 발해의 전성기를 맞게 하니, 이가 바로 제10대 선왕宣王(818~830)이다. 선왕은 『신당서新唐書』 발해전渤海傳에서

자못 바다 북쪽의 여러 부部를 토벌하여 국토를 크게 개척하였다.
(『신당서』 권 219, 북적 발해전)

라고 한 것과 같이 정복사업을 일으켜 적대적인 주변세력을 복속시켰다. 이때 그는 발해를 자극하였던 흑수말갈도 평정하였던 것으로 보인다. 이러한 발해의 팽창은 신라에게도 큰 위협으로 나타나고 있었다. 『삼국사기』 신라본기 헌덕왕 18년(826)조를 보면, 이때 신라에서는 우잠태수牛岑太守 백영白永에게 명하여 한산漢山 북쪽의 모든 주州와 군郡의 백성 10,000여 명을 징발하여 패강장성浿江長城 2백리를 축조하고 있다. 이것은 남하하는 발해의 침공을 저지하기 위한 의도였던 것으로 보인다. 그는 국내의 통치질서도 정비하여 전국을 5경京·15부府·62주州로

개편하고, 또 중앙관제도 확립하였다. 이로써 발해는 황금기를 맞이하게 되고, 당에서도 해동성국海東盛國이란 칭송을 보내게 된다.

선왕의 사후 손자 대이진大彝震(830~857)이 제11대왕으로 즉위하여 연호를 함화咸和로 하였다. 그의 재위시에는 당과의 우호관계가 지속되었고, 또 당에 유학생을 파견하여 수학시키고 있다. 그는 재위 27년 동안에 무려 16회에 걸쳐 당에 사신을 파견하였고, 이 시기에 당의 국자감에서 수학하고 있는 발해 유학생의 존재가 『구당서舊唐書』에서 보인다. 또 『당회요唐會要』 부학독서赴學讀書조에는 837년 3월의 기사로 16명의 발해 학생이 와서 당의 국자감國子監에 입학을 청원하고 있고, 이 중에서 6명만 입학시키고 나머지는 되돌려 보낸 내용이 보이고 있다.

그의 사후 아우 대건황大虔晃(857~871)이 제12대왕으로 즉위하였고, 다음에 대현석大玄錫이 제13대왕으로, 대위해大瑋瑎가 제14대왕으로 즉위하였다. 이때까지만 하더라도 발해의 국세가 강성하였고, 신라에 비하여 우위에 있었다. 이것은 대위해가 재위하고 있던 897년에 나타나고 있는 웃자리다툼사건[爭長事件]에서 알 수 있다. 이것은 최치원이 당에 올린 「사불허북국거상표謝不許北國居上表」에서

신臣이 당번當蕃의 숙위원宿衛院 문서보고를 보니, 지난 건녕乾寧 4년(897) 7월 중에 발해에서 (당에) 정월 원단元旦을 축하하기 위해 파견되었던 대봉예大封裔가 문서를 올려 발해가 신라보다 위에 자리할 것을 청하였는데, 그에 대한 칙지勅旨를 뵈오니 "국명의 선후는 원래 강약에 따라 일컫는 것이 아니니, 조정제도의 등위等威를 어찌 (나라의) 성쇠盛衰로써 고칠 수 있겠는가. 마땅히 구례舊例대로 할 것이니 이에 선시宣示하노라"고 하였습니다.

(『동문선』 권 33, 표전)

라고 하고 있는 것에서 보인다. 발해의 사신 대봉예大封裔는 발해가 신

라보다 국세가 우위인 점을 들어 신라의 사신보다 윗자리에 앉기를
청하고 있는데, 당은 "국명의 선후를 어찌 나라의 성쇠로서 고칠 수
있겠는가"라 하여 거절하고 있다. 여기서 당시 당나라도 발해의 국세
가 신라보다 우위인 것을 인정하고 있다. 그러나 이후 발해의 국력은
더 이상 떨치지 못하였고, 당나라도 황소黃巢의 난 등 내부 분쟁이 계
속되어 멸망 직전에 있었다. 제15대왕으로 즉위한 대인선大諲譔 때에는
당도 망하여, 중국은 5대五代의 혼란기를 맞이하고 있었다. 이때 거란契
丹의 야율아보기耶律阿保機는 주변의 거란족들을 통합하면서 세력을 강
화하고 있었다. 당시 이러한 거란의 세력강화에 대하여 발해는 위기의
식을 느끼지 않을 수 없게 되고, 신라에 구원을 요청하여 이 위기를
벗어나고자 하였다. 이러한 사실은 『거란국지契丹國志』에

> 이보다 앞서 발해국왕 대인선은 본래 해奚 및 거란과는 입술과 이빨
> 의 관계에 있었다. 그런데 거란의 태조가 처음에 일어나 8부를 평탄하고
> 계속하여 군사로 해奚국을 병탄하자 대인선은 이것을 크게 두려워 하여
> 은밀히 신라제국과 더불어 서로 돕기를 약속하였다. (거란의) 태조가 이것
> 을 알고 의논을 모았으나 결정을 내리지 못하였다.
>
> (『거란국지』 권 1, 태조)

라고 하고 있는 것에서 보인다.

920년을 전후한 시기에는 발해에 대한 이들의 공세도 강화되었고,
이로써 924년에 발해는 거란의 요주遼州를 공략하여 자사刺史 장수실張
秀實을 살해하였다. 이 사실은 『요사遼史』 태조 천찬天贊 3년(924) 5월 병
오조에 보이는데, 이 사건을 계기로 거란은 발해의 정벌을 위한 군사
를 일으키게 된다. 다음 해인 925년 12월에 야율아보기는

> 이른바 두 가지 일 중에서 하나는 이미 마쳤는데, 발해는 대대로 원

수임에도 설욕하지 못하고 있으니, 어찌 편안히 지낼 수 있겠는가.

(『요사』권 1, 태조 천찬 4년 12월 을해조)

라고 하여 발해의 정벌을 위한 군사를 일으켜서 직접 지휘하였다. 다음 해 정월에 발해의 부여부성扶餘府城을 함락하고 발해왕이 있는 서울을 포위하니, 발해왕 대인선은 성을 나와 항복하였다. 이로써 그 동안 고구려를 계승하여 동방의 웅자로 군림하였던 발해는 역사에서 사라지게 되고, 우리 한민족의 역사무대도 한반도로 위축을 하게 된다.

926년 발해의 멸망 후에 발해를 재건하려는 부흥운동이 계속 나타나고 있다. 거란의 야율아보기는 발해를 멸망시키자 상경용천부에 동단국東丹國을 세워 장자 야율배耶律倍로 하여금 이를 통치하게 하였다. 이것은 발해인의 반발을 무마하기 위한 정책이었다. 따라서 이 동단국은 엄격한 의미에서 볼 때 발해의 부흥국가로 볼 수는 없을 것 같다. 동단국은 928년을 전후한 시기에 수도가 요양遼陽으로 옮겨가면서 그나마 소멸되고 말았다.

주목되는 것은 발해 멸망 후 나타나고 있는 '오사성 발해국烏舍城渤海國'이다. 이 '오사성 발해국'이란 명칭은 『송사宋史』권 491, 외국전 발해조 태평흥국太平興國 6년조에 송 황제가 이때의 발해왕을 '오사성 부유부 발해염부왕烏舍城 浮渝府 渤海琰府王'이라고 공식 지칭하고 있는 것에서 비롯된다. 따라서 학계에서는 이를 '오사국烏舍國'이라 하기도 하고, 혹은 '후발해後渤海'라고도 한다.

이 국가는 929년 후당後唐 천성天成 4년에 발해에서 고정사高正詞를 사신으로 파견하고 있는 것에서 보이고(『책부원구冊府元龜』권 972 및 『오대회요五代會要』권 30), 이후 성문각成文角·열주의烈周義·열주도烈周道 등의 발해사신이 후당에 파견되고 있는 것이 보인다. 그렇다면 이 발

해는 발해멸망 이후 얼마 되지 않은 시기에 건국되었을 것이다. 이 발해의 존속기간에 대하여 학계에서는 정안국定安國이 건국될 때까지 약 10여 년으로 보는 견해도 있고(화전청和田淸, 「定安國について」, 『동양학보』 6), 1007년까지로 보는 견해(일야개삼랑日野開三郎, 「定安國考」, 『동양사학』 2), 거란 말기인 1114년으로 보는 견해(박시형, 『발해사』, 김일성종합대학) 등이 있다.

또 이 시기에는 '정안국定安國'도 있었다. 이것은 『송사宋史』 권 491, 열전 250에서 「정안국전定安國傳」을 수록하고 있고, 또 여기서

> 정안국은 본래 마한馬韓의 종種이었는데, 거란에게 공파攻破당하였다. 그 추장이 남은 무리들을 규합하여 서쪽 변방에서 나라를 세워 연호를 세우고, 스스로 칭하여 정안국이라 하였다
>
> (『송사』 권 491, 열전 250, 외국 7, 정안국전)

라고 한 내용과 정안국왕의 명칭으로 열만화烈萬華의 이름이 보이고 있다. 이 국가 역시 발해의 부흥국가로 나타나고 있으며, 970년을 전후한 시기에 서경압록부였던 압록강 일대를 중심으로 하여 건국한 국가로 이해되고 있다.

이후 1029년에는 발해의 왕손이었던 대연림大延琳이 요동지방을 중심으로 나라를 세워 국호를 '흥요국興遼國'이라 하고 연호를 천경天慶이라 하였는데, 이 역시 발해의 부흥국가로 볼 수 있다. 이 흥요국은 얼마 후에 거란의 공격으로 멸망하였고, 1116년 정월에는 발해유민 고영창高永昌이 이 지역을 중심으로 다시 '대발해국大渤海國'을 세워 발해의 부흥을 시도하였다. 고영창은 국호를 대발해국이라 하고, 연호를 항기降基라 하여 일시적으로 국력을 떨쳤으나 얼마 후에 금金나라 군대에 의해 멸망을 하게 된다. 이로써 발해 멸망 후에 면면히 계속되어 온 발해의 부흥은 막을 내리게 된다.

## 제4절  발해의 통치구조와 사회구성

## 1. 통치구조

발해의 관부는 제3대 문왕 때에 골격이 형성되고, 제10대 선왕 때에 그 체제가 완비된다. 중앙의 정치기구는 당의 관제를 모방하여 3성三省 6부六部의 체제로 운영되고 있었으나 그 명칭과 운영은 상이한 것이 많았다. 최고 통치자는 왕王인데, 왕의 호칭에 대하여 『신당서新唐書』에서는

> 그 나라 사람들은 왕을 일컬어 가독부可毒夫 또는 성왕聖王, 또는 기하基下라고 하고, 명命을 교敎라고 하였다. 왕의 아버지는 노왕老王, 어머니는 태비太妃, 아내는 귀비貴妃, 장자는 부왕副王, 그밖의 여러 아들들은 왕자王子라고 하였다.
>
> (『신당서』 권 219, 북적열전 발해권)

라고 기록하고 있다. 그러나 문왕文王의 딸 정효공주貞孝公主의 묘지墓誌를 보면, 왕을 대왕大王·성인聖人·황상皇上이라고 칭하였고, 왕의 딸에게는 공주公主란 명칭이 주어졌음을 알 수 있다.

중앙관제는 당의 3성 6부를 모방하고 있다. 이 중에서 핵심적인 관부는 3성이었고, 그 명칭은 선조성宣詔省·중대성中臺省·정당성政堂省으로 나타나고 있다. 정당성의 소관부서로서 6부六部의 행정실무 관부가 소속되어 있었다.

1) 선조성 : 왕명과 조서詔書를 심의하는 당의 문하성門下省을 모방

한 것인데, 장관은 좌상左相이며, 좌평장사左平章事·시중侍中·좌상시左常侍·간의諫議 등의 관원이 소속되어 있었다.

2) 중대성 : 왕명과 조칙詔勅의 제정과 하달을 담당하는 당의 중서성中書省을 모방한 것이다. 장관은 우상右相이며, 우평장사右平章事·내사內史·조고詔誥·사인舍人 등의 관원이 소속되어 있었다.

3) 정당성 : 행정실무를 담당하는 당의 상서성尙書省을 모방한 것인데 장관은 대내상大內相이며, 그 직위는 선조성의 장관인 좌상과 중대성의 장관인 우상보다 높았다. 좌사정左司政·우사정右司政·좌윤左尹·우윤右尹 등의 관원이 소속되어 있었고, 실무행정을 분장하는 6부가 소속되어 있었다.

6부는 좌6사左六司와 우6사右六司로 구분되고, 좌6사에는 좌사정의 관할하에 충부忠部·인부仁部·의부義部의 3부가 소속되었고, 우6사에는 우사정右司政의 관할하에 지부智部·예부禮部·신부信部의 3부가 소속되고 있었다. 이들 부部에는 장관인 경卿이 있어서 사정司政의 통제를 받았다. 6부는 행정실무의 전문성에 따라 분장한 기구인데, 충부는 당의 이부吏部에, 인부는 당의 호부戶部에, 의부는 당의 예부禮部에, 지부는 당의 병부兵部에, 예부는 당의 형부刑部에, 신부는 당의 공부工部에 해당한다.

위의 관제에서 주목되는 것은 당의 3성 6부는 상서성이 중서성과 문하성에 의하여 지배를 받고 있었는데, 여기서는 당의 상서성에 해당하는 정당성이 오히려 당의 문하성에 해당하는 선조성과 당의 중서성에 해당하는 중대성을 지배하고 있어서 대조를 이룬다.

이러한 관부 외에도 중정대中正臺·전중시殿中寺·종속시宗屬寺·문적원文籍院·태상시太常寺·사빈시司賓寺·대농시大農寺·사장시司藏寺·사선시司膳寺·주자감胄子監·항백국巷伯局 등의 관부가 있었다. 이 중에서 중정대는 관리의 비행을 규찰하는 기관으로 장관은 대중정大中正이었고, 전중시는 왕의 궁정생활을 관장하는 기관이며, 종속시는 왕족과 친족을 관장하는 기관인데, 이 두 기관의 장관은 대령大슈이었다. 문적원은 경적과 도서를 관리하고 비문·축문·제문 등을 쓰는 업무를 관장하였는데, 장관은 감監이었고, 태상시는 예의와 제사를 관장하며, 장관은 경卿이었다. 사빈시는 외국사절을 접대하는 관청으로 장관은 경이었고, 사장시는 재부를 담당하는 관청으로 장관은 영슈이며, 사선시는 주례酒禮와 선식膳食을 관할하는 관부로 장관은 영이다. 대농시는 전국의 창고를 관할하는 관부인데 장관은 경이고, 항백국은 환관을 관리하는 관부로 상시常侍가 있었다. 주자감은 국립대학의 성격을 가지며, 장관은 감장監長이었다.

군사조직으로는 좌맹분위左猛賁衛·우맹분위右猛賁衛·응위熊衛·파위罷衛·남좌위南左衛·남우위南右衛·북좌위北左衛·북우위北右衛 등 8위八衛가 있었다.

이들 관료의 품계品階는 질秩로 표시하는데, 3질三秩 이상은 자색紫色의 공복을 입고 아홀牙笏은 금어金魚로 했으며, 5질五秩 이상은 비색緋色의 공복을 입고 아홀은 은어銀魚를 찼고, 6질과 7질은 여린 비색淺緋色의 공복을 입었고, 8질은 녹색綠色의 공복을 입는데, 이들은 모두 나무로 된 홀을 사용하였다.

발해의 영역은 사방이 5,000리에 이르렀고, 5경京·15부府·62주州로 편제되고 있었다. 5경은 신라의 5소경을 연상케 하는데, 상경上京·중경中京·동경東京·남경南京·서경西京이다. 15부의 내용은 다음과 같다.

1) 용천부龍泉府 : 5경 중에서 상경이며, 숙신의 옛 땅에 설치하였고, 용주龍州·호주湖州·발주渤州 등 3주를 거느렸다.
2) 현덕부顯德府 : 5경 중에서 중경이며, 상경의 남쪽에 설치하였고,

노주盧州·현주顯州·철주鐵州·탕주湯州·영주榮州·흥주興州 등 6주
를 통치한다.

3) 용원부龍原府 : 5경 중에서 동경이며, 예맥의 옛 땅에 설치하였고,
경주慶州·염주鹽州·목주穆州·하주賀州 등 4주를 통치한다.

4) 남해부南海府 : 5경 중에서 남경이며, 옥저의 옛 땅에 설치하였고,
옥주沃州·정주晴州·초주椒州 등 3주를 통치한다.

5) 압록부鴨淥府 : 5경 중에서 서경이며, 고구려의 옛 땅에 설치하였
고, 신주神州·환주桓州·풍주豊州·정주正州 등 4주를 통치한다.

6) 장령부長嶺府 : 하주瑕州·하주河州 2주를 통치한다.

7) 부여부扶餘府 : 부여의 옛 땅에 설치하였고, 항상 강한 군대를 두
어 거란을 방어하였다. 부주扶州·선주仙州 등 2주를 통치한다.

8) 막힐부鄚頡府 : 막주鄚州·고주高州 등 2주를 통치한다.

9) 안변부安邊府 : 안주安州·경주瓊州 등 2주를 통치한다.

10) 솔빈부率賓府 : 솔빈率賓의 옛 땅에 설치하였고, 화주華州·익주益州
·건주建州 등 3주를 통치한다.

11) 동평부東平府 : 불열拂涅의 옛 땅에 설치하였고, 이주伊州·몽주蒙州
·타주沱州·흑주黑州·비주比州 등 5주를 통치한다.

12) 철리부鐵利府 : 철리의 옛 땅에 설치하였고, 광주廣州·분주汾州·포
주蒲州·해주海州·의주義州·귀주歸州 등 6주를 통치한다.

13) 회원부懷遠府 : 월희越喜의 옛 땅에 설치하였고, 달주達州·월주越州
·회주懷州·기주紀州·부주富州·미주美州·복주福州·야주邪州·지
주芝州 등 9주를 통치한다.

14) 안원부安元府 : 영주寧州·미주郿州·모주慕州·상주常州 등 4주를 통
치한다.

15) 독주주獨奏州 : 영주郢州·동주銅州·속주涑州 등 3주를 통치한다.


위의 15부 중에서 용원부의 동남쪽 연해는 일본도日本道라 하였고,
남해부는 신라도新羅道, 압록부는 조공도朝貢道, 장령부는 영주도營州道,
부여부는 거란도契丹道라 하여 이들을 합하여 5도五道라 하였다. 이들은
국제 교통로서의 성격을 갖는다.

이와 같은 지방행정의 편제를 볼 때 종족의 거주지를 단위로 하

여 부府가 편성되고 있음을 알 수 있다. 즉 숙신의 옛 땅에 용천부, 예맥의 옛 땅에 용원부, 옥저의 옛 땅에 남해부, 부여의 옛 땅에 부여부가 설치되고 있다. 또 이들 지방행정 중에서 주요한 비중을 차지하고 있는 것이 5경인데, 이 5경은 15부 중에서 특히 중요한 곳에 설치하였음을 알 수 있다. 이들 15부는 그 예하에 몇 개의 주州를 소속시키고 있고, 주의 아래에는 현縣이 소속되어 있었다. 부府에는 장관으로 도독都督이 있어 그에 소속된 주州와 현縣을 감독하였고, 주에는 자사刺史를 파견하여 통치하였으며, 현에는 현승縣丞을 파견하여 통치하였다.

## 2. 사회구성

발해의 사회구성은 크게 고구려계와 말갈계로 분류된다. 5경 15부를 중심으로 하는 행정체계에서 볼 수 있는 바와 같이 중경현덕부·동경용원부·남경남해부·서경압록부·부여부 등은 고구려 때에 복속된 한민족을 근거로 하고 있으며, 동평부·회원부·철리부는 흑수말갈을 흡수하여 만든 것이다. 그밖의 많은 부는 고구려지역 및 기타 말갈지역을 흡수하여 만든 것이었다.

이로 볼 때 발해는 크게 고구려계와 말갈계의 이원적 요소를 흡수하면서 국가체제를 정비하고 있음을 알 수 있다. 그러나 지배계급의 상층부는 고구려계에 의하여 독점되었고, 말갈계는 그들 지역의 전통적 기반을 바탕으로 하위 관료층을 형성하였거나 대부분 하층계층으로 존재하고 있었다. 송宋나라 때에 홍호洪皓가 지은 『송막기문松漠紀聞』에

그 나라의 왕은 대씨大氏로써 성姓을 삼고, 다른 성은 고高·장張·양楊·두竇·오烏·이李 등 몇 종류에 지나지 않는다. 부곡部曲과 노비로서 성姓이 없는 자는 모두 그 주인의 성을 따랐다.

(『송막기문松漠紀聞』 권 상, 발해국조)

라고 하고 있는데, 위에서 보이고 있는 대부분의 성은 고구려계의 성
씨로 보여진다.

또 『고려사절요高麗史節要』 태조 8년 12월조의 기사를 보면, 발해
멸망 후 고려에 귀순하고 있는 발해 지배층들이 나타나고 있는데, 여
기에는 장군 신덕申德·검교개국남檢校開國男 박어朴漁·공부경工部卿 오흥
吳興 등이 포함되고 있고, 『고려사高麗史』 태조 12년의 기록에는 발해인
홍현洪見이 배 20척을 거느리고 귀순하고 있는 내용이 보인다. 이로 볼
때 신申·박朴·오吳·홍洪도 당시 지배층을 형성한 주요 성씨로 볼 수
있다. 이들은 모두가 고구려계의 성씨로 보아도 무방할 것이다. 또 일
찍이 당나라에 유학한 일본승日本僧 영충永忠의 글에서

발해국은 고구려의 옛 땅이다. 그 나라는 넓이가 2천리이며, 주현州縣
에는 관館과 역驛이 없고, 곳곳에 촌村과 리里가 있으나 대부분 말갈의 부
락이다. 백성들은 말갈인이 많고 토인土人은 적다. 모두 토인土人으로 촌장
村長을 삼는데, 대촌大村의 장은 도독都督이라 하고, 다음은 자사刺史라고 하
며, 그 아래는 모두 수령首領이라고 한다. 그 풍속이 자못 서書를 알고, 고
씨高氏 이후부터 조공이 끊어지지 않는다.

(『유취국사類聚國史』 권 193, 수속殊俗, 발해 상)

라고 한 내용이 보이고 있는데, 위에서 토인土人이란 바로 고구려계를
지칭하는 것으로 보인다. 그렇다면 지방행정의 상위직은 모두 고구려
계가 독점하고 있었음을 알 수 있다.

사회의 근간을 이루고 있는 계층은 '민'이었는데, 이들은 주로 농
업에 종사하면서 국가에 조租와 노동력을 제공하고, 또 군사로 징병당
하는 대상이었다. 고구려와 말갈의 전통적 산업구조를 계승하고 있었

고, 주로 밭농사를 경작하였다. 고구려도 『삼국지三國志』 동이전 고구려
조에서 "대산大山과 심곡深谷이 많아 원택原澤이 없으며, 산과 계곡을 따
라 생활한다. 따라서 좋은 밭이 없으며, 힘써 농사를 짓는다 하더라도
배를 채우기에 부족하다"라고 하였는데, 말갈도 마찬가지였다. 이것은
『수서隋書』 말갈조에

> 주거는 대개 산이나 물가에 의지하며, 땅은 낮고 습하여 흙을 둑과
> 같이 쌓고 구덩이를 파서 거처한다. 출입구는 위로 사다리를 놓아 드나든
> 다. 두 사람이 짝을 지어 밭을 간다. 곡식으로는 조·보리·검은 기장이
> 많이 난다. 물기가 짜서 나무껍질 위에도 소금이 엉긴다. 가축으로는 돼
> 지가 많다. 부인은 베옷을 입고, 남자는 돼지가죽으로 옷을 입는다.
>
> (『수서』 권 81, 열전 46, 동이, 말갈조)

라고 하고 있는 것에서 보인다. 또 발해에서는 각 지역의 특수성에 따
라 생산물을 생산하기도 하였다. 이것은 『신당서新唐書』 발해전에서

> 그 나라가 귀중히 여기는 것은 태백산太白山의 토토兎·남해南海의 다시
> 마·책성柵城의 된장·부여의 사슴·정힐鄭頡의 돼지·솔빈率賓의 말·현주
> 顯州의 베·옥주沃州의 솜·용주龍州의 명주·위성位城의 철·노성盧城의 벼·
> 미타호湄沱湖의 붕어이고, 과일로는 구도九都의 오얏과 낙유樂游의 배가 있
> 다. 이밖의 풍속은 고려와 거란과 대개 같다.
>
> (신당서』 권 219, 북적열전, 발해전)

라고 하고 있는 것에서 알 수 있다. 위에서 태백산의 토兎는 토끼 또는
동북지방의 범으로 보는 견해가 있어왔으나 근래에 조철부는 이것을
복령茯苓으로 보았다(조철부, 「발해국 력사의 세가지 문제에 대하여」,
『발해사연구』 4, 연변대 출판부, 1993). 발해는 일찍부터 당과 교류하는
과정에서 무역의 왕래가 빈번하였고, 일본과도 문물의 교류가 빈번하

였다. 그리고 국내적으로는 물화의 유통이 원활하였다. 이러한 상황을 고려하여 발해에서는 일찍부터 화폐경제가 유통되었을 것이라는 견해도 나타나고 있다. 그 대표적인 학자는 방학봉方學鳳인데, 그는 1983년 『연변대학 학보』에서 처음 이 문제를 제기하였고, 주국침朱國忱・위국충魏國忠・리전복李殿福・손극량孫克良 등이 이 견해에 동조하고 있다.

또 발해는 고구려의 전통을 계승하고 있어서 사회의 하층구조로 하호下戶와 천민계열도 있었을 것이다. 천민계층으로 노비는 『송막기문松漠紀聞』에서 부곡과 노비의 명칭이 보이는 것에서 확인된다.

발해는 당으로부터 해동성국海東盛國이란 말을 들을 정도로 고도의 문화를 발전시키고 있다. 이것은 『신당서』 발해전에서

처음에 그 나라 왕이 자주 학생들을 경사京師의 태학太學에 보내어 고금古今의 제도를 배우고 익혀가더니, 이때에 이르러 드디어 해동성국海東盛國이 되었다.

(신당서』 권 219, 북적열전, 발해)

라고 하고 있는 것에서 알 수 있다.

국도인 상경용천부는 당나라 장안성長安城을 모방하여 내성內城과 외성外城의 구분이 있었고, 내성의 남문에서부터 외성의 남문에 이르기까지는 주작대로朱雀大路가 있었으며, 이를 중심으로 좌・우에 조條와 방坊이 이루어지고 있었다. 대성 안의 궁성지에서 발견된 와당과 6정산고분군六頂山古墳群에서 발굴된 정혜공주貞惠公主・정효공주貞孝公主의 무덤양식은 모두 고구려의 문화전통을 계승하고 있다. 또 동경성의 사원터에서 출토된 불상과 석등 등도 고구려의 전통양식을 계승하고 있어서 이들 문화가 고구려문화의 연장이라는 인식을 갖게 한다.

또 『구당서舊唐書』 발해말갈조에는

> 풍속은 고구려와 거란과 같고, 문자가 있으며, 서기書記도 있다(風俗
> 與高麗及契丹同 頗有文字及書記).
>
> > (『구당서』권 199 하, 북적열전, 발해말갈)

라고 기술하고 있는데, 이것은 주목할 필요가 있다. 위의 내용에서는
발해에서 독자적인 문자를 사용하였다는 것을 말해주고 있다. 또 그
동안에 발해의 문자로 보이는 것이 동경성東京城에서 출토된 와편에서
많이 발견되기도 하였다. 그러나 학계에서는 이것의 해독을 놓고 의견
의 일치를 보지 못하고 있다. 만약에 위에 기록된 내용과 같이 발해가
독자적으로 문자를 만들어 사용하였다면, 이것은 우리 민족문화에서
일대 혁명이 아닐 수 없다. 또 위에서 주목되는 기록은 서기書記라는
것이다. 『삼국사기三國史記』 백제본기 근초고왕 30년조에서는

> 고기古記에 이르기를 백제는 개국이래 문자기사文字記事가 있지 아니하
> 였다. 이때에 이르러 박사 고흥高興을 얻어 처음으로 서기書記가 있었다(百
> 濟開國已來 未有以文字記事 至是得博士高興 始有書記).
>
> > (『삼국사기』권 24, 백제본기 2, 근초고왕 30년조)

라는 기사를 볼 수 있다. 여기서 서기書記란 내용에 대하여 이병도는
백제의 역사서로 보았고, 현재 학계에서는 거의 모든 학자들이 이를
수용하여 '서기書記'를 백제의 역사서로 보고 있다. 그렇다면 『구당서』
에 보이는 '서기書記'란 내용도 앞의 내용 '문자'와 더불어 연계할 때
발해의 역사서로 보아야 할 가능성은 충분히 있을 수 있다.

　　참고로 북한학자 김인호金仁鎬는 「우리나라 고대글자 관계의 력사
유물과 자료들에 대한 고찰」에서, 류렬柳烈은 「신지글자와 창힐글자와
의 관계에 대하여」라는 논문에서 연해주지역과 함경북도 청진시에서
발견된 발해문자를 소개하면서 발해의 문자 사용을 확고한 역사적 사

실로 수용하고 있다(이형구 편, 『단군과 고조선』, 동양고고학연구소, 1999).

또 발해에서는 일찍부터 역사를 편찬하였다는 견해도 있다. 비록 우리 학계에서는 위서僞書로 보고 있지만, 지금 전해지고 있는 『단기고사檀奇古史』는 그 원본을 대조영의 아우 대야발大野勃이 지었다고 하며, 또 고려시대에는 발해유민이 쓴 『조대기朝代記』란 역사책이 있었다고 전해진다.

A. S Uvarov백작  23
Australopithecus  22
C. J. Thomsen  23, 26, 34
Cro-magnon인  22
Elman R. Service  24, 27, 71, 112
Homoerectus  22
Homosapiens  22
Homosapiens sapiens  22
J. Lubbock  24
L. H. Morgan  24, 26
Neandertal인  22
Pithecanthropus-Erectus  26
Ramapithecus  22
Sinanthropus-Pekinensis  26
Tengri  63

## ㄱ

가독부可毒夫  510
가라伽羅  332
가라柯羅  332
가라加羅  332
가라加羅  332, 334, 356, 366, 367, 369
가라迦羅  332, 333
가라국加羅國  359, 368
가라달可邏達  202
가라본기駕羅本紀  348
가라산加羅山  341
가라현加羅峴  341
가락伽落  331
가락駕洛  287, 331, 348, 351
가락국駕洛國  331, 333, 351, 353
가락국기駕洛國記  287, 331, 338, 346, 349, 351, 352, 361, 363, 371, 373
가라7국加羅七國  334
가량加良  332, 341, 369, 370
가량부곡加良部曲  341
가량연원加良淵院  341
가림성加林城  405
가배嘉俳  326
가불성加弗城  190, 384
가섭원迦葉原  119, 120, 151
가소성加召城  354, 355
가신家臣  126
가실왕嘉悉王  373
가야加耶  271, 331
가야伽耶  331
가야伽倻  351, 332
가야계加耶系  243, 298, 411
가야국伽耶國  339, 349
가야국加耶國  373
가야국왕  308
가야금加耶琴  309
가야산伽耶山  339
가야산신伽倻山神  353
가야연맹  349, 360, 371
가야연맹체  345, 374
가야제국  350
가야향加也鄉  341
가언충賈言忠  163
가왕자假王者  448
가은현加恩縣  462
가이원加耳院  341
가이현加利縣  337
가잠성椵岑城  390
가태라곡加太羅谷  494
가한可汗  81
가한신可汗神  208
가해현加害縣  341
각간角干  314, 315, 371
각연군各連郡  417
각찬角粲  314
간干  418
간돌검[磨製石劍]  342
간수澗水  205
간왕簡王  505
간의諫議  511
간주리干朱理  192
갈문왕葛文王  291, 303, 317
갈사葛思  179
갈사국葛思國  182
갈사왕曷思王  179
갈석碣石  118
갈화竭火  357
갈화성竭火城  357
감로국甘路國  346
감문국甘文國  304
감문주甘文州  309
감물성甘勿城  394
감의군사感義軍使  452
감장監長  512
갑병甲兵  325, 455
강남도江南道  144
강릉江陵  430
강봉진  333
강성姜姓  87
강수强首  375
강씨康氏  466
강역고彊域考  144
강왕康王  504
강인구  216
강주康州  430, 434
강화江華  74

강화도 450
개국蓋國 221
개국開國 309
개로왕蓋鹵王 189, 190, 215, 223, 235, 237, 244, 246, 384
개루왕蓋婁王 233, 241
개마 30
개마국蓋馬國 169, 180
개마대산蓋馬大山 131
개배蓋杯 366
개성대왕開聖大王 445
개원愷元 414
개원開元 478, 479, 498
개평蓋平 96
개황開皇 494
개황록開皇錄 362
객부客部 257
객좌현喀左縣 87
거등왕居登王 361, 372
거란契丹 187, 481, 406, 483, 507, 508
거란국지契丹國志 507
거란도契丹道 513
거사물정居斯勿停 434
거서간居西干 278, 281, 289, 301, 313
거수간渠帥干 281, 313
거수渠帥 133, 135, 140, 141, 275, 281, 313, 323
거수渠首 261
거연巨連 247
거열居烈 374
거열성居列城 403
거진擧眞 312, 394, 408
거질미왕居叱彌王 361
거칠부居柒夫 192, 309, 385, 387
건길지鞬吉支 252
건녕乾寧 506
건모라健牟羅 320
건무建武 195, 196
건복建福 310
건소建昭 153
건원建元 308
건주建州 513
건품乾品 389
건흥建興 505
걸걸중상乞乞仲象 473,

483~485, 490, 493, 496
걸루桀婁 245
걸사비우乞四比羽 490, 493, 495
걸사우乞四羽 479, 489
걸사표乞師表 311, 390
걸식국乞食國 368
검교안동도호檢校安東都護 404
검릉형 말떠드리개[劍菱形杏葉] 365
검모잠劍牟岑 401, 404, 406, 496
검은모루 36
검은모루유적 35, 37
검조선 85
검측儉側 140
견사犬使 121
견사자犬使者 121
견씨甄氏 462
견아성犬牙城 190
견훤甄萱 460, 462, 465, 466, 468
겸지왕鉗知王 359, 361
경卿 199
경慶 247
경관京觀 196
경당扃堂 207
경덕왕景德王 422, 426, 430, 436, 449, 502
경명왕景明王 464, 467
경문왕景文王 453, 455, 461
경산京山 337
경순왕敬順王 464, 467, 468
경애왕景哀王 464, 467
경영慶永 421
경영의 반란 424
경운慶雲 449
경임耿臨 183
경주慶州 513
경주瓊州 513
계덕季德 254
계루군왕桂婁郡王 476, 499
계루부桂婁部 126, 127, 154, 167, 289
계림鷄林 302, 353
계림대도독부鷄林大都督府 403
계림도대총관鷄林道大摠管 406
계림주대도독鷄林州大都督 403
계림황엽鷄林黃葉 459

계민가한啓民可汗 390
계백堦伯 396, 403
계연計烟 437
계왕契王 215, 236
계원필경 142
계지稽知 314
계필하력契苾何力 397
계홍啓弘 450, 452
고간高侃 401, 404
고간高干 418
고古신석기시대 41
고구려 68, 73, 77, 104, 111, 114, 474, 513
고구려 별종別種 131, 223, 484, 485
고구려 부흥운동 406
고구려부흥군 405
고구려비기高句麗秘記 163
고구려왕 402, 405
고구려족 29
고구려현高句麗縣 161, 162, 179
고국양왕故國讓王 187, 381
고국원왕故國原王 175, 186, 234, 242, 380
고국천왕故國川王 129, 171, 183
고기古記 54, 56, 57, 61, 75, 77, 118
고노高老 384
고대국가古代國家 174, 176
고덕固德 254
고덕무高德武 499
고량부리정古良夫里停 433
고려고기高麗古記 58
고려高麗 464
고려국왕高麗國王 474
고려기高麗記 200, 202
고려대왕高麗大王 474
고려 별종 491, 492, 495
고려사 78, 332, 362, 370, 480, 489
고려사高麗使 474
고려사高麗史 515
고려사절요高麗史節要 482, 515
고려왕 막리지高麗王 莫離支 496
고령高寧 337

고령古寧　337
고령高靈　362, 364, 370
고령 가야古寧伽耶　349
고령 가야古寧伽倻　337
고례高禮　116
고룡군古龍郡　431
고리高夷　164
고리국槀離國　154, 156, 159, 282
고리왕槀離王　155
고마固麻　30, 258
고마성固麻城　257
고명顧命　453
고문간高文簡　496
고복장高福章　183
고사포古史浦　357
고산리高山里　42
고생대古生代　21
고생인류古生人類　26
고성固城　337
고소부리군古所夫里郡　320
고수高壽　234, 254
고순시국古淳是國　346
고승高勝　194
고씨高氏　157, 182, 515
고씨왕계高氏王系　181
고아시아인　70
고아시아종Paleo Asiats　39
고연무高延武　404
고영高靈　337
고영창高永昌　509
고왕高王　478, 484, 497, 499
고이왕古爾王　146, 215, 220, 231, 233, 236, 241, 262, 264, 289
고인의高仁義　502
고자미동국古資彌凍國　346
고전古傳　58
고전전기古傳典記　58
고정사高正詞　508
고제高帝　98
고조高祖　196, 483
고조선　63, 111, 149, 158, 221, 339
고종高宗　394, 462, 491
고주高州　513
고죽孤竹　87
고죽국孤竹國　87
고차국古嵯國　368

고창古昌전투　467, 468
고총고분高塚古墳　344
고추가古雛加　126, 127
고추가古鄒加　168, 169, 181, 199, 200
고타야군古陀耶郡　280
고해진古奚津　367
고향현리高向玄里　334
고흥高興　243, 518
곡령청송鵠嶺靑松　459
곡례曲禮　446
곡부穀部　256
곤노昆奴　234, 254
곤씨昆氏　229, 260
곤연鯤淵　150
곤지昆支　247
골내근정骨乃斤停　434
골벌국骨伐國　304
골제骨制　323
골포骨浦　357
골품제도骨品制度　290
골품제적 족벌정치　456
공덕부功德部　256
공복公服　308
공복제도　315, 316
공부경工部卿　482
공부貢賦　310
공산公山전투　467
공손도公孫度　184, 213, 220, 224
공손수公孫邃　101
공안국孔安國　164
공연孔烟　437
공장부감工匠府監　420
공장부工匠府　428
공조孔晁　164
공주公州　430
공홍도公洪道　144
과거제科擧制　446
과절過節　201
과하마果下馬　136
관계官階　315
관구검毌丘儉　184, 241, 268
관나貫那　183
관나부貫那部　167, 168
관나부패자貫那部沛者　199
관노부灌奴部　126, 128, 167
관료제官僚制　187
관모봉冠冒峰　34

관문사회關門社會　345
관미성關彌城　188, 243, 381
관산성管山城　249, 369, 386, 387
관정우管政友　334
관제개혁　423
관창官昌　396, 408
괄지지括地志　220
광개토대왕廣開土大王　188, 243, 345, 381, 494
광개토대왕비　188
광개토대왕 비문　332, 334, 335, 367, 494
광개토대왕 비문의 변조설　335
광명부인光明夫人　304
광무제光武帝　338, 340, 349
광주光州　430
광주廣州　430, 513
광주고읍廣州古邑　235
광치내匡治奈　465
광평성廣評省　465
괴양塊壤　463
교연도지암橋淵道知巖　73
교종敎宗　294
구가狗加　121, 122
9간九干　166, 338, 339, 341, 351, 371
구다국句茶國　169, 180
구당서舊唐書　225, 269, 327, 490
구도仇都　180
구도九都　516
9등호　437
구려駒麗　164
구려句麗　479
구려왕句麗王　182
구려평양선인駒麗平壤仙人　74
구려후句麗侯　179
구례마俱禮馬　279
구루溝婁　127
구륜공仇輪公　462
구벌성仇伐城　307
구사拘邪　332
구산선문九山禪門　294
구삼국사舊三國史　150
9서당九誓幢　432
구석기시대　24
구수왕仇首王　233, 241

96각간角干 424
구야狗邪 332
구야拘邪 353
구야국狗邪國 346
구야국狗㫈國 349
구야국狗耶國 349, 371
구양수歐陽修 269
구이신왕久尒辛王 244
구인舊人 37
9주九州 420, 429, 431
구주홍범九疇洪範 80
9중대내마九重大奈麻 316
구지舊志 154
구지龜旨 338
구지봉龜旨峯 347, 351
구천狗川 249
구태仇台 212, 219, 220, 224, 231
구태백제九台百濟 213
구태의 묘廟 219
구해왕仇亥王 361, 370, 408
구형왕仇衡王 361, 362
국강상광개토경평안호태왕國岡上廣開土境平安好太王 188
국내성國內城 179
국모國母 239
국반國飯 310, 312
국사國史 157, 309
국상國相 183, 184, 202
국성國城 220
국씨國氏 260
국원國原 309, 463
국원경國原京 449
국원성國原城 430
국원소경國原小京 321
국읍國邑 127, 272
국인國人 180, 244, 294, 304, 327, 444, 463, 504
국자감國子監 506
국조왕國祖王 174, 181
국주國主 199
국중대회國中大會 182
국지모國智牟 390
국학國學 375, 420, 422, 423, 429, 435, 446, 447, 456
국호國號 80
군관軍官 405, 420
군미국軍彌國 275
군사회群社會 24

군신群臣 294
군왕君王 121
군윤軍尹 465
군읍郡邑 206
군장君長 25, 112
군장郡將 257
군장국가君長國家 174
군장사회君長社會 25, 112, 173
군주郡主 303, 314, 320, 326, 429
군주軍主 308, 320, 321, 385, 429, 431
군진軍鎭 450, 457
군태수郡太守 431
군현제도郡縣制度 320
굴돌시부窟突始部 494
굴산성屈山城 307
굴포리屈浦里 35
굴포리유적 36
궁宮 182
궁모성窮牟城 404
궁복弓福 450, 452
궁예弓裔 459, 461
궁전술弓箭術 447
궁준弓遵 241
권근權近 54, 83, 143
권람權擥 54
궐계부厥稽部 494
귀간貴干 418
귀당貴幢 321
귀두청명鬼頭淸明 333, 360
귀비貴妃 510
귀산貴山 389, 408
귀수貴須 367
귀수왕貴首王 221
귀의후歸義侯 115, 139, 276
귀족국가貴族國家 177
귀주歸州 513
규원사화揆園史話 63
균노사정均老司政 482
균정均貞 448, 451
극우剋虞 254
극정極正 450
극충克忠 372
근구수왕近仇首王 234, 243
근기국勤耆國 275
근동지방近東地方 43
근종近宗 453

근초고왕近肖古王 186, 220, 234, 237, 239, 242, 259, 261, 367, 380, 518
근친혼近親婚 25
금강 259, 415
금강金剛 414, 468
금강산金剛山 279
금관金官 337
금관가야 228, 345, 349, 350, 351, 363, 371
금관가야金官加耶 308
금관가야金官伽耶 349
금관경金官京 449
금관국金官國 287, 333, 351, 355, 431
금관국주金官國主 358
금관소경金官小京 431
금관지주사金官知州事 331, 338
금국金國 486
금굴유적 37
금궤설화 352
금륜성법대왕 504
금마군金馬郡 80, 83, 89
금마산金馬山 143, 462
금마저金馬渚 406
금사金史 491
금산金山 가리촌加利村 278, 279, 284
금산사金山寺 468
금서룡今西龍 58, 63, 64, 169, 231, 283, 291, 333, 360
금서성禁書省 465
금석병용기시대金石倂用器時代 24, 43
금성金城 461
금성錦城 463
금와金蛙 124, 151
금입택金入宅 455
금주金州 351
금천사람 37
금촌풍今村豊 28
금파리 37
금하衿荷 319
금현성金峴城 385
급간級干 371
급량부及梁部 279
급리急利 305

급벌간級伐干 314
급벌찬級伐湌 314
급찬級湌 314, 316
기국箕國 78, 87
기내畿內 4부四部 169
기내畿內 5부五部 253, 260
기루왕己婁王 241, 264
기리영崎離營 241
기림이사금 289, 303
기마민족騎馬民族 115
기마족단 300
기벌포伐伐浦 396, 406
기오공起烏公 291
기원사祇園寺 308
기자箕子 55, 57, 62, 81
기자동래箕子東來 92
기자동래설箕子東來說 64, 78
기자묘箕子墓 84
기자사箕子祠 82
기자사당箕子祠堂 81
기자수봉箕子受封 65, 79
기자수봉설箕子受封說 82
기자신箕子神 208
기자전설 68
기자조선箕子朝鮮 33, 53, 66, 69, 77, 222, 339
기잠성岐岑城 250, 391
기저국己柢國 275
기전綺典 326
기족箕族 87
기주紀州 513
기하基下 510
기하문토기 幾何文土器 39
기현성旗縣城 250, 391
기후箕侯 87
기훤箕萱 459, 461
길림성吉林省 473
길문吉門 332, 354
길사吉士 314
길선吉宣 241
길쌈[績麻] 326
길차吉次 314
김겸金鉗 361
김경신金敬信 425, 441, 443, 444
김광수 175
김교경 35
김구해金仇亥 358, 361
김기섭 217, 259

김대문金大問 286, 322
김덕원 409
김락金樂 467
김명金明 451, 452
김무력金武力 362, 370, 385, 408
김문영金文穎 397, 403, 405
김법민金法敏 312
김병룡 59
김부식金富軾 74, 213, 231, 348, 411
김사란金思蘭 502
김상기 31, 90, 226, 234, 253
김서현金舒玄 362, 408
김성환 74
김수로왕 228, 287, 341, 345, 361, 371
김식金式 453
김신규 35
김씨계 286, 289
김알지金閼智 289, 302, 347
김양金陽 451
김양도金良圖 397
김양상金良相 425, 441
김영심 259
김예金銳 453
김요金蕘 453
김용춘金龍春 392, 408
김우징金祐徵 451, 452
김원룡 32, 40, 44, 45, 235, 374
김유신金庾信 298, 312, 394, 396, 403, 408, 410, 414, 415, 424, 442
김윤중金允中 424
김융金融 424
김융의 난 442
김은거金隱居 424
김은거의 모반 442
김인문金仁問 298, 397, 406, 441, 443, 444, 445, 449
김인숙 154, 163
김인호 518
김재붕 220
김재원 66
김정기 374
김정배 32, 58, 68, 86, 112
김정학 30, 39, 48, 67, 333

김정호金正浩 488
김종철 333, 366
김주원金周元 442, 444, 445, 449
김진평金眞平 391
김질金叱 361
김질왕金銍王 361
김창호 333
김철준 106, 115, 170, 174, 226, 227, 257, 283, 292, 295, 305
김춘추金春秋 251, 311, 312, 334, 392, 395, 408, 410
김품석金品釋 251, 311, 392
김한규 105
김해 340
김해金海 431
김해 대성동 344
김해 양동리 343
김해 예안리 365
김해경金海京 431
김해부金海府 337
김헌창金憲昌 448
김헌창의 난 449
김현구 334, 337
김현金鉉 453
김흠돌金欽突 432
ㄱ|ㅇ지 84

나가통세那珂通世 334
나국那國 165, 167, 172
나당羅唐연합 251
나당羅唐연합군 198, 398, 400
나말奈末 314
나밀那密 305
나부那部 172
나정蘿井 278, 284
나제동맹羅濟同盟 244, 246, 307, 382
나주羅州 434
낙노국樂奴國 346
낙동강洛東江 348
낙랑樂浪 102, 180, 184, 210,

230, 239, 252, 267, 269, 301
낙랑국樂浪國 146, 169
낙랑군樂浪郡 186, 282
낙랑태수 234
낙씨洛氏 180
난미리미동국難彌離彌凍國 275
난생설화卵生說話 282, 346, 347, 352
난하灤河 68, 69, 87, 95, 106
남가라南加羅 334, 367
남가야南加耶 349
남건男建 198, 397
남경南京 512
남국南國 448, 478
남당南堂 233, 238
남부南部 128, 184, 202, 240, 258
남부대사자南部大使者 199
남부여南扶餘 223, 235, 249, 385
남북국南北國 422
남북국사南北國史 487
남북국시대南北國時代 487
남북삼한설南北三韓說 146, 226
남북조南北朝 192
남북조시대南北朝時代 379
남사南史 224, 225, 269, 320, 325
남산男産 198, 397
남산신성비南山新城碑 272
남생男生 198, 397
남소수南蘇水 159
남신현南新縣 320
남양만 450
남여南閭 134, 135, 160
남옥저南沃沮 131, 132, 184
남우위南右衛 512
남원南原 431
남원소경南原小京 420, 429, 431
남잠성南岑城 398
남제南齊 359
남조南朝 189, 225, 388
남좌위南左衛 512
남진정책 383
남천정南川停 434

남천주총관南川州摠管 415
남택南澤 241, 264
남하정책南下政策 244, 382
남한南韓 276, 277
남해부南海府 513
남해차차웅 276, 288, 300, 313
납화부納貨府 465
낭당郎幢 322, 432
낭도郎徒 323
낭비성娘臂城 392
낭성娘城 373
낭중郎中 426, 427
내관가內官家 332
내관內官 256
내두좌평內頭佐平 233, 255
내량(품)부內掠(稟)部 256
내마奈麻 280, 314, 316
내물마립간 188, 289, 292, 297, 315, 379, 381, 382, 441, 444
내법좌평內法佐平 233, 255
내봉성內奉省 465
내부內部 128, 170, 184
내사內史 511
내사지성內斯只城 403, 416
내생군삼천당奈生郡三千幢 419
내성內省 319, 326
내성內城 517
내성사신內省私臣 310, 319, 409
내솔奈率 254, 418
내신좌평內臣佐平 233, 255
내을奈乙 307
내음捺音 357
내이來夷 31
내진주지內珍朱智 364
내토군삼천당奈吐郡三千幢 419
내해이사금 289, 302, 356, 363
내행화문 방제경內行花文倣製鏡 343
노객奴客 188
노객老客 381
노공老公 437
노관盧綰 97, 100
노국奴國 165, 167

노당弩幢 427
노모老母 437
노복奴僕 121, 122, 204
노사지弩舍知 427
노성盧城 516
노예제 속국 173
노왕老王 510
노인路人 102, 105
노종奴宗 358
노주盧州 513
노중국 174, 214, 216, 219, 232, 233, 236, 238, 253, 255, 259
노지弩知 319
노차老且 414
노태돈 96, 165, 171, 174, 176, 219, 253, 258, 272, 315, 386
녹금서당綠衿誓幢 432
녹무현綠武縣 434
녹봉祿俸 418
녹읍祿邑 420, 423
녹효현綠驍縣 434
논어論語 446
농경農耕 41
농민봉기 458
뇌음신惱音信 397
뇌질주일惱窒朱日 353, 364
뇌질청예惱窒靑裔 353, 364
누각박사漏刻博士 423
누루하치 486
누초婁肖 202
눌지訥祇 306
눌지마립간 297, 306, 326, 382
늑노현勒弩縣 391
니계상泥谿相 102
니하泥河 358, 490

다라多羅 334, 367, 369
다라국多羅國 368
다루왕 231, 241, 264
다물多勿 154, 259
다물도多勿都 154, 178
다물도주多勿都主 178, 180
다벌국多伐國 303

다벌악주多伐嶽州 401
다파나국多婆那國 286, 300, 352
단군 62
단군檀君 56, 57, 58, 62, 116
단군壇君 58, 62, 120, 157
단군고기檀君古記 54, 57, 58
단군기壇君記 58, 120, 157
단군본기 61
단군시조설檀君始祖說 75, 77
단군신화 346
단군왕검壇君王儉 55
단군조선 33, 63, 64, 66, 486
단군조선檀君朝鮮 53
단궁檀弓 136
단기고사檀奇古史 63, 519
단목檀木 57
단수신檀樹神 56, 57, 58, 60
단웅檀雄 58, 60
단웅천왕檀雄天王 56, 57, 60, 62
단일연맹체론 350
단혈성론單血性論 28, 32
달고達賈 168, 185
달고達姑 464
달사達巳 385
달성達城 434
달솔達率 254, 418
달이達已 374
달주達州 513
담덕談德 188
담로檐魯 258
담로체제檐魯體制 238
담엄사曇嚴寺 279
당唐 196, 390
당고唐高 55, 61
당례唐禮 503
당성진唐城鎮 450
당요唐堯 56, 57, 72, 76
당항성黨項城 311, 393
당회요唐會要 491, 506
대가大加 126, 127, 128, 168, 169, 180, 198
대가大家 203
대가락大駕洛 339, 349
대가야군大伽耶郡 364
대가야大加耶 249, 309
대가야大伽耶 337, 349

대감大監 310, 426
대건황大虔晃 506
대곡성大谷城 450
대공·대렴의 난 442
대공大恭 424
대광현大光顯 482
대구화상大矩和尙 458
대군왕大君王 133
대군장大君長 166
대궁大宮 310, 319
대나말大奈末 314
대내마大奈麻 281, 293, 314, 316
대내상大內相 511
대농시大農寺 511
대단군왕검大壇君王儉 66
대단군조선大壇君朝鮮 66
대당大幢 321
대당개원례大唐開元禮 503
대당외교對唐外交 394, 395, 409
대당장군大幢將軍 419
대당총관大唐摠管 405
대당총관大幢摠管 415
대대로大對盧 171, 200
대덕對德 254
대도서大道署 310
대도이행大都利行 476
대동강 498
대동지지大東地志 488
대두산성大豆山城 247, 401
대두성大豆城 247
대등회의大等會議 317
대량주도독大梁州都督 408
대렴大廉 424, 451
대령大令 512
대로對盧 126, 199
대룡부大龍部 465
대릉하大凌河 87
대마도對馬島 455
대막리지大莫離支 197, 397
대명충大明忠 498, 505
대모달大模達 203
대무신왕大武神王 179, 379
대무예大武藝 476, 499
대문大文 406
대문예大門藝 501
대발해국大渤海國 509
대방고지帶方故地 188

대방군帶方郡 186
대방帶方 137, 212, 219
대보大輔 201, 276, 286, 300, 314
대복예大福譽 482
대봉예大封裔 506
대부大夫 199
대부大夫예禮 93
대부사자大夫使者 200, 201
대부시 465
대부파수부잔臺附把手附蓋 366
대사大使 121
대사大舍 293, 314, 426, 427
대사자大使者 121, 122, 200, 202
대상大相 465
대성大城 202
대소帶素 179
대소帶素 124, 178
대수帶水 212
대숭린大嵩鄰 504
대승戴升 180
대심리大審理 482
대씨大氏 487, 490, 514
대아찬大阿飡 280, 293, 316, 476, 499
대야발大野勃 485, 505, 519
대야성大耶城 251, 463, 467
대야주大耶州 458
대언의大言義 505
대연림大延琳 509
대오大烏 314
대오지大烏知 314
대왕大王 503, 510
대요수大遼水 159
대운하 194
대원大元 77
대원균大元鈞 482
대원유大元瑜 505
대원의大元義 498, 504
대위해大瑋瑎 506
대유범大儒範 482
대이진大彝震 506
대인大人 133
대인선大諲譔 497, 507, 508
대인수大仁秀 505
대장군大將軍 203
대전량大田亮 231

대조영大祚榮 476, 477, 479,
  480, 483, 484, 490, 496
대주부大主簿 202
대중정大中正 511
대진大秦 94
대창大昌 309
대토大吐 416
대현석大玄錫 506
대혈大穴 129, 130
대형大兄 200, 201
대화균大和鈞 482
대화조정大和朝廷 337
대화여大華璵 504
대화정부大和政府 243
대흔大昕 453
대흠무大欽茂 474, 502
대흥大興 503
대흥보력효감금륜성법대왕大
  興寶曆孝感金輪聖法大王 504
덕만德曼 311
덕솔德率 254, 418
덕영중강德永重康 34
덕지德智 384
덕천리 유적 36
덕천사람 33, 37
데릴사위제도 130
도구騊駒 179
도교道敎 197
도덕경道德經 196, 197
도도都刀 370
도독都督 431, 514, 515
도두都頭 182
도림道琳 245
도모대왕都慕大王 220
도모都慕 220
도미都彌 261
도부刀部 256
도사道士 196, 197
도사道使 202
도살성道薩城 385
도설지왕道設智王 364
도성都城 170
도성桃城 401
도시부都市部 257
도압성都押城 381
도위都尉 115, 136, 139, 276
도절都切 178
도종道宗 197
도질토기陶質土器 373

도참사상 74
도침道琛 399
도화리 유적 36
도회都會 118
독널무덤[甕棺] 41
독로국瀆盧國 346
독산성獨山城 385
독산성주禿山城主 290
독서삼품과讀書三品科 446
독주주獨奏州 513
돈화敦化 473
돌고咄固 185
돌궐突厥 192, 194, 390, 393,
  484, 500, 501
돌산突山 고허촌高墟村 278,
  279, 281, 284, 285, 300
돌산성突山城 397
돌지계突地稽 494
동경東京 512, 513
동경성東京城 518
동경용원부東京龍原府 503
동관진潼關鎭 34
동국강역변증설東國彊域辯証說
  226
동국군왕개국연대東國君王開國
  年代 79
동국문헌비고東國文獻備考
  226
동국사략東國史略 83, 143
동국여지승람東國輿地勝覽 54,
  332, 353, 362, 370
동국지리지東國地理誌 144,
  223, 225, 348, 484
동국통감東國通鑑 54, 411,
  483, 484
동근의식同根意識 239
동녕부東寧府 76
동단국東丹國 482, 508
동대사東大寺 475
동래東萊 193
동륜銅輪 308, 309, 408, 504
동륜계銅輪系 408
동맹東盟 129, 130, 182, 208
동명東明 74, 130, 143, 154,
  156, 174, 212, 220, 224,
  475
동명성왕東明聖王 156
동명성제東明聖帝 157
동명신사東明神祠 73

동명왕東明王 73
동명왕묘東明王廟 179, 228,
  239
동명왕편東明王篇 150
동명제東明帝 119, 155
동모산東牟山 473, 490, 498
동복銅鍑 344
동부 240, 258
동부도위東部都尉 132
동부東部 128, 184
동부여東扶餘 115, 118, 151,
  160, 189
동사강목東史綱目 144, 217,
  220, 484, 485
동사東事 484
동사세가東史世家 497
동사연표東史年表 500
동삼동東三洞 40, 42
동성불혼同姓不婚 136
동성왕東城王 237, 244, 248,
  264, 307, 384
동시東市 326
동시전東市典 308
동예東濊 134, 135, 242
동옥저東沃沮 131, 182, 301
동이東夷 30, 164, 200, 213
동이족東夷族 31
동잠성桐岑城 312, 394
동주銅州 513
동진東晋 189, 244, 379, 381
동천왕東川王 177, 184, 380
동평부東平府 513
동한東韓 76, 412
두노杜魯 180
두루봉동굴 36
두시원악豆尸原獄 398
등전양책藤田亮策 38
등주登州 422, 479, 501

라마羅馬 94
려포사람 33
리상호 59
리전복李殿福 517
리종훈 492
리지린 59, 163, 176

ㅁ

마가馬加 121, 122
마도산馬都山 502
마두성馬頭城 354, 355
마라난타摩羅難陀 243
마려馬黎 212, 228
마리摩離 151, 152, 179
마립간麻立干 289, 305
마부馬部 256
마수산馬首山 231
마야부인摩耶夫人 310
마연국馬延國 275
마읍산馬邑山 143
마이오세 중기 22
마전麻典 326
마제석기磨製石器 24, 38
마진摩震 465
마품왕麻品王 361, 372
마한馬韓 66, 82, 89,
    136~138, 219, 222, 227,
    239, 285, 462, 509
마한백제설 223
마한왕 240, 301
마한정통설馬韓正統說 82
막근莫勤 183
막덕莫德 183
막리지莫離支 198, 203
막신라성莫新羅城 494
막주鄚州 513
막하라지莫何羅支 200
막힐부鄚頡府 513
만기 가야晚期加耶 349
만년萬年 245
만달리 유적 36, 37
만달사람 33, 37
만명萬明 409
만번한滿藩汗 94
만부교萬夫橋 481
만세통천萬歲通天 490, 496
만이蠻夷 97, 101
만주사滿洲史 474
만주족 30
말갈靺鞨 239, 243, 304, 383,
    388, 394, 404, 406, 407,
    433, 495
말갈발해靺鞨渤海 131
말갈별부靺鞨別部 464
말갈족靺鞨族 473

말라襪囉 483
말莫, 馬조선 120
말송보화末松保和 284, 305,
    335
말한 145
매소성買肖城 406
맥국貊國 301
맥인貊人 234, 242
맥족貊族 88, 90
면악성面岳城 401
명농明襛 369
명덕대왕明德大王 445
명림답부明臨答夫 183, 202
명림씨明臨氏 171
명선明宣 315
명왕明王 245
명제明帝 241
명주溟州 430, 434, 445, 461
명주군왕溟州郡王 445
명활산明活山 279
명활산明活山 고야촌高耶村
    278, 279, 284
명활성明活城 369
명황明皇 478, 479
모두간冒豆干 482
모량리牟梁里 460
모량부牟梁部 279
모벌군성毛伐郡城 422
모본왕慕本王 174, 180
모산성母山城 250, 363, 390
모용수慕容垂 381
모용씨慕容氏 186, 381
모용외慕容廆 185
모용평慕容評 187, 380
모용황慕容皝 186, 380
모전毛典 326
모주慕州 513
모초毛肖 447
목간木簡 474
목멱木覓 73
목멱신사木覓神祠 73
목부木部 257
목씨木氏 229, 260
목은성木銀城 401
목은시고牧隱詩藁 80
목주穆州 513
목지국目支國 137, 146, 227
목협 만치木劦滿致 246
몽고족 30

몽주蒙州 513
묘청妙淸 74
무격신앙巫覡信仰 31
무골武骨 151, 152
무기단식 적석총 218
무녕왕릉武寧王陵 232
무녕왕武寧王 221, 246, 248,
    384
무당 63
무덕武德 358
무독武督 254
무력武力 358, 362, 370, 385,
    408
무령군武寧軍 450
무림공武林公 410
무문토기無文土器 27, 38, 43,
    69
무문토기인無文土器人 31, 86,
    152
무산茂山 대수촌大樹村 278,
    279, 284
무산성茂山城 394
무수武守 415
무순撫順 161
무씨사당武氏祠堂 31
무씨사석실武氏祠石室 67
무열계武烈系 443, 444
무열왕武烈王 291, 294, 297,
    298, 312, 318, 375, 413,
    424, 426
무예武藝 474, 484
무왕武王 76, 78, 164, 250,
    395, 474, 499
무위자無位者 435
무은武殷 389
무전농민無田農民 205
무제武帝 101, 132, 134, 137,
    159, 186
무주武州 430, 434, 460
무진주武珍州 430, 449, 462
무진주도독武珍州都督 449
무천舞天 136
무태武泰 465
무후武后 479, 480
묵거默居 151, 152
묵철 가한默啜可汗 496
문경현 333
문교부 257
문독文督 254

문동석 253
문명왕후文明王后 411
문무대왕文武大王 423
문무왕文武王 163, 294, 298, 319, 375, 403, 411, 415, 425, 426, 427, 430, 431, 433, 442, 477
문번한文番汗 94
문선文選 446
문성왕文聖王 452, 456
문왕文王 414, 415, 474, 498, 502, 510
문자왕文咨王 190, 384
문적文籍 447
문적원文籍院 511
문정창 226
문제文帝 193, 388
문종文宗 331, 338
문주왕文周王 235, 245, 246
문충文忠 405, 414, 415
문학동文鶴洞 217
문학산文鶴山 217
문한文汗 95
문현文縣 94
물계자勿稽子 357
물사래부勿賜來部 494
물장성物藏省 465
물혜勿慧 374
미늘갑옷[札甲] 365
미다부리정未多夫里停 434
미륵관심법彌勒觀心法 466
미륵불彌勒佛 466
미륵사상彌勒思想 322, 504
미리미동국彌離彌凍國 346
미발적 국가未發的 國家 173
미사리美沙里 42
미사흔未斯欣 306
미오야마국彌烏邪馬國 346, 349, 364, 368, 371
미유彌儒 183
미주美州 513
미주鄙州 513
미질부彌秩夫 358, 383
미천왕美川王 170, 176, 185, 205
미추왕 423, 445
미추왕릉彌鄒王陵 217
미추이사금味鄒尼師今 289, 303, 304, 380

미추홀彌鄒忽 212, 213, 217, 227, 278
미타호湄沱湖 516
미후성獼猴城 251, 392
민공敏公 455
민극閔郤 467
민며느리제 134
민무늬토기[無文土器] 342, 344
민애왕閔哀王 452
민족단혈성기원론 32
민족의식民族意識 298
민중왕閔中王 180
민호民戶 495
밀우密友 184

박도유朴都儒 416
박부부朴負缶 435
박빈내朴賓奈 435
박사博士 96, 97, 100, 243, 423
박술희朴述希(熙) 481
박시형 509
박씨계朴氏系 286
박어朴漁 482, 515
박왕狛王 191
박제상朴提上 306
박종일朴從鎰 435
박천군博川郡 95
박한미朴韓味 435
박혁거세朴赫居世 114, 145, 228, 267, 300, 313, 347
박현숙 259
반고半古 367
반고班固 77
반굴盤屈 396, 408
반로국半路國 346
반어피班魚皮 136
반월형석도半月型石刀 43, 69
반파국伴跛國 284, 364, 368, 371
발기拔岐 184
발위사자拔位使者 200
발주渤州 512
발해渤海 118, 421, 448, 449, 473, 495

발해고渤海考 487, 490
발해국渤海國 480, 486
발해국왕渤海國王 504
발해군왕渤海郡王 476, 480, 483, 499
발해말갈渤海靺鞨 490, 492, 493, 495
발해문자 518
발해사渤海使 474
발해세가渤海世家 486, 497
발해속고渤海續考 490
방-군-성(현) 체제 238
방령方領 257
방리坊里 307
방여총지方輿總志 488
방좌方佐 258
방학봉 517
방효태龐孝泰 397
배송지裵松之 86
배작拜爵 125
배현경裵玄慶 466
배훤백裵萱伯 451
백伯 115, 139
백가苩加 248
백가제해百家濟海 219
백관百官 308, 317
백관잠百官箴 421
백금무당白衿武幢 418
백금서당白衿誓幢 418, 433
백기苩奇 250, 390
백남운 283
백문보白文寶 75
백반白飯 310
백빙산白氷山 401
백산白山 66
백석성白石城 401
백성百姓 324, 435
백씨苩氏 229, 230, 248, 260
백악白岳 57
백악산白岳山 55, 62
백암성白巖城 197
백어伯魚 448, 478
백영白永 449, 505
백잔百殘 335
백장伯長 276
백정白淨 310
백제伯濟 137
백제百濟 212
백제국伯濟國 216, 219, 222

백제국百濟國 217
백제군百濟郡 224
백제본기百濟本記 191
백제부흥군 399
백제잔민 433
백조고길白鳥庫吉 164, 231
번국蕃國 332
번예樊濊 141, 275, 346
번지樊祗 140
번한番汗 95
번한현番汗縣 94
벌력천정伐力川停 434
벌휴이사금 289, 302, 363
범문梵文 449
범패염불梵唄念佛 466
법민法敏 414
법부法部 257
법선法宣 445
법왕法王 250
법화경法華經 65
법화원法花院 450
법흥왕法興王 294, 297, 315,
  316, 317, 318, 320, 321,
  358, 362, 384, 425, 426
벽골군碧骨郡 453
벽골제碧骨堤 264, 448
벽금서당碧衿誓幢 433
벽중辟中 367
벽진碧珍 337
벽진가야碧珍伽耶 337, 349
벽화전분壁畫塼墳 374
변산卞山 141
변진弁辰 137, 140, 141, 340,
  347
변진弁辰 12국 371
변진별고弁辰別考 333, 348
변태섭 49, 112, 174, 305,
  424
변품邊品 391
변한弁韓 136, 267, 269, 299
변한卞韓 137, 141
변한弁韓백제설 223
변한부卞韓部 146
별대덕別大德 460
별도別都 203
별읍別邑 139, 140, 141
별종別種 492
병관좌평兵官佐平 233, 255
병부령兵部令 420

병부兵部 298, 308, 317, 318,
  426, 465
보기寶伎 374
보덕성민報德城民 433
보덕왕報德王 406
보덕화상普德和尚 197
보력寶曆 503
보보괄리부步步括利部 494
보윤甫尹 465
보장왕寶藏王 175, 190, 197,
  392, 397, 400
보전步戰 134, 136
보정保定 361
보제保齊 355
보호뢰부步護賴部 494
복기대 71
복령茯苓 516
복색服色 308
복색제도服色制度 233, 254
복생伏生 77
복신福信 391, 399
복주福州 513
복지겸卜知謙 466
복호卜好 306
본기 57, 61, 75, 77
본기本紀 54, 56, 143
본조사략本朝史略 337, 349
본피부本彼部 279, 284
봉빈부奉賓部 465
봉상왕烽上王 176, 185, 205
봉잠성蜂岑城 250, 391
부견符堅 186, 290, 306, 381
부경桴京 129
부곡部曲 325, 432, 514, 517
부곡성缶谷城 363
부루扶婁 119
부루夫婁 150, 155, 157
부부체제 253, 259
부산富山 494
부산負山 494
부석사浮石寺 465
부여 76, 111, 114, 169,
  474, 480, 484, 497, 498,
  513
부여夫餘 117
부여扶餘 117, 131, 212
부여계 228
부여국 159, 486
부여별종夫餘別種 125, 223,

225, 492
부여부扶餘府 513
부여부성扶餘府城 508
부여성扶餘城 196
부여씨扶餘氏 215, 252
부여왕扶餘王 150
부여융扶餘隆 403
부여의 별종別種 115, 120,
  152, 219, 277
부여족 29
부여풍扶餘豊 237
부왕副王 510
부자상속제 307
부족국가部族國家 177
부족사회部族社會 24, 25
부족연맹部族聯盟 112
부주富州 513
부주扶州 513
부흥운동 398, 477
북가야北加耶 349
북경원인北京原人 26
북국北國 448, 477, 478
북몽고인종 31
북방정책 450
북번풍속기北蕃風俗記 494
북부北部 128, 184, 240, 258
북부대형北部大兄 199
북부소형北部小兄 199
북부여北扶餘 85, 118, 119
북부여성주北扶餘城州 401
북사北史 156, 219, 224, 225,
  269, 277, 325
북옥저北沃沮 131, 169, 178
북우위北右衛 512
북원北原 459, 461
북원소경北原小京 431
북위北魏 189, 223, 245, 382,
  383
북이北夷 155
북제北齊 250
북조北朝 189, 225, 388
북좌위北左衛 512
북주北周 388
북진北鎮 450
북천신北川神 444
북평北平 169
북한산성北漢山城 194, 389,
  397
북한산주北漢山州 309, 391,

449
북한성北漢城　242
분구焚求　180
분서왕汾西王　219, 234
분주汾州　513
분황사芬皇寺　311
불과절不過節　201
불교佛敎　177, 187, 297, 308
불구내왕弗炬內王　282
불내不耐　268, 301
불내예不耐濊　135
불番, 弁조선　120
불법佛法　188, 504
불사국不斯國　275
불열拂涅　513
불한　145
불함문화론不咸文化論　66
붉은 해　282
비금서당緋衿誓幢　418, 433
비녕자丕寧子　312, 394, 408
비담毗曇　312, 409
비려碑麗　494
비룡성飛龍省　465
비류沸流　116, 153, 211, 213
비류계沸流系　215　228, 232,
　239, 252
비류국沸流國　153, 160, 169,
　178, 180
비류나부沸流那部　167
비류나沸流那　183
비류백제沸流百濟　213, 215,
　239, 278
비류백제설　227
비류부장沸流部長　180
비류성지沸流城址　217
비류수沸流水　151, 153
비류왕比流王　215, 219, 234,
　237, 242, 264, 448
비류정沸流井　217
비리比利　367
비문무왕　294
비備　203
비사벌주比斯伐州　321
비사성卑沙城　196
비서秘書　487
비열홀군比烈忽郡　417
비열홀정比列忽停　321
비열홀주比列忽州　321
비왕조王　96

비왕종非王種　292
비유왕毘有王　221
비유왕毗有王　244, 382
비자발比自㶱　334, 367
비조부比助夫　308, 358
비주比州　513
비지국比只國　303
비지比智　248, 307, 384
비화가야非火伽耶　349
비화非火　337
빈공과賓貢科　456
붉사상　66

ㅅ

사史　426, 427
사간沙干　372
사공부司空部　257
사구부司寇部　257
사군부司軍部　257
사군四郡　145
사기史記　77, 78, 95, 96,
　118, 207, 222
사노斯盧　267
사농경司農卿　372
사다함斯多含　322, 325, 370,
　408
사대등仕大等　431
사도부司徒部　257
사도부인思刀夫人　462
4두품　291, 323
사라斯羅　267, 268, 280
사량궁沙梁宮　310, 319
사량부沙梁部　279, 284
사로국斯盧國　271, 275, 276,
　284, 286, 299, 313
사로斯盧　268, 280, 285
사로斯盧 6촌　267
사륜舍輪　308, 309, 408, 504
사륜계舍輪系　409, 411
사마천司馬遷　77, 96
사물思勿　374
사반왕沙伴王　215
사방통가도四方通街道　122
사벌국沙伐國　284, 429
사벌주沙伐州　321, 429, 449,
　458
사법부　257

4부四部　172, 428
사불기국斯不岐國　368
사불허북국거상표謝不許北國居
　上表　476, 478, 479, 489,
　506
사비백제泗沘百濟　239
사비泗沘　235, 245, 248, 249,
　385, 462
사비시대泗沘時代　229, 238
사비성泗沘城　399
사빈시司賓寺　504, 511
사사명史思明　503
사선시司膳寺　511
사성賜姓　175
사수蛇水　397
사신私臣　319
사신仕臣　321, 426, 431
사씨沙氏　229, 237, 248, 260
4연나四椽那　183
사야도史冶島　404
사약사沙若思　248
사이기斯二岐　369
사인士人　260
사인舍人　511
사자기師子伎　374
사자使者　121, 126, 128, 168,
　199, 200
사장시司藏寺　511
사절유택四節遊宅　455, 456
사정부司正部　318
사정부司正府　427
사중아찬四重阿飡　316
사지舍知　314, 426
사천虒川　156
사출도四出道　121, 122
사타상여沙吒相如　400
사팔혜沙八兮　374
삭주朔州　430, 434
산동반도　242
산문불교山門佛敎　294
산반하국散半下國　368
산반해散半奚　369
산상왕山上王　184
산신山神　74, 327
산해경山海經　222
산해관山海關　95
살수薩水　183, 195, 390
살수원薩水原　190
살해殺奚　140, 141, 275

삼參 102, 105
3경三京 203
삼고三古 293
삼국三國 149
삼국사기三國史記 58, 72, 78, 112, 137, 211, 220
삼국사절요三國史節要 483
삼국유사三國遺事 53, 54, 57, 61, 62, 72, 77, 78, 98, 111, 117, 137, 489
삼국입국변증설三國立國辯証說 226
삼국지三國志 85, 89, 92, 111, 115, 117, 123, 135, 227, 271, 275, 280, 299, 503
삼국통일三國統一 68, 298
삼근왕三斤王 237, 246, 247
삼년산군三年山郡 370
삼년산성三年山城 307
삼노三老 133, 134, 135, 166
삼대목三代目 458
삼대실록三代實錄 455
삼도부三都賦 74
3두품 291, 324
삼량화정參良火停 434
삼분법三分法 23, 26
삼사 465
삼상차남三上次男 39, 64, 83, 104
삼성체제三姓體制 228
3성三省 6부六部 510, 511
삼신三神 사상 67
삼신설三神說 145
36국춘추三十六國春秋 503
3옥저三沃沮 132
삼위삼森爲三 34
삼위태백三危太伯 55, 56
삼조선三朝鮮 53, 57, 83, 145
삼품창영三品彰英 170, 283
삼한三韓 111, 114, 116, 136
삼한고기三韓古記 58
삼한설三韓說 144
삼한세기三韓世記 145
삼한족 29
삼한현三韓縣 271
삼한후설三韓後說 144
삽량주歃良州 430

상相 102
상가相加 106, 126, 199
상가上家 123
상가라도上加羅都 374
상가라上加羅 349
상간上干 418
상경上京 512
상경용천부上京龍泉府 503
상고上古 293
상고시대上古時代 292
상곡上谷 169
상관商館 336
상구현商丘縣 87
상기물上奇物 374
상대등上大等 294, 308, 317, 414, 419, 424, 425, 441, 443
상대사시중장上大師侍中狀 479, 489
상대上代 293
상등上等 358
상리현장相里玄奬 197, 393
상부上部 170, 257, 258
상사서賞賜署 310
상상호上上戶 437
상서대전尙書大傳 77, 78, 82
상서尙書 164, 423
상서소尙書疏 79
상시리동굴 36
상시常侍 512
상영常永 415
상위사자上位使者 200
상읍商邑 87
상잠장군霜岑將軍 399
상제殤帝 62, 182
상제上帝 56, 57, 60
상좌평上佐平 238, 244, 256
상주尙州 430, 433, 462
상주常州 513
상주정上州停 321
상품上品 446
상하장上下部 100
색리국索離國 224, 277
색외塞外 101
생여진生女眞 486
샤얀산맥 66
서경西京 512, 513
서경압록부 509
서기書記 243, 518

서나벌徐那伐 278, 280
서당誓幢 322
서당총관誓幢摠管 419
서도西都 74
서라벌徐那伐 339
서라벌徐羅伐 280
서민庶民 260
서발한舒發翰 314
서부西部 128, 184, 240, 258
서부대인西部大人 197
서불감舒佛邯 314
서석기시대曙石器時代 24
서안평西安平 184, 186
서야벌徐耶伐 280
서언왕徐偃王 31
서역西域 197
서영대 175
서원경西原京 431, 449
서원소경西原小京 420, 429, 431
서융西戎 31
서의식 281
서인庶人 260
서천왕西川王 138, 171, 172, 185
서포항西浦港 41
서하西河 157
서한西漢 106, 301
서한西韓 277
서희徐熙 485
석가모니 294
석관묘石棺墓 46, 221
석기시대石器時代 23
석두성石頭城 194, 390
석문성石門城 231
석빙고 308
석상분石箱墳 46
석성石城 405
석씨계昔氏系 228, 289
석씨昔氏 300
석이정전釋利貞傳 353, 364
석장리石壯里 35
석제釋帝 55, 60
석체昔諦 375
석탈해昔脫解 276, 286, 300, 313
석품石品 311
선간選干 418
선덕왕宣德王 294, 425, 441

선덕왕善德王  311, 392, 451
선부서船府署  310, 319
선부船府  427
선비鮮卑  117, 178
선사시대先史時代  23
선양禪讓  442
선왕宣王  88, 498, 505, 510
선우사鮮于嗣  241
선인先人  126, 128, 168
선인仙人  199, 200, 201
선인왕검仙人王儉  72
선저지先沮知  315
선제宣帝  117, 118
선조성宣詔省  510
선종禪宗  294
선종善宗  461
선주仙州  513
선천先天  476, 478
설오유薛烏儒  404
설유薛儒  168
설인귀薛仁貴  404, 405, 406,
  416
섭정攝政  410, 424, 448
섭하涉河  101
성골聖骨  291, 294, 313
성국盛國  478
성기成己  102
성덕대왕신종聖德大王神鐘
  435
성덕왕聖德王  421, 445, 484
성력聖曆  490
성무천황聖武天皇  474, 502
성문각成文角  508
성문법成文法  187
성문사省門寺  187
성산가야星山伽耶  337, 349
성산星山  337
성열현省熱縣  374
성왕聖王  223, 235, 245, 248,
  249, 292, 369, 384, 408,
  510
성왕成王  504
성읍城邑  178
성읍국가城邑國家  112, 173,
  175, 177
성인聖人  510
성제成帝  212
성종聖宗  271
성주城主  202, 457

성주대회成周大會  164
성책聖冊  465
성충成忠  260, 396
성호사설星湖僿說  485
성화聖化  504
세강世强  445
세골장洗骨葬  134
세군細群  191
세달사世達寺  461, 466
세석기細石器  24
세속 5계世俗五戒  323, 389,
  407
세작洗爵  125
세종실록 지리지世宗實錄
  地理志  54, 57, 61
세형돌날문화  37
세형동검細形銅劍  45, 46
소가야小伽耶  337, 349
소경小京  308
소경제도小京制度  321
소국小國  166
소근도小近島  455
소나갈질지蘇那曷叱智  334,
  352
소녀자小女子  436
소년장부少年丈夫  458
소노부消奴部  127, 154, 167,
  178, 289, 476
소도蘇塗  139
소마시蘇馬諟  340
소모병召募兵  322
소벌공蘇伐公  278, 281, 300
소벌도리蘇伐都利  279
소부리주所夫里州  406
소부인小夫人  191
소사小舍  314
소사병小司兵  427
소사자小使者  200, 201
소삼정召參停  434
소서노召西奴  153, 212, 214
소성왕昭聖王  445, 448
소손녕蕭遜寧  485
소수少守  431
소수小守  447
소수림왕小獸林王  174, 175,
  177, 181, 186, 380, 381
소오小烏  315
소오지小烏知  315
소왕昭王  94

소자小子  436
소자현蕭子縣  376
소전성오小田省吾  63～65
소정방蘇定方  395～397, 403,
  414, 462
소중화小中華  486
소지마립간  297, 307, 324,
  326, 383, 384
소판蘇判  314
소형小兄  201
속말말갈粟末靺鞨  478, 480,
  489, 490, 492, 493
속말말갈인  484
속말부粟末部  494
속말粟末  479
속일본기續日本紀  220, 474,
  475
속주速州  513
속함성速含城  250, 391
손극량孫克良  517
손성孫盛  207
손영종  59
손위遜位  443
손인사孫仁師  400
손진태  28, 30, 412
솔거노비率居奴婢  437
솔빈부率賓府  513
솔선읍군率善邑君  276
송宋  189, 383
송막기문松漠紀聞  514, 517
송미자세가宋微子世家  77
송사宋史  508
송산리宋山里  374
송산성松山城  389
송서宋書  224, 225
송악군松嶽郡  463
송양국松讓國  163, 174
송양松讓  153
송양왕松讓王  160, 178, 180
송옥구松屋句  180, 202
송화강  498
쇠투겁창[鐵鉾]  343
수隋  192, 250, 388
수(혈)신隧(穴)神  129
수곡성水谷城  384
수덕만세壽德萬歲  465
수령首領  515
수로首露  339, 349, 353
수로왕首露王  337, 352, 353,

355
수릉首陵 339, 353
수림성水臨城 404
수목숭배사상樹木崇拜思想 347
수산집修山集 486, 487
수서隋書 156, 219, 225, 269, 277, 325
수세藪世 416
수신隧神 129, 130
수신壽神 449
수신襚神 81, 130
수실촌水實村 205
수이질水爾叱 372
수장首長 168, 338
수춘부壽春部 465
수현首縣 161
수혈隧穴 129
수혈식 석곽묘竪穴式 石槨墓 365
수혈식 주거 41
수혈신隧穴神 130
수힐부首肹夫 319
숙군성宿軍城 188
숙달叔達 197
숙신肅愼 164, 185, 494, 497, 512
숙신족 29
숙여진熟女眞 486
숙위학생宿衛學生 456
숙종肅宗 504
숙흘종肅訖宗 409
순노부順奴部 126, 128, 167
순도順道 187
순동단계 43
순수비巡狩碑 309
순원順元 421
순장殉葬 125, 130, 307, 327, 373
순정順貞 315
순체荀彘 101, 102
순행巡幸 307, 320
술간述干 418
술종공述宗公 410
숭불이념崇佛理念 310
숭신천황崇神天皇 334, 352
숭정崇正 448, 478
숭정嵩正 505
스키타이문화 45

슬기 슬기사람 22
슬기사람 22
습비부習比部 279
승丞 126, 200
승리산사람 33, 37
승만勝曼 312
승문토기繩文土器 42
승병勝兵 494
승부乘府 310, 319, 427
시경詩經 88, 90, 91
시고개벽동이왕始古開闢東夷王 80
시덕施德 254
시득施得 406
시라尸羅 116
시랑侍郎 426
시림始林 302
시무10조時務十條 456, 459
시베리아Siberia 38, 42
시생대始生代 21
시수명지주始受命之土 83
시엄수施掩水 155
시위감侍衛監 420
시위군侍衛軍 432
시위부侍衛府 310, 319, 432
시장市場 307, 326
시전市典 421
시제矢堤 307, 326
시조신 130
시중侍中 422, 425, 511
시흥화지군始興化之君 83
식민사관植民史觀 35, 76, 83, 335, 336, 474
식읍食邑 358, 362
신新 178
신가량부곡新加良部曲 341
신검神劍 468
신경준申景濬 226
신공왕후神功王后 334, 367
신광보살神光菩薩 466
신구도행군대총관神丘道行軍大摠管 396
신궁神宮 307
신귀간神鬼干 338, 339
신단수神壇樹 55, 60
신단수神壇樹 56, 346, 352
신당서新唐書 78, 225, 269, 318, 327, 491
신대왕新大王 175, 183

신덕申德 482, 515
신덕왕神德王 463
신라新羅 66, 73, 104, 142, 268, 307
신라고기新羅古記 58, 374, 479, 489
신라국왕新羅國王 307
신라기新羅記 313
신라기新羅紀 484
신라도新羅道 513
신라성新羅城 368
신라왕여당강서고대부상장新羅王與唐江西高大夫湘狀 480
신로新盧 267, 268
신록神鹿 230
신묘년조辛卯年條 334
신무왕神武王 452
신문왕神文王 424, 425, 426, 429, 431, 432, 433, 446
신보申輔 372
신부信部 511
신삼천당新三千幢 418
신생대新生代 21
신석기시대 24
신선사상神仙思想 322
신성新城 407
신성주新城州 401
신수두시대 120
신수神隧 208
신숭겸申崇謙 466, 467
신시神市 55, 56, 60, 346
신영대왕神英大王 445
신오대사新五代史 491
신웅神雄 55
신인新人 37
신인神人 57, 72
신정정치神政政治 286
신정하례新正賀禮 312
신주도총관新州道摠管 408
신주新州 321, 370, 385, 430
신주神州 513
신주정新州停 321
신증동국여지승람新增東國輿地勝覽 144, 364
신지臣智 139, 140, 141, 241, 260, 275, 313, 346, 353
신眞, 辰조선 120
신집新集 196
신찬성씨록新撰姓氏錄 221

신채호  64, 65, 94, 120,
  145, 234, 412
신천간神天干  338, 339
신한  145
신형식  236, 238, 296, 413,
  428
신홍信弘  453
신훤申煊  461
신훤莘萱  463
실성마립간  306, 381, 382
실성實聖  188, 306, 381
실제사實際寺  308
실직悉直  355
실직곡국悉直谷國  354, 355
실직국悉直國  303
실직원悉直原  383
실직정悉直停  321
실직주悉直州  190, 308, 320,
  321, 429
실직주성悉直州城  383
심곡리 유적  36
심봉근  366
10군十郡  192, 387
10부十府  428
십신十臣  218, 219, 228
12부  256
15부十五府  481, 505, 512
16관  254
16관등제도  233
십이대영자十二臺營子  45
12현금十二弦琴  373
10정十停  432, 433
십제十濟  212, 213, 218, 219,
  228
17관등  302, 314
쌍현성雙峴城  383
씨족사회氏族社會  24

아나토리아  43
아난불阿蘭弗  119, 151
아단성阿旦城  243
아달라이사금  289, 302,
  363
아달라왕阿達羅王  463
아달라이사금  363
아도간我刀干  338, 339, 351

아도阿道  187
아라阿羅  337
아라가야(안라국)  350
아라가야阿羅加耶  272
아라가야阿羅伽耶  337, 349
아라국阿羅國  357
아량阿良  272
아량촌阿良村  272
아리랑곡  272
아막산성阿莫山城  250
아방강역고我邦疆域考  333,
  348, 490
아사달阿斯達  54, 55, 56, 57,
  85
아사달산阿斯達山  56
아슐리안주먹도끼  36
아시촌阿尸村  308, 321
아신왕阿莘王  188, 237, 243,
  381
아악성牙岳城  401
아유타국阿踰陁國  372
아자개阿慈介  462
아잔阿殘  272
아직기阿直伎  234, 243
아진포阿珍浦  287, 352
아질간阿叱干  371
아찬阿粲  314
아찬阿湌  280, 293, 314
아척간阿尺干  314
아홀牙笏  312, 316
아효부인阿孝夫人  286
악간嶽干  418
악사樂師  374
안安  188
안국공安國公  185
안나현安那縣  280
안동  467
안동도호부安東都護府  404,
  407
안라국安羅國  368
안라安羅  334, 366, 367, 369
안라인술병安羅人戌兵  368
안록산安祿山  503
안변부安邊府  513
안순安舜  401, 402
안승安勝  163, 402, 404, 406,
  496
안시성安市城  197, 394, 401
안야국安邪國  346

안원부安元府  513
안원왕安原王  191
안장왕安藏王  191, 384
안재홍  84
안정복安鼎福  144, 217, 485
안제安帝  182
안주安州  513
안춘배  333, 366
알라  272
알사謁奢  200
알영부인閼英夫人  281
알영閼英  285, 300
알지閼智  302
알천공閼川公  410
알천閼川  312, 409, 414, 443
알천閼川 양산촌楊山村  278,
  279, 284
알타이Altai  30
알타이Altai족  27
알타이산맥  66
알평謁平  279
암사동岩寺洞  41
압독국押督國  303
압독押督  355
압록곡鴨淥谷  183
압록부鴨淥府  513
애노哀奴  458, 460
애장왕哀莊王  445, 448
앵잠성櫻岑城  250, 391
야마도정권大和政權  334
야오이문화彌生文化  46
야율배耶律倍  508
야율아보기耶律阿保機  498,
  507
야주邪州  513
약부藥部  256
약수弱水  117
양諒  193
양검良劍  468
양궁梁宮  310, 319
양근현楊根縣  447
양길梁吉  459, 461
양동리 고분군  345
양만춘楊萬春  198, 394
양맥梁貊  169, 179
양복楊僕  101
양산楊山  278
양산梁山  430
양서梁書  130, 224, 225, 269,

320
양수良首 414
양순良順 452
양신陽神 183
양원왕陽原王 192, 385
양인良人 372
양자강 194, 234
양제煬帝 194, 389
양주良州 430, 434
양직공도梁職貢圖 225
양평군 양수리 49
어라하於羅瑕 252
어로漁撈 41
어륙於陸 252
어비류於畀留 183
어술포리 유적 36
어양魚陽 169
어윤적魚允迪 500
어지류菸支留 183
어한魚豢 86, 94
언승彦昇 446, 448
엄우嚴尤 179
엄체수淹滯水 151
여담국如湛國 275
여도간汝刀干 338, 339
여삼餘三 444
여신餘信 244, 256
여씨餘氏 252
여인국女人國 286
여제동맹麗濟同盟 251
여주驪州 434
여지고輿地考 226
여호규 174
역계경歷谿卿 104, 105, 114,
  222, 274
역대사책욱불가신변증설歷代
  史策九不可信辨証說 226
역사시대歷史時代 23
연燕 185
연璉 189
연개소문淵蓋蘇文 197, 311,
  393
연나부椽那部 127, 167, 180,
  202
연나椽那 183
연노부涓奴部 126, 161, 167,
  476
연돌燕突 248
연맹왕국 173

연맹체론 350
연비延丕 178, 179
연성鉛城 401
연신燕信 247
연씨燕氏 237, 248, 260
연왕燕王 100, 189
연정토淵淨土 402, 403
연주燕州 494
연천 218
연타발延他勃 152
연타발延陀勃 153
연타발延陁勃 212
연표年表 79
연해주 지방 71
연회燕會 385
열계몽부悅稽蒙部 494
열국시대列國時代 112
열만화烈萬華 509
열주도烈周道 508
열주의烈周義 508
염사廉斯 340
염사읍군廉斯邑君 340
염사치廉斯鑡 274
염상廉相 425
염상의 모반 442
염수鹽水 494
염장閻長 453
염종廉宗 312, 409
염주鹽州 513
염해국冉奚國 275
영객부領客府 310, 427
영객부領客部 319
영고迎鼓 124
영기今奇 459
영덕永德 505
영락永樂 188, 368, 494
영동단계冷銅段階 43
영동장군領東將軍 399
영락대왕永樂大王 188
영류왕榮留王 196
영마병領馬兵 433
영목성玲木誠 28
영보병領步兵 434
영산강 259
영성신靈星神 208
영세농민零細農民 324
영암군 장천리 49
영양왕嬰陽王 192, 388
영역국가領域國家 232

영제靈帝 340
영종永宗 422
영주營主 479
영주營州 490, 496
영주寧州 513
영주郢州 513
영주榮州 513
영주도營州道 513
영천 청제비永川 菁堤碑 326
영충永忠 515
영품리왕寧稟離王 155, 156
영호징令狐澄 313
영휘永徽 312
예濊 111, 114, 134, 166,
  268, 340, 385
예겸乂兼 463
예군濊君 134, 160
예기禮記 446
예맥濊貊 118, 131
예맥인濊貊人 86
예맥조선濊貊朝鮮 86
예맥족濊貊族 30, 90, 160
예민隸民 204
예부禮部 310, 318, 427, 511
예부경禮部卿 482
예부제豫婦制 134
예빈성禮賓省 465
예서제豫緒制 130
예성濊城 118
예성강 235, 450
예속隸屬 201
예씨禮氏 212
예작부例作部 319
예작부例作府 425, 427
예족濊族 29
예종睿宗 480
예징禮徵 451
오吳 184, 467
5가야五伽耶 337, 349
오간烏干 212, 228
5경五京 480, 505, 512
5경五京·9주九州 418
5경五經 207
오곡五谷 191, 384
5관五官 200
오녀산성五女山城 175
오대산 사길상탑사五臺山
  寺吉祥塔詞 460
오대회요五代會要 491, 508

오도간五刀干　338, 339
5도五道　513
5도독부五都督府　402
5두품　291, 323
5례五禮　504
오룡거五龍車　74, 118
오루하奧婁河　496
오르도스Ordos　44, 344
오릉五陵　284
오림吳林　241
오매리梧梅里 절골유적　503
5묘五廟　423, 445
5묘제五廟制　423, 448
5방五方　249
5방위부五方位部　172
5부五部　175, 229, 249
5부족제　129
5부체제　254
오사국烏舍國　508
오사성 발해국烏舍城 渤海國　508
오산리鰲山里　38, 41, 42
5소경五小京　420, 429, 431, 457
5언五言·10운시十韻詩　423
오역죄五逆罪　417
오이烏伊　151, 152, 179
5족五族　167, 171
오졸烏拙　201
5주서五州誓　418
오주연문장전산고五州衍文長箋散稿　226
오천간五天干　338, 339
5항五巷　253, 257
5호五胡·16국十六國　185, 379
오환烏桓　118
오흥吳興　482, 515
옥령위대장군玉鈴衛大將軍　496
옥성주屋城州　401
옥저沃沮　159, 268, 269, 497, 498, 513
옥저성沃沮城　132
옥저족　29
옥주沃州　513
옥편玉篇　207
온조溫祚　143, 153, 211, 213

온조계溫祚系　215, 228, 232, 239, 252
온조백제溫祚百濟　215, 239, 278
온조백제설溫祚百濟說　152
온조왕溫祚王　229, 237
옹관묘甕棺墓　46, 221, 342
옹산성甕山城　403
옹씨예雍氏叡　200, 220
와기전瓦器典　326
와산성蛙山城　241, 302
완도　450
완산完山　460, 462
완산주서完山州誓　434
완산주完山州　197, 418, 420, 430, 449, 462
완하국琓夏國　287, 300
왕거인王居人　458
왕건王建　81, 464, 466, 482, 483
왕검　100
왕검성王儉城　86, 143
왕검인신앙王儉人信仰　65
왕검조선王儉朝鮮　53, 54
왕겸王嗛　102
왕겹王狹　105
왕경王京　324
왕계王繼　482, 485
왕력王曆　181, 305, 333
왕망王莽　130, 178
왕문도王文度　402
왕민신　220
왕부王府　230
왕부王符　85, 88
왕성王城　320
왕세적王世績　193
왕실 불교시대　294
왕위쟁탈전　457
왕인王仁　234, 243
왕종王種　291
왕준王遵　241
왕침王沈　59
왕험王險　72
왕회해王會解　164
왕효린王孝隣　389
왕후사王后寺　359
왕흥사王興寺　250
왜倭　304
왜국倭國　141, 286, 448

왜국정벌론　305
왜군倭軍　368
왜인倭人　301
외관外官　307, 321, 431
외관外官 10부十部　256, 261
외량부外椋(廩)部　256
외사부外舍部　257
외사정外司正　418, 429
외성外城　517
요嶢　463
요광姚光　182
요녕식동검　46, 48
요대遼隊　159, 182
요동遼東　125
요동군遼東郡　94
요동도행군대총관遼東道行軍大摠管　397
요동성遼東城　195
요동성주遼東城州　401
요동주도독 조선왕遼東州都督 朝鮮王　407
요동태수遼東太守　101
요사遼史　271, 507
요산遼山　159
요서遼西　193
요서경략遼西經略　235
요서경략설遼西經略說　226
요서군遼西郡　224
요서대윤遼西大尹　179
요수遼水　158, 159, 483, 496
요양遼陽　95, 508
요제堯帝　56
요주遼州　507
요차성腰車城　312
요하遼河　31, 76, 95, 106, 120, 195, 388
욕살褥薩　202
용검龍劍　468
용곡동굴 유적　36, 37
용곡사람　37
용녀傭女　363
용민傭民　324
용범鎔范　43
용비어천가龍飛御天歌　54
용산문화龍山文化　31, 43, 69
용석龍石　251
용성국龍城國　300
용수龍樹　319
용원부龍原府　513

용작傭作  205
용작농민傭作農民  205, 436
용주龍州  512, 516
용책성冗柵城  250, 391
용천부龍泉府  512
용화향도龍華香徒  408
우6사右六司  511
우가牛加  121, 122
우거왕右渠王  101, 104, 105, 114, 222
우경농법牛耕農法  326
우곡성牛谷城  231
우대于臺  182
우덕于德  369
우두優頭  234, 254
우로于老  357
우륵于勒  309, 373
우맹분위右猛賁衛  512
우명산성牛鳴山城  194, 389
우문술宇文述  195
우발수優渤水  151
우벌찬于伐湌  314
우보右輔  237, 238, 256
우복優福  234, 242
우사록관右司祿官  418
우사雨師  55, 56, 75
우사정右司政  511
우산국于山國  308
우산성牛山城  190, 191, 384, 385
우상右相  511
우수優壽  234, 254
우수정牛首停  434
우수주牛首州  418, 430
우수주계당牛首州罽幢  418
우수주삼천당牛首州三千幢  419
우수주서牛首州誓  434
우순虞舜  56
우씨優氏  215, 252
우역郵驛  307
우영優永  384
우유(중)국優由(中)國  275
우윤右尹  511
우이방부右理方府  417
우잠태수牛岑太守  449, 505
우제점법牛蹄占法  125
우중문于仲文  195
우차牛車  307

우태優台  126, 200, 212, 214, 220, 252
우태于台  174, 183, 202
우평장사右平章事  511
운사雲師  55, 56
울절鬱折  200
울진 후포리  40, 41
웃자리다툼사건[爭長事件]  506
웅녀熊女  55, 152
웅녀신熊女神  130
웅사상  70
웅연熊淵  75
웅위熊衛  512
웅족雄族  61, 70
웅주熊州  430, 433
웅진도독  402
웅진도독부  405
웅진백제熊津百濟  239
웅진熊津  190, 235, 240, 245, 383
웅진시대熊津時代  229, 238
웅천성熊川城  387
웅천주도독熊川州都督  449
웅천주熊川州  430
웅천책熊川柵  240
원元  192
원가력元嘉曆  263
원元 간섭기  75
원광법사圓光法師  311, 322, 389
원단元旦  506
원보元輔  465
원봉성元鳳省  465
원산元山  498
원산성圓山城  190, 384
원산향園山鄕  363
원생대原生代  21
원선元善  462
원성계元聖系  445, 454
원성왕元聖王  445
원시공동체사회  24
원시무문토기  42
원신라原新羅  284
원외랑圓外郞  426
원윤元尹  465
원융사상圓融思想  187
원일元日  327
원저단경호  343

원종元宗  458, 460
원주原州  431
원화源花  322, 407
원회元會  461
원효元曉  408
월越  467
월봉제月俸制  423
월상루月上樓  455
월성月城  284
월우부越羽部  494
월주越州  513
월희越喜  513
위구태尉仇台  220
위국충魏國忠  517
위덕왕威德王  194, 250, 387
위두衛頭  290, 306, 379
위략魏略  86, 93, 94, 100, 114, 116, 127, 130, 154
위례고慰禮考  218
위례성慰禮城  218
위만魏滿  59, 98
위만衛滿  82, 86, 89, 97
위만조선기衛滿朝鮮紀  98
위만조선魏滿朝鮮  53, 59, 98
위만조선衛滿朝鮮  53, 96
위문魏文  445
위사좌평衛士佐平  233, 255
위산衛山  101
위서魏書  54, 59, 156, 224, 225
위성位城  516
위솔선읍군魏率善邑君  115, 139
위씨조선衛氏朝鮮  86
위준韋俊  479, 502
위홍魏弘  458
위화부령位和府令  420
위화부位和府  310, 319, 427
유·엠·부찐  102
유광교일有光教一  39
유기惟己  234, 254
유득공柳得恭  487
유랑농민流浪農民  436
유례왕儒禮王  138
유례이사금  289, 303, 305
유류孺留  212
유리왕琉璃王  178
유리왕儒理王  288, 351
유리이사금  300, 301, 314,

315, 317
유무劉茂  241, 242
유문토기有文土器  38
유문토기인有文土器人  86
유성柳城  494
유수간留水干  338, 339
유식농민游食農民  324
유신공庾信公  410
유열柳烈  518
유원재  259
유유紐由  184
유인遊人  205
유인궤劉仁軌  399, 406
유인원類人猿  22
유인원劉仁願  399
유천간留天干  338, 339
유취국사類聚國史  515
유향劉珦  269
유화柳花  151, 282
유흔劉昕  241
6가야  346
6군  386
6도六徒  418
6두품六頭品  291, 323, 375
육부肉部  256
6부병六部兵  321
6부六部  355
62주六十二州  481, 505, 512
6정산고분군六頂山古墳群  517
6좌평  254, 255
6좌평제  233
6촌  339
윤내현  68, 87, 95, 106
윤량尤良  315
윤무병  45, 47, 264
윤용진  366
윤충尤忠  251, 311, 392
윤흥尹興  453
율려律呂  373
율령律令  187, 298, 308
율령반포  317
융기문토기隆起文土器  42
은력殷曆  125
은상殷相  260, 394
은솔恩率  254, 418
을두지乙豆智  180, 201
을음乙音  168, 183, 229, 230,
  239

을지문덕乙支文德  195, 390
을파소乙巴素  184, 202
음리화정音里火停  433
음모陰牟  205
음양 5행五行  263
음즙벌국音汁伐國  303, 354,
  355
읍군邑君  135, 139, 166
읍락국가邑落國家  112
읍루挹婁  117, 131, 132, 484,
  490
읍루족  29
읍륵邑勒  320
읍장邑長  139, 276
읍차邑借  139, 140, 141, 260,
  275, 313, 346
응제시應製詩  54
응제시주應製詩註  56, 57, 61,
  62, 80
의관義寬  445
의대衣帶  254
의박사醫博士  421
의부義部  511
의자왕義慈王  249, 250, 395,
  403, 462
의주계醫州界  120
의주義州  513
의직義直  260, 312, 394
의형대義刑臺  465
의후사意侯奢  201
이강래  58
이규경李圭景  84, 226
이규보李奎報  150
이근행李謹行  402, 406
이기동  29, 214, 215, 233,
  255, 421
이기백  49, 162, 171, 173,
  175, 214, 217, 236, 283,
  296, 303, 305, 317, 318,
  375, 421
이덕성  283
이도학  105, 216, 259
2두품  291, 324
이맥夷貊  132, 162
이문尼文  373
이문진李文眞  196
이방부격理方府格  414
이백李栢  500
이벌간伊罰干  314

이벌찬伊伐湌  293, 314
이병도  95, 102, 103, 106,
  122, 154, 164, 174, 218,
  220, 221, 222, 231, 235,
  242, 253, 259, 272, 283,
  292, 305, 315, 320, 333,
  336, 353, 364, 382, 518
이불란사伊弗蘭寺  187
이비가지夷毗訶之  353, 364
이사금尼師今  288, 289, 301,
  305
이사부異斯夫  308, 309, 320,
  362, 370, 429
이사爾赦  374
이산성犁山城  401
이산伊山  279
이색李穡  76, 80
이선복  36
이성계李成桂  53
이세적李世勣  197, 397
이승휴李承休  54, 75, 480
이시품왕伊尸品王  361
22부二十二部  238, 249, 256
이연李淵  195, 390
이영식  333
이용범  382
이용빈  236, 259
이원利原  249, 309
이음利音  357
이익李瀷  485
이자겸李資謙  74
이적李勣  163, 491
이제가기李磾家記  462
이종욱  172, 219, 232, 235,
  236, 237, 244, 253, 274,
  284, 292
이종휘李種徽  486
이주伊州  513
이진아시왕伊珍阿豉王  353,
  364
이진충李盡忠  490, 496
이질금爾叱今  372
이차돈異次頓  308
이찬伊湌  314
이척찬伊尺湌  314
이천利川  434
이첨李詹  83
이청규  42
이칠伊柒  304

이해고李楷固 490, 496
이현혜 333
이형구 87
이형토기異形土器 373
이호관 49
이홍利弘 451
이홍직 229
이화혜정伊火兮停 434
익주益州 513
인더스강 43
인문계仁問系 442
인부仁部 511
인수仁守 415
인안仁安 499, 500
인정仁貞 220
인주이씨仁州李氏 217
인천仁川 217
인태仁泰 414
인평仁平 311
일관(궁)부日官(宮)部 257
일관日官 461
일구逸苟 180
일길찬一吉飡 477
1두품 291, 324
일본日本 422
일본국日本國 421
일본기략日本紀略 455
일본도日本道 513
일본서기日本書紀 191, 332,
  334, 348, 352, 366, 455
일성이사금 289, 324, 326
일신日神 208
일야개삼랑日野開三郎 509
일연一然 53, 75, 143, 155,
  157, 479, 480
일월신日月神 327
일주서逸周書 164
일지갈문왕 317
1책12一責十二 206
일하壹夏 501
임기환 168, 172
임나任那 332, 366, 369
임나 13국任那十三國 348
임나가라任那加羅 336, 368
임나가량任那加良 375
임나국任那國 334, 352
임나소국 336
임나의 조租 334
임나일본부任那日本府 28,

333
임나일본부설 334, 335
임나제국任那諸國 334
임둔臨屯 102
임례국稔禮國 368
임실任實 434
임원역林原驛 74
임유관臨渝關 193
임존성任存城 399
임존산성 400
임종공林宗公 410
임진강 218
임혜상林惠祥 31
임효재 41
잇금[齒理] 288
잉첩 269

ㅈ

자간自簡 415
자금서당紫衿誓幢 432
자림字林 207
자비마립간 246, 283, 297,
  321, 383
자사刺史 202, 514, 515
자연호自然戶 437
자영농민自營農民 324, 436
자옥子玉 447
자충慈充 286, 301
자치통감資治通鑑 188, 483,
  491
자타국子他國 368
자타子他 369
자통字統 207
잠부론潛夫論 85, 88
잠지락蠶支落 180
잡찬迊飡 314
장長 101, 102, 115, 139
장당경藏唐京 55, 62, 79
장덕將德 254, 418
장량張亮 197
장령부長嶺府 513
장로정치長老政治 301
장문휴張文休 501
장미계長尾鷄 139
장보고張保皐 450, 452, 453
장사長史 202, 500
장산성獐山城 414

장성長城 117, 421, 502
장세長世 354, 355
장손사長孫師 196
장수실張秀實 507
장수왕長壽王 189, 244, 382
장수長帥 133, 139
장안성長安城 517
장안長安 449
장엄蔣儼 197
장적帳籍 436
장창당長槍幢 433
장초금張楚金 200
장행급張行伋 499
재사再思 151, 152, 181
재상宰相 180, 426
저가豬加 121
저가豬加 122
저포樗蒲 263
적고적赤袴賊 460
적금서당赤衿誓幢 433
적리성積利城 401
적산촌赤山村 450
적석총積石塚 130, 216, 221
적통대인適通大人 126, 127,
  169, 199
전객佃客 123, 204
전곡리全谷里 35, 37
전곡리 유적 36, 37
전기가야 349, 351
전기가야연맹 351
전내부前內部 256
전담田譚 179
전대등典大等 426
전륜성왕轉輪聖王 308, 504
전백제前百濟 226
전부前部 128, 170, 184, 257
전수지도傳授之圖 486
전연前燕 186, 216, 380
전작농경문화田作農耕文化 48,
  67
전작佃作 127
전前캄브리아기 21
전제왕권 421
전조선기前朝鮮記 54
전조선기前朝鮮紀 79
전조선前朝鮮 57, 72, 74, 82
전주全州 430, 434
전중성殿中省 319
전중시殿中寺 511

전중준명田中俊明 59
전지왕腆支王 256
전지田地 420
전진왕前秦王 290, 381
전진前秦 186, 306, 379
전호佃戶 123, 204
전후삼한설前後三韓說 146, 226
절노부絶奴部 126, 167
절성節城 401
점구부點口部 257, 261
점량부漸梁部 279
점말동굴 35
접도국接塗國 346
정丁 436, 437
정강왕定康王 453, 463
정개政開 465
정견모주正見母主 353, 364
정광正匡 465
정근正近 482
정녀丁女 436
정당성政堂省 504, 510
정도전鄭道傳 80
정력正歷 504
정명진程名振 395, 414
정무正武 398
정문正門 425
정반淨飯 310
정부인正夫人 191
정상수웅井上秀雄 295, 336
정안국定安國 509
정약용丁若鏞 144, 218, 333, 490
정왕定王 505
정인보鄭寅普 64, 85, 226, 242
정전丁田 422
정조正朝 465
정주正州 513
정주晴州 513
정중부鄭仲夫 74
정중환 59, 87, 283
정찰貞察 423
정창원正倉院 436, 437
정충淨忠 396
정현성貞峴城 398
정혜공주貞惠公主 517
정효공주貞孝公主 504, 510, 517

정힐鄭頡 516
제齊 189
제1골第一骨 269, 313
제2골第二骨 269, 313
제감弟監 310, 427
제공除公 437
제공悌恭 445
제나부提那部 167
제릉悌隆 451
제모除母 437
제사장 63
제석帝釋 55, 60, 62
제업박사諸業博士 422
제옹悌邕 448
제왕연대력帝王年代曆 142
제왕운기帝王韻紀 57, 61, 62, 72, 77, 79, 98, 111, 116, 137, 143
제형諸兄 200
조거용장鳥居龍藏 38
조고詔誥 511
조공도朝貢道 513
조광趙匡 372
조교助教 422
조기 가야早期加耶 349
조나藻那 167, 168
조녀자助女子 436
조대기朝代記 519
조령鳥嶺 341
조미걸취祖彌桀取 246
조복의 책朝服衣幘 115, 161, 227
조부調府 310, 427
조부調部 318
조부綢部 257
조분이사금 289, 303, 304, 380
조선朝鮮 97, 339, 498
조선경국전朝鮮徑國典 80, 83
조선비왕朝鮮神王 101
조선상朝鮮相 102, 104, 114, 274
조선옛유형사람 32
조선왕朝鮮王 98
조선유민朝鮮遺民 166, 274, 282
조선전朝鮮傳 95, 96
조선족 29, 103
조선현朝鮮縣 69, 282

조선후朝鮮侯 91, 93
조영제 366
조영祚榮 478
조원전朝元殿 312
조위造位 315
조위曹魏 59
조위부調位府 465
조유전 49
조의皂衣 127, 199, 200, 202
조의卓衣 128, 168
조의두대형皂衣頭大兄 200, 201
조의선인皂衣仙人 200
조자助子 436
조정좌평朝廷佐平 233, 255
조철부 516
조하전朝霞典 326
조홰趙翽 496
족외혼族外婚 136
존장자尊長者 286
졸마국卒麻國 368
졸마卒麻 369
졸본卒本 153, 276
졸본부여卒本扶餘 115, 118, 119, 152, 153, 155, 160, 211
졸본성 179
졸본주卒本州 119
졸본천卒本川 151
종기宗基 445
종단동맹권 393
종묘宗廟 199
종속시宗屬寺 511
종정감宗正監 372
좌6사左六司 511
좌·우사록관左·右司祿官 428
좌·우이방부左·右理方部 319, 428
좌가려左可慮 183
좌군佐軍 254
좌맹분위左猛賁衛 512
좌물촌左勿村 183
좌보左輔 183, 237, 238, 256
좌부左部 128, 184
좌사록관左司祿官 418
좌사정左司政 511
좌상左相 511
좌상시左常侍 511

좌식자坐食者　127, 128, 204
좌씨전左氏傳　446
좌윤佐尹　465
좌윤左尹　511
좌이방부　428
좌이방부령左理方府令　312
좌장左將　237, 256
좌지왕坐知王　361, 363
좌평佐平　237, 254
좌평장사左平章事　511
주관周官　164
주국침朱國忱　517
주군제州郡制　321
주나朱那　167, 168, 182
주다酒多　315
주라후周羅睺　193
주류성周留城　399
주림전珠琳傳　155
주몽朱蒙　75, 81, 151, 156,
　157, 211
주민교체론住民交替論　28, 29
주보돈　258, 359
주부主簿　126, 127, 200
주서周書　156, 224, 225
주선국州鮮國　275
주왕紂王　78
주원周元　75
주자감冑子監　511
주작대로朱雀大路　517
주작朱雀　505
주조마국走漕馬國　346
주종대박사鑄鐘大博士　435
주주州主　303, 314, 320, 326,
　429
주진朱珍　385
주형토기舟形土器　373
죽령竹嶺　185, 190, 309, 341
죽주竹州　459, 461
죽죽竹竹　251
죽지竹旨　312, 405
준옹俊邕　446, 448
준왕準王　80, 82, 83, 86, 89,
　113, 143, 222
중경中京　512
중경현덕부中京顯德府　503
중고中古　292, 293
중국中國　272
중내마重奈麻　316
중당中幢　418

중대내마重大奈麻　316
중대성中臺省　510, 511
중대中代　293
중대통中大通　362
중랑장中郎將　115, 139, 276
중리조의두대형中裏皂衣頭大兄
　200
중모왕中牟王　402
중부中部　170, 240, 257, 258
중부인中夫人　191
중생대中生代　21
중석기시대　24
중시中侍　318, 422, 425
중아찬重阿湌　316
중앙집권적 귀족국가　173
중외대부中畏大夫　183
중원경中原京　375, 430
중원소경中原小京　429, 430
중위제도重位制度　316
중윤中尹　465
중읍中邑　272
중정대中正臺　511
중종中宗　499
중천왕中川王　172, 185
중품中品　446
중흥中興　504
즐목문토기櫛目文土器　38, 39
즐문토기　43, 69
즐문토기인櫛文土器人　34, 39,
　70, 86
증연토기曾烟土器　42
지경智鏡　414
지내굉池內宏　170, 291
지리고地理考　145
지리산地理山　339, 451
지리산智異山　348
지마이사금　289, 304, 356
지백호智伯虎　279
지부智部　511
지석묘支石墓　44, 104, 221,
　342, 344
지수신遲受信　399, 400
지역연맹체론　350
지정志貞　425
지정의 난　441, 442, 443
지주芝州　513
지증왕智證王　297, 307, 320,
　321, 326, 384, 444
지충志忠　384

지타祇沱　279
직량신부直良信夫　34, 35
직립원인直立猿人　26
직산　235
진秦　113
진晋　234
진陳　250, 388
진가모眞嘉謨　381
진가眞可　233, 234, 254
진개秦開　93, 94, 103
진골眞骨　291, 303, 313, 316
진공眞功　405, 419
진과眞果　231
진국공震國公　496
진국왕震國王　473, 484, 491
진국왕振國王　490, 491
진국辰國　104, 105, 114, 137,
　218, 221, 274
진국振國　479
진국震國　497, 498
진남眞男　247
진노眞老　248
진단震旦　478
진단학회　500
진대덕陳大德　197
진대법賑貸法　184, 205
진덕왕眞德王　291, 312, 394,
　409, 425, 427, 432
진두鎭頭　450, 451, 452
진로眞老　247
진무振武　254
진물眞勿　233
진번眞番　97, 102
진복眞福　419
진본기秦本紀　348
진사왕辰斯王　243
진서晋書　137, 273, 503
진섭陳涉　97
진성여왕眞聖女王　299, 453,
　460, 461, 479
진수陳壽　145
진승陳勝　99, 274
진씨眞氏　231, 243, 247, 260
진왕辰王　89, 137, 138, 227
진전좌우길津田左右吉　231
진종眞種　292
진주 상촌리　41
진주珍珠　321
진주眞珠　396, 415

진주晋州　430
진지렴秦支廉　353
진지왕眞智王　310, 408
진촌주眞村主　323
진춘추晋春秋　207
진충眞忠　233, 241
진평군晋平郡　224
진평왕眞平王　250, 294, 318,
　319, 322, 388, 390, 408,
　426, 427, 432
진평현晋平縣　224
진한秦韓　113, 140, 267, 268
진한辰韓　94, 113, 135, 136,
　267, 279, 299, 347
진한 12국　323
진한 8국　241
진한부辰韓部　146
진한설　273
진한왕辰韓王　138
진해장군鎭海將軍　452
진회眞會　230, 240
진흠眞欽　415
진흥왕眞興王　294, 321, 325,
　361, 369, 384, 385, 426,
　429, 430, 432, 504
질산質山　276
질양質陽　205
질자質子　178
질지왕銍知王　359, 360, 361
질희叱嘉　361
집권국가集權國家　173, 175
집사부執事部　312, 318, 425
집사성執事省　426
집사중시執事中侍　312

차茶　451
차대왕次大王　183
차박사次博士　435
차승車乘　310
차차웅次次雄　286, 289, 301
차촌주次村主　323
차형토기車形土器　373
찬덕讚德　390
창부倉部　318, 427
창조리倉助利　185, 202
창해滄海　183

창해군蒼海郡　134, 160
채전감彩典監　420
채집경제　42
채풍蔡風　182, 183
책계왕責稽王　138, 219, 234,
　242
책구루幘溝漊　150, 161
책부원구冊府元龜　130, 475,
　491
책성柵城　516
책화責禍　136, 166, 280
처려구處閭區　202
처려근지處閭近支　202, 203
척발씨拓拔氏　59
천가한天可汗　85
천경天慶　509
천관우　68, 86, 112, 120,
　146, 175, 214, 215, 226,
　232, 233, 235, 283, 333,
　336, 340, 349, 359, 364,
　367, 368
천군天君　139
천남산묘지명泉男産墓誌銘
　156
천리장성千里長城　196, 391
천명天明　409
천문령天門嶺　497
천문박사天文博士　423
천민　261
천보天寶　503
천부경泉府卿　372
천부인天符印　55, 56, 57
천산산맥　66
천성天成　508
천손天孫　475
천손강림　343
천손의식天孫意識　475, 498,
　503
천손족天孫族　31
천신天神　31, 353
천왕天王　85
천장군泉井郡　417
천제天帝　118, 154, 475
천존天存　396, 405
천찬天贊　507
천통天統　473, 500
천효天曉　312
철기시대　23
철단검鐵短劍　343

철도자鐵刀子　343
철령鐵嶺　249
철리부鐵利府　513
철복鐵鍑　343
철부哲夫　308
철원鐵圓　461, 465
철제 낫鐵鎌　343
철제대도鐵製大刀　365
철제화살촉[鐵鏃]　343
철주鐵州　513
첨해왕　146, 429
첨해이사금　289, 303, 380
첩례碟禮　243
청광보살靑光菩薩　466
청금서당靑衿誓幢　432, 433
청길淸吉　463
청도 오진리　42
청동검파두식靑銅劍把頭飾
　343
청동기시대　23
청동화살촉[銅鏃]　342
청목령靑木嶺　383
청송靑松　434
청양靑陽　433
청웅현靑雄縣　434
청정현靑正縣　433
청제菁堤　326
청주菁州　418, 430, 449, 463
청주淸州　431
청주도독淸州都督　449
청주서靑州誓　434
청주한씨淸州韓氏　86
청하靑河　151, 282
청해진淸海鎭　450, 453
청해진 대사　452
청효현靑驍縣　433
초楚　113
초고왕肖古王　219, 231, 241
초기국가初期國家　112, 173
초적草賊　453, 454
초주椒州　513
초팔국草八國　303
촉蜀　184
촌도전村徒典　417
촌상사남村上四男　360
촌장村長　515
촌주村主　323, 431, 457
총관摠管　431
최最　102

최남선  58, 64, 84
최성락  49
최응崔凝  466
최자崔滋  74
최치원崔致遠  142, 143, 144,
 270, 273, 364, 457, 459,
 477, 478, 506
최흔崔忻  476, 499
추騶  179
추결만리복椎結蠻夷服  97, 99,
 100, 103
추군騶群  191
추녀자追女子  436
추모鄒牟  211
추몽鄒蒙  157
추자追子  436
추족追族  90
추항箒項  389, 408
축자국筑紫國  353
춘천春川  235, 430
춘천 교동  40, 41
충공忠恭  317, 451, 452
충렬왕忠烈王  53, 54, 75
충렴忠廉  445
충부忠部  511
충상忠常  415
충주忠州  430
충효사상忠孝思想  322
취산觜山 진지촌珍支村  278,
 279, 284
취수臭水  97
취수혼娶嫂婚  184
취악성鷲岳城  401
취희왕吹希王  361
측천무후則天武后  490, 496
치구루置溝婁  132
치양성雉壤城  261, 384
친묘親廟  423
칠숙柒宿  311
7중내마七重奈麻  316
칠지도七支刀  243
칠포柒浦  357
침류왕  243
침미다례忱彌多禮  367

크레타 지방  43
크치국  85
크치시대  85
크치조선  85
큰모르  320
큰몰  320
큰무을  320

타제석기打製石器  24, 27, 37
타주沱州  513
타추간陁鄒干  355
탁국喙國  334, 367
탁기탄국喙己呑國  368
탁기탄喙己呑  334
탁순국卓淳國  367, 368
탁순卓淳  334, 367
탁평啄評  320
탈해이사금  332
탈해脫解  287
탐지耽知  370
탐하리耽下里  355
탕정성湯井城  248
탕주湯州  513
태대각간太大角干  316, 319
태대사자太大使者  122, 201
태대형太大兄  200, 201, 203
태백산太伯山  55
태백산太白山  56, 516
태봉泰封  465
태사太師  486
태상시太常寺  511
태시太始  505
태양설화  352
태양숭배太陽崇拜  31, 282
태원太原  169
태조太祖  402, 481, 483
태조대왕  174, 175, 181
태조실록  83
태조왕太祖王  171, 172, 174,
 177, 181, 289
태종太宗  83, 196, 391
태종대왕  423
태종문황제太宗文皇帝  405
태평송太平頌  312, 394

태학太學  187, 423, 517
태평환우기太平寰宇記  494
태평흥국太平興國  508
태학박사太學博士  196
토곡土谷  494
토광묘土壙墓  46, 216, 221
토둔吐屯  501
토목부  257
토문土門  488
토분묘土墳墓  47
토이기土耳其족  30
토인土人  515
토졸吐捽  200
토축묘土築墓  216
통영 연대도  40, 41
통전通典  225, 478, 489
통판通判  314
투호投壺  263
통구스Tungus족  28, 30, 67

파미간破彌干  314
파미르고원  66
파사로婆娑路  80
파사부婆娑府  76, 80
파사이사금  289, 302, 303,
 313, 325
파위罷衛  512
파주  218
파진찬波珍湌  280, 314
파해부破奚部  494
판원의종坂元義種  236, 237
팔성당八聖堂  74
8위八衛  512
팔조八條  91
팔조금법八條禁法  78, 82,
 115
패강浿江  422, 502
패강도행군대총관浿江道行軍大
 摠管  397
패강장성浿江長城  449, 505
패강진浿江鎮  450
패서도浿西道  463
패수浿水  94, 97, 156, 158,
 188, 212, 385
패자沛者  126, 174, 199
패총貝塚  38, 42

펜실바니아기  22
편발編髮  263
편방便房  372
편호編戶  261
편호소민編戶小民  261
평評  171
평성경平城京  474
평야방웅平野邦雄  359
평양  62, 189, 382, 407
평양 정백동  343
평양부平壤府  57, 72, 82
평양성平壤城  55, 57, 72,
  158, 186, 193, 234, 243,
  380, 398, 400, 404
평양신사平壤神祠  73
평양천도  382
평원군平原郡  431
평원왕平原王  192, 388
평의전評議殿  448
평인平人  324, 435
평저토기平底土器  38
포미지布彌支  367
포상 8국浦上八國  356, 357,
  363
포상浦上  357
포주蒲州  513
표암봉瓢嵒峰  279
품일品日  396, 397, 405
품일品一  399, 408
품제品制  323
품주稟主  312, 318, 425
풍豊  399, 400
풍백風伯  55, 56, 75
풍부성豊夫城  401
풍주豊州  513
풍홍馮弘  189
풍훈風訓  416
플라이스토세  36
피도간彼刀干  338, 339

하가라도下加羅都  374
하가라下加羅  349
하고下古  293
하구려下句麗  130, 178, 179
하국夏國  56
하기물下奇物  374

하남위례성河南慰禮城  212,
  218
하늘[天]사상  347
하대下代  293
하륜河崙  83
하림궁河臨宮  373
하백河伯  151, 155, 282
하백녀河伯女  130, 220
하부下部  170, 257
하북도河北道  494
하북위례성河北慰禮城  218,
  239, 242
하서량河西良  430
하서주河西州  418, 430
하서주서河西州誓  434
하슬라何瑟羅  421
하슬라경何瑟羅京  429
하슬라주何瑟羅州  321, 502
하주河州  513
하주瑕州  513
하주賀州  513
하주정下州停  321
하지荷知  360
하품下品  446
하하호下下戶  437
하호下戶  121, 122, 127, 128,
  204, 517
하후담  59
한漢  113
한韓  268, 340
한국韓國  113, 138, 140, 241,
  272, 273, 336
한국고고학회  342
한규철  478
한기부韓岐部  279
한기부漢岐部  279, 284, 313
한기부漢祇部  355
한도韓陶  102, 105
한백겸韓百謙  144, 223, 225,
  348, 484
한북漢北  247, 385
한사韓舍  314
한산漢山  234, 239, 243, 505
한산정漢山停  434
한산주漢山州  418, 430, 463
한산주계당漢山州罽幢  418
한산주서漢山州誓  434
한서漢書  77, 78, 92, 111,
  207

한성漢城  190, 249, 383, 404
한성韓姓  88
한성韓城  88, 90, 91
한성도독  416
한성백제漢城百濟  239
한성시대漢城時代  229, 238
한성주 총관  416
한솔扞率  254, 418
한씨조선韓氏朝鮮  84, 86
한영우  112
한왕韓王  86, 89, 96, 113,
  139, 222, 274
한원翰苑  200, 202, 220
한음韓陰  102, 105
한재旱災  454
한족漢族  64, 68, 104, 149
한주漢州  430, 433, 434
한지韓地  89, 223, 274
한진서韓鎭書  145
한치윤韓致奫  145, 156, 488
한후韓侯  85, 88, 90
함령咸寧  337
함안咸安  434
함화咸和  506
합구식合口式  342
합금술  43
합달왕合達王  287
항기降基  509
항백국巷伯局  511
항우項羽  274
항우본기項羽本紀  348
해奚  507
해간海干  314
해구解丘  244
해구解仇  247
해동海東  478
해동고기海東古記  58
해동성국海東盛國  488, 498,
  506, 517
해동역사海東繹史  145, 156,
  220, 488
해동증자海東曾子  395
해론奚論  391
해루解婁  229, 230, 240
해루부解夫婁  119
해명解明  248
해모수解慕漱  117, 119, 120,
  151, 155, 282, 475
해부루解夫婁  124, 214, 212

해성海城 96
해수解須 244
해수解讐 389
해씨解氏 215, 216, 229, 234,
  244, 247, 252, 260
해씨왕계解氏王系 181
해인사海印寺 448, 460
해인사 묘길상탑기海印寺
  妙吉祥塔記 460
해적 454
해주海州 513
해충解忠 243
행인국荇人國 169, 178
행인형석도杏仁形石刀 48, 67
향鄕 325, 432
향가鄕歌 458
허경許慶 73
허국공許國公 496
허목許穆 484
허왕후許皇后 372
허황옥황후許黃玉皇后 359
헌강왕憲康王 436, 453
헌덕왕憲德王 436, 448, 505
헌안왕憲安王 453, 461
험측險側 141, 275, 346
험측險則 313
혁거세赫居世 278, 279
현국縣國 133
현덕부顯德府 512
현도玄菟 102, 117
현도군玄菟郡 132, 149, 160,
  161, 162, 179, 185
현도성玄菟城 186
현령縣令 202, 431
현무현玄武縣 434
현성대왕玄聖大王 445
현승玄昇 464
현승縣丞 514
현웅현玄雄縣 434
현종玄宗 422, 476, 499
현주顯州 513, 516
현효현玄驍縣 434
현후縣侯 133
혈구진穴口鎭 450, 452
협보陜父 151, 152, 201, 276
협씨劦氏 260
형부 465
형사취수兄死取嫂 206
형산兄山 279

형제상속 217
혜공왕惠恭王 423, 426, 441
혜량법사惠亮法師 192
혜성대왕惠成大王 458
혜왕惠王 250
혜충태자惠忠太子 445
호胡 178
호공瓠公 285, 302, 314
호동好童 179
호등제戶等制 123
호로국戶路國 275
호로하瓠濾河 402
호명성狐鳴城 307, 358, 359
호민豪民 121, 122, 204, 260,
  436
호복胡服 97
호산성狐山城 383
호삼성胡三省 188
호왕虎王 55, 79
호족豪族 424, 453
호족虎族 61
호주湖州 512
호진虎珍 279
호虎족 70
혼혈론混血論 28
홍범洪範 77
홍범구주洪範九疇 79, 82
홍석주洪奭周 497
홍수아이 37
홍유洪儒 466
홍익인간弘益人間 346
홍적세 22, 34, 37
홍제鴻濟 309
홍천洪川 434
홍필弘弼 452
홍현洪見 515
홍호洪皓 514
화랑花郎 322, 396, 407
화랑도花郎徒 309, 322, 375,
  407, 420
화랑세기花郎世記 322, 407
화려성華麗城 183
화려華麗 301
화문花文 319
화백和白 318
화백회의和白會議 318, 410,
  414, 424, 425
화분형토기 32
화산花山 279

화전청和田淸 509
화주華州 513
환공桓公 66
환나桓那 183
환나부桓那部 167, 168
환나부패자桓那部沛者 199
환단고기桓檀古記 63, 500
환도성丸都城 72, 125, 184,
  192
환웅桓雄 55, 58, 60, 62,
  120, 346
환웅계桓雄系 69, 152
환웅족 70, 87, 120
환웅천왕桓雄天王 55, 56, 60
환인桓因 55, 56, 57, 60, 346
환인제석桓因帝釋 65
환저토기丸底土器 38
환주桓州 513
환형동기環形銅器 343
황금서당黃衿誓幢 433
황기덕 49
황룡사皇龍寺 308
황룡사 장육상丈六像 308
황룡사黃龍寺 9층탑 453
황무현黃武縣 434
황부黃部 128, 184
황산黃山 396, 462
황산강黃山江 339
황산진구黃山津口 332
황산진黃山津 354
황상皇上 503, 510
황소黃巢 507
황재蝗災 326, 454
황천皇天 347
황패강黃浿江 67
황하 43
황효현黃驍縣 434
회소곡會蘇曲 326
회원부懷遠府 513
회이淮夷 31
회주懷州 513
횡단동맹권 393
효경孝經 446
효공왕孝恭王 461~463
효덕천황孝德天皇 334
효선제孝宣帝 278
효성왕孝成王 422
효소왕孝昭王 421, 424, 427,
  433, 473

효양孝讓  445
효원제孝元帝  151
효혜고후孝惠高后  101
후侯  115, 135, 139, 166
후고구려  465
후궁부後宮部  257
후기가야  350, 371
후기가야연맹  362
후당後唐  508
후발해後渤海  508
후백제後百濟  226, 460,
  462, 464, 465, 467
후백제왕  463
후부後部  128, 170, 184, 257
후삼국後三國  299, 467
후삼국시대後三國時代  461
후성侯城  182
후연後燕  381, 382
후장厚葬  125, 130
후조선後朝鮮  79, 82, 88
후조선기後朝鮮紀  79
후진後晋  269, 482
후한後漢  133, 379
후한서後漢書  89, 92, 111,
  135, 207, 222, 227
훈訓  460
훈요 10조訓要十條  481
훈해訓解  243
흉노匈奴  100, 102
흉노전匈奴傳  95
흑금서당黑衿誓幢  433
흑도장경호黑陶長頸壺  342
흑룡강  498
흑수黑水  501
흑수말갈黑水靺鞨  495, 500
흑수주黑水州  500
흑요석  34
흑주黑州  513
흑치상지黑齒常之  399, 400
흑해黑海  45
흘승골성訖升骨城  118
흘씨屹氏  229, 230, 260
흘우屹于  230, 231, 240
흘해이사금  289, 303, 305
흠돌欽突  419
흠돌의 반란  424
흠명천황欽明天皇  334
흠순欽純  408
흠춘欽春  396

흥경노성興京老城  161, 162
흥덕왕興德王  426, 450, 455
흥륜사興輪寺  308
흥안령산맥  66
흥요국興遼國  509
흥원興元  419
흥주興州  513
흥평대왕興平大王  445
희강왕僖康王  317, 451
희왕僖王  505

 저자 약력

## 申千湜

慶南 鎭海 출생
서울 文理師範大學, 中央大學校 史學科
서울大學校 大學院 歷史敎育科
中央大學校 大學院 史學科(文學博士)
현재 明知大學校 人文大學 史學科 敎授

## 著書

韓國敎育史硏究
韓國民族史(共著)
高麗敎育制度史硏究
高麗敎育史硏究
高麗後期 性理學의 受容과 敎育思想
牧隱 李穡의 學問과 學脈외 다수


## 한국고대민족사의 탐구

초판인쇄        2003년 8월 25일
초판발행        2003년 8월 30일

지은이        신천식
펴내고만든이        김선경
펴낸곳        **서 경 문 화 사**

출판등록        1994년 3월 8일 제 1-1664호
주소        서울 종로구 동승동 199-15(105호)
전자우편        sk8203@chollian.net
전화        02) 743-8203, 8205
팩스        02) 743-8210

ISBN   89-86931-58-3   93900
정가   27,000원
ⓒ 신천식, 2003